本研究受到中国法学会部级课题"专利链接制度实施中的竞争法律问题实证研究"（CLS(2018)Y6）支持
本研究系北京市社会科学基金重大项目(15ZDA41)阶段性成果

知识产权与竞争法贯通论

张世明　孙瑜晨 ◎著

Comprehensive Research on the Law of Intellectual Property and Competition

中国政法大学出版社

2020·北京

声　　明	1. 版权所有，侵权必究。
	2. 如有缺页、倒装问题，由出版社负责退换。

图书在版编目（CIP）数据

知识产权与竞争法贯通论/张世明,孙瑜晨著.—北京:中国政法大学出版社,2020.1
　ISBN 978-7-5620-9362-6

　Ⅰ.①知… Ⅱ.①张… ②孙… Ⅲ.①知识产权法－研究－中国②反垄断法－研究－中国　Ⅳ.①D923.404②D922.294.4

中国版本图书馆 CIP 数据核字(2019)第 275385 号

出 版 者	中国政法大学出版社
地　　址	北京市海淀区西土城路 25 号
邮寄地址	北京 100088 信箱 8034 分箱　邮编 100088
网　　址	http://www.cuplpress.com（网络实名:中国政法大学出版社）
电　　话	010-58908586（编辑部）58908334（邮购部）
编辑邮箱	zhengfadch@126.com
承　　印	固安华明印业有限公司
开　　本	880mm×1230mm　1/32
印　　张	18.25
字　　数	450 千字
版　　次	2020 年 1 月第 1 版
印　　次	2020 年 1 月第 1 次印刷
定　　价	89.00 元

 INTRODUCTION

Anti-monopoly Law and Anti-unfair Competition Law have a common protection goal, namely the protection of free competition. Although the two law is not same on competitive promotion method, there is tension in some aspects, but neither absolute repel each other. Anti-unfair Competition Law regulates how to use the freedom of competition, Anti - monopoly Law regulates whether there is freedom of competition. Anti-monopoly Law is committed to the existence of competition; Anti-unfair Competition Law is committed to the essence and the quality of competition. On the basis of the previous scholarship, the present paper aims to explore complex interactions between Anti-monopoly Law and Anti-unfair Competition Law in detail, in order to promote the further development of theory of Chinese competition law.

The amendment of *Anti-unfair Competition Law* provides an opportunity to review the relationship between trademark law and Anti-Unfair Competition Law. Based on these key features, such as exclusive application of the law and concurrence of right of claim, there are two theories of the relationship between the two laws: priority theory and symbiosis theory. Whether it is the relationship between German anti-unfair competition law, which was influenced by

Unfair Commercial Practices Directive 2005 in EU, and trademark law, or the relationship between British trademark law and passing off law which was regarded as the equivalent substitute to anti-unfair competition law have adopted the view of symbiosis theory. The reason is the competitive nature of trademark law and the independence of trademark protection function of anti-unfair competition law. Unfortunately, the fifth article of *Anti-unfair Competition Law* (2016 *Revised Draft for Official Review*) and the sixth article of *Anti-unfair Competition Law* (2017 *Revised Draft*) adopted the theory of priority. The relationship between the two laws should be correctly handled and the legal provisions in the revised draft should be correctly amended on the basis of the symbiosis theory. Fortunately, Article six of the Anti-Unfair Competition Law, which was finally passed by the legislature, corrected the issue of excessive preference towards the theory of priority to some extent. But the new provision still need to be improved. Specifically, the new provision should regulate the counterfeiting of registered trademarks, adopt a certain general concept of confusion, and accurately define the meaning of the constituent elements of "having certain influence".

The sharing economy has spawned a range of regulatory issues. When Chinese regulators initially faced this novelty, they fell into "path dependence" and analogized sharing services to their traditional counterparts, resulting in excessive and outdated regulation. However, during the process of formulating new rules to legitimize online ride-hailing services nationwide, this analogy-based regulation was transformed into an innovation-friendly model. The sharing economy has been considered to be the quintessential business model of the innovative economy and has received great regulatory tolerance. At the same time, the sharing economy, featuring innovative and regulatory disruption, opened the door to unfair competition. Many competition issues have arisen from the dominant position held by platforms, possible mergers, special agreements between firms and participants and administrative monopolies. However, Chinese regulatory authorities, to a large extent, have accepted the Schumpeterian hypothesis that monopolists favor innovation, and therefore, they left the above competition issues unregulated. Therefore, the regulatory framework for the sharing economy should be transformed again into a competition-oriented model and, more importantly, antitrust regulations should be at the core of this framework. Within the framework, the SSNIQ test should be considered when defining the relevant market, both price-related abuses and non-price abuses of dominant position need to be reanalyzed, the calculation method of threshold for merger reviews should be optimized, vertical integration and data concentration should be considered in merger reviews. In addition, regulators should pay attention to potential conspiracy, particularly to quartet agreements in the ride-hailing sector.

In the pharmaceutical industry of the United States, the patent litigation settlement agreement which includes 'reverse payments' from the patent holder to the alleged infringer, has aroused widespread concern. The typical purpose of this agreement is as exchange for the alleged infringer's agreement to delay or abandon market entry. Legitimacy analysis toward reverse-payment settlements becomes further complicated because of the innovative policy for brand-name drugs and the competition policy for generic drugs, which has caused great controversy in the judicial practice of the United States. The Eleventh Circuit Court utilized the scope-of-the-patent test and emphasized the deference to the patent exclusion scope. The Sixth Circuit Court concerned more about the fact that this agreement was an anticompetitive market-division arrangement in nature and utilized the per se rule. The Supreme Court analyzed this agreement under the traditional rule of reason and hoped to reduce the cost of mistake by comprehensively evaluating various factors. However, due to the existence of information asymmetry and the limitations of the rule of reason pointed out by Hovenkamp, the 'presumptive illegality' approach would presumably become the most appropriate rule in the United States. As a power in the field of intellectual property protection, as well as the Generic drugs production and consumption, China has the cultural, institutional and industrial possibilities of inducing reverse payment. Chinese Antimonopoly Law contains multiple goals rather than the single efficiency goal like American Antitrust Law. The reverse-payment agreement should be analyzed under the 'prohibition and exemption' framework, in order to achieve the balance of competition order maintenance, innovation incentives, human rights protection and other values.

The patent linkage system refers to the system that links the patent status and the pharmaceutical administrative approval. In order to achieve the linking function, the coordination within the pharmaceutical approval authority, the coordination between the approval authority and the judicial system, and the coordination between the approval authority and the patent administrative department are required. In a word, the patent linkage system includes a lot of institutional elements, therefore a broad conception should be adopted. Under the influence of unilateralism and hegemonism, the United States, through unilateral or bilateral trade agreements, attempts to transform its domestic Hatch-Waxman patent linkage system into a

INTRODUCTION

global standard. Canada, Australia, South Korea, India and many other countries are affected by this "rule hegemony". Different countries responded differently. Canada completely transplanted the American-style patent linkage system, which hindered the formidable generics industry. Australia selectively transplanted the system, adding anti – competition and anti – evergreening clauses into the patent linkage system, which reduced the impact of the American-style linkage regime on its domestic pharmaceutical industry. The central government of China released a new guideline on reforming drugs approval procedures on October 8th, 2017. According to this guideline, the regulators will explore the establishment of patent linkage system. When submitting the generics applications, the applicants must state the status of patent ownership. If there is any dispute about the patent right, the parties have the right of filing a lawsuit. If the suit is filed, the marketing approval will be delayed but the technical approval will continue. Considering the insufficiency of China's pharmaceutical research and development capabilities, the slowness of innovation cultivation, and the situation that China relies heavily on the generics, fully transplanting the linkage regime as similar as Hatch-Waxman system will cause serious competitive risks to the generics industry. Brand pharmaceutical companies can delay the entry of generic drugs into the market by abusing patent information registration system, reaching anti-competitive agreements (mainly reverse-payment agreements), implementing product-hopping strategies, and abusing authorized generics, result in damaging affordable drug accessibility. Only the transplantation of a patent linkage system that doesn't impede the generics competition is justified. Specifically, China's patent linkage system should introduce the legal fiction of infringement, build the

Chinese version of the Orange Book system, stipulate the damage provisions, and regulate anti-competitive agreements actively.

Confined by the huge deterrent of antitrust law, market players rarely used overt protocol cartel or resolution cartel, while they elaborately developed 'underground cartel' and struggled to hide information communication. Thus, cognizance and regulation of price concerted practice becomes a conundrum in competition law. Posner and other scholars proposed that the existence of concerted practice should be proved by objective economic evidence, regardless of subjective aspects. However, the theory of oligopolistic interdependence in economics, 'Oliver Black' logic analysis in analytic philosophy and the legal demonstration for the particularity of "meeting of the minds" in concerted practice, all illustrated that the cognizance of price concerted practice must adhere to the subjective aspects. Focusing on subjective aspects, through the type analysis and efficiency balance of information behavior, the regulators should try to establish the regulatory system with 'communication' as the core, which might be an effective way to fight against concerted practice. It should be noted that the anti-monopoly law should have a cautious attitude to the regulation and cooperate with department laws such as the price law.

The patent pool and the patent alliance can be used interchangeably, but there are certain differences between the two concepts. The essence of the patent pool is a collection of patent rights based on the agreement. The patent alliance is a collection of patent owners in the pool; the patent alliance is the subject, and the patent pool is the object. The members of the patent alliance are patent holders, and the patent pool is composed of the patent; in the information technology

INTRODUCTION

industry, forming a pool around common technical standards is relatively simple and can determine which patents are essential for the standard. The standard essential patent organization is mainly responsible for the formulation of standards. The patent joint venture mainly involves patent licenses. It is an important tool for enterprises to promote technical standards and obtain economic benefits. In biotechnology and pharmaceuticals, patent pool formation is often more difficult, precisely because technical standards are difficult to define precisely. The standards organization does not identify essential and non-essential patents. However, the standard of the necessity of entering the pool patent is one of the most important standards of the patent pool, and it is also the basis for the patent joint venture to determine the license fee of the patentee. The three types of patents, namely competition patents, barrier patents, and complementary patents, have different levels of demand, and the impact on market competition is also significant. When the patent pool participants form a competitive relationship, it is very likely that the patent pool will restrict the effective competition in the relevant market. While intellectual property law also focuses on anti-competitive restrictions, its concerns should be broader, including the act of weakening these intellectual property policies, even if they do not violate antitrust laws. The anti-monopoly law is only intended to identify certain types of hazards and cannot solve all patent policy issues. The scope of adjustment of the abuse law should not be defined by anti-monopoly law. Abuse of market dominance related to patent pooling includes monopoly high prices, refusal to deal, tying, return terms, patent license fees for expired patents, discriminatory clauses, and non-question clauses.

The study of patent-holdup in the related areas of licensing of standards-essential patents (SEPs) has proven problematic. On the one hand, the academic community has a different opinion on this aspect. On the other hand, there are huge differences in the different legal remedies of the two major legal systems in Europe and the United States. SEPs are actually instruments encompassing various strategic uses, which lead to anti-competitive behaviors of abusing market dominance, and could also become a tool for patent-holdup in the microeconomic sense. FRAND is related to both the standard necessary patent holders and the standard essential patent implementers, both the buyer monopoly and the seller's monopoly are its two objections. The bias is the taboo, and avoiding lean to either side is important to keep the FRAND commitment. The FRAND defense in cases of standard essential patents has two elements: one is market dominance, and the other is violating FRAND commitment from the SEP holders. This actually has the effect of extending the scope of the anti-monopoly law, not only including the abuse of litigation rights and the reverse patent holdup, but also being equivalent to the total conception of abusing of market dominance, such as monopoly high prices, refusing to deal and price discrimination.

CONTENTS 目 录

INTRODUCTION ▷ 001

第一章　反垄断法与反不正当竞争法关系论 ▷ 001
 第一节　源流论 ▷ 001
 第二节　异同论 ▷ 006
 第三节　冲突论 ▷ 036
 第四节　竞合论 ▷ 047
 第五节　融合论 ▷ 060
 第六节　结　论 ▷ 086

第二章　优先论与竞合论：商标法和反不正当
   竞争法的关系考论 ▷ 097
 第一节　商标法与反不正当竞争法的两种关系模式 ▷ 099
 第二节　商标法的竞争性本质及竞合论的功能 ▷ 107
 第三节　优先论影响下的反不正当竞争法修订过程 ▷ 114
 第四节　新反不正当竞争法仿冒条款的发展与再发展 ▷ 139

第三章　创新监管与竞争监管：共享经济的监管转型　▷ 157
　　第一节　共享经济概念和类型的竞争性拓展　▷ 158
　　第二节　第一次转型：路径依赖型监管到创新友
　　　　　　好型监管　▷ 165
　　第三节　创新友好型监管在竞争问题上的失灵　▷ 175
　　第四节　超越"熊彼特和阿罗"：创新与竞争关
　　　　　　系的审思　▷ 187
　　第五节　实现第二次转型：竞争导向型监管的确立　▷ 192

第四章　药品专利反向支付协议的反垄断规制原理　▷ 198
　　第一节　"反向支付"问题的产生　▷ 198
　　第二节　美国反向支付协议的制度成因　▷ 202
　　第三节　美国规制反向支付协议的司法分歧与学说争鸣　▷ 208
　　第四节　美国司法及学理经验的反思：诉诸推定
　　　　　　违法原则　▷ 232
　　第五节　中国语境下反向支付协议的规制逻辑　▷ 243

第五章　药品专利链接制度实施中的竞争问题　▷ 266
　　第一节　链接体制中创新和竞争的关系　▷ 266
　　第二节　专利链接的概念厘定与内涵廓清　▷ 271
　　第三节　专利链接制度实施中的限制竞争问题　▷ 277
　　第四节　专利链接制度的比较法考察　▷ 285
　　第五节　符合中国实际的专利链接体制建构　▷ 321

第六章　医药行业协同行为的反垄断规制逻辑　▷ 334
　　第一节　从"艾司唑仑药品案"看协同行为的特殊性　▷ 334

第二节 "主观说"和"客观说"的选择 ▷ 336
　　第三节 规制要义：以信息交流为规制中心 ▷ 342
　　第四节 规制的谦抑性：反垄断法和价格法的衔接 ▷ 350
　　第五节 协同行为的信息规制模式建构 ▷ 355

第七章 专利联营许可的滥用市场支配地位行为
　　　　类型学分析 ▷ 359
　　第一节 专利联营与标准必要专利组织：以医药
　　　　　 与通讯的行业类型为中心 ▷ 361
　　第二节 专利联营类型对反垄断行为特征的影响 ▷ 376
　　第三节 与专利联营知识产权许可相关的滥用
　　　　　 市场支配地位行为类型学分析 ▷ 394

第八章 标准必要专利 FRAND 承诺与反垄断法作用 ▷ 471
　　第一节 标准必要专利滥用问题的产生 ▷ 471
　　第二节 经济学基础与经济法理念：专利劫持抑或
　　　　　 滥用市场支配地位 ▷ 482
　　第三节 FRAND 性质争议与竞争法路径依赖 ▷ 498
　　第四节 标准必要专利未必具有支配地位 ▷ 518
　　第五节 滥用市场支配地位与反向劫持的平衡 ▷ 524
　　第六节 FRAND 原则下许可费率的计算 ▷ 533
　　第七节 结　语 ▷ 539

主要参考文献 ▷ 543

后　记 ▷ 568

第一章
CHAPTER 1
反垄断法与反不正当竞争法关系论

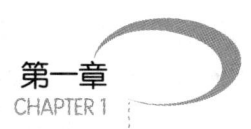

反不正当竞争法和反垄断法从复杂的经济竞争现状出发,致力于保护竞争,构成竞争法的两大支柱,被视为反对竞争的干扰影响的确保竞争反应法。反不正当竞争法的主要价值在于确立经营者的行为准则,禁止不正当竞争行为,将经营者的竞争行为纳入促进社会整体利益的轨道,维护正当经营者的合法权益。反垄断法的价值目标是保护有效竞争,以实现社会公共利益为主要追求,其关注的是市场竞争的总体状况,无意保护和偏爱特定的企业,而反不正当竞争法首先保护的是受不正当竞争行为损害的善意经营者的利益,以维护公平竞争的市场秩序。本章力图探讨二法冲突、竞合与融合的互动关系,希冀对竞争法基础理论探索有所裨益。

第一节 源流论

欲探寻反不正当竞争法与反垄断法之间的差异,就不能不从其渊源说起。欧洲各国历史发展不同,法律制度的建构亦大相径庭,相同问题所采取的解决方法迥异自然无足讶异。例如,法国学术界就"竞争法"(droit de la concurrence)的性质、范围的意见产生了相当大的分歧,可谓众说纷纭,大体上可以归纳为广义和狭义两说。其中,狭义的竞争法是指"反限制竞争行为法"(le droit des pratiques anticoncurrentielles),与美国反托拉斯法相埒。而广义的竞争法则通常被认为包括反限制竞争法与"反不正当竞争法"（le droit de la concurrence déloyale）。法国于1850年通过适用无正当理由而对他人造成损害必须承担责任的一般民法原则，推出了"不正当竞争"的概念。法国的法院以《法国民法典》第1382条之侵权行为规范为出发点，将不正当竞争视为一种特殊的侵权行为加以制裁，并在此基础上形成了一系列制止不正当竞争的判例，借助刑法和行政法的手段得以保护消费者。法国于1953年8月9日出台的《关于保持与重建工商业自由竞争的法规》（Le décret no 53-704 du 9 août 1953 relatif au maintien ou au rétablissement de la libre concurrence industrielle et commerciale），是第一部以保持充分、有效的竞争为目的的法律文件，涉及治安管理和竞争政策。直到1986年，新的、统一的法国竞争法才被制定，其全称为《1986年12月1日86-1243号关于价格及竞争自由法令》（Ordonnance n°86-1243 du 1 décembre 1986 relative à la liberté des prix et de la concurrence），亦称"新法国竞争法"。[1] 该项法令建立起了一整套的规则，形成了一个协调一致的整体。

德国国内反不正当竞争法的历史，相较于反限制竞争法的历史更为久远。不正当竞争的概念（unlauterer Wettbewerb）在语源学上源于法语，在法律上源于民事侵权法。源初意义的反不正当竞争法是侵权法的特别形式，旨在为作为竞争者的企业提供侵权法保护。1869年《工商条例》没有包含反对不正当竞争的规定。当时的人们相信刑法上的禁止即为足矣。然而，在莱茵河地区适用的法国法中所包括的当时已经被发展出来的基本原则中，不诚实的竞争（concurrence déloyale）就表现为一种

---

〔1〕［法］罗歇·布特："法国竞争法概要"，陈鹏译，载《法学家》1999年第3期。

不正当行为。即便 1874 年 11 月 30 日的《商标保护法》(*Gesetz über den Markenschutz*) 也还未包括当时在实践中极其有名的不正当竞争。相反，它通过法院的解释竟至于助纣为虐。1894 年 5 月 12 日《商标保护法》(*Gesetz zum Schutz der Warenbezeichnungen*) 在其第 16 条包含了一个竞争法上的规定，据此用铭记或原产地标志故意进行欺诈的虚假广告是可以受到处罚的。学术界批评该法律对于生活需要全然漠视，袖手旁观，成了"不洁行为的保护者"(Beschützer der Unanständigen)[1]。到 1896 年 5 月 27 日，德国颁布了第一部反对不正当竞争的法律，这也是世界上第一部作为特别法禁止不正当竞争的单行法律。其第 1 条基本上与当今《反不正当竞争法》第 3 条（所谓"小的一般条款"，kleine Generalklausel）相一致，规定引人误解的广告行为应该通过民事法律手段（即停止侵害请求权的主张）来加以处理，因而形成了一个反对误导性广告的法律依据。1896 年《反不正当竞争法》虽然比较详细地规定了市场经济实践中常见的不正当竞争行为，但仅仅是典型列举而已。立法者对不正当竞争采取法定主义的态度，并没有如当初人们所要求的那样制定出一条制止不正当竞争的一般条款。在立法者看来，要制定一项禁止不正当竞争的一般条款是不切实际的，其会徒然增加法律的不确定性。显而易见，列举式立法在实现法律确定性的同时，也会带来灵活性不足的缺陷。这种缺陷在司法实践中旋即暴露出来：经营者奉行"凡是法律未禁止的竞争行为，均属于正当竞争"的原则，依然可以肆无忌惮地实施各类有悖诚实信用和商业道德的竞争行为。民法典有关侵权行为的某些规范固然可以被援引为制止不正当竞争的一般依据，但总体法律形势依然不尽如人意。

---

[1] Adolf Baumbach, *Kommentar zum Wettbewerbsrecht*, Berlin: Liebmann, 1929, S. 123.

知识产权与竞争法贯通论

1896年8月18日的《民法典》在1900年1月1日生效以后，其反对不正当行为的规定（特别是第826条和第824条），被用于反对不正当竞争的实践。在《民法典》生效伊始便发展出来的司法判决对已经建立和进行中的企业经营的保护变得甚为重要。1896年《反不正当竞争法》第1条"小的一般条款"和《民法典》规定的适用显得法律保护力度不敷其需，特别是因为第826条需要故意的要件，"举证维艰"，对企业保护的发展止步不前。1909年6月7日颁布了被沿用至今且未再大改的反不正当竞争法律，迈出了举足轻重的一步，这一里程碑式的修订案在该法的开头设置了被誉为"整个竞争法领域之帝王规范"[1]的一般条款。该条款在表述方式上与德国民法典中一般侵权法的规定相类似。这一条款就是《民法典》第826条。《反不正当竞争法》第1条规定，禁止违反善良风俗的行为。1896年《反不正当竞争法》的具体事实被继承并由新的补充加以扩展。其方法是借鉴《民法典》第826条，但删除"损害故意"要件。具体的行为规定不再是对不正当的竞争方式的穷尽列举，而仅仅是典型列举。一般条款具有兜底保护的功能，授予了法院极大的发展自由空间，以弥补具体不正当行为规定的灵活性不足所带来的缺陷与漏洞。嗣后，《反不正当竞争法》分别在1965年、1969年、1986年和1994年经历了几次小幅修订，但1909年所确立的一般条款的基本概念相沿不改，成了"几乎所有不被许可的竞争行为的总括"[2]。

如果说德国反不正当竞争法是从经济侵权法律中游离出来的一个分支，那么德国卡特尔法的肇端则可谓滥觞于公司法。

---

[1] Volker Emmerich, *Das Recht des unlauteren Wettbewerbs*, 5. Auflage, München: C. H. Beck, 1997, S. 9.

[2] Anton Plager, *Schutzzwecke des Lauterkeitsrechts: Entfaltung und Entwicklung zwischen 1909 und 2004*, Frankfurt, M.: Peter Lang GmbH, 2010, S. 107.

第一章 反垄断法与反不正当竞争法关系论

"竞争法"这一概念的使用直到大约20世纪30年代仍尚不稳定。毫无疑问,"竞争法"当时只包括不正当竞争法。"卡特尔法"首先在学术界被创制出来,自1923年起被规定于《卡特尔条例》(Kartellverordnung)中,作为公司法的一个边缘领域而被适用。1923年颁布的《卡特尔条例》视角相当偏狭,当时的学者在研究上画地为牢,几乎全部囿于公司法方面,未考虑限制竞争和国民经济的关系,更遑论其与属于"侵权行为法"范畴的反不正当竞争法的关系。时被议论纷纭的"本拉特加油站案件"(Benrather Tankstellfall)以卡特尔法律问题为对象,即大型石油公司1926年缔结的卡特尔的外来压力,但帝国法院并没有按照被过于狭义理解的《卡特尔条例》而是按照《反不正当竞争法》第1条加以解决,这使得卡特尔法是否也属于竞争法的问题引起了注意。直到1945年,不正当竞争法和竞争禁阻法彼此间在私法和经济法教义学上尚未从根本上密切联系在一起。人们把更多的法律目光投诸联合的形式以及义务关系,而不是其可能带来的限制竞争的消极影响。反限制竞争法起源于基本上允许卡特尔、康采恩和合并的法律,因而系公司法的附属物。

第二次世界大战结束后,同盟国的去卡特尔法自1955年起作为德国法适用,且因1958年德国反限制竞争法律的起草,反不正当竞争法与反限制竞争法的关系论题刻不容缓地被提出来了。不过,立法者虽有意创设一部代表新纪元的经济基本法,竞争法系统的立足点随着原则上的卡特尔禁止而改变,卡特尔法在公司法上的问题变得无足轻重,但对于其与毗邻法域,尤其是竞争法的衔接问题,却殊不甚置意。菲利浦·穆日内(Philipp Möhring)提出了一个"在广义上的竞争法"的概念,作为"在狭义上的竞争法"的不正当竞争法和卡特尔法均被包括其中,"市场秩序法"的上位概念方真正得以形成。[1]乌尔默讨论了将卡特尔法和反不正当竞争法作为一个整体的竞争法的要素进行理解的可能性。费肯杰生动描述了乌尔默的智力贡献,认为鲁道夫·卡尔曼(Rudolf Callmann)把"竞争法"(Wettwerbsrecht)这个术语引入,但乌尔默旨在展现两个法域之间的关系,堪称现代意义上竞争法的缔造者。德国法学界主流观点认为,人们必须讨论一般竞争法,其中反限制竞争法保护竞争的状态,反不正当竞争法保护竞争的质量。此后,"卡特尔法"作为反限制竞争法的简称被保留下来。从历史发展的角度来看,德国的反不正当竞争法和反限制竞争法的来源各异,问题原动力亦殊,并且均经历了移步换形的蜕变,化蛹为蝶,与最初的形态大相异趣。两者分途并进,时而平行,时而交叠乃至交错,在立法、司法、行政者的渐进改革和法律学人的苦心襄赞下,合同而化,最终趋同,被编织成一张笼罩企业活动、如同美国大法官霍尔姆斯(Oliver Wendell Holmes)所谓精致而富有弹性的"无缝之网"(seamless web)。[2]

第二节 异同论

在研究中,进行辨异的工作是非常必要的,出于行文需要和视角转换而"花开两朵,各表一枝"也是可以理解的,但不能为了辨异而将歧异扩大化,与趋同相割裂开来,否则严辨将使自己的研究陷于精神分裂,自相矛盾。因为这里存在观察者主体性问题,圆润的研究参其异而会其同,既不能强求二者同

---

[1] E. Ulmer, *Sinnzusammenhänge im modernen Weftbewerbsrechts*, *Ein Beitrag zum Aufbau des Wettbewerbsrechts*, Berlin: Springer-Verlag, 1932, S. 15ff.

[2] "法律是一张无缝之网"(Law is a seamless web.)这句话已被归诸包括奥利弗·温德尔·霍姆斯在内的诸多学者,但其最初典出于何仍有待考证。

一,自其同者而视之,无往而不一,亦不强分其异,因为自其异者而视之,无往而不分。

一、立法目的

反垄断法的精神是维护竞争自由,而反不正当竞争法解决的是竞争行为是否合乎商业伦理,竞争者之行为有无道德上的可非难性,是否侵害了其他竞争者的权利。换言之,反垄断法保护竞争的程度或强度,而反不正当竞争法保护竞争的质量。反垄断法重在保障市场竞争之自由,防止独占事业滥用其经济优势、联合行为阻碍竞争充分、结合行为妨害竞争自由。而反不正当竞争法则重在维护市场竞争之正当,防止市场竞争过于激烈而导致不公平、有违商业伦理道德行为的产生。尽管反垄断法和反不正当竞争法之间存在交集,特别是在妨碍竞争的领域,但这两个法域按照常规分离理论针对不同的目标:反垄断法巩固自由和竞争的存在(数量),即"存在保护"(Existenzschutz);反不正当竞争法保障(卡特尔法上自由保持)的竞争(性质),即"质量保护"(Qualitätsschutz)。德国法学界主流观点认为,《反限制竞争法》旨在反对企业限制竞争的自由保护,《反不正当竞争法》则通过公平规则划定企业行为空间;前者是"制度保护"(Institutionenschutz),是对"竞争自由的保护"(Schutz der Freiheit des Wettbewerbs),后者是"公正保护"(Lauterkeitsschutz),是对"竞争公正性的保护"(Schutz der Lauterkeit des Wettbewerbs),被称为公平竞争法。反垄断法致力于竞争自由,建构公平的经济行为的游戏规则,被称为自由竞争法。反不正当竞争法关注于个体的公平性,主要针对经营者违反商业道德和诚实信用原则、损害其他竞争对手的行为进行规制,立足于规制经营者的行为,保护正当经营者,发挥维护竞争道德的作用。其作用在于保护在不被扭曲的竞争中的竞争者、消费者和公众利益。反垄断法的目

知识产权与竞争法贯通论

的是保证自由竞争，防止垄断、竞争者之间的限制竞争协议和协同行为，创造经济稳定。如果说反垄断法主要致力于竞争限制，那么反不正当竞争法主要适用于"过度"竞争，即所谓的不公平竞争。正如一些学者从立法目的上所区分的那样，反不正当竞争法在于确保竞争之"正确"，属于工业财产法的领域，反垄断法在于维持竞争之"自由"。反垄断的目标是遏制垄断行为破坏开放和竞争的市场结构，反不正当竞争立法则试图区别竞争行为的公平合理性。正是由于反不正当竞争法和反垄断法基于不同法律目的而被严格互相区分，所以违反反垄断法损害赔偿不被允许通过公平交易法的路径，后者在今天已经提供了广泛的集体法律保护可能性。[1]矢部丈太郎（やべ じょうたろう）认为，自由竞争是一个量的概念，公平竞争是一个质的概念，应该加以区别；妨碍公平竞争应该以效率竞争的抑制为中心。对于混杂在一般规定与自由竞争限制有关行动（所谓竞争减少型行为），不应作为不公平交易方法加以规制。[2]在日本，《反不正当竞争法》（「不正競争防止法」平成5年〔1993年〕法律第47号）和《反垄断法》（「私的独占の禁止及び公正取引の確保に関する法律」昭和22年〔1947年〕法律第54号）作为实在法，前者是第二次世界大战前的旧法，后者则是战后立法，两法之间并未呈现前后相继的内在理路。然而，两法共同之处在于维护公正的竞争秩序和自由的竞争秩序。[3]反垄断

---

[1] Jochen Bernhard, *Kartellrechtlicher Individualschutz durch Sammelklagen：europäische Kollektivklagen zwischen Effizienz und Effektivität*, Tübingen：Mohr Siebeck, 2010, S. 44.

[2] 矢部丈太郎「不公正な取引方法の規制原理についての一考察」稗貫俊文編『競争法の現代的諸相：厚谷襄兒先生古稀記念論文集〔上〕』信山社、2005年、589頁。

[3] 鈴木孝之「不正競争防止法と独占禁止法の交錯」『白鴎大学法科大学院紀要』第6号、2012年。

法和反不正当竞争法以在营业自由作为基调的市民社会经济体制中产生的问题为起点。反不正当竞争法针对利用营业自由对其他企业已建成商誉搭便车、模仿其他经营者产品形式开发、损害其他经营者的无形资产价值等行为，防止无形商业资产价值被侵权的私人损失是直接保护的法益（私益），公正竞争秩序的维护是间接保护的法益（公益）。[1]易言之，反不正当竞争法着眼于经营者经营活动的内容公平的方面，而反垄断法关注经营者的经营活动的内容决定意向的自由方面。

二、调整角度

反不正当竞争法与反垄断法分别从不同的角度来保障和促进公平。反不正当竞争法是反对企业以假冒、虚假广告、窃取商业秘密等不正当手段攫取他人的竞争优势，其前提条件乃是市场上已然存在竞争。而反垄断法则是通过反对限制竞争，使市场保持竞争态势，使市场上有足够的竞争者，保障企业在市场上自由参与竞争的权利，提高经济效益，扩大社会福利，进而保证消费者具有充分的商品或服务选择权。易言之，反垄断法与反不正当竞争法的出发点大相异趣，前者重在维护竞争者的自由竞争权，解决竞争有无的问题；而后者致力于维护市场参与者的竞争行为正当性，解决滥用自由竞争权所导致的竞争过度问题。反不正当竞争法是从规范形形色色的不正当竞争入手，通过制止不正当竞争行为，避免有失诚信的不正当竞争行为对经营者和消费者的危害，缔造自由、公正的竞争秩序，其所体现的是国家运用法律手段对市场进行微观调控。与此相对，反垄断法则是从规范限制竞争的状态和行为出发，通过对垄断

---

〔1〕 鈴木孝之「不正競争防止法と独占禁止法の交錯」『白鴎大学法科大学院紀要』第6号、2012年。

知识产权与竞争法贯通论

和限制竞争的行为和状态进行规制,防止出现少数经营者控制和操纵市场,限制竞争,从而维护经济的自由、民主和公正的竞争秩序,其所体现的是国家对市场的宏观调控。前者追求局部和个案的公正,后者追求整体和宏观的效率。在这一点上,反垄断法相对于反不正当竞争法尤其具有特别的综合功能,其不是要保护在竞争中的个人行为,而是要保护作为一种制度的竞争本身。显而易见,竞争的有无较之竞争的质量是一个更为重要的前置性问题。在第二次世界大战后,随着德国市场经济的成熟化、规模经济的成长以及企业集中化程度的提高,保护竞争的重点已经从反对不正当竞争行为转向反竞争限制行为。作为后起之秀的反限制竞争法骎骎然地位日隆,原有的反不正当竞争法则降尊为次,轩轾判然。在其他国家的市场经济法律体系中,反垄断法也往往被冠以"经济宪法""自由企业大宪章"等尊名,地位远高于反不正当竞争法。相对而言,反不正当竞争法仅仅着眼于对竞争秩序的保护,重点保护善意经营者权利和微观特定主体的利益;反垄断法则体现着对企业自由和市场竞争的双重保护,具有宏观特点和政策性。迈克尔·莱曼虽然同意限制竞争法中保护中小企业的结构政策在反不正当竞争法的创造活动中也不可忽视,但鉴于二法的基本结构设计不同,前者倾向于对竞争秩序"整体"的保护,后者倾向于对"个体"的保护,因此他也赞同诸如保护中小企业政策的观点不应在反不正当竞争法考虑范围的观点。[1]因为反垄断法是规范整个市场的竞争,从宏观上关注市场结构、份额、保证企业自由参与竞争的权利,提高经济效益和消费者社会福利,涉及的问题是全局性的,所以有些学者认为反垄断法在推动和保护竞争

---

[1] Michael Lehmann, Wettbewerbsrecht, Strukturpolitik und Mittelstandsschutz, *Gewerblicher Rechtsschutz und Urheberrecht*, 1977, S. 633-642.

方面所起的作用远较反不正当竞争法更大,将其置于经济法的核心地位。

所有参加市场竞争的经营者,无论经济实力强弱、市场份额多寡,都可能成为不正当竞争行为的主体,它们之间形成的竞争关系均属于不正当竞争法调整的关系。而反垄断、限制竞争行为法所调整的对象则往往是经济实力强、市场份额大的经营者,这些具有市场优势地位的经营者与弱小经营者之间形成不平等主体间的竞争关系。违反竞争秩序而被禁止的行为可以分为"基础确保性的禁止行为"与"竞争促进性的禁止行为",前者指的是禁止破坏商誉等不公平竞争行为,后者则是禁止垄断协议、滥用市场支配地位的行为。大錄英一(おおろくひでかつ)认为,对于妨碍公平竞争,"侵权传统的自由竞争损害类型是不恰当的,即便不公正的交易方法,也有必要作为在某一特定领域内实质性限制竞争问题考虑的。但是,不公平的交易方法与私人垄断不同,不是排斥、支配也可以加以规制,因此较之私人垄断应用更加广泛。此外,在交易中的特定阶段在某一特定领域内实质限制竞争的危险(具体的风险)可以加以规制,也认为是私人垄断所不同的"。[1]我国1993年《反不正当竞争法》第2条规定:"本法所称的经营者,是指从事商品经营或者盈利性服务(以下所称商品包括服务)的法人、其他经济组织和个人。"这里揭示了经营者尽管是指一般的市场主体,不仅仅局限于中小企业,但实际上调整对象仍是以中小企业为主。因为仿冒、窃取商业秘密、诋毁等不正当竞争行为多由中小企业在野蛮生长中实施的鸡鸣狗盗伎俩,这些不太正规的游击部队式企业往往出于投机取巧的动机剑走偏锋,不按照规定出牌,

---

[1] 大錄英一「独禁法の体系と一定の取引分野における競争の実質的制限」『駿河台法学』第17卷第2号、2004年。

知识产权与竞争法贯通论

打擦边球。反垄断法调整的对象一般是大型垄断企业。与此相对，从我国《反垄断法》第2条的规定可以看出，企业的市场强势力量是适用反垄断法的前提，只有相当规模的企业才有可能滥用市场支配地位，排除或者限制竞争，而一般的中小企业根本不具备资金和技术实力实施这种行为。在某种程度上，反不正当竞争法可谓更多地为名牌企业、大企业着想，而反垄断法则体现着对中小企业的着意保护，两者不可偏废。倘若仅仅制定反不正当竞争法而不制定反垄断法，不免使人产生仅要求中小企业守法而放任大型企业违法的负面印象。正是基于这种差异，反垄断法被称为"打老虎之法"，反不正当竞争法被称为"打苍蝇之法"。在对消费者利益的保护方面，反垄断法和反不正当竞争法也呈现出不同的调整特点。尤其是在反垄断法中，消费者利益的保护明显体现为一种目标价值而非直接保护，但在反不正当竞争法中，对于消费者利益则呈现出由间接保护向直接保护转化的趋势，对消费者利益的保护相对而言更为直接。

针对彼得·乌尔默（Peter Ulmer）等人以"普遍效率原则"（allgemeinen Leistungsprinzips）建构竞争法的理论，费肯杰在其所著的《经济法》中指出：尽管在竞争法中作为否定性评价（非价值判断）的一般指南，效率思想是非常明显的，不正当之利以及卡特尔和垄断的收益并非基于效率，但并不能从中抽绎出该法域所基于的一般的否定性评价的理据，以"效率"和"非效率"区分事实，并由此断言，《反不正当竞争法》第1条的不正当性评断、《反限制竞争法》第22条的滥用权利判断、《反限制竞争法》第37a条第3款的竞争妨碍判断相互依赖。在不正当竞争法意义上的效能竞争和非效能竞争可以追溯到弗兰茨·伯姆（Franz Böhm）和尼佩代（Hans Carl Nipperdey），其在卡特尔法上不可适用性的关键原因在于其不同的规制目的：在不正当竞争法中关心的是与竞争方式有关的平等起点，而在反限制竞争法中关心的是与经济权力的掌握和应用有关的平等起点。《反限制竞争法》第 22 条意义上的滥用权利在许多情况下固然可以同时意味着不正当性，特别是与市场相关的不正当性，并且相应的法律主张和法律替代（Rechtsbehelfe）由此出现竞合，这无须赘言，不过不应该从一个法域得出另一个法域的结论，因为卡特尔法上所关注的市场权势的控制，对竞争方式的评判而言给出了另一个维度。[1]迈耶尔-科丁也于 1964 年在《法律人报》撰文反对反不正当竞争法中善良风俗概念的恣意扩张导致"伦理逊位"，认为反不正当竞争法不应该插手属于反限制竞争法范畴的问题，而应该回到伦理的观点，亦即其所说的"西欧文化涵蕴的伦理和一般人文观念"。[2]阿尔方斯·克拉夫特也强调二法的目的、功能的差异，认为反不正当竞争法中的"善良风俗"评价范围不能与具有浓厚经济法性质的反限制竞争法混同，其解释必须中立于经济政策、社会政策，以竞争"行为"为评价对象，不可以"结果"取向。[3]

三、价值取向

反不正当竞争法主要是反对经营者出于竞争的目的违反市场交易中诚实信用的原则和公认的商业道德，通过不正当的手段攫取他人竞争优势的行为。因此，它首先保护的是受不正当竞争行为损害的善意经营者的利益，以维护公平竞争的市场秩序。从这个意义上说，反不正当竞争法所追求的价值理念是公

---

[1] [德] 沃尔夫冈·费肯杰：《经济法》（第 2 卷），张世明、袁剑、梁君译，中国民主法制出版社 2010 年版，第 220 页。

[2] Meyer-Cording, Gute Sitten und ethischer Gehalt des Wettbewerbsrechtes: Grundsätzliches zu § 1 UWG, *Juristenzeitung*, 19. Jahrg., Nr. 9, 1. Mai 1964, S. 273-278.

[3] Alfons Kraft, Gemeinschaftsschädliche Wirtschaftsstörungen als unlauterer Wettbewerb, *Gewerblicher Rechtsschutz und Urheberrecht*, 1980, S. 967. ff.

知识产权与竞争法贯通论

平竞争，以维护商业伦理和公平竞争为己任。反垄断法则是从维护市场的竞争性出发，目的是通过消除限制竞争的现象，保证市场上有足够的竞争者，促进竞争自由，以便使交易对手和消费者在市场上有选择商品的权利。只有当市场上出现了垄断或者垄断趋势的时候，政府方可干预市场，干预的目的是降低市场集中度，调整市场结构。反垄断法所追求的价值理念是自由竞争，目的是保障企业有自由参与市场竞争的权利，提高经济效益和消费者的社会福利。反不正当竞争法侧重追求竞争中的公平，同时兼顾效率；而反垄断法更强调追求竞争中的效率，同时兼顾公平。在德国竞争法中，"制度保护"（Institutionenschutz）防止企业"限制自由竞争"（Schutz der Wettbewerbsfreiheit gegen Beschränkungen durch Unternehmen），"正当性保护"（Lauterkei5tsschutz）维护"公平竞争"（Schutz der Lauterkeit des Wettbewerbs）。但考虑到反不正当竞争法的利益保护的这些自由有关的前提，竞争功能考虑的经济主义意识形态的批判最终被立法所拒绝，反不正当竞争法"反对任何形式的意识形态化"[1]。

正是由于反不正当竞争法和反垄断法存在密切的联系，随着第二次世界大战后反垄断立法进入高潮，在各国和地区的立法例中，两者有不少是共存于一部或几部立法之中的。例如，日本的《禁止私人垄断以及确保公正交易法》就包括"垄断行为""不正当的交易限制"和"不正当的交易方法"三部分。

按照这种观点，"一方面，反垄断法以维护自由竞争为天职，原则上禁止一切限制自由竞争的行为。另一方面，反不正当竞争法旨在维护正当的竞争，反对不正当的竞争，其实质在

---

[1] Philipp Daniel Pichler, *Das Verhältnis von Kartell - und Lauterkeitsrecht - Eine Standortbestimmung nach den Novellen von GWB und UWG*, Baden-Baden：Nomos, 2009, S. 151.

于限制自由竞争"。反不正当竞争法规范的是竞争者具体的竞争行为，强调对竞争者本身私权利的保护，有利于保障静态的财产权和人身权，可以说是商事或经济领域的侵权法。反不正当竞争法在总体上不涉及市场竞争结构以及竞争的充分有效性，是一种"营业警察法"，旨在净化竞争秩序，使经营者、消费者免受虚假、欺诈性的竞争行为之弊。反垄断法从根本上规制市场竞争秩序，因此反垄断法有利于实现动态的交易安全，主要不是为了维护个别主体的具体权益，而是基于有效竞争的理论，刺激竞争的开展，力求产业组织的优化和市场结构的合理化，提高市场绩效，保证经济资源的最佳配置、产品的最低价格和最佳质量、促进工业的最大进步。职是之故，基于不同的理念，反不正当竞争法以制止不正当竞争行为为己任，主要关注于市场上企业间的相互竞争行为；而反垄断法则关注于竞争者之间的协调行为，以期防止市场上形成排除竞争或者严重限制竞争的局面，所以某种违反反垄断法的行为，例如竞争者之间商定商品或者服务的价格，因为没有损害任何竞争者的利益，并不构成对于反不正当竞争法的违反，同时，某种不正当竞争的行为，例如假冒商标或假冒专利，因为不会影响市场竞争结构，不会减少市场上竞争者的数目，亦不被视为违反反垄断法的行为。易言之，反垄断法和不正当竞争法从两个不同的角度保障和促进竞争：前者主要规范限制竞争行为，创造一个开放的竞争环境，后者则主要规范不正当竞争行为，引导、规范具体的竞争行为。限制竞争是避免或减少竞争，是竞争的对立物，而不正当竞争则并不排斥、限制竞争，其在承认并允许其他竞争对手参与竞争的前提下，采取不正当、不合法的手段造成竞争过度或不当，仍然属于竞争的范畴。是故，反垄断法则主要是保护社会公共秩序和由此保护市场的"公正且自由"的竞争秩序，旨在解决市场中存在的竞争不足问题，使市场的经营活动充满活力。反不正当竞争法的实质在于维护基本的商业道德，解决市场经济活动中存在的"诚实信用"问题和由此产生的相应的侵权问题，保护经营者和消费者的合法权益不受非法侵犯。

愚见以为，这种观点表面上可以成立，貌似壁垒森严，但经不起推敲，泾渭分明的划分过于低估了问题的复杂性。不正当竞争确实是一种侵权行为，即损害他人合法权益的行为，但是又不同于一般的民事侵权行为。在不正当竞争中，行为人不仅侵害了作为竞争对手的其他经营者的利益，而且也侵害了广大消费者的利益，扰乱了社会经济秩序。它除了损害作为一般民（商）事主体的经营者和消费者的利益以外，还直接破坏了市场经济的最基本的机制——竞争机制，竞争本来是一种奖惩兼施（通过优胜劣汰）的市场机制，而不正当竞争却破坏了这种竞争性制裁和奖励的市场机制。通过假冒他人驰名商标等不正当竞争方式，产品往往质次价高的行为者不仅有可能逃脱竞争失利的惩罚，反而可以侥天之幸弋获利润，安分守纪的企业却为此遭受声誉上和经济上的损失，甚至被挤出市场，以至于造成优者不胜、劣者不汰，劣币驱逐良币的局面，致使正常的竞争机制无法发挥其作用。从这个意义上说，反不正当竞争法也和反垄断法一样保护竞争的机制。反垄断法从宏观上防止竞争不足，保持经济具有"有效竞争"的活力，提高本国企业和整体经济的竞争力，但确保市场主体的多元化也很有可能会削弱竞争力。反垄断法对于大企业的并购不无掣肘，并不见得都以效率为考量，对于中小企业的进入壁垒的破除也并非不出于公平的考虑。在某些情况下，公司合并可能并不会减弱竞争，而是通过更具效率性而降低了成本，以至于这些合并的收益有时被称为"合并效应"。征诸经验研究的结果，美国昔日反托拉斯法被严格实施，甚至不惜采取拆分的手段，事实上对于经济的发展不利，后来出于效率的考量，这种高压势态才逐渐得以扭转。德国是反不正当竞争法实施最为严格的国家,其实对于经济的发展带来的限制较然易见。截至目前,德国《反不正当竞争法》已屡经修订。从本质上讲,它针对妨碍行为,因此要保护效能竞争,遵循制度保护和个人保护的思想。制度保护作为匿名的监视和控制机制强调竞争维护,个人保护理念机制旨在确保市场参与者行动和决议的自由。反不正当竞争法保护的主体不仅包括竞争对手,而且包括作为"效能竞争"公共利益的主体的消费者和公众。从这个角度来看,反不正当竞争法很明显是服务于个人和制度保护的。因此,德国法学界认为,反限制竞争法和反不正当竞争法存在统一的保护目的的基础,使反限制竞争法和反不正当竞争法之间有着密切的实质性互动。效率与公平并非截然两橛,此非竞争法两大法域异同之肯綮所在。

在世界上,只有德国、卢森堡等少数国家对利诱性销售行为进行非常严格的限制,而其他大多数国家和地区采取原则许可的立场,仅对其中违背竞争法基本原则的行为,即不正当利诱性销售行为进行一定限制。2001年6月29日,德国联邦议会废止了《折扣法》(Rabattgesetz)和《附赠法》(Zugabeverordnung)。但是由于在德国可以依据一般条款对一切违背"善良风俗"原则的不正当竞争行为提起诉讼,并且先前就已有大量依一般条款对"诱捕顾客"的不正当竞争行为进行惩治的案例,因此德国实际上并未放松对不正当利诱性销售行为的规制。"反不正当竞争中心诉C&A时装两合公司案"(Zentrale zur Bekämpfung des unlauteren Wettbewerbs v. C&A Mode KG)即是一个值得反思的案例。2002年1月1日,新的欧洲货币单位欧元开始使用。在举国同庆新年之际,考虑到欧元的引进,德国第四大纺织品服装连锁店C&A Mode KG宣布,从2002年1月2日至5日,授予使用借记卡或信用卡购买其旗下184个专卖店任何产品的客户以20%的折扣,从而展开了声势浩大的广告宣传促销活动。销售商和消费者担心在2002年的最初几天新流通货币的现金量供应不足。因为在此前的2001年12月25日及26日的圣诞及元旦许多人都放长假,私人银行向广大客户及在商业交易中的货币供应较为紧张,所以C&A计划在新年头几天内向选择信用卡非现金交易方式的顾客进行大幅减价。这一行动既能够纾解在收银台因非现金支付产生的延迟,从而节省经销商和部分客户的交易成本,同时也可以刺激顾客解囊购买(在"假日经济"过后的年初第一个月份通常是交易淡季,生意冷清)。基于反不正当竞争中心(Die Zentrale zur Bekämpfung des unlauteren Wettbewerbs)和保护公平竞争协会(Der Verein zur Wahrung des lauteren Wettbewerbs)的申请,杜塞尔多夫地方法院通过临时禁止令叫停了C&A的这一打折行为。反不正当竞争中心将C&A的这一打折行为定性为"特殊促销活动"。C&A辩称,此举是出于方便德国法定货币从马克平稳过渡到欧元的考量。被叫停后,在欧元引入第一天避免顾客在收银台排起长龙,成为店家抗辩的理由。店家拒绝停止打折促销活动,逆势而为,变本加厉,一意孤行继续打折至1月5日,俨然具有负隅顽抗的意向。德国工商协会(Deutsche Industrie-und Handelskammer)同意反不正当竞争中心的观点,认为《折扣法》和《附赠法》虽然已被废除,但如果属于《反不正当竞争法》第7条第1款规定的特殊促销活动,该打折行为仍然是非法的。按照《反不正当竞争法》第7条第1款,除夏季和冬季清仓销售以及定期的周年促销,其他特别促销活动本身是被禁止的。借口欧元引进而提供折扣,并没有改变其非法性。德国零售商总会(Hauptverband des Deutschen Einzelhandels)认为,C&A不应该有精确描述的折扣限制。不寻常的高折扣和客户的限制范围均符合法律秩序,但是,其时间限制不符合法律秩序。倘若服装连锁店给所有使用信用卡或借记卡的客户提供折扣,不将此优惠限制于特定时间段内,然后在未来的某个时刻停止提供折扣,促销就不会引发争论。按照德国零售商总会的观点,价格临时改变将迫使消费者改变日程安排,以便冲到专卖店享受降价优惠。在1月4日,杜塞尔多夫地方再次禁止C&A所作出的新优惠,并威胁服装连锁店将对其科以25万欧元的罚款。反不正当竞争中心再次向法院申诉,认为C&A做了修订后的优惠仍明显破坏临时禁令。被告在深化和补充此前提出的证据、主张废除折扣法后,《反不正当竞争法》第7条第1款关于特别促销活动的规定应被重新诠释,系争销售活动无法被包含在《反不正当竞争法》第7条第1款的禁止范围。此外,禁止为期几天的各种品种20%折扣,至少与《欧盟条约》第49条不兼容。2002年3月27日,杜塞尔多夫地方法院商事第四庭维持禁止令:初步禁制令申请者的要求成立。杜赛尔多夫地方法院对该行为予以禁止的判决经媒体报道后遭到广泛的质疑,引发了在欧洲大陆的人们对德国和欧洲竞争政策目标的公开激烈辩论,从根本上改变现行法律的呼吁如鼎之沸。法律不能成为紧身马甲,经济法的本性就是要讲经济性,不能将效率置之不顾,捆绑经营者的手脚,使之徇然若迂拘之儒。德国《反不正当竞争法》在该案发生不久后便俯顺舆情进行修订,表明对于效率的重视不亚于反限制竞争法。

  反不正当竞争法涉及的是通过诸如误导顾客获得优势的行为。通过达成卡特尔协定或垄断以获取卡特尔或垄断利润,则违反了卡特尔法。后者也不是基于效率,而仅仅基于限制竞争行为的存在、创造或运用。由此可见,反限制竞争法和反不正当竞争法中的否定性判断存在共同性,均以一个普遍的效率原则为基础,违背效率原则的行为在根本上不能得到法律的保护。无论是按照分配正义原则,还是按照交换正义原则,从不正当竞争行为、限制竞争协议或者垄断中获利的行为都是不适当的。

按照费肯杰的观点，在包括反限制竞争法和反不正当竞争法在内的一般竞争法中，一般效率原则构成了非价值判断的依据，而法律归属乃关乎"效率保障原则"（Leistungssicherungsprizip）。与此不同，与经济法相关的法益归属中的非价值判断，尤其是在工业产权保护和著作权法中，以对被赋予的主观权利的侵害为基础。[1]在反对竞争禁阻法和反不正当竞争法中所保护的竞争，决不仅仅单纯涉及效率。这两个问题实际上是被分开来的。经济竞争作为价值、作为效率刺激和作为效率表现，在概念上是从作为亚当·斯密的"无形之手"意义上的"经济引擎"和作为创新工具和分配机制等使用的经济竞争中分离出来的。即使在有效竞争意义上的经济竞争本身作为经济政策的指导图像是无可非议的，出于法律的原因对于其作为法律的指导图像的修正仍然是必要的。这里涉及竞争的单一或多元目标问题。尽管市场经济体制讲求公平，但仍无法保证公平。"一方面，由于市场能体现人们以及思想的那种非个人的、相对客观的过程，因此它能较充分地获得公正，尤其是当把它与那些为发挥这些作用而产生的那种并不完善的制度相比时，更是如此。但另一方面，由于具有不同条件的人们对市场的非个人筛选过程中，具有不同的起点和天赋以及不同的交好运或坏运的机会，因而产生了不公平。"[2]故而，西方经济学有句名言："效率经由市场，公平通过政府。"这揭示了效率和公平所属的不同分工领域。把垄断放在效率的标准上加以审视，以效率作为衡量一切的标准自然可以使执行竞争政策具有明确的目标。但其间的偏颇也昭然可见。

---

[1] [德] 沃尔夫冈·费肯杰：《经济法》（第2卷），张世明、袁剑、梁君译，中国民主法制出版社2010年版，第167页。

[2] [美] 查尔斯·沃尔夫：《市场或政府：权衡两种不完善的选择》，谢旭译，中国发展出版社1994年版，第135—136页。

第一章　反垄断法与反不正当竞争法关系论

事实上，对垄断的批判有着悠久的传统，在西方历史上甚至可以追溯到视垄断为贪得无厌的罪孽的中世纪，这种对垄断的指责自然出于分配原因而不是出于效率的考虑。在提交后来作为《谢尔曼法》通过的议案时，参议员谢尔曼呼吁："既然我们政治上不再容忍国王的权利，那么经济上我们也不应该允许那种阻止竞争、任意制定商品价格的强权。"[1]这显然具有煽情的色彩。尽管芝加哥学派在反托拉斯方面重要的代表人物波斯纳等人辩称反托拉斯立法的最终目标是提高经济效益和经济福利，但最初反托拉斯法提出时，国会议员大多是律师出身，不可指望他们具有更为深层的经济上的考虑。美国最高法院布莱克法官在1945年的判决指出："《谢尔曼法》依据的前提是，不受限制的竞争将产生最经济的资源配置、最低的价格、最高的质量和最大的物质进步，同时创造一个有助于维护民主的政治和社会制度环境。"[2]德国奥尔多自由主义学派对欧共体竞争法的社会政治价值产生了较大的影响。按照该学派的观点，竞争法不仅具有经济功能，而且具有政治功能，是创建民主政治的基础。反垄断法的价值是多元价值的集合体，至少可以被分成基本价值和终极价值。反垄断法规范企业经济行为，经济效益自然成了其重要的价值，但经济效益的内涵远较竞争效益的内涵丰富。反垄断法的效益价值包含了对所维护的经济关系的效益和反垄断法制度的法行为的本身的效益两方面。正是这样，欧盟竞争法包括政治、经济和社会三大目标。欧洲学者之所以使用范围更广的"经济效率"一词代替"竞争效率"，就是为了使欧盟竞争法的经济和社会目标能够充分囊括从经济增长、

---

[1] [德]曼弗里德·诺伊曼：《竞争政策：历史、理论及实践》，谷爱俊译，北京大学出版社2003年版，第39页。

[2] Marshall C. Howard, *Antitrust and Trade Regulation: Selected Issues and Case Studies*, Englewood Cliffs, New Jersey: Prentice-Hall, 1983, p. 1.

增强经济竞争力、促进就业到资源的优化配置、分配的公平、对消费者的保护、中小企业的利益等方面。易言之，出于法律的原因所期望的竞争保护可能不仅仅涉及效率，而且关乎中产阶级的保护、欧盟统一市场政策、发展性援助的目标等等。竞争也许并非在所有情况中都是在经济学效率意义上的"有效的"。

随着经济学对市场垄断与效率之间关系分析的深入，以美国芝加哥学派为代表的学者认为，资本集中未必反竞争，高利润未必是反竞争的结果，反而可能是高效率的结果。规模大和市场份额高的企业本身并不必然违法，相反，具有市场支配地位的企业往往是市场竞争的幸存者，是具有效率和活力的表现之一。基于此，反垄断法的目标应该定位于促进经济效率的提高，其规制重点应放在具有市场支配地位企业的经营行为上，以防止这些经营者滥用优势限制市场竞争。受到芝加哥学派的影响，美国反垄断法对具有市场支配地位的企业的规制从结构主义转向行为主义。在德国，为了适用《反限制竞争法》第22条以及解决滥用评估的困难，彼得·乌尔默提出应该采纳"效能竞争"的概念：当一个对其他企业都开放的行为并不是以较好的效率为依据，而是以效率以外的实践为立足点，则令市场控制者承担滥用权利的责任。联邦卡特尔局出于管辖职权的原因而对此颇感兴趣，在1977年的工作报告中以冗长的论述阐明这一问题："因为市场控制企业通过更佳的效率以获得竞争领先也是被竞争秩序所接受的，边界可以仅划定在非效率的实践。"[1]彼得·乌尔默和联邦卡特尔局的观点是基于事实上建立在普遍效率原则上的一般竞争法的推衍，是基于对第22条滥用市场控制

---

[1] [德]沃尔夫冈·费肯杰：《经济法》（第2卷），张世明、袁剑、梁君译，中国民主法制出版社2010年版，第218页。

第一章　反垄断法与反不正当竞争法关系论

地位和效率关系的误解。尽管效率思想在竞争法中作为否定性评价的一般指南，不正当优势以及卡特尔和垄断的收益并非基于效率，但该法域所基于的一般的否定性评价的理据并不能推演出事实上的"效率"和"非效率"的划分，并由此断言《反不正当竞争法》第 1 条的不正当性评断、《反限制竞争法》第 22 条的滥用权利判断、《反限制竞争法》第 37a 条第 3 款的竞争妨碍判断均取决于此。将"正当"等同于"效率"对于《反不正当竞争法》的应用是不恰当的。赔本销售和不适当的广告等非效能竞争，在原则上也是正当的。与此相反，为排除在这种意义上的非效能竞争的卡特尔按照《反限制竞争法》第 1 条和《欧洲经济共同体条约》（EWGV）第 85 条第 1 款却是违法的。如果人们为了防止非效能竞争而允许卡特尔的话，那么将会产生汹涌澎湃的竞争妨碍的结局。这也是彼得·乌尔默所不赞同的结果。引入"效能竞争"这样一个如此宽泛的概念，并不适合于卡特尔法部分的领域。

　　在市场上的单纯依赖削价阻抑竞争对手尚不构成违反善良风俗，这毋宁是市场竞争的常态，但是有计划地摧毁特定竞争对手的削价、以少数商品削价作为诱饵的欺骗消费者的削价、通过大规模的馈赠或者削价营造不可克服的进入壁垒，损坏市场关系的竞争，便可能成为不正当竞争。然而，在反不正当竞争法中，正当竞争的边界对于大企业和小企业是一体适用的。这在卡特尔法中则存在着不同，在这里大企业在某些情况下是被禁止的，不以具有道德上的可责性为必要条件，而小企业则是被允许的。"宙斯所能做的并不意味着公牛也能做。"（Quo licet bovi non licet Jovi.）就一般而言，这种规制源于卡特尔法的基本思想，即弱势企业被允许，而市场支配和市场优势企业则被禁止。即使竞争行为在反不正当竞争法上合乎效率，但在卡特尔法上可能构成大企业滥用其市场控制或市场强势位置。这与此种大成问题的竞争措施的效率特性并无关系。关键的只是一个企业在竞争行为的介入方式,大企业由于较诸小企业规模庞大,可能在市场上造成其他影响。效率正义的概念因此对于评价《反限制竞争法》第 22 条和《欧洲经济共同体条约》(EWGV)第 86 条市场控制或市场强势的企业滥用权利行为的评估在原则上是可能脱离和拒斥的。只要明文规定的滥用权利存在,市场控制或市场强势的企业即使通过更好的效率获得竞争秩序中的领先地位也是不能"被接受"的。市场控制企业可以通过诸如"正常"的批发折扣等,以便与效率原则相符合,但当这样的行为将小的竞争者逐出市场或构成进入市场障碍时,则是不允许的。忠诚回扣最大的反竞争效果是类似独家交易排除效果。占支配地位的经营者通过追溯回扣人为地提高了顾客的转化成本,可导致与排他交易类似的约束效应(「吸引効果」, suction effect)。如果有问题的忠诚回扣覆盖市场,仅妨碍竞争者规模经济的达成和有效率的流通手段的获得,在市场上提高竞争力的成本。[1]一个大企业相对于一个小企业的位置取决于滥用权利的界限,而非竞争领先是否"获得更好的效率"。所以"边界只能划定在非效率的实践"也是不正确的。这个界线毋宁说是横贯于效率正义实践和非效率正义之间的。易言之,"效率"是与市场权势两相独立的。

四、法律属性

中国学术界占主导地位的观点认为,反垄断法和反不正当竞争法的法律属性不同。反垄断法属于公法范畴,主要维护自由竞争的市场结构和公平竞争的机制,而反不正当竞争法属于

---

〔1〕 早川雄一郎「競争者排除型行為規制の目的と構造-忠誠リベート規制をめぐる欧州の変遷と米欧の相違を手がかりに-」『法学論叢』第 177 巻 2 号、2015 年。

第一章 反垄断法与反不正当竞争法关系论

私法范畴,主要是从商业伦理道德入手保护经营者的合法权益。反垄断法具有经济法性质,而反不正当竞争法不过是民法中的特别侵权法而已。持这种观点的学者依据将包括反垄断法在内的经济法视为干预经济法的理论预设,认为经济法是实施市场经济的国家在市场经济的运作出现危机时进行干预、采取强制和引导的方式改变市场上的行为乃至产业结构的法规。按照这种干预论的观点,在资本主义国家,经济法是对民法的批判,而反垄断法专门设置行政机关,就是基于公共利益的考虑而负责对限制竞争行为进行积极、主动的干预,表现出国家干预经济、克服市场失灵的公法特征。与此相对,从历史渊源上看,德国等早期不正当竞争行为即是通过侵权法调整的,而且目前美国等国家的法律仍然将不正当竞争视为侵权行为。反不正当竞争法在传统上属于私法的表征之一就是,其赋予企业能够以损害其竞争能力为由起诉竞争者对手的权利,国家对于竞争者之间的不正当竞争行为往往并不主动进行干预,德国《反不正当竞争法》根本没有规定行政执法机构及其行政责任。按照公法领域"法无明文规定不得为"的原则,行政机关必须严格依法行使权力而不得滥用之。反垄断法不仅调整经营者之间的竞争关系,规制垄断协议、滥用市场支配地位、经营者过度集中等限制竞争行为,也规范国家机关对经营者竞争行为的管理。反不正当竞争法肇始于侵权法,属于特别侵权法,而按照私法领域"法无明文禁止即可为"的原则,市场上的竞争者只要法律未规定不得为,即获行为之自由,只有当不正当竞争行为构成对其他竞争者的侵权行为时,才被追究行为人的民事责任。因不正当竞争行为受到财产损失或者人身损害的当事人,有权获得法律救济,诸如要求停止侵权、损害赔偿、排除妨害、恢复名誉、赔礼道歉等等。对于一些严重损害他人利益、破坏市场竞争秩序的不公平竞争行为,可以认定其构成犯罪,追究其刑事责任。较诸反垄断行为，不正当竞争行为更多是对其他竞争者财产和人身权利的直接侵害，受害者可援引反不正当竞争法获得救济。尽管这种行为最终也妨害了正常的市场竞争秩序，但是对于财产权和人身权的主体（消费者和其他经营者）而言，他们更关心的是如何保护自身这种具体的利益不受侵害，更看重所被侵犯的具体利益如何得以恢复或弥补。这种不同的法律属性在各自的违法制裁手段上也可以窥豹一斑：反不正当竞争法通常以赔偿损失为基本手段，而反垄断法则多以罚款、限制解散、整顿为基本手段。在德国，反不正当竞争法的调整方式是传统的民法方式，其法律后果是停止违法行为、损害赔偿以及个别情况下的刑事制裁，而卡特尔法的执行则是通过专门的国家机关——联邦卡特尔局，该法在德国被视为经济行政法，或者公法。职是之故，一些德国学者甚至质疑把这两个分别属于公法和私法从而在体系上完全不同的法律统一在"竞争法"这一大概念中的妥当性。

但是，对于反不正当竞争法的法律属性的判断属于价值判断，由于论述者个人强调的面向不同，见仁见智，因人而异。许多学者对于上述主流观点表示异议。其中的理由包括：其一，反不正当竞争法不属于"侵权行为法"，而是属于曾经被误读、遗忘的"不法行为法"，"不法行为"理论是反不正当竞争法的理论源泉。其二，尽管在一定意义上可以说，反不正当竞争法是侵权行为法在竞争领域的延伸和专门化，但现代反不正当竞争法绝非单纯的私法，而是越来越多地渗入了公法的因素，兼具公法和私法的性质，与反垄断法一样属于经济法的范畴。首先，现代反不正当竞争法调整的不仅是经营者与经营者之间的竞争关系，还包括经营者与消费者之间的服务关系，这种社会关系也不尽是平等主体之间的社会关系，如经营者与消费者之间的关系就不是完全的平等社会关系。不正当竞争行为不是民事行为，从事不正当竞争行为的经营者不都是民事主体。在利益保护结构方面，反不正当竞争法并非单一地保护竞争者的法益。尽管这是反不正当竞争法所保护的最初和基本的法益，但现代反不正当竞争法保护的法益呈现某种多层次的结构状态，至少包括三重法益，即经营者（竞争者）的利益、消费者的利益以及竞争所代表的社会公众或整体的利益。民法有关侵权行为规定的基本取向在于从正面保护受害者的某些特定权益，而反不正当竞争法的基本取向是从反面禁止某些特定的不正当竞争行为，保护不特定多数人的权益。其次，由于不正当竞争行为不仅侵害直接受害人的权益，而且侵害广大消费者的合法权益以及社会公共利益，为了维护市场竞争机制和市场竞争秩序，不仅需要私人自助，而且需要公力救济；不仅直接受害人有权提起私人诉讼，某些社会团体和国家机关也有权提起公益诉讼。现代反不正当竞争法区别于传统私法的一个重要特征是，其并不拘泥于采用私法手段仅仅追究行为人的民事责任，而是国家行使公权力对不正当竞争行为直接厉行规制。反不正当竞争法不仅调整作为平等主体之间的市场竞争关系，即私法关系，而且调整国家执法部门在依法监督、管理市场竞争过程中所形成的竞争管理关系，即公法关系。特别是在我国，反不正当竞争法的主要执法机关是工商行政管理部门，对不正当竞争行为的查处主要是行政查处，使得反不正当竞争法具有明显的公法色彩，体现了国家公权力的运作。再次，反不正当竞争法所规定的法律责任，既包括民事责任，又包括行政责任和刑事责任，并且民事责任不占主导地位，所规定的民事责任也与一般民事责任大有不同。民事责任的本质是利益衡平、补偿受害人的损失，而反不正当竞争法所规定的民事赔偿不仅具有补偿性，更具有惩罚性。反不正当竞争法不完全属于私法，而属于兼具公法、私法性质的经济法范畴。有些学者甚至认为，民商法规定

知识产权与竞争法贯通论

的是市场主体的自我调节机制，基于市场主体的地位平等和意思自治，是市场主体的"自治法"，而《反不正当竞争法》是市场管理法，属于公法。《反不正当竞争法》的公法属性决定了其不应该属于民商法律部门。[1] 此外，在德国法学界，也有学者将竞争法整个归属于私法，是私法的特别领域。

反不正当竞争法的法律性质更多的是私法，而反垄断法主要涉及公法执行机制。这种通说虽然可以作为理解两者区别的起点，但各国的实践表明，这对于各种各样的监管模式而言概括得并不充分。反不正当竞争法通常具有丰富的私法经验，然而，在北欧各国家，即使在不公平竞争法领域，公法的实施方法是首选。在许多国家，反不正当竞争法呈现出私法、公法甚至刑事执法的混合性。在反垄断法中，行政执法的显著优势在实践中是昭然可见的，但私人执法可能性至少在理论上被广泛讨论。

金泽良雄在其代表作《经济法》一书中以日本当时的《禁止垄断法》为材料，从公法与私法区分的利益说出发，认为作为经济法组成部分的《禁止垄断法》的保护法益必须是公益。因为禁止垄断法的规制已经超越了以私益为保护法益的市民法的限度，所以，其保护法益非私益，应为公益。《禁止垄断法》的保护法益，是作为公益的自由竞争经济秩序。对违反《禁止垄断法》者，采取公正交易委员会的排除措施，即行政处分，并科以刑罚。因为违反了该法，也不外是对该法保护法益的公益之侵害。当然，《禁止垄断法》也对违反者，备有着无过失损害赔偿责任的规定（第25条）。初观乍视，该法似乎也把私益作为其保护的法益，但继之以细辨深思，就可看到：即便有此规定，也并不能改变其保护法益是公益的基本性质。这和日本

---

[1] 辽宁省法学会经济法学研究会编：《辽宁经济法前沿》（2011），东北财经大学出版社2011年版，第234页。

《不当竞争防止法》的保护法益相反而同理。后者尽管主要涉及的是私益，其宗旨在于保护私人权利，属于私法范畴，但在该法中仍设有罚则规定（第5条）和公法规则（第4条）。日本《不当竞争防止法》的任务基本上由受害者提起私人诉讼来完成，是私力自助，公权力主体一般不介入。该法规定了私法性的制止请求（第1条）和损害赔偿责任（第1条之二）作为违法防止手段。这是该法所具有的私法基本性质的体现。金泽良雄还以法国将不正当竞争作为民法典上的侵权行为予以处理的模式来佐证自己的观点。[1]应该说，金泽良雄的观点比较公允。德国经济法学家里特尔等人也认为，反不正当竞争法尽管也涉及一些刑法规范，但其意义微不足道，并不能从整体上改变该法的私法属性。[2]就主要方面而言，反不正当竞争法属于私法的范畴，不是国家对市场经济的行政管理法。我国1993年《反不正当竞争法》虽然采取了一些公权干预的方法，包括执法机关的查处权和行政责任，如该法第3条规定"各级人民政府应当采取措施，制止不正当竞争行为，为公平竞争创造良好的环境和条件。县级以上人民政府工商行政管理部门对不正当竞争行为进行监督检查；法律、行政法规规定由其他部门监督检查的，依照其规定"，但该法更多的是赋予当事人司法救济权利，使得合法经营者以法律为武器与不正当竞争者展开斗争，表现出权利行使的被动性和居中性。例如，该法第4条规定："国家鼓励、支持和保护一切组织和个人对不正当竞争行为进行社会监督。"而该法第20条赋予受害者直接的诉权。与此相比较，

---

〔1〕［日］金泽良雄：《经济法概论》，满达人译，中国法制出版社2005年版，第182页。

〔2〕Fritz Rittner, *Wettbewerbs- und Kartellrecht: eine systematische Darstellung des deutschen und europäischen Rechts für Studium und Praxis*, Heidelberg: C. F. Müller Juristischer Verlag, 1999, S. 6, 13, 18.

我国的反垄断法设立特定的执法机关,即国务院反垄断委员会和国务院反垄断执法机构(第9条、第10条),并赋予强制性的禁止、许可、罚款直至强行解散或分割企业等公权力,是对所有权行使的限制,表现出强烈的主动干预色彩。如第13条第1款第6项、第14条第1款第3项、第17条第1款第7项、第21条、第24条、第25条、第27条第6项、第38条、第39条、第42条、第46条、第47条、第48条、第51条,第52条等。因此,我国的反不正当竞争法和反垄断法尽管都是为了保护竞争者合法权益和社会公共利益,但两者各有偏重,有体有用,不能以体为用,本末倒置。前者的保护重点是受害当事人的利益,后者保护的重点是自由竞争的制度。我国反垄断法之所以对竞争关系的界定较为严格,目的即在于防止公权力对市场的过分干预,导致职权的滥用,而我国反不正当竞争法之所以对竞争关系的界定较为宽泛,也是为了有利于严格规制市场上的不正当竞争行为,保护诚实商人的利益。

五、调整机制、执法机关和程序

反不正当竞争法在实施过程中虽然也采取了公权力干预的措施,包括执法机关的主动查处权和不正当竞争行为的行政责任,但总体而言还是主要依赖于民事救济手段。从行为的救济和制裁来看,反垄断法自其诞生之初就强调国家或行政机关的主动干预,而无论是大陆法国家还是英美法国家,对不正当竞争行为主要采取私法救济,国家对其采取不告不理的态度。不正当竞争行为相对于垄断行为来说,前者主要是侵害私人的利益,因而主要是通过私人诉讼来制止不正当竞争行为,而后者主要侵害的是公共利益,常通过行政程序来制止垄断行为,甚至用刑罚来惩罚严重垄断行为。反垄断法调整涉及市场支配地位和经济优势地位的企业之间的竞争关系,担负着维持企业自由和规范市场竞争秩序的双重保护任务,需要由专门机构和专门程序来适用它。由于反垄断法具有这种公法属性,因此在程序设计上一般均由行政机关负责其实施。如德国的卡特尔局、美国的反托拉斯局和联邦贸易委员会等等。这些行政机关多具有较强的独立性和专业性,拥有查处、禁止、罚款乃至宣布无效和强行解散等公权力。有些还具有准立法权和准司法权。在企业结合之审查、卡特尔协议之制裁及处置滥用市场优势地位等方面,这些行政机关发挥着巨大的作用。与此同时,司法审查为反垄断法实施之补充。反不正当竞争法为特别侵权法,即应属于私法范畴。不正当竞争行为侵害的当事人特定具体,享有充分的诉权,可直接向司法机关起诉。以德国为例,德国并没有专门的行政机关来管理、协调、禁止或处罚不正当竞争行为,而是将防止和禁止不正当竞争行为的任务基本上交由竞争者,"自己做自己的警察",提起受害人之诉。我国1993年《反不正当竞争法》第17条对此作出了明确规定。与此相对,在我国《反垄断法》中,受垄断行为侵害的当事人不一定存在,即便有受害者,它们也是抽象、模糊、不确定的,没有明确规定诉权,只是该法第38条赋予了单位和个人的举报权。因而,反不正当竞争法的实施主要靠当事人向法院提起民事诉讼来实施,由法官在断案时对反不正当竞争法予以把握。在法律适用上,反不正当竞争法主要是事后救济、不告不理,司法途径为其主要处理程序。与此相对,反垄断法偏重事前管制和行政手段,诸如调查市场结构、公布市场垄断情况、核准企业兼并和卡特尔协议、引导企业达到具有效益和竞争力的规模即其明证,专门的反垄断执法机关以及行政公诉在许多国家反垄断实施中扮演着重要角色。德国竞争法中的这两大法律领域即具有结构迥异的程序法。在卡特尔法中,基于程序客体的基本性和公共性,实行超然争议的程序,采取有限的职权探知主义,实施主体是公职人员，其可以不限于当事人主张的事实和提供的证据的范围，依职权主动收集事实和调取证据，而当事人不负担"行为主张责任"或者"行为证明责任"；在反不正当竞争法中，实行竞争性特征的辩论程序，主张事实和提供证据是当事人的权能或责任，法院不得做出异于当事人诉讼上自认的判断，采取当事人处分主义，实施主体是竞争对手，根据"权责一致性"原理，法律将主张事实和提供证据作为责任赋予当事人，事实关系的解明是当事人的"权能"及"责任"，当事人分别负担"主张责任"和"证明责任"，"主张权"和"举证权"相一致。然而，反不正当竞争法和反垄断法由于不同法律目的而互相区分，所以违反反垄断法损害赔偿不允许去通过反不正当竞争法的路径，后者目前已经提供了广泛的集体法律保护可能性。[1]德国反不正当竞争法学者面对二法的融合甚至提出警告：反不正当竞争法毫无限制地蔓延到限制竞争法领域是不可忍受的。

反垄断法与反不正当竞争法由于其用词的模糊性，如"不正当""无正当理由""善良风俗"等，使得二法均有一定的不确定性。由于不正当竞争既广泛又不确定，故各国立法对于不正当竞争的定义也各有不同。不过，反垄断法较之反不正当竞争法更为突出。因为垄断这一概念本身仅停留在经济上的描述性解释，尚未能精确成一个法律概念。对于一个企业的市场占有额究竟多少才构成反垄断法之垄断，在经济学上一直难得定解，并且其明确化可能性亦在几希之谱。反垄断本身既难以定义，加之市场的不确定性，垄断对市场的影响遂确认维艰，故而反垄断法缺少权利、义务、责任构成的规则等级体系，缺少

---

[1] Jochen Bernhard, *Kartellrechtlicher Individualschutz durch Sammelklagen: europäische Kollektivklagen zwischen Effizienz und Effektivität*, Tübingen: Mohr Siebeck, 2010, S. 44.

语言逻辑性，具有极大不确定性和经济性，受经济政策的影响极深至切。正是由于这种不确定性，自反垄断法产生以来，支持和批判之声时常有之，不绝如缕。美国反垄断思想从哈佛学派到芝加哥学派，再发展到后芝加哥学派，反垄断法之执行时严时宽，或紧或驰，变动不居。而反不正当竞争法却非如此。由于理论基础相对稳定，反不正当竞争法在各国远早于反垄断法产生，且在其实施过程中，争议远较反垄断法为少。从法理的正义性及其具体规定的变化看，不正当竞争行为本身违法性虽然不能说无异于冒天下之大不韪，世代永恒，在人类法律哲学和道德规范中也终将不会有正名之时，但相对而言稳定性较强。在竞争中的善良风俗的尺度在发展过程中虽然不断被凝练和修改，但没有从根本上改变。[1] 而反垄断法的法律价值虽然从维护法律稳定性而言不宜随波逐流，但由于其不能与所处的当时社会、政治和经济生活的特殊情境相脱离而独行其道，所以除价格固定等核心卡特尔遵循本身违法原则之外，垄断等一些限制竞争行为的违法性是会反复的，体现的是国家在产业政策上的变化。这就决定了反垄断法律制度是相对多变的，需要经常修正，改变原本违法的一些行为的性质，放宽其限制。此外，反垄断法更具有经济性，其实施不仅需要对经济政策的灵活把握，更要求以深厚的经济学知识为基础。博弈论、信息经济学、实验经济学以及形形色色的经济模型等都被广泛应用于反垄断法的研究和应用。

反不正当竞争法不适用除外制度，所有不正当竞争行为均受规制。我国1993年《反不正当竞争法》第3条规定："各级人民政府应当采取措施，制止不正当竞争行为，为公平竞争创

---

[1] Wolfgang Fikentscher, *Recht und wirtschaftliche Freiheit: Bd. Die Freiheit des Wettbewerbs*, Tübingen: Mohr Siebeck, 1992, S. 52.

造良好的环境和条件。与此相对,反垄断法从理论上说应该是普遍适用的一般规则,应适用于从事生产和供应产品、服务的所有部门和经济主体,但事实上,许多垄断行为在自由竞争的市场上是必要的。各国反垄断法在对垄断予以原则禁止的同时,并非坚定不移地一味除恶务尽,而是普遍通过适用"除外"(exception)与"豁免"(exemption)制度,有限地承认某些垄断状态或垄断行为的合法性,从而在自由竞争与经济效率之间寻求一种平衡。虽然适用除外与豁免都是对一定的垄断现象予以承认、容忍或保护,但这两种制度的条件、程序、形式、效力、规制方法不尽一致,所体现的价值追求与目的亦颇为殊异。适用除外指的是特定经济领域不适用反垄断法,被剔除于反垄断法的适用范围,亦即这一领域的行为尽管表面上符合垄断行为的构成要件,但不受反垄断法的调整。一般来说,适用除外往往范围更广,可以用于航空和电力供应等特定行业,也可能是非行业部门但覆盖某些功能型的经济安排,例如专业化和合理化协议以及产品标准的发展。而适用豁免则往往比较狭隘,一般针对具体的垄断行为,通过逐案分析,以其符合反垄断法本身规定的免责条件,出于国家、社会利益或其他考虑,权宜性不予禁止,带有网开一面的宽宥意味,脱法而不离法。适用除外与适用豁免的实质区别在于,对于适用除外情形,本身不适用反垄断法;而豁免则是适用反垄断法的结果,在确认违法性的前提下往往通过司法判决授予豁免。豁免是反垄断法的基本内容和有机组成部分,而适用除外则不是。《欧洲共同体条约》第 81 条第 1 款排他性地禁止了一切垄断协议,又在该条约第 81 条第 3 款中为第 81 条第 1 款中禁止的协议设立豁免制度。由此可见,欧盟的"豁免"仅存在于垄断协议中,不适用于滥用市场支配地位和经营者集中;而"适用除外"则可以存在于任何垄断协议、滥用市场支配地位和经营者集中的情况。我国《反垄断法》第 7 条规定:"国有经济占控制地位的关系国民经济命脉和国家安全的行业以及依法实行专营专卖的行业,国家对其经营者的合法经营活动予以保护,并对经营者的经营行为及其商品和服务的价格依法实施监管和控制,维护消费者利益,促进技术进步。"该法第15条规定,经营者能够证明所达成的协议属于下列情形之一的,不适用本法第13条、第14条的规定:(1)为改进技术,研究开发新产品的;(2)为提高产品质量、降低成本、增进效率、统一产品规格、标准或者实行专业化分工的;(3)为提高中小经营者经营效率,增强中小经营者竞争力的;(4)为实现节约能源、保护环境、救灾救助等社会公共利益的;(5)因经济不景气,为缓解销售量严重下降或者生产明显过剩的;(6)为保障对外贸易和对外经济合作中的正当利益的;(7)法律和国务院规定的其他情形。在某种意义上,反垄断法的实质部分并不是概括性的禁止部分,因为这种禁止仅通过一两个条文已足以毕其事功矣。但关键问题是,不能快刀斩乱麻地不分青红皂白禁止一切限制竞争行为,反垄断法规范的主体是由有关豁免的规则与标准所构成。在各国司法实践中,真正被禁止的行为寥寥无几,大部分限制竞争行为都能依据一定的条件获得豁免,因而豁免绝非例外的现象。一般而言,各国除对企业滥用市场支配地位行为鲜有豁免规定外,其他几类垄断控制制度中均有适用除外与适用豁免的内容。滥用市场支配地位的行为之所以被悬为厉禁,是因为其和不正当竞争行为一样主观恶性明显,具有限制竞争或者损害消费者利益的危害后果严重,但凡符合违法要件,概予按律究惩。

我国1993年《反不正当竞争法》第3条规定:"县级以上人民政府工商行政管理部门对不正当行为进行监督检查;法律、行政法规规定的其他部门监督检查的,依照其规定。"由此看出,反不正当竞争法的执法机关沿用现有的行政执法体系,就是县级以上工商行政管理机关,当然,也不排除法律、行政法规规定的其他部门,从执法部门的设置层次看是单层制。反垄断法建立了一套新的专门执法机构,而且实行双层领导制,反垄断执法机构在国务院反垄断委员会领导下开展工作。我国《反垄断法》第9条规定:"国务院设立反垄断委员会,负责组织、协调、指导反垄断工作。"该法第10条规定:"国务院规定的承担反垄断执法职责的机构(以下统称国务院反垄断执法机构)依照本法规定,负责反垄断执法工作。国务院反垄断执法机构根据工作需要,可以授权省、自治区、直辖市人民政府相应的机构,依照本法规定负责有关反垄断执法工作。"由以上规定可以看出,该法所确立的执法机构不但实行双层领导体制而且涉及的机构众多,存在交叉或者重叠的可能。在2018年,根据第十三届全国人民代表大会第一次会议批准的国务院机构改革方案,我国组建了国家市场监督管理总局,在竞争监管方面整合了国家工商行政管理总局的职责、国家发展和改革委员会的价格监督检查与反垄断执法职责、商务部的经营者集中反垄断执法以及国务院反垄断委员会办公室的职责。由此,反垄断执法体制克服了三足鼎立分散化、重叠化的流弊,并与反不正当竞争法的执法体制趋同。但是,在新改组的国家市场监督管理总局内部依然保留了国务院反垄断委员会,并设立国务院反垄断委员会办公室,由此形成"国务院反垄断委员会—反垄断局"的双层领导体制。而反不正当竞争法则依然延续了单层制的执法科层结构。

第三节 冲突论

反不正当竞争法与反垄断法的冲突主要体现在二法的目的、功能和价值上,而非体现在制度层面,即某一竞争行为可能为

第一章　反垄断法与反不正当竞争法关系论

反不正当竞争法所禁止，而为反垄断法所许可，反之亦然。[1]从法律规范上看，在一个正常的法律体系中，这样制度上的冲突是罕见的。在特定时段，竞争行为合法与否是确然肯定的，殊鲜设置多重判断的标准以致游移彷徨，不知所措。即使适用上出现某些问题，亦得援引上位阶法优于下位阶法、特别法优于普通法、新法优于旧法的"三原则"加以解决。从制度层面视之，反不正当竞争法与反垄断法并无冲突。但从目的、功能和价值层面视之，二法的张力和冲突却彰彰可睹。虽二者均戮力于竞争秩序的维护，但反垄断法旨在打破竞争僵局，为竞争自由鸣锣开道，解决竞争的"过少"，赋予市场竞争者以更多的自由竞争空间；而反不正当竞争法则旨在制止市场中竞争的"过滥"，缩限市场竞争者的竞争活动空间，防止其滥用自由。反垄断法和反不正当竞争法虽可共同发展而无悖，但是反不正当竞争法可能不是反垄断法关注目标的延续，反而固化反竞争结构。而非效能竞争在反限制竞争法意义上也可能是有保护价值的竞争，因为按照反限制竞争法，自由保护并不取决于其保护的竞争是否产生或多或少有价值的效率或以这样的效率为根据。过度的广告已经与支持其所宣传的产品效率再无联系，正当竞争边界之内的商品赠送、按照"客观的思维"对于消费者根本不再需要的消费刺激广告、在反不正当竞争法所显示边界之内的引起市场喧哗的自吹自擂和夸大其词的广告，即使这种非效能竞争的典型情形在反限制竞争法意义上也是值得保护的，

---

[1] 以《汽车品牌销售管理实施办法》为例，政府提出汽车品牌授权经营模式的初衷在于整顿汽车市场的混乱局面，规范相关经营活动，提高汽车经营者的品牌意识，在很大程度上属于反不正当竞争法的范畴。然而，随着该办法的逐步推进，虽然汽车售后市场确实得到了整治，但同时也对相关市场竞争带来了负面效应，由于汽车制造商具有的优势地位而为其推行纵向限制竞争协议提供便利，各品牌车企之间更易通过某种形式达成共谋，操纵相关市场，从而导致与反垄断法的冲突。

知识产权与竞争法贯通论

对其构成限制的约定也属于《反限制竞争法》第1条的禁止支配之下。如若不然,浪潮般限制非效能竞争的卡特尔将被建立,并且免受《反限制竞争法》第1条的追究。易言之,从维系伦理角度出发的反不正当竞争法倘若陈义太高,就会影响和削弱自由竞争,成为自由竞争的羁厄,竞争自由可能由于反不正当竞争法的悬令厉禁而受到限制;反垄断法的过度保护竞争也会物反于极,可能流变为割喉竞争,不啻为滋生不正当竞争提供土壤。故而,对竞争程度的把握和对竞争空间的拿捏,对于市场正常竞争秩序的形成至为攸关。而偏偏二法中均含有颇多"模糊性"字眼,需要法官及相关行政机关在具体个案中灵活把握。加之,反垄断法作为市场经济发展到一定程度的新兴法律,相关的理论有待完善,某些行为是否阻害竞争自由,仍有争议。因而对某些行为的规范时松时紧,判断标准呈现出极大的不确定性,在此规范的"紧、松"之中,二法价值上的冲突,体现得尤为明显。按照费肯杰的观点,解决竞争中自由性和公平性的冲突的通用指南难以概括,只能通过紧张关系的典型情况加以举隅。二法的潜在冲突则主要存在于下面几种案例类型:比较广告、消除差别待遇的约定、杀价行为、维持转售价格、交换竞争商品、奴性模仿(der sklavischen Nachahmung)等,其内容只能从良俗和自由竞争的冲突利益的具体考虑中加以确定。德国著名竞争法学者埃梅里希(Volker Emmerich)也曾在《司法判例造成的限制竞争行为》中列举了许多案件,证明德国的司法机关,特别是联邦最高法院,往往以维护正当竞争为由,将诸多本应属于竞争自由范畴内的行为认定为不正当竞争,从而限制了竞争的自由。[1]

---

[1] Volker Emmerich, Wettbewerbsbeschränkungen durch die Rechtsprechung, in: Lange/Nörr/Westermann (Hrsg.), *Festschrift für Joachim Gernhuber zum 70. Geburtstag*, Tübingen: Mohr, 1993, S. 857 ff.

第一章 反垄断法与反不正当竞争法关系论

联邦德国最高法院有两个专庭分别处理不正当竞争和限制竞争案件，在适用法律时可能会形成分庭抗礼之势。例如，在处理《反不正当竞争法》第1条与《反限制竞争法》第26条第2款的关系时，不正当竞争庭倾向于以前者补充后者之不足，而限制竞争庭则倾向于唯后者是依，排除前者适用的可能。[1]

一、竞争规则

费肯杰在《法律与经济自由：竞争自由卷》中专门探讨反不正当竞争法与反限制竞争法的关系，认为：竞争自由和不公平竞争之间冲突公开化最为明显地表现在德国现行《反限制竞争法》第24条以下关于"竞争规则"的规定。[2]第24条及以下规定在比较法上的典范是联邦商业委员会的贸易规制规则和由贸易协会订立的道德规范。专业协会根据第24条第1款和第2款可以规定，"调控企业在竞争中的行为，以便反对在竞争中与正当的或以效率为导向的竞争效果原则背道而驰的行为，鼓励在竞争中与这些原则相符的行为"，以实现效能竞争。个别行业具有这样的可能性：通过建立某些行为准则的可行性，具体化他们行业内一般的公平性要求。竞争规则的确立可能有利于协会内部的规范竞争，但同时也可被用来限制他人的竞争或协调内部竞争，违反反垄断法的有关禁止性规定。竞争规则被递交卡特尔主管机关报备，登记到竞争规则目录。卡特尔主管机关在登记之前在许可申请时需综合考虑反限制竞争法、反不正当竞争法、折扣法等，要审查该竞争规则是否保持在第24条所

---

[1] Carl Baudenbacher, Machtbedingte Wettbewerbsstörungen als Unlauterkeitstatbestände. Zugleich Beitrag zum Verhältnis von UWG und GWB, *Gewerblicher Rechtsschutz und Urheberrecht*, 1981, S. 26.

[2] Wolfgang Fikentscher, *Recht und wirtschaftliche Freiheit: Bd. Die Freiheit des Wettbewerbs*, Tübingen: Mohr Siebeck, 1992, S. 65–68.

知识产权与竞争法贯通论

划定的框架内,特别是不能限制正当竞争或在反限制竞争法意义上的效能竞争。如果登记完成,则专业协会所属企业就有义务遵守之。保护免于不正当性的竞争规则分为两种情形,一种是列举的实践,按照长期的或确定的司法裁判,其对于反不正当竞争法及其辅助法规而言是不正当的,但另一种情形则属于"灰色区域"。尽管反不正当竞争法和反限制竞争法都以竞争的保护为职事,但采取的是不同的手段。反不正当竞争法的基本思想是拒绝由于不正当的力量导致的优势,反限制竞争法的基本思想是拒绝在利用经济力量情况下的优势。所以存在这样的竞争行为,其根据反不正当竞争法的规则尽管是正当的,但在利用经济力量情况下的营构却是违反限制竞争法的。这样,在反限制竞争法的意义上,无视正当法上的评判,作为措施在竞争中充分发挥其规模和影响的情况下所出现的就是非效率正义,出现自我反背的结局。"非效能竞争"在反限制竞争法意义上也是有保护价值的竞争,因为按照反限制竞争法,自由保护并不取决于其保护的竞争是否产生或多或少有价值的效率或以这样的效率为根据。

德国《反限制竞争法》第 24 条之所以对竞争规则特别进行管制,是为了避免企业假借防止不正当竞争之名而行限制竞争之实,拔高不正当竞争尺度,使得某些原本并非不道德和不正当的、仅仅使市场中的竞争者感到不愉快的竞争形式,被扣上不正当的帽子,从而使得竞争行为的空间受到限制。在白色区域中的竞争规则是按照合理法则加以体系化归纳的情况,虽是实体的竞争限制,但被合理地保持,作为合理法则被《反限制竞争法》中一般条款缺失的部分替代。但在实践中,竞争规则通常渗透到所谓的"灰色区域"中。具体的竞争行为永远不会是依违两可的,裁决固然需符合竞争中的良俗,然而,由于细化和分化需要作出一定的改变,正当与不正当之间的边界变动不居。联邦卡特尔局不仅否定不正当或违法竞争法规的竞争规则,而且否定并不必然违背良俗、仅仅包含具有不正当倾向行为的竞争规则。竞争规则可能会超出良俗内容的保护,但如果他们服务于效能竞争的保护和促进,已经被认为是允许的。尽管对效能竞争的概念有不同的意见,但可以达成共识的是,非效能竞争并不必然违反良俗。因此,竞争规则可以设置竞争自由的界限,而这种界限并非已然牵涉道德律。联邦卡特尔局这种不局限于良俗的广泛处理应符合立法者的意志。竞争规则如果仅能禁止违反良俗的行为,将其列入反限制竞争法几乎是没必要的。[1]

二、维持转售价格

所谓"维持转售价格"(Resale Price Maintenance,简称RPM)也称为转售价格限制或垂直价格限制等,在美国相关法律中被称为"Vertical Price Fixing",在德国法律中被称为"Vertikale Preisbindungen",在日本法律中被称为"再販売価格維持"(さいはんばいかかくいじ)。维持转售价格限制的是定价的机会,而不是转售本身,在本质上是一种间接的联合定价,或曰垂直的联合行为,属于反垄断法中限制竞争协议的内容,但外国立法例有属于不公平竞争之类型。从纵向关系上看,维持转售价格行为限制了配销阶段厂商的价格竞争,剥夺了配销阶段厂商的自由决价能力,其结果相当于同一品牌经销商间成立价格卡特尔,因而可能包含一个变异的卡特尔或存在卡特尔化趋势。"迈尔斯博士医药公司案"(Dr. Miles Medical Co. v. John D. Park and Sons)的法官即认为,供应商和销售商之间达成的固定转售价格的协议,是一种伪装了的卡特尔式协议。从横向关系上看,

---

[1] Wolfgang Fikentscher, *Recht und wirtschaftliche Freiheit: Bd. Die Freiheit des Wettbewerbs*, Tübingen: Mohr Siebeck, 1992, S. 66-68.

维持转售价格往往成为制造商或中间商横向卡特尔的"掩盖方式"。经销商为了避免相互之间的竞争,共同实施横向限制竞争协议,同时为了避免因共谋而受到反垄断法的制裁,转而向生产商施加压力,以生产商的名义制定转售价格维持协议,将经销商之间的横向共谋转变为一种看起来"纵向"的关系,从而达到固定价格和规避惩罚的双重目的。如若品牌内部竞争的式微,将减少特定货物降价的压力,通过传导会间接减弱品牌间的竞争,在整体上构成对竞争的削弱。实施维持转售价格的商品在市场上的竞争力较强或系具独、寡占倾向之商品,则其限制竞争之效果将更为明显,导致售价偏高,沦为在位企业排斥新企业进入的手段,对消费者福利构成损害。以哈佛学派为代表的传统观点即认为,维持转售价格协议具有反竞争效应,妨碍下游销售商的价格决定自由,限制下游销售商之间的价格竞争,并且可能促使原本处于"寡占"地位的上游制造商进行横向价格联盟。是故,大多数国家对维持转售价格抱敌视态度,对其进行严厉的道德谴责,一般认定为"当然违法"。但是,这一传统观点自20世纪60年代起就面临着来自芝加哥学派的严峻挑战。该学派认为维持转售价格能够促进不同品牌商品之间的竞争,提高资源分配的效率,不唯不应以"当然违法"论处,而且应将其视为"当然合法",以期符合竞争法促进资源有效分配的政策。按照芝加哥学派支持维持转售价格者的观点,维持转售价格的出现是制造商针对分销服务市场失灵的正常反应。对于若干需要现场销售人员推销、展示或说明的商品而言,制造厂商须提供供销商较高的毛利,以鼓励经销商提供较多的服务,但部分经销商却有搭便车的心理,利用其他经销商所提供之服务,而以较低的价格出售,追求自身利润的最大化。这种机会主义行为的存在将导致提供服务的经销商利润的减少,从而挫伤提供此类服务的经销商的积极性,最终危及制造商的利益。

第一章　反垄断法与反不正当竞争法关系论

德国长久以来存在维持转售价格制度，依《民法典》第823条及1906年《反不正当竞争法》第1条之扩张解释，甚至认为，违反契约约定价格之行为，非仅系违约，更是违反"公序良俗"之行为，因此受有损害者得请求赔偿，此一情势到1957年《反限制竞争法》才得到明白规定，维持转售价格制度原则上无效（第15条）。德国《反限制竞争法》制定之初，对于附有表彰来源出处之商标商品，若在市场上尚有其他同类商品与之竞争时，该附商标商品亦得以为维持转售价格之例外许可；唯此一例外规定频遭学者訾议，故有关商标得为RPM例外许可之适用范围渐次缩小。至1973年《反限制竞争法》第二次修改，更进一步废止附商标商品得以维持转售价格之规定，仅在第16条例外允许出版品之维持转售价格制度。但附商标商品仍普遍流行无拘束的价格推荐制度。《反限制竞争法》第38a条允许企业转售商标产品时无拘束力价格推荐。此规定仍为争议的焦点。从维持转售价格在德国法上的由允许到禁止或在美国法上的由禁止到许可再到禁止的法律规范之反复中，不难洞察二法之间的冲突、抵触。维持转售价格对市场竞争构成了限制，使市场之竞争减少，反垄断法从保护竞争之自由理念出发，对其进行制止乃题中应有之意，而反不正当竞争法则从防止竞争过于激烈而违反伦理道德及"契约必须履行"之传统民法理念角度，支持维持转售价格行为。

三、折扣法和附赠法

除了1909年《反不正当竞争法》在其基础未曾改变而只是在边际上不断完善及其大体上在司法判决中运作、发展外，还产生了两个重要辅助法规：1932年的附赠条例（*Zugabeverordnung*），其原则上禁止经营者以提供附赠品的形式争夺顾客的交易机会；1933年的折扣法（*Rabattgesetz*），其规定经营者在向终端消费者提供价格减让时，其减让幅度不得超过按规定公开标明的原销售价的3%。折扣法、附赠法等反不正当竞争法的附属法规原都具有营业警察法规性质，充当着市场警察的角色，尤其是限制折扣范围的折扣法和反限制竞争法的目的更是难以兼容。厂商以赠品附着的情感因素为竞争利器，使得购买者并不关注主要商品或服务的质量和价格并货比三家，而是看重自己获得了某种赠予的心理感觉，市场上应当占据主导地位的价格竞争和质量竞争为狂迷的附赠竞争所替代，流风之及，流弊之极，至于怀诈相欺，颇遭訾议。多数商家虽然从内心上并不愿意这样做，也觉得这种竞争手段在道义上并非无可厚非，但迫于情势也不得不和光同尘，随众附赠。为了避开《附赠法》的禁令，经营者又以折扣为新的竞争手段大做文章。一时之间，德国经济界各行各业竞相兴起一股巨大的打折风潮，特别在零售行业，折扣之风几乎达到了肆虐的地步，大有"无扣不成交"之势。折扣不适当地影响消费者的购物决策，将消费者的注意力吸引到折扣率上去而忽视商品本身的质量与价格，从而左右消费者的购物决策，使竞争本身虚假化。经营者攀比成风，将精力放在提高折扣率，使得正常的商业竞争蜕变成一种"折扣竞争"，在打折上进行人为操纵，先行提高商品价格，再抛出一个高额的折扣率，以此模糊价格关系，以对商品价格减让折扣为名行价格的明降暗升之实。德国立法机关不仅在1933年制定了专门的《折扣法》，而且德国司法机关也一向从严适用这部法律，使德国成为世界上唯一一个严格规范折扣行为的国家，可谓是"一枝独秀"。[1]较诸《附赠法》，《折扣法》的首要宗旨并非在于保护特定主体的利益，而更强调规范市场竞争的秩序。

---

〔1〕 Volker Emmerich, *Das Recht des unlauteren Wettbewerbs*, München: C. H. Beck, 1997, S. 64.

德国《折扣法》并非原则性禁止经营者向顾客提供折扣，而是为折扣行为设定了一定的限制，保护广大最终消费者免受流氓式的惊爆价和天价的损害。

德国法学家科尼希斯（Folkmar Koenigs）在《反限制竞争法与反不正当竞争法之间的相互影响》一文中指出，《折扣法》旨在保护中小型零售企业的竞争利益，确保它们免受大型零售企业开展的折扣竞争的损害，并不是真正为了保护消费者的利益。消费者所享受的平等待遇，实际上是付出了代价的，这种代价就是他们不得不支付的较高的商品价格。《折扣法》作为《反不正当竞争法》的附属法，与《反限制竞争法》的精神难以协调。只要从严适用《反不正当竞争法》，突出强调价格明确原则和价格真实原则，将给付高于3%折扣的行为认定为违反这两项原则的不正当竞争行为，《折扣法》就失去了适用余地。[1]德国学者埃梅里希（Volker Emmerich）认为，《附赠法》非但没有保护消费者利益，反而经常损害消费者利益。《折扣法》是特定历史时期的特定产物，是立法者迫于传统中小型零售企业利益集团的压力，为单方面保护他们的利益而作出的妥协。其严重地损害了商业零售层次上的价格竞争，其效果无异于零售商业企业之间订立的价格卡特尔，因此在本质上有悖于德国和欧洲共同体的反垄断法原则，难以融入现行以竞争自由为基本出发点的经济制度和法律制度的总体框架。埃梅里希尖锐指责德国司法机关在有些情况下刻舟求剑般严格适用甚至是在"滥用"《折扣法》，导致经营者享有的自由及竞争权利受到司法机关的侵害，使自由竞争机制不能正常运作。如果说，20世纪30年代德

---

[1] Folkmar Koenigs, Wechselwirkungen zwischen Gesetz gegen Wettbewerbsbeschränkungen und Recht des unlauteren Wettbewerbs: Antrittsvorlesung a. d. Freien Univ. Berlin, 11.11.1960, *Neue Juristische Wochenschrift*, Vol. 14, No. 23, 1961, S. 1041-1048.

国的立法机关为维护特定集团的利益而站到了"竞争的敌人"一边的话,那么今天德国的司法机关在适用《折扣法》时,也时不时地沦落为立法机关的帮凶。[1]《折扣法》和《附赠法》与作为一个整体的竞争法所追求的自由竞争理念之间的冲突在这里表现得已十分明显,严重限制了企业的自由竞争。尽管附赠条例和折扣法对于竞争环境的激浊扬清固然功不可没,但市场竞争关系和商业竞争格局以及消费者的观念等已经今非昔比,受附赠条例和折扣法所制约而长期维系的商业竞争有序、平和、静谧的理想图景与时代发展潮流难以适应,经营者被束缚得难以越雷池一步,战战兢兢,如履薄冰。在一个崇尚自由竞争价值的社会中,经营者享有广泛的竞争自由,有权利用附赠和折扣作为一种竞争手段。只有在这种竞争手段确实有损自由竞争和正当竞争机制的正常运作的情况下,法律限制经营者利用这种竞争手段才具有合理性和正当性。2000年欧盟电子商务指令在商业在线通讯中引入原产国原则,这对德国反不正当竞争法的自由化产生了巨大影响,也成为废除两部附属法的主要动力。2001年,联邦议会批准废除颇遭诟病的折扣法、附赠法,此举受到了德国各界的普遍欢迎,被誉为进一步确立了竞争自由的"真正影响深远的决断",朝着竞争自由化方向迈出了关键的步伐,一定程度上缓解了对自由竞争机制的侵害。德国放大束缚前进步伐的鞋子尺码,能动主义地改造竞争法,与其说归功于古典自由主义经济哲学的影响下奉行自由竞争的竞争政策和原则,不如说是循规蹈矩、未尽脱古范的保守象征。经过激烈讨论,2004年德国对《反不正当竞争法》进行修订,实现了德国交易市场的又一重大自由化:商店关张和特殊销售的规制和严

---

[1] Volker Emmerich, *Das Recht des unlauteren Wettbewerbs*, München: C. H. Beck, 1997, S. 64.

格监管周年店庆促销活动的做法一样被取消，允许商店随时进行优惠促销。这被《图片报》(Bild) 等德国媒体称为"消费革命"。与北美百余年消费券热潮风行的景象不同，2004年之前，优惠券在德国几乎没有的立身之处。而如今，法律尺度在放宽后也允许厂商"买二送一"之类的促销行为，厂商拥有更多的灵活性以应对市场行情并及时做出反应。优惠券已成为德国人消费生活不可缺少的一部分，甚至出现了"陪百克"之类的优惠券联盟，旗下会员商店有数十万家。德国反不正当竞争法与反限制竞争法在这方面长期冲突、磨合的经验值得借鉴。

第四节 竞合论

反不正当竞争法与反垄断法也有着密切的联系，存在诸多交叉之处，价值判断殊途同归，造成二法的竞合。这种联系根源于不正当竞争与垄断在经济生活中互为因果的关系。有学者声称，任何一种不公平竞争或不公平交易包含可能违反反托拉斯法的元素。[1]一方面，垄断是竞争高度激烈化的结果，常常也是不正当竞争追求的目标和必然结果；垄断一经形成，又会限制、抑制竞争的开展，导致更严重的不正当竞争，刺激、加剧不正当竞争手段的运用，使竞争呈现更加复杂的局面。另一方面，不正当竞争行为可能恶化竞争，进而产生垄断，存在着转化和因果关系。因此，不正当竞争和垄断常常结合在一起，是一个问题的两个方面，二者实质上都是妨碍竞争的行为。一个企业的不正当竞争行为，往往对于其他企业的竞争自由造成

---

[1] Rodney E. Slater, "Unfairness Means Monopoly: Major Carriers 'Must Not Destroy Fair Competition' in Airline Industry", *Antitrust Law & Economics Review*, Vol. 33, No. 2, 2006.

某种程度的限制。反之,一个企业非法限制竞争自由的行为,也会对其他企业构成某种程度的不公平竞争。以美国联邦最高法院 1988 年审理的"联合导线管案"(Allied Tube & Conduit Corp. v. Indian Head Inc.)为例。被告是一家钢制导线管生产商,也是标准制定组织全国防火协会(NFPA)的会员。该协会为市政建筑与安全制定标准,具有非常大的影响力,全美许多市政府几乎将这些标准援用为本辖区的建筑与安全守则。建材生产商的产品如果不能被协会纳入标准,即被事实上排除在市场之外。原告印第安纳海德公司推出了一种以聚氯乙烯(PVC)为材料的创新型软塑料导线管并就此取得专利。这种导线管相较钢制导线管优势明显,价格更便宜,操作更简单,可以用刀切割,使用黏胶连接,且由于使用非金属材料,与暴露的电线接触时不会造成短路。涉案反垄断争议在于,联合导线管公司及其共谋者向该协会标准制定委员会塞进大量人员,表决反对把该新材料导线管纳入标准。联合导线管公司成功地赢得了这次投票,但随后发起的反垄断诉讼暴露了这一阴谋。涉案卡特尔通过这种方式成功地延缓了竞争对手导线管进入市场的时间,但并未将其完全从市场上排除。[1]在本案中,导致反托拉斯法责任的并不是某组织成员说服标准制定委员会拒绝潜在的竞争技术这一事实本身,而是该组织成员为实现此目的的不正当手段,[2]反垄断与反不正当竞争难分难解。

　　市场竞争参与者的行为,如果其结果造成竞争限制或有限制竞争之虞,而其手段、目的又违反了善良风俗、商业伦理,则二法可能同时适用。特别是价格歧视、搭售安排、维持转售

---

〔1〕 Allied Tube & Conduit Corp. v. Indian Head, 486 U. S. 492, 496-497 (1988).

〔2〕 Steven D. Anderman (ed.), *The Interface Between Intellectual Property Rights and Competition Policy*, Cambridge, UK; New York: Cambridge University Press, 2007, p. 199.

第一章　反垄断法与反不正当竞争法关系论

价格等限制性商业行为，其往往是垄断集团滥用优势地位、限制竞争、攫取超额利润的手段，因此一般认为它们具有垄断的性质。但是，从另一个角度看，这些行为本身也是不正当的竞争行为，其结果或者是不正当地促销自己的商品，或者形成了作为购买者的批发商、零售商之间不正当竞争的前提。例如，市场参与者的障碍，尤其是竞争对手，可能会导致不公平竞争和反垄断制裁的两个法律后果。正是在这种背景下，受诸如卡特尔影响的违反竞争秩序的不公平行为在本质上是违反反垄断法的。由是言之，违反竞争的秩序规则主要涉及不公平竞争。在这里，反不正当竞争法和反垄断法之间的一些协同关系已经昭然可见。反垄断法的主旨是针对可能破坏或颠覆自由竞争体系的任何安排，而反不正当竞争法的目的是纠正在进行的竞争较量中不公平的行为。反不正当竞争法和反垄断法的目的是保存冲突，让所有竞争对手都在这种竞争自由不得以不公平的手法滥用规则下各展长技。当然，禁止不公平竞争和旨在确保自由竞争的法律原则可以同时适用。一个妨碍竞争的行为可以导致反不正当竞争法的法律后果也导致反垄断制裁。在一个具体案件的事实中，被质疑的活动可能会受到两个法律的规制，但基于不同的原因。例如，具有明显的垄断意图的抵制按照卡特尔法是非法的，但与此同时，如果具有诽谤或歧视等违法行为的额外元素，也可能构成对竞争对手不公平的攻击，构成地道的不正当竞争现象。卡特尔法和反不正当竞争法的规范竞合可能表现为两种形式：一种事实同时满足卡特尔法和反不正当竞争法的规范构成要件，或者一种事实不符合卡特尔法构成要件的所有特性，但可以受到反不正当竞争法一般条款的管辖。行为同时符合卡特尔法和（独立的）反不正当竞争法的构成要件，便出现请求权竞合，特别是因为卡特尔法和反不正当竞争法的制裁不是相互矛盾的。但意见分歧在于，是否违反卡特尔法的

知识产权与竞争法贯通论

行为也可以按照反不正当竞争法被起诉？在德语国家法学界，卡特尔法规范对反不正当竞争法具有"排除作用"的观点排除了卡特尔法评价通过反不正当竞争法适用而得以贯彻的做法。与此相对的观点则认为，反不正当竞争法应"先行"禁阻符合"效能竞争"的卡特尔法事实的、可感知的竞争损害特定行为方式。按照主流观点，只有存在特殊的基于不正当性的情况，这样的法律适用才是被允许的。在这种情况下，必须满足两个条件：相关事实在卡特尔法规范的构成要件中没有被考虑以及其考虑按照规范的评级不能被否定。对是否属于这种情况，需通过卡特尔法规范的解释加以确定。[1]费肯杰在《经济法》第二卷中指出：一般经济法的实践尤其以所谓三组规范的竞合冲突著称。除此以外，反限制竞争法、反不正当竞争法和（在归属法律特别是）工业产权保护三个法域的基本价值相互影响。因而《反不正当竞争法》和《反限制竞争法》在抵制或歧视、《反不正当竞争法》和工业产权保护对被保护商标的不正当使用都会发生竞合。这涉及请求权竞合。[2]正如垄断和其他竞争限制现象损害了自由秩序一样，通过错误运用自由而形成的不正当的优势也会损害自由秩序。获得相对于其他竞争者而言不正当的优势地位的行为，诸如通过欺骗、贿赂竞争者的职员以及违反法律或合同而取得非法微型垄断地位，在反不正当竞争法的意义上就是不正当的。

低价倾销、联合抵制、差别待遇等行为同时具备限制竞争与不公平竞争性质，为反垄断法和反不正当竞争法所不容。例如，我国1993年《反不正当竞争法》第11条规定："经营者不

---

〔1〕 Helmut Köhler, Zur Konkurrenz lauterkeitsrechtlicher und kartellrechtlicher Normen, *Wettbewerb in Recht und Praxis*, 2005, S. 647.

〔2〕 ［德］沃尔夫冈·费肯杰：《经济法》（第2卷），张世明、袁剑、梁君译，中国民主法制出版社2010年版，第167页。

第一章 反垄断法与反不正当竞争法关系论

得以排挤竞争对手为目的,以低于成本的价格销售商品。"这一行为之所以被视为不正当竞争行为,是因为其违背了公认的商业道德而不具有合理性,但当行为人拥有市场支配地位,进而达到损害市场竞争的程度,那么这一行为即可被认定为限制竞争行为,受到反垄断法的管辖。不过,由于各国法律传统、立法背景、国情等各异,同一行为有的被归诸反垄断法调整范畴,有的被纳入反不正当竞争法加以规制,有的则在两法中同时予以规范。反不正当竞争法在美国等一些国家中可能属于反限制竞争法范畴的一些领域,是作为"卡特尔法的替代者"而起作用的。这两个法域之间的界线并非犁然清晰。所以,对照《反限制竞争法》保护目的,关于是什么竞争利益的调整真的可以被视为"标准"这一问题,彼得·乌尔默关注占支配地位的市场经营者行为绩效,试图加以确立"妨害的不当性"有关的规范性价值判断的"一般性标准"(generalisierungsfahige Maßstabe)。[1]此即"非绩效竞争"(Nichtleistungswettbewerb)的理念。[2]"非绩效竞争"的概念将竞争行为分为三类,即"绩效竞争""非绩效竞争"以及"妨害竞争"。与"绩效竞争"不违反德国《反不正当竞争法》第1条中提到的"善良风俗"原则不同,"妨害竞争"的措施通常带有"不正当"(Unlauterkeit)的瑕疵。相反,如果"非绩效竞争"的框架内的行为当然是不正当的,那么当然也不公平。相反,《反不正当竞争法》第1条公平竞争和不公平竞争之

---

[1] Peter Ulmer, Kartellrechtswidrige Konkurrentenbehinderung durch leistungsfremdes Verhalten marktbeherrschender Unternehmen, in: Max Kummer; Hans Merz; Walter R Schluep (hrsg.), *Recht und Wirtschaft heute: Festgabe zum 65. Geburtstag von Max Kummer*, Bern: Stämpfli & Cie, 1980, S. 565, 569ff.

[2] 田中裕明「市場力の濫用としての不当廉売行為」『追手門経営論集』第2巻第1号、1996年。

知识产权与竞争法贯通论

间的边界线,将被放置在灰色地带"非绩效竞争"的一部分。[1]

以差别待遇为例,在实践中,差别待遇主要表现为价格歧视,即根据顾客对价格不同的敏感程度因人而异,采取一物多价的逐利手段,"看人下菜碟",从而不同的买者为取得相同的商品及劳务所付出的实质代价高低悬殊。差别待遇本身如同由于差别待遇所形成的歧视价格一样扑朔迷离,包括障碍的事实和区别的事实;既包括主动的歧视,也包括自我放任的歧视或者说被动的歧视;既可能是竞争手段本身不公正的行为,也可能是限制自由竞争的行为,其往往成为垄断者滥用优势地位限制竞争、攫取超额垄断利益的手段,但从另一个角度看,这种行为也是不正当竞争行为。日本于 1947 年通过《关于禁止私人垄断和确保公平交易法》,后几经修正,最新一次于 2005 年通过。该法第 2 条第 9 项第 6 款规定:"本法所谓不公平之交易方法,系指下列各款之行为,经公平交易委员会认定足以妨碍公平之竞争者:对他事业人为不当之差别待遇。"[2]日本有关交易歧视行为学说将差别待遇归于"不公平竞争"的概念之下。1982 年在长期执法实践的基础上所发布的《不公平交易方式法》一揽子认定了 16 种不公平的交易方式,其中就包括差别待遇。与此参互比较,美、德两国则在反垄断法中规范差别待遇行为。美国对此种行为的规范首见于 1908 年颁布的《鲁宾逊-帕特曼反价格歧视法》和 1914 年颁布的《克莱顿法》。《鲁宾逊-帕特曼反价格歧视法》第 1 条指出:"从事商业的人在其商业过程中,直接或间接地对同一等级和质量商品的买者实行价格歧视,如果价格歧视的结果实质上减少竞争或旨在形成对商

---

〔1〕 田中裕明「市場力の濫用としての不当廉売行為」『追手門経営論集』第 2 卷第 1 号、1996 年。

〔2〕 私的独占の禁止及び公正取引の確保に関する法律(昭和 22 年 4 月 14 日法律第 54 号。最終改正平成 25 年 12 月 13 日法律第 100 号)。

第一章 反垄断法与反不正当竞争法关系论

业的垄断,或妨害、破坏、阻止同那些准许或故意接受该歧视利益的人之间的竞争,或者是同他们的顾客间的竞争,是非法的。"在德国,关于差别待遇的规范见诸《反限制竞争法》第20条第1款。[1]欧盟竞争法和德国反限制竞争法一样,均将企业差别待遇行为置于"禁止滥用市场支配地位"之下,视为滥用市场经济力形态之一,故其规定特别强调控制市场的企业联合或团体,无正当理由所为的差别待遇行为方具有可罚性;而日本、美国皆无对行为主体强势地位的要求。根据美国司法判例,价格歧视被分为"第一线竞争"(primary line competition)中的价格歧视和"第二线竞争"(secondary line competition)中的价格歧视两种。前者指的是制造商或卖主在各个市场分别以不同价格销售其产品,并选择其中一个特定市场低价销售,以挤垮该市场的竞争对手,即掠夺性定价。后者指的是各销售商或买主通过补贴形式以不同价格销售所购产品,从而影响了竞争。[2]掠夺性定价政策为了消除竞争对手以一个不合理的低价销售,根据《鲁宾逊-帕特曼法》第3条属于不正当竞争,违反竞争领域的道德良俗,也可能构成《鲁宾逊-帕特曼法》第2条中的非法价格歧视,但如果这种行为是出于意图垄断贸易的动机,则还可能违反《谢尔曼法》第2条。费肯杰在《经济法》一书中指出,如果人们将歧视禁止泛化使用,则这将是竞争的末日,泛化的歧视禁止具有和卡特尔同样的作用。[3]公平竞争与自由竞争两种因素均需考虑,差别待遇虽然被纳入不正当竞

---

[1] Gesetz gegen Wettbewerbsbeschränkungen in der Fassung der Bekanntmachung vom 26. Juni 2013 (BGBl. I S. 1750, 3245).

[2] 参见[美]马歇尔·C. 霍华德:《美国反托拉斯法与贸易法规:典型问题与案例分析》,孙南申译,中国社会科学出版社1991年版,第252—270页。

[3] [德]沃尔夫冈·费肯杰:《经济法》(第2卷),张世明、袁剑、梁君译,中国民主法制出版社2010年版,第367页。

争行为，但实际上在很大程度上也被视为一种重要的垄断定价行为。

在德国反限制竞争法颁布以前，对市场上的限制竞争行为进行规制的便是《反不正当竞争法》的第1条。只是法院在论证时煞费苦心地为这类本质上仅是限制竞争的行为找出伦理上的可责性。1931年"本拉特加油站案"（Benrather Tankstellen-Fall）以卡特尔法律问题为对象，即大型石油公司1926年缔结的卡特尔的外来压力，但帝国法院并没有按照（过于狭义理解的）卡特尔条例而是按照德国《反不正当竞争法》第1条加以解决，这使卡特尔法是否也属于竞争法的问题引起了注意。地域毁灭性降价不仅是卡特尔法上显著的歧视行为（《反限制竞争法》第26条第2款第1句），而且也是一种不正当竞争的事实。在"本拉特加油站案"中，经过1931年帝国法院的最终审级的判决，是当时卡特尔法无能的标志。当时，鲁尔区某城市的一个独立的加油站站主以每公升29芬尼销售汽油。其竞争对手纳尼亚-澳萨格石油股份公司（Rhenania-Ossag Mineralölwerke AG）等在1926年就达成了一份法律上不受约束的价格协议，将德国划分为若干区域，在各区域按统一的价格销售汽油（规定期限为1928年10月1日）。他们在第二个区域（莱茵兰）同时将每公升的价格提高为33芬尼。这位加油站站主没有加入该卡特尔，仍然保持29芬尼，销量大幅上升。该卡特尔曾尝试说服其将价格提高并调整到与卡特尔价格持平的水平，尝试无效后，卡特尔成员将其处于该独立加油站周围的加油站的汽油价格降到28芬尼。独立的加油站站主相应降至26芬尼。汽油公司遂调整为25芬尼，并给周围的加油站所有者指示始终比局外人便宜1芬尼。这些措施的目的非常明显，即在于强迫其或者是加入卡特尔，或者是放弃生意。个体加油站站主谋求获得临时保全处分以反对该"汽油协定"，但这需要有杜塞尔多夫地区高等法院和帝国法院在后续程序（Nachverfahren）中予以批准。[1]卡特尔条例在该案中无法提供依恃，因为该卡特尔不是按照卡特尔条例第1条登记的，并且因为它的缔结明确地表示是没有约束力的。然而，所有三个法院（在临时保全措施程序中的地区法院、地区高等法院和在后续程序中的帝国法院）均裁决该案中存在对德国《反不正当竞争法》第1条的违背。缔结汽油协定的做法属于"妨碍竞争"，杀价行为是违反善良风俗的阻抑同业竞争。在这里，妨碍竞争有别于效能竞争，效能竞争以某一经济行为对竞争者的损害为必要的结果。在其判决中，帝国法院基于尼佩代《竞争与生存毁灭》（Nipperdey, *Wettbewerb und Existenzvernichtung: eine Grundfrage des Wettbewerbsrechts*, Berlin: Heymann, 1930）的意见在德国反不正当竞争法中引入效能竞争的概念。尼佩代认为，卡特尔必须能够因为其效率占上风，他是这样区分效能竞争和阻碍型竞争的：在效能竞争中，竞争者损伤是竞争行为的必要后果，在阻碍型竞争中，对竞争同伴的损伤本身即是其目标所在，有瑕疵的竞争行为是为达到此目的的一个工具。但是，帝国法院将被告的行为归类为阻碍竞争，从而是《反不正当竞争法》第1条旧的一般条款意义上的违反良俗。该被广泛讨论的裁决基本上达成了一个一致的结论，即这种毁灭性的降价是非法的。批评者所凭借的理据当然大相径庭。这个案件如今仍可以依据《反不正当竞争法》第1条加以裁决，不过会出现竞合，首先是《反限制竞争法》第25条第1款可以适用，此外（在1980年以后）还有《反限制竞争法》第37a条第3款。[2]是时，该判决使得卡特尔法直到1945年一直拱手退

---

[1] RGZ 134, 342 v. 18.12.1931-Benrather Tankstelle.
[2] 与《反限制竞争法》第35条相竞合：防止侵害请求权（Unterlassungsanspruch）。

避于反不正当竞争法之后，这种心理上的后续影响持续至今。在1931年的"本拉特加油站案"中，由于卡特尔条例的效力范围不及，最终基于《反不正当竞争法》第1条作出判决，尽管该案可谓经典的卡特尔案例，却导致文献对竞争限制问题的批判性的重新研究，从此趋向于包括反限制竞争法和反不正当竞争法在内的一般竞争法。这种行为可以在特定情况下被视为违背良俗。法庭将卡特尔在当地的灭绝性倾销行为视为违反善良风俗的妨碍竞争对手的严重情况，其被用于从市场上将竞争者驱逐。〔1〕在缺乏适当的法律标准的情况下，他们基于《反不正当竞争法》第1条支持不许可。因此，对这种类型的削弱竞争的负面判断主要属于竞争限制否定的范围。只有当倾销以违反良俗的方式发生（例如通过客户的欺骗或抹黑竞争对手）时才有《反不正当竞争法》的应用空间。这种方法减轻了良俗的概念，并导致一般条款回归于原来的使命，即针对竞争不公平的手段和方法。〔2〕在反限制竞争法施行以后，对独占事业滥用市场力之行为，反不正当竞争法仍有其适用余地。当独占企业滥用市场力行为具备了道德上的可非难性时，无论从管制大企业防止限制竞争的反垄断法角度，还是从维护商业伦理的反不正当竞争法角度，均构成违法，二者构成要件发生重叠。

　　反不正当竞争法与卡特尔法，如同相互交叉的两个圆。非相互交叉的两部分中，一部分为侧重市场行为的反不正当竞争法，如禁止误导、不正当比较广告以及禁止贬低、诽谤竞争者等规制制度；另一部分为侧重市场结构的卡特尔法，如防止企业合并构成垄断的合并控制制度。因为具有保护自由竞争的共

---

〔1〕 Wolfgang Fikentscher, *Recht und wirtschaftliche Freiheit：Bd. Die Freiheit des Wettbewerbs*, Tübingen：Mohr Siebeck, 1992, S. 58.

〔2〕 Wolfgang Fikentscher, *Recht und wirtschaftliche Freiheit：Bd. Die Freiheit des Wettbewerbs*, Tübingen：Mohr Siebeck, 1992, S. 58.

同目标,二者可能产生竞合,即某行为既可能符合反不正当竞争法的构成要件,又可能符合卡特尔法的构成要件。这主要体现于《反限制竞争法》规制的占支配或优势地位企业的阻碍行为(第19、20条)、联合抵制行为(第21条)与《反不正当竞争法》规制的阻碍行为(第4条第10项)的竞合。例如,德国《反限制竞争法》第20条第1款规定,拥有市场支配地位的企业或企业联合组织,不得在同类企业通常均可参加的商业交易中直接或者间接地不公平地阻碍另一个企业,或在无实质上合理理由的情况下直接或者间接给予另一个企业不同于同类企业的待遇。《反限制竞争法》的这一规定与《反不正当竞争法》第1条均具有相对的抽象性,这一规定中的限制竞争行为可以适用《反不正当竞争法》的第1条,被视为是违背善良风俗的不正当的竞争行为。制度保护和公正性保护之间存在密切的功能关系。《反限制竞争法》所禁止的行为可能依据《反不正当竞争法》第1条通过违法的优势地位(Vorsprung durch Rechtsbruch)是不正当的。根据《反限制竞争法》第20条第2款被允许的行为也可能依据《反不正当竞争法》第1条是正当的,除非有其他反竞争违反情况存在。[1]《反不正当竞争法》的解释不得损害《反限制竞争法》的自由确保目的。[2]当威胁作为一种制度的竞争的不正当事实中存在补充和重叠时(如市场障碍、歧视、抵制)[3]尤其如此。如果事实按照《反限制竞争法》能够满足构成要件但辅助性存在不正当要素,《反不正当竞争法》一般条款发挥兜底作用,相同的事实发生时《反限制竞争法》和《反不正当竞争法》请求权竞合。《反限制竞争法》第19条规定,

---

〔1〕 BGHZ 96, 327, 336 (Feld und Wald I).

〔2〕 BGHZ 28, 54, 58ff (Direktversand).

〔3〕 BGH GRUR 1985, 883, 886 (Abwehrblatt I); GRUR 1986, 397, 399 (Abwehrblatt II).

知识产权与竞争法贯通论

如果一个占市场支配地位的企业，以对市场竞争产生重大影响的方式且无重大合理性，损害其他企业参与市场竞争的可能性，或者提出有效竞争条件下不可能存在的报酬或者其他交易条件，或者对处于相同地位的交易对手不合理地实施不相同的交易条件，或者拒绝竞争对手以适当的报酬进入自己的网络或者其他基础设施，这些就构成滥用市场支配地位的行为。《反限制竞争法》第 20 条第 1 款规定，占市场支配地位的企业或者企业联合组织，不得在同类企业通常均可参加的商业交易中，直接或者间接不公平地阻碍另一个企业，或在无重大理由的情况下直接或者间接给与另一个企业不同于同类企业的待遇。上述规定中都使用了"不合理"或者"不公平"等字眼。这些词语即便在德语中，与《反不正当竞争法》第 1 条中"行为人在商业交易中以竞争为目的而违背善良风俗的不正当竞争行为"中的"不正当"一词没有本质上的差别。这即是说，《反限制竞争法》第 19 条和第 20 条中的限制竞争行为可以适用《反不正当竞争法》的第 1 条，即被视为违背善良风俗的行为，从而被认定为不正当竞争行为。德国联邦法院已经在某些限制竞争案件中适用了《反不正当竞争法》。当然，德国联邦法院的这些判决也受到德国很多法学家的批判。例如，依蒙伽（Ulrich Immenga）指出，虽然判定一个行为具有"不合理性"（Unbilligkeitsurteil）和判定这个行为具有不正当性（Unlauterkeitsurteil）是一样的，从而不能说这些案件不能适用反不正当竞争法，但是，这些案件优先适用反不正当竞争法会损害反限制竞争法的立法目的。[1]但是，这些判决至少说明，德国的《反不正当竞争法》和《反限制竞争法》在保护竞争和维护市场竞争秩序方面相互起着补充性的

---

〔1〕 王晓晔："重要的补充——反不正当竞争法与相邻法的关系"，载《国际贸易》2004 年第 7 期。

作用。《反限制竞争法》也包含了禁止阻碍的规定：如果占市场地位的企业以显著的方式无客观理由地损害其他企业的竞争机会的，构成滥用市场支配地位（第19条第4款第1项）；占市场支配地位的企业不得直接或间接地不公平地阻碍其他企业（第20条第1款）。此外，联合抵制（第21条）也可能构成不正当地阻碍竞争的行为。在这方面，《反不正当竞争法》第4条第10项与卡特尔法的上述规定可以共同适用，而且前者还可以适用于不占市场支配地位的企业实施的阻碍行为。然而，法院在对第4条第10项进行具体化时，必须考虑卡特尔法的目标价值。经营者的阻碍行为如果根据卡特尔法具有客观的理由或不构成不公平的阻碍，那么不能根据反不正当竞争法将其认定为不正当行为。[1]例如《反不正当竞争法》第4条第10项所指的"有目的地妨害其他竞争者"、第11项所指的"违反了旨在市场参与者的利益所调整的市场行为的法律规定"。有的学者认为，该两项内容属于限制竞争行为，与《反垄断法》的内容相重叠。

如果产生竞合关系，一般情况下，反不正当竞争法与卡特尔法都可以适用，从而产生请求权竞合。但是，卡特尔法只是在限定条件下才禁止某些行为，所以必须考虑适用反不正当竞争法是否会导致限定条件的落空。根据《反不正当竞争法》第4条第11项，违反为市场参与者利益而规制市场行为的法律规定的行为，也构成不正当行为（简称违法行为）。那么，违反卡特尔法的行为是否构成该规定的违法行为呢？毫无疑问，卡特尔法也规制企业的市场行为。但是，卡特尔法也规定了民事请求权，而且有意识地未规定消费者团体的诉讼权利，因而这些

---

[1] 邵建东：《德国反不正当竞争法研究》，中国人民大学出版社2001年版，第162页。

民事请求权规定应该为封闭性规定。否则,通过反不正当竞争法将请求权主体的范围扩大至消费者团体,卡特尔法的规定就会落空。

第五节 融合论

正是因为反垄断法和反不正当竞争法两个法域所使用的竞争、企业、经济等基本概念自始在一般竞争法的两个法域中(至少在实践上)被同样地理解和使用,迄今并不存在概念的分离,所以反垄断法和反不正当竞争法两个领域合并为一般竞争法是颇为恰当的。虽然反垄断法和反不正当竞争法确实有不同的目标,其基本政策分歧可能有时会导致两者发生冲突。反垄断法原则旨在保护和维护竞争在其原始形式的绝对自由,但是,如同所有抽象的自由一样,竞争自由也有限制。正如言论自由没有提供诽谤许可,自由竞争的权利并不包括不公平竞争的权利。反不正当竞争法限制的恰恰是与游戏规则符合的正当行为的自由。两者基本概念具有互补的目标,可以彼此共生共存,并因"交叉授粉"而受益,是构成我们的社会经济结构马赛克般巨大的、有时令人费解的拼图游戏环环相扣的组成部分。在德国,《反限制竞争法》的判断影响《反不正当竞争法》(所谓相互影响),例如《反限制竞争法》第 20 条第 2 款(无不合理性=基本无不正当性)和《反限制竞争法》第 24 条第 2 款(竞争规则)。反限制竞争法和反不正当竞争法两个法域的联系越来越明显地呈现出来[1]。值得瞩目的是,一方面,卡特尔法在安排和日益明显地应用第 22 条、第 26 条和第 37 条过程中已经显著

---

〔1〕 Fritz Rittner, *Wirtschaftsrecht mit Wettbewerbs- und Kartellrecht, Ein Lehrbuch*, Heidelbg: Müller Juristischer Verlag, 1979, 193.

接近于反不正当竞争法,并且将继续趋于接近;另一方面,正如类似在本拉特加油站案件和其他案件中曾经出现过的情况一样,"市场相关的不正当性"(marketbezogenen Unlautkeit)概念的建立和使用,以卡特尔法上的考虑回答了反不正当竞争法的问题,表明以前两个法域之间的严格区分已被打破。[1]

一、法律性质

按照主流的学术观点,反垄断法属公法领域,反不正当竞争法则被归入私法范畴,在法律性质上具有重大差异。从历史上来看,反不正当竞争法系由民法上的侵权行为法发展而来,具备私法属性,自无待赘言,但许多学者也发现,公法与私法的浑融畛轶是近代以来法律演变的大势所趋,与昔日两者泾渭分明的景观迥不相侔,反垄断法和反不正当竞争法亦不自外。现代反不正当竞争法同样具备某些公法性质,且随着时间的流变不断自我重构,正在向公法方向发展,属于公私兼具的法律,允宜与反垄断法一并归入属于经济法范畴的市场竞争法。反不正当竞争法除调整经营者之间关系外,还调整经营者与消费者之间服务关系。反不正当竞争法在个人保护之外,本身追求更一般性的目的,追求社会政治目标,规范解释也需要考虑竞争的整体经济利益。[2]反不正当竞争法保护利益呈现出多元化的特征,包括私人利益、广大消费者利益及社会公众利益。在德国,反不正当竞争法在1930年以前是一部纯粹保护个别共同竞争者的个体保护法,着重于竞争者的保护,对共同竞争者的整

---

[1] Anton Plager, *Schutzzwecke des Lauterkeitsrechts: Entfaltung und Entwicklung zwischen 1909 und 2004*, Frankfurt, M.: Peter Lang GmbH, 2010, S. 137.

[2] Carsten Morgenroth, *Interese als Eainflussfaktor auf die Gesetzesbildung, Gesetzesanwendung und Sportvermarktung: insbesondere im Sponsoring und bei Sportveranstaltungen*, Berlin: Peter Lang, 2010, S. 268.

体利益是否予以保护还犹豫不决，在当时被称为公众的消费者仅仅是反射性的受益者。但自1930年以来，即从纯粹的个人保护转而趋向社会大众保护的观念，以社会法观点代替了过去的个人法观点。虽然阿道夫·鲍姆巴赫（Adolf Baumbach）一直坚持其对反不正当竞争法的个体法理解，但欧根·乌尔默（Eugen Ulmer）等人敏锐地洞察到反不正当竞争法从纯粹的个体保护向社会法理解的转变，强调竞争秩序目标不仅是个别竞争对手保护，竞争法处在不断变化中。[1]德意志联邦共和国最高法院不断地强调反不正当竞争法之社会功能，德国学者亦以私益与公益为基础讨论不正当竞争的禁止，认为保护消费者利益与保护营业竞争者及其他市场参与者同属反不正当竞争法目的。德国反不正当竞争法在修订之后赋予了消费者团体以诉权，其保护消费者及社会公共利益之意图更形昭著，已经明显具有公法性质。与民法的纯粹个人保护不同，反不正当竞争法保护消费者（纵向关系）、竞争对手（横向关系）和公众（保护目的三层，Schutzzwecktrias）的利益，构成非典型私法的一部分。反不正当竞争法的公法性质亦体现于赔偿制度。在民法中，损害赔偿额之决定，依法律规定及学者通说应以受害人实际所受之损害为准，并以之确定损害赔偿之范围。联邦德国最高法院逐渐从承认竞争存在是反不正当竞争法和反限制竞争法共同的课题，进一步发展出"妨碍市场机能"（Marktstörung）或者与市场相关的不正当性的新类型，甚至还创设了反不正当竞争法中的"独占行为"不法态样，[2]以弥补反限制竞争法之不足，以致纯粹私法架构的反不正当竞争法在当事人主义的束缚下，实际上已

---

[1] Eugen Ulmer, Wandlungen und Aufgaben im Wettbewerbsrecht, *Gewerblicher Rechtsschutz und Urheberrecht*, 1937, S. 769–773.

[2] Thomas Sambuc, Monopolisierung als UWG-Tatbestand, *Gewerblicher Rechtsschutz und Urheberrecht*, 1981, S. 796 ff.

经无法对牵涉到的所有法益提供适当周全的保护,公力的介入便成了必然的趋向。从20世纪70年代以来反不正当竞争法一系列关于"需方强权"滥用的判例法,也促使立法者在修正的反限制竞争法中作了具体的回应,以公力制裁配合反不正当竞争法的私法控制。在日本法律实务中,有关损害额算法的通说是:就没有加害行为之利益状态与蒙受加害行为之现在利益状态间之差额视为损害额,即所谓"差额说"。即使于违反独占禁止法的损害赔偿案件中,亦有采差额说理论来判断损害额者。例如,在"鹤冈灯油损害赔偿案"中,关于被告违反独禁法行为对原告造成的损害额,法院认为应比较因被告的卡特尔行为而使民生用灯油原批发价上涨,致灯油零售价格上涨(原告等购入价格)与卡特尔未存在时其应有零售价格之间的差额视为被告损害额。

现代社会公法私法之间交叉融合趋势明显,已经打破了传统的公法私法泾渭分明的格局。学术界关于划分公法和私法有不同的标准,德国学术界对于《卡特尔法》究竟属于公法还是私法,尚存在意见分歧。有人认为,《卡特尔法》属于公法,其理据为该法执行机构是作为行政机构的联邦卡特尔局。但也有人认为,区别公法和私法的标准取决于法律所调整的当事人之间的关系。卡特尔作为市场上的竞争规则,主要调整平等当事人之间的关系,即企业间的关系,所以基本上属于私法。总体而言,《卡特尔法》既有私法内容,例如损害赔偿的规定,也有公法的内容,如行政罚款。从各国和地区的实践来看,在反垄断执法方面除了依靠公共机构的执法外,越来越重视反垄断法的私人执行,即依靠私人的力量,通过民事诉讼程序来追究垄断者的法律责任。这为反垄断法平添了若干私法的色彩。按照各国反不正当竞争法,不正当竞争的管制往往不仅有民事责任,而且有行政责任和刑事责任,而私法领域仅有民事责任。这种从私法领域进入行政管制乃因反不正当竞争法已涉及公共利益。在德国法律中，不正当竞争行为被视为一种特殊的民事侵权行为，对其控制主要依赖市场竞争中的受损害者（包括工商业团体、消费者团体等关系人）提起民事诉讼加以制止，盗窃他人商业秘密等特别恶劣的不法行为，则运用刑法手段加以制裁。反不正当竞争法中没有指定法定的行政执法机关，也没有规定行政处罚措施。从这个意义上来说，德国的反不正当竞争法可以说较多地体现了私法属性。然而，在美国、澳大利亚、印度等国，反不正当竞争法的实施尽管并非不重视民事责任和刑事制裁，但更加依赖行政机关的行政执法，希冀三管齐下，更好地净化市场竞争环境，保护竞争者、消费者和社会公共利益，较多地体现了反不正当竞争法的公法性质。我国反不正当竞争法所采取的控制模式也是以行政控制为主、司法控制为辅，与德国的司法控制模式迥异。在《反不正当竞争法》所列举的11种不正当竞争行为中，除了侵犯商业信誉和商品信誉的不正当竞争没有规定行政责任外，其他10种不正当竞争行为均规定了具体的行政责任。所以，依据现代学术主流观点，反不正当竞争法是市场行为法（Marktverhaltensrecht），侵权法则仅限于平衡相互冲突的个人利益，对于"市场的社会保护"（sozialen Schutz des Marktes）不足；反不正当竞争法是行为控制法，而不是单纯的个人权利法，希望规范公平竞争的行为规范总和。

二、伦理与政策

反不正当竞争法以维护市场伦理为目标，以善良风俗作为其判断标准。而反垄断法以政策（经济的、社会的）为目的，以"效能竞争"为其标准。反不正当竞争法在西欧各国法律的一般条款中，仅以传统的道德标准衡量行为的合法性，在经济上则始终保持中立性。法官在判断行为是否构成不正当竞争时，不考虑其判决结果会促进竞争抑或妨害竞争。法官在依据反不正当竞争法断案时，几乎从不运用经济学知识、竞争机制等相关方面的知识对竞争行为及竞争制度的影响进行分析，从而难免出现公平与自由、伦理与政策之间的紧张关系。然而，随着反垄断法所包含的经济政策逐渐投射到反不正当竞争法的价值领域，一般竞争法的这两个部分发展到目前这种地步，在反限制竞争法的经济政策内容和反不正当竞争法的经济政策内容之间已经不能再被割裂开了。[1]人们不能用这种方式将反限制竞争法和反不正当竞争法强分其异，即前者具有经济政策取向性，而后者则对经济政策是肖焉中立的。随着经济学理论的不断完善与发展，政府对经济干预的力度加大，希望通过对经济工具的运用达到弥补"市场失灵"的效果，经济政策对其他部门的影响日益扩大，社会价值日趋多元化，加之对社会公共利益日渐重视，个人权利的滥用受到规制，一般人不得不接受以社会伦理来取代个人伦理的趋向。现代反不正当竞争法随着社会的多元化必须与早期从行规中产生的伦理判准告别，保护的法益也应该从个别市场竞争者扩张到市场上所有参与者，而以利益法学派权衡利益的方法来取得评价。当以利益权衡作为判断的标准时，政策与伦理之间的距离便不难被跨越，两者发生渗透洇为理所当然。其中，典型的表现即是德国反不正当竞争法"善良风俗"条款功能发生变迁，部分地受到反限制竞争法律的影响。[2]德国反不正当竞争法"妨碍市场机能"类型判例明显

---

[1] Alfons Kraft, Die Berücksichtigung wirtschaftspolitischer Belange im Rahmen des § 1 UWG, in: Wolfgang Harms (hrsg.), *Entwicklungstendenzen im Wirtschafts-und Unternehmensrecht: Festschrift für Horst Bartholomeyczik zum 70. Geburtstag*, Berlin: Duncker & Humblot, 1973, S. 223.

[2] Rolf Sack, Gibt es einen spezifisch kartellrechtlichen Lauterkeitsbegriff?, *Betriebs-Berater*, 1970, S. 1511.

增加，即是受到经济政策的影响，反映出二法关系从消极的协调目的提升至积极的功能整合。

关于二法价值理念的统一，德国经济法学界讨论最多的就是"投射理论"（Einstrahlungstheorie）。罗尔夫·扎克（Rolf Sack）认为，解释反不正当竞争法"善良风俗"条款的伦理内涵与公共政策不应该有任何冲突，社会伦理在开放社会本来就应该与时推移，从而具有经济秩序基本法地位的反限制竞争法施行后，其所代表的崭新的社会伦理观理所当然投射到反不正当竞争法的"善良风俗"条款。依此理论，二法的不同不在于判断的准据，仅在于"决策"的机关：一为行政机关（卡特尔机关），一为法院。[1]格劳斯·奥特（Claus Ott）则更进一步主张，现代国家的法官在运用反不正当竞争法概括条款时，仅仅是分权的立法者，只有透过这种分权才能满足多元变迁社会对规范的大量需要。[2]对于扎克的理论，卡尔·鲍登巴赫尔（Carl Baudenbacher）的批评颇为中肯，他强调经济政策的决定固然具有社会伦理的性格，但伦理的观点毕竟不能被经济政策所涵盖无遗，二法的价值理念统一应该在和平共存的状态中经由互动而不断接近。在20世纪60年代，德国战后一直实施的择点干预（puktueller interventionismus）经济政策被经济稳定法所代表的新经济政策取代后，反限制竞争法是否从基本法退居为新经济政策的工具法，一度成为学者所热议激辩的论题。有些学者主张应该保持竞争法的基本功能，贯彻秩序政策所赋予的任务，借以配合企业结构和种种反波动政策的运作，彼此不相

---

[1] Rolf Sack, § 1 UWG und Wirtschaftspolitik, *Wettbewerb in Recht und Praxis*, 1974, S. 248.

[2] Claus Ott, Systemwandel im Wettbewerbsrecht, in: Fritz Baur u. a. (Hrsg.), *Funktionswandel der Privatrechtsinstitutionen. Festschrift für Ludwig Kaiser zum 70. Geburtstag*, Tübingen: Mohr, 1974, S. 417.

抵牾；有些学者则主张应该将反限制竞争法的功能扩张为长短程经济政策的工具。在这种语境下，反限制竞争法的功能变迁是否投射到反不正当竞争法，见仁见智。韦恩哈德·默雪尔（Wernhard Möschel）等人便主张不正当的判断标准应该依据企业市场权势的大小有所分殊。[1]而格哈德·施里克（Gerhard Schricker）等人认为仅从反限制竞争法单方面的投射解读二法价值理念的统一，未免太狭隘，二法彼此的影响并非是单向的，反限制竞争法中消费者利益观点的逐渐加强未尝不是受了反不正当竞争判例法的影响。费肯杰认为，反不正当竞争法尽管不像反限制竞争法那样首当其冲指向于市场标准，却绝非是市场中性的，与市场相关的不正当性也可以是一个评估直接地针对竞争者同伴的竞争行为的视角。这在本拉特加油站案中发挥着关键作用，即在汽油卡特尔所追求的唯一尚存的低价供应者消失以后，这一领域将由卡特尔单独控制。与市场相关的不正当性不仅取决于对竞争者（Konkurrenen）的影响，也取决于对竞争（Konkurrenz）的影响，其本身不是不正当性事实，毋宁需要对市场影响加以审查，以确定或否定对某种竞争方法的负面评价。[2]

由于反垄断法作为"经济宪法"所蕴含的基本价值、理念对善良风俗的解释产生了影响，因此诸如对直接剥夺市场竞争行为的禁止、超级销售禁止的放宽、价格歧视行为的原则上认可等随之沿着这一脉络迤逦而出。可以说，"伦理-政策"二分法的动摇导致二法功能扩张，是二法张力被冲淡的原因所在。以比较性广告为例，平心而论，比较广告利弊兼具，但总体而

---

[1] Wernhard Möschel, *Pressekonzentration und Wettbewerbsgesetz*, Tübingen：Mohr Siebeck, 1978, S. 148.

[2] [德]沃尔夫冈·费肯杰：《经济法》（第2卷），张世明、袁剑、梁君译，中国民主法制出版社2010年版，第411—412页。

言利大弊小，具有其经济必然性，是竞争本身题中之意，真实比较相关事实可以降低消费者信息收集成本，提高市场透明度，给予竞争以更大的自由空间，符合经济效益政策，过于顾及其负面影响而将"婴儿与洗澡水一同倒掉"的做法并非理性明智之举，不能惩羹吹齑，因噎废食，应该利弊权衡比较，兴利除弊，确认比较广告的合法性，通过相应立法对其可能存在的非客观公正的一面给予必要的法律规制，以利于扬其长而避其短。唯是之故，各国纷纷软化对于比较广告严格管制的强硬立场，解放思想，幡然变策，对比较广告消极态度的转变恰似一江春水东流，浩浩汤汤，自由竞争的理念如春风融冰化雪，放宽在反不正当竞争法中对于比较广告的规制，从而别开生面。随着欧洲共同体的建立，大多数主要的欧洲公司从国内经营转向欧洲经营，广告的覆盖范围大大扩展，各国对比较广告的不同法律规定不利于企业在整个欧共体范围从事销售活动，不利于商品和服务在欧共体成员国的自由流动，不利于建立欧洲单一市场，所以1991年5月22日，欧盟通过了一项赞同比较广告的法案，建议从1993年1月1日起允许在欧盟12个成员国范围内使用比较广告，但同时也在其中明确地规定了一系列条件，要求各成员国最迟于2000年4月完成对各自立法的修改。与其他成员国相比，欧盟内部只有英国对比较广告采取较宽容的态度，因而受到赞誉，有些成员国则仍对比较广告持保留态度。为了协调各成员国的立场，避免同一广告在不同国家受到不同对待，从而影响商品或服务的自由流通或提供，在经过长达7年的讨论和反复之后，欧洲议会和委员会于1997年10月6日通过了关于修订第84/450号引人误解广告指令（84/450/EWG，简称1984年指令）的放开比较广告第97/55号指令（97/55/EC，简称1997年指令）[1]，引进了比较广告，并规定了比较广告的条件，责成各成员国允许真实的比较广告。然而，欧盟各成员国对97/55/EC指令的解释不同，导致真正意义上的比较广告协调于2004年4月才实现，距离首次提出协调近20年。在德国，19世纪末《反不正当竞争法》颁布之初，帝国法院原则上允许商家发布比较广告，但约瑟夫·柯勒（Josef Kohler）在1917年的一篇文章中提出了如下观点：根据善良的商业习惯，每一个经营者都有权得到保护，免受对手的负面评价。[2]这一论证使帝国法院深信不疑，以至于其在20年代递推递密对比较广告进行限制，1931年著名的"黑勒戈德判决"（Hellegold-Entscheidung）[3]最终形成了对比较广告禁止原则，仅在少数例外情形下承认其合法。帝国法院明确地将客观正确的比较也归入违反善良风俗，并称广告陈述的内容真实与否并不重要。联邦最高法院最初也继承了帝国法院的判例，截至20世纪60年代立场才有所松动。此后，消费者的知情权越来越受到重视，被视为比较广告合法的一种原因和理由。2000年9月14日，德国《比较广告和竞争法修订法》生效。新《反不正当竞争法》将1997年欧盟原则上允许比较广告指令的有关规定转化为内国法。至此，德国法律对比较广告的基本立场发生了根本的转变，比较广告从原则上禁止中解放出来。

三、价值取向

在价值取向方面，反垄断法强调效益，而反不正当竞争法

---

[1] Directive 97/55/EC of European Parliament and of the Council of 6 October 1997 Amending Directive 84/450/EEC Concerning Misleading Advertising so as to include Comparative Advertising.

[2] Josef Kohler, Persönliche und sachliche Reklame in der Großindustrie, *Markenschutz und Wettbewerb*, 1916/17, S. 127.

[3] Hellegold, 06.10.1931, GRUR 1931, 1299, 1301.

注重公平。刘绍樑认为应以透过维护市场的竞争,以发挥资源作最适配置的效率为标准,而此一标准可以通过"维护消费者利益"得以实现。"维护交易秩序""确保公平竞争"必须附属于"维护消费者利益"这一更重要、更明确的立法目的,将消费者利益解释为芝加哥学派的经济效率。执行上如果符合前三个目的,理应即可达成"经济的安定及繁荣"。本章认为可以竞争机制的维护、实现保护竞争制度为准则。法的实施是为了利益的维护。竞争法所保护的利益可以被区分为生产者利益、消费者利益等,不同的立法目标代表不同群体的利益,各目标之间的冲突、矛盾,事实上为其背后作代表之利益间的冲突。缓和矛盾及冲突可以运用经济分析法,以公共利益的最大实现作为标准。而要实现公共利益最大化必须维护竞争机制的正常运行。因此,维护竞争机制、保护竞争制度标准应当确立。反垄断法和反不正当竞争法对各种竞争行为的规制,对各种利益的保护最终均是为了保护竞争制度这一终极目标。竞争利于资源的合理配置、效率的提升,而这些均对消费者有利。竞争的自由市场制度即是最好的消费者保护。当在市场上自由与公平不得兼顾,甚至两者利益相互冲突时,须从维护竞争机制的观点予以衡量,何者利益优先保护。最重要的是,反不正当竞争法的主要术语——"公平"——必须考虑反垄断法的目标而定义。反垄断法和反不正当竞争法分别立法的国家和地区,"晚近在实务运作上于适用公平竞争法时,亦必须斟酌自由竞争法之内容与精神;相反地,于适用自由竞争法时,亦应参酌公平竞争法之内涵与目的"。德国的竞争法学者就认为:反不正当竞争法的主要术语——"公平"——必须考虑反垄断法的目标而定义。因为私法并不是价值中立的,而是与当时的政治、经济、社会

第一章 反垄断法与反不正当竞争法关系论

和哲学思想和价值观不断互动。[1]"反垄断法所体现的自由竞争理念和价值,对解释和适用反不正当竞争法的规定,特别是其第1条(引者注:指的是2004年修法前)之一般条款,具有重要的参考意义。在评价某项竞争行为属于正当竞争还是不正当竞争时,特别要考虑反垄断法所推崇的价值理念,即要考察此项行为是否以及在多大程度上限制了竞争。"[2]在德国,受到社会法观念下"善良风俗"影响而将消费者利益纳入权衡的司法实践发展出许多偏袒消费者利益的判例,诸如对于骚扰广告、滥情广告的管制取得长足进展,实际上却对于竞争自由构成了限制,但由于在反限制竞争法中也贯注了同样的保护消费者利益的价值理念,所以这种价值冲突得以稀释和纾解。

整个竞争法可从两个层面予以观察:一是竞争"质"的观察,探究其采用的竞争手段的是否正当、合理,即竞争的公平;一是竞争"量"的观察,判断竞争的可能性到何种程度,是否有侵害自由的、功能性竞争内涵,即竞争的自由。[3]前者属于反不正当竞争法规范的内容;而后者就是卡特尔法所职司的重点,但不论个别法规所置重点为何,竞争法所维护的主要为效能竞争。费肯杰为二法找出了共同的保护法益,即个人的经济活动自由,反不正当竞争法规范如何自由(das Wie der wirtschaftlichen Freiheit),反限制竞争法规范是否自由(das Ob der wirtschaftlichen

---

[1] Christian Alexander, *Schadensersatz und Abschöpfung im Lauterkeits-und Kartellrecht: Privatrechtliche Sanktionsinstrumente zum Schutz individueller und überindividueller Interessen im Wettbewerb*, Tübingen: Mohr Siebeck, 2010, S. 7.

[2] 转引自邵建东:《德国反不正当竞争法研究》,中国人民大学出版社2001年版,第28页。

[3] Friedrich L. Ekey, *Grundriss des Wettbewerbs-und Kartellrechts: mit Grundzügen des Marken-, Domain-und Telekommunikationsrechts*, Hüthig Jehle Rehm: Müller, 2009, S. 4.

Freiheit)。[1]反限制竞争法致力于竞争的存在,反不正当竞争法致力于竞争的实质与品质。两个法域互相补充:竞争应当自由和正当地发展,供给应当通过自由的、正当条件下产生的竞争而实现。按照被称为"费肯杰规则"(Faustformel von Fikentscher)的这种分工理论,反限制竞争法的实施在一定程度上可以减轻反不正当竞争法的负担。在竞争微弱的市场,竞争的公平与否则无足轻重。同样,一旦竞争沦于不择手段,以致劣币驱逐良币,竞争自由则会丧失其实质意义。一方面,如果没有反垄断法所维持的自由竞争局面的存在,就根本无所谓正当竞争和不正当竞争之分别,反不正当竞争法自无存在的必要;另一方面,反垄断法所保护的自由竞争,是以这种竞争行为符合反不正当竞争法的要求为条件的。所以,在费肯杰看来,基于公平的要求与自由竞争的要求并不矛盾。反垄断法保护的竞争自由,必须在反不正当竞争法所允许的范围内进行。只有公平竞争是自由的。自由竞争是正当竞争,只有自由竞争才有正当竞争,只有自由竞争才能反不正当竞争,不存在自由竞争往往导致不正当竞争,没有自由竞争就无所谓正当竞争。另一方面,垄断是竞争高度激烈化的结果,常常也是不正当竞争追求的目标和必然结果。垄断一经形成,一方面限制、抑制竞争的开展,另一方面也刺激、加剧不正当竞争手段的运用,使竞争呈现更加复杂的局面。基于伦理标准限制的自由相对于反限制竞争法的理性原则,是禁止限制竞争的例外。在发生冲突的情况下,其不只是正当要求抑或自由要求孰先孰后的问题,毋宁是在于公平和不公平的正确区分。在竞争中的自由保护和正当性保护之间冲突也可以

---

[1] Wolfgang Fikentscher, Das Verhältnis von Kartellrecht und Recht des unlauteren Wettbewerbs im deutschen und europäischen Recht, in: Ernst von Caemmerer (hrsg.), *Probleme des europäischen Rechts*, *Festschrift für Walter Hallstein zu seinem 65. Geburtstag*, Frankfurt/M.: Vittorio Klostermann, S. 127. ff.

表述如下：竞争越自由，竞争的方法越有可能是被视为正当。但人们将弓拉得太满，因为不公平的方法使用，竞争才恰恰由此是不自由的。所以，自由保护和正当性保护虽然形式上对立，但对于自由和公平的竞争秩序这一共同的目的而言是相辅相成的。[1]反垄断法与反不正当竞争法这两部法律之间的共性要大于其个性，并不存在不可克服的矛盾，而是反映了市场经济制度下互相关联、相辅相成的两项要求。作为一国竞争政策的法律保证，"竞争法应该是统一的。只有在统一立法的状态下，才能有效、和谐地体现国家统一的竞争政策"。[2]反不正当竞争法涉及的是，通过对其顾客误导等获得或利用不道德的优势。通过达成卡特尔协定或垄断以获取卡特尔或垄断利润，则违反了卡特尔法。这不是通过效率，而是仅仅基于既有的优势，以竞争限阻的形成或使用为根据。因此，两者在一般竞争法的部分范围内均以非价值判断为依据：效率在经济上为人所崇奉，违背效率原则在根本上不能赢得法律的保护。[3]

四、程序

按照广有市场的观点，反不正当竞争法的法律性质在很大程度上是私法，而反垄断法主要涉及公法执行机制。然而，在北欧各国，即使是在反不正当竞争法领域也是公法实施方法居于优先的。在反垄断法中，行政执法的显著优势在实践中显而易见，不过私人执法至少在理论上的可能性比比皆是，不正当

---

[1] Wolfgang Fikentscher, *Recht und wirtschaftliche Freiheit: Bd. Die Freiheit des Wettbewerbs*, Tübingen: Mohr Siebeck, 1992, S. 57

[2] 吴宏伟：《竞争法有关问题研究》，中国人民大学出版社2000年版，第153页。

[3] [德]沃尔夫冈·费肯杰：《经济法》（第2卷），张世明、袁剑、梁君译，中国民主法制出版社2010年版，第167页。

竞争的丰富私法经验在某种程度上可以有效地迁移使用于反垄断法领域。反垄断法必须调查有关企业是否在市场上占有主导地位。这些问题基本上需要从受影响的企业获得确凿的市场信息。市场支配地位的确定，需要识别相关市场，进而将会导致相当大的费用和经济专业知识。反垄断当局有必要的调查权，但在民事诉讼中私人诉讼者却一般不能这样做。按照主流观点，不正当竞争的证据比较容易获得，秘密卡特尔的揭露对于个人而言几乎是力所弗逮。举证的难度差异是导致这种程序上不同的原因。但在许多案件中，关于举证在反不正当竞争法和反垄断法之间没有根本性的差异。在反不正当竞争法中，也存在可能很难被证明的秘密措施，如员工的不正当猎头或工业间谍活动。另一方面，许多违反反垄断法的行为是众目睽睽的，例如拒绝供应或价格剥削。在这种情况下，所遇到的困难不是举证，而是事实的法律评价。行政程序在反垄断法中具有压倒性的实际意义，其更深层次的原因是历史传统。因为在欧洲，与美国相反，反垄断侵权的起诉完全被委托给公共当局，而不是委托给私人申诉者，没有发展出私人反垄断法文化。[1]事实上，在欧洲大多数国家的不正当竞争和限制竞争的法律，都按照完全不同的路线发展。虽然他们都密切关注于相交叉的重要领域，但其执行机制明显不同。在欧洲范围内，反不正当竞争法也有行政执法机制。在这一点上，在执法行政机关到现在为止一直占主导地位的国家，反不正当竞争法会非常接近于反垄断法。如果资源充足的公共当局可用于执法，诉诸民事诉讼的申诉者将减少，成功索赔的要求被提高。如果目的是寻求加强反垄断法私人执行，那么反不正当竞争法的经验应密切关注。

---

〔1〕 Thomas M. J. Möllers and Andreas Heinemann, *The Enforcement of Competition Law in Europe*, New York: Cambridge University Press, 2007, p. 660.

第一章　反垄断法与反不正当竞争法关系论

在市场经济条件下，反垄断和反不正当竞争必须相互配合才能够切实维护好市场竞争秩序。一方面，以预防和制止垄断、保障市场自由竞争为目标的反垄断法为反不正当竞争法的执行提供了必要前提条件。制定和实施反不正当竞争法的前提条件是存在自由竞争。如果没有自由竞争，经营者就不存在自由订立合同的可能性，也就自然不会出现不正当竞争行为。另一方面，反垄断法也需要反不正当竞争法的补充。如果只反对垄断而不反对不正当竞争行为，经营者就会滥用自由竞争权利，实施不正当竞争行为而随意侵犯其他企业的正当权益，或者侵犯消费者的利益，导致市场竞争秩序的混乱。随着反不正当竞争法功能的扩大，纯粹私法构架的反不正当竞争法在完全依靠当事人提起诉讼、自行救济的框架束缚下，实际上已经无法对牵涉到的所有法益提供恰当、周全的保护，公权力的介入也就成为必然。德国联邦政府曾在向参议院提出的《反不正当竞争法》修正草案中第27条第1项中规定了联邦卡特尔厅参与反不正当竞争法运作的，在法院作出决定以前与之咨询沟通，提出处理建议。如此一来，就沟通二法的运作而言，由反限制竞争法的主要执行机构卡特尔局承担桥梁的作用，整个规范竞争秩序的法律体系目的冲突显然可以得到较好的协调。有鉴于此，一些学者认为反垄断法和反不正当竞争法采取合并立法模式更便于设置一个统一的竞争执法机构，以达到统一执行竞争法的目的。比尔斯特和科瓦尔在其合著的《竞争法》中开宗明义："竞争法基本上乃为市场法。"（le droit de la concurrence est pour essence un droit de marché.）[1]乌尔夫·伯恩尼茨在《市场法：市场立

---

[1] Jean-Jacques Burst et Robert Kovar, *Droit de la concurrence*, Paris：Économica, 1981, p.1.

法发展和原理的比较研究》[1]一书中认为，德国竞争法的概念实际上已经过度膨胀，一个超越企业竞争关系放眼市场全局的"市场法"适合于现实经济环境的需求。国家、企业家、消费者等各种利益的权衡在市场法中名正言顺，竞争、合作、计划等各种制度的协调也可以很自然地被包容其间。揆诸北欧国家，"原本都有保障商业善良风俗的不正当竞争法，第二次世界大战后也都立法保障自由竞争制度，并通过了限制竞争立法。消费者运动席卷北欧后，北欧各国经过深入研究，决定放弃保护个别企业单独的不正当竞争法，而以广大消费者的利益为中心重新整合有关国家、企业、消费者的各种市场行为规范"。[2] 以瑞典为例，其在20世纪80年代之前的经济竞争政策将自由竞争与消费者利益等价值取向密切绑定，市场法结构包含规范不正当市场行为法、反限制竞争法以及其他保护消费者的单行法规，而1970年通过施行《市场法院组织法》[3]，使得实体法上的市场法概念得以在程序法中落实。在具有监察专员制度悠久历史的瑞典，营业自由保护官和消费者保护官俨然成了"公民权利的保护者"，前者负责限制竞争问题，后者负责不正当市场行为以及不公平契约问题，而市场法院则对涉及市场竞争和消费者保护的各类诉讼均有管辖权和终审权。这种颇具瑞典特色的竞争法实施程序模式对于后来欧盟竞争法产生了重要影响。

五、立法目的

在自由资本主义阶段，强调契约自由是交易的完美形式，

---

[1] Ulf Bernitz, *Marknadsrätt. En komparativ studie av marknadslagstiftningens utveckling och huvudlinjer*. Stockholm: Jurist – och samhällsvetareförbundets Förlags AB, 1969, p. 490-493.

[2] 苏永钦："论不正当竞争与限制竞争的关系——试从德国现行法观察"，载《法学论丛》1970年第1期。

[3] *Lag*（1970：417）*om marknadsdomstol*.

交易以意思自治为前提，是一种纯私法行为，因而竞争法并不需要给消费者以特别的保护，尤其是反不正当竞争法只着眼于竞争者个体利益的保护，是为保护诚实商人而设计的，并不把消费者保护作为立法目的。美国1914年《联邦贸易委员会法》（FTC Act）的第5条最初仅规定"商业中或影响商业的不公平竞争行为是非法的"。该条的适用范围被1938年通过的《惠勒-李法》（Wheeler-Lea Act）扩大为"商业中的各种不正当竞争方法以及不正当或者欺骗性的行为或做法，均宣布为非法"。由此，该条的适用范围从单纯的不正当竞争行为扩大到所有的对消费者具有不利后果的商业行为。对于虽然没有损害其他竞争者但损害了消费者的虚假表示行为，可以按照不正当或者欺骗性的行为或做法进行处理。20世纪60年代掀起的消费者保护浪潮肇始于美国。由芝加哥学派为主导的批判派认为增进消费者福利是反托拉斯法独一无二的目的。随着消费者保护成为世界各国共通的趋势，各国采取不同方法将消费者保护之理念融入反垄断法和反不正当竞争法。事实上，竞争法与消费者保护是"一币两面"，相异相维，密不可分。竞争可以最大限度地实现对消费者合法权益的保护，保护消费者已经成为竞争法首要的终极目标。一切市场行为的禁止和被允许都以最终是否对消费者有利作为判断标准。例如，对于低价倾销行为而言，消费者会从中获利，但这种获利只是昙花一现的短期获利，这种倾销行为意在排挤竞争对手、消灭竞争，从长远看对消费者殊非幸事，故而也被纳入竞争法禁止之列。在一个"为了消费而生产，为了生产而消费"的社会，竞争的核心是如何吸引消费者，赢得消费者也就是赢得竞争，正因为如此，保护消费者的选择权才能保护市场竞争，也才能保护社会公共利益，使社会持续稳定地发展下去。确保消费者选择的权利是竞争法的中心，将保护消费者作为竞争法的终极目标是市场经济发展的必然要求。

知识产权与竞争法贯通论

反垄断法和反不正当竞争法均将维护消费者利益作为立法目的之一。在二法适用过程中,越来越多的司法判决采取经济分析的方法,在权利争诉时对消费者的长期利益这一竞争法目的加以平衡考虑。二法的立法目的在保护消费者利益上达成一致,有利于二法的功能整合。垂直的消费者观点对平行竞争关系的穿透,一方面为二法的整合提供了重要基础,另一方面也使竞争法蜕变为统筹市场全局的经济基本法,运作上愈趋复杂。在消费者保护的价值理念下,二法将会进一步融合。在日本,不正当竞争防止法尚未赋予消费者起诉权,但也逐步脱离了营业者保护法的市民法色彩,逐渐加入消费者保护的观点作为违法性之参考。消费者运动对北欧国家二法的立法体例影响最大。北欧各国家原本都有保障商业善良风俗的反不正当竞争法,第二次世界大战后也都立法保障自由竞争制度,通过限制竞争立法。在竞争法立法目的变迁的同时,一些国家开始以消费者利益为中心,对竞争法与消费者立法进行整合,在反垄断法和反不正当竞争法中将保护消费者作为直接和终极的目的,消费者立法与竞争法表现出日渐融和、走向统一的趋向。许多国家的竞争法执法机构同时又是消费者保护主管机构,即能佐证这一趋势。例如,美国的联邦贸易委员会既主管不正当和欺诈性交易行为,又主管消费者保护事务;澳大利亚竞争与消费者委员会则将反对不公平竞争与消费者保护结合在一起。在国际消费者运动的推动下,竞争法的理论基础也在不断进行着调整,旧式的竞争关系的立足点已被抛弃。消费者利益至上表明,在市场竞争法领域,一切价值判断都应以消费者利益为极归,贯穿于整个市场竞争法的法制建设过程中,对具体的竞争法律规范具有统摄作用。

反不正当竞争法在源初意义上是为竞争者提供特殊的侵权法保护。尽管德国法学界从德国反不正当竞争法产生之日起就开始了关于竞争法所保护客体的激烈争论,在这个方面存在着"人格权说""企业权说""经营权说""竞争地位权说"等各种学说,但德国立法者长期以来一直认为,反不正当竞争法中受保护的主体只是竞争者的个体权益。从这一观点出发,法律应仅用于保护竞争者,但是不应该保护消费者。判断某个竞争行为是否是不正当竞争,也只能从竞争者的角度出发,而且也只有受到损害的竞争者才有权要求损害赔偿。从 20 世纪初开始,德国竞争法学界认识到,不正当竞争行为不仅损害竞争者的利益,而且损害消费者和社会公众的利益。如果单纯从保护竞争者的角度来判别一些不正当竞争行为,就无法解释一些行为的不正当性质。许多与顾客相关的不正当性的情形对竞争者的伤害微乎其微,例如虚假包装、吹嘘广告等等。考虑到这些事实也是竞争所导致的,因而也被卷入竞争关系,对其也应赋予独立的诉权。反不正当竞争法不仅是出于保护竞争者的需要,而且保护消费者和一般公众。竞争对手和消费者保护不能彼此割裂。必须以竞争者的绝对权利作为保护客体的理论备受质疑,取而代之的是反不正当竞争法的"社会法的理解"(sozialrechtliches Verständnis):它保护包括竞争者、消费者和公众在内的多种主体的利益,而且不需要这些利益的权利化。与其社会法功能相适应,反不正当竞争法目的扩展的趋势日形显著,其规制方式也随之出现转型,重点不在于不正当行为损害了某类主体的权利或法益,而在于它违反了为竞争者、消费者和公众利益而设立的行为规范。自 1936 年著名的"金刚砂案"(Diamantine-Entscheidung)[1]之后,德国最高法院已经明确承认反不正当竞争法的保护客体不仅包括竞争者,而且涵摄消费者以及其他交易对象。此举表明,在司法实践中已经从个人法(Individualrecht)

---

[1] RG GRUR 1936, 810, 812 — Diamantine.

的观念转向社会法（Sozialrecht）的观念。在其后的判例和学说中，消费者利益保护成为反不正当竞争法的重要目标。20世纪60年代，德国《反不正当竞争法》的两次修订都关涉到消费者权益保护。根据1986年7月25日通过的《关于修改经济法、消费者法、劳动法和社会法规定的法律》，[1]在《反不正当竞争法》中增加了第13a条，赋予因不真实广告而签订合同的消费者合同解除权，明确规定了工商业公会、手工业公会的诉讼权利。在20世纪70年代，扎克等人就最高法院否定个别消费者请求权的判决提出批评，呼吁赋予个体消费者以独立诉权。[2]2004年7月生效的新版本（BGBl. 2004 I S. 1414）是《反不正当竞争法》首次根本改革的成果，导致了竞争法的显著自由化。改革是在欧洲法律要求的背景下，致力于在欧洲法律关系的逐步协调。2004年7月开始实施的德国新的《反不正当竞争法》，首次明文将消费者作为受保护主体写入（第1条、第3条），并且在第2条第2款中对消费者进行了界定，即采用了德国民法典第13条之规定。但是，由于该法并没有规定消费者就不正当竞争行为向法院提起诉讼的诉权，这种对于消费者权益缺乏救济的保护是抽象而间接的，在实践中个体消费者依然没有向法院提起诉讼的资格。这并不是对保护目标新的"创设"，也并没有创设真正的消费者保护权，而只是对司法判例中已经承认的保护目标的立法确认。2004年《反不正当竞争法》出台之前，学术界也提出了引起重大反响的法律改革主张：为了更好地保护消费者利益，应该为消费者设立普通解约权。德国立法者也曾试图在修法过程中，通过其他的信息告知义务和撤回权以加强消费者

---

[1] *Gesetze zur Änderung wirtschafts－, verbraucher－, arbeits－und sozialrechtlicher Vorschriften vom 25. Juli 1986*, BGBl. I S. 1169.

[2] Rolf Sack, Deliktsrechtlicher Verbraucherschutz gegen unlauteren Wettbewerb, *Neue juristische Wochenschrift*, Bd. 28. 1975, S. 1303－1308.

的地位。可是，考虑到这种额外的信息告知义务可能有悖于欧盟新的消费者主导形象，在权衡利弊之后，立法者最后决定在这方面的规定仍付诸阙如。显而易见，德国《反不正当竞争法》对消费者的保护和对竞争者的保护仍然存在着差别。根据德国《反不正当竞争法》第13条第2款第3项的规定，在消费者利益受到重大损害的情况下，消费者本人无权直接行使停止损害请求权，而是依照《民法典》赋予的请求权予以救济，但消费者团体可依据《反不正当竞争法》行使相应请求权。有些德国学者就不苟同于对消费者提供民事救济手段即足济事的观点，认为如果不针对不正当竞争行为为消费者提供独立的直接请求权，消费者保护不过是"内容空洞的立法抒情诗"。[1]德国《反不正当竞争法》保护消费者利益既与德国无独立的《消费者权益保护法》相关联，又与欧盟制定的《反不正当竞争商业行为指令》相联系。该指令主要制止经营者针对消费者的不正当商业行为，涵盖经营者之间的不公平竞争行为，凸显了对消费者权益的保护，同时承认经营者针对消费者的商业行为也对竞争者产生影响。为回应该指令，2008年德国《竞争法修订稿》中的一般条款从形式到内容均发生了质的变化，除个别改动外，几乎照搬了欧盟《反不正当竞争商业行为指令》的一般条款。该修订稿一般条款的适用强调经营关系而非竞争关系的判断，更凸显了消费者利益的保护，故德国学者称其为"消费者一般条款"。德国反不正当竞争法反映了对消费者权益的保护由间接保护向直接保护的发展过程。消费者权益保护法与反不正当竞争法的保护对象不断相互交叉渗透，在欧盟甚至呈现以反不正

---

[1] Franz Jürgen Säcker, Das UWG zwischen den Mühlsteinen europäischer Harmonisierung und grundrechtsgebotener Liberalisierung, *Wettbewerb in Recht und Praxis*, Vol. 50, No. 10, 2004, S. 1219.

当竞争法取代消费者权益保护法的趋势。

与之注重社会整体效益和竞争秩序的立法目的和宗旨相联系,反垄断法在某种情况下往往会忽视甚至损害消费者或经营者的暂时利益,由此可以反证:对消费者的保护宜作间接权利理解,反限制竞争法对消费者的保护是一种深层次的保护,即通过维护竞争机制和提高经济效益,从整体上致使产品质量的提高和价格的降低,使消费者获得福利,即实现所谓的消费者福利最大化。对反不正当竞争法保护的消费者利益属于反射利益的观点包括三种学说:①从属说,消费者利益从属于国民经济整体利益,反不正当竞争法所保护的法利益应为国民经济的利益;②结果说,消费者保护并非经济政策立法的固有目的,仅是维护竞争秩序而产生的附带利益;③间接目的说,认为虽属保护但是不属于政策上的优先地位,不能列为法律直接保护之法益。[1] 按照流行的说法,该法尽管可以理解为消费者保护政策之一,但并非是以个别消费者与企业的交易为中心设计的。按照反垄断法的目的在于实现竞争政策这一狭义概念理解,"一般消费者的利益"并非是法律上所保护的利益,只不过是实现竞争政策的结果或其反射出的利益及事实上的利益。例如,日本《反垄断法》虽然明文规定其宗旨为"促进自由和公平竞争;刺激企业家的主动精神;鼓励企业的经济活动;提高就业水平和人民的实际收入;从而促进国民经济的民主而全面的发展,并同时保障全体消费者的利益"。但是,这种明文规定恰恰使得日本经济法学界有理由主张这样一种观点:消费者利益不是竞争政策的目的,而是竞争政策的结果。而且,消费者利益乃在"发展国民经济"之下。我国台湾地区学者对于消费者利益保护的地位如何的争论同样旷日持久。廖义男、黄茂荣将消费者利

---

[1] 汪渡村:《公平交易法》,五南图书出版有限公司2004年版,第6—7页。

益的维护视为"公平竞争下之反射利益",消费者只是借竞争秩序的健全而得到反射性的保护,并非直接的目的,仅是"附带效果",与消费者保护法直接以消费者利益之维护为其主要宗旨颇有殊别。[1]刘孔中认为,经济的安定与繁荣是该法的终极目标,也就是最上位的法益,竞争秩序的维护也不可与之抵触;维护竞争秩序的自由与公平是该法的直接目的,而消费者利益的维护只是该法的间接目的。"维护"并不等于"保护",该法只是出于对竞争秩序的维护而间接保护消费者,以保护竞争的自由与公平,为全体消费者建立公平合理的消费环境,并未将保护消费者作为直接的目的,并不是为个别消费者争取利益。[2]

与此相反的观点认为,国民经济的整体利益内含着消费者的"选择的权利"和"被告知的权利","一般消费者的利益"不仅仅是实现竞争政策的结果,也应当成为法律上所应直接保护的利益,如果"一般消费者的利益"得不到确保,竞争政策也就不能成立。[3]至少在误导性广告的情形下应依据《反不正当竞争法》第3条赋予顾客以直接的和单独的针对不正当竞争行为的违法者主张要求的权利。在20世纪20年代的德国,反不正当竞争法服务于对公众的保护已经被帝国法院依《反不正当竞争法》第13条第1款赋予联合团体的诉权所确认。当五六十年代消费者保护法成为政治事件时,这样的问题出现了:是否必须再接受反不正当竞争法保护目的的引申。在学术界对此赞同的呼声越来越强烈,然而司法判决却仍然趑趄踯躅。这在某种程度上符合这样一种理想主义的构想,即竞争纯洁的保持被

---

[1] 黄茂荣:《公平交易法理论与实务》,转引自刘孔中:《公平交易法》,元照出版有限公司2003年版,第7页。

[2] 刘孔中:《公平交易法》,元照出版有限公司2005年版,第4—8页。

[3] [日]根岸哲、舟田正之:《日本禁止垄断法概论》,王为农、陈杰译,中国法制出版社2007年版,第33—34页。

委诸竞争者的诉权。但是，竞争者通常颇为犹豫，因为以防止侵害或损害赔偿提起诉讼对其竞争同伴而言显得有失情面，且令其本身陷于有违良俗之行为。反不正当竞争中心、商业经济的私有联合遂应运而生，依照第 13 条第 1 款提起防止侵害请求权之诉（损害赔偿诉讼不可能由商业联合会提起）被认为是其任务。竞争者的犹豫自有其可以理解的理由。在卡特尔法中，事实表明，对于卡特尔要求合同上的约束力是不合适的，因为对每个参与者均带来好处，根本不需要法律义务成为其内容。如果原告从违法行为中获得和被告相似的好处，起诉行为是不可指望的。这同样适用于反不正当竞争法。共同参与不正当的方式较之起诉竞争者在经济上通常更加值得。尤其是在没有把握的情况下，防止侵害和损害赔偿诉讼与高度风险密切相连。因此，此种无把握之事若是由一个商业联合会进行，则显得更加值得被采用和期待（或被减弱或被避开），不过通常不会出现这种情况。这可以在诸如普遍流行的所谓欺诈包装的实践中可见一斑：商品按照其包装看上去很大，但包装内部仅有很少货品。如果人们购买一些东西，则是有权不被欺骗的。然而按照联邦德国法院的司法裁判，个体消费者是不可以起诉的。但正如在卡特尔违法中很少因卡特尔之负有义务而被起诉，因为通常大家都从卡特尔得到好处（卡特尔租息），外在的第三方必须被授予对卡特尔采取法律行为的诉权（卡特尔主管机关依据《反限制竞争法》第 25 条第 1 款），所以在不正当竞争中也同样很少取决于竞争者起诉与否。由于通常是大家群相效尤采取不正当的方法而从中获利，人们也可相应地被称为"不正当性租息"，因此外在的第三方必须获得对此采取法律行为的诉权。因为卡特尔局的管辖权延伸不到反不正当竞争法，并且因为反不正当竞争中心和其他联盟也不能追究所有的侵害，依照其章程也不适合代表消费者的利益。所以，主要依靠私人，即顾客或供应商，特别是消费者，在某种程度上是合适的。只要不正当竞争也针对其他的市场方面的成员，他们就必须被赋予诉权。市场对立方的保护在不正当竞争中是基于两方面的理由：一方面，一般竞争法的保护对象是关系到竞争的自由和正当的经济行为权利，并且对于这种权利不仅竞争者有资格获得，顾客亦莫能外。因而，单独的顾客或供应商诉权、特别是消费者诉权的维护，是和一般竞争法的体系相适应的。《反不正当竞争法》第1条也与此并不矛盾，因为这里所要求的竞争关系不预先决定权利主张的情况。即便在反不正当竞争法中，竞争毋宁是彼此竞争以获得第三方。因此《反不正当竞争法》第1条的良俗也可能被一个为了竞争目的的交易行为的、竞争所导向的流弊而受到伤害。第13条第1款和第1a款并不矛盾，因为那里仅是经济联合会和消费者联合会的诉权被扩展而已，具体来说仅仅在停止损害诉讼时有其意义。基于《反不正当竞争法》第1条以下的停止损害和损害赔偿请求权不受影响。第13条第2款只是规范被动适格（Passivlegitimation）而并没有说谁有反不正当竞争法上的请求权。另一方面，顾客乃至供应商由于不正当竞争而主张防止侵害或损害赔偿的权利，源自于德国《民法典》第823条第1款作为框架权的经济人格权。经济人格权不外乎是将营业权扩展到市场对立方的保护，以避免市场中的一方之无法律依据优势。这关系到一个独立于《反不正当竞争法》第1条的与竞争相关的前提条件的民事上的诉讼。它在《反不正当竞争法》第1条之外被适用并且不被视为是辅助性的。随着二法保护法益的重叠逐渐扩大，反不正当竞争法从保护个人衍伸到保护竞争制度，反限制竞争法从保护竞争制度发展到保护个人。一直依傍横的"竞争关系"的竞争法实际上已经扩展为综视全局的市场行为法，以至于2008年德国《反不正当竞争法》已经将过去的"竞争行为"（Wettbewerbshandlung）概念替换为外延更为广泛的"经营行为"(geschäftliche Handlung)。

第六节 结 论

在改革开放以来制订的法律中，史际春教授对1993年《反不正当竞争法》的评价极高，认为这部法律是我国改革开放以来制订的为数不多的非常成功的法律之一。[1]在国家由计划经济向市场经济转轨时期出台的《反不正当竞争法》，对于遏制过渡期经济生活出现的诸多乱象、规范市场主体的经济行为可以说起到了重要作用，对于保护社会主义市场经济健康发展功不可没。该法主要针对市场经济初期的不正当竞争行为，但为了兼顾打击初露端倪的垄断现象，因此在具体规定以欺骗手段从事市场交易（1993年《反不正当竞争法》第5条）、商业贿赂（1993年《反不正当竞争法》第8条）、虚假宣传（1993年《反不正当竞争法》第9条）、侵犯他人商业秘密（1993年《反不正当竞争法》第10条）、违法的有奖销售（1993年《反不正当竞争法》第13条）和诋毁他人商誉（1993年《反不正当竞争法》第14条）六种比较典型的不正当竞争行为之外，也加入了一些反限制竞争行为的内容，规定了五种从性质上看应该属于反垄断法调整范围的行为，即公用企业滥用独占地位（1993年《反不正当竞争法》第6条）、行政垄断（1993年《反不正当竞争法》第7条）、低价竞销（1993年《反不正当竞争法》第11条）、非法搭售（1993年《反不正当竞争法》第12条）、串通投标（1993年《反不正当竞争法》第15条）。经过十年来

---

〔1〕 石新中、果海英："社会主义市场竞争法治的进一步完善——史际春教授谈《反不正当竞争法》修改"，载《首都师范大学学报（社会科学版）》2004年第2期。

第一章　反垄断法与反不正当竞争法关系论

的法律实施和社会经济的发展，这部法律所存在的一些问题日益引起学术界和实务界的关注。"如关于掠夺性定价的问题对其前提没有规定清楚。实际上，只有具有市场独占地位的主体持续、恶意贱价销售，才可能危及市场竞争和社会利益，不具有市场优势地位的企业其低于成本价销售的行为对市场没有什么损害，对于消费者则有百利而无一弊。但工商局在查办案子时往往不得要领，对经营者低于成本价销售的行为没有考虑其是否处于市场优势地位。"[1]工商总局最初的意图是修订《反不正当竞争法》，将反垄断法一如既往归诸该法之中，形成合并立法的模式。但是，随着二法分立的趋势日益明显，工商总局也逐渐改变策略而投身于反垄断立法调研起草活动中。

2004年11月，四川德先科技有限公司向上海市第一中级人民法院提起诉讼，控告索尼株式会社和上海索广电子有限公司在其生产的数码相机和数码摄像机电池"InfoLITHIUM"上设置了智能识别码，以识别索尼电池和非索尼电池，由此使索尼品牌的数码相机、数码摄像机与其锂离子电池之间建立起一种捆绑交易关系，违反了1993年《反不正当竞争法》第2条、第12条的规定，并构成了滥用市场支配地位的垄断行为，明显排挤其他电池厂家的正常市场竞争。这被视为国内第一起以涉嫌垄断行为为诉由的案件。这一案件和德国当年本拉特加油站案件一样，德先公司在这场非对称的"蚂蚁与大象"的战争中没有任何反垄断立法可以支撑，只能援引《反不正当竞争法》的有关原则性规定反击索尼的限制竞争行为，这其实是出于无奈的假借，所以诉讼之路异常艰难。

随着我国反垄断法立法活动趋近尾声，如何界定《反不正

---

[1] 石新中、果海英："社会主义市场竞争法治的进一步完善——史际春教授谈《反不正当竞争法》修改"，载《首都师范大学学报（社会科学版）》2004年第2期。

当竞争法》与《反垄断法》的关系就成了经济法领域中的一个重要问题,修订《反不正当竞争法》的重要性和必要性又再次凸显。正如史际春教授所言:"这次修改《反不正当竞争法》的另一个原因是要与正在制订的反垄断法相衔接。现在的《反不正当竞争法》中有关垄断的内容要归并到将来出台的反垄断法中去,《反不正当竞争法》修改后会与正在制订的反垄断法同时出台。"从2004年8月开始,中国企业联合会、中国企业家协会对《反不正当竞争法》的修改进行了专门的研究,召集部分企业代表与法律专家在京召开了两次关于《反不正当竞争法》修改意见的座谈会,就《反不正当竞争法》的修改涉及的内容,于2004年底以问卷的形式征求了数十位企业界全国人大代表、政协委员的意见,并对上海、浙江和四川的部分企业进行了相关调研。由于两法之间的根本差异,许多被调查者建议在《反垄断法》出台后,《反不正当竞争法》中除了作一些必要的关联性或补充性的规定(如阐释本法与《反垄断法》之间关系)外,不再涉及垄断行为。在反馈意见中,39%的代表与委员认为在《反垄断法》出台后,《反不正当竞争法》没有必要再对垄断行为进行规制,46%的代表与委员认为仍有必要,另有15%的代表与委员表示不清楚。在认为"有必要"的意见中,认为只需作"关联性或补充性的规定"的占88%,表示"不清楚作何种程度规定"的占12%,无人赞成作"独立的详细的规定"。

《反垄断法》和《反不正当竞争法》都是全国人大常委会制定通过的,两者在效力等级是完全相同的,不存在依从关系。正确处理两者的关系依据效力逻辑原则显然力不从心,需要借助于功能逻辑原则。大体上,《反不正当竞争法》主要是关注市场上企业间的相互竞争行为,目的是制止不正当竞争行为;《反垄断法》关注的则是竞争者之间的协调行为,目的是防止市场上形成排除竞争或者严重限制竞争的局面。在我国的竞争立法已经现实地走上了反垄断与反不正当竞争分别立法的道路之后，由于《反不正当竞争法》中五种性质上属于限制竞争行为的规定已经被《反垄断法》的相关规定所吸收，《反垄断法》对这些垄断行为做出了更明确、更完整和更合乎逻辑的规定，自然亟须对《反不正当竞争法》做出修订，解决与《反垄断法》竞合的问题被提上历史议程。许多学者主张，与《反垄断法》相竞合的条款都应该删除掉，使修订后的《反不正当竞争法》得以纯化，以维护诚实信用原则和其他公认的商业道德为己任，仅调整狭义上的不正当竞争行为，与以维护竞争自由公平和经济活力为己任的《反垄断法》之间保持内在的协调，共同形成我国的竞争法体系。一方面，我国《反不正当竞争法》与《反垄断法》在调整范围、主体范围、执法机构、行为要件以及法律责任等方面存在明显的冲突。从目前看来，两法都对公用企业滥用独占地位、行政垄断、掠夺性定价以及非法搭售等限制竞争行为进行规制，但两法对上述某些行为的判定标准不相一致。就公用企业滥用独占地位而言，《反不正当竞争法》规定的公用企业滥用独占地位的方式仅限于强制限定他人之间的交易，而将强制他人与自己交易这一重要的限定交易方式排除在外；而《反垄断法》对这两种限定交易方式均加以规定。就行政垄断而言，《反垄断法》规定行政垄断的实施主体包括行政机关和法律、法规授权的具有管理公共事务职能的组织；而《反不正当竞争法》仅规定了行政机关及其所属部门。就掠夺性定价与非法搭售而言，《反垄断法》第 17 条第 1 款第 2 项和第 5 项分别规定的掠夺性定价和搭售是需要以行为主体具有市场支配地位为前提的，同时要求经营者具备"无正当理由"的要件；而 1993 年《反不正当竞争法》第 11 条和第 12 条分别对掠夺性定价和搭售的规定中并没有设置这样的前提和要件，只是对低于成本价销售行为规定了四种除外事项。这样对同一行为构成要件的不同规定，就会导致法律适用的冲突，在实践中就面临着同样的行为究竟应适用哪部法律的尴尬，难以操作或者容易出现不合理的情形。二者有时会存在交叉关系，不仅造成行政执法部门职权的重叠，甚至会出现执法人员争抢或推诿案件的情况。对于严重的强迫交易行为，刑法已经设定了相应的罪名和刑罚。但对于一般的强迫交易行为，理应在《反不正当竞争法》中作出规定，对于具有市场支配地位的经营者所实施的强迫交易行为，应交由《反垄断法》进行规制。《反不正当竞争法》应当对不具支配地位的经营者所实施的强迫交易行为进行规制，其手段应该包括能够达到强迫效果的欺诈行为。另一方面，为了防止监管空白，应将《反垄断法》没有规定的内容纳入《反不正当竞争法》的内容之中。例如，《反垄断法》对行政机关滥用行政权力排除、限制竞争行为进行了规定，但对被指定的经营者借用行政权力从事不正当竞争的违法行为没有规定。反不正当竞争法和反垄断法不仅互为条件，在很多情况下也是交叉存在。如我国 1993 年《反不正当竞争法》第 11 条规定："经营者不得以排挤竞争对手为目的，以低于成本的价格销售商品。"当时该法第 12 条规定："经营者销售商品，不得违背购买者的意愿搭售商品或者附加其他不合理的条件。"这些行为之所以被视为不正当竞争行为，是因为它们是不合理的市场行为。如果经营者违背商业道德或诚实信用，并无正当理由损害公平竞争秩序的，就构成不正当竞争行为。但如果处于市场支配地位的经营者在无正当理由的情况下实施低于成本价销售或搭售的行为，真正达到损害市场竞争的程度，那么这些行为就应该被视为限制竞争的行为，受到反垄断法的规制。为避免两法适用上的冲突，需要在修改《反不正当竞争法》和《反垄断法》以及相关的实施细则时，根据各自的立法目的和立法功能，明确不

第一章 反垄断法与反不正当竞争法关系论

正当竞争和垄断行为相互转化的界限，完善民事责任和设置刑事责任，并注重相关条款的衔接和协调，以充分发挥两法各自的功效。

尽管两法对公用企业滥用独占地位、行政垄断以及串通投标都规定了相应的责任条款，但处罚措施各异。例如，在规制行政垄断方面，1993年《反不正当竞争法》第30条仅规定对行政主体给予"责令改正"或"给予行政处分"；而《反垄断法》第51条不仅规定了"责令改正"或"给予行政处分"的处罚措施，而且还赋予反垄断执法机构以处理建议权，尽管没有明确该建议权的具体权限和行使程序。在规制公用企业滥用独占地位方面，1993年《反不正当竞争法》第23条规定了对经营者责令停止违法行为，并可以根据情节，处以5万元以上20万元以下罚款；《关于禁止公用企业限制竞争行为的若干规定》第8条还规定，因公用企业和被指定的经营者的违法行为而受到损害的用户、消费者，可以依法起诉，请求损害赔偿；而《反垄断法》第47条仅对经营者滥用市场支配地位的法律责任作出一般性规定，即由反垄断执法机构责令停止违法行为，没收违法所得，并处上一年度销售额1%以上10%以下的罚款；此外，根据该法第50条的规定，经营者滥用市场支配地位，给他人造成损失的，还应承担民事责任。可见，两法对该种垄断行为虽然均规定了"罚款"，但罚款幅度不同；两法都规定了民事责任，但责任形式不同。就串通投标的规制而言，《反垄断法》将串通投标作为垄断协议的一种，该法规定的处罚措施是"责令停止违法行为，没收违法所得，并处上一年度销售额1%以上10%以下的罚款"，经营者给他人造成损失的，还应承担民事责任；而1993年《反不正当竞争法》规定的处罚措施是"中标无效"与"给予1万元以上20万元以下的罚款"，受害经营者还可要求损害赔偿。可见，两法对串通投标的罚款额度和承担的民事责任形式是不同的。毫无疑问，上述这些对同一行为的不同处罚会导致适用法律的难题。

反不正当竞争法的本意即在于从善良风俗的角度规范市场竞争行为，这对于以契约自由为幌子将不正当竞争排除法律管辖的做法而言是有利的武器，况且合同法的概括性条款就将自己置于一般的商业伦理道德之下。这种企业虽然并没有具有市场支配地位，但通过"独家销售安排"取得微型垄断地位，目的性极为明显，旨在排挤其他竞争对手，当然所有竞争的目的均在排挤他者，但不能将正常的商业伦理道德和消费者利益置之度外。适用法律固然需要严格忠于法条，但不应该割裂法条、目无全牛地肢解法条，以"片言折狱"的方式自然使得法律成为残废者，无法有效服务于社会秩序的维护。这种模式遭到其他执法机关的否定，就说明了其弊端绝非是可以熟视无睹的，如果设身处地从消费者的角度出发，就不应该使得司法成为为虎作伥的工具。2002年6月6日，闽西宾馆采取招标形式，与吉马公司签订一份《华夏长城葡萄酒专场促销协议书》。吉马公司向闽西宾馆提供一年专场促销费人民币86 160元与入场费18 000元；闽西宾馆作为吉马公司的专场，应全力推销吉马公司所经销的葡萄酒，把吉马公司的产品陈列在吧台、酒柜及每个包厢的醒目位置，禁止其他品牌葡萄酒的促销人员进场促销或发生变相的促销行为。协议签订后，闽西宾馆提供促销经营场所并配合吉马公司的促销工作，吉马公司亦交付9个月专场促销费和入场费计78 120元。2003年5月28日，龙岩工商局以闽西宾馆涉嫌收受商业贿赂为由，立案调查，于2003年11月12日作出岩工商检处字［2003］第19号《行政处罚决定书》。闽西宾馆不服，为此提起行政诉讼。龙岩市中级人民法院维持一审法院的判决，认为闽西宾馆与吉马公司是一种等价有偿的合同关系，通过协议以等价有偿的方式来处分经营权益不违法，不属于商业贿赂。协议只是禁止其他品牌葡萄酒的促销人员进场促销，并非禁止其他品牌葡萄酒在闽西宾馆处销售。龙岩工商局对其认定闽西宾馆的行为扰乱了市场公平竞争秩序、损害了其他经营者和消费者的合法权益的事实没有证据证明。事实上，当事人支付专场费和入场费的真实目的就在于以此买断酒店这一销售终端，排挤其他竞争对手，是一种不正当竞争方式。[1] 竞争正当与否显然不能简单地以是否损害了竞争对手的利益来判断，而应以是否有利于维护竞争机制作为基准。吉马公司作为酒类经销商向闽西宾馆支付专场促销费等费用后，为保证利润空间，必然将这些费用分摊到销售产品的成本中，影响商品价格和质量，有形或无形地损害消费者。本案的竞争方式符合我国1993年《反不正当竞争法》第2条第2款的规定。但1993年《反不正当竞争法》第2条第2款在法律实施中实质性排除了执法者对新型（即第5～15条规定之外）不正当竞争行为的认定。在参与独家销售安排的经营者具有市场支配地位时，这种行为就有可能属于《反垄断法》第17条第4款所明确规定的市场支配地位者滥用行为，也可能触发反不正当竞争法和反垄断法的竞合。

至少从立法史来看，反不正当竞争法诉诸社会共信共守的一般经济伦理，反限制竞争法则主要为经济政策的观点所左右，其中"公共政策"的因素远大于"伦理"的因素，可以说与反不正当竞争法在出发点上大异其趣。这两部法律既然从不同的

---

[1] 这种购买场所专营权排挤竞争对手的商业实践在其他法域也有迹可查。例如，可口可乐和百事可乐也都难免会陷入竞价性的竞争。从1996年开始，百事可乐每年支付给宾夕法尼亚州立大学140万美元的费用，从而取得在宾夕法尼亚州立大学的校园出售百事可乐的专营权。不久，可口可乐也如法炮制取得了新泽西州立鲁杰斯大学的专营权。时至今日，两大可乐巨头每年都要向大学校园、海滩以及相关场所支付巨资以购得在这些场所出售可乐的专营权。

知识产权与竞争法贯通论

角度出发,所肩负的任务迥异,其运作应该可以并行不悖,并不存在普通法和特别法的关系。易言之,违反反不正当竞争法的规定,不一定抵触反限制竞争法的公共政策,违反反限制竞争法的规定,也不一定抵触反不正当竞争法的善良风俗。反不正当竞争法和反垄断法有着共同的保护目标,即保护自由竞争。两者虽然其对竞争的促进方法不相同,但并不互相排斥,在终极目的上殊途同归。其次,垄断和不正当竞争也可以存在转化和因果关系。一方面,不正当竞争行为可能会使竞争恶性发展,从而产生垄断,制止不正当竞争行为可以将一些垄断消灭于萌芽状态。另一方面,竞争播下了毁灭其自身的种子,市场参与者的反垄断控制可以防止合同自由被其使用所毁灭,即所谓自由的悖论(Freiheitsparadoxon)。自由竞争是公平竞争的基础,公平竞争是自由竞争的保障。反垄断法和反不正当竞争法存在功能互补关系。反垄断法保障自由和竞争的存在(数量),反不正当竞争法保障(反垄断法上自由保持)的竞争(性质)。沃尔夫冈·海弗梅尔得出结论,竞争法已成为一个"对个体的竞争者市场行为法"(Marktverhaltensrecht für den einzelnen Wettbewerber)。[1]在这个意义上,反不正当竞争法和反垄断法即便不能被归为骨肉兄弟,至少也是堂兄弟。[2]或许正是由于终极目的的统一性和行为的关联性,个别国家和地区(如澳大利亚)将反垄断和反不正当竞争合并立法,而将两者一并归入竞争法的范围,原因亦在于此。对竞争制度本身的优越性持怀疑态度的学者诺贝特·赖希(Nobert Reich),在检讨了德国反限制竞

---

[1] Wolfgang Hefermehl, Entwicklungen im Recht gegen unlauteren Wettbewerb, Marcus Lutter u. a., (hrsg.) *Festschrift für Robert Fischer*, Berlin [u. a.]: de Gruyter, 1979, S. 212.

[2] Rudolf Callmann, *The Law of Unfair Competition, Trademarks and Monopolies*, 3d ed., Eagan: Clark Boardman Callaghan, Vol. 1, 1967, §6.

第一章 反垄断法与反不正当竞争法关系论

争法自1973年改革以后所采取的所谓"市场结构路线"之后，认为它事实上没有达到阻遏企业集中的效果，因此力主像反不正当竞争法一样把重点从市场结构的控制（卡特尔禁止、企业合并管制）转移到市场行为（如价格行为）的控制，行为可依其方向区分为对平行竞争者、对垂直交易者、对消费者三种类型，分别找出典型的不法态样加以控制。[1]在现行法的基础上如此大幅度改变其运作方式自然不是全无可能，一旦如是而为，则二法的差异和冲突自然更不足道了。德国联邦法院甚至在1999年还出现过在限制竞争行为的案件中适用反不正当竞争法的情况。虽然不能肯定这些判决一定是正确的，但至少可以说，反不正当竞争法和反垄断法在保护竞争和维护市场竞争秩序方面相互起着补充性的作用。显而易见，联邦德国最高法院在实践中不得不面临着确定这一关系，即是否违反卡特尔法的行为也可以按照反不正当竞争法追究。[2]两者规范的对象虽然不同，但规范的行为仍有重叠的部分，一旦分为两个法，"在实务运作上于适用公平竞争法时，亦必须斟酌自由竞争法之内容与精神；相反地，于适用自由竞争法时，亦应参酌公平竞争法之内涵与目的"。在两法分由两个机构执行的情况下，某些不易划分归谁辖属的不当行为，在处置上将旷日费时。在德国，联邦法院在1954年的判决中就触及到了二法关系的问题。[3]立法和有权解释机关直接带动二法朝向目的、价值的和谐迈进，对于二法关系的调整发挥着穿针引线的作用。在精密分工的法官、学者耕耘下各自发展出的繁复规范体系，使竞争自由与合规竞争之间

---

[1] N. Reich, *Markt und Recht: Theorie und Praxis des Wirtschaftsrechts in der Bundesrepublik Deutschland*, Neuwied: Luchterhand, 1977, S. 269 ff.

[2] Irmgard Griss, Schnittstellen zwischen Kartell-und Lauterkeitsrecht, *Zeitschrift für österreichisches und europäisches Wirtschaftsrecht*, Vol. 24, No. 1, 2010.

[3] BGHZ 13, 37 (Warenkredit).

的矛盾很大程度上得到了化解。反不正当竞争法和反垄断法具有内在联系，各有偏重，有体有用，不能以体为用，本末倒置。二法如同琴箫合奏，只有找到共同的旋律，方能合奏出天籁之音，做到并行不悖、各得其所。

第二章 CHAPTER 2
优先论与竞合论：商标法和反不正当竞争法的关系考论

史蒂文·安德曼认为，无论是明示还是暗示，各个国家都几乎无一例外地认可了在知识产权和竞争法两种制度之间存在着一种"礼让"关系。[1]作为知识产权法的重要规范构成，商标法与反不正当竞争法的关系更为密切，两法在保护商业标识方面存在大量的交叉，如何处理两法的礼让关系会对具体制度的安排产生影响。从商标法的历史生成路径上看，美国主流观点认为"商标保护制度起源于普通法中对反不正当竞争行为的规定"，[2]德国司法界和理论界也认为，商标法是普通竞争法的一部分。[3]从商标法的立法目的来看，[4]赋予商标申请人排他性的权利只是手段和工具，最终目的是通过对这种设权性的保护来保障消费者、经营者、生产者的利益，保护竞争秩序，从

---

[1] See Steven D. Anderman (ed.), *The Interface Between Intellectual Property Rights and Competition Policy*, Cambridge, UK New York: Cambridge University Press, 2007, pp. 1-10.

[2] 参见[英]史蒂文·D. 安德曼：《知识产权与竞争策略》，梁思思、何侃译，电子工业出版社2012年版，第157页。

[3] See Graeme B. Dinwoodie and Mark D. Janis. *Trademarks and Unfair Competition, Law and Policy, Second Edition*, Wolters Kluwer Law & Business, 2007, p. 14.

[4] 2014年开始施行的《商标法》第1条开宗明义地指出："为了加强商标管理，保护商标专用权，促使生产、经营者保证商品和服务质量，维护商标信誉，以保障消费者和生产、经营者的利益，促进社会主义市场经济的发展，特制定本法。"

而促进社会整体福祉之增进。因此,反不正当竞争法和商标法有着共同的目标,[1]两法之间的不一致也仅仅是实现这些目标的具体路径存在差异。正是由于彼此之间的密切联系,两法在商标保护方面出现功能竞合和交叉甚至冲突也就变得在所难免了。如果强调商标法的优先性,那么反不正当竞争法应当保持最大限度的礼让,其容易沦为商标法的附属法和替补法;如果强调两法的竞合性,那么就应当尊重反不正当竞争法的独立性,不能为了强化对商标法的礼让而限制其功能。2013年《商标法》扩大了其调整范围,不仅涉及未注册商标的保护,更引入了"诚实信用原则"这一帝王原则,折射出立法者希冀通过商标法的内部扩张来不断加深反不正当竞争法对商标法的礼让的意图。2016年2月,国务院法制办公布了《反不正当竞争法(修订草案送审稿)》(下简称"2016年送审稿"),引发了各界的热切关注。从该送审稿第5条我们可以看到,上述商标法扩张而竞争法保持谦抑和礼让的立法趋势。2017年2月,首次提交全国人大常委会审议的《反不正当竞争法(修订草案)》(下简称"2017年修订草案")向社会各界公开征求意见。从该修订草案第6条中,我们仍旧可以发现反不正当竞争法进一步保持限缩和礼让的立法趋向,这不免让人产生对过于强调两法异质性而忽视两法同源性的殷忧。学说理论在一定程度上会影响法律修改过程,而修法过程中的利益博弈和立法文本的变化也能在一定程度上反映不同立法阶段对相关学说理论的吸收程度。反不正当竞争法的修改过程为我们提供了一个审视两法关系的研究契机。本章尝试通过对不同法域下两法关系模式的

---

[1] 1993年《反不正当竞争法》第1条规定:"为保障社会主义市场经济健康发展,鼓励和保护公平竞争,制止不正当竞争行为,保护经营者和消费者的合法权益,制定本法。"

第二章 优先论与竞合论：商标法和反不正当竞争法的关系考论

考察，找寻一些共通性的规律，为我国正确处理两法关系提供参考经验。本章还系统分析了反不正当竞争法的整个修改过程，对不同立法草案作出实证分析，揭示立法者对两法关系的误解，并希望在正确的关系模式定位下对2017年11月审议通过的新《反不正当竞争法》第6条提出法解释论路径上的矫正建议。

第一节 商标法与反不正当竞争法的两种关系模式

一、两种关系模式：优先论和竞合论

商标法和反不正当竞争法之间的关系是一个历久弥新的论题。基于不同学者的观点，形成了不同的学说，如补充说、兜底说、附加保护说、特别法和一般法关系说、并列说、平行说、替代说等。[1]尽管众说纷纭，但是有些观点存在重合，形成不同学说"乃源于它们分析问题的角度不同"。[2]如果抓住关键特征，商标法和反不正当竞争法的关系模式大致可以被分为两种类型。划分的依据在于：①是否存在排他性的适用。第一种关系模式认为，商标法是封闭性规定，排除了任何反不正当竞

---

[1] 参见杨明："试论反不正当竞争法对知识产权的兜底保护"，载《法商研究》2003年第3期；孙颖："论反不正当竞争法对知识产权的保护"，载《政法论坛》2004年第6期；王金海、徐聪颖："论反不正当竞争法对知识产权的附加保护"，载《江西财经大学学报》2005年第1期；谢晓尧："论反不正当竞争法对知识产权的保护"，载《中山大学学报（社会科学版）》2006年第3期；郑友德、万志前："论商标法和反不正当竞争法对商标权益的平行保护"，载《法商研究》2009年第6期；孔祥俊：《商标与不正当竞争法：原理和判例》，法律出版社2009年版，第640—675页；刘丽娟："论知识产权法与反不正当竞争法的适用关系"，载《知识产权》2012年第1期；钱玉文："论商标法与反不正当竞争法的适用选择"，载《知识产权》2015年第9期。

[2] 郑友德、万志前："论商标法和反不正当竞争法对商标权益的平行保护"，载《法商研究》2009年第6期。

争法的适用空间。唯有在商标法规定尚付阙如时,反不正当竞争法才有补充适用的可能,否则商标法的保护具有"穷尽性"。这种关系模式被德国学者安斯加尔·奥利称为"优先论"。[1]第二种关系模式则认为,商标法和反不正当竞争法可以并存适用。反不正当竞争法可以穿透商标注册主义而进入到商标法专属管辖的"域",对注册商标也能进行规制和调整。本章将第二种关系模式称为"竞合论",与"优先论"对应。②是否存在请求权的竞合。优先论下商标法的排他性适用意味着当事人只能主张一个基于商标侵权行为的请求权。竞合论下则相反,当事人可以主张基于商标侵权行为的请求权,同时还可以主张基于不正当竞争行为的请求权。例如,在"莎莎海外诉上海莎莎商标侵权、不正当竞争纠纷案"中,原告向被告同时提起了商标侵权和不正当竞争之诉。上海市第二中级人民法院指出:"关于原告指控被告上述行为同时构成对原告的不正当竞争,因该请求与商标侵权的请求基于被告的同一行为,是请求权的竞合……"[2]③能否实现两法之间的分割。优先论下,商标法和反不正当竞争法之间存在一条清晰的界线,不能逾越雷池。反不正当竞争法只保护未注册的商业标识,注册商标只能由商标法保护而不能诉诸反不正当竞争法。竞合论下,由于允许并存适用,无法对两法进行泾渭分明的分割。荷兰的法学文献中出现了"消极反射作用"和"积极反射作用"两种学说,前者认为商标法等专门法所调整的行为不能适用反不正当竞争法,而后者则主张可以同时适

---

〔1〕 参见〔德〕安斯加尔·奥利:"德国商标法导读",载《德国商标法(商标和其他标志保护法)》,范长军译,知识产权出版社2013年版,第2—6页。

〔2〕 上海市第二中级人民法院民事判决书〔2006〕沪二中民五(知)初字第14号。

第二章 优先论与竞合论：商标法和反不正当竞争法的关系考论

用并认为这是立法者有意为额外保护创造了适用空间。[1]瑞士学界对于两法的关系存在"迂回理论"的观点，即反不正当竞争法不能通过迂回的方式影响商标法等知识产权法。但在2003年"plus案"中，瑞士最高法院的观点发生了转向，其指出商标法不是反不正当竞争法的特别法，反不正当竞争法保护正当与未扭曲的竞争的目的不应受商标法的阻碍，反不正当竞争法可以在商标法之外自主适用。[2]由此可以看出，商标法和反不正当竞争法的两种关系模式在不同法域是广泛存在的，上述消极反射理论对应的就是优先论的观点，而积极反射理论对应的是竞合论的观点。国内学者主张的特别法和一般法关系说、补充说、附加保护说、替代说等观点都含有"商标法优先"之意而可以归入优先论的范畴，而并列说、平行说等观点则属于竞合论的范畴。[3]

二、德国：徘徊于优先论和竞合论之间

1994年德国《商标法》修改之前，两法的关系模式体现出了竞合论的特征。德国学术界和司法机关认为反不正当竞争法与工业产权法之间无法截然分开，行使商标权是一种特殊的竞争行为。[4]德国经济法学家费肯杰指出竞争法和标识权出现了大量的交叉："……因为利用他人标识同时往往又是不正当竞争

---

[1] 参见［德］弗诺克·亨宁·博德维希：《全球反不正当竞争法指引》，黄武双、刘维、陈雅秋译，法律出版社2015年版，第493页。

[2] 参见［德］弗诺克·亨宁·博德维希：《全球反不正当竞争法指引》，黄武双、刘维、陈雅秋译，法律出版社2015年版，第682—683页。

[3] 竞合论的表述既表达了两法地位和功能上的平行并存，否定了商标法优于反不正当竞争法的观点，又能反映两法之间存在交叉重叠的现实。相较而言，比含有"分离""分割""不存在交集"之意的平行说的表述要更好。

[4] 参见邵建东：《德国反不正当竞争法研究》，中国人民大学出版社2001年版，第29页。

知识产权与竞争法贯通论

法意义的误导。这样,原则上存在请求权的竞合。""只要合法的保护是不充足的,都可以设法获得竞争法上的保护。"[1]然而,1994年《商标法》进行了大力修改,立法者着力于实现标志法的统一法典化,将分散于反不正当竞争法并受其调整的企业标识、作品标题以及地理来源标识等一并纳入商标法之中,其名称也随之改为《商标和其他标志保护法》。1994年的《商标法(修正案)》同时还废除了《反不正当竞争法》第16条保护商业标志的条款。德国学者安斯加尔·奥利指出,德国联邦最高法院自此以后转向了所谓的"优先论",即"原则上,对标志的保护封闭性规定于商标法中,不再存在反不正当竞争法补充保护的余地"。[2]

但是,优先论的立场在2005年欧盟《不正当商业行为指令》颁布后就遭到了质疑。按照优先论,企业来源标志(包括姓名、公司名称及商标等个体化标志)属于商标法的排他性保护客体。如果这些权利客体被侵害,应当适用商标法而排斥反不正当竞争法的适用。《不正当商业行为指令》打破了这种分工,该指令规定如果导致产生与其他产品、竞争者的商标、商业名称或其他区别性的标志的混淆危险的,构成误导行为。由于该指令是强行性规定,德国于2008年对《反不正当竞争法》进行了修改,其第5条规定导致混淆危险的误导行为属于反不正当竞争法规制的不正当商业行为,从而转化了指令的相关内容。然而,导致混淆危险同时也是德国《商标法》规定的商标侵权最重要的构成要件,两法出现了重叠。"这些规定被认为宣告了企业来源标志的《商标法》保护和《反不正当竞争法》的

---

〔1〕 [德]沃尔夫冈·费肯杰:《经济法》(第2卷),张世明、袁剑、梁君译,中国民主法制出版社2010年版,第400页。

〔2〕 [德]安斯加尔·奥利:"德国商标法导读",载《德国商标法(商标和其他标志保护法)》,范长军译,知识产权出版社2013年版,第2—6页。

第二章 优先论与竞合论：商标法和反不正当竞争法的关系考论

保护的相互并存，互不排斥。"[1]

尽管 2015 年德国又对反不正当竞争法有所修改，但是商标法和反不正当竞争法的重叠关系并没有得到矫正。表面上看，这种竞合关系似乎是为了贯彻欧盟强行性指令而不得已的安排，但本书认为这种竞合的产生是一种由自发走向自觉的现象。越来越多的德国学者认识到反不正当竞争法与商标法存在交叉，一些情形中很难将不正当竞争行为和侵犯商标的行为区分开来。弗诺克·亨宁·博德维希指出，两法之间的区分"无论在实践还是理论上远未明晰，德国法律著作中的通说认为由于两者在评价混淆或欺诈时的不同路径以及构成要件上的不同，《商标法》和《反不正当竞争法》可同时适用"。[2]亦有学者指出对于企业来源标志的商标法和反不正当竞争法的并存保护之意义在于，其保护对象不限于权利保护法所保护的权利主体或被模仿的原产品的生产者，还延至被误导的市场相对方（消费者及工商业顾客）；享有请求权的主体不限于权利主体，还包括竞争者及相关团体，这也被称为企业来源标志保护的"社会化"。[3]尽管德国对于两法关系的立场似乎还在优先论和竞合论之间徘徊，但实际上立法者和部分学者已经走向优先论的对立面。

三、英国：商标法和仿冒法的竞合关系

不同于大陆法系国家的法传统，属于普通法系的英国并没有成文化的反不正当竞争法，但理查德·阿诺德指出英国实际

---

[1] 范长军：《德国反不正当竞争法研究》，法律出版社 2010 年版，第 286 页。

[2] [德] 弗诺克·亨宁·博德维希：《全球反不正当竞争法指引》，黄武双、刘维、陈雅秋译，法律出版社 2015 年版，第 292 页。

[3] 参见范长军：《德国反不正当竞争法研究》，法律出版社 2010 年版，第 286 页。

知识产权与竞争法贯通论

上存在实质化的反不正当竞争法。[1]就商标保护而言,法典化的商标法通常只保护注册商标,未注册的其他商业标识则通过由判例法逐渐形成的仿冒法寻求保护。由此,可以将仿冒法视为大陆法系国家反不正当竞争法商业标识保护制度的功能等值物。"普通法上仿冒之诉在很多方面是最接近无处不在的不正当竞争法律的,尽管仿冒之诉无法涵盖反不正当竞争法的全部内容,但它可以被用作保护公平交易的手段。"[2]因此,探究商标法和仿冒法的关系可以找到英国如何处理商标法与反不正当竞争法礼让关系的答案。

没有德国式的彷徨,英国商标法和仿冒法一开始就呈现出了明显的竞合关系。商标法的颁布并没有排除仿冒法的适用空间,注册商标既可以获得商标法的保护,又可以获得仿冒法的保护。"对注册商标的保护是累加的,而非选择性的。"[3]1994年《商标法》第2条第2款明确规定:"本法没有提供可以阻止未注册商标侵权以及损害赔偿的诉讼程序;但是本法没有任何可以影响仿冒法的内容。"[4]该条款的义旨在2003年"Inter lotto (UK) ltd诉Camelot Group plc案"中得到了清晰阐明,该案也是探究英国如何处理两法关系的经典案例。原告英国Inter Lotto

---

[1] See Arnold, Richard, "English Unfair Competition Law", *IIC-International Review of Intellectual Property and Competition Law*, Vol. 44, Iss. 1, 2013.

[2] Ketevan Uridia, "Trademark Law as Protection from Acts of Unfair Competition-Possible Solutions for Georgia", *Unpublished LL. M. Short Thesis*, *Central European University*, March 31, 2014, p. 25.

[3] 李艳:"论英国商标法与反不正当竞争法的关系",载《知识产权》2011年第1期。

[4] 条款原文为: "No proceedings lie to prevent or recover damages for the infringement of an unregistered trademark as such; but nothing in this Act affects the law relating to passing off." See Trade Marks Act 1994, available at https://www.gov.uk/government/publications/trade-marks-act-1994, 2017-02-21.

公司和被告 Camelot 公司都在各自的彩票业务中使用了"hotpick"商标。被告在 2001 年 10 月 17 日将"hotpick"申请为注册商标,但直到 2002 年 4 月才对公众开放以"hotpick"为商标的彩票业务。而原告于 2001 年 8 月开始在自己的彩票业务上使用"hotpick"商标;到 2001 年 10 月 17 日(商标注册日),原告已在几百家酒吧中使用该商标;到 2001 年 11 月 28 日开始全面使用该商标。[1]2003 年,原告对被告同时提起了商标侵权和仿冒之诉。

本案的争点在于如何确定原告具有商誉的时间节点。如果按照"优先论"的观点,商标法的适用排斥仿冒法的适用,双方争议应当在商标法系统内部解决。根据英国 1994 年《商标法》的规定,原告必须在"hotpick"商标注册日(2001 年 10 月 17 日)之前取得一定程度的商誉,才能主张商标法规定的在先权,注册日之后才取得的商誉将无法获得保护。被告申请注册商标之后,原告的任何使用行为都构成了商标侵权。如果按照"竞合论"的观点,商标法和仿冒法是并列竞合的关系。尽管被告申请注册了商标,但该商标实际进入市场的时间是在商标注册近半年之后(2002 年 4 月),而原告在这个时间区间已经形成了商誉这一仿冒法的保护客体。商标法不能排斥仿冒法的适用,申请注册不能成为仿冒之诉的抗辩理由。最终法院采取了竞合论的观点,商标法无法"拒绝"仿冒法的适用,支持了原告方。

四、中国:文本与个案中的竞合论

从法律规范分析的角度看,中国 1993 年《反不正当竞争法》第 5 条第 1 项明文规定禁止"假冒他人的注册商标",这与 2013

---

[1] See Inter Lotto (UK) Ltd v. Camelot Group plc [2003] All ER (D) 513 (Jul).

知识产权与竞争法贯通论

年《商标法》第 57 条的规定存在明显的重叠。有学者认为这是由于理论认识上的局限而存在的简单重复的立法瑕疵,[1]亦有学者指出现实中立法者不可能以完备的逻辑和最大的善意来制定法律,这种重叠是一种可以理解的"立法疏漏"。[2]那么这样的制度设计是不是简单的立法纰漏?是立法者无意犯下的错误还是有意为之的安排?要回应这些问题,我们需要探明立法者原意。根据全国人大常委会法工委的解释,假冒他人的注册商标一方面是侵犯注册商标专用权的行为,从另一个方面,即市场竞争角度看,构成了一种不正当竞争行为。"……一种侵权行为引起了两个法律后果,所以这种行为既在商标法中规定,又在反不正当竞争法中规定。"[3]"前者是从保护注册商标专有权的角度规定的,后者是从免于公众对假冒注册商标的商品和注册商标的商品相混淆,避免消费者上当受骗,维护竞争秩序,保护经营者的利益的角度规定。"[4]毋庸讳言,重叠立法并不是立法疏漏。

从案例实证分析的角度看,法院在一些案件中判定商标侵权时,并不排斥反不正当竞争法的适用。法院认为商标侵权的认定并不妨碍不正当竞争行为的独立判断,认可对侵犯注册商标的行为同时(甚至是单独)提起不正当竞争之诉的做法。例如,在"李某瑞与广东伟雄集团有限公司等不正当竞争纠纷上诉案"中,李某瑞假冒"顾地"注册商标的行为引起了商标法

---

[1] 参见江帆:"竞争法对知识产权的保护与限制",载《现代法学》2007 年第 2 期。

[2] 参见刘丽娟:"论知识产权法与反不正当竞争法的适用关系",载《知识产权》2012 年第 1 期。

[3] 全国人大常委会法制工作委员会民法室编著:《中华人民共和国反不正当竞争法释义》,法律出版社 1994 年版,第 14 页。

[4] 全国人大常委会法制工作委员会民法室编著:《〈中华人民共和国反不正当竞争法〉讲话》,法律出版社 1994 年版,第 48 页。

第二章　优先论与竞合论：商标法和反不正当竞争法的关系考论

和反不正当竞争法的竞合评价。该案的亮点在于广东伟雄公司等仅仅选择向李某瑞等提起不正当竞争之诉，李某瑞则认为自己的行为只构成商标侵权行为而不应适用反不正当竞争法中的规定。但二审法院认为李某瑞的行为属于商标侵权行为，同时符合《反不正当竞争法》第 5 条不正当竞争行为的构成要件，当事人可以选择提起侵害商标专有权诉讼或不正当竞争诉讼，广东伟雄公司等仅选择以不正当竞争为由提起诉讼的做法并无不当，该案的判决允许当事人在商标侵权和不正当竞争之间任意选择。[1]综上分析，大致可以得出一个结论：我国立法和部分司法实践采纳的是"竞合论"，商标法并不排斥反不正当竞争法的适用。

需要注意的是，1993 年《反不正当竞争法》第 21 条规定，经营者假冒他人的注册商标，依照《商标法》的规定处罚。但是，该条款也只是明确了商标法在处罚依据适用上的优先性，并不能由此推导出"商标法排斥反不正当竞争法适用"的结论。正是由于商标法和反不正当竞争法都可以适用，为了避免当事人因为一个行为接受两次处罚，才规定在最终的法律处罚方面转致适用《商标法》。转致适用不等于排他适用，转致适用的前提恰恰就是存在法律的竞合。

第二节　商标法的竞争性本质及竞合论的功能

一、价值性解读：商标法的竞争性本质

尽管在形式意义上商标法属于知识产权法，但是与专利法和版权法相比，商标法具有明显的异质性，其与以"智慧成果权说"为范式的知识产权法体系并不兼容。"专利权和版权法

---

[1] 参见广东省高级人民法院民事判决书［2006］粤高法民三终字第 20 号。

知识产权与竞争法贯通论

背后的经济哲学是：赋予专有权是鼓励科学和有价值的艺术领域的创造来提高社会福利的最好方式，但商标法不具有这个功能。"[1]既然赋予垄断性权利的目的不是为了鼓励权利人去创造更多的商标，那么商标法的本质、商标权的正当性基础又是什么？实际上，商标法的异质性以及其与知识产权法的排异性正是导源于商标法的竞争性。专利权和版权的正当性基础在于"以垄断换创新"，而商标权的正当性基础则在于"以垄断换竞争"。

在竞争日趋激烈的市场中，产品数以万计，如果"没有一个可靠的系统来识别贸易往来中商品的商业来源，市场就会崩溃"。[2]商标就扮演着这个关键的信息沟通和传递系统，消费者可以仅凭借商标就能快速知晓该商标背后传递的品牌品质信息，从而使得沟通成本降低。"商标并不能完全地替代信息，但它可以提供来源信息的梗概……特别是对于无法观察的产品，商标解决了信息不对称的问题。"[3]另一方面，仿冒他人商标的成本是非常低的，"搭便车的竞争者只需用少量的成本，就可以攫取与强势商标有关的利润……可能损害在一个商标上所体现出来的信息资本"。[4]仿冒等混淆行为使得消费者通过商标来识别商品的认知模式受到干扰，甚至会引发劣币驱逐良币的恶果。因

---

〔1〕 Kexin Li, "Coordinating Extensive Trademark Rights and Competition Policy", *American Antitrust Institute Working Paper*, No. 13-04, 2013, available at https://ssrn.com/abstract=2231558, 2018-01-11.

〔2〕 Apostolos Chronopoulos, "Trade Dress Rights as Instruments of Monopolistic Competition: Towards a Rejuvenation of the Misappropriation Doctrine in Unfair Competition Law and a Property Theory of Trademarks", *Marquette Intellectual Property Law Review*, Vol. 16, Iss. 1, 2012.

〔3〕 Pickering G, *Trade Marks in Theory and Practice*, Hart Publishing, 1998, pp. 88-89.

〔4〕 [美]威廉·M.兰德斯、理查德·A.波斯纳：《知识产权法的经济结构》（中译本第2版），金海军译，北京大学出版社2016年版，第206页。

第二章　优先论与竞合论：商标法和反不正当竞争法的关系考论

此，防止消费者对商品或服务来源产生混淆成了商标法的核心目标，而防止混淆的目的就在于确保市场信息的真实性，[1]维持竞争性产品之间的可辨识性，使得消费者信息检索成本、信息甄别成本和消费决策成本得以降低。此外，商标必须保证其所指示的品牌表现出持续稳定的质量，否则消费者就知道该商标不能使他们把过去的和将来的消费经验联结起来，那么企业将无法从对商标的投资中获得回报，甚至自身品牌也会在竞争中归于澌灭。在这个意义上，商标还能起到自发监督的功能，降低市场整体的监督成本。从几类成本的分析中我们可以看到商标在竞争中已经变得不可或缺。"商标，实际上，具有竞争的本质，因为它们使竞争性物品之间的选择成为可能……"[2]专利法和版权法产生垄断权的正当性基础在于鼓励创新和促进技术进步，而商标法产生符号垄断权则需要借由对竞争的价值来完成自身正当性的证成。

专利法、版权法同反不正当竞争法之间呈现出优先论的关系，即专利法等保护规则具有穷尽性，排除反不正当竞争法的适用空间。这是因为一旦反不正当竞争法还能对专利或版权给予竞合保护，将阻碍科学技术和艺术知识流入公有领域。但是商标法则不同，其与反不正当竞争法之间呈现出竞合论的关系，商标制度已经成为经济生活中必不可少的竞争机制。例如，专利权和版权具有严格的保护期限制，期限届满后则进入公共领域；而商标权则可以通过展期规则获得无期限的保护。前者反映了尽快推动技术成果进入公共领域的政策目标，而后者则说明法律允许商标作为一种长效竞争工具存在。

---

[1] See Robert P. Merges Menell, Peter S, M. A. Lemley, *Intellectual Property in the New Technological Age* (4th ed.), Wolters Kluwer, 2007, p. 20.

[2] John F Coverdale, "Trademarks and Generic Words: An Effect-on-Competition Test", University of Chicago Law Review Vol. 51, Iss. 3, 1984.

知识产权与竞争法贯通论

在商标法内部,竞争因素深刻地影响着商标法的本质属性、价值内涵、体系建构和规制解释。专利法和版权法也具有促进竞争的功能,但是竞争因素不会影响到它们的本质。[1]例如,专利权和版权的排他范围与支配范围相对应,符合物权的一般法理;但是商标权却不具有这种对应关系,其排他范围具有弹性,需要根据一般消费者、商品或服务的相似性、混淆可能性等法基准来研判,而这些因素与市场竞争休戚相关。现实中出现符号圈地、符号崇拜、符号囤积等商标泛财产化现象的原因就在于只看到了商标的财产性而忽视了竞争性。美国刚刚确定商标权概念时,"(商标权)被认为是财产专制主义的概念,因为商标拥有者可以禁止对商标的善意使用,即便是在商誉损害或挪用不可能发生的远方市场上"。[2]但是,随着法律的演进,将商标权视为一种专制主义的财产权的观念被抛弃。商标范围大小的确定被视为一个协调商标权人、他们的竞争者和消费公众不同利益的平衡过程。[3]

在商标法外部,商标法无法避免来自竞争法的"二级规制"(史蒂文·安德曼语),也无法排斥反不正当竞争法的适用,更不能主张商标法的优先性而将两法分离开来。从对滥用商标注册制阻碍竞争行为的规制、在先使用抗辩制度、平行进口中的商标权利用尽原则、比较广告中对注册商标权的限制等方面,我们都可以看到竞争性法律对商标专有权的限制,商标的财产性让位于了竞争性。诸多例证,不一而足。学者罗纳普洛斯

---

[1] 参见刘维:《商标权的救济基础研究》,法律出版社2016年版,第117页。

[2] Kenneth. J. Vandevelde, "The New Property of the Nineteenth Century: The Development of the Modern Concept of Property", *Buffalo Law Review*, Vol. 29, Iss. 2, 1980.

[3] See Apostolos Chronopoulos, "Goodwill Appropriation as a Distinct Theory of Trademark Liability: A Study on the Misappropriation Rationale in Trademark and Unfair Competition Law", *Texas Intellectual Property Law Journal*, Vol. 22, Iss. 3, 2014.

（Chronopoulos）更是指出商标法属于反不正当竞争法的一部分已经成为一种教义化的原则。

对于知识产权法和反不正当竞争法之间的关系，学界曾有一个著名的比喻：知识产权法与反不正当竞争法的关系犹如冰山与海洋，冰山漂浮于海洋，反不正当竞争法对知识产权法发挥着兜底保护的功能。[1]如果将商标法比喻为冰山而反不正当竞争法是海，那么山海毕竟是两物，存在区别是合理的；但是冰山和海洋都是由水构成的，两者之间相互交融，无法进行彻底分割；同时海纳百川，反不正当竞争法在商标保护上包容着商标法。商标法和反不正当竞争法同根同源，拥有维护竞争秩序的共同价值追求。综上分析，我们就不难理解为什么英国要坚持仿冒法和商标法的双轨保护，也就不难理解德国通过广义商标法的体系化改革来排除反不正当竞争法适用的做法为何会失败，更不难理解为何我国1993年《反不正当竞争法》中要明文规定禁止"假冒他人的注册商标"。

二、功能性解读：竞合论的制度功能

反对竞合论者的思维总会自觉或不自觉地"跳跃"到一个理由上：如果商标法不能排斥反不正当竞争法的适用，满足或不满足商标法保护条件的客体都可以寻求反不正当竞争法的额外保护，那将弱化商标法的存在价值和保护功能。形成这种思维惯性的根源在于将商标法和反不正当竞争法的商标保护路径完全等同而忽视了两者之区别，进而得出非此即彼的结论。

第一，商标侵权行为和不正当竞争行为的构成要件存在明显的区别。首先，不正当竞争行为的成立要求证明存在主观过

---

[1] 参见孔祥俊：《反不正当竞争法的适用与完善》，法律出版社1998年版，第452页。

知识产权与竞争法贯通论

错,而商标侵权行为之判定只需要考察被控侵权行为是否进入了商标权的控制范围,而不必过问是否存在借用他人商誉的主观故意。日本学者田村善之指出:"……受《反不正当竞争法》保护的商标,如果同时取得注册商标权,那么对于在商标权权利范围内的侵犯行为,基于商标权侵权之请求,也就更有利于请求人一方。"[1]当事人选择适用不同的法律,将承担不同的证明责任。其次,尽管造成混淆都是商标侵权行为和不正当竞争行为的重要构成要件,但是两法对混淆可能性的评价标准存在区别(后文还将详述)。允许两法竞合并不会导致"架空"商标法的危险,让当事人自由选择适用何种法律可能是一种更为合理的策略。[2]

第二,在认定商标侵权时,"使用"是一个非常重要的概念,"使用"分为商标意义和非商标意义的使用。商标意义的使用行为是指必须作为区别商品或服务来源的商标使用行为,否则将一些一般性的商标使用都纳入"具有商标意义的使用"的范畴,"会不适当地开展商标权的保护范围,把侵权认定扩大化"。[3]2013年《商标法》中对"商标的使用"进行了限定,增加了行为须"用于识别商品来源"的目的性要求,这显然是采纳了商标意义上的使用观。但是,在复杂的市场竞争中,各种假冒注册商标的非商标意义的使用行为也层出不穷。如果采纳竞合论的观点,这些涉及注册商标但商标法无法顾及的行为可以划入反不正当竞争法的保护范围,从而形成完整的保护链。德

---

[1] [日]田村善之:《日本知识产权法》(第4版),周超、李雨峰、李希同译,知识产权出版社2010年版,第107页。

[2] 当两法出现重叠时,主张当事人可以自由选择适用的观点可参见刘丽娟:"论知识产权法与反不正当竞争法的适用关系",载《知识产权》2012年第1期;钱玉文:"论商标法与反不正当竞争法的适用选择",载《知识产权》2015年第9期。

[3] 孔祥俊:《商标法适用的基本问题》,中国法制出版社2014年版,第133页。

第二章 优先论与竞合论：商标法和反不正当竞争法的关系考论

国判例法中还更进了一步，即便对于商标意义上的使用行为，反不正当竞争法也有适用空间。例如，在"Vilolet Postcard 案"中，一家巧克力驰名商标的所有人（其商标是由文字商标"Milka"和淡紫色阴影形成的商标组成）起诉在商业明信片上使用其商标的行为，该明信片上还载有德国诗人"Rainer Maria Rilker"的诗歌（被改为了"Rainer Maria Milka"）。德国最高法院认定构成"商标性使用"，但基于宪法上艺术自由的主张而拒绝给予商标法保护，反不正当竞争法被认为具有优先性。[1]

第三，仿冒注册商标的行为不仅仅侵害商标权利人单一主体的利益，还可能侵害到受权利人所影响的"群"的利益。学者赵红梅将这种利益称为发散性竞争利益，并指出保护这种利益是反不正当竞争法的独特功能与价值，避免其沦为知识产权的口袋法。[2] 假设一个案例予以说明：甲是高档葡萄酒厂，其所拥有的注册商标极为知名；乙在甲附近地区生产和经营高档葡萄酒；丙和丁是低档葡萄酒厂，两者之间直接相互竞争。其中，丙假冒甲的注册商标并使用于自己向外批量销售的低档葡萄酒上。在这个案例中，甲的竞争利益受到丙搭便车行为的直接侵害，但是商标法提供了强大的私法救济，甲可以直接主张商标侵权。但该案例中还存在两种竞争利益：其一，丁因为丙假借他人竞争优势的行为，在与丙的竞争中逐渐落败，竞争利益受损；其二，由于丙的假冒行为，消费者认为甲附近地区的高档葡萄酒厂的产品品质都不过关，导致乙的竞争利益受损。如果采取优先论的主张，那么只有商标权人甲才可以获得救济，假如甲认为丙的行为不足为惧而放弃追究其责任，那么具有发

---

[1] 参见［德］弗诺克·亨宁·博德维希：《全球反不正当竞争法指引》，黄武双、刘维、陈雅秋译，法律出版社 2015 年版，第 292 页，注释 25。

[2] 参见赵红梅："论直接保护发散性正当竞争利益的集体维权机制——反不正当竞争法的社会法解读"，载《政治与法律》2010 年第 10 期。

散性竞争利益的主体（乙和丁）将持续受到仿冒行为损害而无法获得救济。但如果采纳竞合论，反不正当竞争法中诉权主体范围的扩大成了一种趋势，很多国家经营者、消费者协会、经营者协会等主体被授予诉权，乙和丁可以通过反不正当竞争法对丙假冒甲注册商标的行为提起诉讼。此亦是前文中德国学者所提出的商标法和反不正当竞争法并存保护的社会化功能。

第三节 优先论影响下的反不正当竞争法修订过程

尽管竞合论具有特定的价值和功能，1993年《反不正当竞争法》的法律文本也体现了竞合论，但是在学界和实务界优先论依然是很有"市场"的观点。如果结合2013年《商标法》的修改和近年来反不正当竞争法的修改进行整体性观察，就会发现存在一种商标法扩张而反不正当竞争法限缩的立法趋势。例如，2013年《商标法》的修改引入了典型的反不正当竞争法原则——诚实信用原则，由此，商标法的功能空间可以借该原则的抽象性、补充性和衡平性而获得扩张。又如，反向假冒行为本应属于反不正当竞争法的规制范畴，因为商标权的射程仅限于在竞争性商品或服务上使用相同或近似商标，反向假冒显然超出了这一射程，[1]但其依然被纳入了商标法的范畴。还有一个典型的例子就是"将商标用作其他商业标识的行为"之归属。2013年《商标法》第58条规定，将他人注册商标用作企业名称中的字号使用的行为，构成不正当竞争行为，依照《反不正当竞争法》处理。而2014年《商标法实施条例》第76条规定，将与他人注册商标相同或者近似的标志用作商品名称或者商品

---

[1] 参见孔祥俊：《商标与不正当竞争法：原理和判例》，法律出版社2009年版，第42页。

第二章　优先论与竞合论：商标法和反不正当竞争法的关系考论

装潢使用的行为，属于侵犯注册商标专用权的行为。由此，将商标用作其他商业标识的行为呈现出"二水分流"的景象[1]："注册商标被用作商号"归反不正当竞争法管辖而"注册商标被用作商品名称、装潢"则归商标法管辖。实际上，将他人注册商标用作商号、商品名称、包装、装潢、域名等，如果导致混淆可能性，都属于应由反不正当竞争法规制的行为。

一、优先论对2016年《反不正当竞争法（修订草案送审稿）》的影响

2016年2月25日，国务院法制办公室公布了《反不正当竞争法（修订草案送审稿）》（简称"2016年送审稿"），引发了各界的热切关注。从送审稿第5条中，我们依然可以看到上述商标法扩张而反不正当竞争法保持谦抑和礼让的立法趋势。本书将立基于对送审稿第5条的分析，重思两法之间的关系定位和功能衔接。

尽管从理论研究上，商标权被当作知识产权的一部分，但商标权与专利权、著作权存在明显不同。专利法和著作权法赋予知识产品垄断权是为了鼓励创造或创作，而商标法赋予商标权人垄断权并不是为了鼓励权利人去创造出更多的商标，而是为了促进竞争。商标的核心功能在于维持竞争性产品之间的可辨识性。消费者可以通过商标很快识别出他们偏好的产品，从而极大地降低了信息检索成本，这无疑是促进市场竞争的。[2]

---

〔1〕 参见刘继峰：“将商标用作其他商业标识造成混淆应纳入《反不正当竞争法》调整范围”，载《中国工商报》2016年4月6日。

〔2〕 参见［英］史蒂文·D.安德曼：《知识产权与竞争策略》，梁思思、何侃译，电子工业出版社2012年版，第157页。

知识产权与竞争法贯通论

表1　1993年《反不正当竞争法》与2016年送审稿仿冒条款的对比[1]

1993年《反不正当竞争法》第5条（共1款4项）	2016年送审稿第5条（共3款，其中第1款包含4项）
经营者不得采用下列不正当手段从事市场交易，损害竞争对手： （一）假冒他人的注册商标； （二）擅自使用知名商品特有的名称、包装、装潢，或者使用与知名商品近似的名称、包装、装潢，造成和他人的知名商品相混淆，使购买者误认为是该知名商品； （三）擅自使用他人的企业名称或者姓名，引人误认为是他人的商品； （四）在商品上伪造或者冒用认证标志、名优标志等质量标志，伪造产地，对商品质量作引人误解的虚假表示。	经营者不得利用商业标识实施下列市场混淆行为： （一）擅自使用他人知名的商业标识，或者使用与他人知名商业标识近似的商业标识导致市场混淆的； （二）突出使用自己的商业标识，与他人知名的商业标识相同或者近似，误导公众，导致市场混淆的； （三）将他人注册商标、未注册的驰名商标作为企业名称中的字号使用，误导公众，导致市场混淆的； （四）将与知名企业和企业集团名称中的字号或其简称，作为商标中的文字标识或者域名主体部分等使用，误导公众，导致市场混淆的。 本法所称的商业标识，是指区分商品生产者或者经营者的标志，包括但不限于知名商品特有的名称、包装、装潢、商品形状、商标、企业和企业集团的名称及其简称、字号、域名主体部分、网站名称、网页、姓名、笔名、艺名、频道节目栏目的名称、标识等。 本法所称的市场混淆，是指使相关公众对商品生产者、经营者或者商品生产者、经营者存在特定联系产生误认。

---

〔1〕　1993年《反不正当竞争法》第5条（2017年《反不正当竞争法》第6条）有多种称谓，有论者简称为"商业标识条款"，有论者称为"市场混淆条款"或"商业混淆条款"，有论者简称为"欺诈性市场交易条款"，也有论者称为"仿冒条款"。鉴于仿冒之诉在英美法系上由来已久，本书尊重"历史渊源承继性而主要采用"仿冒条款的简称。

第二章 优先论与竞合论:商标法和反不正当竞争法的关系考论

此外,为了增加自己商标的识别度,让消费者更容易发现其商标并选择该商标所指向的商品,企业需要大量的投资,提高产品质量,树立企业商誉,加强广告宣传,好的商标背后就意味着质量的保证。因此,商标法需要通过设权保护来"锁住"商标背后的企业辛勤躬耕所获得的竞争优势,防止其他企业通过模仿商标来搭便车,从而保证公平竞争的展开。因此,从商标的起源,到商标的发展;从商标最朴素的识别功能,到质量保证功能和广告功能的拓扑,都可以看到商标法背后的"竞争性"本质,可以看到商标法维护公平竞争秩序的价值追求。

另一方面,商标权的排他性保护成本是非常高昂的,权利授予机制垫高了获得权利的成本,新权利的获得可能又会形成对竞争者或潜在竞争者的进入障碍。因此,商标权必须有明确的垄断边界,而且这种边界必须被严格限制在一定的范围内。"虽然商标权可以被定义为一种私人财产权,但是对其权利保护的范围仍然要受到公共政策考虑的限制。"[1]罗伯特·墨杰斯将授予的排他性权视为一种利益平衡,[2]与其说商标法是特殊权利法,毋宁说其是利益平衡之法。相比之下,作为维护市场竞争的基础性法律,反不正当竞争法的保护范围更加广袤,对于商标权垄断边界之外的具有商标权益的所有标识都能给予保护,某些场合下还能穿透注册主义而将保护范围延伸到未注册商标。譬如,当注册商标对在先使用的未注册知名商标的利益造成损害时,未注册商标权益人可以冲破注册制的保护伞而获得反不正当竞争法的保护。再比如,很多国家在平行进口中确定了商

---

[1] [英]史蒂文·D. 安德曼:《知识产权与竞争策略》,梁思思、何侃译,电子工业出版社2012年版,第289页。

[2] Robert P. Merges, "Institutions for Intellectual Property Transactions: The Case of Patent Pools", August, 1999 Revision, available at https://www.law.berkeley.edu/files/pools.pdf, 2017-11-21.

知识产权与竞争法贯通论

标权利用尽原则,即一旦带有注册商标的产品经由权利人本人或经过其准许而被投放在任一国家的市场上,那么商标持有人的知识产权就将被穷尽,这就促进了合法平行进口的带有注册商标的商品与国内市场上该注册商标持有人提供的商品之间的竞争。平行进口受到竞争法的保护而免受商标法注册主义的干扰。因此,相比商标法的窄保护和强保护,反不正当竞争法提供的是一种宽保护和弱保护。"反不正当竞争法保护一切智慧信息外化的知识形态……它实际上是最普遍的自然权利的知识产权法典。"[1]综上分析,我们就不难理解为何要在反不正当竞争法中规定禁止"假冒他人的注册商标",这是因为反不正当竞争法包容商标法。但是送审稿却极大地限缩了反不正当竞争法的"宽保护",并试图在"宽保护"和"窄保护"之间划清界限,让二者在不同的场域分别发挥各自的功能。这具体表现在:

第一,送审稿删除了1993年《反不正当竞争法》第5条第1项"假冒他人的注册商标"的规定。长期以来,一些学者秉持一种观点,认为商标法和反不正当竞争法"分别有独立的保护对象、规制方式、效力范围和保护重点……"[2]"在我国,保护注册商标的主要法律依据是商标法,保护未注册商标的主要法律依据是反不正当竞争法,从而形成了一种注册商标和未注册商标分立的二元商标保护体制。"[3]亦有学者指出:"英国认为商标法与仿冒法平行……我国应借鉴英国的观点,使商标

---

[1] 徐瑄:"知识产权的正当性——论知识产权法中的对价与衡平",载《中国社会科学》2003年第4期。

[2] 郑友德、万志前:"论商标法和反不正当竞争法对商标权益的平行保护",载《法商研究》2009年第6期。

[3] 王太平:"我国知名商品特有名称法律保护制度之完善——基于我国反不正当竞争法第5条第2项的分析",载《法商研究》2015年第6期。

第二章 优先论与竞合论：商标法和反不正当竞争法的关系考论

法与反不正当竞争法的关系得以明晰。"[1]但是诚如上文所析，商标法和反不正当竞争法在维护公平竞争方面有着共同的价值依归。在捍卫竞争秩序的大旗下，反不正当竞争法的规制范畴可以延伸到注册商标领域，甚至可以冲破专利权（如维护竞争目的下的强制许可）、企业名称权等。即便反不正当竞争法在修法过程中删去了第1项"假冒他人的注册商标"的规定，也很难实现"上帝的归上帝，恺撒的归恺撒"。同样，2013年《商标法》的修订通过打击恶意抢注行为等手段扩大了对未注册商标的保护。因此，不能简单地将商标法和反不正当竞争法分为"注册商标保护法"和"未注册商标保护法"，试图分开冰山与海洋，从而构筑二元分立的商标保护体系，不过是空中楼阁。

第二，1993年《反不正当竞争法》将第5条的立法目的规定为禁止"不正当手段从事市场交易行为"，而送审稿将第5条的立法目的限定在禁止"市场混淆行为"且采用了狭义的混淆理论，即只包括导致混淆的情形（即实际混淆），不包括可能导致混淆的情况（即可能混淆）。显而易见，这将极大地限制反不正当竞争法的功能。根据1993年《反不正当竞争法》之规定，反不正当竞争法提供保护的前提是"造成混淆，使购买者误认为是该知名商品"。从中可推知，1993年《反不正当竞争法》采用的是"实际混淆"标准。2007年《最高人民法院关于审理不正当竞争民事案件应用法律若干问题的解释》（下简称《不正当竞争解释》）第4条表述为"足以使相关公众对商品的来源产生误认"，修正为"混淆的可能"标准，体现了一定的进步性。遗憾的是，送审稿第5条第1~4项中均采用了"导致市场混淆"的表述，又全面退回到"实际混淆"标准，弱化了反不

---

[1] 李艳："论英国商标法与反不正当竞争法的关系"，载《知识产权》2011年第1期。

正当竞争法的保护深度和广度。商标法的设权型保护和反不正当竞争法的行为规制型保护具有相同的正当性基础，都是为了通过反混淆而维护市场信息的真实性。混淆理论构成了二者共同的立论基础，两法也通过混淆理论而密切联系。但是，两法各自不同的规范逻辑和规范功能导致了评价混淆可能性的标准存在差异。在商标侵权的判定中，混淆可能性是主要要件，但商标相似性、商品类似性（即相似性要件）也是需要予以考量的独立要件。更有论者指出，相似性要件是前置性要件，系争商标只有满足相似性要件的要求，才能进一步探讨混淆可能性的问题。〔1〕在反不正当竞争法系统中，混淆可能性也是判断不正当竞争行为的核心要件，但其不会受到类似于相似性要件的前置制约，相似性只是一个参考因素。这是由于商标法中坚持了狭义的竞争关系标准，限于相同或类似商品之间的直接竞争，以免不适当地扩大专有权，产生阻碍竞争的过度保护；而反不正当竞争法中采用的是一种广义的"竞争关系"，任何以不正当手段假借他人竞争优势、减损他人竞争优势、虚增本人竞争优势的行为都有构成不正当竞争行为的可能性，因而混淆理论在反不正当竞争法中具有更加广袤的作用空间。《巴黎公约》第10条之二关于不正当竞争的规定中就禁止具有以任何手段对竞争者的营业所、商品或工商业活动产生混淆性质的一切行为。

美国1946年《兰哈姆法》规定的混淆为有可能导致购买者对商品或服务的来源产生混淆。1962年修正案删去了"购买者"和"商品或服务来源"的限定，使得混淆理论沿着时间和空间两个纬度得到极大的扩张。混淆类型由来源混淆扩展到控股、契约、许可、赞助、隶属关系等关联混淆。沿着时间轴线，

---

〔1〕 参见姚鹤徽：*论商标侵权判定的混淆标准——对我国《商标法》第57条第2项的解释*，载《法学家》2015年第6期。

第二章 优先论与竞合论：商标法和反不正当竞争法的关系考论

混淆理论从传统的售中混淆向初始兴趣混淆和售后混淆扩张。由于商标法中的混淆受到狭义竞争关系、商标意义的使用观等条件的制约，反不正当竞争法更应当博观约取，吸纳这些不断发展的混淆理论。混淆是消费者的一种心理认知活动，在诉讼中证明这种心理认知已经实际发生无疑存在巨大困难，因此各国通例都采用"可能混淆"标准，混淆理论也被称为混淆可能性理论。唯其如此，《不正当竞争解释》第4条对反不正当竞争法的混淆标准进行了扩张解释，认可了关联混淆，而且"足以使相关公众……产生误认"的规定也承认了"可能混淆"标准。该解释不仅影响了反不正当竞争法当中的混淆理论，也对商标法中的混淆理论产生了深远影响，遗憾的是2016年送审稿并没有体现这些进步因素。当然，《不正当竞争解释》仍有进步的空间，比如只涉及关联混淆，没有涉及司法实践中已经出现的初始兴趣混淆等新混淆形态。因此，反不正当竞争法修订应当采用广义的混淆理论，满足日趋复杂的法律调整诉求。

第三，送审稿删除了商业外观保护条款。1993年《反不正当竞争法》第5条第2项的目的是保护知名商品特有的名称、包装、装潢，是最为人熟知的反不正当竞争法对商标法的兜底保护方式，也是反不正当竞争法中被适用较多的条款。截至2016年11月底，北大法宝法律数据库中收录的"擅自使用知名商品特有名称、包装、装潢纠纷"已有595起，是数量第二多的不正当竞争纠纷，仅少于"侵害商业秘密纠纷"。[1]略有遗憾的是，该条款采用的是一种封闭型的立法技术。按照文义解释，其保护范畴仅涵盖到知名商品特有的"名称""包装"和"装潢"三种类型的商业标识。因此，该条款的作用范围就很容易受限于"名称""包装"和"装潢"三个词语的语义边界。

---

[1] 参见北大法宝：http://www.pkulaw.cn/case，访问时间：2016年11月27日。

针对上述立法纰漏,司法实践对"名称、包装、装潢"的含义采用扩张性的解释,拓展了该条款的适用范围。例如,根据《不正当竞争解释》第3条之规定,"由经营者营业场所的装饰、营业用具的试样、营业人员的服饰等构成的具有独特风格的整体营业形象"被纳入了"装潢"的范畴。[1]尽管留有遗憾,但瑕不掩瑜,实践中围绕第5条第2项已经发展出一套周详自洽的规则体系,基本能够发挥出反不正当竞争法对商标体系的保护功能。在美国商标法中存在"商业外观"(trade dress)的概念。历史上,商业外观只是指产品的标签、包装等。[2]随着判例法的发展,其内涵和外延也得到扩张,包括"总体形象"(total image)和"整体风貌"(overall appearance)、颜色及搭配、尺寸大小、纹路质地、图形图像、形状等要素,甚至包括营销技巧[3]、氛围[4]等,几乎涵盖了商品上适用的一切标志。我国1993年《反不正当竞争法》第5条第2项和美国的商业外观保护制度有着类似的发展脉络,发挥着类似的功能,因此,也有学者把该条款称为中国的商业外观保护条款,其功能巨大而不应被小觑。

但是,送审稿中却采用了"回炉重造"、彻底推翻的立法理路,删除了商业外观保护条款,这再一次印证了送审稿存在限缩反不正当竞争法商标保护功能的趋向。从立法技术学的角度,

---

〔1〕 根据最高人民法院在"晨光案"中的解释,商品的"零部件本体"和"外观设计"也属于"装潢"。参见中华人民共和国最高人民法院〔2010〕民提字第16号民事裁定书。

〔2〕 See Jeffrey Milstein, Inc. v. Greger, Lawlor, Roth, Inc., 58 F. 3d 27, 31 (2d Cir. 1992).

〔3〕 See John H. Harland Co. v. Clarke Checks, Inc., 771 F. 2d 966, 980 (11th Cir. 1983), cited with approval in Two Pesos, Inc. v. Taco Cabana, Inc., 505 U. S. 763, 112 S. Ct. 2753 (1992).

〔4〕 在"Two Pesos, Inc. v. Taco Cabana, Inc.案"中,对氛围(atmosphere)也予以保护。

第二章 优先论与竞合论：商标法和反不正当竞争法的关系考论

法律修改要满足必要性原则，在多种修改路径中，应当采取成本最小的修法路径。例如，如果通过法律解释能达致目的，就没有必要采用成本更高的修法方式。[1]再者，法律修改要满足协调性原则，如果与其他已经形成的规则体系脱节，便会造成法律的安定性和严谨性减损，增加司法适用成本。[2]特有名称、包装、装潢保护条款最大的问题在于采用封闭型立法模式，所列举的范围有可能难以满足将来日益丰富和复杂的商标实践的法律调整诉求。[3]但即便如此，也没有必要采用"削足适履"式的大幅修改，小幅"微调"可能更符合中国实际。我国台湾地区"公平交易法"规定的受保护对象的范围为"他人姓名、商号或公司名称、商标、商品容器、包装、外观或其他显示他人商品或服务之表征"，日本《反不正当竞争法》第2条规定的受保护对象的范围为"有关他人业务上的姓名、商号、商标、徽章，商品的容器或包装及其他对商品和经营的表示"。

包装、装潢等商业外观与其他商业标识还是有所区别的，前者需要注重对功能性的考察。获得保护的商业外观必须是非功能性的，如果商业外观对于商品的使用或使用目的之实现必不可少，或者影响物品的成本或质量，就是功能性的。[4]如果属于功能性设计，即使它可能获得第二含义，也不能获得反不

---

[1] 参见郭泽强：“从立法技术层面看刑法修正案”，载《法学》2011年第4期。

[2] 参见沈贵明：“论法律修改与法条序号的稳定——兼论《立法法》的完善”，载《法学评论》2015年第4期。

[3] 例如，国投恒泰投资担保有限公司曾在自己的企业字号中使用了"国投恒泰"，这与国家开发投资有限公司这一知名企业名称的简称相似（"国投"）。"国投恒泰"还故意将其经营地址迁至"国投"公司的原办公地点"国投大厦"。该案中经营地址的迁移行为是仿冒的一种新形式，其造成或可能造成他人误以为国投恒泰与国投公司存在联系，造成混淆的后果，构成不正当竞争。参见北京市朝阳区人民法院［2010］朝民初字第20979号民事判决书。

[4] See Inwood Laboratories, Inc. v. Ives Laboratories, Inc., 456 U.S. 844 (1982).

知识产权与竞争法贯通论

正当竞争法的庇护。再者,商业外观的判断要注意整体性观察,"不正当竞争法关于商业外观的规定要求所有的元素特征都应该进行整体性的考量,而不是单独分开的"。[1]最后,商业外观还涉及与专业法的衔接,外观设计属于专利法的保护客体,而我国大部分外观设计属于产品的外包装。因此,商业外观保护条款确实有独立存在的实践价值和理论意义。送审稿将该条款彻底删除的做法殊值深究。

第四,企业名称条款的修改存在不足。1993年《反不正当竞争法》第5条第3项规定"擅自使用他人的企业名称或者姓名,引人误认为是他人的商品"的行为属于不正当竞争行为。送审稿在此基础上进行了扩充,一方面将层出不穷的"傍名牌"行为——将他人注册商标、未注册的驰名商标作为企业名称中的字号使用的行为——列入反不正当竞争法的规制范围(送审稿第5条第3项),另一方面将与知名企业和企业集团名称中的字号或其简称,作为商标中的文字标识或者域名主体部分等使用而造成混淆的行为也列入反不正当竞争法保护范围(送审稿第5条第4项)。前者涉及对自己名称的不正当使用,后者涉及对他人名称的不正当使用,可统称为企业名称条款。

傍名牌是指将他人的知名商标作为企业名称中的字号予以使用的行为。近年来,此类不正当竞争行为猖獗,给商标权人及市场竞争秩序带来严重困扰。例如,蜘蛛王商标是温州知名商标和浙江省著名商标,其在浙江省乃至全国范围内的一定市场区域都享有较高的知名度。不法企业或个人利用其他法域的

---

〔1〕 American Greetings Corp. v. Dan-Dee Imports, Inc., 807 F.2d 1136, 1141 (3rd Cir. 1986), quoting S K & F Co. v. Premo Pharmaceutical Labs., 481 F. Supp. 1184, 1187 (D. N. J. 1979), aff'd, 625 F. 2d 1055 (3rd Cir. 1980).

第二章 优先论与竞合论：商标法和反不正当竞争法的关系考论

企业注册登记制度的漏洞，[1]将"蜘蛛王"注册为企业名称中的字号，再在国内经营销售的商品上突出使用该企业名称，假借他人竞争优势，误导公众。例如，在"蜘蛛王集团诉温州金蛛鞋业案"中，被告在香港注册了香港蜘蛛王国际集团有限公司；[2]在"蜘蛛王集团诉陈某珠案"中，被告注册了意大利蜘蛛王国际（香港）鞋服有限公司；[3]在"蜘蛛王集团诉永嘉县神蛛王皮饰案"中，被告注册了香港蜘蛛王集团国际有限公司。[4]送审稿第5条第3项对傍名牌的行为及时予以回应，具有巨大的实践价值，是值得肯认的，但是该条款仅将保护范围限定在注册商标和未注册的驰名商标，削弱了其保护功能。实际上，很多傍名牌的行为都不再明目张胆地以驰名商标为标靶，而是指向了著名商标。根据国家工商总局《驰名商标认定和保护规定》第13条的规定，如果权利人发现他人将其驰名商标作为企业名称进行登记，可能欺骗误导公众的，可以向登记机关申请撤销该企业名称登记。但是，该规定保护的只是驰名商标。上文所引案例中出现的"蜘蛛王"就只是著名商标而不是驰名商标。修法的力度不应当仅仅"隔靴搔痒"，而应当回应社会现实，保护范围应扩大到未注册的著名商标。

1993年《反不正当竞争法》第5条第3项禁止擅自使用他人的企业名称而引起混淆的行为。司法实践中，对于"企业名称"的含义也经历了由窄至宽的发展和演变过程。1993年《反不正当竞争法》制定实施后，被擅自使用的他人的"企业名称"

---

[1] 例如，维京群岛、百慕大等地企业注册登记极为便利，管制环境也极为宽松。
[2] 参见浙江省温州市中级人民法院［2005］温民三初字第141号民事判决书。
[3] 参见浙江省温州市中级人民法院［2005］温民三初字第180号民事调解书。
[4] 参见浙江省温州市中级人民法院［2005］温民三初字第71号民事判决书。

被严格解释为在登记机关登记的完整名称。[1]直到《不正当竞争解释》出台,才将保护范围扩大到"字号",其第6条指出,"具有一定的市场知名度、为相关公众所知悉的企业名称中的字号",可以认定为反不正当竞争法中的"企业名称"。2014年最高法院发布了第29号指导案例,将"简称"也纳入"企业名称"的语义范围内。[2]由此,对他人企业名称的擅自使用可以分为完整使用和不完整使用两种形态。送审稿第5条第4项规定的擅自使用"知名企业和企业集团名称中的字号或其简称"只是不完整使用企业名称的情形。因此,1993年《反不正当竞争法》第5条第3项可以涵盖送审稿第5条第4项的内容,而且其还包括完整使用企业名称的情形。从这个意义上看,送审稿第5条第4项似乎并无单列为项的必要。

二、优先论对2017年反法修订草案的影响

2017年2月,首次提交全国人大常委会审议的《反不正当竞争法(修订草案)》(简称"2017年修订草案")对反不正当竞争法的限制在2016年送审稿的基础进一步加强[3]:第一,将1993年《反不正当竞争法》第5条第1项"假冒他人的注册商标"的规定删除;第二,采用了极为狭隘的直接混淆理论;第三,采用一种封闭性的立法技术;第四,2016年送审稿中较

---

[1] 参见《最高人民法院公报》2001年第3期。
[2] 参见李友根:"论企业名称的竞争法保护——最高人民法院第29号指导案例研究",载《中国法学》2015年第4期。
[3] 需要注意的是,除了2017年2月首次提交的《反不正当竞争法(修订草案)》以外,2017年8月,第十二届全国人大常委会第二十九次会议对《反不正当竞争法(修订草案二次审议稿)》进行审议;在2017年11月第十二届全国人大常委会第三十次会议上,《反不正当竞争法(修订草案三次审议稿)》被提交表决并获得通过。本书主要以2017年2月的《反不正当竞争法(修订草案)》为分析样本。

为先进的"商业标识"的概念被删去；第五，具体文本中设置了各种限制条件。毋庸讳言，2017 年修订草案同样受到了优先论的影响。一方面，优先论主张注册商标的保护应当排除反不正当竞争法的适用。修订过程中立法者让反不正当竞争法全面"撤离"注册商标领域的意图昭然若揭，并试图为反不正当竞争法划定功能边界，将反不正当竞争法严格定义为未注册的其他标识保护法。[1] 另一方面，在优先论下反不正当竞争法只能发挥拾遗补阙的功能，当商标法的管辖臂膀延伸，反不正当竞争法的管辖范围就会限缩以保持最大限度的谦抑和礼让，2017 年修订草案仿冒条款的调整范围受到的重重限制即是明证。

表 2　1993 年《反不正当竞争法》与 2017 年修订草案仿冒条款的对比

1993 年《反不正当竞争法》第 5 条	2017 年修订草案第 6 条
经营者不得采用下列不正当手段从事市场交易，损害竞争对手： （一）假冒他人的注册商标； （二）擅自使用知名商品特有的名称、包装、装潢，或者使用与知名商品近似的名称、包装、装潢，造成和他人的知名商品相混淆，使购买者误认为是该知名商品； （三）擅自使用他人的企业名称	经营者不得采用下列不正当手段从事市场交易： （一）擅自使用知名商品特有的名称、包装、装潢，或者使用与知名商品近似的名称、包装、装潢，造成和他人的知名商品相混淆，引人误认为是该知名商品； （二）擅自使用他人的企业名称及其简称、字号，擅自使用他人的姓名、笔名、艺名，擅自使用社会组织的名称及其简称，引人误认为是他人的商品；

---

[1]　2016 年 2 月国务院法制办公室公布的《反不正当竞争法（修订草案送审稿）》限缩反不正当竞争法功能的趋向就已经彰明较著了。例如，将 1993 年《反不正当竞争法》第 5 条第 1 项"假冒他人的注册商标"的规定删除，司法实践中较为重要的"知名商品特有名称、包装、装潢保护条款"也被删除。

续表

或者姓名,引人误认为是他人的商品; (四)在商品上伪造或者冒用认证标志、名优标志等质量标志,伪造产地,对商品质量作引人误解的虚假表示。	(三)擅自使用他人的域名主体部分、网站名称、网页以及频道、节目、栏目的名称及标识等,引人误认为是他人的商品; (四)将他人注册商标、未注册的驰名商标作为企业名称中的字号使用,误导公众。

那么我们该如何理解反不正当竞争法不断加强对商标法礼让程度的现象?又如何理解优先论的动力学基础?本章认为对商业标识立法一体化的追求可能是一个重要因素。一些学者主张借鉴德国商业标记统一化的立法模式,在《商标法》的基础上整合和扩容,以实现所有商业标识的立法的一体化和体系化。[1]这种体系化的塑造当中,很多本该属于反不正当竞争法的调整内容被纳入商标法之中,让反不正当竞争法全面撤离"注册商标"领域必然也是题中应有之义。但如前文所述,即便是建立了《商标和其他标志保护法》的德国,这部广义的商标法依然无法切断与反不正当竞争法之间的联系。从立法体系化的角度看,反不正当竞争法也有实现自身体系完备的需求,商标法的体系化不应以损害反不正当竞争法的体系结构为代价。大概在19世纪,英国的衡平法院认识到已有的保护方式并不足以保护参与竞争性过程的商人,于是商标作一种新的财产权从不正当竞争侵权中分离出来,但这种新的财产权利旨在保护商人的竞争利

---

[1] 参见张术麟:《商业标记权的法律保护》,知识产权出版社2008年版,第164—174页;王莲峰:《商业标识立法体系化研究》,北京大学出版社2009年版,第54—67页。

第二章 优先论与竞合论：商标法和反不正当竞争法的关系考论

益，它自始至终都被定义为反不正当竞争法的一部分。[1]"很多国家的反不正当竞争法都将假冒他人商标的行为作为一种典型的不正当竞争行为加以规制，只有这样才能体现反不正当竞争法的完整意义，否则，这部反不正当竞争法将因为欠缺对商标假冒行为的规定而变得残缺不全。"[2]诚实信用原则的价值要求下，反不正当竞争法不可能对假冒注册商标这一典型的违反商业伦理的行为放任不管，对注册商标进行保护也是反不正当竞争法自身体系的需要。"从立法的体系化和逻辑性以及概念表述的周延性来说，尽管已有专门法对商标权进行规范，反不正当竞争法仍然不能舍商标权而立法。"[3]

从保护当事人利益的角度看，商标法和反不正当竞争法的竞合保护增加了权利人可选择的权利保护机会。罗斯科·庞德将个人对社会经济生活中的请求归纳为四类：一是对有形财产的控制请求，二是从事活动与缔约自由的要求，三是对承诺的利益、金钱性履行的请求，四是在与他人发生经济性利益关系时，不受外部干涉的自由。[4]一个商标侵权行为同时也是一种竞争行为，具有一体两面性；实施商标侵权同时干涉了他人控制财产的自由和经济关系（竞争关系）不受干涉的自由，受害人同时具有第一类和第四类请求。刘继峰教授指出反不正当竞

---

[1] Apostolos Chronopoulos, "Trade Dress Rights as Instruments of Monopolistic Competition: Towards a Rejuvenation of the Misappropriation Doctrine in Unfair Competition Law and a Property Theory of Trademarks", *Marquette Intellectual Property Law Review*, Vol. 16, Iss. 1, 2012.

[2] 罗晓霞：《竞争政策视野下商标法理论研究》，中国政法大学出版社2013年版，第209页。

[3] 罗晓霞：《竞争政策视野下商标法理论研究》，中国政法大学出版社2013年版，第216页。

[4] 参见[美]罗斯科·庞德：《法理学》（第3卷），廖德宇译，法律出版社2007年版，第77—78页。

争法和商标法等专门法适用上的竞合关系不是"特别法和一般法"的关系,而是复合调整关系;不理解这种复合性关系,可能造成权利得不到保护或保护不周的局面。[1]

从司法裁判功能的角度看,司法裁判面向不同的读者具有不同的功能。法官首先要认定行为的性质,再确定法律责任。竞合论下,法官在判定商标侵权行为之外,再从市场竞争的角度单独认定被控行为具有不正当性,损害竞争秩序。通过司法裁判向当事人、其他相关市场竞争者以及相关行业宣告此类行为不仅侵犯私益,而且侵犯公共竞争秩序,进而可以发挥司法裁判的教育示范、维护公共利益等社会功能。对于裁判者而言,允许两法竞合适用还可以起到充分展示解释论点、提高判决说服力等功能。而在优先论下,法官只需要在商标法系统内部对被控行为进行评价,不涉及反不正当竞争的价值评价,上述复合功能也就无法实现。

2017年修订草案不仅全面撤离"注册商标"领域,而且对未注册商标规定付之阙如的问题依然悬而未决。未注册商标与注册商标只差了注册登记这一步之遥,如果能够发挥识别功能,凝聚了商誉,理应获得保护。但是由于反不正当竞争法中未注册商标保护的字面缺失,导致目前涉及未注册商标保护的案件,当事人不得不通过曲折的法律解释操作,将未注册商标解释为知名商品的特有名称,以寻求1993年《反不正当竞争法》第5条第2项的庇护。商标毕竟更加丰富形象、立体多元,商品特有名称难以涵盖其外延,再加上受到第5条第2项极为严苛的"知名商品"等要件的限制,大大抬高了未注册商标的保护成本。

综上分析,更为理想的立法选择是应当增设规定——禁止

---

〔1〕 参见刘继峰:《竞争法学》(第2版),北京大学出版社2016年版,第399页。

第二章 优先论与竞合论：商标法和反不正当竞争法的关系考论

"擅自使用与他人知名的商业标识相同或近似的商业标识，容易导致相关公众混淆的"，作为"小一般条款"。一方面，可以使得反不正当竞争法体系更加科学完备，同时与商标法形成竞合关系。仿冒未注册商标的行为以及仿冒注册商标但非商标意义的使用行为可以通过该条款寻求救济；而仿冒注册商标的商标意义的使用行为，当事人可以选择适用商标法或适用反不正当竞争法或同时适用两法，但在最终责任确定环节都通过转致适用进入商标法的处罚系统，避免一事双罚。由此，形成了一条清晰周延的规制逻辑脉络。另一方面，引入"商业标识"这一上位概念，涵盖注册商标、未注册商标以及其他类型的商业标识。既解决了未注册商标保护缺失的问题，还可以起到兜底和概括性规定的作用，挂一防万。目前的商业标识主要是视觉标记，尽管2013年《商标法》增加了声觉商标，但是未来嗅觉、触觉、味觉标记等都有可能具有区分意义而需要反不正当竞争法予以保护。应当借助"商业标识"这一上位概念在立法上为未来商业符号的技术发展可能性预留规范空间。实际上，2016年送审稿中就已经引入了"商业标识"的概念，受到了很多学者的肯认。例如，徐升权指出，国内外竞争立法证明了送审稿在第5条对"商业标识"一词予以界定是合适、可行的，且这一界定实现了"商业标识"概念的法定化，将"商业标识"从理论研究术语转化为法律概念，为商业标识法律保护制度的进一步发展与完善提供了基础。[1] 胡丽文指出，"商业标识"概念的引入是此次送审稿第5条的亮点之一，此种做法也吸取了1993年《反不正当竞争法》第5条内容规定过于杂乱、客体规定过于封闭的教训，是此次送审稿中值得称赞的进步。从学理

---

[1] 徐升权："《反不正当竞争法》修订草案稿中的商业标识条款评析"，载《法学杂志》2017年第5期。

上讲，对商业标识概念的引入也自有其正当性：一方面市场混淆或者仿冒行为所作用的客体对象就是商业标识，"商业标识"概念的引入正是立法者对市场混淆行为本质的正确认识；另一方面，兼具包容性与开放性的商业标识概念的引入也能提升《反不正当竞争法》市场混淆规制条款的稳定性与可适应性，增扩该条款的规制范围。[1]遗憾的是，2017年的修订草案彻底推翻了这种引入"商业标识"概念并以此为依托来构建整个市场混淆行为规制框架的做法，而是回归到1993年《反不正当竞争法》列举具体标识为中心的封闭保护方式，这并不当然构成一种进步。[2]

此外，2017年修订草案延续了2016年送审稿采取实际混淆的做法。2017年修订草案第6条第1~3项均采用的是"引人误认为是该知名商品/引人误认为是他人的商品"的表述，这是一种极为狭隘的混淆观念，甚至在文本上落后于1946年《兰哈姆法》的表述。从文义解释的角度来看，这是一种"将此商品误认为彼商品的混淆"，不包括关联混淆等类型。"引人误认为……"的表述给人一种只包括现实混淆而不包括可能混淆的印象。[3]有学者就建议将其修改为"引人误认或足以引人误认为……"的表述。但是，准确恰当地描述反不正当竞争法应当采纳的混淆标准并非易事。1993年《反不正当竞争法》、2017年《反不正当竞争法（修订草案）》、2016年《反不正当竞争法（修订草案送审稿）》、2007年《不正当竞争解释》中出现了"使购买者

---

〔1〕 胡丽文："商业标识的反不正当竞争法保护——兼评修订稿市场混淆条款"，载陈云良主编：《经济法论丛》，社会科学文献出版社2017年版，第149—173页。

〔2〕 胡丽文："商业标识的反不正当竞争法保护——兼评修订稿市场混淆条款"，载陈云良主编：《经济法论丛》，社会科学文献出版社2017年版，第149—173页。

〔3〕 参见孔祥俊：《商标与不正当竞争法：原理和判例》，法律出版社2009年版，第741页。

第二章 优先论与竞合论：商标法和反不正当竞争法的关系考论

误认是该知名商品""引人误认是他人的商品""误导公众""导致市场混淆的""足以使相关公众对商品的来源产生误认"等多种多样的表述方法。不同的表达恰恰折射出立法者对混淆可能性要件的认识不清。首先，在混淆主体要件方面，应当界定为"相关公众"。一方面，不宜狭窄地限定于购买者，还应该包括购买者之外容易发生混淆的主体。"购买过程中消费者的混淆是最常见的。但是，一些人的混淆，也可能影响到消费者。"[1]另一方面，不宜粗略地规定为自然状态的所有人，美国法院曾经就采用过"愚人标准"来判断消费者是否受到欺骗，尽管充分保护了消费者，但对竞争造成了过度限制。因此，"相关公众"的表述是比较恰当的。其次，在混淆类型方面，可以表述为"容易导致相关公众混淆的"。这是因为无论是限定在来源混淆还是关联混淆等其他具体类型都容易顾此失彼，有所遗漏。更优的选择是在反不正当竞争法中直接规定"混淆"一词，由后续司法实践和理论学说沿着法解释学路径不断发展"混淆"的内涵和外延，保持一定的张力和空间，使其有机会能随着时间发展而涵盖初始兴趣混淆等新类型混淆。"混淆"一词并不是商标法的"专利"，反不正当竞争法没有必要避而不用。最后，"容易导致……"的表述则说明这是一种可能混淆而非实际混淆。孔祥俊教授也认为以"引人误认为是该知名商品"和"引人误认为是他人的商品"表达这种结果要件，这是一种传统的表达方式，限于最狭义的市场混淆即对产品本身的混淆误认。因此，可以借鉴 2013 年《商标法》第 57 条的表述方法，以

---

[1] Shashank Upadhye, "Trademark Surveys: Identifying the Relevant Universe of Confused Consumers", *Fordham Intellectual Property, Media & Entertainment Law Jounal*, Vol. 8, Iss. 2, 1997.

"容易导致混淆"取而代之。[1]

就具体的法律条文而言,2017年修订草案第6条第1~4项存在以下弊端:

修订草案第6条第1项保留了"知名商品"这一限制性要件。1993年《反不正当竞争法》第5条第2项的目的是保护知名商品特有的名称、包装、装潢,是最为人熟知的商业标识的反不正当竞争法保护模式。修订草案除了将该项位置序号改为第6条第1项之外,沿用了原文本的规定,饱受学者诟病的"知名商品"要件也被保留。根据该项规定,商品特有名称、包装、装潢要想获得保护,必须要求其附着的商品是知名商品,即"知名商品"成为启动反不正当竞争法保护的门槛条件。然而,一件普通商品(如苹果)上的包装也可能通过匠心独运的设计获得来源识别性而具有反不正当竞争法保护价值,也不是说一件知名商品(如茅台酒)上的所有包装或装潢都可以凭借该商品的知名度而获得保护。日本法中也存在"知名"的规定,日本学术和实务通常认为,商品的包装或容器必须指示来源,能够积极指示商品来源的标识必须获得一定程度的知名度。可见"知名"是用来修饰"包装或容器"而不是"商品"本身。[2]因此,反不正当竞争法修订应当废除"知名商品"的限定。同时,商品和服务之间是存在区别的,国际公约《尼斯协定》中就将商品分为34类,服务分为11类。尽管司法实践中,第5条第2项中的商品已经包括了服务,但为了法律语言表达的精确性,反不正当竞争法修订中应进行相应地矫正。日本《不正当竞争防止法》第2条第1款规定的保护客体就为"商品或服务之标

---

〔1〕参见孔祥俊:"论反不正当竞争法修订的若干问题——评《中华人民共和国反不正当竞争法(修订草案)》",载《东方法学》2017年第3期。

〔2〕参见刘维:《商标权的救济基础研究》,法律出版社2016年版,第96页。

第二章 优先论与竞合论：商标法和反不正当竞争法的关系考论

记"。[1]综上所述，修订草案第 6 条第 1 项可修改为"擅自使用与他人商品或服务上知名的名称、包装、装潢相同或者近似的名称、包装、装潢，容易导致相关公众混淆的"。

修订草案第 6 条第 2 项采用了封闭性的规定。该项规定涉及企业、社会组织、自然人三类主体的名称、姓名等人格符号的保护。在经济生活当中，很多社会组织已经深入地参与到市场竞争当中，特别是产学研结合加强，高校、研究机构等组织的名称等被其他经营者搭便车的行为屡见不鲜，修订草案增加了"社会组织"这类主体的做法值得肯定。但是，该项规定却采用了一种封闭性的规定：涉及企业的人格标识有三类（名称、简称、字号），涉及社会组织的有两类（名称、简称），涉及自然人的有三类（姓名、笔名、艺名）。对于社会组织而言，修订草案规定了保护企业的字号而未规定保护社会组织的字号。但是，一些地方性立法明文规定社会组织可以加冠字号。例如，《广西四类社会组织直接登记管理暂行办法》规定允许行业协会、公益慈善类社会组织名称使用字号；广东地区相关民政部门发布的《社会团体名称预先核准指引》规定一般社会团体名称结构为：广州市＋（字号）＋业务范围概括词语＋社会团体性质的标识名称。对于自然人而言，除了姓名、笔名、艺名，可能还有曾用名、字号、绰号、雅号、别名、昵称，如果这些不同的称谓获得了识别功能则都可能具有反不正当竞争法保护的价值。对于企业而言，除了简称、字号外，各种缩略语、代号、外文、图案等具有企业名称作用的人格符号都有可能产生需要反不正当竞争法保护的法益。立法语言要在精确和模糊、宜粗和宜细之间寻找平衡，立法中过于细致入微的穷尽性列举反而

---

[1] ［日］田村善之：《日本知识产权法》（第 4 版），周超、李雨峰、李希同译，知识产权出版社 2010 年版，第 58 页。

会因为无法调整列举事项之外的新问题而陷入制度困局。地方性立法在这方面已经走在了反不正当竞争法修订草案的前面,例如,《浙江省反不正当竞争条例》第7条规定经营者不得擅自使用他人的企业名称、姓名以及代表其名称、姓名的标志、图形、代号,引人误认为是他人的商品或者经营活动。因此,修订草案第6条第2项也应借鉴这种概括性地立法模式,可以修改为"擅自使用企业、社会组织的名称、简称、字号或者自然人的姓名、笔名、艺名以及其他代表经营者名称、姓名的标识,容易导致相关公众混淆的"。

修订草案第6条第3项中域名之"主体部分"的限制以及增加"网站""频道、节目、栏目的名称及标识"等表述存在弊端。域名能发挥与商标类似的区分功能,知名的域名可以获得较高的访问率,蕴含巨大的经济价值。有关国际组织拟定的《关于保护驰名商标规定的联合建议》中就将商标、营业标识和域名作为三种单独的标识。[1]英语国家域名一般与网站名称重合而可以将网站名称视为域名的延伸,但在我国域名并不能涵盖中文网站名称。修订草案将域名、网站名称都列入了客体范畴,加强对这类"电子商标"的保护,具有进步意义。但是对于域名,却规定保护"域名主体部分",那么"主体部分"应当如何界定?域名的命名体系呈现层级结构,包括顶级域名和次级域名。在"宝洁公司与国网公司域名纠纷案"中,一审法院指出在中国只有三级域名才具有识别性。[2]但是,实践中一

---

[1] See Joint Recommendation Concerning Provisions on the Protection of Well-known Marks, adopted by the Assembly of the Paris Union for the Protection of Industrial Property and the General Assembly of the Word Intellectual Property Organization (WIPO),转引自孔祥俊:"商业标识权利冲突司法处理的逻辑标准与政策标准",载《清华法学》2007年第2期。

[2] 参见程永顺主编:《商标与域名判例》(第18辑),知识产权出版社2010年版,第155页。

第二章　优先论与竞合论：商标法和反不正当竞争法的关系考论

些极具识别性的顶级域名已经开始出现并投入商业使用，如 .love、.xyz 等域名。在"都快网络公司与王林阳域名纠纷案"中，一审法院则将系争域名"19floor.net"和"19foor.cn"作为整体进行观察，以判断是否导致混淆，并不局限在三级域名。[1] 由此可见，域名"主体部分"的范围具有伸缩性，需要结合个案研判。因此，应删去"主体部分"的限定条件。[2] 修订草案第 6 条第 3 项将"网页"纳入了保护客体之中，但是"网页"是一个包罗万象的复合体，既包括栏目布局、下拉菜单、浮标等设计（应当属于公知素材）[3]，又包括文字、图像、音频及视频材料（具有"独创性"则可获版权法保护），还包括文字、图形、颜色等搭配形成的整体风格（可以吸纳到营业性服务的"包装"和"装潢"之中）。因此，更合理的做法是删去"网页"这个笼统的概念，而根据网页中具体要素的性质去寻找对应的适用规范。最后，修订草案第 6 条第 3 项还将"频道、节目、栏目的名称"列入了保护范围。节目、频道、栏目属于版权法意义上的表达性作品，其法律性质属于作品名称。实践中出现了"非诚勿扰"等知名节目或栏目名称被仿冒的案例，也引发了学界关于如何保护作品名称的讨论。作品名称由于字数寥寥而不易满足"独创性"的要求，难以寻求版权法的保护；而在商标法系统中，美国专利商标局以及判例法中确定了只保护系列作品名称而不保护单个作品名称的原则（即系列性规则，

---

　[1]　参见程永顺主编：《商标与域名判例》（第 18 辑），知识产权出版社 2010 年版，第 199 页。
　[2]　日本学者田村善之还提到一个案例，如果 j-phone 商标的所有人只注册了 phone.co.jp 的域名，但是保护范围可自动延伸至下一级域名 j.phone.co.jp。
　[3]　参见毕文轩："论商业标识的构造与规则"，载《成都理工大学学报（社会科学版）》2017 年第 1 期。

rule of series)。[1]作品名称的专门法设权保护可能造成语言垄断,损害竞争自由,因此反不正当竞争法的行为规制路径成了保护作品名称的第三条道路,学者德利娅·利普希克更指出"标题的使用应始终服从于反不正当竞争条例"。[2]尽管反不正当竞争法修订草案回应了关于作品名称法律适用的理论问题,但是其依然存在封闭性规定的问题,仅规定频道、节目、栏目三类作品的名称获得保护,但是小说名称、期刊名称、歌曲名称、影视剧名、戏剧名称、建筑物名称等具有相同的法益结构,修订草案却顾此而薄彼。尽管修订草案中增加这些新的规定看似扩容,实则也是一种限制,最理想的做法恐怕还是删除这些规定,引入"作品名称"的集合概念。

修订草案第6条第4项中保护范围存在限制。很多不法经营者利用香港、维尔京群岛等地企业注册登记制度极为宽松的漏洞,将国内知名的商标注册为企业名称中的字号,再在国内经营销售的商品上突出使用该企业名称,误导公众。修订草案第6条第4项延续了2016年送审稿的做法,对上述傍名牌的行为及时予以了回应,但是该条款将保护范围限定在注册商标和未注册的驰名商标,削弱了其保护功能。实际上,由于立法给予了驰名商标倾斜性保护,很多傍名牌的行为都不再明目张胆地以驰名商标为目标,此时未注册的具有一定市场知名度的著名商标极易成为被"攻击"的标靶。因此,在我国自主品牌发展不充分,鼓励民族产业发展的背景下,建议将修订草案第6条第4项改为"将他人注册商标、未注册的驰名商标或著名商

---

[1] See James E. Harper, "Single Literary Titles and Federal Trademark Protection: The Anomaly between the USPTO and Cade Law Precedents", *The Journal of Law and Technology*, Vol. 45, No. 1, 2004.

[2] [西]德利娅·利普希克:《著作权与邻接权》,联合国教科文组织译,中国对外翻译出版公司2000年版,第88页。

第二章 优先论与竞合论：商标法和反不正当竞争法的关系考论

标作为企业名称中的字号使用，容易导致相关公众混淆的"。

第四节 新反不正当竞争法仿冒条款的发展与再发展

"知识产权是从市场中产生的，也只能在市场中存在。"（彼得·达沃豪斯语）赋予知识产品垄断权只是手段，而促进市场公平竞争才是知识产权法的目标。知识产权法与竞争法的关系密切，公法色彩浓郁的商标法其"竞争法倾向"更加显著。2013年《商标法》的修改扩大商标法的适用范围，引入了诚实信用原则，非视觉商标也允许被注册（如声音商标），加大了对驰名商标的保护力度，引进商标侵权惩罚性赔偿制度，还将管辖臂膀延伸到未注册商标。但与这种扩张相对应，反不正当竞争法修订体现的却是一种缩小的趋向：将反不正当竞争法商标保护制度的立法目的局限在对实际混淆行为的保护；删除了禁止"假冒他人的注册商标"的条款，企图让反不正当竞争法与商标法保持泾渭分明的界线；在实践中发挥巨大功能的商业外观条款也被剔除……扩张和谦抑相互对立的修法趋势背后所反映的是立法者对于两法关系和功能定位认识不清，试图在反不正当竞争法和商标法之间划定界线，构建平行分立的商标保护制度。

表3 新旧反不正当竞争法仿冒条款的对比

1993年《反不正当竞争法》第5条	2017年《反不正当竞争法》第6条
经营者不得采用下列不正当手段从事市场交易，损害竞争对手： （一）假冒他人的注册商标； （二）擅自使用知名商品特有的名称、包装、装潢，或者使用	经营者不得实施下列混淆行为，引人误认为是他人商品或者与他人存在特定联系： （一）擅自使用与他人有一定影响的商品名称、包装、装潢等相同或者近似的标识；

续表

与知名商品近似的名称、包装、装潢，造成和他人的知名商品相混淆，使购买者误认为是该知名商品； （三）擅自使用他人的企业名称或者姓名，引人误认为是他人的商品； （四）在商品上伪造或者冒用认证标志、名优标志等质量标志，伪造产地，对商品质量作引人误解的虚假表示。	（二）擅自使用他人有一定影响的企业名称（包括简称、字号等）、社会组织名称（包括简称等）、姓名（包括笔名、艺名、译名等）； （三）擅自使用他人有一定影响的域名主体部分、网站名称、网页等； （四）其他足以引人误认为是他人商品或者与他人存在特定联系的混淆行为。

反不正当竞争法和商标法之间最大的区别并不是前者保护未注册商标而后者保护注册商标，也不是前者保护商标以外的其他商业标识而后者专门保护商标，而是在于两法的保护路径和作用方式。商标法授予的符号垄断必须严格限制在一定的范围内。在英国"Wagamama案"中，莱迪法官进行过清晰的阐明：如果采取较宽的范围，商标权这种独占将近似于对于商标的准版权；版权尚有期间限制，但此种权利没有固定的期限，是一种真正的垄断。[1]对于反不正当竞争法，却不能严格限制其作用边界和功能空间。不正当竞争行为如千变万化的海神（德国学者科勒语），这要求反不正当竞争法的规制路径必须具有灵活性和广延性。"反不正当竞争法这种法律具有灵活性，正是这种灵活性能够提供不受像注册制那样形式拘束的保护。"[2]

---

〔1〕 参见孔祥俊：《商标与不正当竞争法：原理和判例》，法律出版社 2009 年版，第 184 页。

〔2〕 Ketevan Uridia, "Trademark law as protection from acts of unfair competition. Possible solutions for Georgia", *Unpublished LL. M. Short Thesis*, *Central European University*, March 31, 2014, p. 25.

第二章 优先论与竞合论：商标法和反不正当竞争法的关系考论

然而，反不正当竞争法的修订过程体现了优先论，反不正当竞争法被视为补充法和替补法，不仅退出了"注册商标"领域，还被施加了重重限制，这样无疑是本末倒置。反不正当竞争法的修订应当维护反不正当竞争法自身的独立性，不能为了迁就商标立法一体化等形式目标而舍弃反不正当竞争法的调整功能。应当坚持如下一种理念：商标法基于"注册"、设权型保护和权利思维，反不正当竞争法则基于"市场"、行为规制型保护和制度思维，共同形成对权利人的双轨型保护。

2017年11月第十二届全国人大常委会第三十次会议审议通过了《反不正当竞争法（修订案）》，并于2018年1月1日起正式施行。2017年《反不正当竞争法》第6条相比于2016年送审稿和2017年修订草案又发生了较大的变动，立法过程中的利益博弈可见一斑。不过值得肯定的是，2017年《反不正当竞争法》在一定程度上矫正了2016年送审稿和2017年修订草案过度限缩反不正当竞争法调整功能的趋向。这主要表现在三个方面：第一，2017年《反不正当竞争法》第6条取消了1993年《反不正当竞争法》第5条中一直饱受诟病的"知名商品"的前置性限制，从而根治了司法实践中判断商业标识是否值得保护先根据产销量、销售区域、销售时间、市场占有率等因素判断相关商品是否知名的本末倒置做法。第二，立法技术学中，"等"字一般表示列举未穷尽，以简驭繁，缓解静态僵化的文本和动态发展的市场实践之间的紧张关系。[1] 2017年《反不正当

---

〔1〕 尽管"等"字在绝大多数情况下均表示列举未穷尽，但是也存在相反的用法，即"等"字表示列举穷尽，其作为列举后的收尾，即"等内等"。例如，《立法法》第8条是关于全国人大及其常委会专属立法权的规定，其中第6项规定税种的设立、税率的确定和税收征收管理等税收基本制度只能由法律规定。此处"等"为"等内等"。（参见刘小冰、张思循："地方立法权规定中'等'字的法律规范解读"，载《江苏行政学院学报》2018年第2期。）毋庸讳言，2017年《反不正当竞争法》第6条的"等"为"等外等"，表示列举未穷尽。

竞争法》第 6 条第 1~3 项具体条文中都加入了"等"字，以"等"字扩张了仿冒条款的作用范围和功能空间。第三，2017年《反不正当竞争法》第 6 条加入了兜底条款，即第 4 项"其他足以引人误认为是他人商品或者与他人存在特定联系的混淆行为"。随着科技的进步、时代的发展，仿冒行为的表现形式也愈发多样化，这在互联网商业活动中表现得极为突出，兜底条款的引入能够挂一防万，弥补静态法律文本的局限性和滞后性。第四，2017 年《反不正当竞争法》摒弃了"使购买者误认为是该知名商品"和"引人误认为是他人的商品"的狭隘表述，而是将混淆标准定义为"引人误认为是他人商品或者与他人存在特定联系"，实现了由商品混淆向关联混淆的拓展。这些修订都体现了一定进步性，但是并不能得出反不正当竞争法已经抛弃了优先论而转向竞合论的结论，依然有三个问题悬而未决。

第一个问题是，2017 年《反不正当竞争法》第 6 条删除了原法禁止"假冒他人的注册商标"的规定，同时也未采纳 2016 年送审稿中引入"商业标识"这一上位概念的主张。也即，仅从字面上看，第 6 条似乎无法再调整注册商标，这是否意味着反不正当竞争法实现了全面撤离"注册商标"领域从而与商标法保持泾渭分明的目的？然而，在现代社会，商标已经成为一种典型的市场竞争工具，商标法和反不正当竞争法具有保护竞争秩序的共同价值目标，这也决定两法无法实现完全的区隔。两法中正确的制度逻辑应当是：商标法保持谦抑性，为避免符号圈地等商标泛财产化，应严格恪守专有权法定主义，遵循商标意义的使用观、狭义竞争关系、相似性要件和混淆可能性要件等各种限制条件；而反不正当竞争法则应当保持延展性，在保护竞争秩序和竞争过程的共同目标追求下其规制范畴可以延伸到注册商标领域，形成竞合保护。美国第五巡回上诉法院曾

第二章 优先论与竞合论：商标法和反不正当竞争法的关系考论

经指出对于所有商事活动中违反诚实商业实践的行为,无论是法定与非法定的诉由,反不正当竞争法就是一把保护伞。[1]与之相对,商标法的设权保护必须设定较高的门槛,否则会对竞争造成过度的限制,因此商标法保护商标意义上使用注册商标的行为,也即仅限于识别来源的商标使用行为;而非商标意义上使用注册商标行为则可以落入反不正当竞争法的保护范围。以"普拉达诉东方源侵犯商标权及不正当竞争纠纷案"为例,该案中原告是1994年成立的国际著名奢侈品公司,1999年普雷菲尔公司经国家工商总局商标局核准,获得"PRADA"注册商标专有权,核定使用商品为第18类"手提包、钱包、行李箱等"。2001年普拉达公司通过受让方式获得上述注册商标专有权。2012年东方源公司在《华商报》刊登了一则推销店铺的招租广告,广告中的"PRADA"女款手提包使用了"PRADA MILANO"商标,广告语为:全球顶级奢侈品牌进驻××国际潮牌街、餐饮大食代。普拉达公司认为,东方源公司使用其注册商标和字号进行宣传,在华商报社刊登广告,侵犯了其注册商标专用权;同时,基于"PRADA"在奢侈品行业具有极高的知名度,东方源公司攀附和利用了普拉达公司商标及字号的声誉,属于不正当竞争行为。[2]西安中院审理认为,东方源公司在商业广告中使"PRADA MILANO"及"PRADA"注册商标,并非商标意义上的使用,不会对普拉达公司的商标识别功能造成损害,故东方源公司在《华商报》商业广告中使用上述注册商标,推介东方国际中心商业房产项目及商铺招商,不构成侵害商标

---

〔1〕 David R. Mckinney, "Telephone Mnemonics and Complementary Numbers: A Review of Trademark and Unfair Competition Law and Policy", *Brigham Young University Law Review*, Vol. 1999, Iss. 1, 1999.

〔2〕 参见陕西省西安市中级人民法院［2013］西民四初字第00227号民事判决书。

权的行为。但是东方源公司为获取有利的市场竞争地位，在其广告中使用"PRADA"商标，以此吸引相关公众的视线，提升其商铺的品位和形象，不正当地获取了比其他竞争者更为有利的地位和利益。因此，东方源公司的行为利用了他人享有极高知名度的注册商标和企业字号，为自己获取市场竞争优势以及更多的市场交易机会，违反了诚实信用和公平竞争的原则，损害了商标权人的合法权益，破坏了正常的市场竞争秩序，构成不正当竞争行为。综上，西安市中级人民法院判决：东方源公司立即停止擅自使用原告普拉达公司争讼之注册商标及企业字号的不正当竞争行为；东方源公司赔偿普拉达公司人民币3万元；驳回普拉达公司其余诉讼请求。[1]

在该案中，东方源公司使用他人注册商标的行为并不会造成商品来源的混淆，但是东方源向消费者表明其将引进"PRADA"等奢侈品牌进驻，足以引导消费者误认东方源招商的商铺与普拉达之间存在特定的联系。尽管2017年《反不正当竞争法》第6条删除了禁止"假冒他人的注册商标"的条款，但是该条加入了兜底条款第4项禁止"其他足以引人误认为是他人商品或者与他人存在特定联系的混淆行为"。本案中的行为就可以比较理想地适用该兜底条款。总而言之，2017年《反不正当竞争法》第6条不应完全撤离注册商标领域，对于那些使用注册商标获取不当竞争优势、攀附商誉、破坏市场竞争秩序但又不会引起商品来源混淆、不构成商标意义使用的不正当竞争行为，第6条应当大有作为。我国2017年《反不正当竞争法》并没有进行这样的适用除外规定，这也为反不正当竞争在注册商标领域的适用保留了"端口"。在互联网经济时代，非商标意义

---

〔1〕 参见陕西省西安市中级人民法院〔2013〕西民四初字第00227号民事判决书。

第二章 优先论与竞合论：商标法和反不正当竞争法的关系考论

的注册商标使用行为更是层出不穷、形态多样。例如，近年来，搜索引擎关键词中使用他人注册商标已经成为网络活动中一种较为普遍的现象，这容易招致商标侵权及不正当竞争的竞合评价。根据2013年《商标法》第48条："本法所称商标的使用，是指将商标用于商品、商品包装或者容器以及商品交易文书上，或者将商标用于广告宣传、展览以及其他商业活动中，用于识别商品来源的行为。"在关键词推广、关键词广告或关键词检索中使用商标的行为是否能被包含于第48条规定的"其他商业活动中"，在司法实践中存在争议。在"汤姆叔叔"关键词推广商标侵权及不正当竞争纠纷中，推广主使用"汤姆叔叔修鞋"作为关键词。法院指出，关键词推广是商业活动，用他人商标作为关键词宣传推广商品，构成商标使用。[1]在"慧鱼"关键词推广商标纠纷中，法院则认为，将商标用作关键词是在计算机系统内部使用，没有识别商品来源，所以不属于商标使用。[2]在"卢浮宫"关键词推广纠纷中，被告将他人"卢浮宫"商标与特定商品连用作为关键词，一审法院基于将他人商标用作关键词属于商标使用的认定，进一步认为将与他人商标相同文字设置为关键词，导致相关公众对商品来源产生混淆和误认，故作出构成商标侵权的判决。但二审法院认为，涉案行为并不属于商标性使用，不宜认定为商标侵权。[3]即便我们先搁置争议，认为关键词推广属于《商标法》第48条规定的商业活动，那么接下来还需要认定行为人是否将关键词与特定商品或服务建立

---

[1] 参见重庆市第一中级人民法院［2012］渝一中法民初字第00430号民事判决书、重庆市高级人民法院［2013］渝法高民终字第00241号民事判决书。

[2] 参见北京市第一中级人民法院［2011］一中民初字第9416号民事判决书、北京市高级人民法院［2013］高民终字第1620号民事判决书。

[3] 参见福建省莆田市中级人民法院［2014］莆民初字第406号民事判决书、福建省高级人民法院［2015］闽民终字第1266号民事判决书。

知识产权与竞争法贯通论

联系并致使相关公众对商品或服务的来源发生混淆。司法实践中，将他人商标用于搜索结果链接标题、相关描述、网页内容等，或者将商标与商标核定使用的商品连用作为关键词等情形确实容易产生造成商品或服务来源混淆的可能，但是仅仅单纯将他人注册商标用作关键词的行为却很难构成相关公众对这种商品或服务来源的混淆。[1]但是，上述行为都是典型的攀附他人商誉、假借他人竞争优势的不正当竞争行为。单纯将他人注册商标用作关键词的行为虽然不会造成售中混淆或实际购买混淆，但是会引导消费者误认为搜索结果与他人存在特定联系，并基于这种误认而选择点击进入相关场景。即便消费者进入相关页面后已全然知晓自己发生了误认，仍有可能购买相关商品，此时此种发生在售前的误认可能剥夺相关商标权益人的交易机会。这也是混淆的一种类型，学理上称为售前混淆或初始兴趣混淆。一些学者主张通过对商标法混淆理论的扩张解解来涵摄并规制这类行为，但是商标法只规制狭义竞争性的商品或服务的来源混淆，进行扩大解释容易助长符号圈地和符号垄断，进而对市场竞争带来千沟万壑的限制。综上分析，对关键词推广适用商标法，须跨越商标意义使用的限制、商标法混淆内涵的束缚、《商标法》48条其他商业活动的界定等重重适用障碍，并不是理性之举。相反，诉诸本来就规范广义混淆行为的2017年《反不正当竞争》第6条，不仅名正言顺，规制效果会更好，而且附带产生的负效应也会更小。总之，应当明确商标法的设权保护是一种窄保护，需要有明确的边界，严守法定原则，不能肆意扩张；反不正当竞争法的制度保护是一种宽保护，对竞

---

〔1〕 参见刘润涛：“关键词推广使用他人商标的反不正当竞争法规制”，载《上海财经大学学报》2016年第4期。

第二章 优先论与竞合论：商标法和反不正当竞争法的关系考论

争秩序进行兜底保护，不能随意限缩。[1]

第二个问题是，尽管 2017 年《反不正当竞争法》的混淆标准实现了向关联混淆的拓展，但是"引人误认为是他人商品或者与他人存在特定联系"的表述是否只限于实际混淆而非可能混淆？再者，2017 年《反不正当竞争法》第 6 条第（四）项又规定了"足以引人误认为是他人商品或者与他人存在特定联系的……"那么"引人误认"和"足以引人误认"之间是否存在区别？根据相关立法解释和司法判例，我国反不正当竞争法仿冒条款中的引人误认和足以引人误认是两个不同概念，前者指实际混淆，而后者指可能混淆。1995 年国家工商行政管理局发布的《关于禁止仿冒知名商品特有的名称、包装、装潢的不正当竞争行为的若干规定》第 2 条第 2 款规定："前款所称使购买者误认为是该知名商品，包括足以使购买者误认为是该知名商品。"2007 年《最高人民法院关于审理不正当竞争民事案件应用法律若干问题的解释》第 4 条规定："足以使相关公众对商品的来源产生误认，包括误认为与知名商品的经营者具有许可使用、关联企业关系等特定联系的，应当认定为反不正当竞争

---

[1] 此外，有一种观点认为，使用注册商标攀附他人商誉的行为即便不满足商标侵权行为的构成要件而无法由商标法予以调整，也无须诉诸反不正当竞争法仿冒条款。商业活动中很多使用注册商标的行为往往构成虚假宣传，可以由 1993 年《反不正当竞争法》第 9 条进行规制，因此，反不正当竞争法仿冒条款并无规制注册商标的必要。司法实践中，也发生了本质上是市场混淆却作为虚假宣传行为来予以判罚的案例，如"瓦文土耳其诉上海合众管业科技不正当竞争纠纷案"（［2013］浦民三（知）初字第 181 号）。但是，应当明确，市场混淆行为和虚假宣传行为之间存在分野，市场混淆行为主要以商业标识为侵害对象，会造成特定主体商誉和竞争利益受损的结果，而商业标识并不是虚假宣传行为的特定侵害对象，虚假宣传可能涉及相关商品或服务的各种状况，包罗万象，此外一些虚假宣传行为有可能并不直接损害某一特定主体的利益。就行为本质而言，市场混淆主要是仿冒他人商业标识，引人误认为是他人商品或者与他人存在特定联系；虚假宣传主要是对商品的"特性"做虚假的表示，范围则更宽广。

法第五条第（二）项规定的'造成和他人的知名商品相混淆，使购买者误认为是该知名商品'。"由此可推知，"引人误认"和"足以引人误认"之间存在区别。反不正当竞争法奉行一种宽保护，应当采用"足以引人误认"的标准，才能更加全面地规范仿冒行为，营造良好的市场竞争秩序。从法可操作性的角度看，如果采取实际混淆标准，需要证明相关公众在心理状态上已经发生混淆和误认，这将存在巨大的证明困难和发现成本。从体系解释的角度，2017年《反不正当竞争法》第6项第1~4项都应该采用同一水平的混淆标准，存在两套高低不同的混淆标准只会徒增适用困惑及成本。既然作为兜底条款的第4项采用"足以引人误认"的标准，第1~3项采取更高的混淆认定标准并无正当性。此处试举一例予以说明，A公司向工商部门举报称B公司生产的白酒仿冒A公司生产的某白酒的包装。接到举报后，执法人员迅速检查B公司的生产车间，并发现百余件白酒的包装与A公司产品的包装极其近似。一种观点认为B公司生产的白酒还没有流通于市场，没有正式销售就不可能实际使消费者产生误认和混淆。但如果采取"足以引人误认"的标准，那么即便没有进行真实销售，B公司的仿冒行为足以引起消费者产生混淆，构成不正当竞争行为。由此可见，"引人误认"的规定存在限制反不正当竞争法管辖范围的风险。关于"引人误认"和"足以引人误认"之间的取舍，王太平等学者指出：由于判断构成实际混淆的条件高于存在混淆可能性的条件，既然2017年《反不正当竞争法》第6条中同时采用了"引人误认"与"足以引人误认"的表述，那么从条文一致性的角度理解，将"引人误认"理解为"足以引人误认"不仅有助于对未注册商标的保护，而且语言表述上也解释得通，即2017年《反不正当竞争法》第6条第4项细化了前面

第二章 优先论与竞合论：商标法和反不正当竞争法的关系考论

的概括规定的内涵。[1]

除了实际混淆和可能混淆之辨，混淆的内容涵要素也值得深究。一般意义上的混淆是指销售期间的混淆，也即消费者在购买商务或服务时，误认为该商品（或服务）与他人的商品（或服务）或与他人存在特定的联系。商标法下的商标侵权行为之认定一般也以这种销售期间的混淆（也称售中混淆）为基础。但是随着理论的发展和实践的积累，混淆可能性理论沿着时间轴线获得发展。商标的信息功能是连续性的，并不是在商品销售期间才发挥指示来源的功用，一些知名商标能够在销售之前就能迅速吸引消费者的注意力，发挥着类似于"劝说员"的作用。[2]因此，商业实践中出现了与传统混淆存在重要区别的新型混淆，最典型的就是售前混淆。一些投机商家使用与他人知名商标相同或近似的商标使得消费者因为混淆误认而产生初始兴趣，但是在购买之际消费者已经发现端倪，不过因为搭便车商品的物美价廉而主动选择购买或囿于重新搜索的成本高昂而被动购买，这种混淆即为售前混淆或称初始兴趣混淆。其与传统混淆最大的区别，在于消费者购买前混淆而实际购买时又不混淆。国内商标法学者主张扩大商标法的混淆理论，将这种"挂羊头、卖狗肉"的搭便车行为定性成商标侵权行为，从而保护商标权利人的合法利益。[3]然而，并不是所有的搭便车行为都构成侵权行为，商标法打击的只是其中损害商标来源区

---

[1] 王太平、袁振宗："反不正当竞争法的商业标识保护制度之评析"，载《知识产权》2018年第5期。

[2] 参见邓宏光："商标混淆理论的扩张"，载《电子知识产权》2007年第10期。

[3] 参见彭学龙："商标混淆类型分析与我国商标侵权制度的完善"，载《法学》2008年第5期；徐聪颖："论'初始兴趣混淆'的法律规制"，载《时代法学》2010年第3期；沈俊杰："侵犯商标权还是不正当竞争——从大众搬场诉百度网络案看售前混淆的法律适用"，载《中华商标》2011年第7期；邓宏光："商标混淆理论之新发展：初始兴趣混淆"，载《知识产权》2007年第3期。

分功能、损害商标权利人商誉的行为。在这种新型混淆中,消费者在购买商品时已经完全消除了混淆误认的心理状态,甚至一些场合下其是基于搭便车商品的品质表现而完全自愿性购买,商标权人的商誉等法益并没有受到任何损害。相反,这种售前混淆通过短暂性地对竞争对手商标的仿冒,赢得消费者的注意力,为自己赢得交易机会,而在消费者能够完全自愿选择的情况下最终能否"引诱"成功并不取决于售前的搭便车行为,而是取决于自己商品的质量。因此,这种行为还具有"有助于市场自由竞争,削弱商标权人对市场的控制力""防止商标权人垄断市场,给消费者带来多样化的选择"等功效。[1]对于消费者而言,当他发现自己陷入仿冒商标的劝诱而陷入混淆后,他"完全可以离开该购买场景,重新去搜寻商标权人的产品"。[2]特别是在以"眼球经济"和"注意力经济"而著称的互联网购物场景中,消费者重新搜索和再次选择的成本是非常低的。

当然,确实存在一种情形就是售前混淆成功转移了消费者的注意,但是囿于巨大的再次搜索成本,消费者发现陷入混淆后也不得不接受搭便车商品。例如,美国第九巡回法院就举了一个生动的例子:西海岸公司(Westcoast)的竞争者在高速路口放置一块写明"西海岸影视"的广告牌,寻找西海岸公司的顾客看到标识后驶出高速路并在附近巡游寻找,发现这里只有竞争者在租赁影片而找不到西海岸公司的顾客很可能因为驾驶成本、高速路费等再次搜索成本而被动接受搭便车产品。[3]但

---

〔1〕 姚鹤徽:"论商标法售前混淆规则的适用边界",载《西南政法大学学报》2018年第2期。

〔2〕 黄汇:"售前混淆之批判和售后混淆之证成——兼谈我国《商标法》的第三次修改",载《电子知识产权》2008年第6期。

〔3〕 See Brookfield Communications, Inc. v. WestCoast Entertainment Corp, at 1064, 50 U. S. P. Q. 2d at 1565, 转引自邓宏光:"商标混淆理论之新发展:初始兴趣混淆",载《知识产权》2007年第3期。

第二章 优先论与竞合论：商标法和反不正当竞争法的关系考论

是，增加消费者搜索成本的行为显然并不是商标侵权行为，商标法规范的是以混淆为最终目的的行为，而只是用短暂混淆作为手段、吸引消费者进入特定场景的行为并不处在商标法的规范射程之内。贸然扩张商标法的混淆范围，将售前混淆纳入射程，不仅不利于市场自由竞争，也不利于商标制度和商标理论的科学化和纯洁化。对此，知识产权法学者黄汇教授指出："……由于售前混淆在很大程度上与传统的商标法理论不甚相符，因此，与其将其作为一种商标侵权行为来看待，毋宁将其留给反不正当竞争法来加以规制。……不但同样可以达到对类似行为加以调控之目的，而且，还有利于商标制度向纯洁化方向发展。"[1]而与此相对，反不正当竞争法中的混淆范围应当保持灵活性和弹性。实际上，2017年《反不正当竞争法》中"引人误认为是他人商品或者与他人存在特定联系"的表述也为司法者和执法者预留了一定的解释空间和开放领域，应当通过法解释学将售前混淆等新型混淆类型纳入调整范畴。[2]

---

〔1〕 黄汇："售前混淆之批判和售后混淆之证成——兼谈我国《商标法》的第三次修改"，载《电子知识产权》2008年第6期。

〔2〕 伴随着售前混淆的出现，一种被称为"售后混淆"或"旁观者混淆"的新型混淆再度进入理论家的视野。售后混淆或旁观者混淆是指消费者本人不会对商品的来源发生混淆，但是在消费者购买之后，旁观者或一般社会公众在看到消费者购买的商品上的仿冒标识时会发生的混淆。商标法学界的主流观点认为这种售后混淆能够被传统混淆理论所涵摄。但是，在这种场合中，消费者"知假买假"，在购买之际并未发生混淆，并不构成商标法意义上的商品来源混淆。其次，商标法的混淆理论一般被限定在真实交易的购买当时，其背后还有一层旨趣是要求消费者在购买时要施加一定的合理注意义务。这是因为模仿行为在市场竞争中无处不在，过于宽泛的界定混淆，会导致市场竞争过程无法进行。但是，售后混淆中并不处在真实购买状态的旁观者是否也能满足相同的注意义务不仅不得而知，也无法被测度。最后，如果对一般旁观者的混淆行为也施加一个设权型的法律强保护，会极大强化商标对第三人的垄断力，对竞争造成限制。因此，更加稳妥的做法还是诉诸反不正当竞争法的宽保护和制度保护。

知识产权与竞争法贯通论

第三个问题是,尽管抛弃"知名商品"这一前置性限制的做法值得赞许,但是2017年《反不正当竞争法》第1~3项又加入了"有一定影响的"这一前置性要件。由于法律并没有对"一定影响"的具体判定标准进行界定,这将给司法和执法实践带来困扰。如果对该概念界定过窄,会限制反不正当竞争法的功能边界;而界定过于宽松,无疑又会限制市场自由竞争。学界和实务界已经涌现了一些主张进行限缩界定的观点,值得警惕。例如,有法官指出,2017年《反不正当竞争法》"第六条第(一)(二)(三)项,对商业标识还限定了一个额外条件'有一定影响',这和原来的'知名商品'并没有外延和内涵上的区别,更多的是防止地方商标评比活动的'异化',和《商标法》第十四条规定的禁止企业在商业宣传中使用驰名商标的称谓异曲同工。'有一定的影响'等同于有较高的知名度。最高人民法院相关司法解释中'持续时间、销售地域、销售规模、销售数量和对象、宣传时间和影响力'等都是判断'有一定影响'的客观化标准"。[1]但是,"知名商品"的前置性要件已经在实践中带来诸多问题,2017年《反不正当竞争法》已经删除"知名商品特有"的限定条件,彻底抛弃了过去先拷问商品是否知名而商业标识是否知名则在所不问的背本趋末做法。如果将"有一定影响"与"知名商品"等同,无疑只会让以"一定影响"这个低标准替换以往"知名商品"这一高标准的立法努力沦为无用功,甚至是一种倒退。[2]此外,亦有论者主张,反不正当竞争法对未注册商标的保护不能超出商标法对未注册商标的保护,"有一定影响"的范围和程度,应当较《商标法》第

---

〔1〕 陶钧:"竞争法视角下对新型不正当竞争行为的规制与界定",载《中国工商报》2017年12月28日。

〔2〕 参见肖顺武:"混淆行为法律规制中'一定影响'的认定",载《法学评论》2018年第5期。

第二章 优先论与竞合论：商标法和反不正当竞争法的关系考论

32条以及第59条第3款规定的"有一定影响"范围更大、程度更深，应接近甚至相当于《商标法》第13条对驰名商标规定的"为相关公众所熟知"程度。[1]这种观点没有理解反不正当竞争法的作用机理和功能原理。全国人民代表大会法律委员会《关于〈中华人民共和国反不正当竞争法（修订草案）〉审议结果的报告》中载明，2017年修订草案二审时及二审后，有委员提出，此类仿冒混淆行为一般以被仿冒的标识在相关领域中有一定影响、为相关公众所知悉为前提。从立法历史材料可推知，此处的"有一定影响"是指为相关公众所知悉，这在一定程度上借鉴了日本反不正当竞争法的相关法理。日本《反不正当竞争法》要求被混同的商业标记应当是"在消费者之间被广泛知晓"的商业标记，这在学理上被称为"周知性要件"。日本学者田村善之指出在认识和理解周知性要件时，有必要从它和以注册登记原则为前提的《商标法》之间的关系入手。如果经营者将来想要在全国范围内使其商业标记受到确定的法律保护，那么最好的办法是进行商标注册登记，依靠商标法；对于那些无意在全国范围使用的标记而言，如果因为其未进行商标注册而否定对其保护，那么就等于忽视了消费者陷入主体混同这一危险状态。因此，反不正当竞争法对商业标记的保护只是在被消费者知晓的范围内进行，那么也不会因此而影响商标注册制度的激励机制。[2]日本旧的《反不正当竞争法》是以"在本法实施的地域内被广泛认知"为要件，新法缩小了周知范围，改为"以在相当的领域内被认知为必要"。这样限缩的目的在于对承载了具体商誉的商业标记应当在其信誉的诚信度内给予保护，

---

[1] 参见黄璞琳："新《反不正当竞争法》与《商标法》在仿冒混淆方面的衔接问题浅析"，载《中华商标》2018年第2期。

[2] 参见[日]田村善之：《日本知识产权法》，周超、李雨峰、李希同译，知识产权出版社2011年版，第59—69页。

只要商业标记上蓄积了被周知程度的信誉，那么就应该给予保护以防止相应范围内主体混同的发生。[1]考虑到我国空间地理的广阔性，以及相关行政成本和司法成本的节约，一般可以认为在一定行政区域内具有影响，即可构成反不正当竞争法上的具有"一定影响"。研究者肖顺武主张如果一个商品在县级以上行政区域内都具有"一定影响"，则一般可以认为这种"一定影响"属于2017年《反不正当竞争法》第6条所指的"一定影响"。[2]总之，应当明确反不正当竞争法引入"一定影响"的概念，并不是一种对原来"知名商品"要件的简单置换，也不是比照未注册驰名商标来划定"一定影响"的内涵和外延，而是重新设置了一个"低标准"，对商业标识所承载的商誉进行成比例的保护，规范各个地域的竞争秩序，这也是反不正当竞争法作为行为规制法和秩序保护法的"宽保护特征"所决定的。

本章对反不正当竞争法整个修法过程进行了系统性梳理和研究，从中不难发现商标法优位而反不正当竞争法置后的优先论观点影响甚巨。有学者指出"法律保护的主要商标类型是注册商标，反不正当竞争法的商业标识保护制度既不是商标保护的最主要的制度，甚至也不是未注册商标保护的唯一制度，商标法才是商标保护的最主要的法律制度……""……商标法才是商标法律保护的最主要的法律，未注册商标的法律地位远远不能与注册商标的法律地位相提并论，反不正当竞争法的商业标

---

〔1〕 参见〔日〕田村善之：《日本知识产权法》，周超、李雨峰、李希同译，知识产权出版社2011年版，第59—69页。

〔2〕 参见肖顺武："混淆行为法律规制中'一定影响'的认定"，载《法学评论》2018年第5期。

第二章 优先论与竞合论：商标法和反不正当竞争法的关系考论

识保护制度也远不如商标法重要。"[1]这些主张的背后体现了强大的部门法利益倾向，也错误地将商标法和反不正当竞争法的关系定位为优先法和替补法之关系。实际上，商标法和反不正当竞争法最大的区别在于法益保护模式和法律思维上的区别，商标法采取设权保护，体现了权利保护思维，而反不正当竞争法采取制度保护，体现了制度思维。权利保护思维认为权利乃法律之子，法律主要的作用方式是通过事先精细的制度安排，清晰地划定权利边界。由于划定产权，特别是为无体物划定产权，会对市场竞争带来壁垒森严的边界垄断，会限制其他人的思想开发、智力创造和言论自由，因此权利思维必须严格遵循权利法定主义、权利明确原则等。商标法的思维就是这种权利思维，为了防止设权保护给市场竞争带来的层层限制，必须奉行一种窄保护，且保护范围不应当恣意扩张。优先论的主张容易造成商标法保护范围的不断扩张，形成符号圈地和符号垄断，限制市场自由竞争和商业言论自由，有违这种权利保护思维。而制度思维的理论渊源来自于制度法论，莫里斯·奥里乌、桑蒂·罗马诺、德维希·拉塞尔、卡尔·施密特、麦考米特等都对制度法理论进行过深入的研究。制度思维认为在法益的海洋中，法定权利只是孤岛，法定权利之外还存在广阔的利益海洋。制度一词与秩序一词高度关联，制度是秩序的载体、秩序是制度的目标，制度也可以称其为"制序"，从而表明一种秩序的形成性和动态性。一些学者认为作为市场经济基本法的反不正当竞争法是竞争自由秩序保护法，实际上已经指涉了制度思维。这种制度思维影响下，反不正当竞争法应当奉行一种宽保护，维护市场竞争秩序。正是商标法和反不正当竞争法的这种本质

---

[1] 王太平、袁振宗："反不正当竞争法的商业标识保护制度之评析"，载《知识产权》2018年第5期。

区别决定了两种法律是并轨运行、相辅相成的，而不是非此即彼、孰优孰劣的关系。令人欣慰的是，越来越多的学者认识到反不正当竞争法在适用中并不是一种从属和被动地位。李小武教授认为反不正当竞争法和专门法交叉重叠，在许多领域是并行保护，并不存在此优先于彼的问题，应当还反不正当竞争法以应有地位。[1]

---

〔1〕 参见李小武："还《反不正当竞争法》以应有地位"，载《清华法学》2008年第4期。

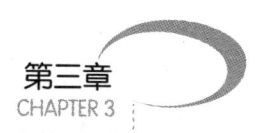

第三章 CHAPTER 3
创新监管与竞争监管：共享经济的监管转型

依托互联网技术，实现闲置要素高效和精准匹配，最大限度创造剩余价值的共享经济（或称分享经济）在中国获得了举世瞩目的发展，2018年《政府工作报告》也指出我国共享经济等已引领世界潮流。但是，共享经济也带来了一系列监管难题，无时无刻不在考验监管者的应对。通过梳理国内学术文献，笔者发现，有一种比较有影响力的观点认为监管者对共享经济存在过度监管的问题，严重制约了相关细分行业的发展。有论者建议应当放松管制，为共享经济创造宽松的监管氛围；亦有论者认为政府应当放弃或让渡一部分监管职权，要充分相信市场的自愈能力和自律监管的力量。总之，在一些学者看来，共享经济似乎面临着动辄得咎的规制待遇，监管改革最主要的路向就是做减法，移除共享经济的监管负担。然而，这些观点与来自真实商业世界的经验观察并不相符。国家信息中心发布的《中国分享经济发展报告2017》指出，2016年我国分享经济市场交易额约为34 520亿元，比上一年度增长了近一倍，且分享经济已经向诸多传统工业经济部门快速扩张。[1]这里存在一个

---

[1] 国家信息中心：" 中国分享经济发展报告2017"，载http://www.sic.gov.cn/archiver/SIC/UpFile/Files/Htmleditor/201703/20170302125144221.pdf，访问时间：2017年11月27日。

知识产权与竞争法贯通论

逻辑悖论：既然存在所谓的过度管制和不当干预，中国的共享经济何以能如此迅猛地增长？一个严格管制共享经济的国家何以能成为全球第一个将共享专车合法化的国家？

与前述观点相反，本书认为，出于对创新的追求，监管者已经转变了监管逻辑，实现了一次监管模式的转型，对共享经济采取了放松监管的做法。过去两年，共享经济的繁荣增长其实是在放松监管或零监管的环境下，大型共享经济平台依靠风险资本支撑，凭借网民大国红利，快速瓜分市场的结果，不具有可持续性。如果将监管范畴分为社会性监管（涉及用户安全、卫生、劳工保障、消防等）和经济性监管（涉及市场集中度、市场进入、并购审查、共谋等）两种类型，我们可以更加清晰地在后一类型中看到一种放松监管的趋向。在这种宽松的经济性监管模式下，滥用市场支配地位、算法共谋、野蛮并购、行政性垄断等限制竞争问题得不到有效的监督和及时的救济，最终只会抑制创新，损害消费者福利。因此，应当推动监管模式的第二次转型。本章首先揭示了共享经济概念中所内含的"竞争基因"，警示监管者不能忽视共享经济对竞争的影响；其次阐述了第一次监管模式转型的演化过程，分析了该模式存在的竞争监管失灵问题；最后指出应建构一种以反垄断政策为核心的竞争导向型监管，并提出了针对性建议。

第一节 共享经济概念和类型的竞争性拓展

一、共享经济概念中的竞争因素

如何对共享经济进行定义将对监管策略的选择、监管政策的制定、监管工具的运用产生重要影响。例如，共享专车业务刚刚进入中国市场时，监管者就将其视为传统出租车业务的

第三章 创新监管与竞争监管：共享经济的监管转型

"互联网化"，并认为这二者之间并没有实质性差异，结果导致监管者将传统的数量管制、资格管制等政策工具机械地类比套用于专车业务，限制了该新兴行业的发展。因此，恰当地定义共享经济，具有重要意义。国外学者对于共享经济的定义众说纷纭，根据斯托克斯、克拉伦斯等学者的归纳，诸如协同消费、P2P经济、零工经济、网格经济、通道经济、按需经济等纷杂的概念都曾被用来指代共享经济或作为其功能等值物。[1]但是这些概念范畴往往都只关注于一隅，协同消费的概念无法涵盖共享经济已经从消费环节向生产环节延伸的事实（如云制造等），P2P经济的概念则无法解释大型共享经济平台开始涌现B2P经营模式的现象，而零工经济的微量界定则无法反映部分互联网共享行业的交易体量已经超越传统工业经济的现实。相较而言，我国学者对于共享经济的界定要更加趋同，也更为全面，而且采取了一种更具实用主义色彩的定义方式。例如，学者董成惠的观点就具有一定的代表性，其认为共享经济是网络企业通过网络技术手段，整合线下闲散物资或个人劳务，对供给方与需求方进行精准匹配，减少交易成本，从而实现"物尽其用"和"按需分配"的资源最优配置的一种经济模式。[2] 2017年7月，国家发改委等部委联合发布的《关于促进分享经济发展的指导性意见》指出，分享经济在现阶段主要表现为利用网络信息技术，通过互联网平台将分散资源进行优化配置，提高利用效率的新型经济形态，强调所有权与使用权的相对分离。[3]从

---

〔1〕 See Kathleen Stokes et al., "Making Sense of the UK Collaborative Economy", available at https://www.nesta.org.uk/publications/making-sense-uk-collaborative-economy, 2017-11-04.

〔2〕 董成惠："共享经济：理论与现实"，载《广东财经大学学报》2016年第5期。

〔3〕《发展改革委等印发〈关于促进分享经济发展的指导性意见〉的通知》（发改高技 [2017] 1245号）。

知识产权与竞争法贯通论

上述定义中可以提炼出共享经济的三个特征：①信息技术特征。朱诺·哈马瑞等指出共享经济是随着信息技术发展而产生的技术性现象。[1]"共享"这一经济现象或社会现象在人类早期社会就已有之，但是只有依托互联网信息技术才能突破时空的限制，高效匹配供需信息，明显降低共享活动中存在的搜寻、定价、履约等成本，实现要素的快速流动和资源的高效配置，进而才能被称为一种新型的经济模式。②使用权特征。共享经济是以闲置资源使用权的暂时性转移为核心，只有通过使用权的无限转换与分享才能实现资源的共享与再利用。拉塞尔·贝尔克指出，共享经济让我们进入了一个"后所有权经济时代"（the post-ownership economy）。[2]③资源配置特征。共享经济的目标是连接供求，实现对闲置资源进行再配置，因此需要由个体性参与者提供的产品、服务等聚合成一个庞大的资源池。[3]

大卫·穆里洛指出采取一种宽广的定义类型为监管者预留学习和观察的空间，对共享经济的发展将大有裨益。毋庸讳言，以董氏为代表的国内学者对共享经济的定义都可以被划归为"宽广的定义类型"（the broader types of definition）。[4]然而，这些定义还不够宽广，因为忽视了共享经济一个重要的本质特征——竞争破坏性。美国联邦贸易委员会在其于2016年发布的

---

[1] See Juho Hamari, Mimmi Sjöklint and Antti Ukkonen, "The Sharing Economy: Why People Participate in Collaborative Consumption", *Journal of the Association for Information Science and Technology*, Vol. 67, Iss. 9, 2016.

[2] Russell Belk, "You are What You can Access: Sharing and Collaborative Consumption Online", *Journal of Business Research*, Vol. 67, Iss. 8, 2014.

[3] Kris Erickson and Inge Sørensen, "Regulating the Sharing Economy: Introduction to the Special Issue", *Internet Policy Review*, Vol. 5, Iss. 2, 2016.

[4] David Murillo, Heloise Buckland and Esther xVal, "When the Sharing Economy Becomes Neoliberalism on Steroids: Unravelling the Controversies", *Technological Forecasting and Social Change*, Vol. 125, 2017.

第三章 创新监管与竞争监管：共享经济的监管转型

研究报告《共享经济：平台、参与者及监管者面临的问题》中指出，共享经济的概念与"破坏性创新"（disruptive innovation）密切联系。该报告进一步指出共享经济是一种能够对市场上的在位者形成破坏性冲击，重塑现存竞争秩序的商业模式。[1]共享经济行业通过对商业模式的创新，能够快速抢占市场并打败强大的在位者，这种借由创新而对现存竞争造成破坏的力量也被熊彼特描述为"创造性破坏的永恒风暴"。[2]联邦贸易委员会的这种定义揭示了共享经济与生俱来的竞争破坏效应。安德森和霍夫曼两位学者则从另外一个独特的角度来定义共享经济。他们认为"监管破坏"（regulatory disruption）也应当作为共享经济一项关键的定义要素。[3]无论是 Uber 还是 Airbnb，都具有监管破坏性，它们总是通过逃避那些传统在位者必须承担的监管义务，或者让自己处在监管真空地带，来攫取不公平的竞争优势。各种监管措施所带来的繁重成本让传统的市场在位者在激烈的竞争中铩羽而归，甚至被逐出市场。因此，无论是创新性破坏，还是监管性破坏，这些"破坏性特征"都能让我们更加清晰地观察到共享经济的竞争面向。"共享经济在节约成本、提升交易效率等方面具有明显优势，同时兼具破坏性，会对市场竞争秩序、规制体系产生冲击。"[4]综上所述，本书认为共享

---

〔1〕 US FTC, "The 'Sharing' Economy: Issues Facing Platforms, Participants, and Regulators", available at https://www.ftc.gov/system/files/documents/reports/sharing-economy-issues-facing-platforms-participants-regulators-federal-trade-commission-staff/p151200_ftc_staff_report_on_the_sharing_economy.pdf, 2017-12-12.

〔2〕 Joseph Schumpeter, *Capitalism, Socialism, and Democracy* (1st ed), Harper and Brothers, 1942, p. 83.

〔3〕 Mark Anderson and Max Huffman, "The Sharing Economy Meets the Sherman Act: Is Uber a Firm, a Cartel, or Something in Between?", *Columbia Business Law Review*, Forthcoming, available at https://ssrn.com/abstract=2954632, 2017-12-12.

〔4〕 蒋大兴、王首杰："共享经济的法律规制"，载《中国社会科学》2017年第9期。

知识产权与竞争法贯通论

经济应当是具有信息技术特征、使用权特征、资源配置特征、竞争破坏性特征的经济的总和。以往的定义格外重视共享经济重新配置闲置性资源的经济功能,却淡化了其他方面的内涵。然而,为了高效地匹配分散化的闲置资源供给和需求,共享经济平台必须在市场两边都能吸引大批量的参与者,这种对双边效应的追求和拥有又不断促使平台获得市场支配力量,实践中强大的垄断性平台为了巩固双边效应又会对竞争进行限制。因此,在共享经济的定义中清晰地展现出其反竞争性本质对我们监管理念之塑造、监管框架之建构大有裨益。

二、竞争维度下共享经济的类型拓展

除了正确界定共享经济之外,对共享经济进行类型化的作业,对于监管政策的设定也具有重要意义。很多学者尝试对共享经济进行分类,但是依据的标准有所不同。蒂姆·托伊布纳指出,常见的类型划分标准包括市场交易结构、共享的产品或服务类型、产权的转移等。[1]有学者以"产品或服务类型"为标准,对共享经济进行类型化,其中波兹曼和罗杰的类型化得到了一些国内学者的肯定。他们将共享经济分为三类:产品服务系统(以共享使用权为特征,如Zipcar),再分配市场(以二手物品的再循环为特征,如eBay)以及生活方式的协作(如Airbnb)。[2]还有些学者以"市场交易结构"为标准,例如朱丽叶·斯格尔将共享经济分为两种类型:P2P模式(peer-to-peer,又可以进一步分为营利性和非营利性两种子模式)和B2P

---

[1] Timm Teubner, "Thoughts on the Sharing Economy", *International Conference on e-Commerce* 11/2014, available at http://www.timmteubner.de/graphics/sharing_ec.pdf, 2017-12-20.

[2] Rachel Botsman and Roo Rogers, *What's Mine Is Yours: How Collaborative Consumption is Changing the Way We Live*, Harper Collins, 2011, pp.6-20.

模式（business-to-peer，又包括营利性和非营利性两种子模式）。[1]但是国内一些学者主张共享经济应当被限定于P2P模式，学者刘根荣的观点就极具代表性。他认为共享经济分为两大类型：一类是涉及个人闲置物品出租，如Uber、Airbnb、滴滴顺风车；另一类是个人所拥有的生产要素（如资本、土地、技术以及时间等）之间的分享与合作，如春雨医生、P2P网贷、众筹融资等。[2]按照这种局限于个人对个人、点对点模式的分类，共享单车这种B2P模式就不属于共享经济，其只是现代互联网技术支持下的一种智能分时租赁模式，与传统自行车租赁没有区别。这就会造成一个非常奇特的现象，在共享单车行业最为发达的国家，共享单车却被众多学者排除在共享经济的范畴之外。

实际上，盖伊·罗福等学者指出非专业性的P2P模式只存在于共享经济早期阶段，并称其为纯的（pure）共享经济。随着共享经济的逐渐成熟，其往往会吸引大量专业性的供应商加入平台。[3]非专业性的产品服务提供者与专业性的产品服务供应商之间的界限变得愈来愈模糊，也意味着B2P模式和P2P模式之间难以实现泾渭分明的分割。结合目前的商业实践来看，很多大型共享平台已经不再单纯地提供中介撮合服务，往往同时也提供产品或服务。例如，滴滴出行已经推出了自营车业务与其他的私家车主进行竞争。这种商业策略也是容易被理解的，

---

〔1〕 Juliet Schor, "Debating the Sharing", *A Great Transition Initiative Essay*, 10/2014, available at http://www.tellus.org/pub/Schor_Debating_the_Sharing_Economy.pdf, 2017-12-20.

〔2〕 参见刘根荣：共享经济：传统经济模式的颠覆者，载《经济学家》2017年第5期。

〔3〕 Guy Lougher and Sammy Kalmanowicz, "EU Competition Law in the Sharing Economy", *Journal of European Competition Law & Practice*, Vol. 7, No. 2, 2016.

因为如果平台公司能保证在市场一边提供稳定充足的供应,那么就能在市场另一边吸引更多的用户,但这也导致B2P模式和P2P模式之间的划分更不清晰。再者,共享经济不仅仅是停留在消费阶段的共享,一些大型制造企业逐渐通过共享平台来实现对自己过剩或闲置生产要素的分享。凯思琳·斯托克斯等学者更提出除了P2P和B2P模式外,B2C(business-to-consumer)、B2B甚至是C2B模式都应该是共享经济的有机组成部分。[1]因此,继续不合时宜地将B2P等模式排除在外,不仅使得这部分未来共享经济真正的主力军无法得到有效监管,也与"共享"的哲学理念相背离。这里需要注意的是,在B2P等模式下自身也提供产品或服务的共享平台进行纵向合并时,会引发一定的竞争关切。因为纵向整合能让共享平台稳定控制市场一侧的服务供给,这在无形之中会大大抬高进入市场的成本。如果潜在进入者无法掌握相同规模的供给,就无法吸引市场另一边的用户。同时,纵向合并还容易助长歧视性行为。

此外,还有论者考虑到了共享经济挑战者和传统的市场在位者之间的竞争关系和竞争程度的不同,将共享经济模式分为两种:一种是完全没有线下竞争者的新兴服务形态,如谷歌图书、共享单车系统等;另一种是存在传统线下竞争者的服务形态,这意味着新兴服务和传统服务之间需要进行竞争,如互联网专车、P2P借贷、Airbnb等。[2]这种分类存在过于绝对化的问题,因为即便是对传统自行车租赁行业造成破坏性影响的共

---

〔1〕 See Kathleen Stokes et al., "Making sense of the UK collaborative economy", available at https://www.nesta.org.uk/publications/making-sense-uk-collaborative-economy, 2017-11-04.

〔2〕 See "The Sharing Economy in China: Regulation or De-regulation for Innovation?" available at https://www.journals.elsevier.com/computer-law-and-security-review/call-for-papers/the-sharing-economy-in-china-regulation-or-de-regulation-for, 2017-12-19.

享单车,也依然需要面对线下竞争者的挑战。一些线下自行车厂商通过产品性能、外观设计等方面的改良,依然能保持竞争力。不过,这种类型化仍然具有一定的启示意义,因为其注意到了新兴共享经济与传统经济之间的竞争博弈。应当明确,共享经济不仅是一种创新经济,更是一种竞争经济。共享经济的定义或分类都不能忽视其"竞争基因"。对共享经济的监管不能只关注到其创新的价值面向,而忽视了其在竞争方面的影响。

第二节 第一次转型:路径依赖型监管到创新友好型监管

一、最初的监管:路径依赖型监管模式的形成

19世纪,英国监管者对机动车这一新事物,比照马车来设定监管方法,出台了著名的"红旗法案"(Red Flag Act,也称"Locomotive Act 1865"),对机动车的速度进行了极为严苛的限制,[1]规定机动车不能开得比马车快[2]。20世纪末,在上海的街头曾出现了很多"家庭旅馆",户主将自己闲置的房间用作短租。然而,当时的监管者强制这些家庭旅馆必须满足与正规酒店同等的营业、卫生、消防等方面的监管要求,结果致使这些小微旅馆消失殆尽。[3]今天,同样的场景在共享专车领域复现。2012年,随着中国版的"Uber"(滴滴、快滴)进入市场,依托智能手机的互联网专车业务获得了迅猛增长。专车应用软件累积的注册用户数从2012年的400万增长到2013年的

---

[1] See Peter Baldwin and Robert Baldwin, *The Motorway Achievement: Visualization of the British Motorway System*, Thomas Telford Publishing, 2004, p. 30.

[2] 熊丙万:"专车拼车管制新探",载《清华法学》2016年第2期。

[3] 参见张力:"共享经济:特征、规制困境与出路",载《财经法学》2016年第5期。

2160万，增长率为440%。[1]接踵而至的该新兴模式对经济和社会所造成的深远影响，迫使各级政府不得不作出回应。

起初，地方政府采取一种非常谨慎的态度。2013年5月开始，北京市和深圳市政府相继发布通知或制定临时规定，禁止出租车司机使用手机打车软件。但是，这些地方政府的初衷并不是要彻底消除这种商业模式，而是试图建立统一的具有官方性质的电子平台，以方便对其进行监管。2014年，上海、济南等地方政府也陆续出台了相关措施以规范打车软件的使用，但仅禁止出租车司机在早晚交通高峰期使用打车软件，这无疑又作出了让步。但是，几乎所有的地方政府都严令禁止私家车接入打车软件。步入2015年后，全国多个城市发生了以非法运营为由扣押"专车"并科处罚款的事件。济南市市中区人民法院还受理了备受关注的"全国专车行政处罚第一案"。[2]这是因为在当时的出租车运营管理法律制度下，只有获得特定许可才能提供道路运输服务。地方政府的底线是这些新兴业务不能违反法律。

中央政府层面的正式回应发生在2015年1月。交通运输部公开发表的声明中，首次使用了"专车服务"这一语词来表述通过打车软件提供的服务，并指明应鼓励该创新服务模式的发展，这对专车行业的发展无疑具有重要意义。但是，这段时期私家车依然被禁止接入共享平台。[3]转机发生在2015年10月，

---

[1] 参见速途研究院："2013-2014年打车软件市场分析报告"，载http://www.sootoo.com/content/480044.shtml，访问时间：2018年1月5日。

[2] 参见唐清利："'专车'类共享经济的规制路径"，载《中国法学》2015年第4期。

[3] 参见交通运输部："鼓励创新但禁止私家车接入平台参与'专车'经营"，载http://news.xinhuanet.com/politics/2015-01/08/c_1113930632.htm，访问时间：2018年1月5日。

第三章 创新监管与竞争监管：共享经济的监管转型

交通运输部起草了《网络预约出租汽车经营服务管理暂行办法（征求意见稿）》，首次尝试在全国范围内对共享专车进行合法化。该征求意见稿将由符合条件的车辆和驾驶员提供的营利性非巡游的搭乘运输服务称为"网络预约出租汽车服务"，名正方能言顺，这为私人性质的共享专车合法化打开了先河。遗憾的是，政策制定者却试图将适用于巡游出租车服务的监管体制类比应用于网约车服务。例如，提供网约车服务的车辆也需要持有《道路运输证》（该征求意见稿第 13 条），相关驾驶人员则需持有《道路运输从业人员从业资格证》（该征求意见稿第 15 条）。

克里斯多夫·库普曼等学者用"监管俘获"理论来解释监管者对冲击传统利益格局的共享经济设置重重障碍的缘由。[1] 但是，该理论对于中国实践并不具有解释力。一些地方政府最初对共享专车予以限禁，其初衷主要是规范、引导该新兴行业的发展，而不纯粹是为了保护既得利益。私家车被禁止接入共享平台是因为其"赤裸裸"地触犯了现有监管法律，而能够令其规避法律而变相合法化的"四方协议"却得到了监管者的容忍，上海市政府甚至将四方协议作为化解私人专车合法性危机的突破口而加以推广。[2] 中央政府对共享专车的监管态度更为积极，做出了推进共享专车合法化的实质性努力。种种迹象都说明监管者并未被俘获。相较而言，"路径依赖"理论对于本土商业实践更具有解释力，其指当面对新事物时，决策者更依赖过往的选择，最有可能被选用的往往是那些最接近以往实践经

---

[1] Christopher Koopman, Matthew Mitchell and Adam Thierer, "The Sharing Economy and Consumer Protection Regulation: The Case for Policy Change", *The Journal of Business, Entrepreneurship & the Law*, Vol. 8, Iss. 2, 2015.

[2] 参见郭丁源、李明思、杨虹："若做好监管'上海方案'将助推专车合法化"，载《中国经济导报》2015 年 8 月 5 日。

验的规制措施。[1]中国现行的出租车监管体制肇始于1997年，相关部门先后出台了《城市出租汽车管理办法》《公路法》《道路运输条例》等法律法规，形成了一套以事前许可管制为特征的稳定制度。沉没成本、学习成本及转换成本的存在使得监管者难以摆脱制度束缚和决策惯性，仍依赖过去的监管逻辑和监管体制来应对新的变化。我国监管者将这套以许可管制为特征的监管框架套用于共享专车行业，就是一种典型的路径依赖表征。路径依赖在其他国家对共享经济的监管中也是广泛存在的。2014年，柏林地区法院将Uber视为传统的租车服务，进而作出了其违反德国乘客运输法律的判决。伦敦也曾发生过关于Uber智能手机软件是否应当被视为立法管辖范围内的出租车计价器（taximeter）的争论。[2]

尽管前述征求意见稿或多或少地都带有立基于传统工业经济的管制型监管的色彩，但是监管者出于对创新的追求而为共享专车所作的合法化努力是值得肯定的，摆脱路径依赖的趋向也不应被遮蔽。值得一提的是，就在前述征求意见稿发布两天前，上海市政府向滴滴快车的专车平台颁发了全国第一张网络约租车平台经营资格许可。这其实不啻为一次共享经济领域的地方性试点改革，即前述征求意见稿进行了粗线条的框架性立法，地方政府在该框架下进行差别化尝试。而这次以上海为代表的改革试点也拉开了第一次监管转型的序幕。

---

［1］ See Elizabeth A Kirk, Alison D Reeves and Kirsty L Blackstock, "Path Dependency and the Implementation of Environmental Regulation", *Environment & Planning C: Government & Policy*, Vol. 25, Iss. 2, 2007.

［2］ See Sofia Ranchordas, "Does Sharing Mean Caring: Regulating Innovation in the Sharing Economy", *Minnesota Journal of Law Science & Technology*, Vol. 16, Iss. 1, 2015.

二、第一次模式转型：转向创新友好型监管

政府对共享经济的认识一直处于一个不断演化发展的学习过程中，而来自共享专车领域的这次合法化尝试及相关的试点改革逐渐改变各级政府僵化保守的监管理念和监管思维，监管者转而对共享经济采取一种更加谦抑、被动和包容的监管姿态。在放松监管甚至是"零"监管的环境下，中国的共享经济迎来了爆炸式增长，取得了令人瞩目的成就。国家信息中心的研究报告指出，2016年度我国共享经济的市场交易额比2015年增长103%，其中生活服务、生产能力、交通出行、知识技能、房屋住宿、医疗分享等重点行业的交易规模比上年增长96%。[1]该报告更是把2016年视为知识付费、网络直播、共享单车行业的"发展元年"。

有相当比例的学者认为政府对共享经济管制过度、管制过严、管制过密，导致很多新兴行业萎而不振。毋庸讳言，这种判断忽视了正在发生或已经发生的政府监管逻辑的转变，与来自真实商业世界的经验观察是不符的。实际上，很多地方政府已然放松了管制，甚至鼓励一些新兴行业的发展。例如，解决了"最后一公里难题"的共享单车在2016年经历了无监管或"零"监管的肆意增长，直到严重的过度投放、车辆堆积、杂乱停放等乱象频发，才迫使政府被动采取一些监管措施。交通运输部部长李小鹏在2018年两会答记者问时指出：共享单车这些问题的出现，有的原因就在于"政府不作为"。在过去，地方政府限制共享专车行业的一个重要考虑就是用户安全问题，但在

---

[1] 国家信息中心："中国分享经济发展报告2017"，载http://www.sic.gov.cn/archiver/SIC/UpFile/Files/Htmleditor/201703/20170302125144221.pdf，访问时间：2017年11月27日。

2016年对用户暗含更大安全风险的医药共享、房屋住宿行业却获得了高速增长。浙江省卫计委就批复同意一家名为"Medical Mall"的医疗共享平台正式投入运营。[1]种种迹象表明,政府的监管思维已经发生了转变。

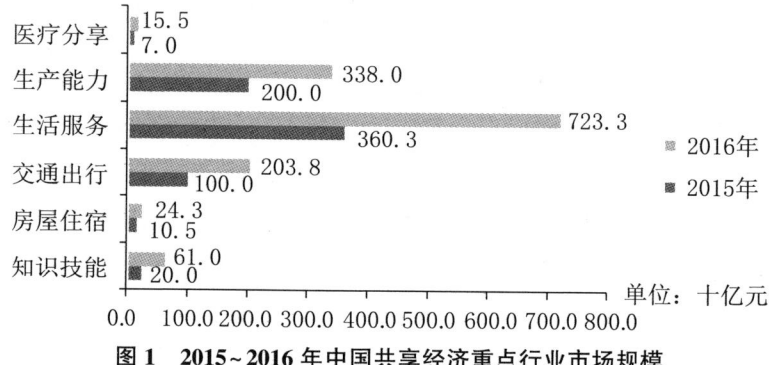

图1　2015~2016年中国共享经济重点行业市场规模

更值得一提的是,2016年7月,交通运输部等七部委联合正式发布了《网络预约出租汽车经营服务管理暂行办法》(以下简称"2016年《暂行办法》"),于2016年11月1日正式施行。[2]Fung商业情报中心(FBIC)的研究报告称,中国的该法规是世界范围内第一部国家性质的对互联网专车的专门性立法。[3]与2015年更显严厉的征求意见稿相比,2016年《暂行办法》无疑作出了巨大让步。尽管一些批评意见指出,这套新

---

[1] 赵猛:"从'共享医院'到为知识买单",载《通信企业管理》2017年第11期。

[2] 交通运输部等:"网络预约出租汽车经营服务管理暂行办法",载http://zizhan.mot.gov.cn/zfxxgk/bnssj/zcfgs/201607/t20160728_2068633.html,访问时间:2018年1月5日。

[3] Fung Business Intelligence, "Sharing economy in China: car-sharing market in China", available at https://www.fbicgroup.com/sites/default/files/Sharing_ Economy_ part%202_ Car_ Sharing_ 20160905.pdf, 2017-12-24.

的监管体制仍然保留了一些事前许可管制的弊窦（如需要持有"网络预约出租汽车运输证""网络预约出租汽车驾驶员证"），但是不同于前述征求意见稿沿用传统出租车监管体制的做法（要求持有的是"道路运输证""道路运输从业人员从业资格证"等），新规旨在建立一套全新的独立监管体制。法国政府要求网约车经营者必须在获得出租车许可和出租车牌照的前提下才能进行网约车经营活动，而英国伦敦地区只要求网约车经营者持有申请条件更为宽松的专门性的约租车执照。[1]2016年《暂行办法》实现了从法国模式向英国模式的跃迁，但这种摆脱路径依赖的努力却往往被很多学者所忽视。该法规颁布四天之后，滴滴出行和Uber宣布合并，导致互联网专车市场由寡占市场几乎转向了独占市场，但是竞争执法当局截至目前仍没有对这起并购"亮红灯"。索菲亚·兰楚达斯认为，到目前为止，共享经济在很大程度仍然是未受监管或监管不足的。[2]综合上述分析并结合共享经济的多个细分领域来看，这个判断基本适用于2016年以后的中国实际。国内有论者也指出："总体上看，中国在私隐保护、广告、垄断与不正当竞争、知识产权等方面给予了分享经济较为宽松的监管环境……"[3]

三、摆脱路径依赖的动力学分析

政府逐渐摆脱路径依赖，实现监管模式的转型是许多方面因素的共同合力：①中国的产业结构正在从工业主导向服务业

---

〔1〕 参见侯登华："'四方协议'下网约车的运营模式及其监管路径"，载《法学杂志》2016年第12期。

〔2〕 See Sofia Ranchordas, "Does Sharing Mean Caring: Regulating Innovation in the Sharing Economy", *Minnesota Journal of Law Science & Technology*, Vol. 16, Iss. 1, 2015.

〔3〕 朱宝丽："分享经济发展现状、国际考察与监管选择"，载《上海师范大学学报（哲学社会科学版）》2017年第4期。

知识产权与竞争法贯通论

主导转型,而共享经济被认为是现代服务业的重要组成部分。②共享经济通过循环消费模式,矫正了过度浪费的"消费主义"伦理困境,符合可持续发展的环境公共政策目标。[1]③整个社会对于产权的观念正在发生转变,在国企改革领域中的混合所有制和房地产改革领域中的共有产权住房的引入都在颠覆人们关于财产权排他性(exclusivity)的认知图景,这为具有包容性(inclusivity)的以使用权为核心的共享经济的发展和再发展提供了一个理想的社会环境和文化氛围。④共享经济的就业弹性系数明显高于传统产业部门。自主性极强的灵活用工模式有助于缓解经济下行期的就业困境,还能够消化和吸收在供给侧结构性改革阵痛中溢出的过剩劳动力。⑤共享经济被认为是一种创新经济,为国家的创新注入了巨大的活力。国家信息中心的研究报告直言不讳地指出,共享经济成为创新最活跃的领域,"大众创业,万众创新"表现最活跃的领域大都带有共享经济的基因。[2]

上述众多因素的做功推动了监管模式的转型,但是,本书认为对创新的追求是其中最为关键的因素。通过对促进共享经济发展的相关政策文件的梳理,可以找到相关证据。例如,2016年3月发布的《国民经济和社会发展第十三个五年规划纲要》提出"促进'互联网+'新业态创新……积极发展分享经济";4月发布的《关于深入实施"互联网+流通"行动计划的意见》指出"鼓励发展分享经济新模式……激发市场主体创业创新活力";7月发布的《国家信息化发展战略纲要》强调"发

---

[1] See Matthew Hilton, "Consumerism in World History: The Global Transformation of Desire by Peter N. Stearns", *The Economic History Review*, Vol. 55, No. 2, 2002.

[2] 国家信息中心:"中国分享经济发展报告2017",载http://www.sic.gov.cn/archiver/SIC/UpFile/Files/Htmleditor/201703/20170302125144221.pdf,访问时间:2017年11月27日。

第三章 创新监管与竞争监管：共享经济的监管转型

展分享经济，建立网络化协同创新体系"。2017年6月，国务院总理李克强在其主持召开的国务院常务会议中提出，对于共享经济应按照"鼓励创新、包容审慎"原则，审慎出台新的准入和监管政策；同年7月发布的《关于促进分享经济发展的指导性意见》更是进一步明确指出"促进分享经济更好更快发展，要坚持以推进供给侧结构性改革为主线，以满足经济社会发展需求为目标，以支持创新创业为核心"。另一方面，在卷帙浩繁的学术文献中，大量学者也认为共享经济应当以促进创新为逻辑起点和价值依归。"……在共享经济时代，中国政府应该继续采取有利于创新的激励性管制措施，才能实现共享经济的发展。"[1]总而言之，出于对创新的追求，政府摆脱了路径依赖，对共享经济采取了不同于传统工业经济的更加包容的监管模式。本书将这种旨在推动创新的监管模式称为"创新友好型"监管，其是一种被动型而非主动型监管，是一种回应型而非管制型监管，是一种事后型而非事前型监管，这种新型监管格外强调为共享经济参与者预留最大程度的自由空间。

创新是引领发展的第一动力。乔纳森·贝克指出创新是增进人类福祉的主要决定因素，同时可以进一步推定采取促进创新的监管政策将有利于社会发展。[2]因此，监管者为了实现创新所做的监管转型努力无疑是值得肯定的。但是，倘若监管者对"如何实现创新"等问题的理解存在谬误，将极大地削弱相关监管框架的正向效果，甚至产生负面效果。关于创新的具体实现路径，产业组织理论中存在一组相互对立的观点，被

---

〔1〕 参见孙伯龙："新经济下的共享经济创新与政府管制转型：挑战与因应——'中国的共享经济：为求创新是该继续管制还是放松管制'会议综述"，载《竞争政策研究》2018年第3期。

〔2〕 Jonathan B. Baker, "Beyond Schumpeter Vs. Arrow: How Antitrust Fosters Innovation", *Antitrust Law Journal*, Vol. 74, No. 3, 2007.

称为"熊彼特-阿罗"争论。约瑟夫·熊彼特认为垄断能够促进创新。[1]具有垄断力量的大型企业能够更容易获得资本和规模经济,以支持技术发展的巨额研发费用,同时也能承担相关的风险。与之相对,肯尼思·阿罗在《经济福利与发明的资源配置》一文提出了一个截然对立的主张——竞争才能促进创新。[2]他指出竞争企业从创新中获得的回报要远远大于垄断企业,不进行创新而失去的利益同样也远远大于垄断企业。相比之下,垄断企业已经在收取垄断租金,并且对自己掌握的现有技术进行了大量投资,取代现有技术的创新将导致这些沉没投资丧失价值,其从创新中所获得的利益要小于竞争企业,故而将怠于创新。两者之间,我国政策制定者和实施者可能很大程度上接受了大型垄断企业才能促进创新的熊彼特假设,可以找到诸多事例来完成证成。例如,2018年《政府工作报告》提到:"鼓励大企业、高校和科研院所开放创新资源,发展平台经济、共享经济。"其中,"大企业"被定位为发展共享经济的重要主体。又如,在《国家中长期科学和技术发展规划纲要(2006-2020年)》确定的16个国家科技重大专项中,大型央企参与了15个。[3]2017年11月,科技部宣布建立4个人工智能开放创新平台,但都分别依托于百度公司等4家大型互联网企业。就具体的共享经济细分领域而言,无论是滴滴与快滴的合并,抑或是滴滴与Uber的合并似乎都畅行无阻,目前为止也没有受到太多的非难,促进创新很可能是执法者愿意亮绿灯的关键

---

[1] See Joseph Schumpeter, *Capitalism, Socialism, and Democracy* (1st ed), Harper and Brothers, 1942, pp. 81-106.

[2] See Kenneth J. Arrow, "Economic Welfare and the Allocation of Resources for Invention", in National Bureau of Economic Research, *The Rate and Direction of Inventive Activity: Economic and Social Factors*, Princeton University Press, 1962, pp. 609-626.

[3] 参见蒋大兴:《国企为何需要行政化的治理——一种被忽略的效率性解释》,载《现代法学》2014年第5期。

考量。在学界,熊彼特假设也得到很多学者的认可。例如,有论者认为:"垄断本身,特别是技术创新形成的垄断,它是有鼓励创新的好处的。"[1]有论者认为,对待共享经济的创新模式不必急于事前管制,政府要以事后管制为主并给创新留出试错空间。[2]有论者认为:"面对共享经济,政府的当务之急是包容和宽容创新势能。"[3]亦有论者指出共享经济是强调"协作多于竞争"的经济,[4]是一种以"合作伦理"部分代替传统商业"竞争伦理"的经济伦理新常态。[5]总之,受上述种种倾向于熊彼特假设的认识的直接或间接影响下,有关部门对共享经济的监管不但忽视了对竞争过程的保护,反而默许甚至间接鼓励集中和垄断。

第三节　创新友好型监管在竞争问题上的失灵

一、牢固的市场支配地位

一般而言,界定相关市场是禁止滥用市场支配地位制度相关分析的逻辑起点。互联网领域相关市场的争议主要集中在相关商品市场的界定。遗憾的是,我国反垄断执法者在该新兴领

---

[1] 万成文:"反垄断部门是否应叫停滴滴 Uber 合并",载《商业观察》2016年第1期。

[2] 参见孙伯龙:"新经济下的共享经济创新与政府管制转型:挑战与因应——'中国的共享经济:为求创新是该继续管制还是放松管制'会议综述",载《竞争政策究》2018年第3期。

[3] 马亮:"面对共享经济的正确姿态",载《社会科学报》2017年8月24日。

[4] 参见[美]杰里米·里夫金:《零边际成本社会》,赛迪研究院专家组译,中信出版社2014年版,第27页。

[5] 乔洪武、张江城:"共享经济:经济伦理的一种新常态",载《天津社会科学》2016年第3期。

域往往存在相关商品市场界定过宽的弊病,导致实践中真正的垄断力量始终游离在反垄断监管雷达之外。例如,在"奇虎诉腾讯滥用支配地位案"中,一审法院将基于价格的针对单边市场的"假定垄断者测试"(SSNIP)应用于对价格不敏感的互联网双边市场,结果导致相关商品市场界定过宽。一审法院的裁判思路正是基于创新市场理论,力图在相关市场界定时为创新可能带来的产品变化预留适当的空间。尽管最高法院在终审判决中批判了SSNIP测试法,但其仍旧维持了原判,认定腾讯在相关市场不具有支配地位。一位参与最高人民法院闭门研讨的专家坦言,创新和竞争使得行业发展日新月异,法律的干预尤其倍宜明慎,期协于中。[1]正是对创新的追求使司法者变得谦抑谨慎,极力为规制者眼中的"创新者们"开脱。讽刺的是,就在最高人民法院审理该案期间,新浪网的一项舆情调查显示,80%的网民认为腾讯构成滥用市场支配地位。[2]如果采纳一些研究机构得出的更为狭窄却符合普通民众预期的市场占有率统计结果,很多共享经济细分行业的市场集中度已处高位,个别平台甚至具有令传统工业部门望洋兴叹的显著市场支配地位。例如,在共享专车市场中,滴滴出行在2017年第一季度的市场占有率为94.6%;在共享单车市场,ofo的市场占有率为51.9%,而紧随其后的摩拜单车占了40.7%;在房屋短租市场,途家2016

---

[1] 参见张世明:"定谳私议:奇虎诉腾讯滥用支配地位案中'相关市场'的认定方法",载史际春主编:《经济法学评论》,中国法制出版社2015年版,第319—320页。

[2] 参见张世明:"定谳私议:奇虎诉腾讯滥用支配地位案中'相关市场'的认定方法",载史际春主编:《经济法学评论》,中国法制出版社2015年版,第319—320页。

年的市场占有率为57.9%。〔1〕这里需要注意的是,梅特卡夫定律指出互联网自身价值以用户数量的平方的速度增长。依托互联网的共享经济具有交叉网络外部性,拥有追求双边效应、边际递减效应、规模经济效应和垄断力量的天性。抛弃了结构主义理论的现代反垄断法认为拥有市场支配地位并不违法,只有利用这种支配地位排除或限制竞争才会招致反垄断执法风险,明确此点共识对于共享经济的发展极为关键。

有论者进一步指出共享经济领域中即便存在滥用市场支配地位的行为也不足为惧,应当充分相信市场的自愈能力,将禁止滥用条款束之高阁。例如,大卫·埃文斯和理查德·施马兰西认为网络平台两边的参与者都很容易采取多归属或多宿主(multi-home)行为策略,即同时参与多个平台。〔2〕这种策略成了约束大型平台利用支配地位损害消费者的一种市场对冲性力量。此外,还有论者认为共享经济中的一切垄断者都是脆弱的垄断者,支配地位并非牢不可破,很容易被后来的技术创新者所取代。"在数字经济中,由于创新,市场领先者往往在某一时期具有很高的市场份额和比较明显的市场支配地位;但是同样因为创新,这种市场支配地位又非常脆弱。"〔3〕然而,这些分析都忽略了转换成本(switching costs)的存在,其不仅包括所有网络经济中都存在的固有成本(如搜索成本和学习成本)〔4〕,

---

〔1〕 统计数据来自国家信息中心、比达咨询、易观智库、中国IT研究中心等研究机构的调研报告,这些报告中一般将共享专车、共享单车、共享房屋等作为单独的相关市场,并通过计算相关平台的交易额占该目标市场的份额来计算市场占有率。

〔2〕 See David S. Evans and Richard Schmalensee, "Matchmakers: the New Economics of Multisided Platforms", *Harvard Business Review Press*, 2016, p. 28.

〔3〕 参见杨建辉:"数字经济挑战反垄断规则",载《互联网经济》2017年第7期。

〔4〕 See Vera Demary, "Competition in the Sharing Economy", *IW Policy Paper* 19/2015, available at http://hdl.handle.net/10419/112778, 2017-12-25.

还包括共享经济平台为了增强"锁定效应"而故意设置的成本。例如,在2018年,除了要求用户必须交纳一定数额的押金外(无疑也是一种自由转换平台的障碍),一些共享单车寡占平台还推出了会员卡,如摩拜单车曾推出12元的季卡和120元的年卡。这种会员制度不仅沦为了变相补贴的形式,还可以成为长期锁定用户的有力武器。滴滴出行也推出了一种名为"出行卡"的虚拟支付卡,用户只能充值却不能退款。暂且不论其是否存在违反消费者权益保护法的嫌疑,其背后锁定用户、消解用户多归属性的意图是昭然若揭的。此外,转换信用的成本也是应予考虑的。[1]信用对于共享经济的作用不言而喻,供需方根据历史评价、信用积分等信息,可以快速地建立信任关系,完成共享交易;良好信誉的积累也可能给平台参与者提供更多的交易机会、更优惠的交易价格等。但是为了限制多归属行为,不同平台之间的信用体系往往都是封闭、孤立、互不兼容的,参与者更换新的平台就意味着要从零开始、重新积累信用评价,这也意味着巨大的成本支出(特别对于卖方而言)。尽管除了各平台建立的内生性信用机制,实践中也存在可以共享的外源性的第三方信用评价机制,例如ofo、小猪短租等共享平台引入了芝麻信用来提高交易效率。但是,这些平台往往都与阿里巴巴公司存在利益关联,竞争对手很难获得芝麻信用的服务支持。

另外一个重要的竞争关切与共享经济平台所拥有的数据能力休戚相关。盖伊·罗福等学者指出,一个占支配性的实体可以通过收集不断增长的海量数据,为消费者提供更好和更有针对性的服务,这让该实体变成极具吸引力的宿主,因而数据收

---

〔1〕 See Alex Chisholm and Nelson Jung,"Platform Regulation—Ex-ante Versus Ex-post Intervention:Evolving Our Antitrust Tools and Practices to Meet the challenges",available at https://www.competitionpolicyinternational.com/wp-content/uploads/2016/03/Platform-regulation.pdf,2017-12-27.

第三章　创新监管与竞争监管：共享经济的监管转型

集能稳固在位共享经济平台的市场地位。[1]大型平台可以根据消费习惯、消费时间、消费频率、消费偏好等数据，提供个性化的针对性服务，以及根据数据分析设计双边市场定价结构。这些商业策略会不断提高用户对平台的黏度，同时不断降低用户对价格的敏感性，以至于当该平台提升价格时，用户也不愿意转向其他的替代性平台。再者，大型共享经济平台通过各种方式收集初始数据，同时可以严格限制其他竞争者获得这些数据的通道或者迫使其他竞争者只能以高昂的价格购买"二手"数据。最后，大型平台可以利用大数据能力操纵信息。欧盟委员会联合研究中心的一份报告指出，对于共享经济平台发展极为重要的信用信息并不是全部可信赖的，而且可能被操纵。[2]为了增加平台的交易体量，共享平台往往有激励提高供给者的信用评分，限制负面评价信息的数量等，造成信用偏高的信息失真现象，进而导致"不明真相"的参与者沉浸在信用虚高的幻境中而不愿再相信其他平台。有研究指出，Airbnb在2013年接待了600万客人，却只收到700份投诉，投诉率只有0.01%，信息被操纵的可能性昭然可见。[3]

最后一个竞争关切是低价竞争的问题。共享经济中，相关产品或服务采用"免费"的模式大行其道。处于成长初期的共享平台通过"免费"模式吸引市场某一边的用户，破除进入壁垒，进而得以生存和发展，这具有一定的合理性。但是，实践

---

〔1〕 See Guy Lougher and Sammy Kalmanowicz, "EU Competition Law in the Sharing Economy", *Journal of European Competition Law & Practice*, Vol. 7, No. 2, 2016.

〔2〕 Cristiano Codagnone, Federico Biagi and Fabienne Abadie, "The Passions and the Interests: Unpacking the 'Sharing Economy'", available at http://publications.jrc.ec.europa.eu/repository/bitstream/111111111/41515/1/jrc101279.pdf, 2017-12-27.

〔3〕 Adam Thierer et al., "How the Internet, the Sharing Economy, and Reputational Feedback Mechanisms Solve the 'Lemons Problem'", *University of Miami Law Review*, Vol. 70, No. 3, 2016.

中很多成熟的大型平台在获得市场支配地位后，为了维持市场份额，仍不断吸纳风险资本投入、持续奉行低价竞争或免费营销策略。在双边性市场条件下，如果支配平台在市场另一边的收益低于因提供免费服务所导致的收入损失，这就可能构成反垄断法所禁止的掠夺性定价行为。总而言之，共享经济中的支配地位并不像一些理论家空谈的那样转瞬即逝、昙花一现，相反可以通过抬高转换成本限制参与者的多归属行为，滥用大数据处理和分析能力，实施掠夺性定价等限制竞争行为，不断强化和延长自己的支配地位。遗憾的是，共享经济领域中的市场支配地位滥用问题似乎在对创新实现路径存在误解的监管者眼中并不足为虑。

二、不受限制的并购

2016年，中国共享经济迎来了一次疯狂的并购浪潮。除了前文提及的举世瞩目的滴滴和Uber之间的合并，在房屋共享领域，途家并购了蚂蚁短租以及携程旅行网、去哪儿网旗下的公寓民宿业务，一跃成为该行业的龙头。在生活服务行业，继2015年美团与大众点评合并后，达达与京东到家合并为"新达达"。在迅猛发展的共享单车领域，有学者也预测最大的两家寡占平台最终会走向合并，如此方能破解双方不断烧钱补贴、两败俱伤的"囚徒困境"。[1]斯蒂芬·金指出合并能够让共享平

---

〔1〕 参见毕夫："ofo与摩拜走向合并正渐行渐近"，载《上海企业》2017年第11期。步入2018年以后，两家共享单车寡头并没有合并，但是作为双寡头之一的ofo公司迅速走向衰亡，陷入了"押金挤兑"危机，似乎又印证了共享经济行业"要么合并、要么死亡"的不变定律。但是，这并不意味着合并是化解困境的唯一出路，相反，合并造成的垄断势力在双边市场会造成更为严重的竞争危害。这种畸形发展的背后恰恰说明了一些共享经济细分行业用"逆竞争"逻辑的扭曲策略寻求快速发展，违背了市场规律和良性的商业逻辑，不具有可持续性。鼓励共享经济的可持续发展并不是要纵容合并与垄断，相反应当加强对竞争过程和竞争秩序的保护。

第三章　创新监管与竞争监管：共享经济的监管转型

台在市场份额上领先于它的竞争性对手，产生市场冒尖现象，进而导致合并后的平台能够支配市场。[1]遗憾的是，互联网世界中的并购似乎总是能畅行无阻。无论是2015年滴滴和快的合并，抑或是2016年滴滴出行和Uber的合并，反垄断执法者总是"默不作声"。与之形成鲜明对照的一个例子是Grab与Uber合并，Grab公司收购了Uber的东南亚业务，新加坡竞争与消费者委员会裁定这起收购违反了竞争法，其指出Grab的市场份额在收购交易后超过80%，且将打车的价格提高了10%~15%，影响了新加坡市场上相关业务的竞争。[2]

不同于禁止滥用市场支配地位制度的事后规制，并购控制体现了对市场结构事前控制的立法精神，而建立科学合理的申报标准是事前控制模式的关键所在。根据《反垄断法》第21条和《国务院关于经营者集中申报标准的规定》第3条规定，我国建立了以"营业额"为核心标准的申报制度。然而，一些大型共享经济平台通过"补贴大战、亏损运营"的方式来不断吸引参与者、培养用户黏度，即便它们能够对竞争秩序产生举足轻重的影响，也可能不满足申报条件而游离于法网之外。不同于以"营业额"为中心的刚性标准，《国务院关于经营者集中申报标准的规定》第4条还建立了一种柔性标准，即按照规定程序收集的事实和证据表明该经营者集中具有或者可能具有排除、

---

〔1〕 Stephen P. King, "Sharing Economy: What Challenges for Competition Law?", *Journal of European Competition Law & Practice*, Vol. 6, No. 10, 2015.

〔2〕 *See* Jack Kim and Aradhana Aravindan, "Singapore Proposes Fines on Grab, Uber, Says Merger Harms Competition", available at https://www.reuters.com/article/us-uber-grab-singapore/singapore-proposes-fines-on-grab-uber-says-merger-harms-competition-idUSKBN1JV0KV, 2017-12-27; Christopher Tan, "Watchdog Finds Grab-Uber Deal anti-competitive, Proposes fines, Measures to Restore Competition", *the Straits Times* (*Jul.* 5, 2018), available at https://www.straitstimes.com/singapore/transport/competition-watchdog-finds-grab-uber-deal-anti-competitive-lists-corrective, 2018-05-18.

知识产权与竞争法贯通论

限制竞争效果的,国务院商务主管部门应当依法进行调查。但是出于对互联网行业创新的保护,如履薄冰的执法者不愿意轻易启动该条款。在滴滴和Uber绕开申报程序而"私定终身"后,商务部发言人表示,我们将坚持鼓励创新、科学监管的原则。[1]

在共享经济领域的并购审查中还有两个必须予以关注的问题:

第一是纵向一体化的问题。盖伊·罗福等学者指出,非专业性、离散性的P2P模式只存在于共享经济早期阶段,随着商业模式的逐渐成熟,共享平台往往会吸引专业性的供应商加入平台,从而实现向B2P模式的转化,[2]这也意味着B2P模式和P2P模式之间的界限变得愈来愈模糊。这是因为如果平台公司能保证在市场一边提供稳定充足的供应,那么就能在市场另一边聚集更多的用户,这种双边效应无疑会激励更多的共享平台选择B2P模式。这里需要注意的是,如果B2P模式下自身也提供产品或服务的共享平台进行纵向一体化,将会引发严重的竞争关切。因为通过纵向整合,某一平台就可以牢牢控制一定数量的供应商,如果其他平台无法提供同等数量的供应,就无法吸引用户,这意味着挑战者将面临极高的进入门槛。[3]此外,当以营利为导向的共享平台自己也提供产品或服务时,它拥有

---

[1] "商务部:正在依法对滴滴与优步中国合并案进行反垄断调查",载http://finance.china.com.cn/news/20170727/4326848.shtml,访问时间:2018年2月3日。

[2] See Guy Lougher and Sammy Kalmanowicz, "EU Competition Law in the Sharing Economy", Journal of European Competition Law & Practice, Vol.7, No.2, 2016.

[3] US FTC, "The 'Sharing' Economy: Issues Facing Platforms, Participants, and Regulators", available at https://www.ftc.gov/system/files/documents/reports/sharing-economy-issues-facing-platforms-participants-regulators-federal-trade-commission-staff/p151200_ftc_staff_report_on_the_sharing_economy.pdf, 2017-12-12.

第三章 创新监管与竞争监管：共享经济的监管转型

巨大的动机给予其他供应商歧视性待遇，以支持自己拥有或控制的供应商发展。例如，当滴滴公司推出由自己运营的自营车业务与私家车主进行竞争时，作为撮合中介的平台又是利益主体一方，其存在向平台自营车优先分配乘客订单的激励情形，构成歧视性行为。

第二个需要予以关注的问题是数据集中。传统商品经济中数据的价值可能会随着标的物一次性的所有权转移而减损，但是，在共享经济中，数据的价值和数量随着无限次的使用权分享而不断增长。因此，有论者指出在早期阶段，共享平台公司的职能主要在于平台的建设与维护，提供支付、清算、纠纷解决等服务。而随着共享经济的发展，平台公司演化成拥有大量消费者信息的大数据公司，可以为其他生产型企业提供消费者偏好信息等大数据。[1]大数据成了共享经济中最为关键的一项资产，很多平台通过横向或纵向兼并，不断收集数据。掌握的海量数据又可以成为这些平台公司排除或限制竞争的强大武器。遗憾的是，并购审查中关于数据集中对竞争影响的分析总是缺失的。

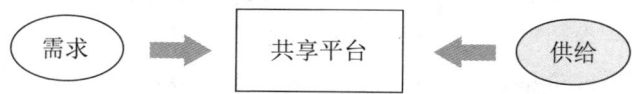

A．单纯提供居间服务的共享平台（P2P）

B．同时提供居间服务和产品/其他服务的共享平台（B2P）

图 2 共享经济 P2P 和 B2P 模式的市场结构

---

〔1〕 参见刘根荣："共享经济：传统经济模式的颠覆者"，载《经济学家》2017年第5期。

三、高度可疑的卡特尔

共享经济行业也受到限制竞争协议的困扰，这在共享专车领域显得尤为突出。2015年，美国发生了一起反垄断集团诉讼，原告指控Uber的前CEO特拉维斯·卡兰尼克与其他的Uber司机通过智能价格算法达成了固定司机之间价格的合谋。[1]尽管尚无直接证据表明Uber司机之间存在横向合谋，但是他们与Uber达成的纵向价格固定协议会消除横向价格竞争。如果纵向协议当事人认识到其他竞争者也加入了同样的协议，那么可能构成一项限制贸易的中心辐射型（hub-and-spoke）垄断协议。[2]这里一个关键的争议点在于：造成价格固定的智能算法是否为共享专车这一特殊的商业模式所不可或缺？乘客通过打车软件寻找的是能最快为之提供服务者，这意味着对服务匹配的效率性和交易程序的快捷性有极高的要求。如果离开了智能算法，这些效率性要求将无法得到满足进而会导致整个交易系统难以为继，那么限制价格的智能算法对竞争造成的影响就会构成一种必不可少的附属性限制，可能将以此获得反托拉斯法的豁免。然而，安德森和霍夫曼提出了一个在保证高速匹配的前提下还能保证一定程度价格竞争的替代性方案：建立一个线上竞标系统，为乘客寻找愿意提供最低服务价格的司机。为了提高交易效率和匹配速率，可以先通过智能算法计算出基点服务价格，司机再在该基点价格之上，通过固定百分比的折扣等方式即时竞标。[3]总

---

〔1〕 Meyer v. Kalanick, 174 F. Supp. 3d 817, 819-820 (S. D. N. Y. 2016).

〔2〕 关于中心辐射型垄断协议的介绍可参见郭传凯："美国中心辐射型垄断协议认定经验之借鉴"，载《法学论坛》2016年第5期。

〔3〕 Mark Anderson and Max Huffman, "The Sharing Economy Meets the Sherman Act: Is Uber a Firm, a Cartel, or Something in Between?", *Columbia Business Law Review*, Forthcoming, available at https://ssrn.com/abstract=2954632, 2017-12-12.

第三章 创新监管与竞争监管：共享经济的监管转型

之，通过不断的优化和改良，可以找到同时实现高速撮合和保留价格竞争的替代方案，这意味着 Uber 智能算法对价格竞争的限制不能构成附属性限制。滴滴出行也依靠这种通过智能算法来实现快速匹配服务的运营模式，尽管其采用的具体运算规则与 Uber 的算法存在差别，但是消除滴滴司机之间价格竞争的问题却始终存在的。遗憾的是，"算法共谋"的问题并没有引起我国监管当局的注意。价格竞争是市场竞争的核心。消除价格竞争的算法会不断推高总体的价格水平，进而损害消费者福利。2017 年 6 月，国内知名作家六六公开指责滴滴出行肆意加价，涉嫌垄断，引发广泛关注。同样在"Uber 案"中，原告认为 Uber 设计的名为"surge pricing"的提价机制使得高峰时段的车价涨到正常水平的 10 倍，如果司机没有共谋加入这种算法，而是能够各自独立定价，展开竞争，那么车价会更为低廉。

此外，在共享专车领域还存在一种引发竞争关切的特殊协议——四方协议。在互联网专车获得合法地位之前，共享专车平台就是通过四方协议这一极为复杂的挂靠合同安排来规避相关法律限制的。四方协议模式下，专车平台与汽车租赁公司、劳务派遣公司签订合作协议，为其汽车租赁、劳务派遣提供网上撮合服务；私家车主分别与汽车租赁公司、劳务派遣公司签订服务合同，将车辆挂靠在汽车租赁公司名下，将本人挂靠在劳务派遣公司名下。[1]时下北京、上海地方政府又为共享专车设置了户籍限制等新的障碍，可以预见，作为有效规避工具的四方协议模式仍将保持旺盛的生命力。这种复杂的合同安排一方面存在私益保障不周、责任分配不明等私法隐患，另一方面还存在违反禁止垄断协议制度等公法问题。四方协议不仅事先约定了挂靠事宜，还可能事先约定服务费用的分配问题，但是

---

〔1〕 参见熊丙万：“专车拼车管制新探”，载《清华法学》2016 年第 2 期。

知识产权与竞争法贯通论

服务的定价权却被属于合同一方的专车平台绝对控制。各方主体根据协议履行相关义务，并根据专车平台的定价机制和算法获得固定的报酬，并不存在价格竞争。加之，专车平台往往与固定的汽车租赁公司和劳务派遣公司建立合作关系，很多司机及其车辆可能都挂靠于同一公司，这为他们之间的意思联络和信息交流提供了便利。早在2016年，研究者彭岳就指出四方协议可能构成违反反垄断法的固定价格协议，但并没有引起其他学者的关注。[1]

四、行政性垄断

中央政府层面为共享专车建立了一套新的具有灵活性的监管框架，允许地方政府量体裁衣、因地制宜，在数量管控、车辆条件等方面为地方规制者预留了一定的立法空间。步入2017年后，地方政府在中央确立的新框架的基础上相继出台了大量的监管细则。遗憾的是，北京、上海等地方政府制定的新规中却对共享专车施加了极为严厉的管制措施。最具争议的管制就是对户籍的限制，这一限制将外来竞争者彻底排除出本地市场，使得本地区的专车服务提供者能够隔离于竞争，逃避竞争压力，具有地方保护主义的嫌疑。一些学者认为，对专车服务设置户籍、车籍限制是出于保护环境、舒缓交通压力等公共政策目标的考量。但是，这些地方性监管细则对专车的排量和车轴距都有要求，反而使得一些更为环保的紧凑型车辆被排除在外，这与上述公共政策目标背道而驰，也与共享闲置、节约成本、可持续发展的共享经济理念不相容，还会对营业自由、职业自由、财产自由构成损害。例如，一些城市设置了共享专业排量不小于

---

〔1〕 参见彭岳："共享经济的法律规制问题——以互联网专车为例"，载《行政法学研究》2016年第1期。

2.0L 或 1.8T 这样的门槛。显然，这些限制性行为涉嫌构成滥用行政权力排除、限制竞争。2016 年 6 月，国务院印发《关于在市场体系建设中建立公平竞争审查制度的意见》，明文规定行政权力不得设置不合理和歧视性的准入条件，不得限制外地商品、服务进入本地市场等。因此，以北京和上海为代表的地方性监管细则设置户籍管制，构成地域分割，限制外来从业者进入市场，涉嫌违反公平竞争审查制度。[1]值得肯定的是，泉州、兰州等城市在其网约车细则颁行不久就率先"自查"并进行自我纠正，弱化了对网约车驾驶员的户籍限制。但是，北京、上海等地的网约车监管细则依然逃脱了公平竞争的审查。

需要注意，尽管在共享专车领域，一些地方政府存在不合理限制行业竞争的情况，但是也有相当一部分地方政府采取了较为宽容的规制策略，如苏州、贵阳、昆明、沈阳、三亚、西宁等。如果把目光投向共享经济的其他行业（共享房屋、共享单车、共享金融等），监管放松、监管缺位和监管真空的问题依然存在。一些学者仅根据对部分网约车地方性细则的直观体认，得出我国对共享经济存在过度监管的概括性结论，进而极力主张全面放松管制，无疑失之片面。

第四节　超越"熊波特和阿罗"：创新与竞争关系的审思

中国的共享经济在过去一两年里迎来了爆发式增长，一些细分行业更是经历了弱监管或无监管的野蛮生长。但是，这并不意味着只要放松监管，就会迎来共享经济的健康发展。共享

---

[1] 参见"落实公平竞争审查，从网约车细则开始"，载 http://guancha.gmw.cn/2017-11/12/content_ 26763498.htm，访问时间：2018 年 2 月 6 日。

经济的短期繁荣在很大程度上得益于中国的大国市场优势和网民大国红利。中国互联网络信息中心的统计报告指出，截至2017年6月，中国网民规模达到7.51亿，占全球网民总数的1/5，互联网普及率为54.3%。[1]现阶段共享经济还处于开疆辟壤、瓜分市场蛋糕、不断扩展细分行业、逐步向传统工业经济部门渗透的快速成长期。共享经济逃避了传统在位者面临的种种监管负担，获得了不公平的竞争优势。一些共享平台通过补贴大战快速抢占市场份额，通过实施限制竞争性行为来不断强化双边效应，巩固自己的市场支配地位。但是，从长期来看，这种逆市场化的商业模式和运营方式不具有可持续性。不受监管的肆意增长终究只是昙花一现，长期来看只会造成巨大的成本浪费，终将损害消费者福利。2018年2月，国家信息中心分享经济研究中心发布了《中国共享经济发展年度报告（2018）》。尽管该报告指出2017年中国共享经济市场交易额约为49 205亿元，比上年增长47.2%，但是，交通出行领域的交易规模由上年的2038亿元下跌至2010亿元，房屋住宿由上一年的243亿元下降至145亿元，医疗分享领域也出现下跌。尽管一些细分行业的增长乏力甚至是市值下跌并不能得出整个共享经济已然衰退的结论，但是个别行业呈现的这种下行的趋势值得警惕，其至少在一定程度上反映了共享经济可能存在"亚健康"问题。如果监管者继续奉行对竞争问题无为而治，放任共享经济逆竞争化、逆市场化的发展，那么共享经济势必无法摆脱"短期快速繁荣、长期不可持续"的定律。

---

〔1〕 中国互联网络信息中心："第40次中国互联网发展状况统计报告"，载http://www.cnnic.cn/hlwfzyj/hlwxzbg/hlwtjbg/201708/t20170803_69444.htm，访问时间：2018年2月6日。

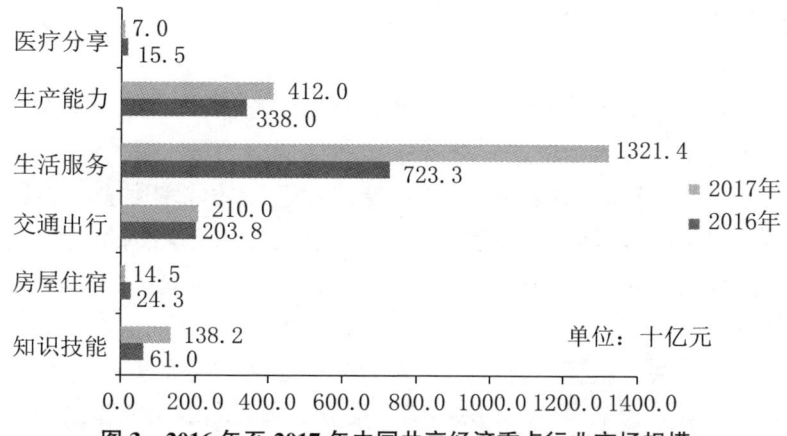

图3 2016年至2017年中国共享经济重点行业市场规模

不可否认，共享经济对创新具有巨大的推动作用，但这种推动功效的发挥需要正确的干预和积极的引导。遗憾的是，监管者为了保护创新，变得谨小慎微，甚至是敛手无为。熊彼特关于垄断促进创新的假设更是为监管者对共享经济市场的竞争问题不作为找到了合理性依据和正当性基础。但是，熊彼特假设并不完美，关于该假设的种种歧见依然存在，肯尼思·阿罗就提出了针锋相对的观点——唯有竞争才能促进创新。但是大量的案例揭示不管是熊彼特的假设，抑或是阿罗的理论都仅在一些领域有效，而在另一些领域失灵，并不具有面向各行各业的普遍性。现代产业经济学的理论发展更加完善，已经超越了"熊彼特-阿罗"争论，主张这种争论只有回到真实的商业环境下考虑到具体的市场结构、产业环境和行业特征才有意义。例如，富田彻男就指出在日本存在"同时开发"的现象，若干家技术水平大体相当的企业同时制造相似的产品，并在激烈的竞争中使得产品技术不断改良，形成了"克劳斯特"型（cluster）

产业结构。[1]在这种产业结构中,竞争带来创新,阿罗假设占优。另一方面,菲利普·阿格因等学者指出在"领导-跟随"型(Leader-laggard)产业结构中,领导企业的技术能力显著领先于跟随企业,创新研发需要领导企业投入大量资金,竞争会减少领导企业的超额利润。这种产业结构中垄断才能增强企业的创新,因而熊彼特假设占优。[2]因此,如何促进创新的争论应到考虑到具体的产业条件,避免脱离实践进行形而上的意气化争论。

对于共享经济而言,其产业结构最显著的特征就是"赢者居大"或"赢者通吃"。乔纳森·贝克一项著名的研究指出当某一企业面对创新前产品市场(Pre-innovation Product Market)的竞争压力时,其具有通过创新来逃离竞争的激励。但如果该企业还需要面临来自创新后产品市场(Post-innovation Product Market)的激烈竞争,那么该企业进行创新的动力就会减弱,两个原则相互抵牾。但是对于"赢者居大"或"赢者通吃"的市场,即便存在创新后产品市场的竞争压力,企业依然有巨大激励进行创新,因为通过创新在创新后产品市场先入为主、占领市场、成为"赢者",那么这个市场给予它的回报依然是十分巨大的,因为这是一个赢者"全赢"或"通吃"的市场。即便要付出代价或者要面对未来激烈的竞争压力,企业依然络绎不断、争相成为"赢者"。这意味着在这种市场中,促进竞争的政策总是会促进创新的。保护竞争的反垄断干预政策可以通过提高创新前产品市场的竞争来培育创新,同时又不必殷忧提高创新后产

---

[1] [日]富田彻男:《市场竞争中的知识产权》,廖正衡等译,商务印书馆2000年版,第224—230页。

[2] Philippe Aghion et al., "Competition and Innovation: An Inverted-U Relationship", *Quarterly Journal of Economics*, Vol. 120, No. 2, 2015.

第三章 创新监管与竞争监管：共享经济的监管转型

品市场的竞争强度会弱化对创新的激励。[1]博翰楠和霍温坎普两位学者也持有同样的观点，他们认为在具有某种既定市场结构的产业中，以反垄断规则提升市场竞争的同时也有助于培育创新。[2]总之，这种"赢者居大"或"赢者通吃"的市场所产生的巨大激励使得"创新、竞争、垄断"的关系发生了改变。对于共享经济这种典型的"赢者全赢"市场，我们可以安全地推定奉行反垄断政策亦有助于促进竞争和培养创新。

实际上，作为市场自由竞争秩序大宪章的现代反垄断法已经鲜明地体现了促进创新的价值面向。在微观方面，反垄断法充分尊重合法行使知识产权的行为，规制滥用知识产权排除、限制竞争的行为，后者从长期来看实则会戕害其他的知识产权人的利益。在宏观方面，反垄断法的合理干预能营造促进创新的产业环境和市场结构。[3]唯其如此，2017年美国司法部和联邦贸易委员会联合发布的《知识产权许可反托拉斯指南》明确指出，促进创新和提高消费者福利是反托拉斯法的目标。[4]因此，对于共享经济而言，对创新真正友好的监管模式应当是规制垄断、以保护竞争为导向的，这意味着监管框架的运行应当以反垄断执法和司法为中心。2017年6月，国务院总理李克强主持召开国务院常务会议，确立了对共享经济"鼓励创新、包容审慎"的监管原则。但是，我们现行的监管框架似乎为了创新而只体现出"包容"，却忽视了"审慎"。索菲亚·兰楚达斯

---

[1] Jonathan B. Baker, "Beyond Schumpeter Vs. Arrow: How Antitrust Fosters Innovation", *Antitrust Law Journal*, Vol. 74, No. 3, 2007.

[2] [美]克里斯蒂娜·博翰楠、赫伯特·霍温坎普：《创造无羁限：促进创新中的自由与竞争》，兰磊译，法律出版社2016年版，第11页。

[3] 参见王先林："反垄断法与创新发展——兼论反垄断与保护知识产权的协调发展"，载《法学》2016年第12期。

[4] US DOJ & FTC, "Antitrust Guidelines for the Licensing of Intellectual Property", available at https://www.justice.gov/atr/IPguidelines/download, 2017-12-27.

指出:"……共享经济的创新不应当被监管所窒息,但是也不应当放任不监管。"[1]蒋大兴等学者亦指出:"在鼓励创新的同时,既应揭开假创新的面纱,也应对真创新进行一定约束性规制,以保护消费者、公共利益和公共秩序。"[2]"共享经济的规制,是一个牵涉主体多、涉及领域广、影响范围大的问题……简单地放松执法也只是权宜之计,必须……借助体系性回应方式,才能实现对共享经济对妥当规制。"[3]综上所述,笔者建议应当推动共享经济的监管创新,实现共享经济监管体系的第二次转型,建构竞争导向型的监管模式,同时应将保护竞争过程、维护竞争秩序的反垄断政策置于监管体系的核心。

第五节 实现第二次转型:竞争导向型监管的确立

共享经济这种依靠颠覆性创新推动、公众参与的经济民主形式从根本上挑战了传统规制体系,带来了新的治理问题。[4]当面对创新的商业模式时,监管部门往往会采取"全有或全无"的监管策略,将其视为传统工业经济的一种形态,进而套用现行监管框架,或者放任不管,任其野蛮生长。[5]在最初面对方兴未艾的共享经济时,监管者陷入了路径依赖,采取了"全有"

---

[1] See Sofia Ranchordas, "Does Sharing Mean Caring: Regulating Innovation in the Sharing Economy", *Minnesota Journal of Law Science & Technology*, Vol. 16, Iss. 1, 2015.

[2] 蒋大兴、王首杰:"共享经济的法律规制",载《中国社会科学》2017年第9期。

[3] 蒋大兴、王首杰:"共享经济的法律规制",载《中国社会科学》2017年第9期。

[4] 蒋大兴、王首杰:"共享经济的法律规制",载《中国社会科学》2017年第9期。

[5] See Gillian K. Hadfield, "Legal Barriers to Innovation: The Growing Economic Cost of Professional Control over Corporate Legal Markets", *Stanford Law Review*, Vol. 60, No. 6, 2008.

第三章　创新监管与竞争监管：共享经济的监管转型

的监管策略。然而，在网约车合法化的努力过程中，监管者的监管理念和逻辑悄然地发生了转变。出于对创新的保护，监管者完成了第一次监管模式转型，采纳了熊彼特假说，从"全有"走向"全无"。但这也导致共享经济中大量的限制竞争问题得不到有效治理，垄断被认为具有推动创新的功能而被放任自流。畅销书《从0到1》的作者彼得·蒂尔对此作了典型和生动的注解——垄断企业推动技术创新和社会进步，因为垄断利润是最有力的创新动力。然而，这种熊彼特式的思考忽视了具体的产业结构和市场环境，其结果不仅可能会挫伤真创新，还可能使监管者被假创新所蒙蔽。对于"赢者全赢"的共享经济市场，竞争才能推动创新。现代反垄断法也具有促进创新的价值面向，真正对创新友好的监管应当是一种以反垄断政策为核心的竞争导向型监管。2018年春节过后，牢固掌握垄断地位、不必再殷忧竞争压力的滴滴出行平台在用户体验、安全审核等方面存在管理惰性，导致一系列损害消费者人身安全的恶性事件发生。在这些案例当中，我们已然看不到技术或运营模式的创新，只能看到大型共享平台披着假创新的面纱，凭借垄断地位而攫取租金，罔顾消费者利益。不同于学界放松监管的主流观点，笔者认为，对共享经济应当采取更为谨饬的监管态度，推动监管模式的第二次转型正当其时。

建构竞争导向型监管模式应解决以下几方面的问题：

其一，应当弱化相关市场的概念。经典相关市场理论在共享经济双边市场中遇到了巨大的适用障碍，并且，截至目前，各国反垄断执法者和学者并没有找到妥善的解决之策。应当明确界定相关市场的最终目的在于判断市场支配地位存在与否，而且其也只是众多判断手段中的一种。早在20世纪末，乔纳森·贝克就提出了"越过"相关市场理论，即在一定条件下，对竞争影响的分析可以略过完整的市场界定。黄勇教授等也指出，如果在个案中可以直接证明被告行为对竞争产生了直接的不利影响进而影响了消费者福利，且其他可能的因素都已被排除，那么直接认定被告市场支配地位之成立具有合理性。[1]一些学者认为，无法精确且无争议地界定出相关市场，就证明并不存在任何反垄断问题，这实际上是倒因为果、混淆目的和手段的看法。相关市场理论不应成为大型共享平台逃脱反垄断审查的冠冕堂皇的抗辩说辞，也不应成为掣肘竞争导向型监管框架的枷锁。在满足一定条件的个案中，应当允许进行"弱化"或"越过"相关市场完整分析的变通处理；即使不满足"越过"条件，界定相关市场时应当考虑到平台双边的交叉联系、价格不敏感性等异质性，以避免共享经济领域中相关市场界定过于狭窄的弊病。

其二，应及时规制共享平台滥用市场支配地位的行为。瓦内萨·卡茨指出，共享经济平台和其他互联网平台的关键区别并不在于服务类型或参与个体的特征，而是平台对于各个交易环节的控制程度。[2]共享经济商业模式下，共享平台占据交易的绝对主导地位，其对于交易方式、定价模式、交易频率、结算工具、责任分配等要素具有较高的控制力，交易参与者通常无议价机会。具有支配地位的大型平台也有巨大的激励和更多的机会来强化锁定效应，抬高转换成本，实行歧视性待遇，实施低价竞争等行为。尽管市场支配地位本身并不违法，但是上述诸多滥用市场支配地位行为应当是竞争导向型监管框架的重点规制对象。如果放任自流，大型共享平台的支配地位将变得愈发牢固，不必再为了逃脱竞争的压力而去创新（即"逃离竞

---

〔1〕 参见黄勇、蒋潇君："互联网产业中'相关市场'之界定"，载《法学》2014年第6期。

〔2〕 Vanessa Katz, "Regulating the Sharing Economy", *Berkeley Technology Law Journal*, Vol. 30, Iss. 4, 2015.

第三章　创新监管与竞争监管：共享经济的监管转型

争效应"失灵），这最终将抑制创新，损害消费者福利。

其三，经营者集中事前申报中，除了刚性的"营业额"标准，还应当引入其他"柔性标准"。坚持将申报标准定于一尊，只会让共享经济中的绝大多数并购游离于监管视阈之外。在这方面，德国竞争法的修改经验值得借鉴。为了更好地适应数字经济时代，2017年德国联邦议会通过了《反对限制竞争法（第九修正案）》，其中引入了一项新的标准——"交易价值"（Wert der Gegenleistung），其目的在于确保德国合并控制规则能够监管某些未来可能引发重大竞争关注，但在交易时没有营业额或有很少营业额的初创型企业。[1]这与美国《哈特-斯科特-罗迪诺反垄断改进法案》中的"交易规模标准"非常类似。此外，共享经济领域的经营者集中审查还应当注意到纵向一体化和数据集中的问题。在"Facebook/WhatsApp案"中，欧盟委员会已经开始审查合并可能造成的数据集中对于竞争的影响。

其四，建立助力竞争的数据分享机制。大型共享平台凭借对数据的独占和封锁，可以获得竞争对手难以匹敌的市场势力。尽管推进数据的分享有助于打破信息壁垒和信息孤岛，促进行业的竞争，但是其又与用户的隐私保护之间存在紧张关系。不过，这一冲突可以通过对用户数据的类型化作业来予以缓解。在共享经济活动中，用户的数据可以分为个人身份、相关账户、住所、邮箱、社会关系等隐私数据和消费记录、浏览轨迹、评价记录、兴趣收藏等痕迹数据。对于前者，相关平台应当依据《消费者权益保护法》的相关规定积极保护用户隐私；而对于后者，其已成为共享经济竞争过程所必不可少的原料，可依据反

---

[1] "Germany: Ninth Amendment of the Act against Restraints of Competition Enters into Force", available at http://knowledge.freshfields.com/en/Global/r/3511/www.bundeskartellamt.de，2017-12-29.

垄断法必要设施原则，对该类数据的独占者设定开放分享数据的义务。

其五，应注意"算法共谋"的问题。无论是滴滴还是Uber都宣称服务价格由市场决定，但是实际上最终决定价格的是它们设计出来的算法。"该算法既没有受到管制，也不透明……它可以模拟市场定价机制，也可以不模仿，这取决于Uber公司。"[1]竞争执法机构应当保证算法的透明性，必要时可以授予规制机关反向工程的权力，以弄清算法的决策机理和过程。[2]竞争执法机构还应当制定一定的原则或标准，以规范和引导算法的设计过程，引导和督促共享平台展开算法创新和算法竞争，推陈出新、精益求精，设计出更为公平且不会窒息价格竞争的算法。安德森和霍夫曼提出的以竞标机制为特色的算法就是一个成功的示范。欧盟委员维斯塔格指出："企业能做和必须做的是通过设计（算法）来确保反垄断法的遵从。这意味着关于定价的算法必须按照一种不会促进共谋的方式来进行构建。"[3]

其六，应当注意网约车行业的行政垄断问题。在巡游出租车市场，政府建立了以特许经营制为特征的管制体系，造成了行政垄断；而在新兴的网约车市场，市场又形成了新的垄断，需要政府由垄断的缔造者转变为垄断的控制者。遗憾的是，一些地方政府并没有完成这种角色转换，反而将行政垄断延伸向

---

〔1〕 Matt Stoller, "How Uber Creates an Algorithmic Monopoly to Extract Rents", available at https://www.nakedcapitalism.com/2014/04/matt-stoller-how-uber-creates-an-algorithmic-monopoly.html, 2018-01-20.

〔2〕 OECD, "Algorithms and Collusion: Competition Policy in the Digital Age", arailable at www.oecd.org/competition/algorithms-collusion-competition-policy-in-the-digital-age.htm, 2018-01-20.

〔3〕 Margrethe Vestager, "Algorithms and competition", available at https://ec.europa.eu/commission/commissioners/2014-2019/vestager/announcements/bundeskartellamt-18th-conference-competition-berlin-16-march-2017_en, 2018-01-20.

了网约车市场。吴汉洪教授指出，2016年推出的公平竞争审查制度就是在竞争政策领域当中用来规制行政性垄断行为的一个重要举措。各地网约车细则也在大致相同的时间段大量出台，其可被视为激活公平竞争审查制度、推动该制度落地的"试金石"；公平竞争审查也要及时"亮剑"，纠正潜在的行政性垄断。对于正在起草、尚未正式出台的网约车地方细则，应当按照实体审查标准进行公平竞争审查，未经审查不得出台；对于已经出台的地方细则，《公平竞争审查制度实施细则（暂行）》规定"政策制定机关未进行公平竞争审查出台政策措施的，应当及时补做审查。发现存在违反审查标准问题的，应当按照相关程序停止执行或者调整相关政策措施"。

第四章 CHAPTER 4
药品专利反向支付协议的反垄断规制原理

第一节 "反向支付"问题的产生

专利法和反垄断法之间存在着潜在冲突,当前者为了鼓励创新、排除非权利人"搭便车"而创造出一个合法垄断时,后者可能宣告这种垄断的掌握或运用因限制竞争而违法。"专利持有人拥有的排他性权利和反托拉斯政策对排他行为的厌恶之间存在二元对立。"[1]如何协调两法之间的关系成为知识经济时代下各国都亟须解决的难题。存在于医药行业的反向支付协议其实就是赋予创新药品以专利垄断保护和鼓励通用仿制药品竞争这两种不同政策矛盾作用下的产物,因此,其可以作为我们分析专利法和反垄断法关系的一个绝佳模型。

根据专利法介入情况的差异,药品可以被分为品牌药(brand-name drug,又被称作专利药、原研药、创新药)和通用药(generic drug,又可被称作仿制药、学名药)。前者受到专利法的保护,研发品牌药的公司借由专利形成的合法垄断回收成本并赚取利润。而后者一般是根据前者仿制而成的具有相同活

---

[1] Rudolph J. R. Peritz, "Taking Antitrust to Patent School: The Instance of Pay-for-Delay Settlements", *The Antitrust Bulletin*, Vol. 58, No. 1, 2013.

第四章 药品专利反向支付协议的反垄断规制原理

性成分和药效的功能等值物,由于可以节省巨额的研发、临床测试、市场推广等成本,通用药的价格一般要低得多。美国相关研究指出,品牌制药公司大约须在新药的研发中花费5亿美元到10亿美元,且只有约0.1%的新药能进入人体临床测试阶段,这其中只有20%(即总量的0.02%)最终能被美国食品和药品管理局(FDA)批准上市。[1]相反,通用制药公司只用花费较少的时间和资源就能将仿制的药品带入市场。[2]专利的排他保护让消费者需要为创新药品支付极为高昂的费用,但是,具有同等效用的通用药一旦进入市场并与之开展竞争,创新品牌药的市场份额和销售价格就会快速跌落(有研究指出品牌药将减少90%的收入[3]),这种现象也被称为"专利悬崖"(patent cliff)[4]。因此,品牌制药商有巨大动机去维持乃至不正当扩大品牌药的专利权,反向支付协议便是其应对"断崖"危机的典型例子。

反向支付协议(reverse-payment agreement,在美国学界有时被称为排除支付协议或延迟支付协议)[5],是指原告(品牌

---

[1] See Peggy B. Sherman and Ellwood F. Oakley Ⅲ, "Pandemics and Panaceas: The World Trade Organization's Efforts to Balance Pharmaceutical Patents and Access to AIDS Drugs", *American Business Law Journal*, Vol. 41, No. 2/3, 2004.

[2] 有学者估算,一个新药完成FDA的批准程序可能会花费多至10亿美元,但是通用药完成批准程序只需要花费大约1亿美元。See, Laura J. Robinson, "Analysis of Recent Proposals to Reconfigure Hatch-Waxman", *Journal of Intellectual Property Law*, Vol. 11, No. 1, 2003.

[3] Sheila Kadura, "Is an Absolute Ban on Reverse Payments the Appropriate Way to Prevent Anticompetitive Agreements between Branded-and Generic-Pharmaceutical Companies?", *Texas Law Review*, Vol. 86, No. 3, 2008.

[4] Alexander Denoon and Erik Vollebregt, "Can Regenerative Medicine Save Big Pharma's Business Model from the Patent Cliff?", *Regenerative Medicine*, Vol. 5, No. 5, 2010.

[5] See Rudolph J. R. Peritz, "Taking Antitrust to Patent School: The Instance of Pay-for-Delay Settlements", *The Antitrust Bulletin*, Vol. 58, No. 1, 2013.

制药商）在向仿制其专利药品的被告（通用制药商）提起的专利侵权诉讼中，反而由原告向被控侵权被告支付巨额费用而达成和解的协议（正常和解的案例中支付流的自然方向是从被告到原告）。[1]产生这种"不可思议"的反向支付现象其直接目的和诉求就在于通过巨额补偿要求通用制药商延迟进入市场，品牌制药商从而可以继续享受垄断销售所带来的利益。因此，反向支付协议很可能由于构成对竞争的限制而招致反垄断风险。此外，阻碍廉价通用药品进入市场的做法大幅增加了政府医疗健康支出、加重医药消费者的负担，甚至与保障生命健康权等人权价值构成冲突。美国所有处方药中约有56%是通用药，通用药平均价格比同类品牌药低63%。[2]联邦贸易委员会的相关调查也揭示，反向支付协议让消费者每年多支付35亿美元的药品支出。[3]因此，美国第六巡回法院作出的反向支付协议属于本身违法的横向市场分割协议的判决得到广泛认可。此外，如波斯纳所言："制造商首先就不会制造发明，如果他不能收获，他就不会播种。"相比于其他行业，医药行业对专利制度的依赖尤为严重。"缺少专利保护的情况，86%的发明依然可以获得发展，但是当仅仅考虑到医药行业时，仅有40%的药品发明可以

---

[1] See Thomas F. Cotter, "Refining the Presumptive Illegality Approach to Settlements of Patent Disputes Involving Reverse Payments: A Commentary on Hovenkamp, Janis & Lemley", *Minnesota Law Review*, Vol. 87, No. 6, 2003.

[2] See Preserve Access to Affordable Generics Act, S. 316, 110th Cong. pmbl. (2007). § 2(a)(2)~(3).

[3] See Federal Trade Commission, "Pay-for-delay: How Drug Company Pay-offs Cost Consumers Billions", available at https://www.ftc.gov/reports/pay-delay-how-drug-company-pay-offs-cost-consumers-billions-federal-trade-commission-staff, 2017-08-03.

第四章 药品专利反向支付协议的反垄断规制原理

获得发展。"[1]巨额的研发费用，专利悬崖现象的威胁，以及医药行业"离散性"的技术特征[2]都决定了弱化对品牌药的专利保护将危及整个行业的可持续发展。近年来，在美国涉及反向支付的和解案例中，当事人为了规避风险，在协议中约定通用药进入市场的日期通常要早于专利到期之日。例如，在美国最高法院审理的"Actavis案"中，双方约定通用药进入市场的日期为2015年8月，而专利于2021年1月到期。美国第十一巡回法院认为，只要约定的进入日期没有超出专利的有效期，那么反向支付对竞争的限制便属于专利的排他范围之内，应当自动获得反托拉斯豁免。

由此可见，反向支付问题折射出了反托拉斯法和专利法的矛盾关系，这种紧张关系"因为鼓励批准和销售仿制药的政策导向而在医药行业中进一步复杂化"[3]，这使得反向支付协议的合法性分析变得极为复杂。学者戴维斯直言，如何评估包含

---

〔1〕 See FTC Staff Report, "Anticipating the 21st Century: Competition Policy in the New High-Tech, Global Marketplace Executive Summary and Principal Conclusions", *Antitrust Law Journal*, Vol. 64, No. 3, 1996.

〔2〕 科恩等学者的一项非常著名的研究指出，医药行业受到专利的影响最大，如果没有专利保护，他们将不会开发新产品，这个事实可以通过医药行业大多数技术的"离散性"特征来予以解释。一项综合技术和一项离散技术的关键区别在于一个新的可商业化的产品或过程是否由大量的独立的可专利性元素构成。新药或化学品通常由相对分散的可专利性元素组成。相比之下，电子产品往往包含有大量的——经常是数百个——可专利性元素，因此具有综合性的特征。离散性特征使得专利权的激励作用要比其他行业更适用于医药行业。See Wesley M. Cohen, Richard R. Nelson and John P. Walsh, "Protecting Their Intellectual Assets: Appropriability Conditions and Why US Manufacturing Firms Patent (or Not)", *National Bureau of Economic Research Working Paper*, No. w7552, 2000, available at https://ssrn.com/abstract = 214952, 2018-01-10.

〔3〕 Anne-Marie C. Yvon, "Settlements Between Brand and Generic Pharmaceutical Companies: A Reasonable Antitrust Analysis of Reverse Payments", *Fordham Law Review*, Vol. 75, No. 3, 2006.

知识产权与竞争法贯通论

有反向支付的专利和解协议是美国反托拉斯法中最紧迫、最突出和最具争议的问题之一。[1]美国司法实务界和学界对反向支付协议投入了巨大的智慧,进行了大量精细化研究。相比之下,中国学界相关的针对性研究有待提高。2015年国家发展改革委员会价格监督检查与反垄断局局长张汉东指出:"美国和欧盟都先后对医药企业达成'反向支付协议'的行为,作出了反垄断处罚。国家发展改革委也将密切关注医药领域的知识产权问题,在依法保护知识产权的同时,规制滥用知识产权排除限制竞争行为,切实保护医药行业公平竞争的市场秩序。"[2]尽管中国目前尚未出现涉及反向支付的官方案例,但是苗头已经初显。[3]笔者将聚焦于美国反向支付协议的司法审查经验和学说理论,探究反托拉斯分析方法在反向支付中的应用与演变,以期对我国反向支付协议的规制体系之建构、反垄断法和专利法之协调提供镜鉴。

第二节 美国反向支付协议的制度成因

反向支付协议在美国产生并逐步盛行,其背后具有特殊的制度成因,其中起到核心作用的一项制度就是颁行于1984年的

---

[1] Joshua P. Davis, "Applying Litigation Economics to Patent Settlements: Why Reverse Payments Should Be Per Se Illegal", *Rutgers Law Journal*, Vol. 41, Iss. 1&2, 2009.

[2] 张汉东:"促进医药领域公平有序竞争",载《中国经济导报》2015年7月17日。

[3] 研究者苏华和韩伟通过调研发现,反向支付协议在我国已见端倪。他们曾发现某跨国药企希望向某国内通用制药厂反向支付使其离开市场,但未获成功,继而发起专利侵权诉讼。该案共耗时9年之久,尽管国内药企胜诉,但延误了通用药品的上市时间,而跨国药企则获得9年的市场垄断权。参见苏华、韩伟:"药业反向支付协议反垄断规制的最新发展——兼评 Actavis 案及 Lundbeck 案",载《工商行政管理》2013年第16期。

第四章 药品专利反向支付协议的反垄断规制原理

《药品价格竞争和专利期限恢复法案》，也被称作《哈奇-韦克斯曼法》（Hatch-Waxman Act）[1]。在该法施行之前，不管是专利药还是通用药都需要依照1962年《食品、药品和化妆品法》之规定，向FDA提交新药申请（New Drug Application，简称NDA），要求相关药品上市之前必须进行广泛的临床试验以证明药品的安全性和有效性，[2]这需要耗费巨大的经济成本和时间成本。专利药尚可通过高昂的知识产权定价来回收研发及推广成本，但是，通用制药行业的发展却受到巨大的束缚，萎而不振。为了促进通用制药行业的发展，降低消费者的药品支出，《哈奇-韦克斯曼法》应运而生。该法案规定了简化版的新药申请程序（Abbreviated New Drug Application，简称ANDA），允许通用制药商使用专利药生产商已经证实过的临床经验数据，证明其通用药版本与专利药具有生物等效性（bioequivalent），完成证明就可以获得FDA的批准而得以上市销售。[3]如果通用制药商提出ANDA申请，还必须同时提交下列四段证明中的某一种：一是不存在已经提交FDA的品牌药的专利信息；二是品牌药的专利已经过期；三是申请在品牌药专利到期之后才会上市销售通用药品；四是品牌药的专利是无效的或者生产、使用或销售通用药不会侵犯该专利。[4]其中，第四段证明为通用制药商提供了挑战尚处于有效期内的专利并在其到期之前就能进入市场的可能性。提交第四段证明的申请者还需要履行向品牌制药商的通知义务，后者接到通知后有45天的时间决定是否向

---

[1] See Drug Price Competition and Patent Term Restoration Act of 1984, Pub. L. No. 98-417, 98 Stat. 1585 (1984) (codified as amended in scattered sections of 15, 21, and 35 U.S.C.).

[2] 21 U.S.C. § 355 (a).

[3] 21 U.S.C. § 355 (j) (2) (A).

[4] 21 U.S.C. § 355 (j) (2) (A) (vii).

知识产权与竞争法贯通论

ANDA申请者提起专利侵权诉讼。如果品牌制药企业提出诉讼，FDA将搁置对通用药的审批，直到法院作出目标专利无效或者没有被侵权的判决，或者直至30个月的搁置期间届满。[1]反之，如果45天内没有诉讼发生，那么FDA将直接批准ANDA申请。最后，《哈奇-韦克斯曼法》框架中还有一项重要的激励措施，即第一位成功完成第四段证明的ANDA申请者（首仿者）将被授予180天的市场独占期。[2]在独占期内，只有该首仿者有权制造和销售通用药品，其"与拥有专利药的在位者形成双寡头垄断——其他的通用制药商只有在独占期结束后才能进入市场"。[3]这种排他性期限的设定不仅补偿了ANDA申请成本和诉讼成本，还让通用制药商有利可图，美国的通用制药行业也因此获得了迅猛发展。研究者斯图里勒也指出180天独占期创造了一个双寡头垄断，在双寡头垄断期间，药品价格只比完全垄断期间稍微低一点，因而独占期对于第一申请者极具诱惑，能为之带来数百万美元的经济价值。[4]

上述制度安排反映了在保护品牌药专利和促进通用药竞争之间寻找平衡的立法意图。里根总统在1984年的演讲中谈道，《哈奇-韦克斯曼法》是两个目标妥协下的产物：让美国人民节省医药开支，同时还能获得医药科学能够提供的最好药品。然而，"专利悬崖"所产生的巨大压力促使品牌制药商很快就找到了《哈奇-韦克斯曼法》的制度漏洞，打破了这种平衡：一旦

---

〔1〕 21 U.S.C. § 355 (j) (5) (B) (iii).

〔2〕 21 U.S.C. § 355 (j) (5) (B) (iv).

〔3〕 Butler, Henry N. and Jeffrey Paul Jarosch, "Policy Reversal on Reverse Payments: Why Courts Should Not Follow the New DOJ Position on Reverse-Payment Settlements of Pharmaceutical Patent Litigation", *Iowa Law Review*, Vol. 96, No. 1, 2010.

〔4〕 Jennifer E. Sturiale, "Hatch-Waxman Patent Litigation and Inter Partes Review: A New Sort of Competition", *Alabama Law Review*, Vol. 69, No. 1, 2017.

第四章 药品专利反向支付协议的反垄断规制原理

FDA 识别了第一申请者，那么该法所授予的排他期就无法再为其他通用制药商提供激励；一旦成功推迟了首仿者 180 天的排他期，那么其他所有通用制药商的进入也都将被推迟。[1]这种效应也被称为"瓶颈效应"（Bottleneck Effect）。对此，学者卡瑞尔进行了清晰的解读："《哈奇-韦克斯曼法》的核心是给予第一家挑战专利并在专利有效期结束前寻求进入的公司以一定的排他期限。然而，这一条款被扭曲为一种进入障碍，品牌制药公司通过与这一家通用制药公司达成和解，就可以确信其他人不会再挑战它的专利。通过向该第一文件申请者支付使其延迟进入市场，品牌制药公司能够延迟所有通用制药公司的进入。因为这个通用制药公司 180 天的排他性专营期只有在它实际进入市场时才开始计算。"[2]

《哈奇-韦克斯曼法》本是为了协调品牌药的专利保护和通用药的市场竞争、协调专利法和反托拉斯法的紧张关系而生，但其产生了一种独特的激励结构，使得反向支付协议在美国本土逐渐盛行，亦使得专利法和反托拉斯法的冲突更加恶化。专利持有人和 ANDA 挑战者滥用相关制度，通过相互之间的共谋变相维持和延长了专利的垄断期，最终通过药品的超竞争性定价损害消费者。[3]根据联邦贸易委员会的相关统计，在 2005 年

---

[1] C. Scott Hemphill and Mark A. Lemley, "Earning Exclusivity: Generic Drug Incentives and the Hatch-Waxman Act", *Antitrust Law Journal*, Vol. 77, Iss. 3, 2011.

[2] Michael A. Carrier, "Solving the Drug Settlement Problem: The Legislative Approach", *Rutgers Law Journal*, Vol. 41, Iss. 1&2, 2009.

[3] See Joshua P. Davis, "Applying Litigation Economics to Patent Settlements: Why Reverse Payments Should Be Per Se Illegal", *Rutgers Law Journal*, Vol. 41, Iss. 1&2, 2009.

知识产权与竞争法贯通论

的11个最终的和解协议中,3个包含反向支付(占比27%);[1]而在2006年和2007年,大约有70%~80%的品牌制药公司和第一位通用药申请者之间的和解协议涉及反向支付。[2]学者英格尔针砭时弊地指出:"讽刺的是,这些让通用药离开货架的协议很大程度上归因于鼓励通用制药商进入市场的立法。"[3]

为了纠正立法偏差,摘下《哈奇-韦克斯曼法》的雅努斯之面,2003年国会通过的《医疗保险处方药、改进和现代化法案》对相关框架进行了修正。[4]例如,该法案规定每个专利发明只能申请一次30个月的审批搁置暂停期。[5]如果第一文件申请者在ANDA被批准的75天内没有销售其药品,或者法院作出专利是无效的或者没有被侵权的终局性判决,则没收180天的市场排他期限(该条款也被称为"使用或放弃"条款,"use it or lose it" provision)。[6]该法案还要求ANDA申请者之间的协

---

[1] See Federal Trade Commission, "Agreements Filed With the Federal Trade Commission Under the Medicare Prescription Drug, Improvement, and Modernization Act of 2003: Summary of Agreements Filed in Fiscal Year 2005", available at https://www.ftc.gov/reports/agreements-filed-federal-trade-commission-under-medicare-prescription-drug-improvement-5, 2017-08-03.

[2] See Federal Trade Commission, "Agreements Filed With the Federal Trade Commission Under the Medicare Prescription Drug, Improvement, and Modernization Act of 2003: Summary of Agreements Filed in Fiscal Year 2007", available at https://www.ftc.gov/reports/agreements-filed-federal-trade-commission-under-medicare-prescription-drug-improvement-3, 2017-08-03.

[3] Cory J. Ingle, "Reverse Payment Settlements: A Patent Approach to Defending the Argument for Illegality", *I/S: A Journal of Law and Policy*, Vol. 7, No. 2, 2011.

[4] See Medicare Prescription Drug, Improvement, and Modernization Act of 2003, Pub. L. No. 108-173, 117 Stat. 2066 (codified as amended in scattered sections of 21 U.S.C. and 42 U.S.C.).

[5] Medicare Prescription Drug, Improvement, and Modernization Act § 1101.

[6] Medicare Prescription Drug, Improvement, and Modernization Act § 1102.

议，或者 ANDA 申请者和 NDA 持有者之间的协议必须在 10 天的执行期内向司法部和联邦贸易委员会备案。[1]根据"使用或放弃"条款，如果首仿者没有在规定期限内销售相关通用药品，"……就会导致 180 天的排他期被没收。一旦被没收，排他期就丧失了，后续的其他 ANDA 申请者也不能再获得该排他期"。[2]然而，品牌制药商依然有巨大的激励去促成迫使首仿者延迟进入或退出市场的协议，大量的反向支付协议在美国本土依然盛行。这是因为对于品牌药企而言，其最核心的利益诉求是希望通过反向支付确保自己的专利在一定期间内不被质疑，尽管市场独占期造成的"瓶颈效应"能够强化垄断，但是即使没有这种效果加成，品牌药企依然有激励进行反向支付，破财以消灾，为自己脆弱专利的有效性购买保险，有学者称之为"保险理论"（insurance theory）。质言之，反向支付的本质是品牌药企为自己信心不足的专利购买的保险。与垄断销售所获得的巨大利润相比，反向支付的数额可谓微不足道。即便首仿者的市场独占期因为它延迟销售而被没收，这也会使得后续试图进入市场的申请者同样失去获得 180 天市场排他期的资格，因为一旦被没收，180 天的独占期就会彻底消失。没有该排他期作为回报，后续挑战者可能不愿承担或无力承担昂贵的侵权诉讼成本，进而也就不会再尝试进入市场。

从通用仿制药企的角度看，表面上修法导致的 180 天排他期的制度弱化似乎会减少通用仿制药企成为首仿者的激励，进而弱化通用仿制药企质疑和挑战在位专利的激励。但实际上，即便有 180 天的独占期激励，通用仿制药企在强大的竞争对手

---

[1] Medicare Prescription Drug, Improvement, and Modernization Act § 1102.
[2] Henry N. Butler and Jeffrey Paul Jarosch, "Policy Reversal on Reverse Payments: Why Courts Should Not Follow the New DOJ Position on Reverse-Payment Settlements of Pharmaceutical Patent Litigation", *Iowa Law Review*, Vol. 96, No. 1, 2010.

面前胜诉的前景也扑朔迷离,而且,完整走完诉讼程序需要耗费巨大的经济成本和时间成本。对于通用仿制药企而言,深陷长期性诉讼的泥潭永远都不是最优解,在诉讼中寻求和解并赚取一笔稳定可预期的巨额和解金才是理性选择。因此,通用仿制药企依然有巨大的激励去不断挑战专利,其寻求的不是得到最终判决,而是为了得到伴随大额经济补偿的和解机会。总之,尽管2003年的立法修订减轻了专利侵权诉讼和解中出现的一些反托拉斯影响,对利益相关者形成一定的威慑,但是却治标而未治本,大量的反向支付依然层出不穷,禁而不止。从世界范围来看,在没有市场独占期制度设计的欧盟、英国、韩国、印度等地区也都出现了反向支付现象。这也充分说明市场独占期制度只是反向支付协议的充分条件,而非必要条件。当然,除了立法者的努力,美国司法界对如何规制反向支付协议的问题做出了巨大贡献,尤其值得研究。

第三节 美国规制反向支付协议的司法分歧与学说争鸣

一、司法的分歧:巡回上诉法院之争

关于反向支付协议的规制逻辑,美国司法实践中出现了巨大的分歧,主要集中在巡回上诉法院层面。不同巡回法院之间作出了风格迥异的判决,形成了司法史上一道"独特的风景":第十一巡回法院、第二巡回法院和联邦巡回法院支持对反向支付协议适用"专利范围测试"(scope of the patent test),第六巡回法院认为至少某些专利和解协议应当适用本身违法原则(per se illegality),而第三巡回法院则认为应当适用快速审查原则(quick look rule)。

第四章 药品专利反向支付协议的反垄断规制原理

(一) 第六巡回法院：本身违法原则（"Cardizem CD 案",2003 年）

第六巡回法院是对反向支付协议的合法性问题作出分析和判决的第一家上诉法院，其在"Cardizem CD 案"中适用了本身违法原则。[1]该案中，通用制药商 Andrx 公司向 FDA 提交了针对专利药 Cardizem CD 的 ANDA 第四段证明，该专利药的所有者 HMR 公司随即向 Andrx 公司提出专利侵权之诉，从而启动了 30 个月的审批暂停期。然而，两家公司达成了一个反向支付和解协议：Andrx 公司保证不销售 Cardizem CD 的任何通用仿制版本（包括那些并没有侵权的通用药版本），除非①获得了一个 Cardizem CD 专利无效的终局判决，②HMR 公司和 Andrx 公司达成专利许可协议，或者③HMR 公司与第三人达成许可协议；作为回报，HMR 公司向 Andrx 公司每年支付高达 4 千万美元的报酬。1998 年 8 月，直接购买者（药店）、间接购买者（消费者）等作为原告向密歇根州东部地区法院提起反托拉斯诉讼，最终上诉至第六巡回法院，并于 2003 年 1 月审结。

第六巡回法院认为该协议"其核心部分是一个消除整个美国境内 Cardizem CD 药物的市场竞争的横向协议，是一个本身违法的限制贸易的典型例子"。[2]法院指出："利用由专利自然产生的垄断之优势是一回事，但是通过向唯一的潜在竞争者每年支付四千万使其离开市场的限制方式来强化专利的效力又是另一回事。"[3]最终，法院采用了本身违法原则这一传统的反托拉斯分析规则，并进一步指出法院对于此类协议并没有扩展司法资源来分析具体反竞争效果的必要。值得一提的是，在该案中

---

[1] See In re Cardizem CD Antitrust Litig., 332 F. 3d 896 (6th Cir. 2003).
[2] In re Cardizem CD Antitrust Litig., 332 F. 3d 908 (6th Cir. 2003).
[3] In re Cardizem CD Antitrust Litig., 332 F. 3d 908 (6th Cir. 2003).

法院首次提出了"专利范围"的概念,指出反向支付协议还限制了那些不属于 Cardizem CD 专利范围之内的产品的竞争。

(二)第十一巡回法院:专利范围测试("Valley Drug 案",2003 年)

尽管"专利范围"这一语词表述肇始于第六巡回法院,但真正将其发展为一项正式分析规则的却是第十一巡回法院。在"Valley Drug 案"中,第十一巡回法院拒绝了传统的反托拉斯原则,而是发展了一个新的分析方法,即专利范围测试。[1]该案的基本事实为:在 1993 年到 1996 年之间,Geneva 公司提交了与 Abbot 公司的专利药 Hytrin 相关的多个 ANDA 第四段证明。1994 年 6 月,另一家通用制药公司 Zenith 也提交了第四段证明。随后品牌专利制药公司 Abbot 分别与这两家通用制药商达成了和解协议。与 Zenith 公司的协议约定:Zenith 公司承认 Abbot 公司所持有专利的有效性,并同意不再销售品牌专利药品的任何仿制版本,直到其他公司进行销售或者专利到期为止;作为回报,Abbot 公司需要预先支付 300 万美元,3 个月后再支付 300 万美元,尔后每个季度支付 600 万美元直到 2001 年 3 月 1 日。与 Geneva 公司的协议中约定在专利被判定无效、专利到期或者其他主体开始销售专利药品的通用版本之前,限制 Geneva 公司销售或者分销专利药品的任何通用仿制版本;Geneva 公司还承诺不转移它的 180 天排他期给其他 ANDA 文件提交者;而 Abbot 公司则承诺向其支付每月 450 万美元的报酬直至其他通用制药商进入市场或者 Abbot 赢得专利侵权诉讼。

该案的初审法院佛罗里达州南部地区法院采纳了"Cardizem CD 案"中第六巡回法院所主张的本身违法原则,认为反向支付

---

[1] See In Valley Drug Co. v. Geneva Pharmaceuticals, Inc., 344 F. 3d 1294 (11th Cir. 2003).

第四章　药品专利反向支付协议的反垄断规制原理

协议属于违反谢尔曼法的市场分割协议。[1]但是，上诉法院第十一巡回法院推翻了地区法院的判决，其指出"如果一个案件仅仅涉及一家公司每月向潜在竞争者支付以换取后者离开或者限制进入市场，那么我们已经确认了地区法院的判决。然而，该案件恰恰不属于此类，因为当事人一方拥有专利"。[2]法院指出，专利法授予了一种合法的垄断权，这种垄断的排他效应摧毁了传统的关于横向市场分割协议的反托拉斯分析方法。法院认为："如果 Abbot 拥有排除竞争者的合法权利，那么向潜在竞争者支付使其离开市场所带来的竞争限制不会明显超过上述合法权利所带来的竞争限制。"[3]反向支付协议产生的排他效应没有超过专利允许的排他范围，那么对贸易的限制就是合法的。学者巴特勒指出："……对比和解协议与专利的表面的范围成为第十一巡回法院分析框架的全部。"[4]第六巡回法院聚焦于通用制药商的延迟进入，更关注协议的竞争效果；而第十一巡回法院则集矢于专利的排他范围，强调反托拉斯法对专利权的礼让和尊重，规制方法的差异折射出了法院处理专利法与反托拉斯法关系的两种不同逻辑。在 2005 年的"Schering-Plough 诉 FTC 案"中，第十一巡回法院推翻了联邦贸易委员会适用合理原则的决定，进一步发展了专利范围测试。法院认为需要进行三部

---

〔1〕 反向支付协议属于一种市场分割协议，典型的市场分割协议分割的是"地域"或"产品"，反向支付协议分割的是"时间"。通用制药商在协议约定的日期前放弃竞争，以换取大额支付。

〔2〕 In Valley Drug Co. v. Geneva Pharmaceuticals, Inc., 344 F.3d 1304 (11th Cir. 2003).

〔3〕 In Valley Drug Co. v. Geneva Pharmaceuticals, Inc., 344 F.3d 1309 (11th Cir. 2003).

〔4〕 Henry N. Butler and Jeffrey Paul Jarosch, "Policy Reversal on Reverse Payments: Why Courts Should Not Follow the New DOJ Position on Reverse-Payment Settlements of Pharmaceutical Patent Litigation", *Iowa Law Review*, Vol. 96, No. 1, 2010.

分的审查:"①专利潜在的排他性范围;②协议超出该范围的程度;以及③导致的反竞争性效果。"[1]在该案中,通用药的进入日期没有超出专利的有效期,法院因此认定协议没有超出专利的排他范围。专利范围测试在美国司法界是非常有影响力的分析方法,第二巡回法院和联邦巡回法院都继承并发展了第十一巡回法院的分析框架,其推定反向支付协议是合法的,除非和解协议超出了专利的排他范围,专利是通过欺诈而从美国专利和商标办公室获得的或侵权诉讼是客观无根据的。[2]

(三)第三巡回法院:快速审查原则("K-Dur案",2012年)

相比于第六巡回法院的严苛和第十一巡回法院、第二巡回法院、联邦巡回法院的宽容,第三巡回法院在"K-Dur案"中选择了一种执两用中的规制方法。[3]在该案中,Schering公司持有药品K-Dur 20的正式专利,该专利于2006年9月5日到期。1995年8月,Upsher公司提交了第一份ANDA第四段证明,以期获得FDA允许其销售专利药K-Dur 20的通用版本的行政批准。1995年11月,另一家通用制药商ESI公司也提交了第四段证明。Schering公司旋即发起了专利侵权诉讼,并最终与两家通用制药公司各自达成一份反向支付和解协议。Schering公司与Upsher公司的协议约定:Schering向Upsher支付6000万美元,Upsher承诺在2001年9月1日之前不会销售它生产的通用药版本(大约延迟4年左右)。Schering公司与ESI公司的协议约定:Schering向ESI预先支付500万美元,并根据ESI的ANDA申请被FDA批复的情况再酌情支付一些金钱;而ESI给付的对价是

---

[1] Schering-Plough Corp. v. FTC, 402 F. 3d 1056, 1074 (11th Cir. 2005).

[2] Michael Clancy, Damien Geradin and Andrew Lazerow, "Reverse-payment Patent Settlements in the Pharmaceutical Industry: An Analysis of US Antitrust Law and EU Competition Law", *The Antitrust Bulletin*, Vol. 59, No. 1, 2014.

[3] In re K-Dur Antitrust Litig., 686 F. 3d 197 (3rd Cir. 2012).

第四章　药品专利反向支付协议的反垄断规制原理

在2004年1月1日之前不会进入市场（大约延迟了7年之久）。

第三巡回法院拒绝采用专利范围测试，其认为"专利范围测试并没有让反向支付协议服从于任何反托拉斯审查"[1]，这极大限制了反托拉斯法的适用，违背了最高法院在专利诉讼和竞争法方面的先例。法院转而采用了一种快速审查方法，其指出"任何专利持有人向同意延迟进入市场的专利挑战者所为的支付都可以构成一个对贸易不合理限制的初步证据"，同时构成不合理贸易限制的初步证据是可以被推翻的，当专利持有人能证明支付是为了延迟进入市场之外的其他目的，或能够带来促进竞争的福利。[2]例如，专利持有人可以证明逆向支付可以拯救仿制药企业免于破产，使其能够继续销售仿制药品，这最终将促进竞争，从而推翻初步违法证据。快速审查原则是一种介于合理原则和本身违法原则之间的中间标准。需要注意，布莱尔和科特指出美国一些文献用"推定违法"（presumptive illegality）来描述这种分析方法，而不是"快速审查"，是为了将涉及专利的案件与其他典型的反垄断审查案件区分开来。[3]在快速审查或推定违法的分析框架下，原告只需要证明被告实施了某些与受到本身违法待遇之行为类似的行为，那么证明责任就将被转移至被告。被告需要证明其行为具有促进竞争的理由，原告则不需要再完整地证明该行为在市场中的反竞争效果，这种举证责任倒置大大减轻了原告的证明责任。[4]第三巡回法院的分析方法受到了很多学者的赞誉。奥卡达认为："K-Dur案的推定违法

---

[1] In re K-Dur Antitrust Litig., 686 F. 3d 214（3rd Cir. 2012）.

[2] In re K-Dur Antitrust Litig., 686 F. 3d 218（3rd Cir. 2012）.

[3] Roger D. See Blair and Thomas F. Cotter, "Are Settlements of Patent Disputes Illegal Per Se?", *Antitrust Bulletin*, Vol. 47, Iss. 2&3, 2002.

[4] See Seiko F. Okada, "In Re K-Dur Antitrust Litigation: Pharmaceutical Reverse Payment Settlements Go beyond the Scope of the Patent", *North Carolina Journal of Law & Technology*, Vol. 14, Iss. 1, 2012.

方法,与非常谦抑的专利范围测试、过分包容的本身合法原则或者是非常复杂的完整的合理原则相比,是最好的和最公正的司法方法。"[1]

二、最高法院的立场:回归合理原则("Actavis案",2013年)

面对巡回上诉法院之间出现的意见分化,美国最高法院似乎希望在"Actavis案"中定纷止争,彻底解决反向支付问题。2013年6月,最高法院通过对该案所作的判决,拒绝了巡回法院提出的所有分析方法,而是认为"有时会违反反托拉斯法"的反向支付协议应当置于合理原则下进行分析。[2]本身违法太过严厉,"没有给予专利持有人的排他权任何考虑的权重"[3],专利范围测试则没有合适地处理协议中的反托拉斯问题。因此,最高法院选择了避免过度威慑或威慑不足的中间道路(The Middle Ground),而且比第三巡回法院走得更远。

在"Actavis案"中,通用制药商Paddock公司和Watson公司(2013年更名为Actavis公司)都提交了针对专利药品AndroGel的通用药版本的第四段证明。该专利药由品牌制药公司Solvay持有,并于2021年1月31日到期。Par制药公司虽未提交ADNA申请,但其与Paddock公司达成了分担诉讼成本、并分享Paddock公司的通用药获得批准后所生利益的协议。Solvay公司依据《哈奇-韦克斯曼法》提起专利侵权之诉,但最

---

〔1〕 Seiko F. Okada, "In Re K‐Dur Antitrust Litigation: Pharmaceutical Reverse Payment Settlements Go beyond the Scope of the Patent", *North Carolina Journal of Law & Technology*, Vol. 14, Iss. 1, 2012.

〔2〕 See FTC v. Actavis, Inc., 133 S. Ct. 2223, 2227 (2013).

〔3〕 Marc G. Schildkraut, "Patent‐splitting Settlements and the Reverse Payment Fallacy", *Antitrust Law Journal*, Vol. 71, No. 3, 2004.

第四章　药品专利反向支付协议的反垄断规制原理

后都与上述通用制药公司达成了和解协议。[1]根据相关协议约定，Actavis 公司同意在 2015 年 8 月 31 日（距专利到期尚有 65 个月）之前不会向市场销售它的通用药品；Paddock/Par 制药公司也签订了类似的延迟进入条款。作为报酬，Solvay 公司承诺每年向 Actavis 公司支付 190 万～300 万美元（共 9 年），向 Paddock 公司支付 1200 万美元，向 Par 公司支付 600 万美元。

联邦贸易委员会向佐治亚地区法院提起了反托拉斯诉讼，但地区法院认为和解协议并没有产生专利范围之外的不合理限制，驳回了联邦贸易委员会的诉求。[2]上诉法院第十一巡回法院认为"如果不存在虚假诉讼或者在取得专利过程中不存在欺诈，那么反向支付和解协议落于专利的排他权范围之内，应当得到反托拉斯审查的豁免",[3]进而维持了地区法院的判决。第十一巡回法院进一步指出，联邦贸易委员会没有能证明反向支付协议的排除竞争效果超过了专利本身具有的排除竞争效果，法院不能强迫当事人为了避免反托拉斯责任而继续参加诉讼，这会阻碍鼓励诉讼和解与节约司法资源的公共政策目标。

联邦贸易委员会不服上诉判决而申请了调卷复审令，最高法院考虑到反向支付法律适用问题所引发的上诉法院之间的复杂分歧，批准了其申请并对该案进行了审理。最高法院认为"与专利有关的和解协议有时可能会违反反托拉斯法"，持异议意见的首席大法官罗伯茨强烈地反驳道，这里的关键词是"有时"，只有当与专利有关的协议授予了超出专利范围的利益时，这些协议才会成为反托拉斯审查的主体。[4]然而，法院大多数

---

[1] FTC v. Watson Pharm., Inc., 677 F. 3d 1298, 1303-05 (3d Cir. 2012).

[2] Antitrust Litig., 687 F. Supp. 2d 1371 (N. D. Ga. 2010).

[3] FTC v. Watson Pharm., Inc., 677 F. 3d 1298, 1312 (11th Cir. 2012).

[4] FTC v. Actavis, Inc., 133 S. Ct. 2223, 2242 (2013) (Roberts, C. J., dissenting).

意见派认为即使反向支付和解协议的利益在专利范围之内,仍可以将反托拉斯审查扩大到反向支付和解协议。最终,最高法院推翻了第十一巡回法院应用专利范围测试作出的判决,而是适用了传统的合理原则。另一方面,联邦贸易委员会敦促最高法院"赞成反向支付协议推定违法,法院应当通过快速审查路径审视这种协议,而不是应用合理原则"。最高法院也拒绝了快速审查建议,认为考虑到反向支付协议带来的复杂性,联邦贸易委员会应当像其他适用合理原则的案例那样证明反向支付案件。最高法院指出,快速审查原则在反向支付问题的分析中是不合适的,"只有当一个仅对经济学有初步了解的观察者都可以得出问题中的协议会对消费者和市场具有反竞争影响的结论时,该方法才是适当的"。[1]反向支付协议的错综复杂使得仅具有基本经济学知识的人难以发觉反竞争效果,因此不具备适用简易的快速审查原则之前提。

最高法院在该案中秉持的一个重要原则就是在"专利垄断对贸易的合法约束与谢尔曼法广泛禁止的非法限制之间"寻找平衡。[2]最高法院认为,反向支付中存在的反托拉斯问题不能仅仅通过评估反竞争效果是否违反专利政策就作出回答,还应当评估是否违反了促进竞争的反托拉斯政策。质言之,即便品牌制药商 Solvay 公司的和解协议落在其专利的排他范围之内,协议本身也不能免除反托拉斯法的审查。专利政策和反托拉斯政策两者在决定"专利的垄断范围"问题上都是相关的,都需

---

〔1〕 FTC v. Actavis, Inc., 133 S. Ct. 2223, 2237 (2013) (Roberts, C. J., dissenting).

〔2〕 FTC v. Actavis, Inc., 133 S. Ct. 2223, 2231-2234 (2013)[quoting Cal. Dental Ass'n v. FTC, 526 U. S. 756, 770 (1999)].

第四章　药品专利反向支付协议的反垄断规制原理

要予以考虑。[1]法院认为有五点理由:[2]第一,反向支付协议具有"对竞争造成真正的负面效果"的可能性。专利权人通过反向支付让通用药品竞争者离开市场,进而可以在市场水平之上定价,攫取垄断利润。这实际上相当于专利权人购买了销售其产品的排他性权利,消费者将继续被要求向缺乏正当性的垄断者付费。第二,这些反竞争的后果至少有时被证明是不合理的。如果和解协议存在合理的理由,那么反托拉斯被告可以在法庭上予以证明,这也是合理原则的逻辑要义的。第三,当一个反向支付有可能造成不合理的反竞争损害时,专利权人很可能在实践中滥用支配权力造成这种损害。有能力支付巨额补偿间接证明了品牌制药商可能拥有这种权力。第四,一个反托拉斯控诉在可操作性上可能比第十一巡回法院所预想的要更容易施行。反托拉斯控诉不需要具体地审查专利有效性问题,"无法解释的巨额反向支付本身通常就表明专利权人对其专利存在严重的怀疑"。[3]尽管第十一巡回法院的做法确实避免了让法官来考察专利有效性等技术问题的困境,但这种彻底对专利有效性予以豁免的测试有削足适履之嫌。第五,巨大的、不合理的反向支付可能招致反托拉斯责任的风险,但这并不会阻止诉讼各方达成和解协议,各方当事人还可以通过其他方式和解。

表面上看,"Actavis案"的判决似乎实现了最高法院希望消除巡回上诉法院之间以及地区法院之间的分歧的初衷,确定统一适用合理原则。但是,最高法院只阐释了适用合理原则的理由(why),而没有阐明低层法院如何适用合理原则(how)。正如Actavis公司董事长和CEO保罗·比萨罗所言:最高法院提出

---

[1] FTC v. Actavis, Inc., 133 S. Ct. 2223, 2221 (2013).

[2] FTC v. Actavis, Inc., 133 S. Ct. 2223, 2233-2237 (2013).

[3] FTC v. Actavis, Inc., 133 S. Ct. 2223, 2236 (2013).

适用合理原则，实际上是让下级法院去决定和解协议所带来的利益是否超过了所带来的损害。最高法院将合理原则的具体分析结构留给下级法院决定，这虽然使得下级法院拥有了灵活性，但正如异议意见所讽刺的那样，缺乏详细的指导只不过是希望下级法院在合理原则下分析反向支付问题时，能"碰碰好运气"。[1]"Actavis案"的决定将增加各方主体在考虑反向支付和解协议时的不确定性，此外，"法院在平衡反向支付协议促进竞争的理由和阻碍竞争的影响方面的努力，将使各方的诉讼成本升高"。[2]

三、学说的争鸣：法学家和经济学家观点梳理

如何规制反向支付协议的难题不仅在司法实务界引发了巨大的争议，在美国理论界也是众说纷纭，各种观点甚嚣尘上。既有学者围绕合理原则、本身违法原则、推定违法原则等经典方法进行深入分析，也有学者提出了独辟蹊径的分析方法，独特的研究视角和研究方法非常值得我们借鉴。

（一）推定违法原则

很多学者都试图为反向支付协议的反托拉斯分析寻找良方。其中，霍温坎普等学者的观点无疑是最为知名的，其认为应当适用推定违法原则。[3]这实际上与第三巡回法院主张的快速审

---

〔1〕 Zhenghui Wang, "Reanalyzing Reverse Payment Settlements: A Solution to the Patentee's Dilemma", *Cornell Law Review*, Vol. 99, No. 5, 2014.

〔2〕 Michael Clancy, Damien Geradin and Andrew Lazerow, "Reverse-payment Patent Settlements in the Pharmaceutical Industry: An Analysis of US Antitrust Law and EU Competition Law", *The Antitrust Bulletin*, Vol. 59, No. 1, 2014.

〔3〕 国内很多研究者将本身违法原则和推定违法原则不加以区分而混淆使用，但是，推定违法包括不可抗辩的违法推定和可抗辩的违法推定，其中前者才能等同于本身违法原则。在美国文献中，"本身违法原则"（per se illegality）和"推定违法原则"（presumptively illegality）是独立的两个分析规则，后者是介于本身违法和合理原则之间的一种中间性原则。

第四章 药品专利反向支付协议的反垄断规制原理

查原则大体一致,只是在具体的分析结构上存在细节上的区别。如果说本身违法原则是一个不可反驳的违法推定,那么推定违法原则便是一个可反驳的违法推定。霍温坎普等认为专利权人要求通用制药商退出市场而进行的反向支付应当推定违法,除非专利权人能够同时证明专利侵权诉讼中胜诉的事先可能性较大,以及反向支付的数额不能超过诉讼的预期价值及参与诉讼相关的附属成本。[1]霍温坎普等也指出这样严厉的规制规则可能会让和解不易达成,却可以轻而易举地改变和解的方式。例如,通过授予允许竞争者进入的许可证来取代阻碍进入的金钱支付。学者科特也提出了类似的分析框架,但是相比霍温坎普等不允许和解的金额超过潜在诉讼成本的严厉做法,科特主张在评估和解协议价值方面应当采取更为广泛的做法。其认为品牌药专利权人向通用药竞争对手提供补贴具有经济上的合理性,反向支付的规模不应当自动地促使法院认定它们是非法的。支付数额与专利权人的力量具有负相关性:如果专利权人确定能够胜诉,那么它愿意支付的金额定然不会超过诉讼的成本。但如果它有25%的概率败诉,那么它可能为了避免诉讼风险而向竞争对手支付其垄断收益的25%。[2]此外,卡瑞尔、夏皮罗、亨普希尔等学者也赞成推定违法原则。[3]

---

[1] Herbert Hovenkamp, Mark Janis and Mark A. Lemley, "Anticompetitive Settlement of Intellectual Property Disputes", *Minnesota Law Review*, Vol. 87, No. 6, 2003.

[2] See Thomas F. Cotter, "Refining the Presumptive Illegality Approach to Settlements of Patent Disputes Involving Reverse Payments: A Commentary on Hovenkamp, Janis & Lemley", *Minnesota Law Review*, Vol. 87, No. 6, 2003.

[3] See Michael A. Carrier, "Unsettling Drug Patent Settlements: A Framework for Presumptive Illegality", *Michigan Law Review*, Vol. 108, No. 1, 2009; Carl Shapiro, "Antitrust Limits to Patent Settlements", *Rand Journal of Economics*, Vol. 34, No. 2, 2003; C. Scott Hemphill, "An Aggregate Approach to Antitrust: Using New Data and Rulemaking to Preserve Drug Competition", *Columbia Law Review*, Vol. 109, No. 4, 2009.

（二）类比分析法

康奈尔大学法学博士王正辉认为专利诉讼中的反向支付协议和涉及专利产品的搭售协议都涉及专利垄断对贸易的合法约束与谢尔曼法令行禁止的非法限制之间的平衡，搭售协议的反竞争性来源于将垄断权力从搭售产品市场扩大到非搭售产品市场，而反向支付协议的反竞争性在于阻止了潜在的通用药品竞争者进入市场而不合理地扩大自己的垄断权力，因而可以将搭售的分析折射到反向支付协议上。[1]搭售协议的分析经历了从严格适用本身违法原则到适用一个更宽松的合理原则的转变。类似的，反向支付协议也在经历这种转变，应逐渐适用一个更加宽松的分析框架。该学者借鉴搭售的反托拉斯分析，提出挑战反向支付协议的原告应当完成下列三个要素的证明，以满足初步违法事实的证立：专利持有人拥有强大的市场力量；和解金额或者其他成本并不合理；专利潜在的可执行性较低。[2]另一位学者希尔顿也利用了类比分析的方法，其认为，反向支付和解协议与反倾销诉讼和解协议都属于禁令型的和解协议，二者具有相似的结构。反倾销诉讼往往都因为被告提高自己产品的价格而和解，这意味着被告选择与东道国的卡特尔分享利润，放弃继续进行反倾销诉讼拉锯战。从经济学的角度来看，反倾销诉讼和解中被告被迫提高价格与专利诉讼和解中原告向被告的逆向支付是类似的，都增加了被告这一侧的收入，因此很难将这两种和解协议截然区分开来。[3]希尔顿进一步指出原告组

---

[1] Zhenghui Wang, "Reanalyzing Reverse Payment Settlements: A Solution to the Patentee's Dilemma", *Cornell Law Review*, Vol. 99, No. 5, 2014.

[2] Zhenghui Wang, "Reanalyzing Reverse Payment Settlements: A Solution to the Patentee's Dilemma", *Cornell Law Review*, Vol. 99, No. 5, 2014.

[3] Keith N. Hylton and Sungjoon Cho, "Injunctive and Reverse Settlements in Competition-blocking Litigation", *European Journal of Law and Economics*, Vol. 36, No. 2, 2013.

成的国内卡特尔寻求排除低价的国外竞争者，这种行为没有带来动态创新或者受保护市场的静态福利，因此，反倾销领域提供了一个对反向支付适用本身违法原则的理由。

（三）投资决策分析法

迪琦和鲁宾费尔德从商业投资的角度进行了分析，其认为严格禁止反向支付协议将极大地挫伤通用制药商的投资，减少未来通用药的供应数量，最终导致药品平均价格的上扬。即便这种过度威慑的反托拉斯政策对个别通用制药商研发激励的影响不大，但是对所有通用制药商研发决策所产生的累积效应将造成社会福利的损失。[1] 他们认为，由通用制药商向品牌制药商的弱专利提出的挑战是一种公共物品，这种挑战不仅可以使通用药在专利药到期之前就能进入市场，而且随之而来的价格竞争将为药品消费者带来巨大的福利。但是，通用制药商决定发起挑战的决策和任何其他商业决策一样，也需要考虑净现值、贴现率、投资的预期成本等因素，[2] 还涉及 ANDA 申报成本，向 FDA 展示通用药品生物等效性的研发费用等。此外，这种决策还伴随诸多风险：获得 FDA 批准的前景和时机难以预测、其他通用药竞争对手的"进入决定"信息难以确定、竞争环境可能从决策伊始就已经发生变化、陷入诉累要面临的巨大成本等。

---

[1] Bret M. Dickey and Daniel L. Rubinfeld, "Would the Per Se Illegal Treatment of Reverse Payment Settlements Inhibit Generic Drug Investment?" *Journal of Competition Law and Economics*, Vol. 8, No. 3, 2012.

[2] See Fiona M. Scott Morton, "Entry Decisions in the Generic Pharmaceutical Industry", *The Rand Journal of Economics*, Vol. 30, No. 3, 1999. C. Scott Hemphill and Bhaven N. Sampat, "When do Generics Challenge Drug Patents?", *Journal of Empirical Legal Studies*, Vol. 8, No. 4, 2011.

因此,选择和解将有助于缓解这些风险与不确定性。[1]本身违法原则这种严厉的分析方法剥夺了通用制药商选择和解的权利。有趣的是,穆拉特·C.蒙甘运用博弈论经济模型得出相反的结论。他指出,在某些情况下,严格限制反向支付协议将增加制药公司从事多样化技术发展和研究的激励,特别是会将制药公司在反向支付中的研发投资引向其他相对明显和较弱的发明中。他认为,这种"回报转移"(reward shifting)的解释支持更加频繁地禁止反向支付协议。[2]

(四)禁止专利权滥用原则

学者英格尔认为,法官和学者在很大程度上都是在反托拉斯法的视角下分析反向支付协议的潜在影响,这种分析逻辑或多或少缺失了关于专利政策的分析。英格尔首先探讨了专利法上的被许可人禁止反言原则,该原则下被许可人对被许可专利有效性的挑战和质疑是被禁止的。但在"李尔公司诉阿德金斯案"中,美国最高法院认为该原则与鼓励竞争的公共政策相抵牾而推翻了该原则。[3]最高法院援引了"蒲柏制造公司案"中的经典陈述:"对于公众来说,拥有一个真正有价值发明的专利权人的垄断应当受到保护,但竞争不应该被无价值的专利所限制也是同样重要的⋯⋯"[4]被许可人(通用制药商)可能是唯一有足够经济激励来挑战无效专利的主体,如果他们被禁止反言而保持缄默,医药消费者的利益将受到损害。英格尔由此

---

[1] Bret M. Dickey and Daniel L. Rubinfeld, "Would the Per Se Illegal Treatment of Reverse Payment Settlements Inhibit Generic Drug Investment?", *Journal of Competition Law and Economics*, Vol. 8, No. 3, 2012.

[2] Murat C. Mungan, "Reverse Payments, Perverse Incentives", *Harvard Journal of Law & Technology*, Vol. 27, No. 1, 2013.

[3] See Lear, Inc. v. Adkins, 395 U. S. 653 (1969).

[4] See Pope Mfg. Co. v. Gormully, 144 U. S. 224, 234 (1892).

第四章 药品专利反向支付协议的反垄断规制原理

认为专利法内含着清理无效专利的政策目标，这与反托拉斯法的核心价值诉求是一致的，即保护消费者福利。"在专利权被视为反托拉斯矛盾对立面的制度环境中，专利法和反托拉斯法两种制度依然可以找到共同点，即拒绝授予弱专利以垄断权力。"[1]尽管英格尔精彩地阐述了知识产权法和反垄断法的联系，但是他却提出了一种切断两法关联的规制方法：回归专利法框架下，在禁止专利权滥用原则的基础上进行实体和程序的拓扑，以此作为规制可疑反向支付协议的武器。[2]这种方法将反向支付问题完全置于专利法庭内部进行分析，彻底与反托拉斯法隔绝。但在美国法中，禁止专利权滥用原则只是防御之盾而非攻击之矛——当专利权人起诉他人侵犯其知识产权时，被诉侵权人可以通过证明权利人存在权利滥用来避免承担侵权责任的后果。"滥用是普通法中一种被用来对专利侵权之诉进行积极抗辩的公平原则。"[3]英格尔也承认将滥用之盾变成反托拉斯那样的利剑，需要吸收很多反托拉斯诉讼的程序性特征，其也提出了一些具有"攻击性"的制度设计。例如，美国联邦贸易委员会、司法部、食品和药物管理局等政府机构或其他集体诉讼组织可以代表相关消费者向反向支付主体提出滥用专利权利的指控，以此解决滥用本身不能作为独立起诉或反诉理由的问题。法院将审查反向支付协议并确定协议是否推定违法，如果属于推定违法的类型，专利权将因为构成滥用而变得无法行使。[4]然而，英格尔这种独辟蹊径的方法存在过罚

---

[1] Cory J. Ingle, "Reverse Payment Settlements: A Patent Approach to Defending the Argument for Illegality", *I/S: A Journal of Law and Policy*, Vol. 7, No. 2, 2011.

[2] Cory J. Ingle, "Reverse Payment Settlements: A Patent Approach to Defending the Argument for Illegality", *I/S: A Journal of Law and Policy*, Vol. 7, No. 2, 2011.

[3] Windsurfing Int'l Inc. v. AMF, Inc., 782 F. 2d 995, 110 (Fed. Cir. 1986).

[4] Cory J. Ingle, "Reverse Payment Settlements: A Patent Approach to Defending the Argument for Illegality", *I/S: A Journal of Law and Policy*, Vol. 7, No. 2, 2011.

知识产权与竞争法贯通论

失当、威慑不足的问题,专利权滥用成立只会导致侵权赔偿责任的免除和禁令的颁布,权利无法行使的状态可以在滥用停止并消除滥用行为之影响时得以恢复,品牌制药商也不用再忌惮反托拉斯的三倍赔偿风险。加之,还需要对禁止专利权滥用体系进行大量程序和实体的改变,这将耗费巨大成本,有舍本逐末之嫌。

(五) 全面的合理原则

美国不少学者主张对反向支付协议的分析应适用全面的或完整的合理原则,这其中巴特勒和雅罗施的研究是比较具有代表性的。他们认为反向支付协议规制方法的背后有多重政策考量和经济激励,应当适用全面的合理原则进行分析。"这种分析方法可以将应用本身违法原则或快速审查原则时发生的错误最小化,特别是当反向支付协议的挑战者错误地指控一项可能促进竞争或者竞争中性的活动时。"[1]巴特勒等较为全面地归纳了法院应当审查的六个因素[2]:①市场力量。如果一个品牌制药公司在目标市场上没有市场力量,那么反向支付不会损害消费者,也不会是反竞争的。②允许进入市场的日期。如果双方谈判协商的进入日期大大早于专利到期日,协议不可能是反竞争的。③反向支付的相对大小。巨额的付款是有问题的,这是一种表明协议反竞争性的潜在信号,它也可以证明专利持有人存在极端的风险规避活动。④ANDA 申请者在没有反向支付时销售药物的能力。如果证据表明通用制药公司缺乏营销能力,那么反

---

〔1〕 Henry N. Butler and Jeffrey Paul Jarosch, "Policy Reversal on Reverse Payments: Why Courts Should Not Follow the New DOJ Position on Reverse-Payment Settlements of Pharmaceutical Patent Litigation", *Iowa Law Review*, Vol. 96, No. 1, 2010.

〔2〕 Henry N. Butler and Jeffrey Paul Jarosch, "Policy Reversal on Reverse Payments: Why Courts Should Not Follow the New DOJ Position on Reverse-Payment Settlements of Pharmaceutical Patent Litigation", *Iowa Law Review*, Vol. 96, No. 1, 2010.

向支付可能只是延迟了假想的没有竞争能力的对手进入市场，不会产生反竞争效应。⑤虚假诉讼。无价值诉讼强烈表明了和解将产生反竞争效应。⑥可疑的附属交易。随着制药公司反托拉斯风险规避意识的增强，反向支付往往被隐蔽于附属交易中。这些交易可能包括：向通用制药商"支付"其他的知识产权许可，提供原材料或成品，帮助提升或推销产品，为无关的产品支付预付款及开发费用，同意不启动授权仿制药，[1]对通用制药商提供的某项产品过度支付（overpay），或者向品牌制药商提供的某项产品不足额支付（underpay）等等。不过需要注意的是，上述这种广泛审查反向支付的合理原则可能会造成过度分析某些明显不具有反竞争性的协议的情况，而且对于下级法院在个案中的应用来说可能是比较烦琐的。

（六）和解竞争指数定量分析法

阿普德贝克提出了一种依靠定量模型来分析反向支付协议的方法，即和解竞争指数分析法（Settlement Competition Index, SCI）。SCI法借鉴了赫尔芬达尔-赫希曼（HHI）指数，需要考虑两个因素：可能由协议所引起的产品市场集中度的变化，以及专利被认定为有效的和被侵权的概率。[2]根据阿普德贝克公式，SCI指数与HHI指数密切相关，其数值大小等于HHI指数的变化除以专利可执行的概率。对于第一个因素，阿普德贝克认为，以前的方法忽视了或过分简化了市场力量的影响，专利产品市场权力集中度的差异恰好反映在HHI指数的变化之中。第二个重要因素是专利执行的可能性，实际上是对专利效力的评估。阿普德贝克指出，有能力的专家可以就专利执行的可能

---

[1] Michael A. Carrier, "Solving the Drug Settlement Problem: The Legislative Approach", *Rutgers Law Journal*, Vol. 41, Iss. 1&2, 2009.

[2] David W. Opderbeck, "Rational Antitrust Policy and Reverse Payment Settlements in Hatch-Waxman Patent Litigation", *The Georgetown Law Journal*, Vol. 98, No. 5, 2010.

性提出意见，也可以允许联邦法院适当评估潜在诉讼或和解的价值。根据SCI指数的大小，阿普德贝克划分出反托拉斯审查应当区别对待的三个区域：没有反托拉斯责任的安全区、本身违法区以及介于两者之间的中间地带。[1]在阿普德贝克模型下，一个市场集中度高而专利执行可能性低的反向支付和解协议，意味着SCI指数很高，其本身就是违法的。相反，一个较低的SCI指数（即市场集中度低而专利执行的可能性很高）就创造了一个和解协议的安全港。而SCI指数落在这两个关键水平之间的任何反向支付和解协议都应当受到严格的审查，反托拉斯法庭或执法机构应在合理原则下审查各种因素。

（七）"产品跳跃"结合分析法

卡瑞尔教授认为，对反向支付的传统分析只看到了表面的合理性，忽视了"产品跳跃"的问题（product-hopping），反向支付和产品跳跃的结合将产生极为严重的反竞争性。[2]产品跳跃通常也被称为重复专利（double patenting），是指制药公司对它的产品进行再形式化（reformulation），最常见的方式就是将一种用药形式（如片剂）转换为另一种形式（如胶囊、冲剂、缓释片、咀嚼片等其他溶解形式），以获得次生专利。[3]一方面，品牌制药公司先通过反向支付与第一家通用药申请者达成和解协议，就可以确保其他人不会再挑战它的专利，从而为其实现产品跳跃赢得时间。另一方面，品牌制药公司通过产品跳跃，将市场的消费需求转向新形式药，这样仿制原形式药的通

---

〔1〕 David W. Opderbeck, "Rational Antitrust Policy and Reverse Payment Settlements in Hatch-Waxman Patent Litigation", *The Georgetown Law Journal*, Vol. 98, No. 5, 2010.

〔2〕 Michael A. Carrier, "A Real-World Analysis of Pharmaceutical Settlements: The Missing Dimension of Product-Hopping", *Florida Law Review*, Vol. 62, Iss. 4, 2010.

〔3〕 See Steve D. Shadowen, K. B. Leffler and J. T. Lukens, "Anticompetitive Product Changes in the Pharmaceutical Industry", *Rutgers Law Journal*, Vol. 41, Iss. 1&2, 2009.

用药企即便进入市场也变得无意义了。例如,在"Abbott案"中[1],品牌制药商 Abbott 公司拥有一种名为 TriCor 的专利药品,其以胶囊形式获得 FDA 批准并流通于市。但在随后 2 年中,两家仿制药公司提交了关于 TriCor 的 ANDA 第四段证明。Abbott 公司遂提起诉讼,启动了哈奇-韦克斯曼法案的干预程序,并在干预期间它将该药物从胶囊形式转变为片剂形式,并且通过停止销售胶囊、向市场上的药店回购胶囊的存货供应等方式将市场需求转向新的片剂形式。而在"Cephalon 案"中,[2] Cephalon 公司与最开始向它的专利药 Provigil 发起挑战的几家通用制药公司达成和解协议,允许它们在专利到期之前的几年就能进入市场。然而,这不过是缓兵之计,因为通用制药商的进入是在 Cephalon 公司将市场需求转向新的产品 Nuvigil 之后发生的。Cepahlon 公司通过抑制原专利药 Provigil 需求[3]和提高新形式药 Nuvigi 需求的转换策略,实现了产品跳跃。

(八) 本益分析法

戴维斯运用法经济学的本益分析法对反向支付协议进行评估,其认为对反向协议最有效率的分析方法应当使得两类成本最小,即司法裁判的错误成本(errors cost)和纠纷解决机制的交易成本(transaction cost)。[4] 合理原则通过综合权衡促进竞争的效应和反竞争的效应,将评估框架中的风险和错误剔除,极大地降低了错误成本,特别是对于那些适用优势证据标准的

---

〔1〕 Abbott, 432 F. Supp. 2d 408, 416-422 (D. Del. 2006).

〔2〕 FTC v. Cephalon, Inc., No. 08-cv-00244 (JDB) (D. D. C. 2008).

〔3〕 2004 年到 2008 年,Cepahlon 公司将药品 Provigil 的价格上涨了 74%,以降低市场需求。See Jonathan D. Rockoff, "How a Drug Maker Tries to Outwit Generics", *The Wall Street Journal*, 2008-11-18 (Bl).

〔4〕 Joshua P. Davis, "Applying Litigation Economics to Patent Settlements:Why Reverse Payments Should Be Per Se Illegal", *Rutgers Law Journal*, Vol. 41, Iss. 1&2, 2009.

案件。但是其复杂的分析过程也会消耗制药商和药品消费者大量的时间和金钱,进而产生巨大的交易成本。本身合法原则只需要确定是否存在真实的关于专利效力的争议,确认专利侵权诉讼是不是虚假的,相对更为快捷,可能会节约交易成本。但是这种方法会产生巨大的错误成本。相较而言,戴维斯认为本身违法原则介于两种方法之间,是能够避免较大的错误成本和较高的交易成本的最优选择。

(九)诉诸双方复审程序(IPR)

乔治城大学的斯图里勒教授认为,可以通过美国专利法的双方复审程序来解决反向支付问题。[1]双方复审程序(Inter Partes Review,下简称IPR程序)是美国在2011年9月颁布的《美国发明法案》(American Invent Act,AIA)引入的一个新的专利无效程序。[2]该无效程序在美国专利和商标局的专利审判和上诉委员会(PTAB)进行,IPR申请人只能基于专利和印刷出版物对专利权提出不具有新颖性或创造性的无效请求。相较于在联邦地区法院进行无效诉讼,IPR程序具有快捷、费用较低、专利无效成功率高等优点。对此,斯图里勒指出,IPR程序对于寻求FDA审批的通用制药商有四个主要优点:第一,IPR程序可以在不超过18个月的时间内就生成一个关于专利有效性的决定,这显然要比哈奇-韦克斯曼制度中30个月的暂停期要快,这个暂停期的目的是预留足够的时间,以便让联邦地区法院能够审结挑战药品专利的诉讼。第二,IPR程序与联邦地区法

---

〔1〕 Jennifer E. Sturiale, "Hatch-Waxman Patent Litigation and Inter Partes Review: A New Sort of Competition", *Alabama Law Review*, Vol. 69, No. 1, 2017.

〔2〕 美国专利和商标局有"单方或双方专利复审程序"(ex parte or inter parte reexamination),但是它们属于非诉程序,也没有时间限制。而IPR程序是诉讼程序,有18个月的时间限制。既然是诉讼程序,IPR程序存在终局性的风险,即如果主张专利无效一方在此程序下败诉,则今后无法在任何程序中对专利提出没有新颖性和创造性的无效性之请求。

院的诉讼并不冲突，可以平行运行，这暗含了一种不同纠纷解决制度之间的竞争，也鼓励通用挑战者在寻求 FDA 审批上的竞争。第三，IPR 程序并不鼓励和解，因为它授予了专利审判和上诉委员会可以不管当事人是否和解而径自作出一个最终决定的权力，这在一定程度上可以减少达成反向支付和解协议的激励。第四，IPR 程序应用了一套不同的证据推定和证明标准，这使得专利无效的成功率要比在联邦地区法院提起专利诉讼要高。[1]斯图里勒进一步建议《哈奇-韦克斯曼法》应当进行相应的修改。例如，180 天市场专营期不光奖励给通过联邦地区法院挑战专利成功的首仿者，还包括通过 IPR 程序获得专利审判和上诉委员会最终决定的 IPR 程序申请者。又如，《哈奇-韦克斯曼法》规定地区法院得出专利无效或者不存在侵权的指令后，首仿制药企业可以直接进入市场，而无须考虑专利是否到期。但是 IPR 程序却没有这样的效果，这意味着即便获得 IPR 程序的最终无效决定，通用药企也需要等到专利到期。因此，斯图里勒建议修改法律，将二者等同视之。

四、未来的路向：解释论走向立法论

美国关于反向支付的理论学术研究大多都是遵循着解释论的路径，并未超出现行法的制度边界。不过，也有一些学者认识到应当找到问题的产生根源，通过立法来彻底纠正现行法所产生的扭曲激励。"国会和联邦机构在……直接政策中处于最佳位置，法院则受限于它根据整体数据制定政策的能力。公平竞争之市场和创新药物之发展的公共利益必须通过国会和联邦机构对医药行业反托拉斯政策和专利政策的制定来予以平衡和推

---

[1] Jennifer E. Sturiale, "Hatch-Waxman Patent Litigation and Inter Partes Review: A New Sort of Competition", *Alabama Law Review*, Vol. 69, No. 1, 2017.

知识产权与竞争法贯通论

动。"[1]上文中,斯图里勒的建议其实已经涉及立法论,不过还有其他一些学者的观点值得考察。

科罗纳认为,禁止反向支付协议并不是合适的方案,最好的选择是由国会采取行动,启动新的立法为《哈奇-韦克斯曼法》正本清源。立法上的改变可以在保留鼓励和解与促进创新的重要政策考量的同时,对反向支付协议进行更为密切的监管。[2]一个可能的方案就是政府制定一套监管制度,列举出协议必须遵守的具体标准,包括从支付价值到市场进入等多方面,从而可以谨慎地控制协议中可能出现的问题,确保协议不会越过反托拉斯法的红线。[3]另一位学者霍尔曼教授建议国会可以引入一项对反向支付诉讼当事人的费用进行重新分配的立法。[4]具体而言,要求败诉一方支付双方当事人全部的法律费用。在这样的诉讼费用分配机制下,每一方当事人都必须格外慎重,密切关注自身的利益。如果通用制药商提交了一个效力较弱的第四段证明,那么品牌制药商可以通过对它所拥有专利的有效性的防卫来避免费用的损失,这样也增加了轻率提交申请的通用制药商所面临的财务风险。此外,当自己持有的专利较弱或者无效时,品牌制药商只得承认而不是通过诉讼及和解不正当地维持无价值专利的垄断力,因为其不愿意冒可能败诉而支付所

---

〔1〕 Seiko F. Okada, "In Re K-Dur Antitrust Litigation: Pharmaceutical Reverse Payment Settlements Go beyond the Scope of the Patent", *North Carolina Journal of Law & Technology*, Vol. 14, Iss. 1, 2012.

〔2〕 Alex E. Korona, "Stuck in Neutral: The Future of Reverse Payments Agreements in Hatch-Waxman Litigation", *Seton Hall Circuit Review*, Vol. 7, Iss. 1, 2010.

〔3〕 Alex E. Korona, "Stuck in Neutral: The Future of Reverse Payments Agreements in Hatch-Waxman Litigation", *Seton Hall Circuit Review*, Vol. 7, Iss. 1, 2010.

〔4〕 See John R. McNair, "If Hatch Wins, Make Waxman Pay: One-Way Fee Shifting as a Substitute Incentive to Resolve Abuse of the Hatch-Waxman Act", *University of Illinois Journal of Law, Technology & Policy*, Vol. 2007, Iss. 1, 2007.

有诉讼费用的巨大风险。

实际上,国会也在不断释放试图阻止品牌制药商和通用制药商之间达成反竞争性和解协议的信号。前文提到的2003年国会通过的《医疗保险处方药、改进和现代化法案》就是一个例证。这里还需要注意的是2009年参议院提交的两个议案:第一个议案是第369号议案,其中规定向通用制药商转移任何价值以换取其同意限制或放弃研究、开发、制造、营销或销售的协议都被视为推定违法的。但是议案中"任何价值"的规定太过宽泛,因为它可能会同时禁止任何促进竞争的和解协议。[1]第二个议案是第1315号议案,它的目的之一就是重新定义第一申请人,扩大具备可拥有180天排他期间资格的主体范围——从第一位提交第四段证明的通用药申请者扩大到取得法院判决(专利无效或者没有被侵犯的判决)的第一位通用制药商,以及没有被控诉专利侵权的通用制药商。[2]现实中,在反向支付的引诱下,第一文件申请者往往同意不进入市场来换取和解,品牌制药公司只要"盯住"第一文件申请者就可以延迟所有通用药公司的进入。参议院第1315号法案将重点放在第一位进入市场者而不是第一位申请者,从而使得第一位文件申请者、第一位在地区法院胜诉的挑战者以及没有被起诉的通用制药商都有机会成为第一位在市场上销售它们通用产品的主体。[3]这样也使得通用制药商彼此之间形成竞争,为进入市场而争相努力。

上述议案从当事人之间的价值转移、第一申请者的范围等

---

[1] See Sheila Kadura, "Is an Absolute Ban on Reverse Payments the Appropriate Way to Prevent Anticompetitive Agreements between Branded-and Generic-Pharmaceutical Companies?", *Texas Law Review*, Vol. 86, No. 3, 2008.

[2] S. 1315, 111th Cong. 1st Sess. (2009).

[3] Michael A. Carrier, "Solving the Drug Settlement Problem: The Legislative Approach", *Rutgers Law Journal*, Vol. 41, Iss. 1&2, 2009.

不同角度对《哈奇-韦克斯曼法》的罅缺进行填补,尽管这些议案因为形格势禁的政治和经济因素,最终并没有获得通过,但正如卡瑞尔教授所言,这些立法尝试将对美国医药行业反托拉斯问题的分析产生影响。[1]我国未来在制定相关法律法规时,美国《哈奇-韦克斯曼法》的前车之鉴以及为了纠正该法的偏差而进行的立法努力都值得我们汲取经验教训,以往鉴来。

第四节 美国司法及学理经验的反思:诉诸推定违法原则

一、专利范围测试及本身违法原则的逻辑缺陷

从美国相关司法规制经验的梳理中,我们可以看出专利范围测试是一种非常有"市场"的方法。除了第十一巡回法院、第二巡回法院和联邦巡回法院,最高法院以首席大法官罗伯茨为代表的少数意见派以及一些地区法院都是该测试的忠实拥趸。专利范围测试格外强调对专利范围的保护,只要是被合法授予的专利就拥有在一定范围内摒弃竞争的垄断权力,相关行为对竞争的限制只要没有超出专利与生俱来的排他性范围,那么就具有合法正当性。但是,该测试充满不确定性,因为"专利范围"是一个较为模糊的概念范畴,其最初是由主张本身违法原则的第六巡回法院所提出,但其初衷是在专利范围之外惩罚行为。[2]第十一巡回法院在"Valley Drug案"中沿用了"专利范围"这一术语,但是其意涵发生了巨大变化。卡瑞尔教授指出:"法院不知不觉从专利范围之外对行为惩罚转向了在专利范围之

---

[1] Michael A. Carrier, "Solving the Drug Settlement Problem: The Legislative Approach", *Rutgers Law Journal*, Vol. 41, Iss. 1&2, 2009.

[2] In re Cardizem CD Antitrust Litig., 332 F. 3d 896 (6th Cir. 2003).

第四章 药品专利反向支付协议的反垄断规制原理

内对行为豁免。"[1]而在"Tamoxifen 案",第二巡回法院对专利范围的界定更加宽松,其指出任何通用药版本"将……必定侵犯专利权",因此利用专利"排除所用通用药版本"的行为"并非扩大专利的范围"。[2]在"Schering-Plough 诉 FTC 案"中,上诉法院和联邦贸易委员会也对"专利范围"的含义存在分歧,上诉法院认为专利的排他性范围就是专利的有效期限;而联邦贸易委员会认为还存在其他理解,即专利的排他性范围由当事人在案件中胜诉的实际可能性来决定,协议约定的进入日期晚于专利诉讼程序下的预期日期,就意味着超出了"范围"。例如,某药品专利剩余的有效期为 10 年,假设在正常诉讼中通用药企胜诉则可以在第六年就进入市场,那么和解协议约定的进入时间晚于第六年就意味超出"范围"。由此可见,专利"范围"具有伸缩性和模糊性,各方观点也莫衷一是,可能会带来法律适用上的困难。

此外,专利范围测试先入为主地假定争议中专利就是有效的,因为"如果专利是无效的,那么根本就没有任何范围可言"。[3]法院推定专利有效的依据是美国《专利法》第 282 条,其规定"专利权应当被推定有效"。[4]然而,即便是被依法授予的专利也不是绝对有效的,第 282 条只是一种程序性推定,不能作为支持专利有效性的实质性证据。实证研究表明,美国专利和商标局授予的专利中至少有 40% 在往后的诉讼中被判定

---

[1] Michael A. Carrier, "Why the Cope of the Patent Test cannot Solve the Drug Patent Settlement Problem", *Stanford Technology Law Review*, Vol. 16, No. 1, 2012.

[2] In re Tamoxifen Antitrust Litig., 466 F. 3d 213-214 (2d Cir. 2006).

[3] Michael A. Carrier, "Why the Cope of the Patent Test cannot Solve the Drug Patent Settlement Problem", *Stanford Technology Law Review*, Vol. 16, No. 1, 2012.

[4] 35 U.S.C. § 282 (2006).

知识产权与竞争法贯通论

为无效,而且无效的概率还在升高。[1]挑战专利的诉讼在检验专利有效性问题上扮演了极为重要的角色,以避免给予无价值专利以限制竞争的垄断保护。正如英格尔所析,专利法本身就内含着清理无效专利的政策目标,专利有效推定的地位应当被削弱。美国有学者指出专利权是一种"概率权",专利并不是一项排他性的权利,而是一种试图排他的权利,这其实就非常生动地描述了这种动态效力观。[2]在专利范围测试框架下,只要没有超过专利表面范围的反向支付都将获得支持,只要通过相关程序被授予专利,权利人便将一劳永逸地获得隔离竞争的特权,而不存在任何专利被认定无效的风险,实际上该测试已经变成了"本身合法原则"。尽管让法院来审查技术性专利的有效性确实存在困难,但也不是完全无章可循。例如,霍温坎普指出对和解协议中专利有效性进行司法调查是必要的,法官可以采取如下做法——无法解释的大额支付金即可解除专利有效推定,其构成了权利人对其专利有效性高度怀疑的证据。实际上,在"Actavis案"中最高法院就是采取了这种做法。[3]阿普德贝克则建议专利有效性及执行可能性问题可以交由有能力的专家提出意见。[4]康奈尔大学的王正辉博士认为可以用"滑动标尺测试"减轻专利有效性的司法证明难度:反向支付金额越大,那么相应的证明门槛和难度就应当越低。因此,专利范围测试

---

[1] See Kimberly A. Moore, "Judges, Juries, and Patent Cases: An Empirical Peek inside the Black Box", *Michigan Law Review*, Vol. 99, No. 2, 2000.

[2] Mark A. Lemley and Carl Shapiro, "Probabilistic Patents", *The Journal of Economic Perspectives*, Vol. 19, No. 2, 2005; Carl Shapiro, "Antitrust Limits to Patent Settlements", *Rand Journal of Economics*, Vol. 34, No. 2, 2003.

[3] See Herbert Hovenkamp, Mark Janis and Mark A. Lemley, "Anticompetitive Settlement of Intellectual Property Disputes", *Minnesota Law Review*, Vol. 87, No. 6, 2003.

[4] David W. Opderbeck, "Rational Antitrust Policy and Reverse Payment Settlements in Hatch-Waxman Patent Litigation", *The Georgetown Law Journal*, Vol. 98, No. 5, 2010.

完全信任专利法程序推定的做法，看似彻底避开了法院审查专利有效性的难题，其实只是敛手无为、避重就轻的"鸵鸟政策"。正如卡瑞尔所言，专利范围测试使得"今天的法院更像是交通警察一样，通过让反托拉斯这盏交通灯总是闪烁绿色来管理协议"。[1]

与之相反，第六巡回法院主张适用本身违法原则。根据学者戴维斯的本益分析法，本身违法原则是能够避免较大的错误成本和较高的交易成本的分析方法。但是，美国主流司法实践并没有予以追随，这是因为一些特定类型的反向支付协议确实能够带来巨大的社会福利（文末还将详述），运用极为严厉的明线标准全面限禁反向支付虽然能够带来稳定预期和节约成本的好处，但是所带来的错误成本也是彰明较著的。实际上，戴维斯的本益分析中恰恰遗漏了另外一种成本上比本身违法原则更为节约的方法，即推定违法原则。

二、合理原则的反思与批判

为了消除司法分歧，2013年最高法院在"Actavis案"中作出了重要判决，指明应当适用经典的合理原则。当面对既有潜在竞争危害性又可能增进社会福利的反向支付时，裁判者自然而然地会想到更加谨饬的合理原则，通过对各种因素的兼权熟计，降低错误风险及成本。在"后Actavis"时代，下级法院也将遵循先例而适用合理原则，至此反向支付规制之惑似乎迎刃而解。例如，最近美国法院相继在"Nexium案""Lamictal案"等反向支付案件中适用了合理原则。但实际上，最高法院远没有为反向支付之争盖棺定论，关于合理原则的种种歧见依存。

---

[1] Michael A. Carrier,"Why the Cope of the Patent Test cannot Solve the Drug Patent Settlement Problem", *Stanford Technology Law Review*, Vol. 16, No. 1, 2012.

知识产权与竞争法贯通论

　　首先,霍温坎普等指出,反向支付涉及静态竞争利益和长期创新利益的权衡判断,合理原则却不是为了这样的判断而设计的,也不适合作出这样的判断。[1]合理原则主要考虑相关限制导致产出增加还是减少,但一个反向支付协议寻求的是让竞争对手延迟生产或是根本就不生产,肯定导致产出减少和价格上扬,这些反竞争性事实不会因为知识产权的存在而发生改变。[2]因此,合理原则并不能提供什么有用的信息。第十一巡回法院也指出,合理原则并不适合于反向支付分析,该原则的目的是判断相关行为是否是反竞争的,反向支付中反竞争的影响肯定是存在的,至少专利本质上就是排他性的。[3]托马斯·F.科特指出"Actavis案"中最高法院只是在名义上用了合理原则,实际采纳的全部是推定违法原则。[4]这可能是因为推定违法原则总是偏向原告的,合理原则让如履薄冰的法院感到更为安全。最高法院直接略过了反向支付对贸易是否构成限制的分析,因为协议限制贸易是无可争议的(indisputable),而是进入下一个步骤去评估和解协议所带来的节约司法资源和加速通用药进入市场等潜在福利,并由被告承担免除责任的举证责任。"有点难看出这个框架与推定违法有任何功能上的不同。"[5]

---

〔1〕 See Herbert Hovenkamp, Mark Janis and Mark A. Lemley, "Anticompetitive Settlement of Intellectual Property Disputes", *Minnesota Law Review*, Vol. 87, No. 6, 2003.

〔2〕 市场分割协议是极为严重的反竞争协议,固定价格协议尚且允许竞争者进行价格因素以外的竞争,而前者却是全方位地限制各方之间的所有竞争。See Michael A. Carrier, "Unsettling Drug Patent Settlements: A Framework for Presumptive Illegality", *Michigan Law Review*, Vol. 108, No. 1, 2009.

〔3〕 参见[美]J.E.克伍卡、L.J.怀特:《反托拉斯革命》(第5版),林平、臧旭恒等译,经济科学出版社2014年版,第264页。

〔4〕 See Thomas F. Cotter, "FTC v Actavis, Inc: When is the Rule of Reason Not the Rule of Reason?" Minnesota Journal of Law, Science & Technology, Vol. 15, Iss. 1, 2014.

〔5〕 Thomas F. Cotter, "FTC v Actavis, Inc: When is the Rule of Reason Not the Rule of Reason?" Minnesota Journal of Law, Science & Technology, Vol. 15, Iss. 1, 2014.

其次，尽管根据司法经验，反向支付的竞争效果如此明显，以至于没有必要进一步调查产业环境、市场结构、反向支付行为的市场影响等，但一些寻求稳妥的法院仍然倾向于其实并不合适的合理原则，进行其实并不必要的深入分析。如戴维斯所说，合理原则的这种深入分析表面上似乎能降低错误成本，但却存在巨大的交易成本。最高法院并没有指明如何具体应用合理原则，而是将难题抛给了下级法院。一个完整的合理原则需要考察诸多因素，各个因素还需要分配不同的权重，下级法院对众多因素的静思密虑将耗费巨大的司法资源，也给当事人带来极大的不确定性。信息和资源各个方面都处于劣势的通用制药商在合理原则面前很难胜诉，全面的合理原则往往也演变成了"全面合法原则"。最后，合理原则可能还会造成对某些明显不具有反竞争性的协议的过度分析。如阿普德贝克的模型所揭示，一个较低 SCI 指数的和解协议因为相关主体市场力量弱小，对竞争的影响微不足道，没有必要启动复杂而昂贵的合理原则。

三、解题之策：应当诉诸推定违法原则

毋庸讳言，博翰楠和霍温坎普的概括是准确的："迄今为止，美国法院运用反托拉斯法治理反向支付和解的效果不佳。"[1]其实，在与其他诸多方法的臧否权衡中，推定违法原则这一备受司法冷落却受学界推崇的规制方法可能才是美国当前制度环境下最适于反向支付的正谊明道。相较于专利范围测试和合理原则，推定违法原则无疑更为严厉，但是有诸多支持严格管制反向支付协议的强劲理由。

第一，支持对反向支付应适度宽容或至少应谨慎处置的论

---

[1] 参见［美］克里斯蒂娜·博翰楠、赫伯特·霍温坎普：《创造无羁限：促进创新中的自由与竞争》，兰磊译，法律出版社 2016 年版，第 108 页。

点中，实现促进和解的司法政策目标无疑是首当其冲的，能够止纷息讼的和解可以极大地舒缓美国不堪重负的司法系统。迪琦和鲁宾费尔德的研究指出，反向支付是促成和解的重要条件，禁止反向支付而造成的对当事人和解能力的损害将极大地挫伤通用制药公司的投资。伊冯等学者也指出专利权人可能是极度的风险厌恶者，即使它对自己的专利充满信心，也更倾向于和解的确定性，而不是诉讼的或然性，严格管制反向支付也对品牌制药商的创新激励造成打击。[1]然而，实证研究得出了相反的结论，反向支付并不是解决品牌制药商和通用制药商之间的争议所不可或缺的条件。2000年，联邦贸易委员会宣布它将挑战可能存在反托拉斯问题的和解协议。但在接下来的4年中，20个被上报的和解协议中没有一个涉及反向支付问题。在这段"严打"期间，各方仍继续达成和解协议，只是改用了对竞争限制较小的路径，如专利许可等。[2]许可证可以使整个社会获得通过分享专利进行联合生产的益处，至少能带来产出的增加。根据联邦贸易委员会关于2010年达成和解的专利诉讼案件统计，接近75%的和解并未涉及反向支付。当事人的风险厌恶偏好、和解的确定性与诉讼的或然性以及陷入诉累对公司及股东信誉的影响等因素都是始终存在的，不会因为反向支付而改变。即使没有反向支付的添油助力，和解对于诉讼双方依然是有诱惑力的选项。

第二，品牌制药商和通用制药商之间还存在严重的信息不对称（information asymmetry），但这一关键点被很多主张对反向协议放松管制的法官和学者忽视了。在位者往往比进入者知道

---

[1] Anne-Marie C. Yvon, "Settlements Between Brand and Generic Pharmaceutical Companies: A Reasonable Antitrust Analysis of Reverse Payments", *Fordham Law Review*, Vol. 75, No. 3, 2006.

[2] Michael A. Carrier, "Solving the Drug Settlement Problem: The Legislative Approach", *Rutgers Law Journal*, Vol. 41, Iss. 1&2, 2009.

更多关于市场情况和专利价值的信息。[1]一方面,这种信息偏在使得品牌制药商在和解谈判中总是处于优势,一个明证就是和解协议协商约定的进入日期往往更接近于品牌制药商的预期日期,延后于正常诉讼下的预期日期。假设一项专利剩余的有效期为10年,通用制药商通过正常诉讼程序可以在第6年进入市场,那么实践中反向协议约定的时间往往要晚于第6年。另一方面,这种信息偏在对竞争的影响甚至在通用制药商提交ANDA申请的阶段就已经存在了。卡瑞尔教授提到的产品跳跃现象其实就是品牌制药商根据专利价值、市场需求等信息,提前进行药品再形式化,改变市场需求,以达到让通用药品进入市场之利益最小化的一种手段。

2017年7月,联邦贸易委员会在一份提交众议院监管改革、商业及反托拉斯法附属委员会的证词中指出,品牌制药商还通过两种方式延迟通用药的进入:其一为拒绝向通用制药商提供足质足量的样品,使其无法完成ANDA的生物等效性证明;其二为拒绝让通用制药商加入现有的药品风险评估与减低计划(REMS)。[2]REMS是由品牌制药商专门为高风险药物提供安全使用保障而建立的项目,其中包含用药指南、处方指导、患者培训及登记信息、销售药房资质信息、医学检测程序等海量信息。由于根据美国食品和药品管理修正法案,高风险药物一般需要建立REMS才会获得FDA批准,REMS无疑可能成为另一件品牌制药商借助信息优势阻碍通用药进入的强大工具。此外,

---

[1] Robert D. Willig and J. P. Bigelow, "Antitrust Policy toward Agreements that Settle Patent Litigation", *Antitrust Bulletin*, Vol. 49, No. 3, 2004.

[2] FTC, "FTC Testifies before House Judiciary Committee's Subcommittee on Regulatory Reform, Commercial and Antitrust Law about Antitrust Concerns and the FDA Approval Process", available at https://www.ftc.gov/news-events/press-releases/2017/07/ftc-testifies-house-judiciary-committees-subcommittee-regulatory, 2017-08-28.

艾弗里等学者发现，品牌制药商还存在滥用公民请愿权（citizen petitions）以使 FDA 延迟批准通用药版本的情况。[1]利害关系人有权就欲申请上市的通用药之安全性和有效性提出质疑，这是《宪法第一修正案》保护的公民请愿权在医药领域的延伸，但是实践中品牌制药商利用 FDA 的信息不对称，向 FDA 提出毫无根据的请愿，以达到使其延迟批准通用药入市的目的，损害正当竞争。总而言之，通用制药商在这场博弈中的弱势地位无疑是显而易见的，这种失衡甚至贯穿于通用药从申请、诉讼、和解到最终销售的整个周期当中。[2]反向支付与产品跳跃、REMS 等其他工具的结合或叠加会严重阻遏通用制药行业的发展。为了矫正信息不对称和博弈地位失衡，我们有理由对反向支付采取严厉的规制方法。推定违法原则中内嵌举证责任倒置的设置，可以加重品牌制药商的举证负担，是一种较为理想的规制方法。

此外，近年来在美国发现的专利诉讼反向和解协议中，绝大部分都含有附属交易，反向支付不再"明目张胆"，而是通过精心设计隐藏于附属交易之中，这意味着"由原告来追踪延迟支付的证据变得愈发困难"。[3]举证责任倒置可以让信息优势方提交一些执法机构无法找到的细节证据，也能通过被告对支付合理性的证明发现相关交易的公平市场价值。

---

[1] Matthew Avery, William J. Newsom and Brian Hahn, "The Antitrust Implications of Filing 'Sham' Citizen Petitions with the FDA", *Hastings Law Journal*, Vol. 65, No. 1, 2015.

[2] 德雷克等研究者通过对 68 个药品专利和解协议的实证研究发现，27 个存在反向支付的协议可以让品牌制药公司的股价平均上涨，反向支付总是对品牌制药公司有利，能增加它们的预期利润；41 个没有反向支付迹象的协议对股票价格没有显著的影响。See M. K. Drake, M. A. Starr and T. G. McGuire, "Do 'Reverse Payment' Settlements Constitute an Anticompetitive Pay-for-Delay?", *International Journal of the Economics of Business*, Vol. 22, No. 2, 2015.

[3] Michael A. Carrier, "Unsettling Drug Patent Settlements: A Framework for Presumptive Illegality", *Michigan Law Review*, Vol. 108, No. 1, 2009.

第三，合理原则看似包罗万象，需要对众多因素予以分析，实际上有明确的边界。合理原则是一种关注产出增减和价格变化的纯竞争层面的内部权衡，但是反向支付涉及的是当前竞争利益和制药行业中不易转化为生产效率或配置效率的长期创新激励之间的外部权衡。[1]如霍温坎普等指出，反向支付协议本质上就是"反竞争的水平市场分割协议+知识产权问题"，合理原则并不能提供有用的信息。"普通法上的合理规则涉及界定广泛的社会成本与收益之间的权衡。反垄断法上的现代合理规则是一个更加狭隘的检测……如果限制是明显反竞争的，那么尽管它提供了一些与竞争无关的社会收益，它依然是违法的。"[2]不过在美国语境下，这种困境可以通过推定违法原则来缓解。[3]在该原则的分析结构下，只要原告能够证明被告存在排除通用药进入的反向支付行为，就可以推定其为违法，对这种行为的反竞争性质作出否定评价。而后证明责任随之转移至被告，如果被告无法证明自己持有的专利有效或者通用制药商确实侵权，那么直接对其适用本身违法原则这一明线标准。在该证明阶段，法院可以依靠第三方技术性专家的辅助或者依靠专利行政部门

---

[1] 一些学者认为，创新与竞争的权衡属于内部权衡，因为创新极容易转化为生产效率，能够带来巨大的竞争优势，企业为了获得竞争优势而采取创新性竞争行为，两者之间是一种简单的线性关系，这在互联网行业体现得尤为明显。但是，阿洪（Aghion）等学者一项著名的研究指出创新和竞争之间的关系呈现出"倒U型"。在企业技术水平大致相似的行业，竞争鼓励创新。但是，由初始利润较低的落后企业进行创新的行业，竞争阻碍创新。在医药行业中，鼓励企业的新药创新，特别是对于一些罕见病、稀缺病药品的技术创新更大程度属于社会公共利益。See Philippe Aghion et al., "Competition and Innovation: An Inverted-U Relationship", *The Quarterly Journal of Economics*, Vol. 120, No. 2, 2005.

[2] [美]基斯·N. 希尔顿：《反垄断法：经济学原理和普通法演进》，赵玲译，北京大学出版社2009年版，第93—94页。

[3] See Herbert Hovenkamp, Mark Janis and Mark A. Lemley, "Anticompetitive Settlement of Intellectual Property Disputes", *Minnesota Law Review*, Vol. 87, No. 6, 2003.

的协助，来完成对被告关于专利有效性问题的证据的判断。如果被告完成了证明，那就需要考虑知识产权问题的特殊性，进一步调查反向支付对竞争的限制是否属于附属性限制，即反向支付所造成的限制是否附属于实现和解的单纯目的。一个可以作为对照的案例是同样适用推定违法规则的"BMI案"。在该案中，法院认为被控定价行为"总是倾向于限制竞争和产量"，但是为了著作权法保护下的版权的发展，这种营销安排似乎合理且必要的。[1]"……缺少一个有效的（知识产权）侵权请求，限制就是赤裸裸的（naked）；但是如果侵权诉讼是有效的，限制就是附属性的（ancillary）。"[2]附属性限制理论最早由塔夫特法官所提出，至今仍保持活力。它不同于那种促进竞争效果超过限制竞争效果才能获得豁免的效果权衡、定量权衡，而是一种主要考察限制手段和目的之间因果关系的属性权衡、定性权衡，能够较好地解决反向支付问题中的外部权衡问题。[3]有一种观点认为任何分析方法都应服膺于合理原则，否认推定违法原则或快速审查原则这一类中间原则的独立性和必要性。实际上，从上述分析中我们可以发现推定违法原则和合理原则之间仍然存在界限，即其可以借助自身内置的抗辩机制，引入附属性限制或比例原则等分析工具，进而在一定程度上解决合理原则所无法完成的异质利益权衡问题。

---

〔1〕 Broadcast Music v. Columbia Broadcasting System, 441 U.S. 1 (1979).

〔2〕 Herbert Hovenkamp, Mark Janis and Mark A. Lemley, "Anticompetitive Settlement of Intellectual Property Disputes", *Minnesota Law Review*, Vol. 87, No. 6, 2003.

〔3〕 参见焦海涛："社会政策目标的反垄断法豁免标准"，载《法学评论》2017年第4期。

第五节　中国语境下反向支付协议的规制逻辑

一、未雨绸缪或无病呻吟：反向支付论题的中国研究价值

反向支付协议在美国的猖獗盛行离不开《哈奇-韦克斯曼法》的推波助澜，第十一巡回法院更是指出，"反向支付是哈奇-韦克斯曼法案的天然副产品"。[1]因此，我们难以回避一个诘问：在没有30个月暂停期、180天专营期等相关制度激励，甚至还没有一起涉及反向支付的正式诉讼的中国语境下，反向支付论题是否具有研究价值？实际上，如果将目光转向大西洋的另一岸，我们就会发现没有《哈奇-韦克斯曼法》类似制度框架的欧盟也面临着来自反向支付协议的严峻威胁，其业已成为欧盟知识产权反垄断研究领域的热点话题。

尽管在欧盟竞争法框架下并没有针对反向支付协议合法性问题的相关指南或案例，但是欧盟竞争执法机构已经认识到涉及反向支付的和解协议属于"法律灰色地带"，应当制定一个对其进行处理和规制的一般性标准。欧盟委员会于2008年启动了针对医药行业的广泛调查，重点就是"审查品牌制药商和通用制药商之间的竞争关系，特别关注诸如反向支付等可能影响通用药品进入市场的做法"。[2]在后续形成的调查报告中，欧盟委员会把和解协议分为三类：①A类，对通用制药商的进入无任何限制的协议；②B-Ⅰ类，没有价值转移但限制进入的协议；

---

[1] Schering-Plough Corp. v. FTC, 402 F. 3d 1056, 1074 (11th Cir. 2005).

[2] Michael Clancy, Damien Geradin and Andrew Lazerow, "Reverse-payment Patent Settlements in the Pharmaceutical Industry: An Analysis of US Antitrust Law and EU Competition Law", *The Antitrust Bulletin*, Vol. 59, No. 1, 2014.

③B-Ⅱ类，存在价值转移且限制进入的协议。[1]调查结果显示，2011年和2012年B-Ⅱ类协议在所有专利和解协议中的比例已经达到10%左右，显然是一个不可小觑的数字。2013年6月，欧盟委员会正式对"Lundbeck案"中达成并实施反向支付协议的品牌制药公司作出九千多万欧元的巨额罚款决定，对相关通用制药公司处以五千多万欧元的罚款，[2]对待反向支付协议的从严立场可见一斑。这也是欧盟委员会第一次正式发现反向支付和解协议因延迟了通用药品的市场进入而违反欧盟竞争法。[3]涉案企业随即起诉至欧盟普通法院，要求欧盟普通法院驳回欧委会的处罚决定及罚款。2016年9月，欧盟普通法院驳回了涉案企业提出的诉求，维持了欧委会的处罚决定，并判决该案中所涉的专利和解协议构成目的违法的垄断协议（restriction of competition by object）。对于反向支付在欧盟的成因，迈克尔·克兰西等学者作了分析，其认为尽管在欧盟专利是由成员国单独授予的，权利人想要阻止通用制药商进入市场，必须在各个成员国内的相关法院提起诉讼，这意味着在欧盟环境下阻止通用药品的进入是非常困难和昂贵的。但是，品牌制药商依然有强大的动机进行和解，即便它们持有的专利非常强

---

[1] Commission Communication, "Executive Summary of the Pharmaceutical Sector Inquiry Report", available at http://ec.europa.eu/competition/sectors/pharmaceuticals/inquiry/communication_en.pdf, 2017-08-18.

[2] European Commission, "Antitrust: Commission Fines Lundbeck and Other Pharma Companies for Delaying Market Entry of Generic Medicines", available at http://europa.eu/rapid/press-release_IP-13-563_en.htm, 2019-04-10.

[3] See European Commission, "Antitrust: Commission Fines Lundbeck and Other Pharma Companies for Delaying Market Entry of Generic Medicines", available at http://europa.eu/rapid/press-release_IP-13-563_en.htm, 2019-04-10. 负责竞争政策的杰奎因·阿尔穆尼亚表示，一家公司为了让它的竞争对手离开市场并推迟更便宜药品的市场进入而向竞争支付是不可接受的。这类协议直接损害患者和已经受到严格预算限制的国家卫生系统。委员会不会容忍这种反竞争做法。

大。这是因为任何通用药竞争者的进入都会带来价格的巨幅下降，而且欧盟还存在成员国之间的"连锁效应"，即一个国家的价格下降会激发其他国家随之而来的价格下降。[1]

《哈奇-韦克斯曼法》只是产生反向支付协议的充分而非必要条件，如同欧盟有其自身的特殊成因，中国也有催生反向支付协议的本土性因素。例如，中国自古以来就有"厌讼""息讼"的诉讼文化传统。尽管与美国相比，我国的诉讼和解率似乎较低，但是应当注意到我国采取了调解与和解二元分立的体例，两者都是以双方当事人合意为基础的纠纷解决机制，具有同质性和同构性。如果考虑调解的因素，严仁群的实证研究已经揭示，我国各级法院一审案件的调撤率其实已经与美国和解率的高位值（70%）大致持平。[2]再加上强调"和为贵"等中华传统价值观念，我国其实具备滋生反向支付和解协议的文化环境。

其次，早在2009年《专利法》的第三次修改中，我国就引入了减轻通用制药商科学测试成本、鼓励通用仿制药行业发展的"Bolar例外"条款（国务院法制办公室公布的《专利法（第四次修订草案送审稿）》继续保留了该条款，序号改为第72条），其规定"为提供行政审批所需要的信息，制造、使用、进口专利药品或者专利医疗器械的，以及专门为其制造、进口专利药品或者专利医疗器械的"不视为侵犯专利权。这与《哈奇-韦克斯曼法》的相关规定如出一辙。2016年7月国家食药监管总局办公厅公布的《药品注册管理办法（修订稿）》第129条

---

[1] Michael Clancy, Damien Geradin and Andrew Lazerow, "Reverse-payment Patent Settlements in the Pharmaceutical Industry: An Analysis of US Antitrust Law and EU Competition Law", *The Antitrust Bulletin*, Vol. 59, No. 1, 2014.

[2] 严仁群："'消失中的审判'？——重新认识美国的诉讼和解与诉讼调解"，载《现代法学》2016年第5期。

规定，对他人已获得中国专利权的药品，申请人可以提出上市申请；第 130 条进一步规定，他人在中国存在专利的，申请人应当提交对他人的专利不构成侵权的声明。不难看出这些规定非常类似于 ANDA 第四段证明。2017 年 5 月公布的《关于鼓励药品医疗器械创新保护创新者权益的相关政策（征求意见稿）》（下文简称《征求意见稿》）更是规定了一套与《哈奇-韦克斯曼法》极其类似的制度框架。根据《征求意见稿》，相关药品专利权人认为药品注册申请人侵犯其专利权的，应在接到申请人告知后 20 天内向司法机关提起专利侵权诉讼。药品审评机构收到司法机关专利侵权立案相关证明文件后，可设置最长不超过 24 个月的批准等待期。在批准等待期内，如双方达成和解或司法机关作出侵权或不侵权生效判决的，药品审评机构应当根据双方和解或司法机构相关的生效判决不批准或批准药品上市。显而易见，《征求意见稿》设置了与美国法中 ANDA 申请、第四段认证、专利链接等几乎一致的制度激励。此外，《征求意见稿》规定药品审评机构应当根据双方和解或司法机构相关的生效判决不批准或批准药品上市，这明文赋予了和解协议较高的权威性和认可度，存在鼓励当事人进行和解的变相激励。因此，如果这些制度在中国落位，中国相关制度要比欧盟更加接近于《哈奇-韦克斯曼法》，将具有更利于产生反向支付的制度土壤。

表 4 中美专利链接制度的对比

	美国《哈奇-韦克斯曼法》的相关规定	中国《征求意见稿》的相关规定
权属声明	ANDA 申请者应提交第四段证明：品牌药的专利是无效的或者生产、使用或销售通用药不会侵犯该专利。	药品注册申请人在提交注册申请时，应提交其知道和应当知道的涉及相关权利的声明。

第四章　药品专利反向支付协议的反垄断规制原理

续表

通知义务	提交 ANDA 第四段证明的申请者应当履行向品牌药企的通知义务。	挑战相关药品专利的，申请人需声明不构成对相关药品专利侵权，并在提出注册申请后 20 天内告知相关药品专利权人。
诉讼时效	品牌药企收到通知后，有 45 天的时间决定是否向其提起专利侵权诉讼。	相关药品专利权人认为侵犯其专利权的，应在接到申请人告知后 20 天内向司法机关提起专利侵权诉讼。
搁置期间	如果提出诉讼，FDA 将搁置对通用药的审批，直到法院作出目标专利无效或者没有被侵权的判决，或者直至 30 个月的搁置期间届满。	药品审评机构……可设置最长不超过 24 个月的批准等待期。在批准等待期内，如双方达成和解或司法机关作出侵权或不侵权生效判决的，药品审评机构应当根据双方和解或司法机构相关的生效判决不批准或批准药品上市……
排他期间	第一位成功完成第四段证明的 ANDA 申请者（首仿者）将被授予 180 天的市场排他期。	暂无规定。

一些学者可能认为《征求意见稿》缺少了《哈奇-韦克斯曼法》中最具争议和最具特色的 180 天市场独占期的设定，一旦失去该独占期提供的经济激励，通用制药商将缺乏挑战品牌制药商在位专利的动力，因此并不会产生反向支付问题。[1]然

---

[1] See Melanie J. Brown, "Reverse Payment Settlements in the European Commission's Pharmaceutical Sector inquiry Report: A Missed Opportunity to Benefit from U. S. Experience", *Columbia Journal of Law and the Arts*, Vol. 33, Iss. 3, 2010; Ashutosh Kumar, "Patent or Patient, Link Them Properly: Patent Linkage and Competition (A Comparative Study)", available at http://works.bepress.com/ashutosh_ kumar/1, 2019-04-10.

而，前文的分析已经揭示 180 天独占期设定并不是产生反向支付的必备要件。品牌制药商愿意进行反向支付的最终目的在于在一定时间内屏蔽对其缺乏信心的专利所提出的质疑和挑战，进而得以继续维持该专利垄断市场销售的特权并收取高额租金。反向支付行为所牺牲的资金在巨大的垄断租金面前不值一提。只要这个最终动机始终存在，即使失去 180 天独占期，反向支付依然会产生。近年欧盟竞争当局已经开始密切审查反向支付协议，即使欧洲没有药品专利审批链接制度和 180 天的市场独占期规定，这些反向协议照样产生。[1]与此同时，在美国境内，在不满足 180 天独占期授予条件的情况下也发生了一些反向支付案件，要么是因为通用制药公司不是第一 ANDA 申请人，要么是因为有争议的药物并不属于《哈奇-韦克斯曼法》的规范客体。[2]例如，CollaGenex 公司和通用药挑战者 Mutual 公司围绕药品 Periostat 达成了和解协议，由于药品 Periostat 被归类为抗生素，因此并不具有适用 180 天排他期的资格，但是也产生了反向支付问题。[3]对此，有论者指出反向支付和解行为"是正常的并且多年来一直是该行业不可避免的特征"。[4]

---

〔1〕 Seung Joo Jeong, "Patent – Drug Approval Linkage in Korea Under Korea - U. S. FTA–Based on Comparative Study on U. S. Hatch-Waxman Act and Canadian Patented Medicines（Notice of Compliance）Regulation", *MIPLC Master Thesis Series*（2012/13）, available at https://ssrn.com/abstract=2407320, 2018-12-10.

〔2〕 Melanie J. Brown, "Reverse Payment Settlements in the European Commission's Pharmaceutical Sector inquiry Report: A Missed Opportunity to Benefit from U. S. Experience", *Columbia Journal of Law and the Arts*, Vol. 33, Iss. 3, 2010.

〔3〕 Memorandum Opinion, CollaGenex Pharms., Inc. v. Thompson, No. 03-1405, 2005 WL 256561（D. D. C. Jan. 19, 2005）.

〔4〕 Rt. Hon. Sir Robin Jacob, "Patents and Pharmaceuticals–a Paper Given on 29th November at the Presentation of the Directorate-General of Competitions' Preliminary Report of the Pharmaceutical Sector Inquiry", available at http://ec.europa.eu/competition/sectors/pharmaceuticals/inquiry/jacob.pdf, 2017-12-10.

第四章　药品专利反向支付协议的反垄断规制原理

再者，作为人口老龄化逐步加剧的发展中国家，我国一直都是通用药品的生产及使用大国，将近97%的药品为通用药〔1〕，这对于降低医疗支出、实现病有所医具有重要意义。此外，随着我国知识产权水平稳步提升，国内药企研发能力逐步增加，专利制药行业也有了一定发展。2016年5月，中共中央、国务院印发的《国家创新驱动发展战略纲要》明确要求研发创新药物。值得一提的是，2015年国家发改委等部委联合制定的《推进药品价格改革的意见》规定除麻醉药品和第一类精神药品外，取消原政府制定的药品价格。该意见开启了药品自由定价、自主定价的新篇章，自此，国内研发新药的品牌药企也可以像美国品牌制药商一样，进行超市场水平定价，回收研发、审批及推广成本，这将对专利药的发展提供巨大激励，但也意味着国内专利药和通用药的矛盾会变得更加凸显。从世界范围内来看，根据《2001年—2020年美国专利到期药手册》统计，到2020年前多达400多个专利药品将到期。〔2〕为了应对"专利悬崖"危机，守住中国药品消费市场份额，持有这些药品专利的跨国药企有巨大的动机实施反向支付变相延长自己的垄断期。研究者苏华和韩伟通过调研发现，某跨国药企希望向某国内仿制药企反向支付使其离开市场，但未获成功，继而发起专利侵权诉讼。该案共耗时9年之久，尽管国内药企胜诉，但药品的上市时间被严重延误。与此同时，越来越多的国内药企已经走出国门，天士力的复方丹参滴丸、康莱特的康莱特注射液、康缘药

---

〔1〕 刘友华、隆瑾、徐敏：" '专利悬崖'背景下制药业的危机及我国的应对"，载《湘潭大学学报（哲学社会科学版）》2015年第6期。

〔2〕 马修·艾弗里等研究者指出，2009年到2014年间，超过40%的最著名的品牌药品失去专利保护。See Matthew Avery, William J. Newsom and Brian Hahn, "The Antitrust Implications of Filing 'Sham' Citizen Petitions with the FDA", *Hastings Law Journal*, Vol. 65, No. 1, 2015.

业的桂枝茯苓胶囊等都向美国FDA提交了申请，以期能够进入美国市场。这不仅意味着与美国药企的合作加强，也意味着要面临来自美国本土药企的竞争挑战。从美国和欧盟制药产业的发展来看，反向支付协议是一种常见的竞争干扰手段，也是阻碍仿制药发展最大的障碍之一。因此，我国也具备了产生反向支付的产业环境和竞争环境。国内专利制药商与通用制药商之间，跨国专利制药商与国内通用制药商之间都有达成并实施反向支付协议的可能。

最后，反向支付问题并不是美国的专属产物，当前世界范围内各国竞争执法机构正在密切关注这种特殊的协议。欧盟也面临着来自反向支付协议的严峻威胁，欧盟委员会于2013年6月正式对"Lundbeck案"中达成并实施反向支付协议的品牌药企作出九千多万欧元的巨额罚款决定。2016年9月，欧洲普通法院作出判决，支持了欧盟委员会的分析，认为反向支付行为本质上违反了欧盟竞争法。[1]早在2011年，韩国公平交易委员会就对达成反向支付协议的品牌药企GSK公司给予了260万美元的罚款。印度竞争委员会曾于2014年分别对Hoffmann-La Roche公司和Cipla公司、Merck公司和Glenmark制药公司达成的两份反向支付协议展开调查。2016年英国竞争和市场管理局对实施反向支付的GSK公司和通用药企罚款4500万英镑。[2]遗憾的是，作为继美国和欧盟之外的世界第三大反垄断司法辖区，中国对反向支付协议的执法经验有待增加，理论研究也有待提高。研究反向支付的反垄断规制问题，克服我国相关规则的不

---

[1] See Michael Clancy, Damien Geradin and Andrew Lazerow, "Reverse-payment Patent Settlements in the Pharmaceutical Industry: An Analysis of US Antitrust Law and EU Competition Law", *The Antitrust Bulletin*, Vol. 59, No. 1, 2014.

[2] Michael A. Carrier, "Drug Patent Settlements Around the World", *The Antitrust Bulletin*, Vol. 62, Iss. 4, 2017.

确定性无疑具有一定的必要性和迫切性。

二、反向支付协议规制框架的本土化建构

（一）规制反向支付协议的宏观思路

第一，反向支付协议的规制必须依靠反垄断法。前文中英格尔提出了一个诉诸禁止专利权滥用原则、在专利法系统内部规制反向支付的主张，这其中有两个非常值得深究的问题：如何理解"滥用专利权"的概念？反向支付协议的规制能不能离开反垄断法？第一个问题非常关键，因为对该问题的回应又具体涉及对我国《反垄断法》第55条的教义学解读。该条规定"经营者滥用知识产权，排除、限制竞争的行为，适用本法"，是我国处理知识产权保护和反垄断审查关系的核心条款。根据条款的文义解释，"滥用知识产权"成为启动反垄断审查的前置性要件，似乎只有先构成"滥用知识产权"的行为才会进一步触发反垄断法的分析，因此对"滥用知识产权"的理解显得尤为重要。根据英格尔的研究，美国法中的滥用专利权有其特殊的意涵，其是依据衡平原则而存在于侵权诉讼中的一个重要抗辩理由，该原则还逐步扩展到版权和商标权领域。而在最早产生滥用专利权概念的英国，专利权人不实施专利的行为被视为滥用，滥用成为强制许可的依据。[1]可见，滥用知识产权这一概念并不具有普适性，必须结合各国自身情况予以考虑。在我国，"滥用知识产权"是由《反垄断法》第55条首次提出的，在这之前的法律文本或司法实践中并无此概念，因此对该概念的解释不应脱离我国《反垄断法》的立法目的、相关理念和具体文本，也不能局限于英美国家判例法中的特殊含义，更不能

---

[1] 参见张伟君：《规制知识产权滥用法律制度研究》，知识产权出版社2008年版，第48—49页。

想当然地套用民法禁止权利滥用的法理，否则狭隘的前置性制约将使《反垄断法》第 55 条沦为具文。滥用知识产权应当是一个广义性的一般性范畴，凡是超出法律允许的边界或者正当的尺度之行为都有可能构成滥用，因此它是相对于正当行使权利而言的。[1] 在这个广义的集合中，只有"排除、限制竞争的滥用知识产权行为"这个子集部分才能适用《反垄断法》，其他违背诚实信用、禁止私权滥用等原则的滥用知识产权行为则由知识产权法、反不正当竞争法、合同法等部门法分别予以评价和规制。

关于反向支付协议能不能完全脱离《反垄断法》而仅在《专利法》系统内进行治理的问题也殊值深究，特别是在知识产权法系统不断吸纳竞争政策、逐渐凸显竞争色彩的今天，这个问题并不是空穴来风。例如，我国《专利法（第四次修订草案送审稿）》就增加了第 14 条，其规定"申请专利和行使专利权应当遵循诚实信用原则。不得滥用专利权损害公共利益或者不合理地排除、限制竞争"。既然《专利法》也需要评价竞争效果，似乎可以将反向支付的合法性分析完全置于《专利法》之下，从而彻底解决反垄断法和专利法纠缠不清的局面。然而，专利法属于私法性质的调整手段具有局限性。首先，与极为严厉的属于公法性质的反垄断法相比，专利法的惩罚力度较轻，无法弥补限制竞争行为造成的巨大社会成本。专利法可以实现"明天有更好的药"，但无法保障"今天有更便宜的药"，扼杀通用药品竞争所造成的"今天买不起药"甚至是"今天没有药"等严重社会问题是私法所难以控制的，需要属于公法的反

---

[1] 参见王先林："竞争法视野的知识产权问题论纲"，载《中国法学》2009 年第 4 期；吕明瑜："知识产权垄断呼唤反垄断法制度创新"，载《中国法学》2009 年第 4 期。

第四章 药品专利反向支付协议的反垄断规制原理

垄断法介入。史蒂文·D.安德曼指出:"……知识产权制度本身具有的激励效果对于促进公共利益是很重要的。但是这部分利益必须与其他方面的公共利益相协调,且不能被自动视为优先于其他方面的公共利益。在这个法律领域里的一个固有的缺陷是,私有财产总是要服从于公法规范的。"[1]其次,行使知识产权行为对市场的影响是错综复杂的,由此产生的经济效果也是变化莫测的,旨在保护竞争过程的反垄断法发展了本身违法/合理原则、目的违法/效果违法等复杂精妙的分析工具,可以应对种种市场竞争行为;而主要功能作为确权法的专利法恐怕就力有未逮了。前文述及,学者英格尔提出了一种将反向支付问题完全置于专利法庭内部、彻底与反托拉斯法隔绝的方法,即在禁止专利权滥用原则的基础上进行改造,以此作为规制反向支付协议的武器。但在美国法中,禁止专利权滥用原则只是防御之盾而非攻击之矛,不能作为独立的起诉或反诉理由。其存在于如下场合:当专利权人起诉他人侵犯其知识产权时,被诉侵权人通过证明权利人存在权利滥用来避免承担侵权责任的后果。英格尔的方法还存在威慑不足的问题。专利权滥用的成立只会导致侵权赔偿责任的免除和禁止的颁布,权利无法行使的状态可以在滥用停止并消除滥用行为的影响时得以恢复,品牌制药商也不用再忌惮反托拉斯法的三倍赔偿风险。最后还需要注意的是,被授予的专利并不一定就是有价值的,这在专利爆炸式增长的中国显得尤为突出,过于强调"专利的范围""专利的权利思维"容易陷入过度保护。实际上,专利法本身就内含着清

---

[1][英]史蒂文·D.安德曼:《知识产权与竞争策略》,梁思思、何侃译,电子工业出版社2012年版,第68页。

理无效专利的政策目标[1],而反垄断法对那些旨在让专利不被质疑的反向支付进行规制与这种清理目标是不谋而合的。"在专利权被视为反托拉斯矛盾对立面的制度环境中,专利法和反托拉斯法两种制度依然可以找到共同点,即拒绝授予弱专利以垄断权力。"[2]尽管在专利法的修改过程中,不断吸收竞争政策甚至涉及竞争效果的评价,但应将其解读为对滥用专利权行为中的属于专利法调整范畴的这部分子集的评价标准,不能按照反垄断法中的竞争效果评价标准来进行理解。如同专利法中体现竞争政策,反垄断分析规制对知识产权的尊重体现了反垄断法对创新政策的维护,两法尽管以相反的方式在运作,但却殊途同归。2017年美国司法部和联邦贸易委员在新修订的《知识产权许可反托拉斯指南》中也指出,两法拥有促进创新和提升消费者福利的共同目标。[3]对反向支付协议适用反垄断法符合这种共同的目标和价值追求。

第二,对反向支付协议应当采用相对严厉的违法认定标准。鲁道夫·佩里茨教授指出反向支付协议具有双重危害性——不仅限制竞争,还终止了对在位专利有效性的司法调查,[4]这些都会产生推高药品价格的效果。一方面,我国虽然在不断加大

---

[1] 一个明证体现为专利被许可人禁止反言原则的消亡,该原则下被许可人对被许可专利有效性的质疑是被禁止的。但在"Lear公司案"中,美国最高法院认为与鼓励竞争的公共政策相抵牾而推翻了该原则。被许可人可能是唯一有足够经济激励挑战专利的主体,如果他们被禁止反言而保持缄默,消费者利益终将受到损害。See Lear, Inc. v. Adkins, 395 U.S. 653 (1969).

[2] Cory J. Ingle, "Reverse Payment Settlements: A Patent Approach to Defending the Argument for Illegality", *I/S: A Journal of Law and Policy*, Vol. 7, No. 2, 2011.

[3] US DOJ and FTC, "Antitrust Guidelines for the Licensing of Intellectual Property", available at https://www.justice.gov/atr/guidelines-and-policy-statements-0/2017-update-antitrust-guidelines-licensing-intellectual-property, 2017-09-07.

[4] Rudolph J. R. Peritz, "Taking Antitrust to Patent School: The Instance of Pay-for-Delay Settlements", *The Antitrust Bulletin*, Vol. 58, No. 1, 2013.

第四章 药品专利反向支付协议的反垄断规制原理

创新药的研发投入,但是现阶段仍然严重依赖于通用药。鼓励通用药品行业的充分竞争、保证廉价药品的稳定及时供应、保障低收入患者的药品可得性,无疑具有重要的人权保障价值。2018年,一部名为《我不是药神》电影,深刻揭示了我国品牌药和通用药的矛盾关系,引发了公众的极大关注,这从侧面反映了我国人民日益增长的医疗需求与通用药行业发展滞后、患者用药负担过重的尖锐矛盾。在这种国情现实下,对于延迟通用药进入、增加用药支出、损害患者药品可及性的反向支付协议适用相对严厉的审查标准具有正当性。"考虑到受反向支付影响药物的重要性和医保支出迅猛增长带来的深远影响,对这种协议采取一个更加正当的和更具侵略性的框架将带来巨大的福利。"[1]另一方面,美国持宽容对待反向支付意见派(如主张专利范围测试)的一个关键考量就是美国诉讼成本较高,这些成本最终也是由制药商转移到最终消费者,加快诉讼终结的反向支付和解协议能提高纠纷解决效率,节约司法资源,进而增进社会福利。2009年美国知识产权法律协会的一份调查报告指出,美国专利侵权诉讼每一方的诉讼费用中位数高达35万美元。[2]但是,研究者詹映和张弘对中国2008年至2011年期间434件有效案件的实证研究指出,中国专利权人维权总成本超过10万人民币的仅占3.2%。[3]因此,我国较低的诉讼成本以及上文提及的偏好和解息讼的诉讼传统、倡扬以和为贵的文化观念等因素都在不断削弱适用宽松规制规则的必要性,也间接证

---

[1] Michael A. Carrier, "Unsettling Drug Patent Settlements: A Framework for Presumptive Illegality", *Michigan Law Review*, Vol. 108, No. 1, 2009.

[2] Catherine Rajwani, "Controlling Costs in Patent Litigation", *Journal of Commercial Biotechnology*, Vol. 16, Iss. 3, 2010.

[3] 参见詹映、张弘:"我国知识产权侵权司法判例实证研究——以维权成本和侵权代价为中心",载《科研管理》2015年第7期。

成了适用严厉规制规则的合理性。刘孔中教授就认为逆向付款协议是专利药商与仿制药商之间赤裸裸的水平竞争限制,在诉讼费用不高的两岸,始终或几乎始终限制竞争,因此可以采用偏向当然违法的标准处理之。[1]不过与存在过度威慑之虞的当然违法标准相较,笔者主张"留有余地"的推定违法标准。

第三,反向支付协议的规制应在"禁止+豁免"的分析模式下进行。美国最高院的"Actavis 案"判决不仅在其本土产生影响,还干扰了我国学者的判断。国内为数不多几位关注反向支付问题的学者都纷纷建议我国应该适用合理原则。例如,陶冠东的观点就极具代表性:"……反向支付协议应进行全面的合理原则分析,这是基于专利诉讼天然的不确定性以及协议形式的多样化。而我国《反垄断法》中虽未明确规定何种情形适用本身违法,何种情形采用合理原则,但就其规定内容来说,实际上采用的是合理原则。"[2]当前,世界范围内存在着两种垄断协议分析模式,以美国为代表的"本身违法/合理原则"模式和以欧盟为代表的"禁止+豁免"模式。尽管美国是现代反垄断法的发祥地,但是欧盟反垄断法才是我国《反垄断法》的蓝本,[3]我国采用的也是"禁止+豁免"的立法模式和分析模式。我国《反垄断法》第13、14 条禁止性规定和第 15 条豁免性规定与《欧盟运行条约》101 条第 1 款和第 3 款也是对应的。一些学者

---

〔1〕 刘孔中:《解构知识产权法及其与竞争法的冲突与调和》,中国法制出版社 2015 年版,第 260 页。

〔2〕 陶冠东:"反向支付的反垄断法适用",载《竞争政策研究》2017 年第 3 期。主张适用合理原则的观点,还可参见罗蓉蓉:"美国医药专利诉讼中'反向支付'的反垄断规制及其启示",载《政治与法律》2012 年第 12 期;宋建宝:"专利诉讼反向支付和解协议的反垄断审查:美国的规则与实践",载《知识产权》2014 年第 2 期。

〔3〕 参见李剑:"中国反垄断法实施中的体系冲突与化解",载《中国法学》2014 年第 6 期。

第四章 药品专利反向支付协议的反垄断规制原理

主张,美欧两种模式的不同仅是文本表达上的差别,内容上具有逻辑一致性。《欧盟运行条约》101条第1款中"基于目的"的分析(特别是列入黑色清单的核心限制)与本身违法原则并无二致,而"基于效果"的分析与合理原则都依赖于一些共通的经济方法,我国虽无合理原则之名但有合理原则之实。因此,对反向支付适用合理原则并无不妥。然而,存在一些共性特征不意味着二者可以等同,"在表面的一致性之下,竞争法律制度在法律思维、分析框架和举证责任分配等方面都有着重大差异"。[1]

尽管芝加哥学派受到质疑,但其唯效率论的思想遗产犹存。在反托拉斯法追求单一效率目标的过程中,很多适用本身违法的限制竞争行为都改用合理原则进行分析,而合理原则也局限于对经济效率的分析。欧盟竞争法受到弗赖堡学派的影响,该学派主张构建制度性的竞争秩序,这种秩序是以货币政策优先、市场开放、契约自由、责任、私有制等为核心的新型秩序。[2]竞争法就是这个秩序建构和运行的核心,这也决定了其承载着多元的价值目标。在欧盟追求多重目标的垄断协议分析模式下,可以进行不同竞争利益之间以及竞争利益和非竞争利益之间的权衡。库尔特·马尔克特指出,欧盟模式下一般要进行多方面分析,不限于竞争效果;而合理原则多限于纯竞争层面影响的分析,一旦某些协议产生了限制甚至摧毁竞争的效果,则不会再去考虑其他方面的积极影响。[3]唐雷指出,《欧盟运行条约》101条

---

[1] Csongor Istvan Nagy, *EU and US Competition Law: Divided in Unity?*, Farnham: Ashgate Publishing Limited, 2013, p.1,转引自叶卫平:"反垄断法分析模式的中国选择",载《中国社会科学》2017年第3期。

[2] 参见[德]瓦尔特·欧肯:《经济政策的原则》,李道斌译,世纪出版集团、上海人民出版社2001年版,第277—305页。

[3] [美]库尔特·马尔克特:"美国反托拉斯法的现状和发展趋势",邵建东译,载[德]爱里克·松尼曼:《美国和德国的经济与经济法》,法律出版社1991年版,第163—168页。

知识产权与竞争法贯通论

第 1 款项下的限制竞争应按照消费者福利标准判断,是一种内部平衡;而第 3 款项下将其与限制带来的非竞争政策收益进行平衡,是一种外部平衡。[1]欧盟还建立了包含个别豁免和集体豁免的豁免体系,通过立法的方式明确分析标准,以增强确定性和稳定性。[2]相较而言,合理原则虽极具灵活性,但需要强大的判例法传统、成熟的经济理论、较高的法官裁判能力作为支撑,而我国成文法环境、经济理论的供给等能否满足合理原则的适用也是存疑的。此外,欧盟"禁止+豁免"模式也在发展和完善,逐渐吸收美国"本身违法/合理原则"框架的一些科学之处并尝试克服 101 条第 1 款管辖权过宽等流弊,例如,引入了"附属限制法则""客观必要性法则""显著性要求"等工具,总体上依然是一个值得我国借鉴的模式。一些国内学者建议应用合理原则分析反向支付协议,只注意到了这种分析框架的可欲性,而忽视了在不同制度背景下的可行性。我国反垄断法也是追求多元化的价值目标[3],其作为经济法的核心,应当体现经济法社会本位的价值面向。因此,应将反向支付的分析置于"禁止+豁免"模式下进行分析,这有助于实现保护竞争秩序、激励创新、保障人权等多重价值的权衡,克服霍温坎普所殷忧的合理原则的局限性问题。时建中教授也指出,在当前我国医药行业管制改革和市场改革均不到位的背景之下,不应该为排除、限制竞争提供更多乘虚而入的空间,采禁止加豁免的执法模式和分析思路要比采本身违法或合理原则的分析模式和框架

---

〔1〕 See Townley, C. *Article 81 EC and Public Policy*, Hart Publishing, 2009, chapter 6.

〔2〕 参见许光耀:《欧共体竞争法通论》,武汉大学出版社 2006 年版,第 148—150 页。

〔3〕 我国《反垄断法》第 1 条规定,为了预防和制止垄断行为,保护市场公平竞争,提高经济运行效率,维护消费者利益和社会公共利益,促进社会主义市场经济健康发展,制定本法。

第四章　药品专利反向支付协议的反垄断规制原理

更符合当前的中国国情。[1]

第四，国务院专利行政部门和食药监管部门应当承担更多的责任。无论是专利范围测试、推定违法原则，抑或是合理原则，都难以圆满地解决反向支付问题。一些学者已经认识到完全依靠反托拉斯执法机构并不是良方，解铃还须系铃人。例如，英格尔诉诸禁止专利权滥用原则的建议就是希望专利法庭能承担更多的责任。博翰楠的方案则寄望于专利再审程序，让专利和商标局承担更多的职责。科罗纳为代表的学者则希望通过修改相关立法从源头上矫正《哈奇-韦克斯曼法》扭曲的激励机制。国内学者都将分析视阈局限在反垄断法框架内，期望通过反垄断执法机构的积极执法能够毕其功于一役。实际上，对于极具复杂性、兼具多种附随效应的反向支付问题，依靠多个监管部门的协调与配合、完善反垄断政策之外的其他规则体系、实现系统性治理可能才是最佳方案。首先，国务院专利行政部门应该采用更加审慎的药品专利授权标准，并且在反垄断审查中承担检测药品专利有效性的职责。药品专利授权标准的选择至关重要，宽泛的授权将造成一些创新价值较低的药品也被赋予专利权，而专利权人为了防止自己脆弱专利的有效性被质疑，往往有巨大的激励实施反向支付行为。作为全球的仿制药"药房"，印度对于药品专利授权标准的严格控制做法值得借鉴。例如，印度专利法规定对于不能增强已知物质已有功效的新形式不授予专利权，这在很大程度上抑制了卡瑞尔教授所殷忧的"产品跳跃"问题，也减少了滋生反向支付的问题专利的数量。而我国对于药品新形式的审查只需要满足给已知化合物带来"预料不到的用途或者效果"。改善了药品的可加工性、延长了

---

[1] 辛颖："医药行业反垄断要与医改进程相结合"，载 http://www.legalweekly.cn/article_show.jsp?f_article_id=12525，访问时间：2017年9月31日。

药品的保质期等都可能属于"预料不到的效果",治疗效果的增强则似乎在所不问。授权标准无疑比印度要宽松得多,这样容易让专利药企采取专利常青策略,还增大了发生反向支付的可能性。国务院专利行政部门在药品专利审查中应当严格把握新颖性、创造性和实用性"三性"标准,提高药品专利授权的质量,避免宽泛的授权。

如何让法院审查争议专利的有效性问题一直是美国判例法中的一大难题。博翰楠的建议无疑具有启发意义,即让美国专利和商标局启动再审程序来审查专利的有效性。实际上,这种做法在我国知识产权民事侵权诉讼中已经广泛存在。当被告提出宣告专利无效请求时,法院不能审查专利的有效性,而是中止诉讼,待专利复审委员会对专利有效性作出判断之后,才能继续进行民事判决,这种做法也被我国学者称为"双轨制"。我国反垄断法的运行是一种以行政管理为中心的集中体制,反向支付协议的反垄断法审查由行政机关主导。不过,上述存在于民事诉讼领域的专利效力的双轨制审查程式可以移植到反垄断执法中。当反垄断执法机构对反向支付协议涉及的专利有效性存疑时,可以触发国务院专利行政部门的再审程序,对专利有效性作出判断。

其次,食药监管部门应当未雨绸缪,不断完善存在诸多缺漏的《征求意见稿》,建立起真正能够平衡专利药创新和仿制药竞争的中国版《哈奇-韦克斯曼法案》。根据美国《哈奇-韦克斯曼法》的规定,只有专利药企在45天内发起了专利侵权诉讼,才有进一步通过反向支付达成和解的可能性;相反,如果专利药企放弃了诉权,那么ANDA申请将自动获得批准。然而,《征求意见稿》中明文规定,我国相关药品专利权人认为侵犯其专利权的,应在接到申请人告知后20天内向司法机关提起专利侵权诉讼。根据文义解释,"应当……提起专利侵权诉讼"的规定实际上为专利药企施加了强制诉讼义务。如果每一起存在专利争议的药品申请都必须强制发起专利侵权诉讼，那么发生反向支付行为的概率也会大大增加。因此，上述规定应当修正为：我国相关药品专利权人认为侵犯其专利权的，可以在接到申请人告知后20天内向司法机关提起专利侵权诉讼。

（二）规制反向支付协议的微观路径

如果将"禁止+豁免"的分析框架与美国反托拉斯法下的推定违法原则进行对照，可以发现二者之间存在一定的相似性。对此，时建中等研究者指出："可抗辩的违法推定主要源于欧盟经验，是一种较严厉的反垄断规制标准……欧盟竞争法之外，美国反托拉斯法中快速审查（quick look）的本质也是可抗辩的违法推定。"[1]这也说明美欧两种不同的反垄断分析模式在"天性存疑"的反向支付协议问题上殊途同归，能找到共鸣。上文关于推定违法原则适于反向支付的正当性证明在一定程度上也能佐证"禁止+豁免"分析框架的正当性。

回到中国语境中，在"禁止+豁免"的分析框架下，应对反向支付协议进行两个层面的权衡。首先，在禁止性条款下（《反垄断法》第13条）完成内部权衡，对反向支付促进竞争效果和反竞争效果进行分析。[2]反向支付延迟通用药企的市场进入，导致产出减少甚至没有产出，具有显著的反竞争效果，构成第

---

[1] 时建中、郝俊淇："原则性禁止转售价格维持的立法正确性及其实施改进"，载《政治与法律》2017年第11期。

[2] 传统观点认为，《反垄断法》第13条禁止性条款的功能就是简单机械地进行违法推定，任何权衡分析（包括对竞争效果的分析）都应在第15条豁免性条款项下进行。但是，兰磊等学者对这种一元论提出批判，认为第13条下也在进行促进竞争效果和反竞争效果的权衡，而第15条下进行的是竞争和其他公共政策的权衡。反向支付协议规制之惑验证了后一种二元论观点的正确性，也只有二元模式才能解开该困惑。参见兰磊："论我国垄断协议规制的双层平衡模式"，载《清华法学》2017年第5期。

知识产权与竞争法贯通论

13条第1款第3项规定的"分割销售市场"型垄断协议。[1]在内部权衡层面,可以得出反向支付违法的结论。但是在这个权衡层面,有一种特殊的反向支付和解协议需要予以特别对待,即可以让通用制药商免于破产的反向支付协议。与能够投入巨大研发资金、进行大额支付的品牌药在位者相比,通用药进入者经济力量羸弱,而挑战专利有效性的整个过程又无时无刻不在耗费成本。即使在和解谈判中协商了一个双方都能接受的进入日期,但是如果没有反向支付提供的资金支持,通用制药商在财务上就无法维持运营到这个日期。卡德纳、科罗纳等研究者[2]都认为此种情形下反向支付可以让通用制药商获得"双重红利"——财务上可维系以及提前进入市场。在专利合法垄断期届满之前就引入新的进入者可以降低产品价格,增加产出,刺激市场上的竞争,并且消费者可以分享由此产生的利益。因此,这种反向协议促进竞争效果大于限制竞争效果,因此在内部权衡层面,可以予以排除。

其次,应当在豁免性条款下(《反垄断法》第15条)完成外部权衡(即异质利益的权衡)。某些符合特定条件的反向支付协议具有显著的正向利益,应当在外部权衡阶段运用比例原则等分析工具进行分析,避免绝对化的限禁。需要注意的是,国务院反垄断委员会于2017年3月《关于滥用知识产权的反垄断

---

[1] 有学者认为,反向支付协议延迟仿制药上市构成第13条第1款第4项规定的"限制开发新技术、新产品"协议,但是反向支付协议中通用药企的研发并没有受到限制,一般情况下通用药品往往已经仿制成功,品牌药企希望限制的是通用药的市场进入。

[2] See Sheila Kadura, "Is an Absolute Ban on Reverse Payments the Appropriate Way to Prevent Anticompetitive Agreements between Branded-and Generic-Pharmaceutical Companies?", *Texas Law Review*, Vol. 86, No. 3, 2008; Alex E. Korona, "Stuck in Neutral: The Future of Reverse Payments Agreements in Hatch-Waxman Litigation", *Seton Hall Circuit Review*, Vol. 7, Iss. 1, 2010.

第四章 药品专利反向支付协议的反垄断规制原理

指南(征求意见稿)》中专门规定了针对"涉及知识产权的垄断协议"的分析方法,要①"分析行为对相关市场竞争产生的排除、限制影响",还要②"分析行为对创新和效率的积极影响",似乎更倾向于合理原则。实际上,分析①是在《反垄断法》第 13 条下进行的内部权衡,分析②则是在第 15 条项下进行的外部权衡。因此,该征求意见稿中设定的分析框架依然是切合我国反垄断法内置的"禁止+豁免"分析框架的。当品牌药企持有的确实是值得专利法保护的有价值、有效专利时,权利人拥有排除竞争的合法权利,也拥有通过司法和解为尚处有效期的专利"购买保险"的权利。如果值得被保护的创新者丧失了选择和解的权利,这意味着更多的案件将被审判而不是和解,诉讼成本和风险将变得不可预测,这将损伤专利权人的创新激励。因此,反向支付协议涉及长期创新利益与短期静态的竞争利益之间权衡。比例原则是处理利益冲突的经典法学分析工具,第 15 条豁免性条款其实暗含着比例原则的分析框架。兰磊就指出第 15 条豁免性条款的文本结构及其搭建的分析框架与比例原则高度契合,应当在豁免阶段以比例原则考察竞争与其他公共政策之间的平衡。[1]在比例原则下,应当①考察反向支付产生的限制是否为了实现专利诉讼和解的目的(适当性原则);②是否为实现司法和解的目的所必需/是否存在其他限制较小的替代性选择(必要性原则);③反向支付的额度、延迟进入的时间等限制与欲实现的目的之间是否相称(均衡性原则)。对于如何审查在位专利的有效性、判断在位专利是否有价值的问题,反垄断法执法机构可以将其交由更具专业性和技术性的专利行政部门来完成。例如,在外部权衡阶段,反垄断执法机构可以申请

---

[1] 兰磊:"论我国垄断协议规制的双层平衡模式",载《清华法学》2017 年第 5 期。

知识产权与竞争法贯通论

专利行政部门启动专利再审程序，对专利有效性作出判断；反垄断执法机构再根据专利行政部门的判断结论进行后续分析，从而化解由缺乏化学、药理等知识的反垄断执法者审查专利有效性的难题。实际上，如前文所述，这种双轨制做法在我国知识产权民事侵权诉讼领域已广泛存在。在反垄断执法机构和专利行政部门之间也可以建立此种类似的职能"链接"。

总而言之，从本章对反向支付协议的系统性研究中可以发现，反垄断法在规制反向支付协议上始终有些力不从心，特别是涉及争议专利的有效性问题。专利的有效性问题属于权利思维谈论的问题，并不是反垄断法的制度思维能够予以解决的，因此最好的方法还是依靠不同行政部门的协助，实现权利思维和制度思维的分离。当前，国内对反向支付的研究较为匮乏，实际上反向支付不光只存在于医药行业之中，"针对反向支付的反垄断分析适用于更广泛的范围，如手机行业中的专利诉讼"。[1]只要市场在位者和进入者之间存在知识产权争议，就有发生反向支付的可能。国内学者应当对这一新型限制竞争行为投入更多的智慧，如此才能和我国作为知识产权强国、制药大国以及医药消费大国的地位相匹配。

表5 我国反向支付协议的反垄断分析框架

《反垄断法》第13条：竞争利益的内部权衡	传统的市场分割协议试图分割的是地域或产品，而延迟市场进入的反向支付协议试图分割的是"时间"，同样构成第13条第1款第3项规定的"分割销售市场"型垄断协议。具有显著的反竞争性，进而得出反向支付协议违法的初步结论。

---

〔1〕 Seiko F. Okada, "In Re K-Dur Antitrust Litigation: Pharmaceutical Reverse Payment Settlements Go beyond the Scope of the Patent", *North Carolina Journal of Law & Technology*, Vol. 14, Iss. 1, 2012.

续表

《反垄断法》第15条：异质利益的外部权衡	第一步：有效性审查		反垄断执法机构可以申请专利行政部门启动专利再审程序，对专利有效性作出判断。如果得出专利无效结论，则终止分析，直接判定反向支付违法；如果得出专利有效的结论，则进入第二步进行竞争和公共政策的权衡。
	第二步：比例原则审查。(能通过比例原则审查实际上也完成了第15条所要求的证明义务："所达成的协议不会严重限制相关市场的竞争"以及"能够使消费者分享由此产生的利益")	适当性原则：反向支付产生的限制是否为了实现专利诉讼和解的目的	如果是为了延迟仿制药进入、消耗仿制药的市场价值和时间价值、为产品跳跃争取时间等其他目的，则违反了适当性原则。
		必要性原则：是否存在其他限制较小的替代性选择	如果通过授予专利许可等替代性方式，也能实现和解，则违反了必要性原则。相反，如果反向支付是实现和解必不可少的条件，那么其为通用药提供了在品牌药专利到期之前就提前进入市场的唯一通道，这将为消费者带来福利（如上文提到的"Cipro案"）。
		均衡性原则：限制幅度与欲实现的目的之间是否相称	支付数额明显超过参与诉讼的成本、延迟进入的时间明显超过了正常诉讼下的预期进入时间等都可能违反均衡性原则。

第五章 CHAPTER 5
药品专利链接制度实施中的竞争问题

第一节 链接体制中创新和竞争的关系

"没有任何知识产权对社会的影响能够超过药品专利。"[1] 对于一般消费品（如手机）而言，市场存在多样化需求，而差异化的产品供应能够满足这些需求。如果市场上只有一个品牌的手机，那简直是不可想象的；而药品则不同，治疗某一疾病的药品，全世界可能就只有一种，专利制度的设权保护在药品市场中更容易产生垄断力。药品的经济寿命一般很长，即便专利期限届满，市场需求依旧旺盛。因此，一些药品专利权人为了延长某一药品的市场独占期，会围绕新药及其各种改进去申请化合物、制备方法、晶型、剂型、给药方法等一系列次生专利，也具有巨大的动机实施一系列限制竞争行为以阻碍价格更为低廉的通用仿制药品进入市场。但另一方面，原创药品的研发需要花费巨大的经济和时间成本，而且有些药品即便投入了巨力，也存在较大的研发失败风险。知识产权提供的激励对于制药行业的长远发展至关重要，没有知识产权的保护，药品行业就没有未来。"一般认为，药品的知识产权保护应该实现两项

---

[1] John R. Thomas, *Pharmaceutical Patent Law* (2d ed.), BNA Books, A Division of The Bureau of National Affairs, 2010, at ix.

基本目标:激励研发投资和创新行为,同时,促进以合理价格获取药品。"[1]因此,创新与竞争的冲突及协调是药品的一个永恒论题,各个国家为协调这两个极为关键又容易冲突的范畴,作出了一系列的制度努力,但是大多数制度似乎均"事与愿违"。立法关于在(药品)可获得性和创新之间的重要妥协未能实现,因为对品牌制药商有利的条款不断被强调。[2]

专利链接制度就是一种协调药品创新和竞争关系的典型制度实例。一般而言,药品至少受到两种重要制度的监管:一是专利制度,其在创新药品的研究开发中发挥了重要作用。专利制度奖励创新者在一定时期的垄断销售的特权,研发公司也可以借由该排他性收回成本投入并赚取利润。只有保障一个充分稳定的市场回报预期,各种创新要素才会源源不断地投入到药品研发中。二是安全性和有效性方面的监管制度。药品作为一种与人体健康和生命直接相关的特殊商品,其技术创新和研发投资回报可以通过专利制度来获得保障,但是其安全性、有效性和质量可控性则须交由严格的行政审批监管来保障。"因此,药品受这两种不同的制度监管——专利保护和药品审批制度,它们的目标在私人激励和公共目标方面各不相同。"[3]

按照一般逻辑,这两种监管制度是并轨运行的,互不影响。但是,实践中发现,在原创品牌药的专利仍然有效的情况下,一些通用仿制药制造商会向基于药品安全性和有效性的行政审批机关(如食品及药品监管局)提出针对该原研药的上市销售

---

[1] 梁志文:"美国自由贸易协定中药品 TRIPS-Plus 保护",载《比较法研究》2014 年第 1 期。

[2] Lara J Glasgow, "Stretching the Limits of Intellectual Property Rights: Has the Pharmaceutical Industry Gone Too Far?", *IDEA-Journal of Law and Technology*, Vol. 41. Iss. 2, 2001.

[3] Martin J. Adelman, Randall R. Rader and John R. Thomas, *Cases and Materials on Patent Law* (3d ed.), West Academic Publishing, 2009, pp. 905-906.

申请。如果该审批机关直接授予销售许可，大量的廉价通用药将流通充斥于市场，对品牌制药商的销售营利产生巨大影响。"这实际上将专利价值降低到零并且首先破坏了保护知识产权的基本原理。"〔1〕而且，如果在通用制药商获得上市许可并开始投入大量成本进行生产后，品牌制药商再伺机发起专利侵权诉讼，那么纠纷的解决便可能会造成通用药企停产退市。因此，似乎需要一种制度安排来协调专利部门和药品监管部门之间的职权，让药品监管部门在进行上市销售审批时，能够考虑到专利的状况，让潜在的纠纷争议在上市之前的阶段得到解决，这将稳定市场主体的预期并能节省巨大的成本。"这种立法的目的是通过让发明者更加确定其专利权来促进创新和投资，同时让通用仿制药制造商更清楚地了解他们在市场上的经营自由。"〔2〕

专利链接制度就是基于这样的初衷，试图将药品行政主管部门对药品上市申请的审准与该药品所涉及的在位专利的保护情况相联系、相勾连、相链接的制度。如果涉嫌侵犯专利权，就不会批准药品的上市申请。这实际上只是专利链接制度最核心的部分，并不是该制度的全部。围绕核心链接点，专利链接制度还包括橙皮书制度、通用仿制药简化申请制度（也即 ANDA 申请）、专利权属声明制度、审批暂停期和市场独占期制度。但是，内涵丰富的专利链接制度也为创新品牌制药商提供了限制竞争的"工具箱"，上述每项制度内容都可能存在诱发排除、限制竞争行为的风险。例如，市场独占期是催生反向支付限制竞争协议的直接诱因、橙皮书是滋生专利药企实施信息误导行为的制度土壤。此外，专利链接制度还与专利常青、产品

---

〔1〕 Jack Ellis,"The Promise of Patent Linkage", available at https://geneva-network. com/article/patent-linkage，2019-05-10.

〔2〕 Jack Ellis,"The Promise of Patent Linkage", available at https://geneva-network. com/article/patent-linkage，2019-05-10.

跳跃等严重的限制竞争行为高度相关。"……起初的政策意图是为了平衡对新的和创新药品的保护与通用药的及时进入，但是尽管有强大的专利保护，一个运行不畅的系统可能会导致创新产品的下降；尽管有简化的审批程序，但可能造成通用药进入的巨大延迟；尽管有对创新的激励，但可能造成上涨的垄断价格；尽管有简化的审批和诉讼程序，但可能导致诉讼资源的浪费；以及增加而不是减少公共卫生支出。"[1]专利链接制度的这种双刃剑效应也导致出现了两种截然不同的看法。通用制药企业和普通民众认为其是负面的，"将药品批准与专利状态链接起来是一个糟糕的主意。它延迟了通用药的进入，也给药品监管者带来了巨大的负担，因为后者并没有研究复杂专利问题的机构能力。此外，在当前宪法结构下药品监管者不能制定任何规则来授权这种链接——作为法定权力机构，他必须保持在法定范围内"。[2]但是，品牌药企认为该制度是阻止通用药在专利到期之前就进行销售的唯一机制。[3]专利持有者"希望及时起诉侵犯其专利的通用药企，防止在专利有效时市场就充斥着廉价仿制版本，这些担忧都是真实的"。[4]总之，专利链接制度存在许多重大的理论难点，需要投入巨大的智慧。

2017年10月8日，中共中央办公厅、国务院办公厅印发了

---

〔1〕 Ron A. Bouchard et al., "Structure-Function Analysis of Global Pharmaceutical Linkage Regulations", *Minnesota Journal of Law, Science & Technology*, Vol. 12, No. 2, 2011.

〔2〕 Shamnad Basheer, "Drug Patent Linkage Controversy: A Middle Path Solution?", available at https://spicyip.com/2008/07/drug-patent-linkage-controversy-middle.html, 2019-05-10.

〔3〕 Sandeep K. Rathod, "Patent Linkage and Data Exclusivity: A Look at Some Developments in India", *Journal of Generic Medicines*, Vol. 8, No. 3, 2011.

〔4〕 Shamnad Basheer, "Drug Patent Linkage Controversy: A Middle Path Solution?", available at https://spicyip.com/2008/07/drug-patent-linkage-controversy-middle.html, 2019-05-10.

《关于深化审评审批制度改革鼓励药品医疗器械创新的意见》。这是医药改革领域的纲领性文件，其明确提出了要探索建立药品专利链接制度。至此，我国从中央层面确定了要建立药品专利链接制度。但是，与这种已经明确的权威决策对应的冰冷现实是，我国关于专利链接制度的理论研究较为匮乏，特别是对于专利链接制度可能产生的竞争关切和引发的限制竞争问题更是缺乏关注。有越来越多的学者认识到，这项制度会带来诸如"橙皮书滥用"和"反向支付协议"等反竞争问题。[1]日本学者富田彻男指出，专利权是一种不让竞争对手销售自己的产品而垄断顾客的权利，其必须受到市场竞争的制约。现代专利法离开市场竞争就无法被理解，因而专利链接制度也只有从市场竞争政策的纬度进行分析，才能保证其顺利实施，最终实现专利药创新利益和仿制药竞争利益的平衡。当前，专利链接制度"已经成为许多司法辖区竞争当局关注的问题"。[2]继美国之后，加拿大和澳大利亚也引入了专利链接制度，欧盟与印度则明确反对链接制度，认为这种制度强化了对专利药的保护，损害了通用药的竞争。作为通用药生产和消费大国，我国应当加强对专利链接竞争问题的研究。

---

[1] Ashutosh Kumar, "Patent or Patient, Link Them Properly: Patent Linkage and Competition (A Comparative Study)", available at https://works.bepress.com/ashutosh_kumar/1, 2019-03-10.

[2] Ashutosh Kumar, "Patent or Patient, Link Them Properly: Patent Linkage and Competition (A Comparative Study)", available at https://works.bepress.com/ashutosh_kumar/1, 2019-03-10.

第二节 专利链接的概念厘定与内涵廓清

专利链接是一种将品牌药的专利状态与通用药的上市审批有条件的相互链接的制度,[1]其概念有广义和狭义之分。狭义上的专利链接制度要求通用药的上市审批与品牌药的专利状况必须建立实质性的链接,在上市审批中必须内设相应的阻止装置,只要出现阻却事由(如品牌制药商提出专利侵权诉讼)就能引发通用药审批的自动中断或暂停。直到满足特定的条件(如暂停期间届满或者法院作出判决)这种暂停状态才会被取消。换言之,链接制度要求上市审批部门必须在通用仿制药上市审批阶段就介入药品专利纠纷,上市审批除了考虑安全性、有效性等技术因素外,还应考虑是否侵犯专利权,从而将通用仿制药的上市审批程序和药品专利纠纷司法程序链接起来。"说到底,专利链接制度实质上就是一种专利纠纷的早期解决机制。"[2]从法律文本的角度来看,狭义的专利链接制度要求必须具备类似于《哈奇-韦克斯曼法》§355(j)(5)(B)(iii)的条款。该条款规定了品牌药专利持有人如果在规定的时间内及时提出侵权诉讼,那么新药申请的审批将被暂停30个月,或者直到法院作出专利无效或不存在侵权的判决。如果按照狭义的专利链接定义,我国相关法律体系中并不存在类似的审批暂停条款,因此并没有专利链接制度。美国在2017年发布的《特别301报告》中,就中国缺少该条款而指责中国缺乏一种能允许尽

---

[1] David Branigan,"New Report: Mitigating Patent Linkage To Promote Medicines Access In LMICs",available at http://www.ip-watch.org/2018/10/26/new-report-mitigating-patent-linkage-mechanisms-promote-medicines-access-lmics,2019-03-10.

[2] 张清奎:"TPP条款对我国医药行业可能产生的影响初探",载《中国发明与专利》2016年第8期。

早解决潜在的专利纠纷的有效机制。[1]

而广义上的专利链接制度指一系列旨在让药品的上市审批系统与药品的专利管理系统发生相互联系的制度的集合,并不强制要求必须产生阻却行政审批的禁令效果。只要上述两个系统之间存在功能上的协作,存在一定程度的信息联系和信息交流,体现了链接和协调的意图,便都可以被认为是存在专利链接制度的表征。由此,广义的专利链接是一个制度体系,包括"Bolar 例外"、专利信息登记与公示、专利权属声明、通用仿制药简化申请、拟制侵权、审批链接、审批暂停期、市场独占期等制度要素。我国《专利法》已经引入"Bolar 例外"条款[2];《药品注册管理办法》第 18 条规定了专利及其权属状态的说明制度和不侵权声明制度,第 19 条规定了通用药申请的时间限制。2017 年 12 月,国家食药监管总局药品审评中心正式发布《中国上市药品目录集》。这些制度都涉及了专利链接体系的内涵。因此,从广义角度理解,我国已然具有专利链接制度,只不过"链接程度"和"链接效果"还存在不足。国内外一些学者也将中国划归为具有专利链接制度的国家。[3]

本书认为应当采用广义的专利链接概念。药品的上市注册审批系统和专利审批管理系统是两个独立的复杂系统,前者的

---

[1] "USTR 2017 Special 301 Report", available at https://ustr.gov/sites/default/files/301/2017%20Special%20301%20Report%20FINAL.PDF,2019-05-10.

[2] "Bolar 例外"(Bolar exception),又称为"Bolar 豁免"(Bolar exemption),是指在专利法中对药品专利到期前他人未经专利权人的同意而进口、制造、使用专利药品进行试验,以获取药品管理部门所要求的数据等信息的行为视为不侵犯专利权的例外规定。

[3] See Benjamin P. Liu, "Fighting Poison with Poison? The Chinese Experience with Pharmaceutical Patent Linkage", *John Marshall Review of Intellectual Property Law*, Vol. 11, Iss. 3, 2012; Avneet Heer, "Patent Linkage: Balancing Patent Protection and Generic Entry", available at https://www.drugpatentwatch.com/blog/patent-linkage-resolving-infringement, 2018-12-10.

运行目的在于保证药品质量和用药安全,审查标准为药品的安全性、有效性和质量可控性,主要依据《药品管理法》《药品注册管理办法》等;后者的运行目的在于促进科技进步和药品创新,审查标准在于新颖性、创造性和实用性,主要依据《专利法》及审查指南等。要实现这两个系统之间的协调和联系,需要一整套复杂的制度进行利益均衡。"专利链接制度就是为了调整通用药上市过程中原研药与通用药生产者之间的利益博弈而建立的一套规则。"[1]专利链接包括审批机构内部的链接、评审机构与司法机构的链接、评审机构与专利行政部门的链接。因此,专利链接是一个复杂的体制、体系和系统(Linkage Regime),而不仅仅局限于简单的某一项条款(Linkage Provision)。

在美国规则霸权和单边主义的推动下,狭义的高标准的美式专利链接制度逐渐成为世界范围内一种主流的和典型的制度模式,因此,在本书语境中对专利链接制度的利弊权衡和竞争效应分析主要是针对狭义的美式链接体制。一般而言,典型的专利链接系统包括以下三个制度内涵:第一,确保品牌制药公司在一个共同的信息平台列出相关专利信息的机制。如在线数据库、公开的网页或者公开的官方出版物。该信息平台能够使通用制药商了解创新者持有的可能影响通用药后续营销的专利。根据这些信息,通用制药商决定是否等到相关专利到期后才申请上市许可,或者在相关专利有效期内就提出上市申请并做好质疑该专利有效性、应付专利持有人诉讼的准备。第二,确保关键利益相关者(主要是品牌制药商和政府相关部门)能够知晓通用仿制药上市销售申请以及伴随而来的潜在专利纠纷的通知机制。第三,确保品牌制药商有机会尽早使用法律手段解决

---

[1] 张永华:"药品专利链接制度的解读与建议",载《中国食品药品监管》2018年第6期。

专利纠纷的机制。在通用药上市之前,尽可能解决专利纠纷,以便为市场中的所有参与者提供商业确定性和稳定性。[1]美国《哈奇-韦克斯曼法》所确立的专利链接制度被很多学者认为是最理想的链接模型。美式专利链接制度首先规定了关于专利信息登记和收集的橙皮书制度,只有在通用药的上市申请行为可能侵犯橙皮书中的在列专利时才能在专利链接系统中引发专利侵权诉讼;侵犯不在橙皮书中登记的其他专利的药品申请行为不会引发这种特殊的专利链接型诉讼。因此,橙皮书制度是专利链接制度的起点,在链接系统中是非常基础和重要的。[2]但是仅仅基于专利被登记在橙皮书的事实,专利所有人就可以提起侵权诉讼。而且,即便专利登记的合法性被相关机构或法院驳回,或者橙皮书所登记的专利是不值得保护的弱专利,只要专利被橙皮书所登记并且专利持有人就橙皮书专利提起了侵权诉讼,通用药的申请便会被自动停留很长一段时间。[3]因此,也有学者质疑这种"登记为王"的制度安排过度保护了专利权人。其次,《哈奇-韦克斯曼法》规定了通用药申请者的专利无效或不侵权声明(即第四段证明)和强制性通知义务。接到通知后,品牌制药商有45天的时间决定是否向通用药申请者提起专利侵权诉讼。如果提出诉讼,FDA 将搁置对通用药的审批,直到法院作出目标专利无效或者没有被侵权的判决,或者直至30个月的搁置期间届满。[4]

---

〔1〕 Jack Ellis,"The Promise of Patent Linkage",available at https://geneva-network.com/article/patent-linkage,2019-03-10.

〔2〕 Joo Jeong,"Patent-Drug Approval Linkage in Korea Under Korea-U. S. FTA-Based on Comparative Study on U. S. Hatch-Waxman Act and Canadian Patented Medicines (Notice of Compliance) Regulation",*MIPLC Master Thesis Series*(2012/13),available at https://ssrn.com/abstract=2407320,2018-12-10.

〔3〕 Generally Glaxo, Inc. v. Novopharm, Ltd., 110 F. 3d 1562 (Fed. Cir. 1997).

〔4〕 21 U. S. C. § 355 (j) (5) (B) (iii).

第五章 药品专利链接制度实施中的竞争问题

美国在多边和双边国际贸易协定中强行推动哈奇-韦克斯曼型链接体制，在世界范围内引发了广泛争议。支持者认为：第一，通过在通用药获得上市批准前尽早解决专利纠纷，可以避免陷入一个因销售侵权产品而造成损害的复杂诉讼当中。如果大量被批准上市的通用仿制药因涉嫌专利侵权而被司法部门勒令停止生产或销售，将造成极大的社会资源浪费。第二，链接体制为品牌药企提供了阻止通用药企突袭上市的制度性工具，避免陷入利润巨跌的专利悬崖，确保品牌药企能从研发方面的长期高风险投资中获得回报，这对激励医药创新投资至关重要。第三，提高监管审批流程的可预测性和透明度。这意味着通用制药商可以降低风险并将资源分配给不太可能侵权的产品，从而提高仿制成功率和效率，对其盈利产生积极影响，具有风险规避的"导航"功能。这种在进入市场之前就能了解相关专利布局的能力鼓励通用仿制药行业自我创新，进而推动整个通用制药行业走向价值链上端。但是，反对者认为：第一，主管药品质量和安全的机构并不具备专业知识和技能来根据专利清单对争议专利进行"交叉审核"，更不具有介入专利审查的法律授权。"让缺乏处理专利复杂性的专家的监管当局在不知道专利有效性或对专利有效性径自决定的条件下阻止通用药的上市审批是否正当，是值得商榷的。"[1]有印度学者更是认为这种超出法定职权的做法存在违宪风险。第二，经验研究已经证明，专利链接对药品可及性具有不利影响，其推迟了通用药的市场进入，允许品牌药的超市场价格不受通用药竞争的约束。药品专利链接制度无疑是品牌制药公司游说的结果。对于他们来说，药品

---

〔1〕 Ashutosh Kumar, "Patent or Patient, Link Them Properly: Patent Linkage and Competition (A Comparative Study)", available at https://works.bepress.com/ashutosh_kumar/1, 2019-05-10.

专利链接制度是专利保护内在逻辑的发展,避免了针对品牌药厂家发起不必要的专利诉讼。[1]第三,专利链接实际上授予了专利权利人一个不需要任何评估的针对潜在侵权人的事实上的禁令,可以中止通用药上市审批程序。但是,该禁令的启动门槛远低于传统的禁令救济,因为一般而言法院颁发临时禁令要对是否存在侵权及禁令必要性等问题进行初步评估,权利人还可能被要求缴纳担保金,如果最后被认定为不当行使救济权利,还要赔偿对方因禁令所遭受的损失。而在链接体制中,药品专利权利人只要提起诉讼就可以中止通用药上市审批程序,权利人也不需要缴纳担保金,没有任何后顾之忧。这种权利义务的不对等容易导致权利的滥用。实证研究表明,美国的专利链接禁令在推迟通用药进入方面非常有效。[2]第四,专利链接制度还让专利强制许可制度变得多余。因为即便是一个获得强制许可的通用药如果因为触发了链接中断审批机制而无法获得上市批准,那么就无法存在于市场上。[3]药品监管机构授予的上市许可是基于药品的安全性和有效性,没有这种许可,通用药企(哪怕获得强制许可)没有任何生产药品的可能性。[4]

国内已有很多学者围绕专利链接问题进行了辩论,但是都

---

[1] 梁志文:"药品专利链接制度的移植与创制",载《政治与法律》2017年第8期。

[2] David Branigan, "New Report: Mitigating Patent Linkage To Promote Medicines Access In LMICs", available at http://www.ip-watch.org/2018/10/26/new-report-mitigating-patent-linkage-mechanisms-promote-medicines-access-lmics, 2019-03-10.

[3] Medecins Sans Frontieres, "Access to Medicines at Risk Across the Globe: What to Watch Out For in Free Trade Agreements with the United States", available at http://www.doctorswithoutborders.org/publications/reports/2004/ftaa_05-2004.pdf, 2019-03-10.

[4] Ashutosh Kumar, "Patent or Patient, Link Them Properly: Patent Linkage and Competition (A Comparative Study)", available at https://works.bepress.com/ashutosh_kumar/1, 2019-03-10.

忽略了专利链接制度蕴含的反竞争风险。"鲜为人知的是，通用药的市场进入越来越多地受到全球知识产权法的一种被称为'链接规则'的新兴形式的控制。"[1]欧盟委员会针对医药行业的一份调查报告指出，品牌药企会"利用每一个合法的潜在机会将通用药排除市场，专利链接制度就蕴含着很多这种潜在机会"，该制度也为专利药企提供了持续保证垄断收入的"工具箱"。[2]当前，我国已经确定建立专利链接制度，应当考虑到专利链接制度蕴含的竞争风险和关切，在植入专利链接的同时必须置入应对限制竞争问题的条款，这样才能在不损及药品可及性的前提下实现药品创新和竞争的平衡。

第三节　专利链接制度实施中的限制竞争问题

"专利链接除了便利共谋行为外，也充当实施排他性行为的一项工具。"[3]专利链接体系中的专利登记、挑战诉讼、行政审批自动暂停、市场独占期等各项制度内容几乎都能为品牌制药商提供限制竞争的机会和通道。"事实证明，这种链接制度已成为公司为处在各个研发阶段的药品获得法律强化保护的有价值工具，包括那些即将脱离专利保护的药物，正在通过监管审批

---

[1] Ron A. Bouchard et al., "Structure-Function Analysis of Global Pharmaceutical Linkage Regulations", *Minnesota Journal of Law, Science & Technology*, Vol. 12, No. 2, 2011.

[2] European Union-DG Competition, "Pharmaceutical Sector Enquiry: Final Report", 08 July, 2009, available at http://ec.europa.eu/competition/sectors/pharmaceuticals/inquiry/staff_working_paper_part1.pdf, 2019-03-10.

[3] Ashutosh Kumar, "Patent or Patient, Link Them Properly: Patent Linkage and Competition (A Comparative Study)", available at https://works.bepress.com/ashutosh_kumar/1, 2019-05-01.

阶段的药物和目前正在开发的药物。"[1]品牌制药公司通过专利类型的数量和排列，控制上市审批的速度，利用自动审批暂停、专利登记较低的相关性要求以及审批新药和后续药较低的证据要求等制度便利，能够快速确定具有吸引力的可以获得额外法律保护的策略。[2]专利链接带来的限制竞争问题，影响廉价药品的供应与保障，抬高了政府的医疗支出。美国国会预算办公室指出，药物在批准过程中每额外停留一天将增加数百万美元的成本。[3]尤其是，哈奇-韦克斯曼式的链接机制使"重磅炸弹药物"[4]的市场独占性将比预期提高数倍，对存在刚性需求的付款人造成严重损害。与此同时，国家药物研究和开发能力却没有明显提高。链接体制带来的严重反竞争问题也迫使美国、加拿大等国家不断修改各自的链接制度，填补制度漏洞，避免各种链接制度滥用问题。[5]

链接制度实施中的限制竞争问题主要包括：

第一，滥用专利登记制度。专利登记制度是专利链接制度的起点和重要依据。一般而言，只有进行了相关专利登记的药品专利才会进入链接系统，进而才有机会引发暂停审批等问题。

---

[1] Ron A. Bouchard et al., "Empirical Analysis of Drug Approval-Drug Patenting Linkage for High Value Pharmaceuticals", *Northwestern Journal of Technology and Intellectual Property*, Vol. 8, Iss. 2, 2010.

[2] Ron A. Bouchard et al., "Structure-Function Analysis of Global Pharmaceutical Linkage Regulations", *Minnesota Journal of Law, Science & Technology*, Vol. 12, No. 2, 2011.

[3] Lara J Glasgow, "Stretching the Limits of Intellectual Property Rights: Has the Pharmaceutical Industry Gone Too Far?", *IDEA-Journal of Law and Technology*, Vol. 41, Iss. 2, 2001.

[4] 重磅炸弹药物通常指年销售额在10亿美元以上的畅销药物。

[5] Ron A. Bouchard et al., "Structure-Function Analysis of Global Pharmaceutical Linkage Regulations", *Minnesota Journal of Law, Science & Technology*, Vol. 12, No. 2, 2011.

未进行登记的药品专利,通用药企可以径直仿制,而无须担心诉讼风险和审批中断风险。这种设置可以给市场各方主体稳定的预期,消解各方之间的信息不对称,同时也为专利权人提供了激励,鼓励其在进行新药注册申请时,尽可能完整、真实、准确地登记相关专利信息,否则可能失去链接救济的机会。但是,该制度安排还存在一种变相激励,即只要存在专利被登记的事实品牌制药企业就可以提起专利侵权诉讼进而产生暂停审批延缓通用药上市进程的客观效果,而且这种程序延迟可以被重复触发,于是大量的补充登记、重复登记问题接踵而至。"实践中通常存在这种现象:药品专利权人为了阻碍仿制药的上市而登记大量的药品不相关专利;或者是隐藏其可能引发诉讼的相关专利,不予登记,而是在仿制药上市销售后指控其侵权并在诉讼中把其作为对仿制药厂商不利的证据使用。"[1]美国也出现了品牌制药公司滥用专利登记制度来阻碍通用药上市的例子。品牌专利制药公司在通用药申请上市时,在橙皮书上登记了多个与专利药有关但不具有实质意义的新专利,并提出多次诉讼,从而多次启动了30个月暂停期。在"Apotex案"中,品牌制药公司GSK依据不同的专利对通用药申请者Apotex公司提起多个专利侵权诉讼,这几个诉讼都启动了30个月的暂停审查期,最终延缓通用药上市长达65个月。[2]注意到上述问题后,美国修订了专利链接的登记制度,明确了专利登记的内容、时间等,禁止登记产品制备方法专利、代谢物及其用途专利、中间体专

---

[1] 肖雅心:"仿制药注册中的专利链接问题——基于三方利益衡量对《药品注册管理办法》第18、19条的修改建议",载《中国发明与专利》2017年第6期。
[2] 转引自陈敬、史录文:"美国药品专利链接制度研究",载《中国新药杂志》2012年第22期。

利、包装专利等。[1]欧盟委员会的调查报告也指出,品牌制药商一种常用的策略是为同一种药物申请多项专利,形成所谓的"专利簇"或"专利丛林",该战略的一个重要目标是推迟或阻止仿制药的市场准入。个别"重磅炸弹药物"(Blockbuster drug)受到欧盟范围内多达1300项专利和(或)待批专利申请的保护。[2]专利丛林导致了巨大的不确定性,通用药竞争对手不确定是否以及何时开始开发仿制药且不会侵犯许多"新"专利中的某一项,即使专利持有人承认专利丛中的某些专利效力可能不强。

第二,是利用司法诉讼达成反竞争性协议。欧盟委员会的调查报告指出,诉讼可能是制造障碍的有效工具,特别是对于较小的通用药公司而言。[3]在欧盟2000年至2007年期间,品牌制药公司和通用制药公司之间的专利诉讼案件数量增加了4倍,总共有近700起专利诉讼案件。在其中的225起案件中品牌制药公司申请了临时禁令,并在112起案件中获得了此类禁令。临时禁令的平均期限为18个月。根据统计,2000年至2007年期间,欧盟调查的68种药品的专利诉讼总费用估计超过4.2亿欧元。大量的诉讼还为品牌制药公司和通用制药公司的共谋提供了机会。在诉讼中,品牌制药公司与通用制药公司往往会达

---

〔1〕 陈敬、史录文:"美国药品专利链接制度中专利登记规则研究",载《中国新药杂志》2017年第13期。

〔2〕 European Commission-Competition DG, "Pharmaceutical Sector Inquiry Preliminary Report", *DG Competition Staff Working Paper*, 28 November 2008, available at http://ec.europa.eu/competition/sectors/pharmaceuticals/inquiry/preliminary_report.pdf, 2019-05-01.

〔3〕 European Commission-Competition DG, "Pharmaceutical Sector Inquiry Preliminary Report", *DG Competition Staff Working Paper*, 28 November 2008, available at http://ec.europa.eu/competition/sectors/pharmaceuticals/inquiry/preliminary_report.pdf, 2019-05-01.

成和解协议,其中有相当比例的部分属于反竞争性协议,最为典型的就是反向支付和解协议。此种特殊的协议一般约定由作为原告的专利品牌制药公司向作为被告的通用制药公司进行反方向支付,以换取通用制药公司延迟或放弃进入市场,而目的在于尽可能确保自己脆弱的专利不被挑战和质疑、延长市场垄断销售的时间。反向支付协议与专利链接制度密切联系,可以说反向支付协议是专利链接制度的天然副产品,一些文献中甚至称反向支付协议为"哈奇-韦克斯曼协议"。近年来,反向支付协议成为美国和欧盟阻碍通用仿制药发展最大的制约因素之一,它寻求的是排除市场上的生产者,让竞争对手延迟生产或彻底不生产,减少市场产出,维持甚至抬高垄断价格,具有极为严重的竞争性。除了美国和欧盟,在英国、印度、韩国也都发生了反向支付案例,引起了竞争执法机构的极大关注。本书已安排专章对反向支付协议的反垄断分析进行了探究,在此不赘。

第三,实施"产品跳跃"策略。《哈奇-韦克斯曼法案》只允许通用制药公司对专利药的仿制品提出 ANDA 简化申请,并不允许对替代品提出 ANDA 申请,这又为品牌制药公司提供了限制竞争的机会。产品跳跃就是品牌制药公司用一项后续创新成果替代专利保护即将到期的药物的策略,其目的在于在其专利药的仿制版本进入市场之前抢先向市场推出该专利药的替代品,以最大化地削弱通用制药公司的利益,抢占市场份额,阻碍通用药竞争。产品跳跃一般包括以下形式:①改换形式,从药片、药丸、胶囊、注射液、溶液、悬浮液等形式转换成另外一种形式。例如治疗焦虑症的 Buspar 从片剂转换成胶囊。②通过添加或移除某些化合物来改换分子结构,包括从两个对映异构体转换成单一对映异构体等形式。例如,阿斯利康公司将外消旋的奥美拉唑开发成单一对映异构体的埃索美拉唑。③将市场上单独出售的两种或两种以上药物以组合物形式重新包装。比如治疗高血压的药物 Azor 由 Norvasc 和 Benicar 组合而成。[1]在"Abbott Labs. 诉 Teva Pharm 案"中，Abbott 公司持有形式为胶囊的专利药 TriCor，在知晓通用药竞争对手提交了 ANDA 第四段证明挑战 TriCor 的专利后，Abbott 公司提起了专利侵权诉讼并成功触发了 FDA 对通用药申请者长达 30 个月的审批暂停期。在此期间，Abbott 公司减低了专利药 TriCor 的用量，并将胶囊改为片剂进行形式转换，同时改变美国国家药物数据库的胶囊代码；当通用药竞争对手也跟进改推片剂时，Abbott 公司再次转换为更低用量的片剂，并再次改变国家药物数据库代码，使原来的代码失效，这使得药剂师无法用该药的通用仿制版本来代替品牌药。Abbott 公司还向市场回购原形式的药品，试图转换市场需求。[2]

欧盟委员会的调查报告也显示，在 2000 年至 2007 年期间被深入调查的样本中，40% 的药物已经失去排他性，相当数量的品牌制药公司在原研药品失去专利保护时，推出了所谓的第二代产品或后续产品。平均而言，第二代产品是在第一代产品丧失排他性之前的 1 年 5 个月内发行。为了成功推出第二代药物，品牌制药公司会进行密集的营销安排，目的是在第一代产品的通用仿制版本进入市场之前将大量患者的需求转换向第二代药。如果转换策略成功，通用制药公司能够在市场中获得的份额就会大幅下降。第二代产品往往会提交新的专利申请，人们普遍认为药品创新具有积累性，但是一些利益相关者认为与第二代产品相关的专利是弱专利，这些专利只表现为边际上的改善或

---

〔1〕 王艳、胡允银："制药行业产品跳跃：垄断还是创新"，载《科技管理研究》2017 年第 11 期。

〔2〕 Abbott Labs. v. Teva Pharms. USA, Inc. 432 F. Supp. 2d 408. (D. Del. 2006), 421, 422.

只对患者有附加性的好处。[1]

第四,滥用授权通用药(Authorized Generics)。授权通用药是指由品牌制药商自己进行生产的通用药,不需要再次向药品注册管理部门提交申请。尽管由品牌制药商自行生产销售,但是该产品不能使用品牌名称,只能以通用名称进行销售。品牌药制造商推出授权通用药的目的是,一旦其他通用药公司的产品进入市场,就会迅速占领市场,而推出自己的授权通用药版本可以赢得一定的市场份额,大幅降低通用制药公司入市前的挑战激励和入市后的经济利益。此外,除了防止出现市场上存在多个通用药与品牌药激烈竞争的局面,品牌制药公司此举还可以在专利到期后持续保持收入。这种授权通用药一经推出就饱受批评,因为授权通用药可以通过与第一个提交申请并挑战成功的通用制药公司的竞争来争夺市场份额并降低其收益,这会极大减少对第一个挑战者的奖励,也让哈奇-韦克斯曼法内置的激励框架落空,长期来看会影响通用仿制药行业的发展。但是,也有人指出授权通用药的存在会增加产出,降低价格,通过增加通用药竞争程度而使消费者受益。[2]美国相关法院的判决就支持了FDA允许推出授权通用药的做法。例如,在"Mylan制药诉FDA案"中,联邦巡回法院认定:"虽然引入一项授权通用药可能会降低第Ⅳ段ANDA第一申请人所获得的180天排他性的经济利益,但是§355(j)(5)(B)(iv)条款并没有为FDA

---

[1] European Commission-Competition DG, "Pharmaceutical Sector Inquiry Preliminary Report", *DG Competition Staff Working Paper*, 28 November 2008, available at http://ec.europa.eu/competition/sectors/pharmaceuticals/inquiry/preliminary_report.pdf, 2019-05-01.

[2] Ernst R. Berndt et al., "Authorized Generic Drugs, Price Competition, And Consumers' Welfare", *Health Affairs*, Vol. 26, Iss. 3, 2007.

提供禁止授权通用药侵占该排他性的法律依据。"[1]但是当授权通用药被用作谈判筹码时，其就很可能沦为限制竞争工具。例如，在一些反向支付和解协议里，品牌制药公司经常承诺不推出授权通用药，以换取通用制药公司延迟进入市场。联邦贸易委员会指出，这种授权通用药滥用行为可能是反垄断活动，因为它会通过延迟通用药的进入而损害消费者福利，消费者在没有通用药竞争的情况下需要支付更高的价格。[2]

除了上述限制竞争行为以外，实践中还存在其他的表现方式。例如，欧盟委员会的调查报告指出品牌制药公司可能干预药物的价格审批和报销审批程序，他们会向审批机关主张通用药缺乏安全性、效果较差或质量较差。尽管成功率较低，但是能够干扰行政程序进而引起通用药进入的延迟。调查报告指出，根据对深入调查的样本分析，在发生品牌药企干预的情况下，通用药的上市许可平均被延迟了4个月。[3]又如，品牌制药公司还可能利用信息不对称限制竞争。"AstraZeneca案"中，品牌药企的反竞争行为包括向监管机构提交了错误信息，以获得一个补充保护证明（延长了它的专利垄断），并且寻求注销它的品牌药品的上市许可，而实施注销行为是为了剥夺通用药生产者

---

[1] Mylan Pharmaceuticals, Inc. v. U. S. Food and Drug Administration, 454 F. 3d 270 (4th cir. 2006).

[2] Federal Trade Commission, "Authorized Generic Drugs: Short-Term Effects and Long-Term Impact: A Report of the Federal Trade Commission", August 2011, available at http://www.ftc.gov/opa/2011/08/genericdrugs.shtm, 2018-04-10.

[3] European Commission-Competition DG, "Pharmaceutical Sector Inquiry Preliminary Report", *DG Competition Staff Working Paper*, 28 November 2008, available at http://ec.europa.eu/competition/sectors/pharmaceuticals/inquiry/preliminary_report.pdf, 2019-05-01.

从简易上市许可程序中获得的好处。[1]实践中还存在品牌制药公司拒绝向通用制药商提供足质足量样品的情况,使其无法完成 ANDA 的生物等效性证明。

总而言之,专利链接制度实施中存在大量的限制竞争问题。为逃避通用药的竞争,品牌制药公司利用制度缺陷,或多次登记专利,或建立专利池,让通用仿制药企业陷入无休止的专利纠纷,或向通用药挑战者进行"补偿"让其故意延迟入市时间,或干预权威机构的审批,或滥用诉讼程序,等等。品牌制药公司为了更有效地竞争,往往会"并行使用和(或)相继使用来自'工具箱'的两个或多个工具以延长他们药物的生命周期"。而且"使用多种工具而造成的延误时间有时可能会累积","显著增加法律上的不确定性,从而损害通用药进入,花费公共卫生预算,最终让消费者花费大量资金"。[2]卡瑞尔教授的研究指出,品牌制药公司会利用"反向支付协议+产品跳跃"的组合叠加策略,先利用反向支付协议延迟通用制药公司进入市场的时间,并在这段延迟期间,加快实施"产品跳跃"策略。[3]

第四节 专利链接制度的比较法考察

"专利-药品审批链接制度旨在保证对药品专利权充分的保

---

[1] Ashutosh Kumar, "Patent or Patient, Link Them Properly: Patent Linkage and Competition (A Comparative Study)", available at https://works.bepress.com/ashutosh_kumar/1/, 2019-05-01.

[2] European Commission-Competition DG, "Pharmaceutical Sector Inquiry Preliminary Report", *DG Competition Staff Working Paper*, 28 November 2008, available at http://ec.europa.eu/competition/sectors/pharmaceuticals/inquiry/preliminary_report.pdf, 2019-05-10.

[3] Michael A. Carrier, "A Real-World Analysis of Pharmaceutical Settlements: The Missing Dimension of Product-Hopping", *Florida Law Review*, Vol. 62, Iss. 4, 2010.

护和执行。另一方面,该制度应当有助于通用药进入市场,从而以合理的价格向公众提供药物。为了同时满足这些相互矛盾的目标,精心设计法律框架是必不可少的,特别是应当考虑到本土制药行业的特殊性。"[1]在美国的规则霸权和单边主义做法下,高标准的哈奇-韦克斯曼式专利链接制度变成了一种国际规则而席卷全球,一些国家囿于强大的外部国际压力而选择了被动接受,引入了与本国制药产业水平并不相符的设权保护,导致出现了"南橘北枳"的法律移植现象;一些国家则抵御外力,积极应对,结合本土情况进行灵活、理性、克制地制度内化。考察不同国家专利链接体制的设计特点,特别是探究在外部压力下,如何进行制度内化以及制度内化的程度,对于我国的相关制度建构无疑是大有裨益的。

一、美国

对美式专利链接制度的深入理解离不开对美国历史不同时期专利法和反托拉斯法关系的考察。20世纪30年代,使用专利权的行为基本不受反托拉斯法执法和司法机构的审查。法院认为专利法的目的就是垄断,如果被纳入反托拉斯法,将导致专利法的目的落空。但是30年代到70年代末,美国迎来了一个"反专利"的时代,专利制度被认为是对力量强大者的支持而受到责难,再加上这段时期反大企业潮流的助推,专利受到了反垄断法的严酷对待。但是到了20世纪80年代,芝加哥学派的经济学家开始深刻地影响美国社会,美国迎来一股强调效率至上、放松管制的思潮。里根总统上台后,反托拉斯法严格执法的浪

---

〔1〕 Seung Joo Jeong, "Patent-Drug Approval Linkage in Korea Under Korea-U. S. FTA-Based on Comparative Study on U. S. Hatch-Waxman Act and Canadian Patented Medicines (Notice of Compliance) Regulation", *MIPLC Master Thesis Series* (2012/13), available at https://ssrn.com/abstract=2407320, 2018-12-10.

潮逐渐退散，联邦巡回上诉法院的设立更对全美专利制度的推行起到举足轻重的作用。随着1979年《国内政策回顾》和1980年《拜杜法案》的出台，美国政府和民众在80年代再次掀起了"亲专利"政策（pro-patent）。"专利至上"的观点重新回到主流地位，反托拉斯法则奉行无为而治，这也为专利链接制度奠定了可行的制度环境。在这种亲专利的制度环境和历史背景下，作为专利链接制度起源的《药品价格竞争和专利期限恢复法案》应运而生，该法案也被称作《哈奇-韦克斯曼法》（Hatch-Waxman Act）[1]。"哈奇法案是世界范围内专利链接制度的起源，是该制度的大宪章（Magna Carta）。"[2]

在《哈奇-韦克斯曼法》施行之前，不管是专利药还是通用药都需要依照1962年《食品、药品和化妆品法》之规定，向FDA提交新药申请（New Drug Application，NDA），其要求相关药品在上市之前必须进行临床试验以证明药品的安全性和有效性。[3]"这一要求成了通用药获得上市许可的事实性障碍，因为准备NDA需要昂贵的成本和时间。"[4]为了降低通用药进入市场的门槛，以公众可承受的价格保障药品的可获得性，《哈奇-韦克斯曼法》于1984年开始实施。该法规定了简化版的新药申请程序（Abbreviated New Drug Application，ANDA），允许通用制药商可以使用专利药生产商已经证实过的临床经验数据，证

---

[1] See Drug Price Competition and Patent Term Restoration Act of 1984, Pub. L. No. 98-417, 98 Stat. 1585（1984）(codified as amended in scattered sections of 15, 21, and 35 U.S.C.).

[2] Ashutosh Kumar, "Patent or Patient, Link Them Properly: Patent Linkage and Competition（A Comparative Study）", available at https://works.bepress.com/ashutosh_kumar/1/, 2019-03-10.

[3] 21 U.S.C. § 355 (a).

[4] Martin J. Adelman, Randall R. Rader and John R. Thomas, *Cases and Materials on Patent Law* (3d ed.), West Academic Publishing, 2009, p. 926.

知识产权与竞争法贯通论

明其通用药版本与专利药具有生物等效性（bioequivalent），这样就可以获得 FDA 的批准而得以上市销售。[1]因此，《哈奇-韦克斯曼法》最初的本意实际上是实现激励高价品牌药创新和促进廉价通用药竞争两种不同利益的平衡。但是，最终通过的法律文本过多地偏向了品牌制药商。尽管不应否认该法案在促进美国本土通用制药行业方面作出的努力，但是其也提供了许多侵犯通用制药企业竞争利益的制度工具。特别是，当哈奇-韦克斯曼链接标准被推向世界其他国家时，阻碍通用药竞争的效应更加明显。美国国会司法委员会（COJ）在《哈奇-韦克斯曼法》立法之初就指出，限制通用药市场进入的 FDA 规则"具有严重的反竞争效果"，并且这些规则的净效果是专利持有人的垄断地位超过专利期限。[2]

《哈奇-韦克斯曼法》的逻辑起点是 FDA 的《经过治疗等效性评价批准的药品》（Approved Drug Products with Therapeutic Equivalence Evaluations），其是 FDA 基于安全性、有效性数据并结合专利信息、独占期信息批准的药品目录。《经过治疗等效性评价批准的药品》由 FDA 在其官网上公布并每月进行调整，也会于每年出版。由于出版物封面是橙色的，因此《经过治疗等效性评价批准的药品》也被称为"橙皮书"（Orange Book），以该出版物为核心的专利登记制度被称为"橙皮书制度"。NDA 申请人提交 NDA 申请时，应当提交有关新药产品的专利信息。[3]如果专利是在 NDA 申请提交之后才被美国专利和商标办公室授予的，那么 NDA 持有人应当向 FDA 转发该专利信息，以便将之列

---

[1] 21 U.S.C. § 355 (j) (2) (A).

[2] H. R. REP. No. 98-857, pt. 2, at 4 (1984), available at https://www.congress.gov/bill/98th-congress/house-bill/3605, 2019-03-10.

[3] 21 U.S.C. § 355 (b) (1).

入橙皮书中。[1]如果专利信息发生变更，NDA 申请人应当向 FDA 申请更新专利信息。[2]能够在橙皮书上列出的符合条件的专利包括药物物质（活性成分），药物产品（配方和构成）以及使用方法专利。[3]但是涉及工艺流程、包装、代谢物和中间体的专利不具有被列入橙皮书的资格。FDA 只负责公布申请人向橙皮书提交的专利信息，并没有对专利信息的准确性进行实质性审查的职权，理由是它缺乏专利事务方面的专业知识，并且没有获得法律授权。美国联邦巡回法院对 FDA 提供了免责声明，特别是在"aaiPharma, Inc. 诉 Thompson 案"中，联邦巡回法院认为 FDA 没有义务确保橙皮书中列出的专利信息的准确性，其可以完全依赖于 NDA 持有人的自我报告，因为法律对 FDA 确保橙皮书准确性的义务保持沉默。[4]为了纠正橙皮书中所登记的不正当专利信息，2003 年的《医疗保险处方药、改进和现代化法案》提供了一个解决方案，通用仿制药制造商可以对侵权行为提出反诉，要求取消橙皮书中与原始药品无关的专利。但是，在这方面，除了反诉之外，不允许有任何独立的诉讼理由或诉讼程序。

通用制药商向 FDA 提出 ANDA 申请时，还必须同时提交下列四段证明中的某一种：①品牌制药公司尚未提交有关该药品的任何专利信息；②品牌药的专利已经过期；③在品牌药专利到期之后才会上市销售通用药品；④品牌药的专利是无效的或者生产、使用或销售通用药不会侵犯该专利。[5]其中，第四段

---

[1] 21 U.S.C. §355 (b) (1).

[2] 37 C.F.R. §314.53 (d) (2).

[3] 21 C.F.R. §314.53 (b) (1).

[4] aaiPharma, Inc. v. Thompson, 296 F.3d 227, 242-243, 63 USPQ2d 1670, 1680 (4th Cir. 2002).

[5] 21 U.S.C. §355 (j) (2) (A) (vii).

证明为通用制药商提供了挑战尚处在有效期内的专利并在其到期之前就能进入市场的可能性,但也经常因此而引发专利侵权诉讼。提交第四段证明的申请者还需要履行向品牌制药商的通知义务,后者接到通知后有45天的时间决定是否向ANDA申请者提起专利侵权诉讼。如果品牌制药企业提出诉讼,FDA将搁置对通用药的审批,直到法院作出目标专利无效或者没有被侵权的判决,或者直至30个月的搁置期间届满。[1]反之,45天内没有诉讼发生,那么FDA将直接批准ANDA申请。此外,即使专利权人没有提起专利侵权诉讼,ANDA申请者也可以向法院寻求对所登记专利的无效性、不可执行性和不存在侵权进行宣告性判决。最后,《哈奇-韦克斯曼法》框架中最重要的一项激励措施就是第一位成功完成第四段证明的ANDA申请者(首仿者)将被授予180天的市场独占期。[2]

不可否认,《哈奇-韦克斯曼法》的上述框架设计确实实现了短期内迅速振兴通用制药行业的目的,但是该框架也为品牌制药商提供了一系列限制竞争的工具,如滥用橙皮书专利登记、多次启动自动审批暂停、滥用180天独占期等,长期的效果实际上是延缓了通用药品的竞争,不断推高美国的医疗支出规模。2002年,美国联邦贸易委员会进行的一项广泛而漫长的调查,发现哈奇-韦克斯曼立法导致通用药制造商多达75%的新药申请遭到原始品牌药专利所有人的专利法律诉讼,这些诉讼通过将更便宜的通用药版本排除市场来推高美国的药物成本。调查报告还指出了滥用橙皮书登记制度的问题,包括登记多晶体等次生专利、多次请求自动审批暂停等。[3]针对联邦贸易委员会的

---

〔1〕 21 U.S.C. § 355 (j) (5) (B) (iii).

〔2〕 21 U.S.C. § 355 (j) (5) (B) (iv).

〔3〕 Thomas A Faunce and Joel Lexchin, "'Linkage' Pharmaceutical Evergreening in Canada and Australia, Australia and New Zealand", *Health Policy*, Vol. 4, No. 1, 2007.

第五章　药品专利链接制度实施中的竞争问题

调查报告，布什总统指出："联邦贸易委员会……发现一些品牌药制造商可能操纵法律来延迟竞争性通用药的审批。当某一药品专利即将到期时，一些公司使用的一种方法是根据某一次要特征申请一项全新的专利，例如药瓶的颜色或者与药物疗效无关的活性成分的某种特定组合……与此同时，低成本的通用药被禁止进入市场……这不是国会期望让法律发挥作用的方式。今天，我打算采取行动填补漏洞，促进公平竞争和减少美国处方药的成本……我们向品牌制药商发出的信息很明确：你可以从你的研究和开发中获得公平的回报，你无权以无意义的理由将通用药排除市场。"[1]"Bristol案"就是一个通过滥用专利链接框架来延迟通用仿制药进入市场的典型案例，在美国社会引发了极大的关注。Bristol公司通过一系列反竞争性行为，包括滥用FDA的监管法规、向美国专利和商标局欺诈以获得不正当的专利保护、向通用药竞争对手进行超过7000万美元的反向支付让其离开市场、提交无依据的专利侵权诉讼等，使得消费者每年要为不正当的专利垄断支付近20亿美元。[2]

美国也在为消除《哈奇-韦克斯曼法》的限制竞争问题而不懈努力，其中最显著的立法成果当属2003年国会通过的《医疗保险处方药、改进和现代化法案》(the Medicare Prescription Drug, Improvement, and Modernization Act, 简称《MMA法案》)。《MMA法案》对《哈奇-韦克斯曼法》的立法偏差和扭曲激励进行了修正。例如，《MMA法案》对专利的补充登记或

---

〔1〕 "President Takes Action to Lower Prescription Drug Prices", *Press Release*, *the White House*, Oct. 22, 2002, available at http://www.whitehouse.gov/news/releases/2002/10/20021021-2.html, 2019-01-08.

〔2〕 "FTC Charges Bristol-Myers Squibb with Pattern of Abusing Government Processes to Stifle Generic Drug Competition", *Press release*, *Federal Trade Commission*, Mar. 7, 2003.

置后登记的时间作出了限制性安排,FDA过去曾允许在新药申请提交日之后提交额外的专利清单。但是,为了解决滥用登记制度造成多次审批停留的问题,《MMA法案》规定只有在ANDA申请提交日期之前将专利信息提交给FDA,才可以为与该药品专利的诉讼提供30个月的审批停留。换言之,《MMA法案》不允许在提交ANDA之后再向FDA提交的专利享受30个月的停留禁令。为了减少反向支付的现象,《MMA法案》还规定在根据《哈奇-韦克斯曼法》提起的专利侵权诉讼中达成的和解协议需要向联邦贸易委员会和司法部进行备案。尽管美国不断矫正专利链接制度中品牌制药商和通用制药商之间的利益失衡,作出了诸多立法努力,但是美国在向外推行专利链接体制时,更强调对品牌药专利的权利保护,并没有把上述这些有利于通用仿制药竞争的立法努力和制度经验一并进行推广。

当今大国间的竞争主要是制度竞争,专利链接就是美国推行规则霸权、抢夺话语权的典型场域,目的在于建立一个高水平的药品知识产权保护标准。美国利用双边和多边国际贸易协定,向缔约国强行植入专利链接制度,还利用国际组织或国际制度平台,不断抬高药品专利的保护标准。"链接制度正在通过国际自由贸易协定迅速在全世界范围内扩散。"[1]在美国的主导下,2016年初签署的《跨太平洋伙伴关系协定》(简称"TPP协定")明确要求各缔约国应当在药品的上市审批制度与专利制度之间建立某种联系机制,其利益诉求在于进一步扩大和强化专利持有人(特别是大型跨国原研药企业)的市场地位,并限制其他国家通用药企业的竞争力。目前,专利链接制度已经

---

[1] Ron A. Bouchard et al., "Structure-Function Analysis of Global Pharmaceutical Linkage Regulations", *Minnesota Journal of Law, Science & Technology*, Vol. 12, No. 2, 2011.

被纳入到 TRIPS-Plus 知识产权条款中,成为美国 TRIPS-Plus 知识产权谈判议程的关键要素。美国还通过《特别 301 报告》和中美谈判来督促中国建立专利链接制度。例如,在 2017 年美国发布的《特别 301 报告》中,美国指责中国"缺乏一种有效的机制,将后续药品的上市请求或批准通知利益相关方,以便能允许尽早解决潜在的专利纠纷"。[1] 但是需要注意,我国作为 TRIPS 协议成员国之一,只需要履行 TRIPS 相关规定,并无履行 TRIPS-Plus 规定的义务。在设计与药品有关的专利政策时,我国应该优先考虑是否能够保障基本药物的可及性以及如何有效提高通用药制造商的仿制能力和仿制质量,而不能过于拔高药品专利的保护水平来阻碍通用药的生产和上市。[2] "在缺乏制度理性沉淀和制度经验积累的情况下,知识产权法律移植有可能产生法律实施效益不足的'制度化风险'。"[3] 如果脱离本国国情实际,盲目为药品提供高水平的专利垄断保护,可能产生损害公民药品可及性乃至损害公民生命健康权等严重后果。

二、加拿大

如上文所述,美国将专利链接制度纳入到其知识产权谈判议程中,并通过双边或多边国际贸易协定向其他国家推动这种高标准的制度保护,以期让美式专利链接体制成为一种全球标准。加拿大是受美国这种"规则霸权"影响的第一个国家,亦是世界上正式建立起药品专利链接制度的第二个国家。加拿大

---

[1] "USTR 2017 Special 301 Report", available at https://ustr.gov/sites/default/files/301/2017%20Special%20301%20Report%20FINAL.PDF, 2019-05-10.

[2] 张伟君、陈潆:"论药品专利链接制度与现行《专利法》的衔接",载《中国发明与专利》2018 年第 3 期。

[3] 吴汉东:"中国知识产权法律变迁的基本面向",载《中国社会科学》2018 年第 8 期。

知识产权与竞争法贯通论

于 1993 年通过了《专利药品（批准通知）条例》（Patented Medicines（Notice of Compliance）Regulations，简称《NOC 条例》），于同年生效，于 2015 年又进行了修订。正是通过该条例，加拿大建立了正式的专利链接制度，并取代了专利法上的药品强制许可条款。毋庸讳言，《NOC 条例》是《北美自由贸易协定》（NAFTA）推动下的产物。[1]

面对来自美国的外部压力，加拿大并未积极博弈，而是选择了被动接受，遵照美国的要求进行了相关立法。这种没有充分考量本国制药行业具体实际情况的法律移植，容易产生"南橘北枳"的水土不服现象。对此，有论者指出，尽管美国和加拿大的链接体制都体现了二元目标——激励品牌药创新和鼓励通用药尽早进入市场，但是两国引入专利链接制度的效果却南辕北辙，这与两国不同的制药产业结构有关。美国在设计链接制度之前，大量的品牌药物失去了专利保护，但市场上却没有廉价的通用仿制版本，这在很大程度上是因为通用制药商无法借用原研药物审批所使用过的数据进行新药申请，进而产生了高昂的成本。但是，这种困境最终由《哈奇-韦特斯曼法》进行了修正。通过该法案，通用药进入市场的成本得到极大降低，美国也由此发展出了一个强大得能够与品牌制药行业并驾齐驱的通用制药产业。但是，加拿大的情况却截然相反。加拿大在引入链接制度之前，国内已经有一个强大的通用制药产业，部分原因在于加拿大允许药品强制许可的规定。[2]一方面，为了履行北美自由贸易协定的立法义务，加拿大废止了药品强制许

---

[1] Thomas A Faunce and Joel Lexchin, "'Linkage' Pharmaceutical Evergreening in Canada and Australia, Australia and New Zealand", *Health Policy*, Vol. 4, No. 1, 2007.

[2] 在 1993 年《NOC 条例》之前，加拿大专利法允许向通用药制造商授予进口专利活性成分的强制许可，要求通用药制造商向专利权人支付一笔名义上的专利许可使用费。这种强制许可制度极大促进了加拿大通用仿制药的发展。

可制度，取而代之的是专利链接制度，而这种天然倾向专利权人的制度设计在加拿大产生的结果就是削弱了通用仿制药行业，导致该行业逐渐萎靡。[1]另一方面，对专利药的高水平保护并没有换来原研药研发创新能力的提高。学者布沙尔认为可以确定的一点是链接体制并没有像预期那样提升加拿大国家生命科学公司的全球竞争力水平，实际上，默克公司还关闭了其在加拿大主要的研究实验室。[2]

加拿大链接制度的具体内容主要见于《NOC 条例》，其由加拿大工业部制定，由位于加拿大卫生部健康产品和食品处治疗产品理事会的专利药品和联络办公室（the Office of Patented Medicines and Liaison）进行管理。《NOC 条例》的核心旨趣要求加拿大关于药品安全、质量和效力的监管部门在品牌药品的相关专利被证实到期之前，不得授予市场进入的授权。《NOC 条例》要求卫生部运营和维持专利登记册，其由符合条件的药物所提交的专利信息清单组成。负责加拿大卫生部的部长可以拒绝添加或删除专利登记册中的信息。每个专利信息清单都要经过专利药品和联络办公室的审核。该机构编写的报告概述了与专利登记册有关的统计数据，包括提交专利的数量，被接受和拒绝的专利的数量，以及因接受或拒绝对某专利进行登记而引起的诉讼。[3]

---

[1] Joel Lexchin, "Intellectual Property Rights and the Canadian Pharmaceutical Marketplace: Where Do We Go from Here?", *International Journal of Health Services*, Vol. 35, No. 2, 2005; Joel Lexchin, "After Compulsory Licensing: Coming Issues in Canadian Pharmaceutical Policy and Politics", *Health Policy*, Vol. 40, Iss. 1, 1997.

[2] Ron A. Bouchard et al., "Structure-Function Analysis of Global Pharmaceutical Linkage Regulations", *Minnesota Journal of Law, Science & Technology*, Vol. 12, No. 2, 2011.

[3] "Release of the Therapeutic Products Directorate Statistical Report 2017/2018 for the Patented Medicines (Notice of Compliance) Regulations and Data Protection", available at https://www.canada.ca/en/health-canada/services/drugs-health-products/reports-publications/drug-products/statistical-report-patented-medicines-data-protection.html, 2019-05-10.

可以在专利登记册上列出的适格主体包括药物成分、配方、剂型或药物适应证的专利,不允许登记与盐、酯类等特定形式相关的专利。[1]

在加拿大,品牌制药商使用多项专利登记来延迟通用产品上市的策略引发了争议。加拿大通用药协会(The Canadian Generic Pharmaceutical Association,CGPA)认为,品牌制药公司不断在一个产品上登记新的专利,这样每个新专利都可以触发新的 NOA 程序,同一个产品可能触发多次 NOA 程序,"通过这种方式,竞争被延迟了"。[2] 品牌制药公司对这种解释提出质疑,他们认为如果一直对某一药物进行研究,那么新专利的提交便是自然而然的事,这反映了从每天三次给药到每天一次给药的改进。单一药物上存在多项专利相对常见。加拿大卫生部专利药品和联络办公室估计,专利登记册上的 419 种药品中有 44%拥有一项以上的专利。尽管利益双方各执一词,但加拿大联邦政府还是承认一些品牌制药公司滥用了专利登记制度,并于 2006 年 10 月通过颁布法规来限制他们对旨在"常青化"的后续专利的使用,这些法规规定在通用制药公司提交其产品批准申请后,品牌制药公司提交的任何新专利都不会被纳入到 NOC 法律程序。此外,这些规定还明确,涵盖没有直接治疗应用领域(如流程或中间体)的专利不得用于推迟通用药的行政批准。[3] 在

---

[1] Health Canada, Guidance Document: Patented Medicines (Notice of Compliance) Regulations (2012), at 8.

[2] Thomas A Faunce and Joel Lexchin, "'Linkage' Pharmaceutical Evergreening in Canada and Australia, Australia and New Zealand", *Health Policy*, Vol. 4, No. 1, 2007; Canadian Generic Pharmaceutical Association, "The patented medicines (notice of compliance) regulations", available at http://www.cdmaacfpp.org/en/issues/noc_regulations.html, 2019-05-10.

[3] Government of Canada. Canada Gazette Part II Regulations Amending the Patented Medicines (Notice of Compliance) Regulations 2006, 140 (21): 1503-1525.

"Merck Frosst Canada & Co. 诉加拿大（卫生部长）案"中，联邦上诉法院支持了卫生部长拒绝在专利登记册中增加对药品辛伐他汀的代谢产物专利的决定。

当加拿大通用制药公司提交其申请以获得仿制产品的批准时（简称"ANDS 申请"），它还需要向专利持有人发送通知（《NOC 条例》中被称为"申辩通知"，Notice of Allegation，NOA），声明 ANDS 申请并没有侵犯专利或该专利是无效的。[1]然后，专利持有人有 45 天的时间向加拿大联邦法院提出申请，以寻求获得一项禁令，禁止相关行政部长在 24 个月内或法院解决争议之前（以较早者为准）向通用药制造商发出允许其上市的合规通知（简称"NOC 通知"）。1993 年《NOC 条例》规定的暂停期为 30 个月，1998 年以后加拿大通过立法改革将其缩短到了 24 个月，以尽可能减少对诉讼程序的延长。[2]对于这种自动引发审批暂停的做法，加拿大国内充满争议。加拿大联邦法庭指出："仅仅通过启动诉讼程序，申请者就可以获得一个等同于长达 30 个月（后缩减至 24 个月）的临时禁令，而无须满足法院在签发 NOC 通知之前所要求的任何标准。"[3]加拿大通用药协会称，专利链接制度的滥用"不仅对加拿大的通用药行业是极为有害的，而且加拿大公众因不得不向被延长期限的高价品牌药支付而损失数百万美元的储蓄。这些被不必要的法庭纠纷所造成的延误使加拿大民众、他们的政府和私人保险公司损失了

---

[1] Patented Medicines (Notice of Compliance) Regulations, ss. 5 (1)(b), 5 (1.1), and 5 (2).

[2] Government of Canada, Regulatory Impact Analysis Statement, Canada Gazette Part 11, vol. 132, No. 7, at 1055; Regulations Amending the Patented Medicines (Notice of Compliance) Regulations, SOR/98-166, March 12, 1998, s. 6 (1) (2) (3), amending s. 7 (1) (e) and 7 (5).

[3] Bayer AG v. Canada (Minister of National Health & Welfare), [1993] 51 C. P. R. (3d) 329, para. 13 (Can.).

数亿美元"。[1]品牌制药商的利益拥护者,如加拿大高峰品牌药行业协会等,则指出链接法规是加拿大履行其国际义务以提供有效的专利实施机制的唯一手段。

长期以来,加拿大的监管机构被品牌药专利的限制竞争问题所困扰,这些限制策略包括交付系统或配方的微小修改、滥用授权仿制药协议和向通用药竞争对手的"收购"。[2]为此,加拿大进行了多项立法矫正,尤其值得借鉴。例如,1998年针对《NOC条例》的改革中,加拿大引入了损害赔偿条款。如果某一通用制药公司因为自动暂停而被排除在市场之外,但是它关于专利无效性或不存在侵权的指控后来被证明是合理的,那么该通用制药商可以申请损害赔偿。[3]

加拿大和美国专利链接制度的区别也是显而易见的。首先,在美国,ANDA申请人提交第四段证明后,持有专利的品牌制药商在45天内提起的法律诉讼是专利侵权诉讼。但在加拿大,品牌制药商提出的并不是专利诉讼,而是一个旨在阻止治疗产品理事会发布NOC批准的司法审查程序。该司法审查程序并不能像美国的哈奇-韦克斯曼专利诉讼那样,可以对专利侵权或专利有效性问题作出判决,而是只能寻求一个针对药品监管机构审批的暂停禁令。因此,在加拿大有些场合可能还会存在与链接司法审查程序并轨运行的专利诉讼。其次,美国的橙皮书专利登记制度中,FDA只负责发布橙皮书中提交的专利信息,不

---

[1] "Canadian Generic Pharmaceutical Association: The Patented Medicines (Notice of Compliance) Regulations", available at http://www.cdmaacfpp.org/en/issues/noc_regulations.html, 2019-05-10.

[2] Thomas A Faunce and Joel Lexchin, "'Linkage' Pharmaceutical Evergreening in Canada and Australia, Australia and New Zealand", Health Policy, Vol. 4, No. 1, 2007.

[3] Regulations Amending the Patented Medicines (Notice of Compliance) Regulations, SOR/98-166, March 12, 1998, s. 8, amending s. 8.

第五章 药品专利链接制度实施中的竞争问题

会对相关专利信息的准确性进行实质性审查。但加拿大卫生部将对专利登记册上列出的专利信息进行实质审查，卫生部长有权更正或删除不当的专利信息。再次，美国允许在提交ANDA申请之后，让品牌制药商提交其他专利的补充登记，但是加拿大强制要求品牌制药商只能在NDS申请提交之前才能进行其他专利的补充登记。最后，加拿大并没有像美国一样规定挑战成功的首仿者将获得180天市场独占期的经济奖励。

三、欧盟

尽管欧盟并没有关于专利链接的正式法律规定，但是相关讨论在欧盟境内却从未缺席过。欧盟委员会一份针对医药行业的调查报告指出，品牌制药商经常试图创造出与专利链接类似的机制，以限制相关通用药版本进入市场。欧盟委员会在其调查报告中确定了137个案例，这些案例中品牌制药公司利用司法程序使得监管机构授予通用药销售许可的决定无效。专利侵权是大多数此类行为的主要依据，这些行动背后的主要目标是推迟通用药的市场进入。某些成员国为了应对和处理品牌药企提起的法律诉讼，暂停了通用药的上市授权审批，这种暂停直到法律诉讼得到最终解决后才会取消。[1]通用制药公司认为，这种非正式专利链接的存在通常导致了他们市场进入的延迟。[2]欧盟委员会也承认尽管欧盟没有统一的链接体制，但一些成员国的药品监管框架中有促进专利链接的条款。例如，葡萄牙、德国、意大

---

[1] European Union-DG Competition, "Pharmaceutical Sector Enquiry: Final Report", 08 July, 2009, available at http://ec.europa.eu/competition/sectors/pharmaceuticals/inquiry/staff_ working_ paper_ part1.pdf, 2019-04-11.

[2] Ashutosh Kumar, "Patent or Patient, Link Them Properly: Patent Linkage and Competition (A Comparative Study)", available at https://works.bepress.com/ashutosh_ kumar/1/, 2019-04-11.

知识产权与竞争法贯通论

利和斯洛伐克就有类似条款。[1]而且，品牌制药公司利用司法系统造成的干预不仅影响通用药的上市审批程序，还影响通用药的价格审批程序和报销程序。例如，在葡萄牙，负责监管药品价格水平的监管机构在原研药公司采取法律诉讼后就暂停了通用药的价格审批程序。根据欧盟委员会的报告，在一个特殊案例中，这种暂停导致了通用药的价格审批延迟了18个月。总之，无论是暂停上市审批，还是暂停价格和报销审批，这种延迟的最终后果都是导致通用药的市场进入受到限制。此类监管批准都是将通用药引入市场的前置性条件。退一步讲，即使获得此类许可，在欧盟还需要额外几个月的时间才能将药物引入市场。因此，通用药在利益博弈中的失衡是彰明较著的。欧盟委员会的调查报告指出，品牌药企对审批进程的干预平均要延迟仿制药的上市审批9个月。在2000年至2007年期间，因通用药上市审批而造成的延误可能造成约30亿欧元的损失。[2]

但是支持专利链接制度的利益团体仍然不断呼吁在欧洲引入链接体制，他们认为，有关通用药上市批准申请的预先信息将确保品牌制药公司能获得公平的机会来行使其专利所赋予的权利。这种机制将为品牌制药公司提供足够的时间来防止市场上廉价通用药的泛滥（Generic Flood），这对激励创新至关重要。[3]例如，作为品牌制药公司的利益代表，欧洲制药工业协会联盟就提议引

---

[1] European Union-DG Competition, "Pharmaceutical Sector Enquiry: Final Report", 08 July, 2009, available at http://ec.europa.eu/competition/sectors/pharmaceuticals/inquiry/staff_ working_ paper_ part1.pdf, 2019-04-11.

[2] European Union-DG Competition, "Pharmaceutical Sector Enquiry: Final Report", 08 July, 2009, available at http://ec.europa.eu/competition/sectors/pharmaceuticals/inquiry/staff_ working_ paper_ part1.pdf, 2019-04-11.

[3] Ashutosh Kumar, "Patent or Patient, Link Them Properly: Patent Linkage and Competition (A Comparative Study)", available at https://works.bepress.com/ashutosh_kumar/1, 2019-04-12.

入一项被称为"清理道路"(clearing the way)的新机制,以避免通用药上市后再引发纠纷以及避免由后续纠纷解决引起的巨大成本。"清理道路"机制实际上就是专利链接的同义语,其意指在通用药进入市场之前要清理掉所有有关专利争议的问题。"清理道路"机制包括两个基本特征:第一,一个给品牌制药公司的强制性通知,使其知晓通用药企的上市审批。主管当局有义务披露通用制药商何时申请上市销售的许可,以便专利持有人确定通用药制造公司是否侵犯其专利权。第二,一个允许品牌制药公司对通用药竞争对手提起侵权诉讼的机会。这一程序将"在大多数情况下留出充足的时间,以便在计划的通用药上市前解决相关争议"。[1]

但是,这种提案并没有获得监管当局的支持,欧洲药品管理局(EMA)认为专利链接延缓了通用药上市,会影响药品的可及性,因此不提倡将药品的审批和相关专利权的法律状态挂钩,建议各自的纠纷应通过不同的渠道解决。[2]欧盟委员会也对链接制度的促进竞争效果表示怀疑,认为引入此种机制对欧洲制药行业的竞争可能会有不利的影响。[3]欧盟监管机构坚持反对链接体制还有一个原因在于,诉前禁令制度已经发挥了一部分专利链接制度的功能。品牌制药商可以通过寻求快速和便捷的诉前禁令来实现药品专利链接制度所要达到的主要目的——及时、有效地阻止可能侵权的通用药上市。欧盟不仅在其境内坚持反对专利链接的立场,在其签订的自由贸易协定中

---

[1] "EU Unlikely to Follow US with 'Patent Linkage' System, Says Expert", available at https://www.out-law.com/en/articles/2017/july/eu-unlikely-to-follow-us-with-patent-linkage-system-says-expert, 2019-04-12.

[2] 耿文军、丁锦希:"影响药品专利链接制度的重要因素和解决路径",载《知识产权》2018年第7期。

[3] Ashutosh Kumar, "Patent or Patient, Link Them Properly: Patent Linkage and Competition (A Comparative Study)", available at https://works.bepress.com/ashutosh_kumar/1, 2019-04-12.

也始终如此。例如，欧盟与加拿大之间签订的《综合经贸协定》（CETA）就体现了这一点。CETA的最终文本中关于延缓通用药上市的规定被称为"申诉权"（the right of appeal），但欧盟坚持反对专利链接制度，故该做法仅适用于加拿大。

除了对制药行业竞争过程的殷忧之外，欧洲的制度环境也是阻碍专利链接制度植入的重要因素。虽然欧洲药品管理局可以授予相关药品在欧洲范围内的上市许可，但是这些药品也可以通过各个成员国分散化的或相互性的承认程序来获得上市许可，从而可以逐个国家地进行销售。[1]此外，目前单一专利的药品无法获得欧洲范围内的专利保护。向欧洲专利局申请一项欧洲专利，该专利本质上是每个成员国授予的一系列国家专利权的集合。一些学者建议欧盟应当创建单一的共同体专利制度，以修改目前由一系列国家专利组成的昂贵且烦琐的系统。他们还赞成在欧洲建立统一的专利司法机构，取代现有的分散且昂贵的专利诉讼制度，这样可以实现显著的成本节约和效率改进。[2]但是，也有意见认为在欧洲引进单一专利制度和统一专利法院制度是否有助于专利链接制度的落位，仍然有待观察。[3]

四、澳大利亚

澳大利亚链接制度的形成并不完全是美国外部压力所推动

---

[1] "EU Unlikely to Follow US with 'Patent Linkage' System, Says Expert", available at https://www.out-law.com/en/articles/2017/july/eu-unlikely-to-follow-us-with-patent-linkage-system-says-expert, 2019-04-12.

[2] European Union-DG Competition, "Pharmaceutical Sector Enquiry: Final Report", 08 July, 2009, available at http://ec.europa.eu/competition/sectors/pharmaceuticals/inquiry/staff_working_paper_part1.pdf, 2019-04-12.

[3] "EU Unlikely to Follow US with 'Patent Linkage' System, Says Expert", available at https://www.out-law.com/en/articles/2017/july/eu-unlikely-to-follow-us-with-patent-linkage-system-says-expert, 2019-04-12.

的"逼我所用",而是立基于本土实际需要能动性的"为我所用"。在澳美自由贸易协定之前,专利链接问题在澳大利亚很少受到公众、司法和监管机关的关注。澳大利亚药品协会否认澳大利亚存在"链接问题",指出专利链接是一种与澳大利亚毫无关联的国外实践。但是,也有法官已经认识到专利链接隐含的竞争风险。在 2002 年高等法院的"Aktiebolaget Hassle 诉 Alphapharm Pty Limited 案"中,柯比法官指出:"大型制药企业为避免此类一般性竞争而采取的战略(包括使用知识产权法)在其他地方已经有了详细说明。它们引起了美国联邦贸易委员会的注意和回应。在许多其他国家也有类似的斗争。它们给发展中国家带来了严重的问题……在对立法进行解释,以及在确定该法令所要求的显而易见性的最终事实的适当方法时,本法院应避免为法律上不明确的垄断保护的不正当延长创造安全保障的机会。"[1]

直到 2004 年,在澳美自由贸易协定最后的公共和立法辩论阶段,专利链接问题才引起澳本土的广泛关注。澳大利亚公众认识到,澳美自由贸易协定中的一项条款一旦被引入澳大利亚法律,可能会延长药品的专利,产生"链接常青化"(Linkage Evergreening)的问题。[2]该条款就是澳美自由贸易协定第 17.10.4 条,其要求澳大利亚医疗用品监管局创建一个具有如下功能的程序:当某一竞争性通用药品提出上市请求时,品牌药制造商能够收到通知,并且监管机构基于安全和质量考虑的上市批准能够被"阻止"。第 17.10.4 条规定:如果缔约方允许作为批准药品销售的一项条件,除了最初提交安全性或有效性信息的人以外的其他人依赖之前已经获批的产品安全性或有效性

---

〔1〕 Aktiebolaget Hassle v Alphapharm Pty Ltd, 212 CLR 411, para 101, 2002.

〔2〕 Thomas A Faunce and Joel Lexchin, "'Linkage' Pharmaceutical Evergreening in Canada and Australia, Australia and New Zealand", *Health Policy*, Vol. 4, No. 1, 2007.

方面的证据或信息,如获得该缔约方或其他地区事先上市批准的证据,那么(a)该缔约方应在其上市审批程序中提供措施,以防止他人:(i)在某一专利的期限内,销售某一已经被该专利所主张的产品,或者(ii)在某一专利的期限内,为了某一已经被该专利所主张的审批用途而销售某一产品,除非经专利所有人同意或默许;并且(b)如果缔约方允许第三方请求上市批准以:(i)在被认定主张某一产品的专利的期限内销售该产品;或(ii)被认定主张某一审批用途的专利的期限内,为了该审批用途而销售该产品,则缔约方应规定专利所有人应当被通知此类请求和任何此类请求人的身份。

该条款首次在澳大利亚将通用药基于临床质量、安全性和有效性考虑的上市审批程序与专利侵权状态相关联。它的文本表述方式清楚表明其来源于美国1984年的哈奇-韦克斯曼立法以及1993年在加美自由贸易协定之后实施的加拿大《专利药品(批准通知)条例》。一些澳大利亚学者直言不讳地指出,该条款"明确的目标是为跨国药品专利持有人提供一种机制,以利用澳大利亚的司法系统来保护其知识产权租金的寿命免受仿制药竞争的影响"。澳大利亚联邦参议院特别委员会指出:"这些变化(无论多么微小)导致通用药上市的任何延迟,都将给药品福利计划[1]、州政府和消费者带来成本。"[2]但是,澳大利亚并没有照本宣科式地盲目平移美式专利链接制度,而是在植入的链接体制中加入了反"常青化"条款,从而并"没有像美

---

〔1〕 "药品福利计划"(Pharmaceutical Benefits Scheme,PBS)是澳大利亚政府为澳大利亚居民提供处方药补贴的一项计划,旨在确保澳大利亚居民能够负担得起各种必需的药物。但随着成本的增加,PBS已经面临越来越严格的审查。

〔2〕 "Senate Select Committee on the Free Trade Agreement between Australia and the United States of America", available at https://www.aph.gov.au/Parliamentary_ Business/Committees/Senate/Former_ Committees/freetrade/index,2019-05-05.

国谈判代表最初推动的那样,在支持制药行业的道路上走得太远"。[1]

由于对第17.10.4条进行吸收和内化是澳美自由贸易协定生效的强制性立法义务,澳大利亚不得不修改了1989年治疗用品法案。修正案增加了一项新的条款(第26B条),要求寻求上市批准的申请者应证明他们的产品不会侵犯有效专利的权利要求,或者专利持有人已被告知了此次申请。然而,经过激烈的公众辩论,立法并未止步于此,而是进一步发展,引入了新的第26C条。其规定如果通用药制造商提交了证明,并且专利持有人希望主张专利权并提起侵权诉讼,则他或她首先必须证明诉讼程序是善意的,具有合理的成功前景并且将在没有不合理延迟的情况下进行。如果发现证明是虚假的或误导的,则可能被科处高达1000万美元的罚款,并允许总检察长加入收回损失的相关行动。第26D条规定,寻求中间禁令以阻止通用药销售的专利持有人必须获得政府许可。第26C和26D条就是所谓的反"常青化"条款,旨在防止专利持有人操纵司法系统以延长专利期限和延迟通用药进入市场。它们强烈反映了澳大利亚对该制度领域的"立法期待"(即避免"常青化"所造成的药品价格上涨的不利影响)。[2]

澳大利亚的澳美自由贸易协定首席谈判代表指出:"正是因为自由贸易协定,我们不会将哈奇-韦克斯曼立法引入澳大利亚法律……(第17.10.4条)不会延长上市审批程序的时间,在该程序中也没有为专利持有人增加或提供专利的任何其他的权

---

[1] Thomas A Faunce and Joel Lexchin, "'Linkage' Pharmaceutical Evergreening in Canada and Australia, Australia and New Zealand", *Health Policy*, Vol. 4, No. 1, 2007.

[2] Thomas A Faunce and Joel Lexchin, "'Linkage' Pharmaceutical Evergreening in Canada and Australia, Australia and New Zealand", *Health Policy*, Vol. 4, No. 1, 2007.

利……没有可以根据本条规定适用的禁令。"[1]美方贸易代表罗伯特·佐利克提出明确的异议，指出如果在某一产品或用途被专利保护的条件下，澳大利亚法律不足以阻止该产品上市或对产品的审批用途，澳大利亚的行为就与贸易协定不一致。根据澳大利亚治疗用品法案（第 26B（1）(a)、26C 和 26D 条），药品专利所有人在寻求执行其专利权时，可能会遭受重大处罚。这些规定对专利权人，特别是药品专利权利人，"造成了潜在的重大、不合理和歧视性的负担"。"美国将保留对这些修正与（澳大利亚国际立法）义务的一致性提出异议的权利。"[2]从美国和澳大利亚的博弈中我们可以看出，美国为了推动哈奇-韦克斯曼式专利链接制度而向其他国家施加了巨大压力，其本质是以保护创新之名行"规则霸权"之实。澳大利亚排除困难，抵御外力，坚持了对专利链接进行限制的做法，这是值得肯定的。但是，澳大利亚的链接制度也存在一些问题。在加拿大，卫生部下属的专利药品和联络办公室已成为监管"链接"常青化的重要监管机关。但是，澳大利亚并没有尝试建立类似的监管机构。此外，澳大利亚也缺少一套系统性的专利信息登记制度。这种基础制度设施的不健全，可能影响专利链接制度的实施效果。

五、墨西哥

墨西哥的专利链接制度建立于 2003 年 9 月，其目的在于加

---

〔1〕 S. Deady Special Negotiator, Office of Trade Negotiations, Department of Foreign Affairs and Trade, Commonwealth of Australia: Evidence to Senate Select Committee on the FTA Between Australia and the USA, Parliament of Australia, Canberra. Monday 21 June 2004: 31, 33, 48.

〔2〕 "Letter From Robert Zoellick, USTR, to Mark Vaile, Australian Minister for Trade", available at https://ustr.gov/archive/assets/Trade_ Agreements/Bilateral/Australia_ FTA/Implementation/asset_ upload_ file393_ 6951. pdf, 2019-05-05.

强墨西哥的药品监管机构（即联邦卫生风险防治委员会，COFEPRIS）与墨西哥工业产权局（IMPI）的联系，从而避免对通用仿制药的上市审批触犯有效专利的范围。总体而言，墨西哥是支持链接制度的。墨西哥最高法院指出，药品链接制度的主要功能是为监管机构拒绝授予被视为侵犯专利权的销售许可提供明确的法律依据，从而使拒绝授予违反相关专利权利的销售许可成为监管机构的正当职责。[1]墨西哥卫生供应品条例（HSR）第167bis条和工业产权法条例（IPLR）第47bis条规定了链接制度。具体而言，工业产权局为每6个月（当年的2月和8月）发布了一份被称为"药品特别公报"的官方公报，其是一份由药品活性成分专利所组成的清单。新发布的公报完全替换先前发布的公报，以保持更新。[2]药品特别公报只根据活性成分进行编排，并不与某一具体专利相联系。申言之，相同的活性成分可能被超过一个的专利所登记，一个专利可能根据不同的活性成分而被登记多次。因此，药品特别公报其实就是专利活性成分清单，流程或方法专利被明确排除在外。"墨西哥工业产权局在一开始就建立了一个通用标准，即只有涵盖活性成分的专利才有资格使用链接制度。"[3]根据墨西哥卫生供应品条例第167bis条，当制药商寻求一个药品的上市许可以及向联邦卫生风险防治委员会提交上市许可的档案时，其负有提交一

---

[1] Ron A. Bouchard et al., "Structure-Function Analysis of Global Pharmaceutical Linkage Regulations", *Minnesota Journal of Law, Science & Technology*, Vol. 12, No. 2, 2011.

[2] Catherine Drew, "Mexico's Patent Linkage System: Current State, Effects and Flaws", available at https://www.lifesciencesipreview.com/contributed-article/mexico-s-patent-linkage-system-current-state-effects-and-flaws, 2019-05-05.

[3] Catherine Drew, "Mexico's Patent Linkage System: Current State, Effects and Flaws", available at https://www.lifesciencesipreview.com/contributed-article/mexico-s-patent-linkage-system-current-state-effects-and-flaws, 2019-05-05.

知识产权与竞争法贯通论

份由申请者本人签署的宣誓声明（即专利合规声明）的强制性义务。该声明需要陈述相关专利不会被其产品所侵犯，要么是因为申请者是在墨西哥登记的受让人，要么是因为申请者是相关专利的授权被许可人，要么是因为申请者并不知道涉及其产品的任何专利信息。

由于墨西哥的专利链接制度只包含覆盖活性成分的专利，大量的公司和从业人员提出申诉，要求链接制度语境中的专利应该覆盖配方、物质构成和次生的医疗用途。作为回应，2010年墨西哥最高法院作出一项判决，明确了配方专利有资格被登记于工业产权局发布的药品特别公报，进而进入链接系统。尽管面对来自产业界和司法界的外部压力，但是工业产权局依然非常谨慎，拒绝登记次生用途专利。2018年8月出版的最新一期的药品特别公报登记了超过1000种的授权专利，排除23%已经到期的专利，剩下的770种专利中约有43.5%为有效成分专利，35.6%为有效成分的组合专利，17.3%为配方专利，仅有3.6%为用途专利。

墨西哥的专利登记程序主要有两种，一种是在工业产权局的正式请愿程序，另一种是善意程序，但只适用于具有墨西哥国家制药工业协会成员资格的制药公司。两种程序并不相互排斥，可以平行运行。正式请愿程序要求专利持有人向工业产权局提交一封信函，必须证明①该专利与被认为是对抗治疗药品的产品相关，②证明所主张的产品的有效成分与国际非专利名称或通用名称（INN）的对应关系，③它专利中的术语或标识，以及④所涉及产品的索赔。善意程序则需要向墨西哥药物研究工业协会或墨西哥国家制药商协会提交一份包含请求的信函。在墨西哥，提交专利登记请求并没有法定的时间限制，通常可以在授予专利后的任何时间提出。但是，实践中通常要在药品特别公报出版之前至少提前一个月提出，以便为有关部门预留

· 308 ·

处理时间。如果工业产权局发布正式的拒绝令和（或）在下一版的药品特别公报中忽略了该专利，申请者可以向联邦地区法院提出诉讼。在不同机构的职能链接上，工业产权局发布的针对药品特别公报登记的指南中包含了一个由联邦卫生风险防治委员会根据申请人提交的专利合规声明而触发的咨询程序。如果联邦卫生风险防治委员会通过工业产权局或通过药品特别公报发现了上市申请涉及了某项相关专利，则其会拒绝向任何未授权的第三方授予上市授权。

尽管墨西哥有论者认为专利链接制度与促进公共卫生的目标相悖，但是也有学者认为"链接制度的作用并不是执行专利本身，也不是为了使仿制药的供应更加困难，因为无论链接制度存在与否，专利的效果都不会改变。链接制度的真正目的在于提供信息和确定性"。[1]然而，尽管墨西哥链接制度确实为仿制药制造商和药品专利持有人提供了一定程度的法律确定性和相关信息，但是仍然存在很大的不确定性。首先，墨西哥链接制度只适用于对抗治疗药物，其他的药品也需要进行专利管理和审批监管程序的协调，但是无法进入链接系统。比如，链接系统不适用于医疗设备，也不适用于兽药。其次，在药品特别公报中登记的专利范围也需要改进，尽管在配方专利第一案的影响下相关机构已改变了登记范围，但是仍存在巨大的不确定性。例如，对于次生医疗用途专利是否具有登记资格依然是暧昧不明的。最后，墨西哥最大问题在于成文法和判例法均没有规定专利持有人负有在药品特别公报中列出与药品相关的所有专利信息的义务，也没有规定其负有在专利合规声明中明确地

---

〔1〕 Catherine Drew, "Mexico's Patent Linkage System: Current State, Effects and Flaws", available at https://www.lifesciencesipreview.com/contributed-article/mexico-s-patent-linkage-system-current-state-effects-and-flaws, 2019-05-05.

识别某一产品在联邦风险防治委员会进行注册时涉及的所有专利,并及时更新专利登记清单的义务。因此,对于仿制药制造商而言,含有某一确定的活性成分的产品的何种版本能或不能被仿制都是不确定的。

六、印度

印度的通用仿制药产业取得了举世瞩目的发展成就,也让印度被冠以"世界药房"之名。席卷全球的链接制度同样也不断冲击着印度的制度环境,印度也在努力寻找保护本国通用制药行业的发展和应对外部国际压力之间的平衡。因此,一些司法实践经验值得同样作为通用药生产和消费大国的中国关注。首先应当指出的是,印度至今仍严格坚持着杜绝美式专利链接制度的立场。印度学界和实务界的一个共识是,任何对通用药企的市场进入所产生的延迟都可能对印度公共卫生系统产生不利影响,同时还影响其他发展中国家的卫生系统;带有延迟进入反竞争效应的专利链接制度对发展中国家的公共卫生系统会产生威胁。[1]

作为药物批准申请程序的一部分,印度药品管理局(Drug Controller General of India,DCGI)可以针对相关产品向公司(无论申请人是通用制药公司还是品牌制药公司)索取专利的详细信息。但是这并不是施加给申请人的强制性义务,法律并没有强制要求申请人应当报告的专利类型,也没有规定专利信息的缺失可以作为药品管理局拒绝批准药物的理由,药品管理局

---

〔1〕 Ashutosh Kumar, "Patent or Patient, Link Them Properly: Patent Linkage and Competition(A Comparative Study)", available at https://works.bepress.com/ashutosh_kumar/1, 2019-05-05.

第五章　药品专利链接制度实施中的竞争问题

并不拥有查看药品专利保护状态的法律授权。[1]印度认为,药品管理法所规定的针对药品上市批准的条件仅限于药品的安全性、有效性和质量可靠性,是否侵犯专利权的判定并不是药品管理部门的职责。药品监管机构"显然没有能力处理有关专利有效性的问题",而且要求监管机构这样做反而将违反其被法律授权的监管范围,并侵犯印度专利立法的私法功能。[2]因此,专利链接最重要的将药品监管和专利状况相互链接的功能在印度被彻底否定了。印度学者对专利链接提出了尖锐批评:首先链接体制意味着只要专利涵盖该药物,提交给印度药品管理局的通用药品审批申请就有可能不被批准,此制度安排可以通过确保审批过程无法在专利到期之前启动来延迟通用药的进入。这种延迟违背了印度专利法的精神,因为专利法旨在通过"Bolar条款"促进通用药的早期进入。其次,它迫使药品监管机构(一个没有专利专业知识的权威机构)来解决复杂的专利问题。最后,印度药品管理局自行制定"链接政策"来拓宽自身职权范围(延伸到专利审查领域)的举动超越了印度宪法赋予它的职权范围,存在违宪的风险。[3]

研究印度专利链接问题,"拜耳诉西普拉案"是一个无法绕开的重要案件,该案在世界范围内引发了巨大的关注。[4]在该案中,拜耳公司持有药物索拉非尼在印度的专利。西普拉公司

---

[1] Sandeep K. Rathod, "Patent Linkage and Data Exclusivity: A Look at Some Developments in India", *Journal of Generic Medicines*, Vol. 8, No. 3, 2011.

[2] Bayer Corporation & Ors. v. Union of India & Ors. LPA 443/2009 (Dehli H. C.) (India), at para 28.

[3] Shamnad Basheer, "Drug Patent Linkage Controversy: A Middle Path Solution?", available at https://spicyip.com/2008/07/drug-patent-linkage-controversy-middle.html, 2019-05-13.

[4] Sandeep K. Rathod, "Patent Linkage and Data Exclusivity: A Look at Some Developments in India", *Journal of Generic Medicines*, Vol. 8, No. 3, 2011.

向印度药品管理局寻求对这种药物的上市批准。拜耳公司知晓此申请后,在德里高等法院对印度药品管理局和西普拉公司提起诉讼。拜耳公司认为:第一,西普拉公司的产品应被视为其专利药的模仿和(或)替代品。因此,此类产品应当被当作药品和化妆品法案第17B节中的"假药"。印度药品管理局如果批准西普拉公司的产品,将违反药品和化妆品法第4章(与药品质量标准有关)的规定。第二,药品和化妆品法的规定应被理解为对专利法的补充,而不是减损。印度药品管理局应确保其对通用药上市申请的批准不应违反任何其他法规(如专利法)的规定。第三,药品和化妆品法与专利法这两部法律如果放在一起阅读,就能发现其中内置着专利链接条款。印度药品管理局应通过统一阅读药品和化妆品法与专利法来引入专利链接的概念。第四,根据印度2005年对专利法的修正案,法院应承认与药物审批机制联系的链接制度之必要性,中央政府不应通过批准没有此类专利权的申请来损害专利权人的利益。西普拉公司则提出以下意见:第一,"假药"的论点是错误的,因为药品和化妆品法的目的是防止假药损害患者的安全,不能将专利侵权纳入其管辖范围内,一种通用仿制药绝不能被凭空想象为假药。第二,印度药品管理局对药品的监管审批本身并不构成专利侵权,对专利的评估也超出了印度药品管理局的法定权力,其在制度上无法处理专利范围、专利有效性、专利侵权等复杂技术性问题。第三,试图将有关专利状态的信息与药品销售审批链接的做法超越了专利法的权限。第四,拜耳公司要求法院通过司法解释来立法,但法院的这种立法行动是不被允许的。印度药品管理局则表示专利权是私人权利,其不能强制执行此类私人权利,其也没有专利链接的立法授权,没有任何行政性或监管性的法律条款允许它根据药品的专利状态拒绝上市批准。德里高等法院的J. Bhat法官认为,药品和化妆品法与专利法的并列突显了不同的，甚至是相反的目标。药品法是一项公共监管措施，规定了公共安全方面的标准；专利法规定了有利于发明人的私人垄断权利的标准。如果认可拜耳公司的观点，那么每种通用药都会成为"假药"，因为它们被认为是原研药的替代品。这种解释显然是站不住脚的，也违反了药品法的意图。"假药"的关键要素是欺骗，在某种意义上是因为模仿或呈现某种不是它们自己的东西。

这起案件没有在 J. 巴特法官的法庭上结束，拜耳公司向德里高等法院的上诉法庭提出上诉。2010 年 2 月，上诉法庭（由首席大法官 A. P. 沙和法官 S. 莫拉利达尔组成）断然拒绝了拜耳公司的诉求，并维持了 J. 巴特法官的决定。法院指出印度《专利法》第 156 条规定专利对政府的效力与对任何人的效力相同，但该条款的主旨并不是让属于政府部门的药品管理局因为药品专利而无法向非专利权人授予上市许可，也不意味着药品管理局必须强制执行和保护某种药品专利，并在通用对手寻求上市许可时，保护专利不被侵犯。第 156 条仅规定政府负有不能侵犯专利的被动义务和消极义务，并没有赋予政府及其部门保护专利免受侵权的主动义务或积极义务。当药品管理局在授予药品上市许可时，其本身并不侵犯任何专利，也没有教唆申请人侵犯任何专利。印度药品管理局的权力受到药品法的限制，而不是专利法。专利权人完全有权寻求任何可利用的补救措施，以保护其专利不受侵犯，但这属于私法领域，药品法与此无关。法院特别指出，专利链接条款是一项 TRIPS-Plus 条款，而印度作为 TRIPS 签署国，仅对 TRIPS 规范负有义务。上诉失败仍然没有为拜耳公司的故事画上句点，其又向印度最高法院提出了上诉特别请愿书（Special Leave Petition to Appeal）。2010 年 12 月，最高法院重新回顾了相关事件，考虑到各方已经对专利侵权问题另行展开诉讼后，驳回了拜耳公司的请愿。

知识产权与竞争法贯通论

从上述案例中可以发现,印度在捍卫本国通用制药行业的利益,避免因链接体制带来的过度保护、限制竞争等问题时,并没有依靠行政权力,也没有诉诸政治外交手段,而是运用了法治逻辑和法治思维,通过对本国宪法、药品和化妆品法、专利法的法解释技术,来寻找破解困局的出路。这种法教义学方法能够避免诉诸政治手段所带来的刚性冲突,巧妙地化解外部压力,值得其他国家借鉴。在国际双边或多边协定中,印度也毫不动摇地坚持反美式强链接体制的立场。例如,2010年印度与日本签署了全面经济合作协议(CEPA)。在签署之前,有一些报道称印度可能同意CEPA中加入的专利链接制度。但最终的CEPA版本保持了与TRIPS协议(而非TRIPS-Plus协议)以及与印度现行法律保护水平相一致的标准,而不是强制要求对知识产权进行更加极端的保护。[1]CEPA有一项"关于通用药的合作"的条款(第5章第54条),其重点是促进通用药的信息交流,即缔约方当事人在另一方市场上发行通用药所需的注册和其他批准的申请,应交由另一方的有关部门进行审议。但该协定中并没有任何专利链接或数据独占性的限制性条件。

这里还值得注意的是,印度学者沙姆纳德·巴希尔提出了一种以"信息公示"为核心特征的中间方案,这在印度学界引发了一定的思考。[2]他提出一种可能的解决方案是为新药申请制定"通知"机制。具体而言,印度药品管理局可以在其网站上列出所有的新申请,那些认为专利受到侵犯的品牌制药公司

---

〔1〕 Ministry of Foreign Affairs of Japan, "Comprehensive Economic Partnership Agreement Between Japan and the Republic of India (2011)", available at http://www.mofa.go.jp/region/asia-paci/india/epa201102/pdfs/ijcepa_ ba_ e.pdf, 2019-05-09.

〔2〕 Shamnad Basheer, "Drug Patent Linkage Controversy: A Middle Path Solution?", available at https://spicyip.com/2008/07/drug-patent-linkage-controversy-middle.html, 2019-05-09.

可以跟踪该数据库,并在它认为通用制药公司提交仿制药品上市批准申请的行为可能侵犯其专利时可以诉诸法院。但是,品牌药企不能阻止药品监管机构处理(甚至是通过)通用药的批准申请,其向法院所能提出的要求是宣布如果通用药品被引入市场,将侵犯其专利。专利侵权问题由法院单独决定,药品管理局从头至尾都不应当参与进来。品牌制药公司有义务披露其所有与药品相关的产品或流程专利的注册或申请信息。药品管理局在其网站上显示此信息,就像美国的橙皮书制度一样,公众可以访问它并检查哪些药物被哪些专利所涵盖。[1]

七、韩国

《韩美自由贸易协定》中规定了与《澳美自由贸易协定》第17.10.4条非常类似的条款,即第18.9.4条。正是通过该条款,"专利—药品审批链接制度被新引进入韩国"。[2]《韩美自由贸易协定》第18.9.4条规定:如果缔约方允许作为批准药品销售的一项条件,除了最初提交安全性或有效性信息的人以外的其他人依赖之前已经获批的产品安全性或有效性方面的证据或信息,如获得该缔约方或其他地区事先上市批准的证据,那么缔约方应当:(a)规定在某一项专利的有效期内(该专利已经通知审批机关其覆盖的产品或它被批准的用途方法),应当通知该专利的所有人关于请求上市批准以进入市场的任何此类其他人的身份;并且(b)在某一项专利的有效期内(该专利已经

---

[1] Shamnad Basheer, "Drug Patent Linkage Controversy: A Middle Path Solution?" available at https://spicyip.com/2008/07/drug-patent-linkage-controversy-middle.html, 2019-05-09.

[2] Seung Joo Jeong, "Patent-Drug Approval Linkage in Korea Under Korea-U.S. FTA-Based on Comparative Study on U.S. Hatch-Waxman Act and Canadian Patented Medicines (Notice of Compliance) Regulation", *MIPLC Master Thesis Series* (2012/13), available at https://ssrn.com/abstract=2407320, 2018-12-10.

通知审批机关其覆盖的产品或它被批准的用途方法），应规定在上市审批程序中的执行措施，以防止此类其他人在未通过专利所有人同意或默许的情况下销售产品。尽管《韩美自由贸易协定》第18.9.4条与《澳美自由贸易协定》第17.10.4条存在类似，但其在促进通用药及时进入市场方面有一定的进步之处，其规定专利持有人必须首先通知药品安全和效力管制机关，这有利于管制机关创建关于经批准药品相关专利的具体清单。[1]为了更好地内化第18.9.4条，履行自己的国际立法义务，韩国修改了药品事务法和专利法；此外，韩国垄断监管和公平贸易法下的"不正当行使知识产权审查指南"也作出相应修订，以防止在专利纠纷解决程序中出现阻止竞争对手进入市场的不公平协议。[2]

就具体内容而言，韩国的专利链接制度不仅五脏俱全，还具有一些特色化的制度，在亚洲地区可谓独树一帜，值得借鉴。首先在专利登记和通知制度方面，韩国卫生与福利部是最主要的执行机关。鉴于专利清单或专利登记在链接系统中的重要作用，韩国也建立了类似于美国"橙皮书"和加拿大"专利登记册"的专利清单制度，《药品事务法》（KPAA）规定了与专利清单有关的条款。具体而言，《药品事务法》第31ter条和《药品事务法实施条例》第30ter条规定，在专利清单上列出的符合条件的事项，包括物质、配方、成分和医疗用途。此外，根据2011年12月29日生效的专利药品批准链接指南，盐类和酯类

---

[1] Ron A. Bouchard et al., "Structure-Function Analysis of Global Pharmaceutical Linkage Regulations", *Minnesota Journal of Law, Science & Technology*, Vol.12, No.2, 2011.

[2] Seung Joo Jeong, "Patent-Drug Approval Linkage in Korea Under Korea-U.S. FTA-Based on Comparative Study on U.S. Hatch-Waxman Act and Canadian Patented Medicines (Notice of Compliance) Regulation", *MIPLC Master Thesis Series* (2012/13), available at https://ssrn.com/abstract=2407320, 2018-12-10.

第五章　药品专利链接制度实施中的竞争问题

等特定形式被排除在专利清单之外。[1]

《药品事务法实施条例》第 30ter 条规定，新药批准的持有人应在产品批准之日起 30 天内提交专利清单的登记申请。此外，如果后来又被授予其他专利，批准持有人应在变更发生之日起 30 天内提交该其他专利的信息。不同于美国规定置后登记（即 ANDA 申请提交日期之后的登记）的专利无法启动 30 个月的审批暂停期以及加拿大严格控制后置登记的做法，韩国并不限制专利登记的时间，也没有措施防止品牌制药商通过多次登记延长通用药审批周期的做法。这意味着，在通用药竞争对手提交通用新药审批申请后，品牌制药公司可以在专利清单上增列其他专利，从而导致额外的自动停留，[2]这无疑存在巨大的限制竞争隐患。在专利登记信息修改方面，韩国与加拿大的做法类似，即专利清单是可以被删改的。《药品事务法实施条例》第 30ter 条第 5 段授予了食品与药品管理局委员从专利清单中更改或删除已登记的药品专利信息的自由裁量权。换句话说，食品与药品管理局可以实质性审查新药批准申请人提交的专利清单，并在具体情况变化时拒绝列出专利或取消所列专利。[3]在韩国任何对专利清单有异议的人都可以要求食品与药品管理局删除或更改其网站上公布的专利清单的内容。在这种情况下，

---

〔1〕 See Korea Food and Drug Administration, "Guideline on Patent-Drug Approval Linkage", December 29, 2011, available at http://www.mfds.go.kr/index.do? mid = 102&pageNo = 9&seq = 512603&cmd = v, 2018-12-10. 加拿大的 NOC 法规也规定，不允许在专利登记上列出与盐和酯类等特定形式相关的专利。

〔2〕 Seung Joo Jeong, "Patent-Drug Approval Linkage in Korea Under Korea-U.S. FTA-Based on Comparative Study on U.S. Hatch-Waxman Act and Canadian Patented Medicines (Notice of Compliance) Regulation", *MIPLC Master Thesis Series* (2012/13), available at https://ssrn.com/abstract = 2407320, 2018-12-10.

〔3〕 Korea Food and Drug Administration, "Guideline on Patent-Drug Approval Linkage", December 29, 2011, available at http://www.mfds.go.kr/index.do? mid = 102&pageNo = 9&seq = 512603&cmd = v, 2018-09-10.

知识产权与竞争法贯通论

有必要为专利登记人提供发表意见的机会。此外，如果申请人不同意食品与药品管理局的专利信息变更决定，可以向行政法院提起行政诉讼。

在暂停期方面，美国规定一旦专利所有人在收到 ANDA 申请通知后启动了专利诉讼，那么 ANDA 批准将被停留 30 个月；在加拿大，暂停的期限是 24 个月。但是，韩国链接体制中的暂停期限要短得多，审批暂停的时间为 12 个月。该时间方案的设定主要是考虑了韩国自身的情况，因为韩国知识产权局内知识产权庭（IPT, Intellectual Property Tribunal）作出一审决定的平均时间约为 8 个月，作出初步禁令的时间约 6 个月，韩国食品与药品管理局作出上市批准的时间约 4 个月。

此外，韩国的链接系统中还有一项极具特色的制度设定，即范围确认之诉。这为通用药申请人提供了一个机会，允许其在向食品与药品管理局提交药品上市审批申请之前，先行请求知识产权局知识产权庭或法院认定专利清单中的原药品的专利无效或该通用药并不在专利范围之内。如果胜诉，通用药制造商无需向品牌制药商和专利所有人提交关于通用药上市审批申请的通知。在美国，虽然通用药申请人可以在法院提起诉讼，寻求对所列专利的无效、不可执行和不侵权的宣告性判决，但这种诉讼只有在专利所有人收到 ANDA 申请通知后 45 天内未提起侵权诉讼时才被允许。

为了应对链接制度所产生的垄断问题，韩国公平贸易委员会（KFTC）于 2010 年 3 月 31 日修订了《关于不合理行使知识产权的审查指南》，为确定滥用专利诉讼的违法协议提供了明确的标准。在该审查指南第 5 章"专利纠纷中的不公平协议"下，公平贸易委员会规定，在专利无效审判、专利侵权诉讼等程序中，如果为了维持可能将无效的专利的垄断或阻碍竞争对手的市场进入而达成和解协议，则这种行为损害消费者福利，因而不在正当行使专利权的范围之内。[1]审查指南指出的具体实例如下:"……一项在专利纠纷解决过程中达成的协议很可能被认定为不正当的,如果协议双方存在竞争,如果协议的目的与限制相关市场的竞争有关,如果专利权有效期满后相关企业的市场进入被延迟,如果相关企业在与专利无直接联系的市场上的进入被延迟,如果协议各方知道作为争议主体的专利无效,或者如果作为争议主体的专利无效的事实在客观上是显而易见的。"指南中明确说明了反向支付和解协议就是产生于专利纠纷解决中此类不正当协议的具体例子。

2011年12月,韩国公平贸易委员会首次判定一家品牌制药商和一家通用制药商达成的反向支付协议违法,这开启了亚洲地区规制反向支付协议的先河。该案的案情为,1998年通用制药公司Dong-A公司开始销售其通用药(抗呕剂Ondansetron),其制备方法专利由品牌制药公司GSK所拥有,当时仍然处于有效期内。于是GSK公司对Dong-A公司提起专利侵权诉讼,而Dong-A公司也在知识产权庭提出了范围确认之诉,理由是其制备方法与GSK的专利方法不同。在专利诉讼中,GSK和Dong-A达成了一项协议,约定GSK向Dong-A提供药品Zofran和抗病毒药物Valtrex的独家销售权,条件是Dong-A不会开发或出售任何其抗呕剂的仿制版本。韩国公平贸易委员会发布了一项纠正该反竞争行为的命令并科处了金额为51亿韩元的罚款,高等法院于2012年10月11日确认了该决定。对此,韩国有学者指出:"……如果这种行为被认为是反竞争的,那么韩国竞争管理

---

〔1〕 Korea Fair Trade Commission,"Review Guidelines on Unfair Exercise of Intellectual Property Rights",available at http://eng.ftc.go.kr/files/static/Legal_Authority/Review%20Guidelines%20on%20Unfair%20Exercise%20of%20Intellectual%20Property%20Rights_mar%2014%202012.pdf,2018-12-10.

知识产权与竞争法贯通论

机构应该积极干预专利权的行使和私人和解。"[1]

八、其他国家

尽管美国试图依靠单边或多边国际协定强推专利链接体制，以期使其成为一种全球标准，但是专利链接制度目前还远远没有达到成为一种国际标准的程度，至少在亚洲地区专利链接还没有成为一种制度标准。"创新者的权利与其通用药竞争者之间的平衡行为是复杂的。只有时间才能证明专利链接是否会成为全球标准。"[2]在亚洲，日本为了促进通用药企业在产品上市前解决潜在的专利纠纷，采取了另外一种处理方式：一是在新药活性成分产品专利期尚未届满的情况下，不批准通用药上市；二是对于涉及新药活性成分以外其他专利的通用药，在颁发上市许可之后，原研药企和通用药企之间可以就是否存在专利侵权进行"事前协商"，但协商结果不具有法律效力。这是因为绝大多数的专利纠纷都是针对后续改进型专利，活性成分专利很难被挑战。因此，日本就直接规定在新药活性成分专利有效期届满前，禁止提出通用仿制申请。[3]虽然澳大利亚、中国和新加坡已经拥有了专利链接制度，但文莱、马来西亚和越南还没有专利链接制度。印度尼西亚和泰国也缺乏专利链接制度，承

---

[1] Seung Joo Jeong, "Patent–Drug Approval Linkage in Korea Under Korea–U. S. FTA–Based on Comparative Study on U. S. Hatch–Waxman Act and Canadian Patented Medicines (Notice of Compliance) Regulation", *MIPLC Master Thesis Series* (2012/13), available at https://ssrn.com/abstract=2407320, 2018-12-10.

[2] Mirandah Asia, "Patent Linkage in Asian Countries Compared to the US", available at https://www.lexology.com/library/detail.aspx?g=73ee9ee5-1873-457e-b24f-8af6e96721ff, 2018-12-10.

[3] 张永华："药品专利链接制度的解读与建议"，载《中国食品药品监管》2018年第6期。

受着来自美国药物研究和制造商组织的巨大压力。[1]2006年,菲律宾政府发布行政命令取消了专利链接制度和取缔了通常属于菲律宾食品和药品管理局(FDAP)的知识产权保护职权。该行政命令允许FDAP接受和处理产品注册申请,而无须验证是否存在相关专利。[2]

第五节 符合中国实际的专利链接体制建构

中国药品领域的专利制度变迁一直是一个受到外力推动的被动过程,因此抵御外部压力,建构符合本土实际、符合具体产业情况的药品专利制度显得尤为关键。如果随波逐流,盲目照搬高水平的制度保护,难免会产生"南橘北枳"的不利后果。将制度选择和法律移植化"逼我所用"为"为我所用"显得尤为重要。[3]

一、中国专利链接相关制度的历史梳理

1984年3月,第六届全国人大常委会通过了第一部《专利法》,其第25条明确规定"药品和用化学方法获得的物质"不授予专利权。结合当时的时代背景,其主要理由在于:"由于药品关系到人民的健康甚至生命,从政策上考虑,对药品不宜授予专利。我国新药的研究、开发能力还比较低,而仿制能力则

---

[1] Avneet Heer, "Patent Linkage: Balancing Patent Protection and Generic Entry", available at https://www.drugpatentwatch.com/blog/patent-linkage-resolving-infringement/, 2018-12-10.

[2] Mirandah Asia, "Patent Linkage in Asian Countries Compared to the US", available at https://www.lexology.com/library/detail.aspx?g=73ee9ee5-1873-457e-b24f-8af6e96721ff, 2018-12-10.

[3] 吴汉东:"知识产权法价值的中国语境解读",载《中国法学》2013年第4期。

知识产权与竞争法贯通论

比较强,为了保护我国人民的健康和医药工业,对药品暂不授予专利是正确的。"[1]即便是最早实施专利保护的英国,药品专利的保护也是很晚才出现的,而且为了避免这种保护对公共健康带来不利影响,随即以自动的强制许可制度加以制约。[2] 1992年9月,第七届全国人大常委会通过了修改《专利法》的决定,取消了"对食品、饮料和调味品,药品和用化学方法获得的物质不授予专利权"的限制,扩大了专利保护范围。[3]这次扩张性的立法修改并不是我国自发性的主动选择,而是外部压力助推的被动结果。1992年1月,我国政府与美国政府签订了《关于保护知识产权的谅解备忘录》,其中我国政府承诺"专利应授予所有化学发明,包括药品和农业化学物质,而不论其是产品还是方法"。同样,让我国建立药品专利链接制度的外部压力也从未消除,且一直伴随着专利法的修改,但是我国立法者一直保持非常谨慎的态度。例如,在2006年12月国家知识产权局向国务院提交的《关于提请审议专利法(修订草案稿)的请示》指出,在我国专利法中增加专利链接的规定"缺乏充足的理由","目前我国延长药品专利保护期限的时机尚不成熟"。这项抬高药品专利保护水平、偏向品牌制药行业的制度安排,需要结合我国制药业的发展状况而渐进性地展开。

但是,在2007年新修订的《药品注册管理办法》中,我国还是建立了弱专利链接制度,主要体现在第18条中。该条规定:"申请人应当对其申请注册的药物或者使用的处方、工艺、用途等,提供申请人或者他人在中国的专利及其权属状态的说

---

〔1〕 汤宗舜:《专利法教程》,法律出版社1988年版,第66页。

〔2〕 张伟君:《规制知识产权滥用法律制度研究》,知识产权出版社2008年版,第291—293页。

〔3〕 程永顺、吴莉娟:"中国药品专利链接制度建立的探究",载《科技与法律》2018年第3期。

明;他人在中国存在专利的,申请人应当提交对他人的专利不构成侵权的声明。对申请人提交的说明或者声明,药品监督管理部门应当在行政机关网站予以公示。药品注册过程中发生专利权纠纷的,按照有关专利的法律法规解决。"该条款中并未规定申请人提交声明的效力,也未明确应当予以登记的专利信息的类型和范围,同时也未规定当产生专利诉讼纠纷时审批机构是否有权暂停行政审批,因此很多学者并不认为该条款是专利链接条款。但是按照广义的专利链接概念,除了具有较强约束力的美式链接制度,我国以"信息公示"为中心的链接体制也是一种链接类型,而且这种信息公示型链接体制在世界范围内也受到一些学者的推崇。例如,学者沙姆纳德·巴希尔就建议印度应当建立信息公示型链接体制,印度药品管理局可以在其网站上列出所有的新申请,那些认为专利受到侵犯的品牌制药公司可以跟踪该数据库,并在它认为已经提交药品批准申请的通用制药公司可能侵犯其专利时向法院提出诉讼,但该诉讼不具有上市审批阻却力。[1]

2014年2月,国家食药监管总局起草了《药品注册管理办法(修改草案)》,其中对与专利相关的第18条和第19条均作了一定的修改,可见我国药品监管部门一直关注药品审批注册中的专利问题。该修改草案将原第18条第2款改为:"发生专利权纠纷的,按照有关专利的法律法规解决",删除了原条文"药品注册过程中"的限制性表述。同时,还将原第19条改为:对他人已获得中国专利权的药品,申请人可以提出注册申请。国家食品药品监督管理总局按照本办法予以审查,符合规定的

---

[1] Shamnad Basheer, "Drug Patent Linkage Controversy: A Middle Path Solution?", available at https://spicyip.com/2008/07/drug-patent-linkage-controversy-middle.html, 2019-03-10.

知识产权与竞争法贯通论

核发药品批准文号、《进口药品注册证》或者《医药产品注册证》，专利期满后生效。该修改草案明确了专利管理系统和药品注册审批系统互不干涉，平行分立运行，专利权属状况并不会影响药品注册审批过程，药品监管部门对药品注册的审批也不会去考虑具体的专利问题，审批行为主要依据药品法律而非专利法规，反强专利链接体制的倾向可见一斑。2016年3月发布的《化学药品注册分类改革工作方案》规定，仿制药的注册申请无须自行进行临床试验，只需要提交生物等效性试验数据以及国内外的相关临床试验资料综述，并声明不侵犯相关专利药企业的知识产权。综上所述，我国的专利链接制度只规定了信息公示的要求，该公示只是有利于品牌制药公司及时知晓通用药上市申请的事实，但未规定申请人声明的效力，专利权人是否提起侵权诉讼都不会对仿制药的上市审批产生影响，药品注册管理法律也没有授予药品监管部门实质性介入专利私法系统的职权。总之，长期以来我国药品监管部门一直对建立"美式"的药品专利链接制度持保留态度。

但是2017年伊始，国家对专利链接制度的态度发生了转变，主张由信息公示型专利链接体制转向高标准的美式专利链接体制。2017年5月，国家食药监督部门发布了《关于鼓励药品医疗器械创新保护创新者权益的相关政策（征求意见稿）》，明确提出要建立药品专利链接制度，并细致勾勒了相关框架。同年10月，中共中央办公厅、国务院办公厅印发的《关于深化审评审批制度改革鼓励药品医疗器械创新的意见》进一步明确了专利链接制度的基本框架。2017年国家食药监督部门起草的《药品注册管理办法（修订稿）》第98条明文规定："申请人提交药品上市许可申请时，应明确是否涉及中国政府承认的发明专利、所涉专利权属状态及是否存在侵权，并在规定期限内告知相关专利的专利权人涉及该专利的相应药品正在提交上市申请。药品审评审批与药品专利链接的相关制度另行制定。"

根据《关于鼓励药品医疗器械创新保护创新者权益的相关政策（征求意见稿）》，药品注册申请人在提交注册申请时，应提交其知道和应当知道的涉及相关权利的声明。挑战相关药品专利的，申请人需声明不构成对相关药品专利侵权，并在提出注册申请后20天内告知相关药品专利权人；相关药品专利权人认为侵犯其专利权的，应在接到申请人告知后20天内向司法机关提起专利侵权诉讼，并告知药品审评机构。药品审评机构收到司法机关专利侵权立案相关证明文件后，可设置最长不超过24个月的批准等待期；在此期间，不停止已受理药品的技术审评工作。在批准等待期内，如双方达成和解或司法机关作出侵权或不侵权生效判决的，药品审评机构应当根据双方和解或司法机构相关的生效判决不批准或批准药品上市；超过批准等待期，司法机关未作出侵权判决的，药品审评机构可以批准药品上市。

从上述条文设计中，我们可以清晰地看出我国将建立一个美式专利链接制度。除了规定了强制通知义务及通知时限，还为品牌制药商提供了发起早期专利侵权诉讼的机会，更重要的是专利侵权诉讼还将触发行政审批近24个月的自动暂停，诸多设定与《哈奇-韦克斯曼法》如出一辙。美式专利链接框架潜含着一系列限制竞争的漏洞和工具，世界上很多国家都在为抵御美式链接制度的负面效应而进行不懈的立法努力。例如，澳大利亚和印度就是这方面的典范。如果不考虑本国医药行业的发展实际，盲目引入美式链接制度，可能会出现加拿大严重挫伤本土通用仿制行业但品牌创新药研发能力并无提高的"双输"局面。我国作为人口众多的发展中国家，严重依赖通用仿制药行业。当前我国制药行业最为严重的问题并不是对创新药的保护和激励不足，而是通用仿制水平低下，低端仿制药品泛滥于市，当务之急是优胜劣汰，提高仿制水平。印度之所以能成为"世界药房"，其关键并不在于印度对品牌制药行业知识产权的过高保护，而在于印度建构了培育通用制药企业高水平仿制能力的制度环境，这是非常值得我们借鉴和学习的。创新能力的培育（特别是医药行业的创新）只能循序渐进，欲速则不达，盲目揠苗助长，提高对品牌药的专利保护水平，不仅可能有损关键药品的可及性，还可能对我国制药行业的生态造成破坏。尽管中共中央办公厅、国务院办公厅已经印发文件推行专利链接制度，移植美式链接制度已是大势所趋，但是我们不能盲目引进，应当剔除伴随链接体制的竞争风险因子，在链接体制中内置反限制竞争和反常青化条款，安装保险装置，克服"链接垄断"问题。中国语境下，唯有在满足不损害国内通用仿制药行业的发展、不影响廉价仿制药品的供应、不损害制药行业竞争过程和竞争秩序的前提下引入专利链接体制才具有正当性。

二、反"链接垄断"的制度建议

有学者呼吁我国应当建立以信息公示为本质特征的专利链接制度。例如，梁志文建议我国应当仅建立以"信息公示"为目标的药品专利链接制度。具体而言，国家药品监管部门应完善披露信息的内容，如登记的专利权类型、申请日、保护期届满日、权利人等，并保障这些信息能够公开、及时为社会公众所获取；法律应规定申请人须披露申请上市的药品是否受专利保护的信息，规定药品专利权人可在一定时间内将专利信息登记到该系统中，同时，登记的药品专利信息还应定期更新。[1]这与印度学者沙姆纳德·巴希尔主张建立信息公开型链接制度

---

[1] 梁志文："药品专利链接制度的移植与创制"，载《政治与法律》2017年第8期。

的观点大体一致。本章也认为考虑到中国的医药研发创新能力培育的长期性和缓慢性，以及揆诸中国严重依赖通用仿制药行业的现实，最优的方案是建立一种以信息公开和公示为主要特征的弱链接体制。

但是，根据2017年5月国家食药监督部门的《关于鼓励药品医疗器械创新保护创新者权益的相关政策（征求意见稿）》、同年10月中共中央办公厅、国务院办公厅印发的《关于深化审评审批制度改革鼓励药品医疗器械创新的意见》等相关文件的精神，我国即将推行的是高标准的强链接体制。很多国家在移植美式链接体制时，或逆来顺受（如北美国家），或负隅顽抗（如印度），或灵活应变（如澳大利亚和韩国），积攒了丰富的经验。我国应当采取灵活应变的立法策略，如果引入美式链接体制已是大势所趋，那么也应当完善相关的制度建构，在链接体制中安装反垄断和反专利常青化的"防火墙"，将美式链接制度对我国制药生态环境的冲击降至最低。

（一）引入"拟制侵权"：构建"Bolar例外"之例外

如果要构建《关于深化审评审批制度改革鼓励药品医疗器械创新的意见》中提出的专利保护状态可以实质性中断药品上市审批的"美式"链接制度，那么首当其冲的是必须解决《专利法》上最大的制度障碍，即"Bolar例外"。我国2008年的《专利法》中增加了"Bolar例外"的规定，即为提供行政审批所需要的信息，制造、使用、进口专利药品或者专利医疗器械的，以及专门为其制造、进口专利药品或者专利医疗器械的，不视为侵犯专利权。在"Bolar例外"创建的安全港下，药品注册行政审批过程中涉及专利产品的行为并不构成专利侵权行为，专利权人也不能在法院起诉。如此，"美式"专利链接制度中最为精华的为专利权人提供早期诉讼纠纷解决机制且诉讼纠纷能够自动触发审批暂停的制度要素只能落空。因此，美国《专利法》将针对专利药品的注册申请行为也视为侵权行为,这使得双方对那些指向目标药品的注册申请行为是否侵权有更明确的预期与判断,从而减少了通用仿制药上市之后的专利侵权纠纷。这项制度设计也被称为"拟制侵权",其本质就是"Bolar例外"之例外。

中国《专利法》的"Bolar例外"条款仅借鉴了美国专利法§271(e)(1)条的规定,没有借鉴该条款第(2)项的拟制侵权规定。条款§271(e)(2)规定:对专利保护的药品或其用途被专利保护的药品,依据《联邦食品、药品和化妆品法案》第505(j)节(通用仿制药申请)或者上述法案第505(b)(2)节(改良型新药申请)提出申请的行为,构成侵权。因此,为了让《关于深化审评审批制度改革鼓励药品医疗器械创新的意见》中的制度构想顺利落位,我国《专利法》应当作出相应修改,引入"拟制侵权",将专利权所覆盖药品的注册申请上市行为拟制为侵权行为,否则专利链接制度将存在违反上位法的严重法治问题。

(二)引入中国版"橙皮书":构建刚性的药品专利登记制度

"橙皮书"制度,即药品专利信息登记制度,是专利链接制度的起点和基础。通用仿制药公司根据橙皮书安排自己的仿制技术布局,决定是否挑战在位专利以及是否将资源投入橙皮书登记范围之外的其他药品等。同时通用制药公司根据橙皮书制度提交不构成侵权或在位专利无效之声明,只有登记入橙皮书的专利的诉讼争议才能启动专利链接内置的审批自动暂停机制,审批机关也是根据橙皮书来作出相关的决策。因此,橙皮书制度意义重大,能够为市场主体提供稳定预期,矫正信息偏在,是专利链接体制中重要的基础制度设施。我国《药品注册管理办法》中规定了较为粗略简单的信息披露制度,第18条规定申请人应当对其申请注册的药物或者使用的处方、工艺、用途等,提供申请人或者他人在中国的专利及其权属状态的说明；他人在中国存在专利的，申请人应当提交对他人的专利不构成侵权的声明。对申请人提交的说明或者声明，药品监督管理部门应当在行政机关网站予以公示。2008 年，国家食药监管总局建立了名为"药品注册相关专利信息公开公示"的信息平台，对登记的专利信息予以公示，但是其只要求一种自愿登记和柔性登记，缺乏实质审查和刚性约束，对应当予以登记的专利类型及具体信息等缺乏强制性规定，存在专利信息登记错误、相关专利未被正确登记等问题，基本处于虚置的状态。[1]总之，现行的药品专利登记制度与现代专利链接体制对专利信息公示的要求还相距甚远。

值得一提的是，《关于深化审评审批制度改革鼓励药品医疗器械创新的意见》提出建立上市药品目录集，要求新批准上市或通过仿制药质量和疗效一致性评价的药品应载入中国上市药品目录集，注明创新药、改良型新药及与原研药品质量和疗效一致的仿制药等属性，以及有效成分、剂型、规格、上市许可持有人、取得的专利权、试验数据保护期等信息。2017 年 12 月国家食药监管总局正式发布了《中国上市药品目录集》，并指出《中国上市药品目录集》在国家食药监管总局政府网站以网络版形式发布并链接药品审评报告、说明书、专利信息等数据库。[2]尽管很多学者把《中国上市药品目录集》称为中国版的橙皮书，但是如果与链接语境下的橙皮书相较，还需要对诸多方面予以完善才能胜任链接体制基础制度设施的功能。

---

[1] 参见张浩然："竞争视野下中国药品专利链接制度的继受与调适"，载《知识产权》2019 年第 4 期。

[2] "食品药品监管总局关于发布《中国上市药品目录集》的公告"，载 http://www.gov.cn/xinwen/2017-12/29/content_ 5251405.htm，访问时间：2018 年 5 月 10 日。

知识产权与竞争法贯通论

第一,应当明确可以纳入《中国上市药品目录集》的药品专利类型。药品专利包括化合物专利、晶型专利、制剂专利、药物组合物专利/复方制剂专利、方法专利、用途专利、设备专利、生产装置专利、外观设计专利等。首先,结合我国制药行业的发展实际,能够被列进《中国上市药品目录集》的专利应当限于:药品活性成分的专利;药品产品专利,包括制剂、组合物的专利;药品使用方法的专利,包括使用方法、适应证等。而药品活性成分的制造方法专利、中间体和代谢物的专利、包装专利等不应列入目录集。其次,应当对后置和补充登记作出时间限制。为了尽可能避免滥用专利登记阻碍通用药进入市场的行为,可以规定品牌制药公司申请补充登记其他专利的时间至少应当早于通用制药公司提交新药注册申请之日,从而避免进行重复登记或补充登记故意触发上市审批暂停机制的反竞争行为。

第二,应当建立专利信息登记的监督机制,以保证信息公示的准确性、刚性与约束力。首先,应规定品牌制药公司不提交专利信息或提交虚假信息的不利后果,即没有记入《中国上市药品目录集》的药品专利将无法触发特殊的专利链接诉讼,进而不会引发自动审批暂停,但是品牌制药商可以寻求专利法下不会进入链接系统的平行诉讼救济。申言之,通用制药商仿制《中国上市药品目录集》以外的其他药品并提出上市申请,品牌制药公司无法提出可以阻止上市审批的专利侵权诉讼。这种倒逼机制可以迫使品牌制药公司及时提交相关专利的所有真实信息。其次,可以增加第三人异议机制,允许第三人对《中国上市药品目录集》中的专利信息提出质疑,以形成外部监督约束。韩国就允许任何对专利清单有异议的人向药品监管部门申请删改官方网站上公布的相关专利清单内容。再者,应当赋予管理专利登记的行政机关实质性审核专利信息的权力以及删除或修改专利信息、适时更新专利信息的权力。最后，学者布沙尔建议可以建立一个独立的行政机构，专门负责在上市前独立评估与新药和创新药相关的专利，正如一些司法辖区对于药品价格管制的做法一样，如加拿大监管药品价格的机构（专利药品价格审查委员会）。[1]一些国家在专利链接制度实施过程中出现药品监管部门对链接专利信息审查这一"辅业"重视程度较低、审核人员配置投入不足和相关行政资源不敷使用等问题，饱受各方诟病，因此这一增设审核药品专利信息的专门性独立机构的提议对我国建立链接机构有一定的参考价值。

（三）反"链接垄断"：规定损害赔偿和规制反竞争协议

越来越多的学者指责美式链接体制的利益天平偏向了品牌制药公司，这主要是因为品牌制药公司可以通过哈奇-韦克斯曼体制为其提供的制度工具来阻碍通用药的申请过程，但是又不需要负担太大的风险。一些制度工具的启动门槛还设置得非常低，品牌制药公司即便失败也不用负担任何赔偿责任。例如，品牌制药商只需要向司法系统提起侵权诉讼的请求就能引发一个长达24个月的暂停审批的禁令。这种禁令不需要进行初步评估，权利人也不需要缴纳担保金，如果被认定为不当行使禁令，也不需要赔偿对方因禁令所遭受的损失。这种利益的失衡导致美式链接制度过度地偏向了品牌制药行业，不仅在美国本土备受指责，而且一旦植入其他国家，往往会阻碍他国通用仿制药行业的发展（典型如加拿大）。因此，必须对美式链接体制进行改良，让品牌制药行业享受的权利与承担的义务相称。近年来，一些国家要求专利持有人对通用药入市申请的审批禁令负担一

---

[1] Ron A. Bouchard et al., "Structure-Function Analysis of Global Pharmaceutical Linkage Regulations", *Minnesota Journal of Law, Science & Technology*, Vol. 12, No. 2, 2011.

定的证明义务,以防止对专利链接制度的滥用和任何对通用药市场进入的不必要延迟。在澳大利亚,专利所有人必须证明侵权诉讼是诚实善意的,即他们有胜诉的合理预期,诉讼过程不会存在任何不合理的拖延。在加拿大则存在针对虚假或误导性请求的惩罚条款,这些做法都是值得借鉴的。[1]

我国《专利法》第四次修改送审稿中增加了"申请专利和行使专利权应当遵循诚实信用原则"的内容,这是在专利法中首次引入"诚实信用原则"。在我国的专利链接体制建构中,同样应当规定和落实该原则。当品牌制药公司发起能够中断通用药上市审批进程的专利侵权诉讼时,应当满足诚实信用原则。在诉讼过程中,作为被告的通用制药公司可以主张作为原告的品牌制药公司的诉讼行为违反了诚信与善意义务。如果法院认定违反了诚实信用原则,那么品牌制药公司将承担败诉的后果。此外,还应当规定赔偿条款,如果品牌制药商提起虚假或误导性诉讼导致通用制药商的进入被不当延迟,应当承担赔偿责任。赔偿的数额不仅应当涵盖具体通用制药公司被延迟入市而产生的私人成本,还应当覆盖患者无法及时获得廉价药品、损害生命健康权的社会成本,从而以强威慑保障专利链接的制度秩序和制药行业的竞争过程。

此外,美国大量的判例法还发现专利链接制度会催生大量的反竞争性协议。尤其在专利诉讼和解过程中,品牌制药公司和通用制药公司会达成共谋以分享垄断租金。通用制药公司并不是患者的天然"利益守护者",其也是趋利避害的理性经济主体。当在与品牌制药公司的共谋中有厚利可图时,通用制药公

---

〔1〕 David Branigan, "New Report: Mitigating Patent Linkage To Promote Medicines Access In LMICs", available at http://www.ip-watch.org/2018/10/26/new-report-mitigating-patent-linkage-mechanisms-promote-medicines-access-lmics, 2019-05-10.

司往往会忽视患者的利益。在诸反竞争性协议中，反向支付协议近年来非常猖獗，对社会公共福利造成巨大损害。在我国反垄断法的分析框架下，应当将反向支付协议置于"禁止+豁免"的分析模式中，实现竞争利益和非竞争利益的权衡。[1]

总而言之，专利链接制度是一个复杂的制度体系和制度系统，并不存在一个放诸四海皆准的链接标准，应结合本国制药行业发展实际进行能动地制度选择。当今的国际竞争是规则的竞争，专利链接制度成为美国又一个推行规则霸权和争夺规则话语权的领域。从中央高层相关文件精神来看，我国将推行哈奇-韦克斯曼式的强链接体制。但是，该体制蕴含着诸多限制竞争的风险，需要我们不断优化和改良链接体制，实现药品创新和竞争的平衡。

---

[1] 参见本书关于反向支付协议反垄断规制原理的专章探讨。

第六章 医药行业协同行为的反垄断规制逻辑

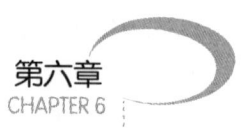

第一节 从"艾司唑仑药品案"看协同行为的特殊性

垄断协议具有显著的反竞争性,历来被各国反垄断法所严令禁止,由此形成的相关规则体系构成了现代反垄断法的三大支柱之一。依据中国《反垄断法》之规定,垄断协议除了包括典型的协议、决定之外,还包括协同行为。随着反垄断执法机构的能力不断增强,"赤裸裸"的协议型卡特尔和决议型卡特尔被发现的风险日益增高,竞争法规避意识逐渐增强的经营者更"青睐于"具有隐蔽性和多样性的协同行为。"反托拉斯消灭了正式卡特尔,但是,这没有解决问题,一些卡特尔转入地下,变成一个固定价格的秘密共谋;另一些情况下,互相竞争的销售者也许不需要进行通常意义上的共谋就能在定价方面进行合作。"[1]与划分市场、限制产量等内容相比,限制价格更容易形成以及维持协同行为。很多国家的相关案例也显示,价格协同行为是协同行为的主要形式,需要予以重点关注。[2]

---

[1] [美]理查德·波斯纳:《反托拉斯法》(第2版),孙秋宁译,中国政法大学出版社2003年版,第60—61页。
[2] 参见[美]基斯·N.希尔顿:《反垄断法经济学原理和普通法演进》,赵玲译,北京大学出版社2009年版,第58—60页;[德]海茵茨·笛特·哈德斯等:《市场经济与经济理论:针对现实问题的经济学》,刘军译,中国经济出版社1993年

第六章　医药行业协同行为的反垄断规制逻辑

2016年7月，国家发展和改革委员会认定华中药业股份有限公司等三家企业在艾司唑仑原料药市场和艾司唑仑片剂市场达成并实施了垄断协议，依法作出了处罚决定。[1]本案中，经营者之间并没有达成任何书面协议或存在任何决议，但发改委调查认定，三家企业通过会议、见面、电话和短信等方式进行了沟通交流，达成了联合限制竞争的共识并实施了相应行为。[2]因此，本案可谓是中国反垄断执法机构认定经营者存在协同行为并予以处罚的第一案（以下简称"艾司唑仑药品案"）。依照该案的认定标准和规制逻辑，此前备受公众关注的"惠氏奶粉涨价案""联合利华涨价案""航空公司涨价案""国有银行涨价案"等似乎都披有"协同行为"的外衣，但在当时都是依据《价格法》来予以处罚的。此案的认定也昭示着往后诸多的疑似价格协同行为很有可能被纳入到反垄断法的规制范畴，由此也产生了反垄断法和价格法之间的衔接、分工与协调的问题。此外，价格协同行为很容易与寡头间的价格协调行为、经营者间的价格跟随行为等混淆。但是，如果后者是市场主体基于独立的商业判断而作出的，乃免于反垄断法之处罚。

综上，如何实现对价格协同行为的合理界定和有效规制？如何刺破面纱，区分合法的价格平行行为和违法的价格协同行为？如何在规制价格协同行为和保障企业的自主定价权之间廓清界限？如何衔接反垄断法和价格法在处理疑似价格协同行为方面的功能？诸类问题在"协同行为第一案"之后都会接踵而

（接上页）版，第394页。

〔1〕参见国家发改委价格监督检查与反垄断局网站："国家发展改革委依法查处艾司唑仑药品垄断协议案"，载 http://jjs.ndrc.gov.cn/gzdt/201607/t20160727_812589.html，访问时间：2017年4月1日。

〔2〕参见宁宣凤等："协同行为反垄断处罚第一案评析"，载《中国工商报》2016年9月7日。

来，需要研究予以释明。

第二节 "主观说"和"客观说"的选择

一、"主观说"和"客观说"的争议

忌惮于反垄断法的威势，企业开始热衷于实施协同行为这种"地下卡特尔"。倘若不能对其进行有效规制，"通过一致的行动，这些参与企业可以像一个垄断者那样获取垄断利润"，[1]而形成有效规制的第一步是明确协同行为的定义及其构成要件。根据全国人大法制工作委员会的学理解释，协同行为是指企业之间虽然没有达成书面或者口头协议、决议，但相互进行了沟通，心照不宣地实施了协调的、共同的排除、限制竞争行为。[2]我们可以从中提炼出两个核心要件：其一为实施了联合一致行为的客观要件，其二为进行了"心照不宣"的沟通交流的主观要件。

一些学者指出，作为垄断协议的一种类型，认定协同行为必须要考虑市场主体之间是否存在意思联络，形成了协同合意，否则就不能归之为"协议"。"协同行为与协议、决定的区别不在于行为人之间是否有合意，而在于行为人之间合意形成的过程及形式不同。"[3]日本在"合板投标价格协定案"中将协同行为的成立解释为："仅有行为结果在外观上的一致实施的事实

---

〔1〕［美］赫伯特·霍温坎普：《联邦反托拉斯政策——竞争法律及其实践》（第3版），许光耀、江山、王晨译，法律出版社2009年版，第157页。

〔2〕参见全国人大常委会法制工作委员会经济法室编：《中华人民共和国反垄断法条文说明、立法理由及相关规定》，北京大学出版社2007年版，第67页。

〔3〕郭宗杰："反垄断法上的协同行为研究"，载《暨南学报（哲学社会科学版）》2011年第6期。

第六章 医药行业协同行为的反垄断规制逻辑

还不够,还需要存在行为者之间的某种意思联络。"〔1〕然而,通过分析"主观要件"以界定协同行为也并非易事。在联合一致的行为基础上,通过分析主观方面的间接证据来证明协同行为的存在,对于任何司法区域来说都是一个难题。〔2〕

受到以"效率"为价值导向的新自由主义的影响,一些学者主张摒弃和抛开对协同行为主观因素的考量。波斯纳认为,从经济学的角度来看,当事人的实际联络只是一个细节问题,主张依据产品同质性、需求弹性、市场进入壁垒、买方能力、市场集中度、沉淀成本大小等"经济学证据"来证明通谋的存在。〔3〕由此,可以绕过司法实践中所面临的最大困难。国内亦有学者认为:"……对于意思联络与信息交流的规定是不必要的。创设'协同行为'这一概念的目的,就是要绕过对主观要素进行直接证明的难题。"〔4〕

以是否坚持"主观要件"为标志,我们可以将以上两种理论观点分为"主观说"和"客观说"。当然这种区分只是粗线条的而不是泾渭分明的,无论是"主观说"还是"客观说"都必须强调行为的客观联系,只不过"客观说"主张抛弃对主观方面是否存在协同合意的证明。究竟应该坚持何种理论?经济学和哲学上的理论解释给出了答案:"客观说"存在将适应竞争的平行行为纳入联合限制竞争行为范畴的风险,进而可能会不适当地扩大反垄断法的适用范围;"主观说"才能让我们准确区

---

〔1〕 [日]根岸哲、舟田正之:《日本禁止垄断法概论》,王为农、陈杰译,中国法制出版社2007年版,第150页。

〔2〕 William E. Kovacic et al., "Plus Factors and Agreement in Antitrust Law", *Michigan Law Review*, Vol. 110, No. 3, 2011.

〔3〕 参见[美]理查德·波斯纳:《反托拉斯法》(第2版),孙秋宁译,中国政法大学出版社2003年版,第109页。

〔4〕 许光耀:"'经济学证据'与协同行为的考察因素",载《竞争政策研究》2015年第7期。

分合法的价格平行行为和违法的价格协同行为,找到企业自主定价行为和企业间协同行为的界限。同时,法学上的理论发展也为"主观说"扫清了在意思表示方面存在的理论障碍。

二、支持"主观说"的理由——经济学上的解释

经济学上的"寡头依赖性理论"(Oligopolistic Interdependence)对"客观说"提出了挑战。该理论是指在只有少数几家寡头经营者进行重复博弈的寡占市场中,只要经营者是理性的,那么它就会通过对市场中主要竞争对手的价格变化情况的观察和独立判断来相应地调整自己的价格或产量。寡头经营者对残酷的价格竞争存在惰性,因为与其陷入"囚徒困境",毋宁着眼于长远利益,借由协调努力来获得类似于卡特尔的超竞争性定价。这种没有经过彼此意思联络和信息交流的"不约而同"也被称为"有意识的平行行为"(Conscious Parallelism)。反垄断法就是保护自由竞争的法律,如果对这种适应竞争的平行行为进行处罚,就会限制经营者决策之自由,进而限制其竞争之自由,这与反垄断法作为"经济自由大宪章"的意旨相悖。在某些市场环境下,有意识的平行行为与协同行为在客观方面的表现几乎是一致的,如果放弃主观方面的考察而仅仅凭借对这些行为模式的客观分析是难以作出符合正义的判断的。"有意识的平行行为,乃系市场结构之关系而为——有意识之模仿,并非由于意思之合致,因此有别于因意思合致而成立之一致性行为。"[1]此外,不光大寡头之间会存在协调一致的"大象联姻",小企业之间也会存在联合一致的"老鼠集会"。在价格领域中还存在大量的价格跟随行为和效仿行为,行为实施者并不一定都是"大象",但其立基于自己的利益、出于理性的商业决策而选择跟随

---

[1] 廖义男:《公平交易法之理论与立法》,三民书局1995年版,第109—110页。

或效仿市场中的价格领导者实施一致的行为。此类行为与协同行为之间的模糊性同样会对"客观说"形成冲击。

三、支持"主观说"的理由——哲学上的解释

英国学者奥利弗·布莱克将分析哲学引入反垄断领域,在其著作《反垄断的哲学基础》中,他运用模型化的语言分析方法对作为联合行为之特例的协同行为进行了层层剖析。[1]奥利弗·布莱克按照"相互联系程度"(level of correlation)的深浅,建立了一个序列。序列的最左端是完全独立的行为,沿着往右的方向依次是:基于彼此相信的行为,基于彼此信赖的行为,基于有共同目标的彼此信赖的行为,基于有共同目标和共同知识的彼此信赖的行为,以及基于有共同目标和共同知识的彼此信赖,且进行了信息传递的行为。[2]按照奥利弗·布莱克的观点,最后一种行为模式,也即位于序列最右端的行为,构成了协同行为。他认为,协议其实也是一种朦胧的协同行为,因为当市场主体没有形成足够的共识时,才会通过缔结协议来约束彼此。因此,最好降低协议在序列中的位置。

如果不需要彼此相信和相互信赖,也无需共同目标和共同知识,只要"X做行为Ax,Y做行为Ay"就构成了协同行为的话,那么任何一组行为都会构成协同行为;如果只需要彼此相信,而不需要相互信赖、共同目标、共同知识和信息交流,X和Y通过相互观察愿意相信对方而实施的行为就构成了协同行为,那么上文提及的有意识的平行行为就属此列,也会被认定为协同行为。基斯·N. 希尔顿指出:"在合理性假设之下,仅仅

---

[1] See Oliver Black, *Conceptual Foundations of Antitrust*, Cambridge University Press, 2005, pp. 166-183.

[2] See William H. Page, "Communication and Concerted Action", *Loyola University Chicago Law Journal*, Vol. 38, Iss. 3, 2007.

知识产权与竞争法贯通论

当每个卡特尔成员都对其他卡特尔成员的合作感到确定的时候，共谋才是一个理性的策略。"[1]因此，还需要加入相互信赖的因素，形成一定的心理预期。但是，信赖是可以被加强或减弱的，需要加入共同目标来强化信赖，明白彼此的行为意图。X 和 Y 之间还可能会产生误会彼此意图的情形，需要防范心理上的可能状态，因此还需要有共同知识，而这种共同知识的形成依靠 X 向 Y 传递信息以及 Y 向 X 传递信息。[2]法瑞尔指出信息交流可以建立起解决竞争对手策略不确定性（strategic uncertainty）的共同知识。[3]总之，在奥利弗·布莱克关于协同行为的模型中，信息交流成了一项不可或缺的条件。威廉姆·H. 佩奇评论道："在奥利弗·布莱克的定义下，评估平行行为的决定性问题在于不同竞争者有没有通过信息交流来获得或至少部分获得了伴随行为的信赖、信仰和知识。"[4]

四、"主观说"的障碍廓清——法学上的挑战

由于"主观说"要求协同行为之成立须存在"协同合意"，一些法学家根据传统的意思契约理论提出歧见。他们认为，合同乃当事人经过要约和承诺而达成的意思表示一致之合意，除此再无其他成立契约的途径。但是，协同"合意"之成立并不要求经过要约和承诺的过程，亦不要求该意思表示具有法律约束力，这无疑有悖于意思契约理论。奥利弗·布莱克指出，（协同

---

[1] [美] 基斯·N. 希尔顿：《反垄断法——经济学原理和普通法演进》，赵玲译，北京大学出版社 2009 年版，第 109 页。

[2] Oliver Black, "Communication, Concerted Practices and the Oligopoly Problem", *Journal European Competition Journal*, Vol. 1, Iss. 2, 2005.

[3] See Joseph Farrell, "Cheap talk, Co-ordination and Entry", *Rand Journal of Economics*, Vol. 18, Iss. 1, 1987.

[4] William H. Page, "Communication and Concerted Action", *Loyola University Chicago Law Journal*, Vol. 38, Iss. 3, 2007.

第六章 医药行业协同行为的反垄断规制逻辑

行为中)信息交流以不同形式和不同程度存在,可以是语言或非语言的。[1]通过点头或眼神,或者直接沟通或通过中间环节,或者不作任何表示而被动地接受信息,都有可能形成协同合意。因此,包含协同行为的垄断协议不同于合同契约,此"合意"非彼"合意","若将卡特尔合同按照德国民法典的含义去解释,就会大大限制卡特尔法的效力"。[2]协同行为主观方面的要求是非常低的,一些文献中尝试用信息传递(information conveyances)[3]、信息流动(information flow)[4]等概念来表征这种主观方面极低程度的联系。欧洲法院曾经在判例中使用了知会行为(Fühlungnahme)这个概念。"'知会'一词而非'接触'或者'意思联络',意在强调协同行为的构成无须行为人双方都作出意思表示,而仅需某一企业单方面的意思表示,且该意思表示须使其竞争对手知道且能够理解其将来要采取的行为,以致使后者随之采取同类行为成为可能。"[5]此外,随着格式合同条款的大量运用,严格的传统意思契约理论也面临着来自事实契约理论的挑战,其自身理论体系也在不断调适与发展,这也为协同合意概念的存续留下了理论空间。

美国反托拉斯法将协同行为称作"默示共谋"(tacit collusion)无论是何种称谓都包含有主观因素。我国《反垄断法》未对协同行为进行定义,但发展和改革委员会发布的《反价格垄断

---

[1] Oliver Black, *Conceptual Foundations of Antitrust*, Cambridge University Press, 2005, pp. 166-183.

[2] 王晓晔:《竞争法研究》,法律出版社1999年版,第207页。

[3] William E. Kovacic et al., "Plus Factors and Agreement in Antitrust Law", *Michigan Law Review*, Vol. 110, No. 3, 2011.

[4] Kai-Uwe Kühn, "Fighting Collusion by Regulating Communication between Firms", *Economic Policy*, Vol. 16, Iss. 32, 2001.

[5] EuGH, Rs. C-7/95, John Deere, Slg. 1998, Ⅰ-3138, Rn. 91,转引自刘旭:"中欧垄断协议规制对限制竞争的理解",载《比较法研究》2011年第1期。

规定》第6条规定:"认定其他协同行为,应当依据下列因素:(一)经营者的价格行为具有一致性;(二)经营者进行过意思联络……"该条款将"经营者进行过意思联络"作为构成要件之一,体现了"主观说"的进步性。但从立法技术学的角度,条文中"行为一致性"和"意思联络"是两个先后排列的可选择性要件,是"或"的关系,不尽合理。在认定价格协同行为时,两项都是不可或缺的构成要件,是"且"的关系。应将二者捆绑在一起,缺一不可。此外,从体系解释的角度,民法中的共同侵权理论、刑法中的共同犯罪理论都涉及"意思联络"的概念,但这些部门法中的"意思联络"所要求"信息含量"和"主观联系程度"都要高于反垄断法。《工商行政管理机关禁止垄断协议行为的规定》要求认定协同行为要考虑"经营者之间是否进行过意思联络或者信息交流"。相比较而言,在反垄断法中用"信息交流"这个概念可能比"意思联络"更为妥当。

第三节　规制要义:以信息交流为规制中心

一、信息交流的类型化分析

信息交流对于联合限制竞争行为的重要性,亚当·斯密早已有所论及:"同业中人甚至为了娱乐或消遣也很少聚集在一起,但他们谈话的结果,往往不是阴谋对付公众,便是筹划抬高价格。"[1]事实上,从美国经典的默示共谋案例来看,没有任何一个案例是完全未经过某种形式的信息交流就遭到处罚的,

---

[1] [英]亚当·斯密:《国民财富的性质和原因的研究》(上卷),郭大力、王亚南译,商务印书馆1972年版,第122页。

第六章 医药行业协同行为的反垄断规制逻辑

包括"Interstate Circuit 案"[1]、"American Tobacco 案"[2]、"Theatre Enterprise 案"[3]、"Matsushita 案"[4]等。凯乌尔·库恩认为，纯经济学分析并无助于竞争政策的实施，观察公司间的信息交流并寻找、归纳出相关的规则比依靠相关市场的价格和销量模型的经济学评估更有利于竞争政策的实施。[5]正是因为如此，在1968年欧共体委员会发布的《企业间合作领域的协议、决议和协同行为的通告》明确指出，如果信息交流成为企业间协调其市场行为的工具，这种信息交流就是违法的。2011年欧盟委员会在其修订的《横向合作协议指引》中专门增设一章对信息交流进行全面系统的分析。从这些域外制度经验的管窥中，我们可以得到如下启示：要对协同行为形成有效规制就需要重点关注信息交流问题。

信息交流能够解决信息不对称问题，使得企业之间的行为变得容易协调。同时，透明的市场也是一个更容易被"监视"的市场，价格同盟可以监督成员是否背叛而采取相应的报复措施，从而使得卡特尔更加牢固。[6]因此，信息交流贯穿在协同

---

[1] Interstate Circuit v. United States, 306 U.S. 208 (1993).

[2] American Tobacco Co. v. United States, 328 U.S. 781 (1946).

[3] Theatre Enterprises v. Paramount Film Distributing Corp., 346 U.S. 537 (1954).

[4] Matsushita Elec. Indus. Co. v. Zenith Radio Corp., 475 U.S. 574, 588 (1986).

[5] Kai-Uwe Kühn, "Fighting Collusion by Regulating Communication between Firms", *Economic Policy*, Vol. 16, Iss. 32, 2001.

[6] 有一些学者在认识到信息交流在卡特尔中的重要作用后，建议中国应当在协议、决定和协同行为之外，增设"信息交换协议"作为第4种类型的卡特尔。实际上，以协议形式确定的信息交换要么其本身就可以被视为企业间订立的协议（如果是行业协会达成的信息交换决议，则可以视为该联合组织的决定），要么是作为主协议或决定的组成部分或附属部分，从而信息交换协议可以被协议型或决定型卡特尔所吸收。另外一种以非协议形式呈现的信息交流其实在经济生活当中也比较常见，它主要在协同行为中存在。因此，没有必要在《反垄断法》第13条项下单独创设一种新类型的卡特尔。

知识产权与竞争法贯通论

行为从产生、维持到消亡的全生命周期之中,抓住了信息交流就抓住了协同行为的"脉搏"。需要注意的是,尽管确定以"信息"为中心的规制逻辑为对抗协同行为的反垄断立法和执法工作指明了方向,但还是没有把这一难题简单化。这是因为在信息大爆炸的时代,经营者无时无刻不处在信息的交流之中。信息交流既能增加市场透明度、引导错配的资源重新配置、增加消费者福利,又存在有助于形成协同行为的一面。波斯纳谈道:"信息是一柄双刃剑,它对于竞争过程的正常运作必不可少,但是它也能够促进共谋。"[1]早在1978年,欧共体委员会《关于竞争的第7次年度报告》就已经明确指出要划分出合法信息交流和非法信息交流两个要素。因此,按照信息交流的成本、内容、方式、频次、方向、时效等因素,对经营者间的信息交流进行类型化研究将有助于反垄断执法机构甄别良性健康的信息交流和便利协同行为的信息交流,从而更准确地"巡诊把脉",见微而知著。

总体而言,下列几种类型的信息交流属于可能便利协同行为的信息交流:①廉价的信息交流;②秘密的信息交流;③个别的信息交流;④面向未来的信息交流;⑤敏感的信息交流;⑥高频率的信息交流。

这种类型化的划分有大量理论研究和实证研究的支撑。对于类型①,法瑞尔[2]和拉宾[3]提出了"廉价讨论理论"(cheap talk)。他们将"廉价讨论"界定为企业之间无成本、无

---

〔1〕 [美]理查德·波斯纳:《反托拉斯法》(第2版),孙秋宁译,中国政法大学出版社2003年版,第186—187页。

〔2〕 Joseph Farrell, "Cheap Talk, Co-ordination, and Entry", *Rand Journal of Economics*, Vol. 18, Iss. 1, 1987.

〔3〕 Joseph Farrell and Matthew Rabin, "Cheap Talk", *Journal of Economic Perspectives*, Vol. 10, Iss. 3, 1996.

约束力且影响彼此信念的信息交流。当发布信息的企业发现其他企业没有对该涨价信息做出它期待的反应时，发布企业选择不按其发布的信息实施相应的涨价行动也不会遭受任何损失，那么这种廉价的信息交流会促进"共谋"。相反，如果信息交流是昂贵的，对手不跟进将使信息发布者遭受损失，那么机会成本的存在将不利于形成协同。对于类型②，秘密的信息交流使得非协调企业、消费者等其他主体无法获取相关信息或者需要支付较高的信息获取成本；而公开的信息交流更容易被反垄断执法机构发现，而且外围潜在竞争者也更容易了解相关情况而选择进入市场，导致"价格同盟"难以维系。对于类型③，个别的信息交流比综合汇总的信息交流更容易辨别出特定竞争者的竞争策略，而经过综合汇总后的信息交流除了在市场高度集中的环境外，一般不容易导致协调的发生，欧盟委员会就曾指出原则上不禁止分享经过汇总的信息。[1]对于类型⑥，法瑞尔[2]的实证分析证明经营者之间多次信息沟通比没有沟通会更好地协调行动，且沟通次数愈多，成功协调的可能性就愈高。

尽管上述类型化对于协同行为的信息规制是有所裨益的，但语言的抽象模糊性和社会现实的错综庞杂性导致对每种类型的信息交流的分析都非常复杂，需要赋予执法者一定的自由裁量空间，使其能够结合具体时空下大量的"环境因素"进行判断。发改委发布的《反价格垄断规定》第6条规定："……认定协同行为还应考虑市场结构和市场变化等情况"，这也是合理的做法。例如，对于类型④和⑤，面向未来的和敏感的信息交流

---

[1] EU, "Guidelines on the Application of Article 81 of the EC Treaty to Maritime Transport Services (Draft)", available at http://ec.europa.eu/competition/consultations/2007_maritime_guidelines/elaa_annex1.pdf, 2018-05-01.

[2] Joseph Farrell and Robert Gibbons, "Cheap Talk Can Matter in Bargaining", *Journal of Economic Theory*, Vol. 48, Iss. 1, 1989.

对于形成或维持协同行为的辅助作用是显而易见的，似乎不需要进行过多的解释，但是实际上何谓"敏感"，多长时间的信息属于历史信息等，离开了具体的环境因素进行分析都是见仁见智的问题。

譬如，一般而言，涉及价格、销量、消费者情况、产量的信息等会被认为是敏感的。但是，在某类产品的研发市场中，关于该产品研发进度的信息，以及在特定的相关时间市场中，服务型企业关于入住率、上座率、订单率的统计信息等都有可能被认为具有敏感性。再比如，在"UK Tractor 案"[1]中，相关当事方提出抗辩，认为他们交流的是历史的、对未来决策没有影响的信息，但欧盟委员会认为，案件中相关市场的供求关系比较稳定，依据过去的历史交易信息依然可以预测竞争者未来的行动。在该案中，欧盟委员会还确定了两项关于历史信息的界定规则：涉及个体的信息在一年之后才可以交换；汇总的信息少于12个月也可以交换，但是要满足该信息至少是由分属不同行业的三家交易商来提供的前提条件。但在2004年的"Bicycle 案"中，芬兰竞争执法机构（NMa）结合具体案情，认为时效为6周到8周的信息是非历史的信息。[2]同样，一般而言，高频率的信息交流更具危险性，但根据市场结构以及其他因素考虑，单次的信息交换也有可能被认定具有反竞争效果。[3]

---

[1] Commission Decision of 17 February relating to a proceeding pursuant to Article 85 of the EEC Treaty (UK Tractor Registration Exchange) (92/157/EEC).

[2] OECD, "Information Exchanges Between Competitors under Competition Law (2010) (DAF/COMP (2010) 37)", *Policy Roundtables*, available at http://www.oecd.org/competition/cartels/4837900 6. pdf, p. 231, 2018-05-09.

[3] "T-Mobile 案"中，几家 T-Mobile 运行公司仅发生过一次见面，讨论了减少签订有特定电话合同的经销商的报酬。欧洲法院最终认定他们之间形成了违法的卡特尔。T-Mobile Netherlands BV and Others v. Raad van bestuur van de Nederlandse Mededingingsautoriteit, Case C-8/08.

二、"艾司唑仑药品案"中的信息规制逻辑

上述信息交流的类型化为更进一步的理论拓展分析构建了分析框架,在此基础上综合几类信息交流,运用效率分析的方法,可以进行更为"高阶"的类型化分析。例如,面向未来的、秘密的、高频的、关于价格的信息交流并不能带来任何潜在的效率,因此,这种信息交流应该被禁止。卡尔顿、格特纳和罗森菲尔指出,秘密的、重复的以及面向现在和未来的信息交流具有严重的反竞争性。[1]欧盟委员会发布的《横向合作协议指引》则规定竞争者间关于未来价格或"数量"的个体信息的交流一般被认为具有限制竞争的目的,可直接推定为违法。综合的、公开的信息交流能够让企业了解行业整体的供求关系情况,避免盲目产出,同时又能增加市场透明度,降低消费者的信息检索成本,让消费者受益,可以获得豁免。但是,综合的、秘密的信息交流并不一定增进效率,具体环境中也可能损害竞争,需要执法者根据其所带来的正负效率合理研判。个别的、关于价格和产量的信息交流很难带来效率的增加,应予以禁止。个别的、关于成本和需求的信息交流可能会引导资源流向正确的地方,从而带来优化资源配置的效率,但这种交流还是存在限制竞争的可能性,需要结合其他证据来臧否利弊得失。由此,可以寻找到一些有效的规制规则,让"纸上的法律"变为"行动中的法律"。

作为中国协同行为第一案的"艾司唑仑药品案"也体现了反垄断执法机构以信息交流为要点的规制逻辑。华中药业股份

---

[1] William H. Page, "Twombly and Communication: The Emerging Definition of Concerted Action Under the New Pleading Standards", *Journal of Competition Law & Economics*, Vol. 5, Iss. 3, 2009.

知识产权与竞争法贯通论

有限公司（简称"华中药业"）、山东信谊制药有限公司（简称"山东信谊"）和常州四药制药有限公司（简称"常州四药"）均为艾司唑仑原料药和片剂的生产及供应商。2016年7月，发改委调查认定，三家药企在艾司唑仑原料药市场上达成并实施了联合抵制交易的垄断协议，在艾司唑仑片剂市场上达成并实施了固定或变更商品价格的垄断协议，作出了合计260余万元的处罚。调查发现，三家药企于2014年9月间在河南郑州召开会议，会上达成"艾司唑仑原料药仅供本公司生产片剂使用，不再外销"的共识，联合抵制交易的合意非常明显，因此对第一个相关市场上的垄断协议不做赘述。本案中，值得关注的是第二个相关市场上形成的固定或变更商品价格的垄断协议。相关证据显示，三家药企之间并没有在会议上就联合涨价进行过具体细节化地讨论和交流，而仅仅是华中药业在会议上提出了艾司唑仑片剂联合涨价至每片0.1元的建议。尽管会议结束后，华中药业和山东信谊私下还通过会面、电话和短信等方式多次就调价信息进行沟通联络，但是并没有证据显示常州四药参与过沟通交流。

依传统意思契约理论，很难认定常州四药和其他企业之间存在意思表示一致的合意，但是依前文分析，协同合意之认定不能遵循传统的意思契约理论。尽管常州四药并未作任何意思表示，但其被动地接受信息并在客观方面实施了联合涨价行为，这就构成协同合意。调查发现，2014年12月至今，三家企业（包括常州四药）大幅提高艾司唑仑片的价格，涨价时机高度一致。从信息交流的类型来看，在该案中，华中药业的信息传递行为属于秘密的、主动的、敏感的（涉及价格）、面向未来的、个别的、高频次的信息交流，几乎涵盖了本章中涉及的所有便利协同行为的信息交流类型，不会带来任何效率之增进，具有极大的危害性。综上分析，反垄断执法机构的处罚是合理和正

第六章　医药行业协同行为的反垄断规制逻辑

当的。

假设案件事实更加复杂，华中药业没有在郑州会议上提出"明目张胆"的涨价提议且私底下没有进行过信息交流，但是三家企业在会议上传阅分享了一份经过汇总的包含有艾司唑仑片剂市场上所有竞争者敏感及非敏感信息的行业分析报告，客观方面也存在联合行为，那么应该如何认定是否存在协同行为？这就需要结合具体环境因素进行分析判断。本案中，全国获得艾司唑仑原料药生产批文的企业只有4家，实际在场的只有上述三家企业，这三家企业同时也是艾司唑仑片的生产厂，[1]市场结构高度集中，因此即便是汇总的信息交流，也比较容易从中识别出竞争对手的策略，具有显著的反竞争性。

在这不久之前，2015年欧洲法院也对一起协同行为案件（"Dole Banana案"）作出了最终判决。该案中Dole、Weichert、Chiquita几家香蕉企业进行过秘密的电话联络。电话中，企业讨论了价格变化趋势、各自对于相关价格的调整意图、销售情况、供需情况等可能影响未来一周报价（quotation price）的相关因素。该案中最大的争议在于尽管有信息交流的证据，但还不足以证明信息交流行为直接导致了协同行为，Dole公司认为预先报价并不是最终的实际报价，这种信息交流并不具有限制竞争的目的。但是，欧洲法院最终认定协同行为成立。相关竞争者间商业性质的、面向未来的个体的信息交流是不被允许的，欧盟委员会并没有义务去证明信息交流对于协同行为产生了何种影响。针对欧洲法院的判决，科茨·凯文指出："聪明地适应其他竞争者存在的或预期的行为是没有问题的，但是如果竞争者

---

[1] 参见国家发改委价格监督检查与反垄断局网站："国家发展改革委依法查处艾司唑仑药品垄断协议案"，载 http://jjs.ndrc.gov.cn/gzdt/201607/t20160727_812589.html，访问时间：2017年4月1日。

知识产权与竞争法贯通论

间有关于未来行为的联系接触，那么协调行为会转化为共谋。任何可能'影响'其他竞争者行为的交流，不管是直接或是间接的，都应该严格禁止。"[1]这个案例其实就涉及了《横向合作协议指引》中信息规制方法的直接运用，极大地降低了协同行为的规制难度和规制成本。

第四节　规制的谦抑性：反垄断法和价格法的衔接

一、保持谦抑性的历史殷鉴

精明的企业家通过精心设计，"努力地拒绝承认联合行为，隐蔽企业间交流，设计互换保证的间接方式"，[2]这一切都导致认定协同行为存在重重困难。以信息交流为要义的规制哲学只是做了让"难题"尽可能简单化的努力，并没有彻底解开这道"难题"。即便是在以反托拉斯法的严苛而称道的美国，一个价格卡特尔的秘密共谋被联邦当局发现的可能性已经被估计的最高可能在13%~17%之间。[3]美国最高法院对于默示共谋的认定标准也在不断变化，在1939年的"Interstate Circuit案"中，其要求被告"提出合理解释"。如果除了"存在共谋"的解释以外，无法提出其他解释联合一致行为的合理理由，则将受到谢尔曼法的追究。在1945年的"Theatre Enterprise案"中，美国最高法院则要求"其他方面"的证明，"其他方面的因素"在美国学界被称为"附加因素"（plus factors）。学者科瓦契奇指

---

〔1〕 Kevin Coates, "Information Exchange And the Definition of a Cartel Under EU Law", *Antitrust Magazine*, Vol. 30, Iss. 3, 2016.

〔2〕 [美]欧内斯特·盖尔霍恩、威廉姆·科瓦契奇、斯蒂芬·卡尔金斯：《反垄断法与经济学》（第5版），法律出版社2009年版，第220页。

〔3〕 [荷兰]伍特·威尔思："欧洲共同体竞争法中的罚款处罚"，李国海译，载漆多俊主编：《经济法论丛》（第5卷），中国方正出版社2001年版，第278页。

出附加因素的分析是现代反托拉斯法最不稳定和最让人困惑的理论问题。[1]而在1986年的"Matsushita案"中，最高法院又提出了"倾向排除"标准，原告必须提供倾向于排除被告独立行动可能性的证据。最近的一次变化是发生于2007年的"Twombly案"，最高法院又提高了标准，提出需要足够的细节的事实证据（factual matter）以证明协议的存在。[2]直到今天，对于侦探秘密共谋已经有数十年经验的美国，依然难以形成一套稳定的认定标准。学者威廉姆·H.佩奇谈道，"Twombly案"又形成了一种新的起诉标准（pleading standard），这种标准和以往一样，都无法清晰地界定出有意识的平行行为和协同行为之间的边界。[3]

2016年，中国才有了首个真正意义上认定经营者达成并实施了协同行为并予以处罚的案例。结合美国司法实践之殷鉴，揆诸中国反垄断执法机构执法能力及经验不足之现实，我们有充分理由建议反垄断执法机构在规制协同行为时，要保持一定的谨慎和克制，不要舍弃对主观方面的考察进而造成《反垄断法》第13条适用范围的扩大。"在中国对共同行为的研究以及监测水平和技术都不理想的情况下，适当限缩'共同行为'的范围，将其视为一种特殊的以默示方式达成的垄断合意是合理

---

[1] William E. Kovacic et al., "Plus Factors and Agreement in Antitrust Law", *Michigan Law Review*, Vol. 110, No. 3, 2011.

[2] William H. Page, "Twombly and Communication: The Emerging Definition of Concerted Action Under the New Pleading Standards", *Journal of Competition Law & Economics*, Vol. 5, Iss. 3, 2009.

[3] William H. Page, "Twombly and Communication: The Emerging Definition of Concerted Action Under the New Pleading Standards", *Journal of Competition Law & Economics*, Vol. 5, Iss. 3, 2009.

的。"[1]这种谦抑的规制哲学其实也是一种在协同行为限制竞争之自由和有可能使适应竞争的平行行为受到广泛牵连而侵犯更广大市场主体经济决策之自由之间两害相权取其轻的选择。

二、保持谦抑性的制度体系：反垄断法和价格法的衔接

对于协同行为的规制，单纯寄望于《反垄断法》的禁止垄断协议制度就欲毕其功于一役是不现实的，而是需要依靠系统的、体系化的和分工配合的规制体系，需要与《价格法》等法律部门相配合。《反垄断法》和《价格法》之间的关系并不是简单的一般法和特殊法的关系，二者均由全国人大常委会制定和公布，法律位阶上并无轩轾，在法律体系中都有不同的功能担当，彼此之间也存在一些内容交叉和功能竞合。《反垄断法》作为维护自由竞争秩序的大宪章，除了规制价格垄断，还规制非价格形式的垄断，在这个意义上可以被称为"一般法"。但如果以"价格领域"为参照系，《反垄断法》一般适用于市场调节价和政府指导价领域，而《价格法》适用于市场调节价、政府指导价和政府定价领域，更具"一般性"。当然，二者之间也不是简单的新法和旧法的关系。"《价格法》与《反垄断法》是两部具有不同调整对象的彼此具有交叉关系的同等级的基本法律，不具有'新'与'旧'的可替代性。"[2]因此，从法实践论的角度，与其过分强调《反垄断法》和《价格法》之间非此即彼的冲突，不如更注重二者之间的衔接与协调。当"特殊法优于一般法""新法优于旧法"等传统适用规则不能简单地套用时，证据充分性可以作为一个重要的考量因素。申言之，当一

---

〔1〕 周昀："从垄断协议的特质看其对传统民商事合同概念理论的突破"，载《比较法研究》2010年第4期。

〔2〕 黄勇、刘燕南："《价格法》与《反垄断法》关系的再认识以及执法协调"，载《价格理论与实践》2013年第4期。

第六章 医药行业协同行为的反垄断规制逻辑

个价格行为既违反《反垄断法》，也构成对《价格法》的违反时，在满足证据标准的情况下，应当适用威慑力更大的《反垄断法》，这也是行政执法中"择重处罚"的体现。当证据标准不足时，可以选择适用《价格法》。"为维护行政执法机构的权威性，一般行政机构倾向于选择所掌握的证据更符合相应规定的那部法律进行行政裁决和处罚。"[1]

《价格法》第14条规定经营者不得"相互串通，操纵市场价格，损害其他经营者或者消费者的合法权益"。从文义解释的角度，"相互串通"的语义边界已经涵盖了协同行为之合意，甚至涵摄到诸多横向及纵向的垄断协议之合意。事实上，在《反垄断法》颁布之前，一些价格垄断协议的规制都依赖于该条款。尽管"观察信息流动对于发现共谋是有用的，但是我们在理解这些信息流动也会出现偏差，就像在理解经济学数据时会犯错误一样。因此，用高的标准，用一切可获得的证据可能是发挥反托拉斯法功能的最好方式"。[2]执法机构掌握的证据不充分时，可以选择改变策略，依据《价格法》进行规制。由此，在价格协同行为的规制体系中，《价格法》第14条发挥的更像是一种兜底和保障功能，不让"疑似价格协同行为"成为漏网之鱼；而《反垄断法》第13条则是一把威力巨大的达摩克利斯之剑，对满足主观和客观方面要件、证据充分的协同行为严惩不贷，做到责罚相称。《价格法》第40条明确规定："有关法律对本法第十四条所列行为的处罚及处罚机关另有规定的，可以依照有关法律的规定执行。"该规定也为《反垄断法》和《价格法》在协同行为领域的分工衔接、联合规制打开了方便之门。

---

[1] 黄勇、刘燕南："《价格法》与《反垄断法》关系的再认识以及执法协调"，载《价格理论与实践》2013年第4期。

[2] Kai-Uwe Kühn, "Fighting Collusion by Regulating Communication between Firms", *Economic Policy*, Vol. 16, Iss. 32, 2001.

当穷尽各种方法也无法证明协同合意之存在时，对于主动传递和释放价格信息的一方，可以依据《价格法》第14条"捏造、散布涨价信息"的不正当价格行为予以惩处。例如，美国联邦贸易委员会就适用《联邦贸易委员会法》第5条来打击共谋邀请行为，与反托拉斯局形成一种互补。[1]唐要家指出："在某些情况下，如果反垄断执法机关在证据认定上仍然存在执法障碍，则也可以依据《价格法》的有关条款来直接查处。如在美国反垄断执法中，对于各种便利合谋措施有时是由联邦贸易委员会依据《联邦贸易委员会法》第5条关于'不正当竞争方法'来起诉，从而避开关于是否存在'限制竞争的协议'的执法障碍。"[2]何国华指出："如果将《价格法》与《反垄断法》的关系进行彻底的剥离……所有的价格垄断都不是《价格法》管辖的范畴……不利之处在于忽视了两法调整关系中可能存在某些'灰色地带'。"[3]他建议从可追责性、社会影响等方面建立《价格法》的补充作用。

借鉴"奥利弗·布莱克序列"，依据主观方面的联系程度为尺度，可以从左往右建立一条序列（如图4所示）。从中我们可以看出，如果仅仅依靠《价格法》，大量的"黑色"协同行为将游离于法网之外，得不到应有的法律制裁；仅仅依靠《反垄断法》，一旦协同行为的认定门槛过低，"非白即黑"的强盗逻辑可能致使大量的寡头协调行为、价格跟随行为等有意识的平行行为被惩处，引起美国最高法院所殷忧的"过度威慑"的问

---

〔1〕 See FTC, "Sec. 5 of Federal Trade Commission Act", available at https://www.ftc.gov/enforcement/statutes/federal-trade-commission-act, 2018-03-27.

〔2〕 唐要家：《涨价信息发布的合谋效应与反垄断政策——对联合利华散布涨价信息案的分析》，载《财贸经济》2011年第9期。

〔3〕 何国华：《价格垄断行为的梳理：剥离抑或补充》，载《价格理论与实践》2015年第10期。

题。唯有强调两者的衔接与配合，反垄断执法机关根据证据充分性，对处于灰色地带（Grey Zone）的疑似价格协同行为选择合适的法律予以适用，才能实现规制体系从左往右、由白至黑的全链条覆盖，不留罅隙。

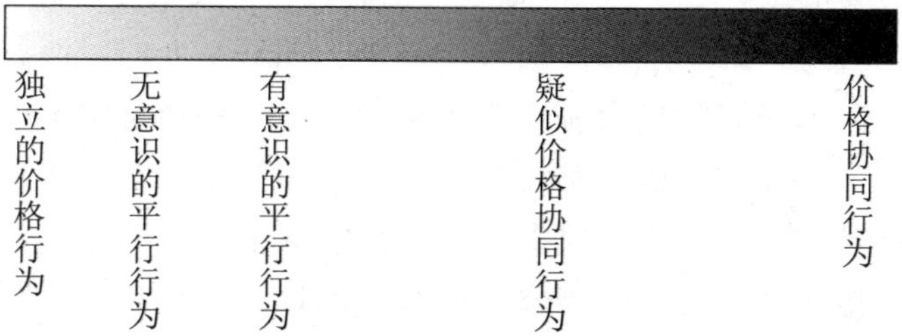

独立的价格行为　　无意识的平行行为　　有意识的平行行为　　疑似价格协同行为　　价格协同行为

图 4　价格行为主观联系程度序列

第五节　协同行为的信息规制模式建构

尽管波斯纳所主张的抛开主观方面而依靠纯粹的经济学证据分析来证明协同行为的"客观说"有一定的合理性，但"美国的司法实践并没有予以追随"。[1]"经济学数据在真实的案例中很难获得。很多厂商的价目列表似乎容易获得，但是个人买家所面对的具体竞争条件下的真实交易价格却无从可知。""在具体分析所运用的经济学模型中，再小的错误和偏差也会对共谋的认定产生巨大影响。"[2]来自经济学的寡头依赖性理论、来自分析哲学奥利弗·布莱克的逻辑分析、来自法学的协同合意特殊性的论证，都说明协同行为的认定不能"绕开"主观方面。

---

〔1〕 许光耀："'经济学证据'与协同行为的考察因素"，载《竞争政策研究》2015 年第 7 期。

〔2〕 Kai-Uwe Kühn, "Fighting Collusion by Regulating Communication between Firms", *Economic Policy*, Vol. 16, Iss. 32, 2001.

知识产权与竞争法贯通论

理论和实证研究表明,企业在主观方面交流廉价的、秘密的、个别的、面向未来的、敏感的信息等,容易实现彼此协调。因此,建立以"信息"为中心的规制逻辑让对抗协同行为的反垄断立法和执法工作变得明朗,"对信息交流的限制可能是对抗共谋最有力的工具之一"。[1]通过对信息交流的类型化分析和效率权衡,可以找到一些有效的规制规则,如对私人的、涉及价格的、面向未来的信息交流应当予以禁止。一些经济学家,如布里克利,[2]提出了公司信号传递理论。尽管该理论主要运用在资本市场和公司财务管理中,但是其中所蕴含的"通过公司信息信号传递来观察、捕获公司意图"的理念,是非常契合协同行为的信息规制思维的。因此,随着信息经济学、规制经济学等学科的发展,对规制协同行为这一难题应当保持乐观。"艾司唑仑药品案"之后,必然会有大量的协同行为案件进入反垄断法系统,这就要求我们完善和优化协同行为的反垄断规制体系,保障制度供给,以满足协同行为的法律调整诉求。

协同行为的反垄断规制体系应当践行"信息规制"的逻辑,突出"信息规制"的特征,发挥"信息规制"的功能[3],从以下几个方面予以完善:其一,完善信息收集制度。信息交流证据对于查处协同行为的重要性不言而喻,但反垄断执法机构

---

[1] Kai-Uwe Kühn, "Fighting Collusion by Regulating Communication between Firms", *Economic Policy*, Vol. 16, Iss. 32, 2001.

[2] See James A. Brickley, "Shareholder Wealth, Information Signaling and the Specially Designated Dividend: An Empirical Study", *Journal of Financial Economics*, Vol. 12, Iss. 2, 1983.

[3] 从欧洲竞争法的历史流变来看,"信息规制"和竞争法的制度变迁休戚相关。当欧洲各国意识到应当采取某种措施规制卡特尔这种新的经济现象时,他们最先采用的就是一种信息规制的思路。在19世纪末,奥地利法学家阿道夫·门泽尔认为处理卡特尔的一条基本原则就是国家要能够获得卡特尔的信息。获得并公开有关卡特尔的信息这种做法本身就能解决卡特尔引起的很多问题。

第六章 医药行业协同行为的反垄断规制逻辑

是信息劣势方,而精明的企业家又往往擅于隐匿信息。因此,赋予执法者解决信息不对称的"有效武器"将极大地推动卡特尔相关制度的实施。信息技术的高速发展具有双重效应,一方面使得企业间的信息传递更加快捷而不易被察觉,另一方面大数据时代下的信息交流反而容易留下各种各样的"蛛丝马迹"(如 temp 文件),要彻底清除信息流动留下的痕迹变得愈发困难,完善信息收集制度无疑具有重要意义。我国《反垄断法》第 39 条专门规定了执法机构的进入权、检查权、询问权、查阅复制权、查询权等,但是,还有一些非常有效的信息收集制度未作规定或相关规定暧昧不明,包括"拂晓突袭"(Dawn Raid,即突然性检查)[1]、被拒绝检查时的强制进入权、向公安机关等其他部门的行政协助申请权、营业场所之外的企业其他私密场所的进入和搜查权等。此外,为了使执法者拥有汲取信息以及处理信息的行政力量,还应当注重执法机构的人力建设和财力支持。其二,构建信息甄别制度。诚如前文所析,信息交流具有正、负两种效应,从无处不在的信息流动中甄别出便利协同行为的信息交流就变得至关重要。早在 2011 年,有关部门负责人就提出要研究企业协同价格行为方面的反垄断指南。[2]未来制定协同行为的反垄断指南时,应当区别良性信息交流和恶性信息交流;分析不同形式信息交流的特征及相关环境因素的影响,进行精细地类型化作业。通过具体指南的指引,引导企业尽可能避免不良类型的信息交流。在商事活动中,一旦接触到价格、产量等敏感信息,企业应通过明确提出反对、向执法

---

〔1〕 马敬:"反垄断执法机构调查权适用探析",载《中国价格监督检查》2010 年第 7 期。

〔2〕 2011 年,国家发展和改革委员会时任副主任彭森就提出要研究企业协同价格行为、行业协会价格垄断行为等方面的反垄断指南。参见于进、李建民:"2012 年将进一步推进反垄断执法",载《中国经济导报》2011 年 12 月 24 日。

知识产权与竞争法贯通论

机构报告等措施降低反垄断风险。其三，细化信息揭示制度。大量的案例说明卡特尔宽大制度在协同行为的认定中发挥了巨大功能，很多信息交流证据就是来自当事人的告发和供述，因此卡特尔宽大制度就是一种有效的信息揭示制度。根据《反垄断法》的规定，启动宽大程序的标准是"经营者主动向反垄断执法机构报告达成垄断协议的有关情况并提供重要证据"，但是"有关情况""重要证据"等规定语焉不详、较为模糊，需要进行细化规定。就针对协同行为的宽大制度而言，可以根据所提供信息的重要程度、结合信息交流的类型化分析来阶梯性地规定不同的减免幅度，以激励企业积极揭示重要信息。例如，在其他条件相同的前提下，提供价格、产量等敏感信息交流的证据比其他类型的证据应当获得更大幅度的减免；提供获取成本较高的信息交流证据比信息获取成本较低的证据要获得更"优惠"的待遇等。

  规制协同行为是一个世界性难题，这也导致了建构协同行为的规制体系是一项系统性工程。从最近的"Twombly案"中，我们可以看到美国谢尔曼法对默示共谋的认定依然没有找到最优解，这也警示我们对协同行为的规制应当保持谦抑和克制，应当采用一种整体性和系统性的规制思路。单纯依靠《反垄断法》的力量是不足的，应当联合《价格法》等相关法律部门，组成一张"密而不漏"的法网。同时，未雨绸缪的制度安排比亡羊补牢的应急措施要更好。除了事中和事后的规制手段外，应重视利用事前规制去塑造不利于滋生协同行为的市场结构。同为反垄断法三大支柱的控制经营者集中制度应在合并分析中具体考虑市场结构的变化对促进协同行为的影响。

第七章

专利联营许可的滥用市场支配地位行为类型学分析

专利池（patent pool）在我国法学界又被称为专利联盟（patent alliance）、专利组合许可或专利联合许可、专利集管或专利集中授权，是指两个或两个以上专利权人达成的关于专利的协议约定相互之间交叉许可或者共同向专利权人以外的第三人授权许可使用专利的专利联营组织，或者两个或两个以上专利权人组成的专利联合体。张平认为，"patent pool"通常被直译为"专利池"。"专利池"虽然也有集结专利的意义，但缺少企业联合经营管理专利的意义，将"patent pool"翻译为"专利联营"更为恰当。[1]但笔者认为，专利池的概念不能与专利联营相混淆，专利联营主要是商事行为，以营利为目的，而专利池并不单纯包括商业性专利池，也包括公益性专利池。公益性专利池不可能被称为"专利联营"。当然，公益性专利池应该属于反垄断法适用除外的范围，因为其不作为经济主体从事商业竞争，在这个意义上，在反垄断法关注的视域中，专利池可以仅仅指称专利联营，两者彼此替代并无不可，甚至"专利联营"相较于"专利池"的称谓更明确地揭示了这种联合许可形式与反垄断之间的紧密联系，但在专利法等领域，仅仅以专利联营为考察对象无疑是不全面的。专利联营在欧盟被称作"技术联营"

---

〔1〕 张平："专利联营之反垄断规制分析"，载《现代法学》2007年第3期。

(technology pool)。欧盟委员会2004年公布的《关于对技术转让协议适用欧洲共同体条约第81条的指南》将技术联营定义为"两个或多个当事方将一揽子技术组合许可给联营贡献者及第三方的协议"。[1]在欧盟,技术联营的概念既包括双方或多方同意将各自的技术集合起来并将其打包许可的协议,也包括双方或多方同意对第三方许可并且授权他许可该技术包的协议。

专利池与专利联盟可以互用,但两者也存在一定区别,非同一概念。专利池是两个或多个专利权的资产组合,专利池的所有者组成联盟;该联盟是同一行业中的若干企业以专利权为基础,通过订立联合管理协议而将其专利权集中到一起的正式或者非正式联合组织,目的是方便专利权之间的相互许可或统一向第三方许可。专利联盟是由多个专利权拥有者为了能够彼此之间分享专利技术或者统一向外进行专利许可而形成的一个联盟组织。专利联盟的成立以专利联盟所有成员法律地位上的独立性为前提,法律个体独立性的丧失意味着专利联盟存在基础的丧失。专利联盟以相应的专利池为载体,以联合协议为依据,对专利池中的专利权享有普通许可实施权、市场管理权、利益分享权等。专利池被专利联盟所拥有,专利池的许可由该联盟共同受理,也可以由其中的一个权利人受理或由某第三方组织受理。易言之,专利池的本质乃是基于协议成立的专利权的集合体,专利联盟是池中专利权所有者的集合体;专利联盟是主体,专利池是客体。专利联盟的成员是专利权人,专利池的组成部分是专利权;专利权人支配专利权,专利联盟支配专利池。[2]专利池与知识产权结算中心(IP clearinghouse)

---

〔1〕 Commission Notice-Guidelines on the Application of Article 81 of the EC Treaty to Technology Transfer Agreements, OJ C 101, 27.04.2004.

〔2〕 唐春霞:《专利池的市场定价方法研究》,知识产权出版社2013年版,第49页。

的目的虽然都在于解决因知识产权激增而产生的经济效率低下问题,但知识产权结算中心就像技术市场中在 IP 所有者和 IP 使用者之间的中间人一样,其范围比专利池更广泛,通常由第三方组织管理而不是由一个或多个成员管理,往往具有独立的目标。例如,生物/制药技术信息交换中心可以提供生物/制药技术专利数据库,并允许搜索和识别知识产权所有者,促进许可和负责收取特许权使用费以及代表专利持有人监督使用。[1]

第一节 专利联营与标准必要专利组织:以医药与通讯的行业类型为中心

一个协商的行业标准的存在虽然可以让专利池更容易形成,但成功的专利池不需要行业标准。从各种行业中专利池的历史我们可以看出,许多专利池都是"非标准设定"环境的产物。[2]《欧盟指南》认为,专利联营与标准其实没有内在联系,但在实践中,联营中的技术往往在事实上或法律上支持了行业标准。专利联营常常与技术标准结合,越来越标准化已是铮铮事实。特别是在经济全球化下,专利联营和技术标准(特别是国际标准)的结合成了发达国家控制全球产业发展、获得高价值回报的重要手段。许多专利池涉及建立和管理符合既定行业标准的专利,然后授予对该标准必不可少的专利的非独占

---

[1] Reiko Aoki and Aaron Schiff, "Promoting Access to Intellectual Property: Patent Pools, Copyright Collectives and Clearinghouses", *R&d Management*, Vol. 38, No. 2, 2008.

[2] Frank Grassler and Mary Ann Capria, "Patent Pooling: Uncorking a Technology Transfer Bottleneck and Creating Value in the Biomedical Research Field", *Journal of Commercial Biotechnology*, Vol. 9, No. 2, 2003.

许可。[1]在信息和通信技术领域，标准化与专利池密切关联。如果与标准相关的专利是由多个实体拥有，专利池可以满足专利标准化的需要。[2]推进技术标准化的一个最主要方式就是组建专利联营，以专利联营的形式经营标准。MPEG-2专利联营、DVD-6C、3C专利联营、W-CDMA专利联营等全球范围内影响较大的专利联营大多与国内外的技术标准体系有关，通常基于特定的技术或标准。从池中获取单个许可证意味着被许可方可以通过标准化方式获取池中专利所涵盖的所有知识产权，并且，标准化许可通常提供给任何想要的人。在信息技术行业中，围绕共同技术标准形成一个池相对简单，并且可以确定哪些专利对于标准是必要的。在生物技术和制药方面，恰恰由于技术标准难以精确定义，因此专利池的形成往往更加困难。

普通型专利池主要是事后评估型专利池，即将该产业的必要专利都吸收到专利池中，然后通过技术标准的制定将专利池中的专利技术融入技术标准之中。这种专利联营与技术标准相结合的模式是由企业先组建专利联营，不同的专利联营可能支持竞争性的标准，通过市场竞争之后最终胜出的成了相关产业的标准。[3]由于技术标准建立于专利联盟各方协商的基础之上，故而在制定标准时，各方专利权人完全可以要求将相关的专利技术都纳入该标准体系之下，形成标准体系。当此种标准为国际标准化组织所认可后，其影响力与权威性使得该技术标准能

---

[1] Frank Grassler and Mary Ann Capria, "Patent Pooling: Uncorking a Technology Transfer Bottleneck and Creating Value in the Biomedical Research Field", *Journal of Commercial Biotechnology*, Vol. 9, No. 2, 2003.

[2] Ruben Schellingerhout and Piero Cavicchi, "Patent Ambush in Standard-setting: The Commission Accepts Commitments from Rambus to Lower Memory Chip Royalty Rates", *Competition Policy Newsletter*, No. 1, 2010.

[3] 参见张平主编：《冲突与共赢：技术标准中的私权保护》，北京大学出版社2011年版，第136页。

第七章 专利联营许可的滥用市场支配地位行为类型学分析

够迅速推广。而技术标准型专利池往往被用于专指技术前端控制型专利池，是由相关产业的若干企业组成技术联盟，共同制定某项技术的标准后，根据技术联盟中各成员的优势，联合和分工研发满足该标准的各项核心专利技术，然后在技术授权市场通过彼此预先交互授权、共同拟定符合该技术标准的专利清单、许可费分配比例后，贡献各自核心专利构建专利池，共同或委托其中一家企业对需要该技术的第三人进行打包许可。[1]专利池构建完成后，以核心专利为基础形成技术标准，推出候选技术标准，然后由政府、标准化组织采纳为法定标准或由行业内部接纳为行业标准，使"技术专利化、专利标准化"成为现实。技术前端控制型专利池可以避免研发资源的浪费，降低研发风险，使成员的技术领先于本行业的其他企业。在这种情况下，由技术领先的企业或企业集团组成的技术联盟构成组建专利池的先导，并由于专利与技术标准的结合，技术拥有者成功地将自己的专利（私权利）包装到技术标准（公权利）中，再通过公权力的力量使自己的私权利得到最大程度的推广和延伸，以实现专利联盟成员利益的最大化。一方面，其他企业采用标准就必须对其中的专利技术付费，这是标准的产权效应。另一方面，采用一个标准就必须采用标准涉及的全部专利，这是标准的捆绑效应，发达国家和跨国公司就是通过这种手段实现其全球扩张。[2]无论是事后评估型专利池还是技术前端控制型专利池，两者均通常为具有事实标准的专利池（patent pools with de facto standards），均通过开拓市场将自己的技术标准作为事实上的标准，借助扩大产品和相关技术的市场容量进一步占

---

[1] 吴秀明："专利联盟（Patent Pool）与公平法之联合行为管制（上）——以'飞利浦光碟案'中吊诡的竞争关系为核心"，载《月旦法学杂志》2009年第174期。

[2] 张政主编：《企业技术创新》，湖北科学技术出版社2014年版，第80页。

知识产权与竞争法贯通论

领主要市场,然后成功将事实上的标准华丽转身为法定或协定的技术标准。

另一种类型是,在技术标准制定后,标准必要专利权人组建专利联营,利用专利联营统一管理必要专利并进行许可业务。拥有相关产业领域先进技术的企业或企业集团为了保持自身的领先地位,主持制定所处产业的技术标准,再以此标准为基础征集必要专利组建专利联营,具有很强的市场针对性。这种模式是标准在先、许可在后,基于特定的技术标准组建专利联营,可谓产业标准驱动型专利联营。随着全球化趋势和技术标准网络效应的日益加强,越来越多的企业认识到借助技术标准建立专利池的优势,利用专利池模式对技术标准积极地进行市场推广。当今电子通讯领域的主要技术标准下大都建立了一个或多个专利池,专利联营也成为推行标准所必不可少的有力保障。在这种模型中,参与标准的企业可以向标准管理机构提出为其标准建立专利池的请求,专利池由专业的专利池管理机构建立和运行,专利池管理机构将知识产权捆绑在相同的技术标准上。最具代表性的就是 MPEG-2 专利联营体。国际标准化组织和国际电工委员会第一联合技术组(ISO/IECJTC1)于 1988 年成立运动图像专家组(Moving Picture Expert Group),简称 MPEG,负责数字视频、音频和其他媒体的压缩、解压缩等国际技术标准制定工作。MPEG-1 标准最初是免费使用的。MPEG-2 标准制定完成后,一些专利技术贡献方意识到标准背后的巨大商业利益,于 1997 年组建 MPEG-2 专利联营。该专利联营是针对特定技术以 MPEG-2 标准为基础,以实施该技术标准为目标的专利联营,汇集了美国加州大学、飞利浦、东芝、索尼、法国电信公司、富士通、佳能等在内的多家高校和企业的技术。专利权人将与 MPEG-2 标准实施相关的专利许可给专门的管理机构 MPEGLA(MPEG Licensing Administration),由该

第七章 专利联营许可的滥用市场支配地位行为类型学分析

机构专门向全球范围的用户进行 MPEG-2 的核心专利的非歧视、一站式许可（one-stop licensing），并负责分配专利许可收益。MPEGLA 作为许可管理公司，根据集中的许可费收取大约 5%~10%作为专利管理费。从 1997 年以来，MPEG-2 专利联营从初创的 8 个专利权人、100 个必要专利（25 个专利族），到 2002 年发展为 39 个国家的 20 个专利权人的 425 个必要专利（100 个专利族），涵盖了 MPEG-2 的编解码、标准等核心专利。目前被许可人有 400 余家，占领世界范围内 MPEG-2 产品的绝大多数市场份额。2010 年组建的中国彩电专利联营即是基于"信息技术先进音视频编码"（Audio and Video Coding Standard，AVS），包括系统、视频、音频等三个主要标准和一致性测试等支撑标准，力图克服标准制定和专利授权割裂的弊端。

长期以来，技术标准一直作为公共物品为人们所认识、接受和使用，具有公共或准公共的性质，并尽可能为所有人平等获取，为消费者提供在同类技术中产品的互操作性保障，而产权更多的属于私人领域，且旨在于预定时期内给予一方专有权。因此，早期的标准化组织尽可能避免将专利技术带入标准，一项技术即便非常先进，但如果被知识产权保护，标准制定组织通常拒绝在标准制定过程中对其加以采纳，以避免被确定为标准后引发诸多掣肘。尽管随着高新技术的持续发展、专利数量的迅猛增长，标准中纳入少量乃至大量专利技术势不可遏，当前许多标准化组织对于必要专利技术纳入标准不再深闭固拒。美国国家标准协会（American National Standards Institute，ANSI）规定，如果技术上可以证明标准包含专利技术，则美国国家标准提案原则上不排除专利条款。不过，大多数标准必要专利组织迄今仍然将专利的利益索求限制在一个合理的水平，通常具有广泛的包容性，以覆盖全行业技术系统的既定规范或要求为己任，在某种程度上代表公共利益，致力于标准在行业中的推广,以保证标准的公益性为自身存在合法性的基础。与之相对,专利池包括商业性技术专利池和公益性技术专利池,尤其是专利联营更加偏向于"私有"经济利益,未必全然考虑全行业的整体利益,加之专利联营的协调一致行动使得知识产权人以其所拥有的受知识产权保护的技术建立私有标准更为容易。如果该专利联营囊括的主体范围有限,其他竞争者可能会挺身而出挑战这一私有标准,但问题在于,专利联营联合了本会为自己的技术能成为技术标准而相互竞争的专利权人,为其提供了保护,使其既恰当地参与私有标准的制定又免于放弃自己的知识产权,可能造成私有标准事实上屹立不倒的局面。正是这样,《欧盟指南》特别强调专利联营在支持了标准或者建立了事实上的标准之后,会通过阻止其他可选择的技术进而减少创新,这种标准以及与之有关的专利联营会让其他新技术或是改进的技术很难进入该市场,日本公正交易委员会 2005 年发布的《技术标准和专利联营指南》(「標準化に伴うパテントプールの形成等に関する独占禁止法上の指針」,*Guidelines on Standardization and Patent Pool Arrangements*)也将专利联营与技术标准联合进行反垄断法审查。

技术标准的建立主要包括通过由政府及其授权的标准化组织或国际标准化组织确认为法定标准和通过市场竞争成为被市场认可的事实标准,而专利联营的建立主要包括基于合同的专利池、基于专利公司的专利池和基于信托的专利池三类。其中基于合同的专利池一般适宜于针对特定技术的小型专利池,缺乏复杂、严密的组织管理机构;基于专利公司的专利池则一般适宜于大型开放式专利池,具有比较完备的组织管理机构;基于信托的专利池由于信托兼有合同性质也具备企业的特征,属

第七章　专利联营许可的滥用市场支配地位行为类型学分析

于介于企业与合同之间的混合型治理机制。[1]标准必要专利组织主要是负责标准的制定，专利联营主要涉及专利使用许可，是企业推广技术标准、获取经济效益的重要工具；前者为"体"，后者为"用"。特别是开放式专利联营通常采取一站式打包对外许可方式，或委托专利联营成员代理，或授权专设的独立实体机构，将联营内所有的专利捆绑在一起对外许可且采用统一的许可费标准，按照各成员所持专利的数量比例对许可费收入进行分配。例如，中国彩电专利联营的工作在于代表各成员进行专利许可谈判，采用"一站式"的许可方式。又如，我国蒙医药专利池和重庆超声医疗器械产业知识产权联盟都是旨在聚合专利成果，将池内专利变得有价有质，开展专利运营，联营成员之间的专利产品可以互相授权使用并集中授权给第三方使用，使技术转移转化交易变得更有序。标准必要专利组织本身并不介入专利许可，虽然允许专利技术加入到标准中，但不负责专利许可谈判，只是要求专利权人承诺公平合理无歧视许可原则或免费许可原则。进而言之，即便对于组织成员专利许可进行原则性规制也奉行单独许可原则，即专利权人在标准化组织之外独立地进行专利许可。单独许可是ITU、ISO、IEC、ITF等各大标准化组织的一般原则，而专利联营的许可模式包括交叉许可、联合许可、混合许可。在专利联盟内部，如果成员较多时，在各个成员之间都分别进行交叉授权就很不方便。所谓联合许可模式，即由许多专利权人另成立一个独立个体，成员的专利权移转或许可给该个体，再由该个体进行许可，此个体可能是合伙企业或是有限责任公司。混合许可模式，即许多专利权人可彼此相互交叉许可，各自皆可使用彼此的专利权，

---

[1] 袁晓东、李晓桃："专利池的治理结构分析"，载《科学学与科学技术管理》2009年第8期。

知识产权与竞争法贯通论

然后再由其中一个专利权人统一再许可给第三人,即由联盟成员签署合约将集中的专利移转给一个许可人,由其负责对外的许可。在由技术标准相关专利的企业组成专利联营的情况下,专门的标准制定机构基本上不参与技术标准相关专利的许可谈判,仅仅将技术标准的相关信息提供给公众,由公众自行选择,而对外许可专利一般发生于企业之间组建的联盟,专利联营实际上只是一种标准必要专利的对外许可方式。

标准组织并不鉴别必要专利和非必要专利,但入池专利的必要性的标准是专利池最重要的标准之一,既是发达国家近年来才在专利池反垄断审查中格外强调的,也是专利联营据以决定专利权人许可费的依据所在。因此,在基础专利池协议中对必要专利进行正确定义至关重要,以确保专利池所包含的专利不会相互竞争,避免专利池沦为无效专利的庇护所。[1]在欧盟,如果一项专利技术在联营内外都没有替代技术,并且该争议专利技术构成与生产产品或实施与联营相关方法的必要组成部分,则该技术专利为必要专利。联营专利必要性的检验标准有两种,即技术标准和经济标准。技术标准强调必要专利的不可替代性,即实施某一特定标准不可避免地会受到侵犯的专利。经济标准则是从经济实用性的角度来说的,强调放入专利池中的专利对于实施相关技术(或技术标准)而言是必不可少的,为生产符合标准的产品必然会侵犯该专利。这种实际应用性要依据在实践中绕开"障碍专利"的成本效益进行分析,尽管存在替代性技术,但如果绕开某一障碍专利的成本所费不赀,替代专利技术的采用在经济上不甚现实,则此障碍专利在实际应用中也可能成为必要专利。专利池中的专利存在替代关系时,其中之一

---

[1] World Intellectual Property Organization, *Patent Pools and Antitrust-A Comparative Analysis*, Prepared by the Secretariat, March 2014.

必然不是必要专利。此外，即使与池中其他专利不构成替代关系但并非是实现技术所必需的专利，亦属于非必要专利。

相对而言，技术标准较为客观，而经济标准较为弹性，具有更大的主观随意性，会导致联营中包含的专利有可能是替代专利。被许可人和反垄断主管机构从技术角度来判断专利必要性通常会面临极大的困难，有时甚至是难以逾越的障碍，因此更加青睐于经济标准的判断。必要专利必然会是互补专利，反之则不然。如果联营中包含有非必要专利，则意味着被许可人必须为不需要的技术付费，其产生的反竞争效果需区分两种情况加以分析：其一，联营包含有非必要但互补专利。是时，被纳入一揽子许可中的非必要专利有可能产生封锁第三方技术的危险。其二，联营包含有非必要的替代专利。是时，部分替代专利被纳入联营后与必要专利实施一揽子许可，则可能会将未纳入联营的替代专利排除出技术市场；部分替代专利被纳入联营后设立固定的对外许可条件，则会限制这些替代专利之间的竞争。美国《反托拉斯执法与知识产权：促进创新与竞争》报告明确指出："包含有替代性技术的专利池会有增加专利费率的反竞争危害，因此反垄断分析的重要一点是考查入池专利是否以及在何种程度上是互补或者相互替代的。"[1]欧盟委员会在评估包含非必要技术的专利池时通常需要考虑以下四个方面：第一，将非必要技术纳入专利池是否可能鼓励竞争；第二，许可人能否自由许可各自的技术；第三，当专利池里的技术有独立

---

[1] U. S. Department of Justice and the Federal Trade Commission, "Antitrust Enforcement and Intellectual Property Rights: Promoting Innovation and Competition (04/2007)", available at https://www.ftc.gov/sites/default/files/documents/reports/antitrust-enforcement-and-intellectual-property-rights-promoting-innovation-and-competition-report.s.department-justice-and-federal-trade-commission/p040101promotinginnovationandcompetitionrpt0704.pdf, 2019-05-10.

用途而无须池里其他技术配合时,专利池是否允许单独许可这项技术,或可以针对不同的用途提供独立的技术包;第四,专利池里的技术可否单独许可,被许可人可否以较少的许可费获得其中一部分技术的许可。

专利联营集结的必要专利受技术进步等因素影响并非一成不变,需要通过专利更新制度(patent renewal system)和易除程序以有效地提高专利效率。在专利联营成立后,新专利还可能源源不断地加入并实际应用于产品,事关专利权人的地位升沉以及专利许可费的重新分配。新专利倘若属于普通专利,通常是免费的交叉许可,专利的贡献人并不会获得许可费收入。新专利只有经过专利联营委员会或专利联营聘任中立的第三方专家审查评估后,才可能跻身于"必要专利",给贡献者带来授权金的回报。以 MPEG-2 专利联营(MPEG-2 pool)为例,专利被分为"必要专利"(essential patent)和"相关专利"(related patent)。前者指构成 MPEG-2 的基本互补性的技术;后者指基于现存的必要专利的改进专利。同一个必要专利可以产生多个改进专利,且可能均与 MPEG-2 标准兼容。如果这些专利也自然进入专利联营,必然破坏基于 MPEG-2 必要专利的创新竞争。基于此,标准化机构不应当将相关专利纳入专利联营。欧共体委员会 1988 年批准建立的欧洲电信标准化协会(European Telecommunications Standards Institute,ETSI)用标准来定义产品、指导生产,其制定的推荐性标准常被欧共体作为欧洲法规的技术基础而采用并被要求执行。欧洲电信标准化协会认为知识产权披露基于诚实信用原则,协会本身对于专利是否为必要专利不适合评价,但是,这可能导致标准被无关紧要的专利所充斥,从而妨碍竞争。例如,2003 年,欧盟委员会竞争法总监应大量企业的投诉和请求,调查后认定欧洲电信标准化协会网上知识产权披露数据库关于 SR000314 的知识产权公告相当程度地扭曲

第七章 专利联营许可的滥用市场支配地位行为类型学分析

了相关市场的竞争。欧洲电信标准化协会最终承认在特殊情况下有义务采取"移除"的措施。可以说,对支持技术标准组建的专利联营,不能以标准组织公布的"必要专利"为依据,更应该特别强调必要专利和非必要专利的界分,强调公开公正的评估程序。在 DVD 的 3C(Three Companies)专利联营审查中,美国司法部首先关注确定必要专利的标准。荷兰飞利浦公司、日本的先锋公司、日本的索尼公司组建的 3C 联营认为,专利只要是对 DVD 标准"实用的必要"(necessary as a practical matter)即可以进入 3C 专利联营。这一标准显然低于美国司法部要求的没有替代技术的"必要"的标准,容易受主观解释的左右将可替代专利纳入标准之中。在必要专利的评估过程中,3C 虽然任命专家组对所有拟进入专利联营的专利进行评估,但美国司法部认为,3C 的专家鉴定遴选机制存有瑕疵,受雇于 3C 的专家具有天然的动机把飞利浦、索尼、先锋拥有的、相互竞争的专利纳入到专利联营中,妨碍竞争。[1]3C 的专利联营提供了四年一度的必要专利盘查,对必要专利的评估呈现持续的动态过程,以将已经超过专利保护期的专利以及因为成员退出涉及的专利及时排除出专利联营,引进新的必要专利。在技术标准的建立过程中,整合必要专利固然存在需要,但事实上,技术标准的专利提供集团(专利池许可受益方)和产品制造营销集团(主要是被许可方和产品制造销售盈利方)往往会根据各自对核心专利池的贡献以及自身的市场份额博弈协商,取得一个各方都能接受的包括专利池政策、许可方式和技术标准的演进速度等内容的利益妥协方案,专利必要性并非技术标准的必要条件。

正如一位美国学者所言:"没有一个专利联营形成的原因是

---

[1] 张平:"专利联营之反垄断规制分析",载《现代法学》2007 年第 3 期。

单一的，也没有单一的管理专利联营的方式。"[1]19世纪中叶最早产生的专利池主要用来清除封锁专利的地位并停止专利敌对行动，例如在美国政府干预之后创建的飞机制造业技术专利池即是明证，或者在横向竞争者之间致力于分割市场、固定价格和其他反竞争目标。但在当下，除了罕见的纯粹以降低市场竞争度的专利联营外，专利联营根据其组建目的大体可以分为"建立行业标准"和"方便专利使用"的不同类型。以建立行业标准为目的而组建的专利池通常是最知名和最有影响力的专利池，池内的专利往往是围绕某行业标准的相关专利。这种专利池内设有专门的行业标准建立部门，对建立行业标准涉及的相关专利信息进行收集整理，之后由谈判部门将这些相关专利的专利权人吸收进专利池。以方便专利使用为目的而组建的专利池既可以是偏重内部交叉许可从而降低诉讼风险的专利池，也可以是为实现一定公益目的而注重专利分享的专利池。前者一般只进行联盟内的相互许可，不进行第三方许可。这种类型差异在很大程度上基于不同的行业特征需求，在电子通信行业，互联互通的需求至关重要，这成了电子和通讯领域成功建立专利联营的强劲动力。这些行业拥有设置行业标准的大量必要专利，所以标准型的专利联营引人注目。例如，3G手机技术专利池拥有数以千计的与标准有关的专利。与电子通信领域技术标准的竞争硝烟弥漫的景观不同，技术标准在生物制药技术行业专利池中少之又少。正是医药制造技术领域的技术标准程度低，该领域的标准制定组织领导构建的专利池不曾得见，技术标准化对组建生物制药技术行业专利池的促进作用甚微。在实践中，MPEG-2、DVD6C、3C专利池大都将相应的技术标准作为评估

---

〔1〕 饶爱民："专利联营概念的探析与界定"，载《电子知识产权》2010年第5期。

第七章 专利联营许可的滥用市场支配地位行为类型学分析

必要专利的标准,但在生物制药技术行业,互联互通的因素并不凸显。与之最相近的概念是药物组合使用,尤其是癌症和 HIV/AIDS 制药部门及其相关部门建立专利池的一个先决条件是确定专利池所需要的特殊专利。这本身就是一项困难的工作,除非只有一种药物可用于治疗特定疾病。如果是这样,专利池实际上是不必要的。不同专利的价值可能存在争端,行业之王鲜有加入这类专利池的动力。此外,如果对治疗特定的疾病有许多可供选择的药物,任何一家拥有没有被纳入专利池的药物的公司都有理由要求列入专利池并索取使用费。[1]"科斯定理"的传统观点表明,"专利丛林"问题可以通过公司之间的自愿合作来解决。公司之间的协作控制总体特许权使用费不仅对消费者而且对专利权人本身有益,使其有动力在技术定价方面进行合作。但事实上,标准机构在促进这种合作方面发挥了作用。[2]正是这样,虽然专利池可能有助于缓解专利丛林问题,但迄今为止生物制药技术领域的专利池为数寥寥,其原因即在于,一则生物制药技术领域的标准化需求较弱,一则专利对制药和生物技术行业的重要性高于其他行业,因此这些行业的企业可能不太愿意参与破坏排他性收益的专利池,而缺乏某些生物医学发现的替代品(如专利基因)可能会增加一些专利持有者的杠杆,加剧专利阻止问题。[3]与电子通信领域专利池为清一色的商业性专利池不同,生物制药技术行业除了眼科激光手术专利联盟、

---

[1] 张建武:《中药标准化与知识产权战略的协同发展研究》,知识产权出版社 2011 年版,第 66 页。

[2] Reiko Aoki and Sadao Nagaoka, "Coalition Formation for a Consortium Standard Through a Standard Body and a Patent Pool: Theory and Evidence from MPEG-2, DVD and 3G", *Institute of Innovation Research*, *Hitotsubashi University*, *IIR Working Paper*, No. 2, 2005.

[3] Michael A. Heller and Rebecca S. Eisenberg, "Can Patents Deter Innovation? The Anticommons in Biomedical Research", *Science*, Vol. 280, No. 5364, 1998.

黄金稻米专利联盟、绿色荧光蛋白专利联盟和动物繁殖技术专利联盟等追求利益最大化的商业性技术专利池之外，SARS专利池、艾滋病药物专利池、基本医疗发明专利池等公益性技术专利池以公共利益为出发点，每每注重于将具有人道主义色彩的技术或药品进行深入研发与推广，以期通过专利池的形式达到方便使用相关专利技术以支持研发和推广的目的，在实现公益的同时尽量兼顾专利权人应得的商业利益。在电子通信产业已建立的专利池中，所囊括的成员基本上都属于同一市场结构内的上下游企业，但是生物制药技术领域构建专利池所吸纳的成员多数是持有众多生物制药技术专利的研究机构、高等学院。美国和欧盟在对专利联营的反垄断分析时对包含替代性技术的专利联营采取质疑态度，将仅包含必要专利的专利联营作为判断促进竞争与否的标准，但要求包含在专利池中专利的条件应当是"必要的"对于生物制药技术产业的专利联盟而言可能是比较困难的。对于公益型的专利联盟以及生物研究的许多技术领域而言，专利联盟可能是最有益的，但是当最终的产品尚不存在而有待开发时，非常难以证明入池专利的必要性，反垄断执行机构不能用信息技术的必要性标准对生物制药技术产业专利池进行判断。

2003年初，严重急性呼吸系统综合征（Severe Acute Respiratory Syndrome，SARS）在全球多地蔓延，世界卫生组织建立了一个实验室网络以分离致病病毒并测定其基因序列。实验室网络中的两个研究小组各自独立地测定了SARS冠状病毒的基因组，对此做出贡献的实验室分别申请了包含SARS基因组序列数据的专利。之后，许多公立和私立研究机构在这一领域进一步的研究也相继产生了更多的专利申请。SARS病毒的迅速分离和测序是科学界联合研发的范例，同时也暴露出了基因组相关专利的迅速增长导致专利"丛林化"的负面效应。由于该基因组

第七章 专利联营许可的滥用市场支配地位行为类型学分析

序列是 SARS 疫苗、诊断工具和药品的研发绕不开的基础,只要任何一个专利权人采取独占许可的方式,则 SARS 下游产品的研发势必面临侵权风险。为了避免众多的专利申请可能导致复杂且不确定的知识产权问题并阻碍进一步的 SARS 病毒疫苗的研究与开发,世界卫生组织 SARS 咨询小组协调相关研究机构组建 SARS 专利池,解决与 SARS 冠状病毒相关的潜在的知识产权问题,确保疫情发生时能够方便及时获得 SARS 疫苗及治疗方法。[1] 2005 年,抗艾滋病必要专利池(EPPA)成立,旨在促进全球抗艾滋病的持续深入和扩展所需技术的方法和创新,将专利池内的专利公开许可给所有抗逆转录病毒药物的供应商,授权许可使用其专利制造仿制药,以降低现有的抗逆转录病毒药物价格。专利池所需专利的初始清单由抗艾滋病必要专利池通过评估世界基金组织及其伙伴的现有需要而制订。在专利清单列出来后,抗艾滋病必要专利池寻找自愿将生产进出口医学治疗产品的专利许可给专利池的专利持有人。抗艾滋病必要专利池与重要专利权人签订谅解备忘录,详细规定各方所要遵循的使用这些特定专利的条款。如果 90 天内自愿协商失败,董事会将从合适的世贸组织成员中寻求非独家的公开许可。抗艾滋病必要专利池与希望加入专利池的国家、政府签订谅解备忘录。加入专利池的国家同意许可给所有供应商,使其得以进行生产、进出口货物的活动,并降低各机构加入专利池的门槛。[2] 2008 年,联合援助计划(UNITAID)原则上同意成立专利池,以使中低收入国家可以更多地获取适宜和价廉的医药。在国际药品

---

[1] Geertrui Van Overwalle, "Esther van Zimmeren, Birgit Verbeure and Gert Matthijs, Dealing with Patent Fragmentation in ICT and Genetics: Patent Pools and Clearing Houses", *First Monday*, Vol. 12, No. 6, 2007.

[2] 徐健、苏琰:《专利池的运营与法律规制》,知识产权出版社 2013 年版,第 75—77 页。

采购机制（Unitaid）支持下于2010年成立的药品专利池（Medicines Patent Pool，MPP）通过与原研药企就药品专利的自愿许可进行谈判，使原研药企将其药品专利放入专利池后，仿制药企向药品专利池申请获得专利池中的专利实施许可，生产并向中低收入国家供应仿制药。[1]专利权人将药品专利许可授权MPP需承诺放弃其享有数据独占权。不仅如此，仿制药企在MPP许可下生产的药品在协议约定的国家上市销售时，通常也需放弃其在这些国家可享有的独占权。MPP虽然在整体上削弱了发展中国家运用专利挑战、平行进口、强制许可等TRIPS协议条款灵活性解决本国公共健康问题的积极性和正当性，但以创新的可选措施在原研药企追求投资回报的商业诉求（甚至垄断利益）与政府保障公民生命权和健康权的职责之间寻求平衡，在一定程度上缓解了此起彼伏的药品专利强制许可造成的紧张，在促进公共健康中发挥了桥梁作用。一方面改善部分中低收入国家的患者对治疗艾滋病、癌症、结核病和丙肝等现有药物和新药的可及性，另一方面也让原研药企无须在规模有限的市场上以极高的成本为新药开拓销售渠道，就能获得许可使用费或免费许可并赢得良好的社会声誉。

第二节 专利联营类型对反垄断行为特征的影响

从学理而言，企业面临更激烈的竞争时往往倾向于为发明申请更多的专利。知识产权和由于监管或高进入成本的竞争弱化为现有企业的创新提供了保护，因此没有理由承担提交知识

---

〔1〕 Krista L. Cox, "The Medicines Patent Pool: Promoting Access and Innovation for Life-Saving Medicines through Voluntary Licenses", *Hastings Science and Technology Law Journal*, Vol. 4, No. 2, 2012.

第七章 专利联营许可的滥用市场支配地位行为类型学分析

产权和披露其技术的成本。然而,专利反过来降低了市场竞争程度,因此很难在市场均衡中观察到专利与竞争之间的相关性。[1]欧盟委员会在一起对制药行业的案件调查中发现,一种药物存在1300项欧盟专利(专利集群),提交了近700起与仿制药公司提起专利诉讼的案件,由于一些创始公司采用了防御性专利策略而阻碍了竞争制药公司的创新之路,消费者获取创新药物的机会被延迟。[2]

基于同一行业的相关专利关系,专利技术可以大致分为障碍专利(blocking patents)、互补专利(complementary patents)、竞争或替代专利(competing or substitutable patents)、不相干专利(independent patent)和互不相关专利(unrelated patents)五种类型。如果在没有许可证的情况下,每项专利的实践会侵犯对方,专利A和B都处于封锁关系中。如果B的实践需要A的许可,但A不会侵犯B,那么A和B属于单向障碍关系。这通常对应于B在某种程度上改善A的情况,导致专利A与专利B部分重叠,致使改进专利B的实施将会落入基础专利A的范围,或者A可能涵盖研究工具或生产B所涵盖产品所必需的其他过程,改进专利B在没有得到基础专利A的授权时就无法进行其发明,基础专利A在没有得到改进专利B授权的情况下同样也无法实施。如果专利A和B涵盖了可以使用任何专利技术制作或利用的产品或流程,则它们可以相互替代。如果专利A和B既不是替代品也不是补充品,则它们是独立的。[3]如果一家企

---

[1] Victor Rodriguez, "Patent Pools: Intellectual Property Rights and Competition", *The Open AIDS Journal*, Vol. 4, No. 1, 2010.

[2] Victor Rodriguez, "Patent Pools: Intellectual Property Rights and Competition", *The Open AIDS Journal*, Vol. 4, No. 1, 2010.

[3] Richard J. Gilbert, "Antitrust for Patent Pools: A Century of Policy Evolution", *Stanford Technology Law Review*, Vol. 2004, 2004.

业生产产品 N 的过程中必须同时使用 A、B、C、D 四项专利技术和取得该四项专利技术的专利权人的许可，否则其中单独一项技术专利在未取得其他任何一个专利的授权的情况下都将变得毫无价值，该产品的生产也将无法进行，该四项专利技术即构成互补关系，相辅相成，彼此组合或结合使专利技术得以物尽其用，均对生产与之有关的产品或实施与其相关的工艺具有不可或缺性。在甲可以独立使用其专利技术 A 生产出产品甲 A 而乙可以独立使用其专利技术 B 生产出产品乙 B 时，如果产品甲 A 与乙 B 从功能、性能、质量等方面相同或基本相同，亦即具有在相关产品市场上的需求相互替代性，则专利技术 A 和专利技术 B 构成竞争或替代关系。与竞争专利技术可以生产在市场上相互替代的产品不同，不相关专利技术指的是相互之间没有任何关系的专利，是生产同一种产品的两种或两种以上的技术途径。[1]论者或谓障碍专利与互补专利相似，单向或双向封锁的专利从某种意义上而言本身也是互补的，一项专利的价格上涨或其可用性的降低会降低另一项专利的价值，以至于对二者不加严格区分而统称为互补专利。究其实质，在专利权交易的技术市场上，不同于多项专利之间可以实现同一技术目标而彼此互不侵权的专利竞争（patent competing）或专利替代（patent substitute）关系，在专利之间构成障碍关系时，被牵连的专利只有获得对方的许可才可实施。与此相对照，互补关系的专利是在不同的发明者就一项大发明中的不同组成部分分别申请专利后形成的产物，不具有替代性，执行完全不同的功能，虽然能单独实施而无须获得对方的许可，但其可行的实施方式是基于两项专利的联合以完整实现某一技术功能，被许可人不可能择

---

〔1〕 唐春霞：《专利池的市场定价方法研究》，知识产权出版社 2013 年版，第 54 页。

第七章　专利联营许可的滥用市场支配地位行为类型学分析

其一而弃其余以生产被许可产品的技术专利。欧盟2004年《关于对技术转让协议适用欧洲共同体条约第81条的指南》第216条规定，如果两项专利技术都是生产产品或实施与该技术相关的方法所必需的技术，则其为互补性技术而非替代性技术。反之，如果任何一项技术的持有人都可以生产产品或实施与其技术相关的方法，则其为替代性技术。补充性和替代性技术之间的区别并非在任何情况下都是清晰的，因为技术可能一部分是替代性的，一部分是补充性的。如果两种技术结合起来能产生效率，因此被许可人可能需要这两种技术，则这两种技术可被视为补充性技术，即使它们具有部分替代性。[1]多项专利需要作为互补品而非替代品联合使用时会出现阻滞性权利要求问题。例如，在基因药物的研发过程中，一个小的生物制药技术公司所拥有一个有效的编码药物靶标的基因专利会使下游的制药公司将药物靶标开发成上市药物的任何努力面临侵权风险。反之，制药公司可以通过其拥有的生产工艺专利使生物制药技术公司将靶标最终转化为药物的努力面临不可逾越的法律障碍。

由于现代工业技术不断密集化，技术构成日益复杂化，现行专利体系的授权标准偏低，经营者对创新技术采取过多、过细的专利保护网，单个专利主导的时代已过去，相互重叠的知识产权越多，大量相关专利不断堆积使得在科学技术的攀登过程中需要借助的"巨人的肩膀"变成了"专利丛林"。专利往往是高科技公司资产集合中皇冠上的宝石。本不应受保护的技术资源在越来越多的知识产权篱笆内被围圈起来禁止入内，许多权利人都有权将其他人排除在公地之外，导致资源利用不足。许多厂商在研发新技术或新产品时举足触禁，不得不小心翼翼以避免侵犯他人的专利权。所谓"专利丛林"问题实为最早由

---

〔1〕　许光耀主编：《欧共体竞争立法》，武汉大学出版社2006年版，第246页。

经济学家安东尼·A.古诺（Antoine A. Cournot）提出的"互补品问题"（complements problem）。古诺从当时黄铜生产中的寡头垄断现象中发现，黄铜的两种生产必备原料铜和锌由 A、B 两家厂商分别垄断时，黄铜价格较之铜和锌由一家厂商垄断时更高，而黄铜生产者的利润更低。此时，单纯生产黄铜的厂商 C 最为被动，其黄铜产品的生产数量取决于 A、B 两家厂商的黄铜和锌的供给量，而同时作为垄断者的 A、B 两家亦无法决定黄铜的产量。古诺"铜锌双占"理论的基本原理是：当两种绝对的垄断相辅相成时，其中一种垄断非借助于另一种垄断而不能善于利用其产品，不能决定产品的价格水平。同理，如果一种产品或工艺存在分属于众多权利人的大量互补专利，同样会出现类似的低效结果。[1]假定 N 个专利权人集合起来的都是必要的互补专利，各专利权人独立授权相较于各专利权人结成专利池共同许可在生产成本上的加价百分比是后者的 N 倍。较诸开发新技术或新产品必须获得互补专利和障碍专利的单独授权，联合许可会给专利权人提供更大的收益且为消费者带来更低的价格，多家公司独立授权各自专利所获收益之和要小于联合许可所有专利所带来的收益。弗兰克·米歇尔曼（Frank Michelman）提出反公地理论（Anticommons Theory）后，米歇尔·赫乐（Michael Heller）和丽贝卡·爱森伯格（Rebecca Eisenberg）等人在探讨生物制药技术专利时指出，当众多行为者有权不受限制地使用集体财产（如农田或鱼池）而无权排除其他人使用该财产时，导致长期过度对资源的榨取，呈现出经典的"公地悲剧"；相反，如果某一产品或技术上的产权被严重分割，稀缺资源的拥有者有权排除其他人使用而自己也不能有效地利用该资源，将

---

〔1〕 张平、马骁：《标准化与知识产权战略》，知识产权出版社 2005 年版，第 131—133 页。

第七章　专利联营许可的滥用市场支配地位行为类型学分析

会阻碍经济资源的有效利用,形成所谓的"反公地悲剧"。该悲剧在于理性个体的独立行为可能造成从社会最优化角度而言资源低消费的集体浪费。[1]在稀缺资源上拥有排斥权的人数越多,资源以社会最佳方式使用的可能性就越小。按照米歇尔·赫乐和丽贝卡·爱森伯格的研究,20世纪80年代美国《拜杜法案》(Bayh-Dole Act)改革后,由于政府资助的大学或研究单位对其研究成果申请专利保护而取得专利权,从事市场开发的企业不再能够对此免费使用,必须与突然出现的众多专利权人进行谈判、取得授权才能从事产品开发。而专门从事科研活动的专利权人缺少对市场的理解而高估自身的专利价值,太多的所有者拥有以前发现的权利构成对未来研究的障碍,导致生物制药领域的专利技术使用严重不足,诱发了"反公地悲剧"的产生。

在被称为"生物技术世纪"的21世纪,表达序列标签("ESTs")可以应用于构建基因组物理图谱、研究基因功能、药物开发、品种改良等领域,成为许多从事人类基因组开发的私人公司竞相靠专利"立桩圈地"的对象。EST是一小段DNA,对应于cDNA片段,通常可以作为搜索全长基因的有用工具获得专利。如果后来发现的全长基因是"新颖且非显而易见的"(即只要专利权人公开了全长基因的新用途),也可以获得专利。[2]但为了使用全长基因,专利权人需要首先获得EST专利所有者的许可。由于典型的EST长度仅为400个至500个核苷酸,且典型的基因长度为2000个至25 000个核苷酸,许多EST可以在同一基因上获得专利,因此使用该基因片段的许可协议可能出现

---

[1] Michael A. Heller and Rebecca S. Eisenberg, "Can Patents Deter Innovation? The Anticommons in Biomedical Research", *Science*, Vol. 280, No. 5364, 1998.

[2] Molly A. Holman and Stephen R. Munzer, "Intellectual Property Rights in Genes and Gene Fragments: A Registration Solution for Expressed Sequence Tags", *Iowa Law Review*, Vol. 85, No. 3, 2000.

困难。生物制药行业的交易成本高的原因之一就在于禁止性的权利重叠和延展性许可协议（reach-through licensing agreements，"RTLA"）的障碍。生物制药技术公司虽然竞相获得基因和蛋白质组学研究的早期专利，往往导致权利重叠，但忽略了其为未来的下游开发和商业化创造了巨大的交易成本，从而创造了一个上游的"专利丛林"。[1] 堆叠许可在下游开发者从上游权利持有者处获得许可时出现，并产生大量的交易成本。延展性许可协议允许上游专利持有人获得后续下游研究的知识产权，任何潜在的下游开发者都不得不放弃下游发现的权利，可能是销售的特许权使用费。如果多个延展性许可协议与重叠且不一致的堆叠许可相结合，就可能会出现严重的反公地问题。[2]

美国联邦最高法院曾言："专利不是打猎的执照，不是对探索的鼓励，而是对成果结论的补偿（patent is not a hunting license. It is not a reward for the search, but compensation for its successful conclusion）。"[3] 避免这种"反公地悲剧"的方法之一是将分散的产权集合起来，交由单独的决策者进行控制。先进的技术缺乏专利制度保护将面临公地悲剧的风险，而专利制度的出现又使得先进的技术面临私地悲剧的风险。例如，如果对功能基因这样具有应用前景的新技术迟迟不给予专利保护，过度提高专利申请的门槛，就有可能挫伤人们前期研究的积极性，使得有利的资源条件得不到充分利用，也不可能继续进行使之

---

[1] Atif I. Azher, "Antitrust Regulators and the Biopharmaceutical Industry: Compulsory Licensing Schemes Ignoring Gene Therapy Patients' Needs", *University of Pennsylvania Journal of International Law*, Vol. 25, Iss. 1, 2004.

[2] Atif I. Azher, "Antitrust Regulators and the Biopharmaceutical Industry: Compulsory Licensing Schemes Ignoring Gene Therapy Patients' Needs", *University of Pennsylvania Journal of International Law*, Vol. 25, Iss. 1, 2004.

[3] Brenner v. Manson, 383 U.S. 519 (1966); 张乃根：《美国专利法判例选析》，中国政法大学出版社1995年版，第130—143页。

第七章 专利联营许可的滥用市场支配地位行为类型学分析

产业化的后期开发。但如果专利丛林使继续进行后续开发的负担太重而无以为继,整个生物制药产业可能被葬送。专利制度的出现解决的是公地悲剧,而作为专利权资产组合的专利池的构建所要解决的是专利制度存在的私地悲剧。将一系列专利技术组合在一起,以"一站式打包许可"为显著特点,使得生产某种产品成为可能,堪称穿越错综复杂的专利丛林最有效的方式。正如卡尔·夏皮洛(Carl Shapiro)所言,如果专利池集合起来的专利是互补专利而不是替代专利,那么将有助于解决专利丛林和敲竹杠问题,而无垄断之虞。例如,两个互补的封锁专利劫持人同意将其专利放入池中,并以商定的专利费率共同许可。与两家公司的独立许可计划相比,因为独立许可会遇到古诺互补问题,联合许可将会给专利权人提供更高的收益,同时为消费者带来更低的价格。[1]阻碍型专利池与"垂直关系企业合并"大体相似。如果企业彼此拥有对方单独利用某一技术所需要的支撑性专利,且任何一方都无法通过独立开发避开对方所拥有的障碍专利,那么,此时企业之间的关系可以被视为完全垂直的关系。改良专利在不侵犯基础专利的情形下是无法使用的,将这类专利进行打包组建专利池并没有减少消费者的自由选择权。假设专利池涉及的技术领域拥有成千上万的必要专利,这些必要专利又分散在多个权利人手中,如果专利池能够将这些必要专利中的大部分囊括其中,那么一站式许可这些必要专利的许可条款毋庸置疑具有降低检索及交易费用的效果。在很多情况下,在先发明发现与后续发明创造往往由不同的科研机构或商业组织所开发,纷繁复杂的相关专利技术、数量繁多的相关专利权人限制了交叉许可制度的适用空间,基因药品

---

[1] Carl Shapiro, "Antitrust Limits to Patent Settlements", *Rand Journal of Economics*, Vol. 34, No. 2, 2003.

知识产权与竞争法贯通论

专利池的构建成为迫切之需。[1]2017年,美国专利技术管理公司(MPEGLA)宣布成立CRISPR-Cas9技术专利联盟(也称专利池),邀请各相关方将其专利工具提交给某个单一联合体以简化许可证流程,使得原先只能拥有"拼图中的一块"的专利持有者在成为专利联盟成员后能够获得更广泛的知识产权许可。这种基因药品专利池对其所含的各种技术进行"一站式许可",缩减了分别与数个专利权人进行多次协商谈判的成本,[2]减少对许可协议的不必要的诉讼,[3]降低交易成本,限制许可费的总额,避免双重加价,避免专利权碎片化难题,确保基因药品的可及性。在未组成专利联盟的情况下,各企业均会竭尽全能保护其研发成果,避免自己的成果被泄漏出去。专利联盟专利池为技术信息的交换提供了正式的机制,而不是依赖商业秘密。这在生物制药技术领域特别重要,可使其成员之间就相关技术的咨询互相交流,有动机避免重复研发,更便捷地获取信息,充分运用有限资源。[4]当项目所需的每项专利必须单独获得个体专利所有者的许可时,最后一项必要的许可专利相对于其范围和技术优点更昂贵的情况并不罕见。因此,如果一个潜在的被许可人已经通过专利丛林并获得了所有必要专利的许可,那么最后一个专利权人对谈判具有独特的控制影响。使用专利池

---

[1] 刘鑫:"TPP背景下基因药品专利池之构建、管理与运行",载《电子知识产权》2015年第11期。

[2] 许光耀主编:《欧共体竞争立法》,武汉大学出版社2006年版,第245页。

[3] Atif I. Azher, "Antitrust Regulators and the Biopharmaceutical Industry: Compulsory Licensing Schemes Ignoring Gene Therapy Patients' Needs", *University of Pennsylvania Journal of International Law*, Vol. 25, Iss. 1, 2004.

[4] Victor Rodriguez, "Patent Pools: Intellectual Property Rights and Competition", *The Open AIDS Journal*, Vol. 4, No. 1, 2010.

禁止一个专利所有者施加足够的权力来扼杀新的研发[1],在纾解、防止专利劫持和专利阻止方面具有得天独厚的优势。必要专利权人加入专利联营必须签署契约,承诺将其拥有的必要专利通过专利联营进行合理非歧视性许可。如果制造企业决定投资或者进行配套技术研发,可以从专利联营取得许可,而无专利劫持和专利阻止之忧。

尽管管理每个池的合同条款是针对所拥有的技术和专利量身定制,但所有的知识产权池都建立在权利人放弃其排他权的基础之上,旨在互相许可以及(或者)共同向第三方授予许可,通常具有以下两个共同特征:首先,专利池将专利合并为一个中央的独立实体。在许多情况下,该实体将成为合伙企业或有限责任公司,然后,该实体将许可出售给集合专利的组合,通常作为单一一揽子。其次,专利池建立了评估专利和用于划分通过许可收入产生的特许权使用费收入。[2]交叉许可安排为实现专利池的目标提供了一种机制,专利池和交叉许可安排允许阻止知识产权共同合并和许可。专利池往往与合并一样被视为旨在减轻高昂交易成本的垂直整合。[3]与专利池相反,交叉许可安排不使用中央实体来持有专利。相反,拥有重叠专利权的公司相互执行许可证,以获取彼此的专利技术。[4]例如,默沙

---

[1] Frank Grassler and Mary Ann Capria, "Patent Pooling: Uncorking a Technology Transfer Bottleneck and Creating Value in the Biomedical Research Field", *Journal of Commercial Biotechnology*, Vol. 9, No. 2, 2003.

[2] Steven C. Carlson, "Patent Pools and the Antitrust Dilemma", *Yale Journal on Regulation*, Vol. 16, Iss. 2, 1999.

[3] Atif I. Azher, "Antitrust Regulators and the Biopharmaceutical Industry: Compulsory Licensing Schemes Ignoring Gene Therapy Patients' Needs", *University of Pennsylvania Journal of International Law*, Vol. 25, Iss. 1, 2004.

[4] Steven C. Carlson, "Patent Pools and the Antitrust Dilemma", *Yale Journal on Regulation*, Vol. 16, Iss. 2, 1999.

东和葛兰素史克由于各自拥有数量较多的宫颈癌疫苗授权专利，保护范围互相交叉重叠，为避免在研发以及疫苗产品上市过程中出现专利纠纷，于2005年签订交叉许可协议，授权对方使用自己名下的专利，并在此基础上各自独立研发相关产品。通常，专利权人寻求进入这种交叉许可安排，以保护虚假专利免于诉讼。当交叉许可安排的设计不仅仅是为了保护有缺陷的专利时，相互特许权使用费计划或其他限制可能会被纳入交叉许可条款。虽然它们在程序上有所不同，但交叉许可协议在很大程度上等同于反托拉斯分析目的的专利池。[1]专利联营实际上是综合运用了交叉许可的内部性与打包许可的外部性的特点，并不完全等同于专利的交叉许可和打包许可这两种纯粹的专利许可方式。[2]从竞争法的角度观察，交叉许可和专利池可能是最明显的知识产权特有行为，但即使在这种情况下，这种分享不同种技术的协议与许多非知识产权同等的交叉许可行为相似。例如，两家航空公司为了共同使用两个不同的机场，通过协议同意彼此可以使用对方的登机口、航站楼及其他地面设施。[3]鉴于上述各种竞争对手之间横向合作的目的与实际效果都是促进竞争的，因而容易得到欧盟与美国竞争执法机构的批准。[4]自从1856年产生世界上第一个专利池（美国的缝纫机专利池后），当需要多种专利技术来生产标准化产品时，各专利权人通常就

---

〔1〕 Steven C. Carlson,"Patent Pools and the Antitrust Dilemma", *Yale Journal on Regulation*, Vol. 16, Iss. 2, 1999.

〔2〕 陶鑫良主编：《专利技术转移》，知识产权出版社2011年版，第373页。

〔3〕 Steven D. Anderman (ed.), *The Interface Between Intellectual Property Rights and Competition Policy*, Cambridge, UK; New York: Cambridge University Press, 2007, p. 529.

〔4〕 Steven D. Anderman (ed.), *The Interface Between Intellectual Property Rights and Competition Policy*, Cambridge, UK; New York: Cambridge University Press, 2007, p. 21.

第七章 专利联营许可的滥用市场支配地位行为类型学分析

会共同组建专利池。到19世纪90年代,专利池协议在美国俯拾皆是。对专利池的热衷,部分源于避免适用作为1890年《谢尔曼法案》部分制定的反竞争活动的限制的愿望。[1]MPEG-2技术标准出现之后,被竞争对手以违反《反托拉斯指南》为由控告至美国司法部,美国司法部作出的商业审查函(business review letter)认为MPEG-2技术标准的专利联营承诺平等进入,以同样的条件向所有的被许可人提供仅包括为了遵守MPEG-2技术标准所必需的互补性而非竞争性的专利,该专利联营的许可是非独占性的,未要求被许可人接受其不想要的多重许可,因此MPEG-2专利联营合法性获得美国司法部的肯定。

专利池当由生产产品所必需的专利组成。按照专利池许可对象的不同,可将专利池分为"开放式"专利池、"封闭式"专利池和"复合式"专利池。"开放式"专利池是指专利权人之间交叉许可并统一对外许可,且只要有符合条件的外在专利,就邀请该专利权人加入专利池。由于被许可者的数量直接影响着"开放性"专利池的绩效,因而"开放性"专利池必须不断地对专利技术弃旧择新,以保证专利池内的专利技术的先进性。在第三方基于被许可专利研发了新的专利与专利池的核心专利形成障碍关系时,"开放式"专利池对该第三方企业具有吸纳性和包容性。[2]"封闭式"专利池是指多个专利权人联合起来组建专利池,仅在入池专利权人之间进行交叉许可。在封闭型专利池内部,专利的相互交叉许可使用使得各专利权人技术创新的积极性大打折扣,因为即使花费金钱和精力对专利池中原有

---

[1] Josh Lerner, Marcin Strojwas and Jean Tirole, "Cooperative Marketing Agreements between Competitors: Evidence from Patent Pools", NBER Working Paper No. 9680, National Bureau of Economic Research, 2003.

[2] 韩其峰:《专利池许可的反垄断法规制》,中国政法大学出版社2013年版,第46页。

的专利创新后成为一项新的专利,该项专利也将不能为专利权人带来任何经济利益。一方面,交叉许可模式所具有的许多特征使其成为一个创新的良好平台;另一方面,交叉许可交易的形式已经不再局限于"封闭的"合作经营的传统模式,且合作双方都负有严格的"竞业禁止"的义务,彼此承诺不会向对方的研发活动提起侵权诉讼。[1]事实上,这与交叉持有股票所有权的效果很相似:拥有竞争对手公司股份的公司与竞争对手之间的竞争将不再激烈,因为竞争会伤害到竞争对手,这样该公司持有的股份价值也会受损。因此,作为类似的问题,只审查交叉股份持有而忽略交叉许可的审查是几乎没有意义的。[2]"复合式"专利池是兼具"封闭式"和"开放式"特点的专利池,第三方接受专利池就是接受了多个专利的组合。

各专利之间彼此的需求程度与对市场竞争的正面效应成正比,需求度越低,则对竞争的扭曲度越低。竞争专利、障碍专利、互补专利三类性质的专利的彼此需求程度强弱不同,对市场竞争的影响也差异明显。替代专利之间是竞争关系,而互补专利之间是合作关系。专利池的构建则无疑会使替代专利之间的竞争关系减弱而形成垄断,使互补专利之间的合作性关系加强而提高效率。在技术市场上存在互补型专利池的单纯事实并不足以终局认定成员之间竞争关系的有无,[3]但只要池内的专

---

〔1〕 Steven D. Anderman (ed.), *The Interface Between Intellectual Property Rights and Competition Policy*, Cambridge, UK; New York: Cambridge University Press, 2007, p. 23.

〔2〕 Steven D. Anderman (ed.), *The Interface Between Intellectual Property Rights and Competition Policy*, Cambridge, UK; New York: Cambridge University Press, 2007, p. 530.

〔3〕 吴秀明:"专利联盟(Patent Pool)与公平法之联合行为管制(下)——以'飞利浦光碟案'中吊诡的竞争关系为核心",载《月旦法学杂志》2009年第175期。

第七章　专利联营许可的滥用市场支配地位行为类型学分析

利本质上是充分互补的、专利池是效率增强的，便可认定不具有竞争关系。互补专利的单独授权并不能具有实际使用价值，也不存在独立的市场。专利联营如果将一站式许可的专利限定于互补专利，那么技术交易市场上既有的竞争关系不会受到任何影响。互补专利打包许可是基于产品生产技术上的必要性，可以产生方便作为产品制造商的被许可人、保证消费者的安全等正面效应，避免单独许可下无法单独使用的不利后果。专利联营只有将替代专利严格排除在外，贯彻专利互补主义，才能避免技术交易市场上出现垄断。

技术革新具有累积效应，改进专利的实施只有在使用基本专利的情况下才可能实现，而改进性专利基于其先进性会削弱乃至灭失基础性专利的实用价值，故而改进专利与基本专利作为障碍专利组成的专利搭售可以消除专利实施的法律障碍，其反竞争性一般较弱。在一般情况下，无论是单向阻碍还是双向阻碍，由于阻碍性专利不能相互替代，即使他们被直接用来实现同样的功能也不是相互竞争的，因此障碍专利联营本身不存在垄断风险，往往具有促进经济效率的效果，不需要被反垄断法规制。[1]只有在专利联营的管理者利用联营实施不正当行为时才会被反垄断法所规制。故而，美国学者史蒂文·C.卡尔松（Steven C. Carlson）认为，假设专利联营中的所有专利都是相互阻碍的，并由此推出被许可人必须获得联营体内所有专利的授权才能发展这项技术是值得商榷的。假定专利联营由一个基本专利 X 和两个从属专利 Y、Z 组成，从属专利 Y、Z 分别从两个不同的方面对基本专利 X 进行改进。X 与 Y、Z 固然都互为障碍专利，但 Y 与 Z 并不互为障碍专利。由于不同的被许可人会有

---

[1] Robert B. Andewelt, "Analysis of Patent Pools under the Antitrust Laws", *Antitrust Law Journal*, Vol. 53, No. 3, 1984.

知识产权与竞争法贯通论

不同的需求，一些被许可人可能需要开发同时包含 X、Y、Z 专利的产品，但也有些被许可人所需的技术仅涉及 X、Y 或 X、Z 组合中的一个，不能想当然认定所有潜在被许可人将需要同样的专利权并由此推断该单一的专利联营体可以以整体形式授权给所有被许可人。[1] 当消费者只需要原专利而不需改进专利的情况下，对这类专利联营的许可协议进行具体审查就具有必要性。如果存在将二者进行捆绑强制许可的情况，就会限制被许可人选择的自由产生搭售，违反反垄断法的规定。

若干专利具有竞争性关系时，获得其中一个专利权将会消除或至少显著减少对其他专利的需求，降低一个专利的许可费最终会导致对其他竞争专利需求的降低。具有足够可替代性的专利池是反竞争的，会消除专利之间的竞争，允许成员公司以牺牲专利用户为代价来增加利润，对消费者造成不利的影响。因此，专利池的成员资格通常仅限于被认为对该池"必不可少"的专利。[2] 专利联营如将替代专利包括其中，一站式许可这些替代专利将减少技术交易市场上既有的竞争关系。[3] 随着专利池中替代专利比例加大，其整合价值下降，出现专利阻滞的可能性减少，共谋和市场支配的风险加大。专利池被专利权人用来作为存放失效或无效专利的安全港，既为无效专利的进入大开方便之门，又使无效专利的退出困难重重，并能使无效专利经营者有机会在大量合法专利的掩护之下骗取被许可人的专利费，轻而易举地获取可观的经济利益。专利联营集众多专利于

---

[1] 宁立志、胡贞珍："从美国法例看专利联营的反垄断法规制"，载《环球法律评论》2006 年第 4 期。

[2] Reiko Aoki and Aaron Schiff, "Promoting Access to Intellectual Property: Patent Pools, Copyright Collectives and Clearinghouses", *R&d Management*, Vol. 38, No. 2, 2008.

[3] Steven C. Carl and Steven C. Carlson, "Patent Pools and the Antitrust Dilemma", *Yale Journal on Regulation*, Vol. 16, Iss. 2, 1999.

第七章 专利联营许可的滥用市场支配地位行为类型学分析

一体,良莠不齐在所难免,使无效专利或者可能被宣告无效的专利在池中鱼目混珠、滥竽充数,规避针对无效专利的诉讼风险。技术联营的产生必然意味着要对联营技术进行共同销售。技术联营在纯粹或主要是由替代性技术构成时,则等同于订立了固定价格的卡特尔协议。在池中集合替代或竞争专利可能导致许可费用高于不存在联营时的水平,因为被许可人并没有从这些替代性技术之间的竞争中受益。专利池在仅为必要专利组成时不会减少竞争;相反,其通过允许一个领域的许多经营者能够在彼此平等的基础上获得技术,继续在市场中竞争包含该技术的下游产品。[1]美国司法部认为:"包含替代专利的专利联营有可能为许可人联合定价推波助澜,最终抬高实施这些专利的产品及服务的价格。"[2]

当专利池参与者之间构成竞争关系时,很有可能通过专利池的方式相互妥协、共同控制价格,或者在他们之间进行市场划分,限制相关市场的有效竞争。例如,1992年构建的激光视力矫正眼科手术专利池就因为产生反竞争问题而受到调查。美国联邦贸易委员会认为,该专利池中的专利是竞争的关系而不是互补的关系,其作用是消除眼科手术市场中的竞争。专利池中的两家公司必须同意解除将其专利授权专利池以外的限制,并

---

[1] Frank Grassler and Mary Ann Capria, "Patent Pooling: Uncorking a Technology Transfer Bottleneck and Creating Value in the Biomedical Research Field", *Journal of Commercial Biotechnology*, Vol. 9, No. 2, 2003

[2] U.S. Department of Justice and the Federal Trade Commission, "Antitrust Enforcement and Intellectual Property Rights: Promoting Innovation and Competition (04/2007)", available at https://www.ftc.gov/sites/default/files/documents/reports/antitrust-enforcement-and-intellectual-property-rights-promoting-innovation-and-competition-report.s.department-justice-and-federal-trade-commission/p040101promotinginnovationandcompetitionrpt0704.pdf, 2019-05-10.

且最终于1998年解散专利池。[1]按照欧盟竞争法,如果专利池内是互相替代的技术,无疑消除了这些类似技术之间的竞争,被许可人不能从这些技术的相互竞争之中获益,其支付的许可费可能高于竞争情况下的水平。因此,欧盟委员会认为专利池内含有替代技术会限制技术间的竞争,形成捆绑许可;如果专利池主要由替代技术组成,实际上就是竞争者之间的价格联盟。

作为一个普遍原则,欧盟委员会认为,如果联营仅由必要专利且必然是互补专利构成,则设立此类联营通常在《欧盟运行条约》第101条第1款的适用范围之外,而无须考虑当事方的市场地位。反之,含有替代技术的专利池结池协议构成对《欧盟运行条约》第101条第1款的违反,尤其是完全或实质上由替代专利技术组成的联营等同于竞争者间的固定价格卡特尔,不在《欧盟运行条约》第101条第3款的豁免之列。如果专利池里包含非必要但又是补充性的专利,则存在着排斥第三方技术的危险性,因为被许可人所支付的许可费既然已经覆盖了整个技术包,一般就没有动力再去选择池外的替代性技术;如果含有非必要技术的专利池在相关市场上占据显著地位,就有可能要受到《欧盟运行条约》第101条第1款的挑战。[2]

在1982年欧盟本土出现的最早涉及专利联营滥用市场支配地位问题的"萨洛拉诉广播权利益共同体案"(Salora v. IGR Stereo Television)中,德国的电视机信号传输和接收装置的生产厂商所组建的广播权利益共同体(The Interessengemeinschaft für Rundfunkschutzrechte, IGR)的专利池,将其成员所拥有的立体声接收装置的德国专利集合起来对外进行许可,生产立体声电

---

〔1〕 张建武:《中药标准化与知识产权战略的协同发展研究》,知识产权出版社2011年版,第68页。

〔2〕 陈剑玲:《对外贸易中的知识产权滥用及其规制》,对外经济贸易大学出版社2011年版,第104页。

第七章 专利联营许可的滥用市场支配地位行为类型学分析

视根据德国的标准必须使用广播权利益共同体的专利,但广播权利益共同体由于对非成员的许可附有时间或数量上的限制,芬兰电视机生产商萨洛拉公司在德国销售产品受阻。欧共体委员会认为具有市场支配地位的专利联营应该是开放性的,并认定广播权利益共同体专利联营歧视性拒绝许可违反了《欧洲经济共同体条约》第86条。在欧共体委员会威胁要进行强制许可的压力下,广播权利益共同体主动接受欧共体委员会的调查意见向非成员开放。[1]在2002年对3G专利平台（3G Patent Platform）[2]的审查中,不同于美国强调3G专利平台所包含的必要专利的审查,欧盟注重不同专利平台间的竞争以及平台内部必要专利与外部必要专利之间的竞争。欧盟委员会最终附条件地批准了3G专利平台,所附条件包括：每个联营许可协议应仅限于必要专利；联营协议不应封锁相关的或下游市场的竞争；联营许可必须在非歧视的基础上进行；竞争性的敏感信息不应被交换；联营不应强迫3G制造商为其并不需要的专利付费；联营不应阻碍移动通信领域的研发和创新。委员会同时强调,对3G专利联营的批准不是不可推翻的或是无条件的,欧盟委员会在事实或法律环境发生显著变化时有权重新评估3G平台计划,所附的这些条件清晰表明了委员会对专利联营滥用市场支配地位的担忧。

---

〔1〕 参见［德］汉斯·乌尔里希:"专利池：政策和问题",伍君译,载张伟君、张韬略主编:《知识产权与竞争法研究》（第3卷）,知识产权出版社2017年版,第180页；韩其峰:《专利池许可的反垄断法规制》,中国政法大学出版社2013年版,第184页。

〔2〕 1998年成立的3G专利平台由NEWCO服务公司经营,其主要目的是寻求一条解决与第三代移动通信技术标准有关的专利技术许可问题的道路,提供一个开放的系统,使得对3G技术标准的专利技术的评估、以尽可能低的费率获得专利技术许可以及在整个许可工作中不超过所设定的最高的累计最高费率成为现实。参见［印］甘古力:《知识产权：释放知识经济的能量》,宋建华、姜丹明、张永华译,知识产权出版社2004年版,第342页；徐家力:《知识产权保护研究：从传统到现代》,上海交通大学出版社2013年版,第99页。

第三节　与专利联营知识产权许可相关的滥用市场支配地位行为类型学分析

专利池可能无法阻止外部问题的发生，并未纠正与"专利丛林"相关的所有问题，无法阻止池中成员的"局外人问题"。如果专利池成员看到更有利可图的路线，可以退出专利池而停止集体努力。此外，专利池的谈判费用昂贵，可以排除拥有较少专利权的专利持有人，或使一组主要参与者形成排除新竞争者的卡特尔。替代专利和互补专利之间的区别只是竞争分析的一个方面。互补专利的汇集虽然可能不会对下游市场的价格竞争产生负面影响，但可能仍会对后续创新产生不利影响。如果诉讼威胁增加，专利池可能会阻止外部公司投资研发。欧盟委员会认为，即便是完全由必要专利组成的联营，其授予许可的条件如果属于以固定价格、产量限制、非相互的市场或顾客分配限制以及对被许可人的技术开发能力或独立研发进行的限制等为条件的核心限制之列，仍然会适用《欧盟运行条约》第101条第1款的规定。固有垄断是专利池构建过程中所无法避免的垄断风险，即专利联盟的本质是企业间的合作行为，极易形成技术垄断；延伸垄断则是不当利用专利池规则所衍生出的垄断行为。首先专利池可能为横向的价格串通行为提供便利。例如，在专利权人为互有替代性的两个专利组建专利池之后，同时提高基于两个专利的产品价格，而两个专利权人之间却缺乏竞争性，就形成了价格串通。其次，专利权人通过组成专利池知晓彼此的商业机密，深谙对方的产品价格，也容易形成价格串通，并服务于横向竞争者（竞争专利所有者）之间瓜分市场、价格固定和其他的反竞争目标。最后，专利池还可能促成专利权人结成联盟，形成一定的市场支配力，从而便于其通过提高专利

第七章 专利联营许可的滥用市场支配地位行为类型学分析

授权的价格、拒绝授权或搭售等方式排挤竞争对手。

专利池的一个特征是其可以为非专利池成员设定获取专利的条件,所以出现专利池滥用行为的可能性显而易见。例如,如果专利池成员具有充分的市场势力,那么其拒绝向第三方以与专利池成员相同的条件授予专利权的行为将构成集体对专利的关闭。在这种情况下,专利池与一群有实力的航空公司之间达成歧视渠道协议并无二致。通常,第三方仅仅支付单一的价格就可获得被打包的知识产权,即可使用专利池中所有专利的许可,这种战略可以被用来将专利池成员在一个市场上获得的垄断权力转移到另外一个市场。例如,一家公司(或专利池)对两种疫苗拥有专利,其中的一种疫苗用来预防小儿麻痹,另一种用来预防德国麻疹。假设该公司是小儿麻痹疫苗市场上的垄断者,其小儿麻痹疫苗专利具有唯一性。与此同时,该公司也面对着在其他疫苗市场上的(潜在)竞争,将其专利许可给实际生产该疫苗的公司。假设该公司一起提供了两个许可而不是将不同疫苗的许可分开,这就意味着,为了实现相当于其小儿麻痹疫苗垄断所获的利润,该公司必须鼓励消费者购买自己的德国麻疹疫苗。与决定分开许可两个技术采取的行动相比,这会使该公司在德国麻疹疫苗市场上变得更加具有侵略性,当该公司可能愿意以低于主要竞争者成本的隐藏价格销售其德国麻疹疫苗时尤其如此。对这一激烈竞争的预期将妨碍潜在的市场进入,并且可能使现有的竞争者退出市场。在这一情况下,该公司可以成功使用其在小儿麻痹疫苗市场上的市场势力来增强其在其他疫苗市场上的地位。[1]

---

[1] Steven D. Anderman (ed.), *The Interface Between Intellectual Property Rights and Competition Policy*, Cambridge, UK; New York: Cambridge University Press, 2007, pp. 532-533.

知识产权与竞争法贯通论

（一）垄断高价

在反垄断法语境中的垄断者概念隐含着一些消费者正在享受产品的好处。当存在垄断时，价格可能会很高，以至于并非所有购买该产品的消费者都会购买该产品。反垄断法预设存在产品，而专利法没有含蓄地预设消费者会得到任何东西。[1]在"分子病理协会诉麦利亚德基因公司案"（Association for Molecular Pathology v. Myriad Genetics）[2]中，麦利亚德基因公司（Myriad Genetics Inc.）控制着检测乳腺癌风险的BRCA1/2基因相关的7项美国专利与商标局之专利授权，垄断该项基因检测服务，以独占的专利权利排除其他服务提供者的准入，既令竞争对手无法进入市场，也使患者不得不支付高昂的疾病检测费用来进行监测，无形中加重了疾病的社会成本。基于MPEG-2数字视频压缩标准的MPEG-2专利池控制了全球MPEG-2标准的数字视频压缩产业，被竞争者指控违反了《知识产权许可的反托拉斯指南》，但司法部最终认定该专利池并未构成垄断。MPEG-2标准对产业整体健康发展的促进作用虽然显而易见，但随着时间推移而暴露的问题也越多，尤其是MPEGLA逐渐偏离早期尚比较合理的收费政策，被相关运营商所诟病。

专利许可的定价是一项相当困难的任务。专利的货币回报很少与成本相关，研发费用与发明之间并不存在确定的相关性。因此，行业规范通常是确定特许权使用费率的基础。[3]在"派德制药公司诉普罗倍案"（Parke Davis & Co v. Probel）中，欧共

---

[1] Robin Cooper Feldman, "Patent and Antitrust Differing Shades of Meaning", *Virginia Journal of Law & Technology*, Vol. 13, No. 5, 2008.

[2] Association for Molecular Pathology v. Myriad Genetics 568 U. S. Supreme Court 2013.

[3] Robert S. Bloom, "Package Licensing and Post-Expiration Royalties: The Risk of Misuse", *Boston College Law Review*, Vol. 10, Iss. 1, 1968.

第七章 专利联营许可的滥用市场支配地位行为类型学分析

体法院指出:"专利产品的销售价格高于非专利产品的销售价格这一事实本身……并不必然说明存在滥用行为。"[1]欧共体法院的观点表明,在涉及知识产权的案件中,一个高于竞争价格的销售价格也可能是合理的价格。这部分是因为企业创新的成本,包括企业的研发投资有必要得到补偿。正如欧共体法院在"麦克斯卡诉雷诺案"(Maxicar v. Régie Nationale des Usines Renault)[2]中所指出的,尽管被告生产商就其生产的产品部件要价比其他独立生产商要价高,但"这并不必然构成滥用行为,因为对某装饰设计拥有外观设计权保护的企业可以合法地要求获得其为该外观设计所进行的投资回报"。[3]同时,该案判决也表明,所谓的投资回报原则并不必然是一种狭义的"成本附加"论。在"麦克斯卡诉雷诺案"中,让·米施奥(Jean Mischo)认为:"发明人有权利收回的不仅仅是生产成本加上一定幅度的利润额而已,还应该包括其在研发上付出的开支。"此外,科拉(Valentine Korah)也曾指出:"对成本的界定可以与激励投资的目标协调起来,即只要成本的计算能够把投资失败的风险及利润取得滞后等因素都考虑进去,而且包含这种成本的价格也不会被认为不合理。"[4]即使在竞争法框架内也有许多有力观点支持受知识产权保护的产品取得收益。高收益的功能不仅给发明创造人以投资回报,还能激励其他发明创造活动中因投资失败所遭受的损失。[5]

---

[1] Parke Davis & Cov. Probel (C-24/67) [1968] ECR55.

[2] Maxicar v. Régie Nationale des Usines Renault (C-53/87) [1988] ECR 6039.

[3] Maxicar v. Régie Nationale des Usines Renault (C-53/87) [1988] ECR 6039.

[4] V. Korah, "No Duty to License Independent Repairers to Make Spare Parts: The Renault, Volvo and Bayer Henneke Cases", *European Intellectual Property Review*, Vol. 12, 1988.

[5] See V. Korah, *EC Competition Law and Practice*, Oxford: Hart Publications, 1994, p. 99.

从知识产权法角度来看，为实现"合理回报"的激励功能，适当的价格应当反映消费者与顾客愿意为知识产权产品比其他不包含该知识产权的产品所多具有的那部分价值而支付的金额，简而言之，就是市场能够接受的价格。"知识产权赋予其权利人收取高价的权利。这不是滥用，而是这类权利的固有属性。否则，知识产权的全部经济正当性就会消失殆尽。"[1]正如弗里登（Georges Friden）所指出的，"合理回报"的功能不是说权利人要求合理的价格并取得合理的收益，而是说排他权利人能够要求的且市场愿意接受的任何价格。其中一个重要的理由在于，发明创造人只有受到了足够的激励才会愿意承担创新活动带来的风险，而仅有合理的收益可能尚不足以为发明创造人提供足够的激励。[2]此外，也有观点认为，要判断回报的合理与否，需要克服的方法论障碍实在太大了，因此，该问题最好的解决方法是授予有限的排他权期限。"一个受到商标权保护的产品收取高价这一事实本身并不足以证明存在着滥用行为。但是如果企业规模达到一定程度，且没有其他合理的客观理由，那么就可能认定存在着滥用行为。"[3]

对于标准必要专利"FRAND 价格"的理解，学术界存在两种观点：第一，专利许可费应该就其专利"本身经济价值"获利，而不应该因标准获得"额外垄断利益"；第二，标准必要专利持有者在标准化过程中进行了大量投入，不考虑专利对于标准的贡献及推动作用也不尽合理。按照第一种观点，专利技术

---

[1] [德] 约瑟夫·德雷克舍："市场支配地位的滥用与知识产权法——欧洲最新发展"，吴玉岭译，载《环球法律评论》2007 年第 6 期。

[2] Georges Friden, Recent Developments in EEC Intellectual Property Law: The Distinction Between Existence And Exercise Revisited, *Common Market Law Review*, Vol. 26, Iss. 2, 1989.

[3] Case C 40/70, Sirena v. Eda [1971] ECR 3169 at pata 17.

纳入技术标准之后，技术标准会增强专利的垄断性，进而使专利权人获得超越其专利权之外的利益，而这部分利益是由标准这种公共产品带来的而不是源于专利权人的贡献，专利权人享有这部分利益缺乏理据。事实上，标准必要专利的FRAND许可费除了应该包括专利"本身的经济价值"之外，也应当适度考虑标准必要专利持有者对于标准形成的贡献，即"专利贡献价值"。在标准必要专利许可谈判中，由于标准必要专利权人获得的市场支配地位并非由专利技术的创新性所带来，而是由标准本身在市场的广泛采用所致，其拥有的提出高额许可费的巨大谈判力量，除来自于其专利技术自身价值之外，更多来自于整个产业参与者前期付出的不可收回的总投资。因此，标准必要专利权人对标准实施者要求不合理的高额许可费，在本质上是一种专利要挟行为，属于《反垄断法》第17条规定的"过高要价的单方滥用市场支配地位"的行为。职是之故，法院只有在许可费水平超出了知识产权的权利范围时才可能认定违反了反托拉斯法。[1]

（二）拒绝交易

通过商业敏锐或优质产品获得的市场力量并不违反竞争法。如果其他市场参与者仅仅因为宣称自己被打败而受到保护，那么创新就会受到严重阻碍。[2]必要设施原则不能仅仅因为持有人获得竞争优势而谴责知识产权。[3]仅仅由于知识产权的存在

---

〔1〕 [英]史蒂文·D. 安德曼：《知识产权与竞争策略》，梁思思、何侃译，电子工业出版社2012年版，第206页。

〔2〕 Paul D. Marquardt and Mark Leddy, "The Essential Facilities Doctrine and Intellectual Property Rights: A Response to Pitofsky, Patterson and Hooks", *Antitrust Law Journal*, Vol. 70, No. 3, 2003.

〔3〕 James Turney, "Defining the Limits of the EU Essential Facilities Doctrine on Intellectual Property Rights: The Primacy of Securing Optimal Innovation", *Northwestern Journal of Technology and Intellectual Property*, Vol. 3, Iss. 2, 2005.

知识产权与竞争法贯通论

在产品中创造了市场力量,必不可少的设施不能用于强制许可。[1]剥夺其在初级市场上的剥削权利的行为会干扰权利的存在,将减少投资与发展这种知识产权的动力。应该允许垄断者利用其市场容忍的最大优势作为其创造力和创新的奖励。对基本设施的更广泛解释也忽略了通过投资显著有价值的资源,而不能预测其财务盈利能力来补偿权利持有人所承担的风险的必要性。[2]没有任何法规要求持有人授权其竞争对手自由进入,因此占支配地位的公司将始终得到其投资的补偿。[3]知识产权的所有者有责任确保其利益最大化。如果过于容易地授予知识产权的强制许可,则需要权利持有人创建自己的竞争对手。这种强迫将违背知识产权的目的,只能阻止公司限制竞争而不是要求公司最大化竞争。[4]正如莱昂布里坦(Leon Brittan)所说,公司"不能不合理地依靠其知识产权来扼杀企业,防止出现新的竞争形式"。[5]按照美国法,知识产权人没有向他人授予许可的一般性义务。例如,通用电气公司如果拥有生产电灯泡的专利,可以按照自己的意愿决定是否生产灯泡,没有义务许可西

---

[1] Paul D. Marquardt and Mark Leddy, "The Essential Facilities Doctrine and Intellectual Property Rights: A Response to Pitofsky, Patterson and Hooks", *Antitrust Law Journal*, Vol. 70, No. 3, 2003.

[2] Richard M. Brunell, "Appropriablity in Antitrust: How Much is Enough?" *Antitrust Law Journal*, Vol. 69, No. 1, 2001.

[3] James Turney, "Defining the Limits of the EU Essential Facilities Doctrine on Intellectual Property Rights: The Primacy of Securing Optimal Innovation", *Northwestern Journal of Technology and Intellectual Property*, Vol. 3, Iss. 2, 2005.

[4] James Turney, "Defining the Limits of the EU Essential Facilities Doctrine on Intellectual Property Rights: The Primacy of Securing Optimal Innovation", *Northwestern Journal of Technology and Intellectual Property*, Vol. 3, Iss. 2, 2005.

[5] Romano Subiotto, "The Right to Deal With Whom One Pleases under EEC Competition Law: A Small Contribution to a Necessary Debate", *European Competition Law Review*, Vol. 13, 1992.

第七章　专利联营许可的滥用市场支配地位行为类型学分析

屋电气公司（Westinghouse）生产灯泡，即便该许可对于后者的生存而言是必要的，或者后者能够据此降低灯泡价格。不过，拒绝许可行为要落入这一受保护的范围必须是"单方的"。单方面拒绝与竞争对手进行分享是一种普遍行为，能够解释大多数企业开展日常业务的模式。这些企业创造出生产性资产并用于自己的生产，但通常不会把与竞争对手分享资产作为自己的业务。而联合拒绝交易（有时也称为"杯葛"）则在性质上迥然不同，内在地具有更大的排斥性，不仅涉及单个企业的自我生产意愿，而且涉及控制竞争对手分享技术的意图。事实上，竞争对手之间的分享协议通常会被投以怀疑的目光，因为这可能具有反竞争的背后动机，会促成共谋，而两个企业达成不向第三方许可的协议是更加非同寻常的行为，需要作出解释。显然，只要企业在市场上占有优势就命令强制许可是一项令人不满意的标准，关键设施原则以此为基础应允许权利持有人利用其主要市场的商业优势。只有当一个支配者企业试图将其优势发挥到竞争法应该干预的次级市场时，这种拒绝才会构成市场支配地位的滥用。[1]

在欧洲竞争法中，尽管拒绝向初级市场上的企业授予许可本身不构成《欧盟运行条约》第102条下的违法行为，但这并不意味着所有初级市场上取得支配地位的知识产权所有人的任何行为都不会受到竞争法的干预。如果某专利被认定为进入某市场的"核心设施"，那么拒绝许可该专利就有可能构成对权利的滥用。早在20世纪80年代初，福特汽车英国分公司拒绝许可他人使用其享有设计版权的福特车零配件设计图。英国公平贸

---

[1] James Turney, "Defining the Limits of the EU Essential Facilities Doctrine on Intellectual Property Rights: The Primacy of Securing Optimal Innovation", *Northwestern Journal of Technology and Intellectual Property*, Vol. 3, Iss. 2, 2005.

知识产权与竞争法贯通论

易署和垄断与兼并事务委员会经调查后均认为,该行为属于反竞争行为且损害了公共利益。应当承认,在知识产权人拒绝交易对市场竞争的危害日益严重而现有反垄断法又无相应制度规则予以约束的情况下,类推使用"关键设施理论"控制知识产权人的拒绝交易行为,的确不失为一种解决当前法律适用困难的方法。但有学者指出,作为无形财产的知识产权本身并不构成关键设施,将适用于工业经济时代有形财产的"关键设施理论"类推适用于控制知识产权人的拒绝交易行为,具有很大的局限性,带来了法律适用的严重困惑和障碍。[1]关键设施理论的要点在于,其一方面既体现对于财产权的维护,即该设施是被某个支配企业所控制,被许可人在实施该设施时不会损耗该设施。另一方面关键设施影响不仅仅局限于关键设施所在的市场,往往涉及两个市场,即关键设施所在的市场和关键设施许可将会影响到的相邻市场。易言之,关键设施的持有人存在拒绝许可的行为,并存在影响其他市场竞争进行的可能性。"关键设施"的核心意义在于其构成了经营者进入相关市场的"瓶颈"。

有形财产抑或无形财产的区分并不是关键设施的本质属性,只要该"设施"能够作为设施持有人控制、支配的一种财产,拒绝他人的任意使用就有成为"关键设施"的可能性。知识产权作为知识产权人所拥有的一项权利,同样为知识产权人所控制,只要具备了"关键设施"的基本特征,同样能够作为"关键设施"。然而,关键设施理论的缺陷在于未能给予动态竞争以应有的关注。当拒绝许可排斥市场准入时,为知识产权人增设

---

[1] Paul D. Marquardt and Mark Leddy, "The Essential Facilities Doctrine and Intellectual Property Rights: A Response to Pitofsky, Patterson, and Hooks", *Antitrust Law Journal*, Vol. 70, No. 3, 2003.

第七章 专利联营许可的滥用市场支配地位行为类型学分析

的许可义务并不意味着其较之拒绝许可能将动态竞争和创新推进至更高的水平。[1]关键设施理论要求关键设施必须对其他竞争者开放,与知识产权内在的独占性要求存在一定的矛盾,而专利制度的设立目的在于通过授予专利权人有限期限的"合法垄断"以确保知识产权人通过知识产权生产产品,在相关市场中占有优势,获得一定的经济回报,回收创新投入,从而激励创新。知识产权人并没有特定义务必须将知识产权许可给竞争对手,否则将会违背知识产权法的基本精神。

适用"关键设施"理论否定专利权的独占性作为知识产权的例外原则必须具备充分且必要的理由。认定传统基础设施构成关键设施,往往是根据其设施不能、不宜或不允许多建立或设置而在市场竞争中居于"唯一设施"或"必备设施"的地位。这一标准对知识产权未必适用,因为专利权人的各项专利权所包含的专利技术均是唯一的,无法据此判断某专利权是否构成"关键设施"。一项知识产权是否构成市场进入的实质障碍,关键在于该知识产权在市场竞争中所起的作用,难以从传统的"关键设施理论"中找到满意的答案。并非所有的知识产权都能构成关键设施,知识产权人拒绝交易中能运用"关键设施"规则的情况少之又少。[2]必要设施原则不能仅仅因为持有人获得竞争优势而谴责知识产权。[3]对于不构成关键设施的知识产权,权利人在拒绝交易时同样有可能损害竞争,但显然不能适用"关键设施"规则来解决,而需要制定新的规则予以有

---

[1] 王晓晔主编:《反垄断立法热点问题》,社会科学文献出版社 2007 年版,第 86 页。

[2] 吕明瑜:"知识产权垄断呼唤反垄断法制度创新——知识经济视角下的分析",载《中国法学》2009 年第 4 期。

[3] James Turney, "Defining the Limits of the EU Essential Facilities Doctrine on Intellectual Property Rights: The Primacy of Securing Optimal Innovation", *Northwestern Journal of Technology and Intellectual Property*, Vol. 3, Iss. 2, 2005.

效控制。有关设施应该是真正必要的,且为竞争对手所不可能开发的竞争设施。

此外,该设施在市场中是否根深蒂固应属于进一步考量的问题。在不可能开发类似设施的某些技术行业的市场支配地位往往很脆弱。权利持有人在市场被认为具有创新动力的情况下可能无法在整个期间独家利用这一优势,不应授予强制许可。[1]尽管该设施必不可少且根深蒂固,但在市场是知识产权的本质的情况下,需要获得许可的第三方可以生产新产品至关重要。除非对消费者有明显的短期利益,否则应允许权利人利用其合法获得的利益。虽然"新"产品本身并不需要单独的市场,但仅仅改进合适的所有者产品或降低成本并不能充分提高创新水平。推行这样的政策也可以鼓励权利人不要依赖其产权而是继续寻求竞争优势。因此,在占支配地位的公司提供高质量的产品的情况下,没有第三方可以要求获得该基本设施。[2]拒绝许可知识产权必须有可能消除市场上的所有竞争。因为在存在竞争的情况下,增加一个市场参与者不会显著增加竞争。除非有消费者利益,否则不应以这种方式使用竞争法来保护竞争者。拒绝特定人使用该设施并不当然排除竞争对手进入该次级市场的可能。只有在次级市场上的创新不存在且不能存在的情况下,竞争问题才能超过支持投资激励的主张。[3]即使次级市场上的竞

---

[1] James Turney, "Defining the Limits of the EU Essential Facilities Doctrine on Intellectual Property Rights: The Primacy of Securing Optimal Innovation", *Northwestern Journal of Technology and Intellectual Property*, Vol. 3, Iss. 2, 2005.

[2] James Turney, "Defining the Limits of the EU Essential Facilities Doctrine on Intellectual PropertyRights: The Primacy of Securing Optimal Innovation", *Northwestern Journal of Technology and Intellectual Property*, Vol. 3, Iss. 2, 2005.

[3] James Turney, "Defining the Limits of the EU Essential Facilities Doctrine on Intellectual Property Rights: The Primacy of Securing Optimal Innovation", *Northwestern Journal of Technology and Intellectual Property*, Vol. 3, Iss. 2, 2005.

第七章 专利联营许可的滥用市场支配地位行为类型学分析

争受到如此程度的限制,如果权利持有人在其主要市场中受到有效竞争,也不应该获得准入。[1]在这种情况下,权利人不太可能滥用其在次级市场的支配地位,否则将影响其在主要业务领域的竞争力。初级市场上的竞争将刺激任何次级市场的创新发展和有竞争力的价格,因为权利持有人将努力创造最成功的整体方案从而主导两个市场。[2]

欧共体法院在"沃尔沃诉埃里克·威格案"(Volvo v. Erik Veng)[3]中认为,在初级市场上,沃尔沃公司通过外观设计权保护而取得市场上的支配地位,但其并没有义务向竞争对手销售或者许可竞争对手生产或销售自己的知识产权产品。知识产权保护的目的是确保权利人享有生产或销售的排他权。外观设计权所有人享有的阻止他人未经其许可而生产、销售或进口包含其外观设计的产品的权利正是其排他权的核心所在。如果要求外观设计权所有人负有许可第三人生产包含该外观设计的产品的法律义务,即使能够从中收取合理的许可费,也仍然意味着剥夺了外观设计权所有人享有的排他权的实质内容;而拒绝给予这种许可本身也不构成一种滥用支配行为。[4]

与有形财产相比,知识产权构成关键设施的要件有所不同。根据"欧盟布郎纳诉传媒印刷报刊出版公司案"(Bronner v. Me-

---

[1] James Turney, "Defining the Limits of the EU Essential Facilities Doctrine on Intellectual Property Rights: The Primacy of Securing Optimal Innovation", *Northwestern Journal of Technology and Intellectual Property*, Vol. 3, Iss. 2, 2005.

[2] James Turney, "Defining the Limits of the EU Essential Facilities Doctrine on Intellectual Property Rights: The Primacy of Securing Optimal Innovation", *Northwestern Journal of Technology and Intellectual Property*, Vol. 3, Iss. 2, 2005.

[3] Case 238/87 AB Volvo v. Erik Veng (UK) Ltd [1988] ECR 6211.

[4] AB Volvo v. Erik Veng [1988] ECR 6211, [1989] 4 CMLR 122.

diaprint Zeitungs-und Zeitschriftenverlag)〔1〕的判决,如果有形财产的所有人拥有支配地位,则在满足以下条件时须将其财产向竞争者开放,供后者用来与自己竞争:①拒绝行为有可能消除次级市场上的所有竞争;②这种拒绝没有合理理由;③对请求人来说,该产品或服务是其从事自己的活动所必不可少的,没有实际或潜在的替代品。〔2〕这里存在两个市场:一是关键设施所在的市场,拒绝人在该市场上拥有支配地位;二是利用关键设施所从事的另一种经营活动所在的市场。如果后一市场上没有竞争而该项设施又是竞争者进入该市场所必需的,则可以对设施的所有权进行限制,但仅凭这些还不足以对知识产权进行强制许可。

欧洲法院在"艾美仕案"(IMS Health GmbH & Co, OHG v NDC Health GmbH&Co, KG)的先决裁定中认为,具有市场支配地位的企业拒绝对其著作权进行许可的行为须满足以下要件才构成滥用:①请求许可的企业打算在下游市场上供应知识产权人所没有供应的新产品或新服务,并且对于该新产品或者新服务存在着潜在的消费需求;②这一拒绝行为没有客观合理的理由;③这一拒绝会在下游市场上排除所有的竞争。〔3〕"艾美仕案"中的第三个要件相当于"布郎纳诉传媒印刷报刊出版公司案"中的一、三两个要件,而增加了一个"新产品"要件。对"新产品"这一要件,法院在认定时考察是否存在潜在的消费需

---

〔1〕 Case C-7/97, Oscar Bronner GmbH & Co KG v. Mediaprint Zeitungs-und Zeitschriftenverlag GmbH & Co KG,[1998] ECR 1-7791.

〔2〕 许光耀:《欧共体竞争法经典判例研究》,武汉大学出版社2008年版,第193页。

〔3〕 [德]约瑟夫·斯特劳斯:"专利申请是否构成《欧共体条约》第82条的滥用市支配地位",张韬略译,载国家知识产权局条法司编:《专利法研究》(2011),知识产权出版社2013年版,第49页。

第七章　专利联营许可的滥用市场支配地位行为类型学分析

求，尤其需要考虑是否有市场需求没有充分被开发的证据。法院并没有认为"新产品"要件应当在科学技术方面构成创新，而是只要能够满足潜在的消费需求即可，这在某种程度上可以被理解成以消费者的需求来实现知识产权的目的。易言之，衡量创新的核心因素在于"新产品"是否满足潜在的消费需求，如果"新产品"能够满足潜在的消费需求，"新产品"的差异就满足知识产权创新性的要求，故而构成"新产品"。

所有权不含创新因素，因而须向竞争让步；而著作权的排他性则是保护创新的必要手段，因而优先于竞争政策，但在其妨碍进一步的创新时则予以限制，这时竞争才有利于创新。[1]欧洲法院在"麦基尔案"（Magill Case）[2]中首先重申了"沃尔沃案"的原则，专有权的存在本身并不是一种滥用，而是继续认为权利持有人必须在满足三个条件的情况下授予第三方权利。第一，尽管有特定的、持续的和经常的消费者需求，但每周电视指南提供有关本周即将推出的节目的信息没有实际或潜在的替代品。第二，拒绝没有商业理由，尽管法院没有彻底讨论这一结论。第三，广播公司通过排除所有竞争，保留了每周电视指南次级市场的垄断权。可以想象，为了满足测试要求，竞争者必须开发出一种产品，该产品将在与权利持有者不同的市场中竞争。然而，对关键设施原则的这种高度障碍不成比例地有利于知识产权，并且不会保护消费者福利。虽然承认第三方与权利持有人直接竞争的知识产权许可在某些情况下可使消费者受益，但困难仍然存在于第三方仅以相对便宜的方式制造相同商品或更高的品质。在这种情况下，消费者也会受益，但授予

---

[1] 许光耀："知识产权因素在反垄断法上的特殊性"，载《电子知识产权》2011年第3期。

[2] Joined Cases C-241/91P and C-242/91P, Radio Telefis Eireann v. Commission, 1995 O. J. (C 137) 3.

知识产权与竞争法贯通论

强制许可将严重损害财产权。为了符合关键设施原则，第三方必须证明其已经开发出与权利持有人不同的产品，但无须表明它将在不同的市场中竞争。[1]

欧洲德国法院在"橙皮书标准案"（Orange Book Standard Case）中认为，申请禁令的实际效果就是拒绝许可，因此也可能构成滥用市场支配地位。当专利成为进入市场必不可少的条件而权利人具有市场支配地位，且拒绝许可缺乏合理性和公正性理由时，实施人提出强制许可抗辩可以获得支持，即专利人无法寻求禁令支持。而欧盟委员会认为上述判决过于偏向标准必要专利权人，因此其在摩托罗拉与苹果就智能手机标准必要专利之诉中，认定权利人寻求禁令的行为构成了滥用市场支配地位。在该案中，欧盟委员会明确了"安全港"原则，即善意被许可人在愿意遵守 FRAND 原则的基础上进行谈判并愿意接受法院判决或仲裁裁决时，权利人不得申请禁令救济。[2] 而在此后的"华为诉中兴案"中，欧洲法院认为，从 FRAND 许可声明产生信赖利益的角度，对标准必要专利权人寻求禁令救济行为应给予限制；作出 FRAND 许可声明的权利人在许可谈判中，其行为应受到规范；而实施人也应在谈判中积极地做出符合 FRAND 原则的回应。[3] 因此，法院不应鼓励其滥用市场支配地位，以禁令作为手段将诚信的竞争对手排除在同一市场之外，造成消费者可选择产品的减少，而是应当以引导双方通过充分协商以达成许可为司法导向或判决实施人支付合理的许可使

---

［1］ James Turney, "Defining the Limits of the EU Essential Facilities Doctrine on Intellectual Property Rights: The Primacy of Securing Optimal Innovation", *Northwestern Journal of Technology and Intellectual Property*, Vol.3, Iss.2, 2005.

［2］ Federal Court of Justice, *Orange Book Standard*, File Number KZR 39/06, 6 May 2009, reported in BGHZ 180, 312.

［3］ CJEU, Case C-170/13, Huawei v ZTE, 16 July 2015.

第七章　专利联营许可的滥用市场支配地位行为类型学分析

用费。

知识产权人可以通过拒绝交易相对人的许可请求而具有一定的竞争优势。一旦法律通过强制手段要求知识产权人强制许可知识产权，则会对知识产权人的权利造成损害，因此，只有当知识产权人拒绝许可的行为不仅影响到知识产权产品作用的市场，也严重影响到知识产权客体作用外的其他市场上的竞争，并且此种拒绝将进一步影响创新时才可以适用关键设施理论。《关于禁止滥用知识产权排除、限制竞争行为的规定》对知识产权人拒绝许可行为作出了规定："具有市场支配地位的经营者没有正当理由，不得在其知识产权构成生产经营活动必需设施的情况下，拒绝许可其他经营者以合理条件使用该知识产权，排除、限制竞争。认定前款行为需要同时考虑下列因素：（一）该项知识产权在相关市场上不能被合理替代，为其他经营者参与相关市场的竞争所必需；（二）拒绝许可该知识产权将会导致相关市场上的竞争或者创新受到不利影响，损害消费者利益或者公共利益；（三）许可该知识产权对该经营者不会造成不合理的损害。"该条相当于承认了关键设施理论在我国知识产权人拒绝许可行为分析中的适用。其中第一个因素即承认知识产权是进入相关市场的"必不可少性"，但是忽略了这一相关市场并不应当是知识产权权利所及的市场，而应当是知识产权所及市场的相邻市场。然而，这并不意味着知识产权人可以将这种优势拓展到相邻市场中，这既是竞争法所要禁止的，同样也并非知识产权法所要保护的。第二个因素则是承认知识产权人只有在"竞争"或"创新"受到不利影响、损害消费者利益或者公共利益的时候才会得到禁止。"竞争"和"创新"作为并列条件存在于关键设施理论之中，单纯地"限制竞争，实际上却有助于创新"，或者是"虽然限制了创新，但却促进了市场上的竞争"，这并不能够协调知识产权法与反垄断法之间的矛盾。因此，在该条的设置上，应将该项考察因素拆分成两个部分，即只有当知识产权人拒绝许可的行为同时满足消除"相邻市场上的有效竞争"以及"阻碍新产品的出现"时，才能被认为是知识产权人应当被禁止的拒绝许可行为。第二款仅仅是针对构成关键设施的有形财产而言的，并未考虑到知识产权因素下知识产权拒绝许可中的"新产品要件"，并没有能够意识到拒绝许可行为可能会涉及知识产权本身所在市场以及相邻市场中的关系。因此，《关于禁止滥用知识产权排除、限制竞争行为的规定》的改进无疑是取得了巨大的进步。[1]

根据我国《专利法》第2条，中国的知识产权法并不直接维护消费者的利益，其直接目的在于"鼓励发明创造，推动发明创造的应用，提高创新能力"。因此，知识产权因素下关键设施理论的"新产品"的考察标准应当是从技术上辨别是否构成"新产品"，消费者是否有潜在的需求仅是"新产品"考察过程中的一个重要因素，而不能够作为标准。在"新产品"的技术创新上，至少应该能够存在一定的创新度或者实质性的改进。尊重和礼让知识产权要求将对于知识产权本身所处的相关市场的权利予以保护，但对新产品的门槛设定是反垄断法上的判断标准，不能囿于专利法的窠臼，否则将使创新的通道封锁。反垄断的创新不单纯是技术创新，也包括商业模式创新。

（三）搭售

搭售行为按照《欧盟运行条约》第102条（d）的界定，是指"使合同的缔结取决于贸易伙伴对于额外义务的接受，而无论是依其性质还是按照商业惯例，该项额外义务均与合同的标

---

〔1〕 李兆阳："知识产权人拒绝许可行为的反垄断法分析"，载《河南财经政法大学学报》2018年第3期。

第七章 专利联营许可的滥用市场支配地位行为类型学分析

的无关"。易言之,这是指经营者在提供商品或者服务的交易过程中利用自己取得的市场支配地位,违反购买者的意愿约束后者负有随附接收事实上或交易惯例上并无联系的货物或服务的义务。[1]我国学者在讨论搭售时多采纳来自西方学者的定义,将搭售定义为卖方通过技术或其他手段在销售某一商品或服务的同时以买方同意购买另一商品或服务为条件,但上述定义强调买方的"同意"或卖方所要求的"条件",偏重于明确的意思表示而忽视了某些事实上的搭售行为,尤其是技术型搭售通过事实的技术关联迫使买方在购买主产品后不得不购买搭售产品,并没有买方的明确"同意"或卖方的明示"条件"。其次,在打印机与打印纸搭售等搭售行为中,第二产品的购买并不一定要求与第一产品的购买同时并举,通常可能先行购买打印机,尔后在使用打印机过程之中才陆续添购打印纸。搭售的概念本身是约定俗成而不是分析性的。汉语中的"搭售"用于指称"tying"概念易让人误解为"搭售"仅在买卖行为之间,但在许可贸易中,"搭售"是指要求被许可人接收一项本不需要的知识产权的许可证或者购买、使用本不需要的产品或服务,以作为得到所需知识产权的许可的条件,[2]应作广义解读。按中文的习惯,"搭售"一词仅能表达两种产品一起销售的含义,其动词核心在"售"之行为,实际上是以卖方为潜在主语,因此"搭售"与"被搭售"的主动与被动的主语略无别白,相反,"搭售产品"更适合被用于指称"tied product";而英文中"tying"除用于指称搭售行为外,还清晰表达主动捆绑之义,与"tied"在主被动语态上可以被区隔分殊。也正因为此,我国有学者在翻译

---

[1] [德]沃尔夫冈·费肯杰:《经济法》(第2卷),张世明、袁剑、梁君译,中国民主法制出版社2009年版,第323页。

[2] 韩其峰:《专利池许可的反垄断法规制》,中国政法大学出版社2013年版,第140页。

"tying product"和"tied product"两种产品时,使用"结卖品"与"搭卖品"的称谓以表达主被动之义。

在司法实践中,搭售(tying)同捆绑销售(bundling)之间存在一定的差别。捆绑销售也称为打包搭售(package tie-in),[1]针对的是支配地位企业的一种销售和定价方式,其所涉产品多以固定搭配的方式进行销售,一种产品的销售以按照一定比例销售另一种产品为必要条件,例如鞋和鞋带、有许多版面的报纸。打包型搭售往往被美国经济学者作为"要求型搭售"(requirements tie-in)的对立面[2]。"搭售"与"捆绑"的概念在美国1995年《知识产权许可的反托拉斯指南》(Antitrust Guidelines For the Licensing of Intellectual Property)中并未加以区分,虽然2007年的美国《反托拉斯执法与知识产权:促进创新和竞争》就两个概念的内涵区分进行了说明,但这对二者的竞争法分析并无本质不同。

"搭售"与"捆绑"均把两种或两种以上的产品结合在一起销售,只是搭售多半是以合同义务来表现,具有强迫性质;而单纯的捆绑主要是基于事实。搭售主要表现为"要求型搭售",并不强调必须以一种固定的搭配销售方式来进行市场交易。捆绑销售式搭售(bundled tie)与按需供货的合同搭售不同,捆绑销售的商品是一对一地销售,搭售的产品是一对多地

---

[1] [美]唐·E. 沃德曼、伊丽莎白·J. 詹森:《产业组织:理论与实践》,李宝伟、武立东、张云译,机械工业出版社2009年版,第353页。

[2] See Dennis W. Carlton and Jeffrey M. Perloff, *Modern Industrial Organization*, Harlow: Pearson Education Inc., 2005, p.324. 我国有学者翻译为必需品搭售,不妥。(参见[美]丹尼斯·卡尔顿、杰弗里·佩罗夫:《现代产业组织》,黄亚钧、谢联胜、林利军译,上海人民出版社1998年版,第688—689页)。因按丹尼斯·卡尔顿和杰弗里·佩罗夫所述原文,要求型搭售是强调卖方"要求"买方购买搭售品,而不是强调搭售品是消费者的必要需求。

第七章 专利联营许可的滥用市场支配地位行为类型学分析

销售。例如每台惠普打印机可以同任意数量的墨盒绑在一起销售。[1]在捆绑销售中,主产品与搭售品并不易判断,有时捆绑销售中的产品互为购买条件,因此有可能都是主产品,也有可能都是搭售品。捆绑销售式搭售通常被称为静态搭售(static tie);而搭售往往被视为纯捆绑的动态形式,称为动态搭售(dynamic tie)。静态搭售被看成是一半的混合捆绑或排他性安排,购买者要买产品 A 必须买产品 B,但是买产品 B 可以不买产品 A,这种销售方式下提供的产品是单独销售 B 或者销售商品组合 A-B,可以通过一种排他性安排达到。与之不同的是,动态搭售则是消费者要买产品 A 必须购买产品 B,且搭售时不同的购买者购买产品 B 的数量是不同的。因此动态搭售的销售方式是 A-B,A-2B,A-3B……将产品出售时提供售后服务,可以说是将售后服务与产品搭售。[2]

在纯粹捆绑的情形下,产品唯有以固定比例销售方可使交易达成。例如,飞机票通常包含餐费,对于买方一般具有强制性,而复合捆绑则指称的多是一种复合产品回扣的情形,即被捆绑产品其实质是可以单独进行交易的,但也有同时销售的组合产品包,该组合销售的价格低于单独出售的产品价格之和,即捆绑折扣。[3]销售方对于同时购买两种可以单独销售的产品的买方给予一定的价格优惠的行为是被视为搭售的行为抑或捆绑折扣(bundled discounts),学术界仁智各见。美国与欧盟在相应指南文件中对捆绑销售(bundling)的定义都只限于将两种产

---

[1] [美]泰勒·考恩、亚历克斯·塔巴洛克:《微观经济学:现代原理》,王弟海译,格致出版社 2013 年版,第 242 页。

[2] 李叶:"捆绑与搭售行为的反垄断质疑——基于市场经济学视角分析",载《现代管理科学》2013 年第 3 期。

[3] 龙柯宇:《滥用知识产权市场支配地位的反垄断规制研究》,华中科技大学出版社 2016 年版,第 161 页。

· 413 ·

知识产权与竞争法贯通论

品只捆绑在一起出售的情况，也就意味着排除了可以单独出售的捆绑折扣情况。但实际上，对于混合捆绑销售（捆绑折扣），美国与欧盟的理论与实践实际上多是将其置于价格行为中来讨论的，这些行为与普通的搭售行为具有天然的联系是不可否认的。在一般情况下，捆绑折扣中的产品可以另外单独购买，只不过单独购买时并没有折扣，此时对于销售者而言不啻一种引诱，并不能构成强制，但当这类行为在极端情况下产生强制消费者购买另一个特定的产品的效果时，则无疑构成搭售行为。例如，当折扣力度与搭售品（第二个产品）的成本相当时，捆绑折扣导致消费者心理产生某种强制，意味着如果买方不接受搭售就丧失了免费获得搭售品的机会，实际上使接受搭售与否的选择权形同虚设。

搭售本身是中性的，只有满足一定条件才会受到反垄断法的规制。例如，如果为了达到质量标准的要求，许可方要求被许可方购买某些原材料，而不买这些原材料就难以保证产品质量，这种符合商业逻辑的要求不能被认为是搭售条款。一般而言，强迫对方接受搭售交易条件的手段是拒绝交易。因此，搭售也极易与拒绝交易、价格歧视等滥用市场支配地位的行为发生重叠。例如，交易相对人拒不购买搭卖品时，则可能被断然拒绝提供该交易，使其正当之交易诉求无法得以满足。所谓搭售商品或者附加不合理的交易条件，是具有市场支配地位的经营者滥用市场支配地位，排挤竞争，获得更高经营利润的重要途径，主要有以下四种方式：①违背交易惯例、消费习惯等或者无视商品的功能，将不同商品强制捆绑销售或者组合销售；②对合同期限、支付方式、商品的运输及交付方式或者服务的提供方式等附加不合理的限制；③对商品的销售地域、销售对象、售后服务等附加不合理的限制；④附加与交易标的无关的交易条件。这里对"不合理"的认定，一般要结合法规政策、

第七章　专利联营许可的滥用市场支配地位行为类型学分析

行业中商业惯例、双方的交易惯例以及消费者权益是否受到侵害等综合考虑。例如，某热力公司在某小区供热工程建设中要求开发商按 35 元/平方米的标准负责向小区住户收取集中供热管网建设费（该市规定的收费标准为 30 元/平方米），否则不予施工，这就是一种在交易时附加不合理条件的行为。再如，在 20 世纪的美国，消费者想要向某一规模汽车生产商购买汽车时，该汽车厂商通常会向消费者推荐某一贷款机构，消费者如果执意要按照自己的意愿选择适合自己的贷款机构，就可能不会得到自己想要的汽车。这种搭售被美国理论界形象地称为全方位促销。这和我国目前银行借贷而企业急需周转资金的情况下出现贷款捆绑搭售理财、保险（放心保）、基金等的潜规则如出一辙。

在理论上，搭售存在搭入（tie in，也有翻译为内向型搭售）与搭出（tie out，也有翻译为外向型搭售）两种类型。前者是通常意义的搭售，后者是指在销售产品或提供服务时以买方不购买第三方所销售或提供的另一产品、服务为条件的行为，从而在相关市场中排斥第三方。这种限制往往被归为"不竞争条款"、普通的排他性行为。搭入与搭出也被一些学者分别视为隐性搭售（verdeckte Koppelungen）和显性搭售（offene Koppelungen），但笔者对此不敢苟同。隐性搭售是将多种产品和服务打包而显示唯一的综合价格的情形，显性搭售不仅将多种产品和服务打包而显示唯一的综合价格，而且将单个产品和服务的明确价格标识出售。这意味着，在公开的搭售中，不仅综合价格，而且对顾客而言，明确单个产品和服务的价格。[1]搭售行为还可以区分为合同型搭售与技术型搭售（事实搭售）。前者通过合

---

〔1〕 川原勝美「ドイツ競争制限禁止法及び不正競争防止法における結合取引の規制について」『一橋法学』第 1 卷第 2 号、2002 年。

知识产权与竞争法贯通论

同约定的限制而实现,后者通过技术手段的限制而实现。合同型搭售不能被狭义解释为有明确合同义务限制的搭售,除了通过合同直接约定而实现的搭售外,包括通过威胁拒绝交易、撤销质量保证而实现的搭售。论者或谓,技术型搭售是通过技术手段将两个产品捆绑在一起,一般只能是固定的搭配比例,因此技术型搭售一般只存在于捆绑销售中。但这种理解存在偏颇。以打印机与墨盒为例,两者虽然在一个确定的时间点的比例是一比一,但从较长时段视之,该比例并不固定,其中墨盒实际上是可以单独销售的,仍然可能存在要求技术型搭售,例如使墨盒与打印机的接口通过特殊设计而获得知识产权的保护。

在知识产权相关的搭售行为中,经典的合同搭售是指含有专利的货物(如复印机)和不含专利的货物(如墨水与纸张)捆绑销售;技术搭售则是实际捆绑在一起的或只能相互搭配使用的产品、多种知识产权组合成套件。例如,在"利盟诉史丹迪公司案"(Lexmark International, Inc. v. Static Control Components, Inc.)中,被告是一家不具有支配地位的电脑打印机生产商,与惠普、佳能、爱普生等大型竞争对手分享这一市场。其对所生产的打印机配套墨盒采用两种不同的定价方案,引入一项"预折计划",对墨盒收取较低的前期价格,但要求墨盒用完之后必须退还利盟公司,而不得由独立墨盒加墨商重新加墨。为此,利盟开发了一种技术"锁",即在每台实行预折计划的墨盒中安装微芯片,从而使打印机可以识别第三方翻新墨盒并阻止使用。安装该锁并不旨在改进打印机或墨盒的性能,其特殊设计的功能仅在于确保利盟打印机上只能使用利盟加墨的墨盒,将两个产品联系起来,但这种技术搭售并未构成本身不合理地

第七章 专利联营许可的滥用市场支配地位行为类型学分析

排斥竞争。[1]

独卖者要求其下游厂商搭售其他商品等,由于下游厂商没有其他的供应商以供货,而不得不接受此项搭售规定,此种以搭售合同(Kopplungsverträge)牵制交易的行为几近勒索,当然亦被视为违法行为。[2]在2007年的欧盟"微软 Windows 操作系统和 Media Player 软件捆绑销售案"中,微软面对反垄断的指控抗辩称,Media Player 是附赠的"赠品",而非强迫消费者购买或必须使用此播放器。事实上,销售商将消费者不愿意购买的产品以所谓赠品的名义强加给购买者的行为似乎属于销售商的让利于民,而将"赠品"的价格转化在被搭售商品的价格之中则成为变相的搭售行为。欧盟初审法院认为,操作系统与媒体播放器在本质上没有必然联系,存在彼此独立的市场需求。微软由于 Windows 系统的市场份额已然使其实际上成为个人计算机的标准操作系统,在操作系统市场上占据支配地位,而微软产品具有的网络效应,利用用户群的路径依赖将播放器软件与 Windows 操作系统绑定在一起,其在主观上不愿意浪费操作系统的空间来安装其他的媒体播放器,并为此向消费者就新增加的预装索取更为高昂的对价,因此这种预装带有明显的强迫色彩,未给消费者留有合理的选择余地,进而导致消费者会更加不情愿去获取其他的甚至是质量更为优秀的媒体播放器,产生了限制媒体播放器市场正当竞争的效果。拥有市场支配地位的知识

---

[1] Lexmark International, Inc. v. Static Control Components, Inc., 387 F.3d 522, 551 (6th Cir. 2004). 这种行为被称为"掠夺性创新",即对产品特征或性能进行改变的主要目的仅在于提高竞争对手的成本、锁定消费者,对于消费者而言并无增益。基于此,在"巴德公司诉 M3 系统公司案"(C. R. Bard, Inc. v. M3 Systems, Inc.) 中,美国联邦巡回上诉法院认定,被告虽然在该产品系列上拥有专利,但仍不能免于反托拉斯审查。其对医用缝合针产品系列做出的改变是故意为了与竞争对手的产品不相匹配。C. R. Bard, Inc. v. M3 Systems, Inc., 157 F.3d 1340 (Fed. Cir. 1998).

[2] 汤明辉:《公平交易法研析》,五南图书出版公司1992年版,第24页。

产品生产商,若将搭售特别是技术性搭售作为一种长期性的市场战略而予以推行,对被搭售品市场和搭售品市场的竞争产生封锁效应,使得相关竞争难以为继,最终可能会在公平竞争被排除的条件下,占支配地位的知识产品厂商将会从消费者手中索取更高的价格。

穿透式许可费(reach-through royalties)不是直接依据专利技术的使用情况计算专利许可费,而是依据该技术带来的产品。此等安排在生物科技产业被广泛应用于"研究工具"的许可协议中,例如克隆工具、试剂、基因库、实验室设备。在这些情况下,专利权人许可其专利工具的前提条件是被许可人如果使用专利工具获得任何产品,应将其销售额的一定比例支付给专利权人。[1] 穿透式许可费往往被用作一种"计量"使用量的手段,并据此收取相应的费用,是知识产权人试图从被许可的知识产权获取下游价值的方式之一。这被用作实施价格歧视的工具,因为专利权人可以利用其向生产较大价值产品的用户收取更多许可费。例如,专利权人将一项生物"工具"许可给他人用于生产某种药丸形式的药品,并就药丸销售额收取穿透式许可费。被许可人销售的药丸数量越多、售价越高,支付的许可费也就越多。[2] 穿透式许可费可能产生特许权使用权叠加效应,其下游研究和生产可能因太多权利人的存在而被阻止或阻碍。[3] 穿透式许可费可能削弱创新,但穿透式许可费协议也是一种鼓励创新的有效的风险分担方法,存在促进创新和竞争的

---

〔1〕 Robin Cooper Feldman, "The Insufficiency of Antitrust Analysis for Patent Misuse", *Hastings Law Journal*, Vol. 55, Iss. 2, 2003.

〔2〕 [美] 克里斯蒂娜·博翰楠、赫伯特·霍温坎普:《创造无羁限:促进创新中的自由与竞争》,兰磊译,法律出版社2016年版,第318页。

〔3〕 Robin Cooper Feldman, "The Insufficiency of Antitrust Analysis for Patent Misuse", *Hastings Law Journal*, Vol. 55, Iss. 2, 2003.

第七章　专利联营许可的滥用市场支配地位行为类型学分析

优势。这是因为，许多企业（尤其是新兴企业），无力一次性支付使用某种方法技术的许可费，这些技术的价值在于它们在开发新产品的过程中扮演着潜在但并不确定的角色，允许这些企业仅在成功开发出适销产品之后支付费用是一种或然性付费安排。在这种意义上，穿透式许可费与非排他返授规定具有类似的风险分担效果。穿透式许可费在延长时间和扩大专利授权范围方面提出了潜在的专利滥用问题。反垄断规则无法检测到所引发的时间或范围问题的全部范围。专利滥用的发现不会导致金钱损失，其救济办法是使专利无法执行。[1]

在一般情况下，专利权人要实现许可中的搭售，往往需要在与被许可人的许可协议中就所搭售的产品或服务以及其他条件作出明确约定，并将被许可人履行这些义务作为获得专利权许可的条件。而专利联营许可中的搭售一般无须签订明确、具体的搭售协议条款，而是通过所有进入联营体的专利技术作为一个整体集中对外进行一揽子许可的运行模式来实现。一揽子许可（blanket licenses）又称包裹许可（package licensing），是指专利池将所有入池专利捆绑在一起对外进行许可。一揽子许可堪称涉及纯知识产权的搭售安排的子集，在这一意义上，此种搭售虽然也会存在杠杆原理，但并非单向的知识产权专有性的延伸，而可能是双向、平等的，"搭售"和"被捆绑"的产品均属知识产权许可。

这种一揽子许可具有的优势显而易见：许可人为了使被许可人更容易接受其专利搭售行为，通常会降低结卖与搭卖专利的整体授权价格，收取相对合理的许可费，对于被许可人而言，可以缩短谈判周期，降低交易风险，节约交易成本。究其本质，

---

[1] Robin Cooper Feldman, "The Insufficiency of Antitrust Analysis for Patent Misuse", *Hastings Law Journal*, Vol. 55, Iss. 2, 2003.

一揽子许可合同是知识产权的整体授权,相当于批发商整盒出售办公用品,或土地开发商整体销售其产品,并不冒天下之大不韪。问题是,因为专利联营机制对无效专利具有特殊的庇护作用,通过专利联营集中对外一揽子许可模式所形成的搭售,被许可人所得之搭售品未必是真正的专利技术,其中往往包含了诸如不符合专利法律保护条件的专利、超过有效保护期的专利、不可执行的专利以及早已成为公知的非专利技术等。如果专利池只提供一揽子许可而拒绝让被许可人选择专利池中的部分专利进行个别许可(individually licensing),包括禁止其成员提供个别许可,即所谓强制性一揽子许可是否构成专利权滥用。与此相近但又有所区别的问题是,如果专利池只提供一揽子许可但同时允许专利池成员单独对外提供个别许可是否会引起垄断之忧。按照美国法律,许可人基于一个以上的专利许可的一揽子许可本身并非是非法的或者构成专利权滥用,如果被许可人自愿接受一揽子许可,自然不会产生专利权滥用的问题,但如果对某项专利拥有市场力量的专利权人在对该专利进行许可时强制性要求对方接受若干项专利的一揽子许可作为条件,则也会被认为是反竞争的[1]。

1988年《专利滥用改革法》(Patent Misuse Reform Act of 1988)削弱了对强制一揽子许可的滥用禁止,规定专利权人将取得另一专利权的许可作为许可任何专利权利或者许可销售专利产品的条件的行为并不构成滥用,除非该专利权人在对与许可或者销售所基于的专利或专利产品相关的市场拥有市场力量,对一揽子许可是允许的。[2]美国联邦巡回上诉法院2005年在

---

〔1〕 Hazeltine Research, Inc. v. Zenith Radio Corp, 388F. 2d25 (1967).

〔2〕 Patent Misuse Reform Act of 1988, 35 U.S.C. § 271 (1988) (amended. 2003).[美]赫伯特·霍温坎普:《联邦反托拉斯政策:竞争法律及其实践》,许光耀、江山、王晨译,法律出版社2009年版,第272页。

第七章 专利联营许可的滥用市场支配地位行为类型学分析

"美国飞利浦诉美国国际贸易委员会案"（U. S. Philips v. ITC）中认为，飞利浦仅提供一揽子许可而拒绝就部分专利个别许可的行为并不具有反竞争性。[1]通常，强迫性一揽子许可本质上是搭售协议的一种特例对待。在这种情况下，专利权人拒绝签订分别许可个别专利权合同，而是强制性把所有专利捆绑在一起许可，或者对专利池中的所有专利规定一个统一、不变的价格，并且强迫被许可方接受，不容许被许可方进行商讨或不考虑许可使用费的其他相关因素。例如，我国 DVD 行业遭遇的专利池许可费用过高就是一种典型的一揽子许可行为。打包许可既可能产生类似搭售的竞争封锁效应（因为其迫使竞争对手跟一个为零的价格竞争，令后者能够获胜的希望无几），还可能产生创新封锁效应，因为在价格为零时被许可人的选择仅限于许可人的现有专利技术和公有领域的旧技术，令竞争对手的新技术被摒之于外。

不同于普通商品和单个专利的搭售，专利池搭售具有自身特殊性，即使专利池中单个专利权不具有支配地位，但相关专利权人的"抱团"足以产生限制、排除竞争的效果。专利池搭售的表现形式主要包括搭售非核心专利、搭售同族专利、搭售无效专利、搭售另一专利池、搭售认证服务五种类型。一方面，专利池中的无效专利和有效专利被打包在一起进行许可，被许可人因为不被允许对池中专利进行逐个分析或者缺乏逐个分析的能力而往往无奈接受整个专利池的专利许可。另一方面，专利池许可可能导致诸多被许可人一律使用专利池中的专利技术，而被许可人在专利池中支付了使用费后往往对挑选其他竞争者的类似技术甚至更优技术产生惰性，从而可能强化专利池权利人的市场份额和竞争优势，造成垄断者更加垄断、严重缺乏竞

---

[1] U. S. Philips Corp. v. ITC, 04-1361 (Fed. Cir. Sept. 21, 2005).

知识产权与竞争法贯通论

争的局面。

标准必要专利由于锁定了某一技术标准而获得垄断,具有唯一性和不可替代性,经营者欲实施标准则必然要购买和实施该专利技术。相反,非标准必要专利则或多或少存在可替代性,对被许可人的价值是不确定的,被许可人根据自己的需要而决定是否使用,可以用替代技术绕开非标准必要专利。如果将标准必要专利和非标准必要专利进行强迫捆绑许可,将导致专利权人在标准必要专利许可市场上的市场力量延伸到非标准必要专利市场,使被许可人不得不接受这种强迫交易,进而将阻碍或限制非标准必要专利市场中的竞争,对竞争的负面影响是显而易见的。在"高通案"中,高通的专利比较特殊之处在于,其许多专利属于其他厂商在实施相关标准时不可避免地会使用到的标准必要专利。在高通公司对外许可的专利组合中,高通公司的无线标准必要专利主要涉及无线通信技术,而不涉及无线通信终端的外壳、显示屏、摄像头、麦克风、扬声器、电池、内存和操作系统等。无线标准必要专利具有核心价值,非无线标准必要专利不必然对所有的无线通信终端具有价值,无线通信终端制造商不必然需要获得高通公司的非无线标准必要专利许可。在专利许可中,高通公司不将性质不同的无线通信标准必要专利与非无线通信标准必要专利进行区分并分别对外许可,而是利用在无线通信标准必要专利许可市场的支配地位,没有正当理由将非无线通信标准必要专利许可进行搭售。高通虽然将专利清单发给了这些企业,但并未告知这些企业到底用了清单中的哪些专利。即便大部分企业实际只用到其中的几个专利,也同样被发来长达几百页的专利清单,被迫交付整个专利打包的价钱。大部分的中小型企业并没有足够的人力资源来读懂这些合同,又慑于高通的强势地位,只有被动签字的份,显然是店大欺客。手机是由芯片组、内存卡、显示器、电池等大量硬、

第七章 专利联营许可的滥用市场支配地位行为类型学分析

软件构成,高通持有的 2G、3G、4G 标准必要专利全部体现于芯片组,而芯片组成本约占手机总成本的 4% 至 20%。高通公司在将无线标准必要专利和非无线标准必要专利进行一揽子许可的同时,向手机生产企业搭售的专利许可费并不是按照芯片组的费用来计算,而是以无线通信终端的整机批发净售价 5% 作为计算专利许可费的基础。此举在直接抬高手机价格的同时也加大了消费者的购买支出,涉嫌构成我国《反垄断法》禁止的"以不公平的高价销售商品"的规定。

欧盟竞争法以及许多其他国家的法律使用"滥用市场支配地位"的措辞,而不像《谢尔曼法》第 2 条那样使用垄断化的措辞。滥用市场支配地位的违法行为类似于美国法的"垄断传导效应"(monopoly leveraging)[1]这类违法行为,但这一概念因为与《谢尔曼法》的措辞不一致如今已基本遭到抛弃。垄断传导效应型违法行为的调整对象是,利用其在主要市场上的地位在某个次要市场上获得"不公平"优势的支配地位企业。[2]搭售行为的违法性在很长一段时期内无论是依据知识产权滥用法则还是反垄断法,均建立在"传导效应"理论基础之上。申言之,搭售行为之所以违法,乃因为其将专利权人的垄断利润从搭售品市场传导或扩张至被搭售品市场。[3]按照这种杠杆理论,专利或版权"滥用"法则将搭售问题等同于不适当的专利权行使,搭售似乎对竞争具有"原罪"。法律对搭售的敌视态度正是源于专利或版权"滥用"法则,只是后来才进入反垄断法领

---

[1] Delta Systems, Inc. v. TRW, Inc., 1987 U. S. Dist. LEXIS 15104(W. D. Wash. May 21, 1987.

[2] [美]克里斯蒂娜·博翰楠、赫伯特·霍温坎普:《创造无羁限:促进创新中的自由与竞争》,兰磊译,法律出版社 2016 年版,第 29 页。

[3] [美]克里斯蒂娜·博翰楠、赫伯特·霍温坎普:《创造无羁限:促进创新中的自由与竞争》,兰磊译,法律出版社 2016 年版,第 300 页。

域。然而,芝加哥学派的单一垄断利润理论(Single-monopoly-rent Theory)否定了搭售的传导效应,认为若被搭售品是竞争性的,那么搭售对竞争的影响极其有限,并不具有反竞争效果,否则任何有市场势力的产品就都可以通过搭售来获得垄断。垄断企业的垄断势力向其他市场的延伸并不能增加其收益,反而有可能减少利润,只能在一个市场上实施垄断势力,并不能对被搭售品收取第二个垄断价格。因为如果被搭售品的价格高于竞争市场上的价格,消费者将减少被搭售品的购买进而减少搭售品的购买,因此,搭售并不能获得额外的垄断利润,传导效应并非企业搭售的动因。

事实上,对于如何划定专利内含的"排他权"与反垄断法所关注的"反竞争排斥"之间的界限,美国法院的态度模糊且不一致,经常将"边界排斥"(boundary exclusion)与"市场排斥"(market exclusion)混为一谈。[1]知识产权的权利是"边界排斥",而鲜为"市场排斥"。例如,农民有边界排斥权将玉米地带的入侵者排除在外,但这种权利很少赋予任何垄断玉米价格的权力。一些先驱专利确实可能赋予重要的市场力量,特别是在这些专利被广泛解释的情况下尤其如此,但大多数专利都没有这种效果,[2]不能根据其专利覆盖了所搭售的产品的事实就推定存在市场势力。这种推定专利权人具备市场势力的传统观点被美国联邦最高法院称为"历史上对搭售所持不信任态度的残余"。[3]从历史上看,专利组合是在确定企业市场力量范围

---

〔1〕 [美]克里斯蒂娜·博翰楠、赫伯特·霍温坎普:《创造无羁限:促进创新中的自由与竞争》,兰磊译,法律出版社2016年版,第6页。

〔2〕 See Wright Co. v. Herring-Curtiss Co., 204 F. 597, 614 (W. D. N. Y. 1913). See also Robert P. Merges & Richard R. Nelson, "On the Complex Economics of Patent Scope", *Columbia Law Review*, Vol. 90, No. 4, 1990.

〔3〕 [美]J. M.穆勒:《专利法》,沈超等译,知识产权出版社2013年版,第434页。

第七章 专利联营许可的滥用市场支配地位行为类型学分析

时考虑的众多因素之一。版权甚少赋予重要的市场权力,商标的市场排斥效应更是极其罕见,仅仅令经营者各就各位而已。与芝加哥学派对捆绑与搭售传导效应的否定建立在分析的静态假设之上不同,后芝加哥学派基于企业的动态博弈更全面和完整地研究了捆绑、搭售的激励和经济效应,将捆绑、搭售的动因分为策略动因和效率动因,其中阻止进入、缓解竞争、获得竞争优势、价格混淆等策略动因有可能引起反竞争性和市场排斥效应,对市场竞争环境造成不利影响。

在法律上,搭售的"传导效应"是一种纵向关切,以消费者价格的提高为关注对象,其"封锁效应"(foreclosure)则是一种横向关切,关注对竞争对手的排斥。[1]如果两种产品都具备一定的市场势力,将它们集中于同一家企业更有可能降低而非提高价格。这将导致一种"反向传导效应",把销售从两家企业引向同一家企业,却能够让消费者受益。[2]如果搭售的经营者不具有市场支配地位,搭售的实施是具有纵向关系的两个企业以协议或者共谋的方式进行联合行动,属于联合限制竞争行为而并非滥用市场支配地位。如果搭售行为仅仅封锁创新或接近公有领域,则未必构成反垄断政策的关切对象,难谓导致垄断搭售行为,不应一味地把搭售行为归于垄断的范畴,而应构成知识产权政策的关切对象。这种搭售的知识产权滥用是自身权利使用的异化,有必要将知识产权滥用从反垄断法中解脱出来,最好将其留给知识产权制度的内部机制处理或者有时留给侵权法处理。

滥用抗辩尽管应适用于违反反垄断法的行为,但同时也应

---

〔1〕 [美]克里斯蒂娜·博翰楠、赫伯特·霍温坎普:《创造无羁限:促进创新中的自由与竞争》,兰磊译,法律出版社2016年版,第29页。
〔2〕 [美]克里斯蒂娜·博翰楠、赫伯特·霍温坎普:《创造无羁限:促进创新中的自由与竞争》,兰磊译,法律出版社2016年版,第33页。

知识产权与竞争法贯通论

该适用于不违反反垄断法但削弱这些知识产权政策的行为。知识产权法虽然也关注反竞争的限制行为,但其关切对象应该更加广泛。滥用法则如果真的被作为一项落实知识产权政策的工具而不仅仅是挂着另一个名字的反垄断执法,就应该专注于封锁效应。易言之,认定搭售构成知识产权滥用的关键在于,知识产权人从事的行为是否不合理地封锁未来创新或者封锁接近公有领域。[1]搭售安排只有当搭售阻止竞争对手进入市场时才是限制竞争的,必须表明存在市场支配地位或限制竞争影响,否则对于反垄断法而言泛化造成"失入",而对知识产权滥用而言窄化造成"失出"。

(四)回授条款

回授条款(grant-backclauses,亦称"返授条款")是指专利权人以许可为条件,要求被许可人必须将基于该专利产品或技术而作出的后续改进或使用标的技术所获得的新技术应当向许可人报告、转让或授权。依据回授的权利所涵盖的范围大小,回授可分为广义回授和狭义回授,广义回授要求被许可人向许可人回授所有与原技术相关的改进或新技术的权利,而狭义回授只要求被许可人对与原技术直接相关的后续改进或直接衍生技术进行回馈授权。以许可人向被许可人许可的技术的重要性作为标准,回授条款可被分为关于"次要技术"(the peripheral technology)和"落后技术"(the backward technology)的许可协议中的回授与关于"核心技术"(the core technology)的许可协议中的回授。当被许可人被授予的是"次要技术"或"落后技术"时,被许可人在这一技术基础上不大可能得到任何具有市场竞争力的革新,回授条款不仅不太可能对被许可人的创新积

---

[1] [美]克里斯蒂娜·博翰楠、赫伯特·霍温坎普:《创造无羁限:促进创新中的自由与竞争》,兰磊译,法律出版社 2016 年版,第 292 页。

第七章 专利联营许可的滥用市场支配地位行为类型学分析

极性造成任何有实质意义的影响，反而有利于消除没有必要的研发支出。

依据回馈授权所采取的方式，回授可分为许可型回授与转让型回授。依据被许可人是否能获得补偿，回授可分为有偿回授和无偿回授。依据被许可人能否获得技术后续成果的相应权利，回授可分为双向回授（互惠回授）与单向回授。依据许可人对该改进或创新享有权利的情况，回授可分为独占性回授或非独占性回授。其中，独占性回授是指被许可人将新技术全部回馈给许可人，自己亦一无所有，不得有任何保留；排他性回授是指被许可人将改进性专利回馈许可人，但也保留了自己使用新技术的权利；开放式回授是指许可人、取得改进性技术专利的被许可人及其他被许可人都可以使用这一后生技术。前两种回授一般被统称为强制性回授。第三种回授方式可以被称为开放式回授，更接近于从属许可，许可人为保持产业的标准化，将这些新技术从属于原专利许可给其被许可人，维护了标准的统一，使下一代产品能与前代产品兼容，从而有助于竞争。

专利由于本身具有法律垄断权，构成禁止垄断的例外，任何专利许可安排无疑都会受到司法部和法院的密切关注。授予条款因为涉及专利垄断的交换，易于双重敏感。[1]回授条款倾向于增强原始许可人的排除权，因为改进专利的时间超出了原始专利的期限，或者因为它将范围从原始发明扩展到新的市场。[2]是故，回授契约可被视为违反《谢尔曼法》第1条的贸易限制合同或许可人违反《谢尔曼法》第2条的垄断化。在

---

[1] Sol M. Linowitz and George W. F. Simmons, "Antitrust Aspects of Grant Back Clauses in License Agreements", *Cornell Law Review*, Vol. 43, Iss. 2, 1958.

[2] Paul G. Chevigny, "The Validity of Grant-Back Agreements under the Antitrust Laws", *Fordham Law Review*, Vol. 34, Iss. 4, 1966.

知识产权与竞争法贯通论

1947 年的"透明包装机械公司诉斯托克斯-史密斯公司案"（Transparent-Wrap Machine Coro. v. Stokes & Smith Co.）中，透明包装机械公司将关于一种制造透明包装材料并给其镀字的机器的专利独占性许可授予斯托克斯-史密斯公司，规定被许可人必须将对这种机器所做的任何可获得专利的改进转而回授给许可人，但被许可人数年后研发出了与原专利技术相关的改进技术并取得了专利，却拒绝向透明包装机械公司回授、转让，并认为原许可协议的内容构成专利权滥用而请求法院裁定该回授条款无效。地区法院认为该回授条款有效，第二巡回法院的法官勒尼德·汉德（Learned Hand）则推翻了上述判决，认为非独占性的回授应当可以被容忍，而独占性回馈授权本身是违法的，不具有强制执行性。为了得出这一结论，汉德法官将回馈授权与搭售进行类比分析：搭售安排不合理地扩展了许可人所拥有专利的"合法垄断"的范围，违反了专利法，也触犯了宪法包含的公共政策所保护的公众利益。和搭售一样，独占性回授具有扩展许可人所拥有专利的"合法垄断"范围的效力。如果在原始专利期满后的一段时间内，只有许可人自己可以对后续改进技术行使独占性的权利，许可人相当于变相地延长了自己的专利权所能带来的合法垄断期。然而，最高法院的道格拉斯（William Orville Douglas）法官与第二巡回法院的意见存在分歧，驳回了被许可人有关回授条款降低了被许可人创新激励的主张。在道格拉斯法官看来，回馈授权与搭售的类比是不可取的。在搭售的情况下，许可人将专利权所具有的合法垄断力扩张到不具备专利权保护的其他产品或服务上，即使用"合法垄断"来创造"非法垄断"，而回馈授权所涉及的问题是"利用一项合法的垄断力来获取另一种合法的垄断力回馈授权"，即通过基本专利的"合法垄断"来获得其他合法的垄断，因此回馈授权并非本身违法的专利权滥用，应当具有强制执行性。不过，当回授

第七章 专利联营许可的滥用市场支配地位行为类型学分析

是一个宏观、垄断性的市场计划中的一部分或者多个回授形成了一种不容忽视的市场集中效应时,回馈授权可能构成对反托拉斯法的侵犯。[1]道格拉斯法官并没有对回馈授权被用作违反反托拉斯法的手段的具体情形进行界定和说明,所以此后关于回馈授权的合法性问题一直存在争议。

在20世纪70年代,由于美国司法部认为专利赋予了市场力量,专利许可中的回授条款的合法性可能会引发反垄断挑战。[2]但美国联邦反托拉斯当局20世纪80年代后就回授对创新、消费者福利和竞争影响方面有了更为恰当的看法,根据许可安排的总体结构和相关市场的条件来审查回授条款的可能影响,要求考察许可人是否具有市场支配力,不再从专利所有权推定市场权力。[3]美国司法部和联邦贸易委员会于1995年联合发布的《知识产权许可的反托拉斯指南》指出,回授条款在某些情况下具有积极意义。如果该回授条款为非排他性许可,通常有促进竞争的效果,因为这虽然要求被许可人将改进成果许可回许可人,但也允许被许可人保留某些使用权或所有权[4]。回授特别是在非排他性回授时,可以产生促进竞争的效果。[5]这种安排为被许可人和许可人提供了双方共同承担风险的机制,补偿许可人在合同所涉及技术的基础上进一步开发研究的投入,让许

---

[1] See Transparent-Wrap Mach. Corp. v. Stokes & Smith Co., 329 U.S. 637, 645-648 (1947).

[2] See, e.g., Zenith Radio Corp. v. Hazeltine Research, Inc., 395 U.S. 100, 161 U.S.P.Q. (BNA) 577 (1969).

[3] Sheila F. Anthony, "Antitrust and Intellectual Property Law: From Adversaries to Partners", *AIPLA Quarterly Journal*, Vol. 28, No. 1, 2000.

[4] [美]克里斯蒂娜·博翰楠、赫伯特·霍温坎普:《创造无羁限:促进创新中的自由与竞争》,兰磊译,法律出版社2016年版,第320页。

[5] See also Duplan Corp. v. Deering Milliken, Inc., 444 F. Supp. 648, 671-672, 700 (D.S.C. 1977).

可人得以再利用回授的技术革新成果进行后续的改进研发。[1]

　　由于未来技术的不确定性,许可人为保证自身利益免受损失和技术交流的顺利进行,在许可合约中纳入回授条款,有利于优化资源配置,降低许可人面临因自己许可授权的行为和被许可人后续不断的技术创新挤出而被市场淘汰的风险。正因许可人今后可通过从被许可人处得到的革新成果获取一定的商业利益,也就意味着许可人对被许可人的选择将会影响其今后利益的大小,因而回授条款能够促使专利许可人选择高能力的被许可人,而高能力被许可人具有创新能力也在一定程度上能促进技术进步。如果没有回授条款的附随限制设置,知识产权许可人会因为担心自己的技术受到新技术成果的冲击而遭淘汰,往往会为了保住自己的技术地位而宁愿选择研发能力弱的公司作为被许可人,这显然与促进技术创新、优化资源配置背道而驰。在合同双方市场力量均等的情况下,签订许可协议、接受回授条款的双方并不都真的认为被许可人会实际从事技术的后续改进研究,回授条款的存在只是作为一种设计,以保证许可人有权接触到可能意外发现的技术改进,不太可能影响到被许可人的创新动机。

　　在包括知识产权在内的财产法对财产权进行了初始配置之后,当事人可以以此为起点利用合同作出个案情形下更具针对性的秩序安排。许可人有理由认为被许可人可能实际从事技术的后续改进和创新研发工作时,回馈授权条款的存在可能会影响被许可人的创新积极性,但许可双方可以通过诸如允许被许可人保留相应权利、免费使用相关改进技术之类的协议安排来

---

[1] Sheila F. Anthony, "Antitrust and Intellectual Property Law: From Adversaries to Partners", *AIPLA Quarterly Journal*, Vol. 28, No. 1, 2000; Marshall Leaffer, "Patent Misuse and Innovation", *Journal of High Technology Law*, Vol. 10, Iss. 2, 2010.

第七章　专利联营许可的滥用市场支配地位行为类型学分析

避免、抵消这种创新动机的损失,否则过于严苛的回馈授权条款设计将使被许可人得不偿失,即便取得了任何技术进步也会极力想方设法对许可人隐瞒而不愿与其分享。而在许可方具有市场支配地位的情况下,单向性回授条款则让被许可人就其改进的技术非但不得许可他人使用,连自身都无法使用,因此这种由许可人对改进成果坐享其成的回授表现出明显的权利义务失衡性,令被许可人的自主研发落入"为他人作嫁衣裳"的尴尬境地,实质上是施加于专利技术改进权利的限制,容易导致被许可人丧失创新激励,减少被许可人从事改进发明的动力,削弱创新市场的竞争。[1]具有市场支配地位的许可人通过独占性回授不断获得新的专利和改进技术,通过基础专利索取、控制所有的改进专利而无须给予补偿或承担互惠义务,使得许可人在该项技术领域的支配力延伸到原专利的保护期限以后,从而形成技术垄断和市场控制,无法收回开发新发明所需的研发费用的被许可人将失去其在市场上的竞争优势。许可协议的排他性,特别是专利池安排中的排他性回授许可模式,可能破坏即使在同一技术领域的非许可人和潜在创新者的创新动机。[2]此外,处于同一竞争市场的双向回授的当事人由于处于一种竞争关系,极易因双向回授就所生产产品的定价、销售领域等达成共谋,以达到掌控该技术市场、排除阻碍其他竞争者进入的目的,从而产生反竞争的后果。

欧盟委员会于 1996 年颁布了《关于对若干类型的技术转让

---

[1] 王立民、黄武双主编:《知识产权法研究》(第 4 卷),北京大学出版社 2006 年版,第 132 页。

[2] See Roger B. Andewelt, "Practical Problems in Counseling and Litigating: Analysis of Patent Pools under the Antitrust Laws", *Antitrust Law Journal*, Vol. 53, No. 3, 1984; Steven C. Carlson, "Patent Pools and the Antitrust Dilemma", *Yale Journal on Regulation*, Vol. 16, Iss. 2, 1999.

知识产权与竞争法贯通论

协议适用欧洲共同体条约第 81 条（即原第 85 条）第 3 款的第 240 号条例》[1]，即通常所称的《技术转让规章》《240/96 条例》。《技术转让规章》第 1 条为基本豁免条款，规定集体豁免适用的条件和基本范围，凡符合规定条件并在豁免范围内的技术许可协议，不受《欧洲共同体条约》第 81 条第 1 项的禁止；规章第 2 条第 1 款指出了技术转让协议中通常包括的 18 种一般不影响竞争、不妨碍获得豁免的限制性条款，这些条款也被称为"白色条款"；规章第 3 条提出了技术转让协议中不能得到集体豁免待遇的限制竞争条款，这些条款被称为"黑色条款"，凡包含了该条列举的限制性条款的许可合同皆不予豁免，而且不适用合同无效的可分性规则，以防当事人规避法律；第 4 条为"灰色条款"和通知异议程序条款，规定既不在基本豁免和白色清单之内又不在黑色清单之内的限制性许可合同条件，尤其是本条列举的合同条款，当事人可将许可合同事项通知欧共体委员会，如后者 4 个月内未提出异议的，即视为获得豁免。欧盟委员会于 2004 年颁布《关于对若干技术转让协议适用条约第 81 条第 3 款的第 772/2004 号条例》以及《关于对技术转让协议适用欧洲共同体条约第 81 条的指南》，[2]原《技术转让规章》同时废止。

针对原条例中规定的"三色清单"拘于形式、过于僵化复杂的抱怨，欧盟委员会不再采用过于详尽、确定的"三色清单"的模式来规定有关限制条款是否能够适用集体豁免，而采用制定一个"宽泛的、伞状的"集体豁免条例再加上一系列详尽的"指南"的形式，增加了适用豁免的灵活性。新条例取消了可以自动得到豁免的"白色条款"，同时，类似"灰色条款"的规

---

[1] Commission Regulation (EC) 240/96 on the Application of Article 81 (3) of the Treaty to Certain Categories of Technology Transfer Agreements, OJ (L 31) 2.

[2] Commission Notice Guideline on the Application of Article 81 of the EC Treaty to Technology Transfer Agreements (2004/C101/02).

第七章 专利联营许可的滥用市场支配地位行为类型学分析

定也被取消,这意味着当事人不必再向委员会通知或者申请豁免而必须自己判断其协议是否适用豁免。新条例的"严重性限制条款"类似于先前的"黑色条款"。严重性限制条款的存在,将使得整个协议都不适用豁免。新条例的重要创新是对竞争者之间签订的技术转让协议与非竞争者之间签订的协议适用不同的规则,与竞争者之间的许可协议相比,非竞争者之间的协议将获得更多的豁免。新条例对协议的种类也作了区分,分为互惠协议和非互惠协议,互惠协议可以获得更多豁免。这种区分体现出更大的灵活性,使欧盟委员会能够从协议实质判断协议条款是否限制竞争而不必局限于条款的形式。新条例强调应根据市场力量的程度来确定协议能否豁免,市场份额也成了一个基本的考量因素。因此,在依据新条例分析技术转让协议中的回授条款时,首先要考虑的问题是协议各方之间的关系是竞争性还是非竞争性的,回授关系是互惠或非互惠的。新条例同时规定了"被排除的限制",主要是独占性的回授条款、对权利效力的不争执条款、限制技术研发的条款,这些限制不享受豁免。

欧盟 2004 年《关于对技术转让协议适用欧洲共同体条约第 81 条的指南》也论及了排他性回授:对许可专利的改进如果可以在不侵犯原许可专利的情况下就能被实施,则属于可分离的改进。要求将许可专利的可分离的改进向许可方进行排他性许可或转让,可能会降低被许可方创新的积极性。在对落在整批豁免范围之外的排他性回授进行评价时,许可方在技术市场上的市场地位也是相关因素。许可方的市场地位越强,排他性回授越有可能限制创新方面的竞争。不可分离的改进的排他性回授和转让不属于限制竞争,因为不可分离的改进没有许可方的允许不能由被许可方使用。对于非排他性回授,欧盟发布的《关于对技术转让协议适用欧洲共同体条约第 81 条的指南》指出:整批豁免确实适用于关于可分离的改进的非排他性回授。

即使非互惠的回授义务亦然,即回授义务仅加于被许可方以及许可方有权将可分离的改进提供给其他被许可方的情形。非互惠的回授义务通过允许许可方自由地决定是否以及在何种程度上将自己的改进交给被许可方,可以促进创新核心技术的传播。

在"高通案"调查过程中,高通公司所主张的免费获得被许可人的专利反向许可有三方面理由:一是高通公司从被许可人获得专利反向许可是为了保护高通公司的业务及基带芯片客户免受专利侵权的困扰;二是高通公司要求免费反向许可是与被许可人总体价值交换的一部分;三是许多中国被许可人不拥有在实质价值上能够交换的专利组合。[1]事实上,要求免费反向许可乍看上去如同霸王条款,属于附加不合理条件,但高通有自己的考虑,因为这样可以很方便地避免自己的客户因为使用自己的产品陷入诉讼,每个高通的客户似乎都被要求免费反向许可,却因此避免了很多潜在的诉讼风险。例如,小米和中兴都是高通客户,因为高通的这一要求,小米和中兴都可以通过与高通的交易自动获得中兴的专利许可。高通给予了苹果、诺基亚、华为等企业许可费折扣。据 iSuppli 中国区研究总监王阳的介绍,厂商最终需要缴纳多少专利费,还是取决于在核心专利领域的话语权。"以诺基亚为例,由于掌握核心专利,其支付给高通的专利费用比例约为3%,国内企业像华为等有核心专利,专利费用相对低些,但像 OPPO、Vivo 等品牌没有核心专利,交付高通的专利费比例就为5%。"[2]

多方许可协议中的回授条款形成"金字塔型回授"体系,使被许可人在许可技术领域内的全部改进与创新成果将汇集到

---

〔1〕 中华人民共和国国家发展和改革委员会行政处罚决定书发改办价监处罚[2015] 1号。

〔2〕 张晓斌:"高通的罪与罚:过期专利仍收费",载《华夏时报》2014年7月26日。

第七章 专利联营许可的滥用市场支配地位行为类型学分析

原始技术许可人的手里,处于塔尖的原许可人可通过回授条款仅仅凭借最初的技术成果而一劳永逸,轻易获得多方被许可人源源不断的技术改进信息和成果,将有助于原许可人不但在知识产权权利有效期内控制这些技术,而且在技术权利期满后乃至很长一段时期内仍可处于该技术领域的市场支配地位,对市场的自由竞争形成威胁。而存在多个被许可人的普惠型回授,使被许可人投入大量时间金钱耗费精力心思才得到的改进或新技术成为"公共产品",导致自主创新成为不"经济"的事情,作为理性经济人的被许可人进行创新活动的心理刺激大大减弱直至完全失去创造的动机。[1]一方面,由于高通强制中兴、华为等企业将自身专利反向授权给高通公司,导致其他企业一旦购买了高通的芯片,就相当于购买了所有相关企业的专利,最大限度地减少来自竞争对手的专利战,避免陷入反复的诉讼之中。这构筑了高通牢固的下游生态链关系,也促进了高通芯片的销量。另一方面,过去中兴、华为等厂商虽然有专利投入和积累,但是强势的高通方在交叉许可合同中对他们所拥有的专利包的价值评估几乎为零。高通生态链模式的核心目的就是使下游企业形成一盘散沙的局面而聚合众力营造唯我独尊的市场支配地位,使得没有技术积累的手机厂商沉湎于对高通的"依赖"而无法自拔。在很长一段时间内,中国手机厂商普遍专利较少,正是"专利回授条款"让很多厂商避免了国际手机巨头的绞杀。但从长远来看,该条款其实是鼓励厂商"不创新",鼓励"劣币逐良币",变相促进了山寨泛滥,不利于一个国家的产业长远发展。[2]

---

[1] 宁立志、陈珊:"回馈授权的竞争法分析",载《法学评论》2007年第6期。
[2] 王云辉:"高通反垄断案:谁是真正的胜利者?",载 http://wyh.baijia.baidu.com/article/45994,访问时间:2016年1月2日。

国家发展和改革委员会认为，高通要求专利免费反向许可，抑制了被许可人进行技术创新的动力，排除、限制了无线通信技术市场的竞争。虽然高通本身进行实体生产，可能使其反向许可的请求被界定为交叉许可，但即使如此，部分被许可人可能同样持有高价值的专利组合，却迫于高通公司的支配地位得不到相应公平合理的对价，因此这样的免费反向许可仍然会触犯《反垄断法》第17条第1款第1项禁止的"以不公平的低价购买商品"。通过这种方式，高通最大限度地榨取其标准必要专利的价值，从而从另一种途径进一步索取了过高的专利许可费率。因此，高通公司凭借自家专利优势，一方面向手机企业收取不菲的专利授权费，另一方面又不顾被许可人的专利价值而一味要求免费的反向许可，却拒绝支付合理的对价，实际上是以不公平的低价购买了被许可人拥有的专利，属于滥用市场支配地位。高通在整改措施中表示取消回授条款，意味着小米和中兴都可以自行维权，可能带来国产手机制造商之间的专利战硝烟四起，但从长远来看有利于中国企业真正发展壮大。同时，这也意味着国产手机制造商有了和高通讨价还价的筹码，通过交叉授权降低高通的授权费，获得了为创新价值变现的空间。从策略上说，取消了强制免费反向授权的中兴、华为、联想等专利创新积累深厚的中国公司在重新与高通达成协定之后，既可以选择不将自己的专利授权给高通，而与其他的企业谈判并收取相应的专利费；也可以选择与高通谈成新的合理价格交叉许可，以免除一家一家去收费的麻烦。

创新与发明之间的区别如同库恩所说的常规科学与范式转型的区别。发明的标准理念是理查德·尼尔森（Richard R. Nelson）等所说的离散发明，假定发明是通过发明者的洞察力和努力创造的。最初的发明是独一无二的，但并未指出后续技术的广泛应用。离散发明倾向于不包含许多相互关联的组件或被列为较

第七章 专利联营许可的滥用市场支配地位行为类型学分析

大产品系统的组成部分,不鼓励开发多种辅助产品。然而,在许多技术中,发明的标准思想是不合适的。在生产由多个不同组件组成的产品的行业中,技术创新是累积的,原有专利的许可构成被许可技术进一步发展的基石。创新涉及新工艺和产品的发现、开发、改进和商业化等多方面的努力,不仅包括最初发现或创建潜在的新产品或工艺流程,还包括其后续开发和商业化。[1]尤其是在软件领域,技术创新通常是在现有技术水平上的增量式进步,软件产品日新月异,更新换代层出迭见,但技术的进步幅度微小,产品代际差异不彰,绝大多数程序甚至无法通过专利法上新颖性或非显而易见性的审查,[2]属于小步快跑而非一路高歌猛进,但这也是最节能、最有效率的积跬步以致千里。随着科学技术的高速发展,各个技术之间的依赖性逐渐增强,阻碍专利形成的专利丛林潜滋暗长,增加了在先专利对在后专利在使用过程中所造成的实质性相互阻滞的危险性,在后技术越来越离不开在先技术的支撑。如果 B 是一项对于在先专利或者基础专利 A 加以改进而获得的从属专利,那么,其被实施必须先得到基础专利 A 的专利权人的授权。由于改进技术(无论是否申请专利)尽管由被许可方掌握,但该等掌握有可能属于消极掌握,其实施离不开基础专利权人的许可。即使在回授许可的情况下,原始许可人仍保留一些排他权;该权利只是由他人分享而被稀释,并非被破除。许可人仍然有权排除所有非被许可人,并且许可人如果扩大其专利垄断的排他权,至少会影响所有非被许可人。[3]原始专利权人如果不能分享由

---

[1] Marshall Leaffer, "Patent Misuse and Innovation", *Journal of High Technology Law*, Vol. 10, Iss. 2, 2010.

[2] 朱谢群:"软件知识产权保护模式的比较",载《知识产权》2005 年第 4 期。

[3] Paul G. Chevigny, "The Validity of Grant-Back Agreements under the Antitrust Laws", *Fordham Law Review*, Vol. 34, Iss. 4, 1966.

知识产权与竞争法贯通论

其专利经改进而得到的技术,则其索要的专利许可费用就可能高不可攀,致使潜在专利权被许可人望而却步。特别是在许可人和被许可人都使用被许可的技术时,这能够使知识产权许可人及时跟上被许可人改进技术的步伐以保证自己在技术上的先进性和商业利益,增强自身的市场竞争力。

从理论上讲,在先专利授予其持有人一种类似于矿场租赁的"潜在权利",允许其开发所有专利的界限和技术。然而,由于勘探者无法预见原始专利所涵盖的所有潜在产品,因此技术远比矿脉更具活力。如果仅凭先驱者获得改进原始工作的权利,创新就会遭罹扼杀。专利和商标机构通过牺牲明确的法律权利来激励创新,通常会授予改进。改进专利被认为是对"早期""主导"专利的"从属"。[1]这些从属和主导的专利相互制约。在侵犯主导专利的情况下,从属专利不能利用。同样,未经从属专利权人许可,不能在改进的实施方案中开发主导专利。[2]正如美国学者埃尔曼(Henry W. Ehrmann)所言:"今天,大多数法律制度都在试图对不受约束的个人主义表现加以控制,控制的方式是通过法院判决或立法发展出一种广泛而略失雅致地称作'滥用权利'的概念。这种概念认为一项权利,即使是被合法地取得,也不能够用来满足与其原始目的相悖的目的。"[3]

对于回授案件的反垄断审查,反垄断主管机关主要关注的是回授是否对市场竞争产生不利的影响,但对回授条款是否构成知识产权滥用,目前理论界没有很好地解决这一问题。回授

---

〔1〕 Steven C. Carlson, "Patent Pools and the Antitrust Dilemma", *Yale Journal on Regulation*, Vol. 16, Iss. 2, 1999.

〔2〕 Steven C. Carlson, "Patent Pools and the Antitrust Dilemma", *Yale Journal on Regulation*, Vol. 16, Iss. 2, 1999.

〔3〕 [美] H. W. 埃尔曼:《比较法律文化》,贺卫方、高鸿钧译,生活·读书·新知三联书店1990年版,第76页。

第七章　专利联营许可的滥用市场支配地位行为类型学分析

条款的知识产权与正当的知识产权行使貌合神离，而知识产权滥用与滥用市场支配地位两者也貌合神离。与知识产权滥用法则就权利而论权利集矢于边界封锁不同，当回授条款满足反垄断法的滥用市场支配行为的严格定义时，应该依据反垄断法引入正轨，并且从超越知识产权许可合同的当事方关系，集矢于回授行为对既定的相关市场竞争秩序损害的校正。我国学术界对通常所谓的回授条款等"知识产权滥用的反垄断法"，实际上就是美国学者所力图破解的知识产权滥用本身法理主体性缺失的症候。反垄断法的正当关切对象是现有竞争对手或其技术遭受的封锁效应，专利法的目光则必然投向未来。创新之路不可预见，并且技术在被改良者用作开发新事物之前，其价值往往被低估。传统的反垄断分析方法对于现行的市场竞争封锁往往能够提供有用的工具，但当潜在封锁对象是新兴产品或技术时，反垄断法有关起诉资格、因果关系和损害的要求往往均无法得到满足。相竞争的生产商无法证明，假如没有知识产权人的限制，新产品或技术本将取得市场成功。知识产权人从事的反竞争或反创新行为往往会阻止竞争技术的进一步发展和推广。知识产权政策强烈关注、鼓励创新，只要专利回授行为可能对创新造成某种明显的损害并且不存在抵消性的效率作为正当理由，足以支持将其认定为知识产权滥用。

（五）过期专利收取专利许可费

包含过期使用费（post expiration royalties）的专利许可条款是不可执行的，是一种无执行力的约定。专利法在赋予专利垄断权的同时已经考虑到了其历史延续性和后续利用的成本效率，权利人如果在专利期满以后仍然索取使用费，无疑是非法延长了专利法赋予的有限时段，有违专利立法的初衷。在1964年的"布鲁洛特诉赛斯公司案"（Brulotte v. Thys Co.）中，专利权人拥有的12项与生产啤酒花采摘机的专利一揽子许可中的7项专

知识产权与竞争法贯通论

利保护期已经届满,而专利权人却要求被许可人一并支付全部专利的使用费。美国最高法院依据滥用的传导效应理论认定,专利权人在发明进入公共领域后依然企图控制这些专利,是对专利法的当然违反。这种行为类似于试图将专利产品的销售或使用与非专利产品的销售或使用相结搭,是以受到专利法保护的专利权为杠杆,将许可费扩展至过期或不合法的专利。"如果制造者或使用者由于可引起禁止反言的明示合同或者默示行为而限制自己使用过期的专利发明,他将剥夺他自己或消费公众自由使用披露专利而获取的利益。公众通过给予专利权人一定期限的垄断已经为这种自由使用付费。因此,任何在专利过期后企图保留或者延续专利权人或主张专利垄断权的人的专利权的做法都是与专利法的政策和目的相违背的。"[1]在"高通案"中,高通辩解不存在对过期专利收取专利许可费的问题。其理由是,虽然每年都有一些专利到期,但有更大数量的新专利进入到专利包中。发改委认为,尽管高通不断有新的专利加入到专利组合中,但高通未能提供证据证明新增专利价值与过期无线标准必要专利价值相当。同时,高通不向被许可人提供专利清单,且与被许可人签订的长期甚至无固定期限的许可协议中约定了一直不变的专利许可费标准。高通公司的过期无线标准必要专利包含在对外许可的专利组合中,被许可人未能获得公平协商的机会以避免对高通公司的过期专利支付许可费。[2]高通公司不向被许可人提供专利清单,笼统地对专利组合持续多年收取同样的许可费,实际上模糊了被许可人获得专利许可的具体标的,被许可人需要对高通公司的过期无线标准必要专利

---

〔1〕 Brulotte v. Thys Co., 379U. S. 29 (1964).
〔2〕 中华人民共和国国家发展和改革委员会行政处罚决定书发改办价监处罚〔2015〕1号。

第七章　专利联营许可的滥用市场支配地位行为类型学分析

继续支付许可费。高通公司将过期专利也打包进专利组合,而过期专利已经进入公共领域,人人可免费使用,打包进收费的专利组合显然不合理,有种想浑水摸鱼的感觉,应该属于附加不合理条件。如果一项专利能为权利人在相关市场带来市场力量,该专利就会成为进入某一产业的实质性障碍。对这一专利的缺失,新的竞争者就很难充分、及时地入场,提供相同产品或替代品,开展有效竞争。此时,将该专利与过期专利裹挟一处,就会有效地锁定被许可人,迫使被许可人不计专利权有无都须向权利人"掏腰包"。这反过来又必然强化专利权人的市场支配地位,不可避免地增加被许可人的生产成本,并殃及消费者福利。在被称作"世界工厂"的中国,市场上诸多产品实际价格仍高于欧美日发达国家的一个重要原因,就在于我国企业必须向外方支付巨额的技术许可费,而这其中又有不少费用是在为过期专利买单。

期满后的特许权使用费问题虽然可能独立出现,但往往是在一揽子专利许可的背景下产生的。在授予专利权人的法定保护期届满后,该专利会成为公共财产,提供超出专利到期日的特许权使用费的许可协议可能构成专利滥用。[1]根据"黑兹尔坦研发公司诉珍妮斯收音机公司案"(Hazeltine Research, Inc. v. Zenith Radio Corp.)的判决,允许自愿一揽子许可。[2]可以肯定地说,强制性一揽子许可是一种滥用,是一种捆绑安排,限制了被许可人只能获得他想要的专利的自由。当使用一揽子许可时,将专利费用延伸到专利到期日之后的数年并不像强制一揽子许可

---

[1] Robert S. Bloom, "Package Licensing and Post-Expiration Royalties: The Risk of Misuse", *Boston College Law Review*, Vol. 10, Iss. 1, 1968.

[2] Hazeltine Research, Inc. v. Zenith Radio Corp., 388 F. 2d 25 (7th Cir. 1967).

那样明显令人反感。[1]从积极角度来看，这可以被视为延期付款，减轻了被许可人的即时支付义务。易言之，这一行为类似于许可人借贷给被许可人，被许可人在专利（或许可合同）到期后以分期付款的方式归还该借贷。为了变成单纯的延期支付，在专利到期后支付的费用应当独立于被许可人在专利到期后对技术的使用，也就是说许可费既可以是事先确定的一次付清，也可以在专利有效时与被许可人技术的使用相连。在专利到期后支付的许可费如果与被许可人的产出相连，就会引发更多潜在的问题，使被许可人在专利到期后变得缺乏竞争力。如果许可人和被许可人在相同的产品市场上竞争，那么这些继续支付的许可费就可以被看作是提高对手成本的方式。总之，这样的许可费制度必须经过被许可人的同意。因为被许可人知道，一旦专利到期，免费获得该技术就会成为合法的行为，所以被许可人永远不会同意，其支付的总额超过在专利有效时其为了获取技术所愿意支付的数额。在"布鲁洛特诉赛斯公司案"中，美国联邦最高法院也在无意间肯定了这一理论的错误：法院承认专利许可"权利人利用垄断杠杆收取其通过谈判所能得到的任何许可费"，但是却得出如下结论，即"要求就专利保护期届满后使用机器的行为支付许可费构成在届满之后的期间内主张垄断权"[2]。这种双重垄断是不可能存在的。许可费可以采取事先一次付清的方式收取，也可以分配到剩余的专利保护期之内，又或者分配到其他某个期间之内。

联邦最高法院在"布鲁洛特诉赛斯公司案"中似乎混淆了两个概念，一个是不同的专利保护期本身，另一个是对于使用

---

[1] Robert S. Bloom, "Package Licensing and Post-Expiration Royalties: The Risk of Misuse", *Boston College Law Review*", Vol. 10, Iss. 1, 1968.

[2] Brulotte v. Thys Co., 379U. S. 29 (1964).

第七章 专利联营许可的滥用市场支配地位行为类型学分析

某一既定保护期的专利采用不同的财务安排支付许可费。金融交易可以创设各种各样的安排,分别采用不同的支付时间和支付方式。高额交易往往允许把购买价格分摊在一个较长时期内,本身并没有什么反创新的地方。相反,灵活的融资安排能够促进而非阻碍交易,从而鼓励创新投资。延期的许可费安排不会阻碍人们接近已经进入公有领域的专利技术,由于延期许可费实质上是就保护期内的专利使用行为支付的一部分价格,对它们应采取跟任何其他债务偿还一样的处理方式。虽然偿还债务总是会挤占可用于其他活动的资金,对接近公有领域造成一定程度的封锁,但超过专利保护期支付许可费造成的封锁程度并不会高于其他商业债务偿还行为,例如不动产抵押、雇员工资或者已发生的税款。对于专利权人要求被许可人进行回授或在没有任何正当理由的情况下拒绝交易,相关的反垄断救济可以包括强制许可甚或是不可执行,以对竞争损害作必要的矫正,但攻击所有的而非明显滥用的许可条款在操作上可能适得其反;许可所产生的实际或感知到的风险会使专利权人严重偏向更为保险的不许可路线,造成摧折竞争的寒蝉效应,也有悖于"为天才之火加上利益之薪"的刺激技术进步的基本原则。相较于强制许可或者专利不可执行的救济方式,专利滥用原则则更加广泛,禁止过分扩大专利物理或时间范围的许可条款,无论专利权人是否拥有垄断力量或拥有垄断力量的危险可能性。[1]尽管专利权滥用原则完全可以胜任政策杠杆的工作,但随着时间的推移,该原则的作用被削弱。法院专注于将专利权滥用与其同类的反垄断紧密地联系在一起,相反对确定产业的各种细节

---

[1] [美]文森特·F. 基亚佩塔:"产业标准的专利化",李子雍译,载竹中俊子主编:《专利法律与理论:当代研究指南》,彭哲、沈旸、徐明亮译,知识产权出版社 2013 年版,第 696 页。

和特点则少了很多兴趣。专利权滥用的确有其问题,其中包括一部分关于滥用地位和救济的不合理规则。但无论如何,反垄断、权利滥用所导致的竞争效果必须通过产业区分的方式加以检验,专利权滥用完全可以设计成为一种政策杠杆用来确保专利权保持在恰当的范围之内。[1]

(六)歧视性条款

由于定价权属于企业意思自治的范畴,不具有特殊市场力量的经营者可以自由定价以有效地促进商品营销。作为一种价格策略,价格歧视在经济生活中比比皆是,例如景区推出"学生票"制度,学生出示学生证即可享受较低的票价;商场、超市的"会员价"即是针对会员推出的优惠,这些都是在激烈的市场竞争下买卖双方对商品价格的价格自治。价格歧视的实施者必须是同一卖者、同一商品与服务,不同卖主索取不同价格称为价格分散;价格歧视不同于价格差别,其产品与服务必须具有同质性(同一质量、同一成本)。同等交易价格歧视针对的必须是相同成本的两笔交易,这在《罗宾逊-帕特曼法》中表述为"相同质量和级别的产品"。固然,同一卖方生产的产品具有相同的等级和质量,一般来说生产成本是相同的,但这种措辞还无法证明交易成本被涵盖其中。《罗宾逊-帕特曼法》将任何价格上的差异均视为价格歧视,而即便成本不同,价格相同也不构成价格歧视。按照《欧盟运行条约》第 102 条(c)的规定,价格歧视是指"(c)对同等交易的其他交易伙伴适用不同的条件,从而使其处于不利的竞争地位……"其中前半句明确价格歧视有两个构成要件:①针对同等交易;②采用不同价格。所谓同等交易,本质上是指两笔交易的成本相同。在存在有效

---

〔1〕 [美] 丹·L. 伯克、马克·A. 莱姆利:《专利危机与应对之道》,马宁、余俊译,中国政法大学出版社 2013 年版,第 215 页。

第七章　专利联营许可的滥用市场支配地位行为类型学分析

竞争的市场上，竞争压力使各经营者的价格趋近于成本，因而两笔成本相同的交易应当采用相同的价格，除非卖方利用了市场力量。从条文的字面看，第102（c）项禁止的是价格歧视提供者的客户之间的竞争破坏。相较于美国法，欧盟法规定似乎更合理，因为该条文规定了价格歧视所引起的法律后果，将客户置于不利的竞争地位，且欧盟竞争法仅仅对"支配企业"的价格歧视行为持反对态度，而《罗宾逊-帕特曼法》对此并没有一定的限制。

事实上，任何拥有一定市场势力的厂商都有动机实施价格歧视来增加自己的利润。市场势力很小的厂商实施价格歧视只会产生很小的福利效应，而且价格歧视通过增加利润会促进投资，市场势力很小的厂商实施价格歧视可以使自己变得更具竞争力。[1]我国《反垄断法》借鉴欧盟竞争法，对价格歧视行为的定义是"对条件相同的交易相对人在交易价格等交易条件上实行差别待遇"。其中，两处出现"条件"一词是应当避免的。前半段"对条件相同的交易相对人"（可称之为"成本端"）以"条件"界定交易相对人的可比性，后半段"在交易价格等交易条件上"（可称之为"价格端"）以"交易条件"界定歧视的表现形式。"条件相同"一词显然应当是"同等交易"的意思，而"交易条件"除了交易中的价格条件之外，还包括运输条件、交易地点、交货方式、付款方式等其他条件。此类价格之外的条件差异通常最终会产生价格歧视的效果，例如卖方向一家买方提供运输服务，对另一家买方则不提供，其效果等同于对前者降低价格；但如果前一买方需全额支付运输费用，则卖方从两笔交易所得的回报率并无不同，因而不是价格歧视。

---

〔1〕［美］马西莫·莫塔：《竞争政策——理论与实践》，沈国华译，上海财经大学出版社2006年版，第424页。

事实上,"对不同交易适用同样的交易条件"也属于价格歧视。易言之,价格歧视关注的核心问题不是价格之间的差异,而是价格与成本的关系,即卖方从不同买方所得到的回报率不同。如果对购买相同等级、相同质量货物的买方要求支付不同的价格,或者买方对于提供相同等级、相同质量货物的卖方支付不同的价格,且这种价格与成本根本无关,就可能构成价格歧视,使相同产品的卖方因销售价格不同或者买方因进货价格不同而获得不同的交易机会,直接影响到他们之间的公平竞争。

实行价格歧视的主要目的是侵占消费者剩余并将它转化为经营者的利润。按照经济学中一级价格歧视、二级价格歧视和三级价格歧视三种类型的划分,这三类价格歧视都不会减少社会总产出,在有些情况下甚至是增加社会总产出所需要的。其中,一级价格歧视是完全价格歧视,指卖方能够对个别消费者索要其愿意支付的最高价格,是就每人的每单位索要其保留价格,故而大卫·D.弗里德曼(David D. Friedman)认为:完全的价格歧视有着完美的效率。不过,厂商通常缺乏实行一级价格歧视所需的每个客户支付意愿的完全信息、完全的市场细分等条件,一级价格歧视仅仅具备理想化的理论意义而无现实意义。二级价格歧视和三级价格歧视是不完全价格歧视,前者是指企业提供不同的交易由客户自我选择,其交易的价格总体根据出售的数量而变化,后者是根据客户的特点,诸如性别、年龄、职业和区域等特点,对不同类型客户根据其需求弹性来确定不同的价格。在一级价格歧视的情况下,卖方尽可能多地赚了钱,而消费者付出的价格比较高,但没有高出其愿意支付的程度,并未摧折其购买意愿,该交易仍然可以进行,因而社会总产出能够达到最大值。在二级价格歧视的情况下,企业对于相同产品或服务的不同累计消费量或"区段"索取不同的价格,即对"不同的量"实行歧视。例如,电信企业的收费由两部分

第七章 专利联营许可的滥用市场支配地位行为类型学分析

构成（亦称"二部定价"）：所有的用户均要缴纳固定的月租，同时又按用户的实际使用时间收费（称为"从量费"），客户实际支付的价格即为"月租费+从量费"，使用的时间越长，每分钟分摊的费用就越低，因而平均价格就越低。卖方发掘并模型化消费者的异质性，根据客户的"购买量"进行歧视，但这使生产者与消费者的福利同时得到增进，实现帕累托改进，如果对此加以禁止，则反而令消费者蒙受损害。

不可否认，忠诚回扣是生产商为奖励买满某种产品的大部分或全部规定量的客户而给予他（或他们）的折扣，可能诱使零售商不从竞争厂商那里进货，因而类似于独家交易。加总回扣是某一客户购买同一生产商大部分或全部产品而获得的全部折扣，就其效应而言与搭售或全系列强卖（供应商强迫买主购买其整个产品系列）相同，但机械地认定选择性折扣（即便由占优厂商所为）亦非妥适。在遭遇强劲竞争对手之际，厂商高于平均可变成本的降价恰是正常竞争过程的组成部分。[1]

三级价格歧视与一级价格歧视有些类似，但一级价格歧视是对每个客户收取其保留价格，而三级价格歧视是对每一类异质性客户采取逆弹性法则收取其保留价格，对需求价格弹性大的消费者索取低价，对需求价格弹性小的消费者索取高价，即对"不同的人"实行歧视。同样近似的是，支付较高价格的客户群体并未放弃购买意愿，因而交易一概仍旧发生，社会总产出并未减损。对固定成本较高的产业而言，这种价格歧视甚或是维持其生存、收回沉没投资的不二之选。以电脑软件为例，许多软件开发商将其软件制作成两个版本：对家庭版定价较低，以求扩大销售量、增加边际收益、降低平均固定成本；对企业

---

〔1〕［美］马西莫·莫塔：《竞争政策——理论与实践》，沈国华译，上海财经大学出版社2006年版，第425页。

知识产权与竞争法贯通论

版则定价很高,旨在较快回收沉没性的前期研发成本。倘若强令对两种版本采用同一价格,则这一价格必定会高于家庭版的价格,将部分家庭用户拒之门外,导致产出减少,而其他家庭用户则必须支付更高的价格。更重要的是,这一价格必定会大大低于企业版的价格,令软件开发商难以回收研发投入,无力从事新一轮的研发,进而会危及其生存的能力和整个产业的发展。又如,因为图书馆对学术杂志的需求弹性较小,而学生对学术杂志的需求弹性较大,学术杂志的定价通常实行三级价格歧视以最大化其利润,即图书馆订阅时价格会较高,而学生订阅时价格较低。

一般说来,价格歧视行为有可能产生两类排斥效果:一类是在卖方之间制造排斥,一类是在买方之间制造排斥。第一类初级价格歧视损害是指具有市场支配地位的卖方对自己的原有客户采用竞争性价格,而对其竞争者(即其他卖方)的客户则降低价格,从而将这些客户吸引过来,最终将使其他卖方由于客户流失而无法生存。这时卖方对自己原有客户采用的已经是竞争性价格,因而对其他卖方的客户所采用的必定是低于成本的价格,这种行为同时构成价格歧视与掠夺性定价行为,是以扩大自己的亏损为手段来吸引客户。其目的显然不是利润最大化,而是为了排斥竞争者、阻止潜在进入者。第二类次级价格歧视损害是指卖方对自己的不同客户采用不同价格,从而使在其中得到优惠待遇的客户在下游市场的竞争中居于优势,而得到歧视待遇的一方将处于不利的竞争地位。在产生这两种损害时,价格歧视行为最终都将导致社会总产出减少,因而应当受到禁止。反而言之,认定某个价格歧视行为应当受到禁止,需要证明其有可能产生这两种损害效果。

歧视性条款是指向相似交易的其他交易方施加不同的交易条件,使之在竞争中处于不利地位。权利人凭借由技术的专有权带来的市场优势,在许可协议或购销合同中对部分市场主体设定歧视性交易条件,从而控制市场竞争。各国反垄断法都没有刚性规定价格歧视必然违法,而是从其实质性地损害竞争的后果来判断违法性。价格歧视是否合法,攸赖于行为人是否具有市场支配力量。歧视性使用费亦复如此,端视专利权人对专利的相关产品市场能否发挥实质性影响力。在相关市场中拥踞市场支配地位的专利权人进行的歧视性使用费影响到另一个产品、服务或技术市场是不可接受的。在"华为公司诉IDC公司案"中,IDC公司在对外进行专利许可时采取多重标准,厚此薄彼,给华为公司的许可使用费率却是给三星、苹果的十倍乃至数十倍。在2009年湖南省长沙市中级人民法院审结的"米其林轮胎案"[1]中,法国米其林集团总公司状告销售从日本进口的正牌米其林轮胎的两位个体户商标侵权,实质上也是以侵犯其知识产权为由禁止平行进口,维护专利产品的价格歧视。

知识产权法通过专利和版权滥用原则涉及反竞争限制,涉及其他纵向限制,这些限制提出了反托拉斯法通常没有解决的政策问题。知识产权法较反托拉斯法更为广泛,因为它以确定权利、禁止某些合同或行为两种方式进行规制,而反托拉斯法仅限于禁令。[2]知识产权法由于使用不同的工具,可能提供更有效的纵向限制规制,并应用于补充反垄断规制。较之反垄断法,知识产权法通常提供两种成本优势,即制定适当补救措施的难度较小、通过机会主义或反竞争诉讼的寻租成本低。以价格歧视为例,通过反垄断法进行规制要求法院确定反竞争价格

---

[1] 长沙市中级人民法院[2009]长中民三初字第0073号。
[2] Michael J. Meurer, "Vertical Restraints and Intellectual Property Law: Beyond Antitrust", *Minnesota Law Review*, Vol. 87, Iss. 6, 2003.

知识产权与竞争法贯通论

歧视，详细说明不可接受的定价方式并监督合规情况。[1]相反，知识产权法通过鼓励或阻止套利来间接规范价格歧视。[2]价格歧视是否有利可图取决于将客户分类为适当类别以及阻止套利的成本。在这种情况下，当应该支付高价的类别中的客户能够以低价获得产品或许可时，就会发生以较低价格买到商品的客户把商品转卖给他人套利的行为。当客户违反使用限制且卖方未能阻止违规时，也会发生套利。价格歧视卖方试图通过限制转售和限制受惠客户允许的使用类型来阻止套利。[3]卖方可以在违反许可限制的情况下起诉违反合同的用户，各种知识产权法通过进一步抑制串货套利来提高价格歧视的盈利能力。如果套利行为也侵犯了知识产权，那么除了对套利者的合同索赔外，卖方还可以提起更有力的侵权索赔。[4]此外，知识产权索赔适用于卖方陌生人的套利者，从而克服了合同索赔的相互关系限制。[5]

企业实现价格歧视的一个重要前提条件是对套利行为的阻止。如果不能防止以较低价格购买产品的买方将产品转卖给愿意以较高价格购买的买方从中获利的情况，企业不会实施价格歧视。实施价格歧视可通过以下方式实现：向最终使用者进行销售以压缩套利交易的获利空间，例如，知识产权权利人不选择批发而选择直接零售；在保证服务合同中限制商品所有权的

---

〔1〕 Michael J. Meurer, "Vertical Restraints and Intellectual Property Law: Beyond Antitrust", *Minnesota Law Review*, Vol. 87, Iss. 6, 2003.

〔2〕 See Quality King Distributors, Inc. v. L'anza Research Int'l, Inc., 523 U. S. 135 (1998).

〔3〕 Michael J. Meurer, "Vertical Restraints and Intellectual Property Law: Beyond Antitrust", *Minnesota Law Review*, Vol. 87, Iss. 6, 2003.

〔4〕 See Mallinckrodt, Inc. v. Medipart, Inc., 976F. 2d700, 709 (Fed. Cir. 1992).

〔5〕 See David Nimmer, Elliot Brown and Gary N. Frischling, "The Metamorphosis of Contract into Expand", *California Law Review*, Vol. 87, Iss. 1, 1999.

第七章 专利联营许可的滥用市场支配地位行为类型学分析

转移；为不同的市场体系指定专门的分销商，例如仅通过高档会所销售美容用品。这些行为可以在没有知识产权保护的情况下实施，但在知识产权许可中，由于知识产权的专有性保护特征，许可人可以通过明确规定许可的权利内容、使用领域、地域等方式来保证杜绝套利行为，在许可合同中通过禁止平行进口的条款达到价格歧视目的。[1]知识产权保护可以提高阻止套利交易的效率，使价格歧视行为既具备效率的合理性，又与竞争法不构成冲突。例如，对一项药品的专利方法，许可人可以明确规定该方法只能用于人用药品的生产而不能用于兽用药品的生产，尽管在具体的药品生产上该技术方案别无二致。

与知识产权法相比，反垄断法对价格歧视的监督相对被动。反垄断原告在20世纪60年代取得了一些成功。在1965年"去虾壳机案"（Laitram Corporation v. King Crab, Inc.）[2]中，剥虾皮机械专利的所有者将机器出租给墨西哥湾沿岸虾公司，租金率是太平洋海岸虾公司的一半。美国联邦第五巡回法院认为这种地理价格歧视违反了《联邦贸易委员会法案》的第五节，损害了虾罐头业务的竞争。[3]但专利权人利用自己的创造发明为自己取得竞争优势，不能被天然地认定为属于歧视行为，而具有反竞争的效果并构成专利滥用。与不许可相比，许可该专利的确提高了劳动生产率。依波斯纳之见，专利权人有权从其专利中获得或试图获取利益最大化，歧视性使用费正是实现这一目的的有效途径。专利权人没有义务为了维护其与竞争对手之间的公平竞争而抹杀自己的资源优势。"反垄断法不禁止专利权

---

〔1〕 蒋玉宏："知识产权行使中的价格歧视——构成反竞争行为的不确定性分析"，载《价格理论与实践》2007年第3期。

〔2〕 Laitram Corporation v. King Crab, Inc., 244 F. Supp. 9 (D. Alaska 1965).

〔3〕 Michael J. Meurer, "Vertical Restraints and Intellectual Property Law: Beyond Antitrust", *Minnesota Law Review*, Vol. 87, Iss. 6, 2003.

人使用价格歧视以从专利中最大化其收益。"[1]赫伯特·霍温坎普等认为反垄断法允许专利权中的价格歧视,但专利商品的销售仍受《罗宾逊-帕特曼法案》的规制。《罗宾逊-帕特曼法案》偶尔也适用于包含受版权保护的表达的商品,如书籍和录像带,但对受知识产权保护的市场没有太大影响。专利和版权法允许基于使用地点和类型的合同限制,但专利法比版权法更进一步,鼓励卖方通过建立强大的进口权和控制使用专利发明的广泛权利来施加这些限制。[2]厂商将客户类别细分以实现分配效率。知识产权法可以引导厂商选择一种对社会有益的价格歧视形式,而不是一种对社会有害的形式。[3]

在大多数的案例中,反托拉斯法规制考察对私人复制和转让的纵向限制,并不会对下游市场的分销商或潜在竞争者造成反竞争影响。[4]知识产权法在规范知识产权保护市场的纵向限制方面比反托拉斯法更加活跃。反托拉斯法通过谴责被判定为反竞争的合同条款来规范纵向限制,知识产权法通常采用类似的方法,通过适用滥用和先占原则来谴责某些合同条款。但知识产权法还有影响基于合同限制的其他手段,当用户违反使用限制时,通过使用知识产权补救措施支持合同补救措施来鼓励纵向限制,并提供默认条款来填补不完整的合同。[5]知识产权通过授予可能通过发挥套利者角色或实质性协助侵权行为来干

---

[1] USM Corp. v. SPS Technologies, Inc., 694 F. 2d 505 (7th Cir. 1982).

[2] Michael J. Meurer, "Vertical Restraints and Intellectual Property Law: Beyond Antitrust", *Minnesota Law Review*, Vol. 87, Iss. 6, 2003.

[3] See Michael J. Meurer, "Copyright Law and Price Discrimination", *Cardozo Law Review*, Vol. 23, Iss. 1, 2001.

[4] Michael J. Meurer, "Vertical Restraints and Intellectual Property Law: Beyond Antitrust", *Minnesota Law Review*, Vol. 87, Iss. 6, 2003.

[5] Michael J. Meurer, "Vertical Restraints and Intellectual Property Law: Beyond Antitrust", *Minnesota Law Review*, Vol. 87, Iss. 6, 2003.

第七章　专利联营许可的滥用市场支配地位行为类型学分析

扰限制的陌生人的知识产权，从而促进纵向限制。知识产权法在规范纵向限制方面不可避免地比反托拉斯法更加积极，法律必须规定侵权行为的使用规则。产品设计选择通过技术联系实现垂直限制，反托拉斯法只是对产品设计决策的微弱规定。法院不愿意承认基于产品设计选择的索赔，因为他们担心会阻止具有社会价值的创新。[1]此外，专利和版权通过限制有助于套利抵制价格歧视的产品修改来促进价格歧视。通过专利滥用来规范包装基本上模仿了包装的反托拉斯法规制。专利法院和反托拉斯法院都不可能扩大这些规则；法院倾向于认为退出限制提高了效率，并且在没有强烈表现出对竞争的损害的情况下，不太可能谴责其他退出限制。[2]知识产权法比反托拉斯法更广泛地规范了其他四种类型的限制因素：机会主义和反竞争诉讼的寻租成本较小；它使用除简单禁令之外的规制手段；它显示了对最终使用限制的福利效应的更大关注。阻碍纵向限制的知识产权理论通常会导致寻租问题小于具有类似影响的反托拉斯学说。与需要不确定的原因分析规则的反垄断规则相比，知识产权提供背景权利的规则相对清晰。此外，通过先占或滥用实施的知识产权禁令不会产生三重损害，只能被防御性地使用。[3]相比之下，由于不确定性、三重损害的诱惑以及针对弱势被告的诉讼可能性，对纵向限制的广泛反垄断规制形成机会主义诉讼的威胁。知识产权法的更大范围和更广泛的政策问题反映在影响价格歧视、产品耐久性和共享的理论中。许多知识

---

[1] Michael J. Meurer, "Vertical Restraints and Intellectual Property Law: Beyond Antitrust", *Minnesota Law Review*, Vol. 87, Iss. 6, 2003.

[2] Michael J. Meurer, "Vertical Restraints and Intellectual Property Law: Beyond Antitrust", *Minnesota Law Review*, Vol. 87, Iss. 6, 2003.

[3] Michael J. Meurer, "Vertical Restraints and Intellectual Property Law: Beyond Antitrust", *Minnesota Law Review*, Vol. 87, Iss. 6, 2003.

产权理论通过容忍或抑制套利来促进或抑制价格歧视。[1]

（七）不质疑条款

在通常采用打包许可方式的专利池中，一些被专利审查机关授权后又被裁定无效的专利或已过专利有效期的专利有可能被混入充数，而专利池为掩盖其中的无效或失效专利，往往凭借其优势地位在专利池许可条款中禁止或限制被许可人对入池专利的效力提出质疑，此即不质疑条款。不质疑条款（又称不争执条款、不得反控条款、权利不争条款或权利不质疑条款，No-Challenge Clause，NCCs）是指在知识产权许可合同中规定的被许可人不得就许可标的及其相关的权利有效性和可强制性提出异议或控告的条款。与有形的物权相比，知识产权的一个显著特点便是权利的相对稳定性，即便是经过法定授权的权利，后续也可能因为法定的原因而灭失。事实上，一些未达法律条件的技术方案有时也会基于特殊的原因而获取合法的专利证书，专利申请的获准并不当然地意味着专利的本质合法。只要专利权人声称自己适于特定的法律保护而实际上又未满足该保护所要求的条件，任何类型的知识产权皆可面临无效之虞，以至于任何专利权人都没有绝对把握认为其获得的专利权能够始终被认定为有效专利。

一项专利权是否有效最为重要的因素是现有技术和现有设计，专利法规定的现有技术和现有设计的范围浩瀚无涯，没有人有能力穷尽检索在申请日之前的一切现有技术和现有设计，常有一些技术方案逃脱审查"法眼"却又能实质性影响专利申请案的新颖性，文献的漏检、创造性的失当判断、公知公用情况掌握不全面等专利审批部门行政审查的失误均能够导致专利

---

[1] Michael J. Meurer, "Vertical Restraints and Intellectual Property Law: Beyond Antitrust", *Minnesota Law Review*, Vol. 87, Iss. 6, 2003.

第七章 专利联营许可的滥用市场支配地位行为类型学分析

无效。尤其是实用新型和外观专利由于无须进行实质审查,其专利权的效力更为孱弱。导致专利无效的原因也可能是由于专利申请人的恶意欺诈,利用专利制度的缺陷滥用专利申请权,导致在被授予专利权的专利中存在着大量实质上不具备专利性的专利。例如,申请专利的技术数据并非出自严格的科学实验而是伪造、申请专利的技术内容不是自己的发明而是对别人技术的不同表达与描述等。在这种情况下,依赖于法律保护的专利权因未能满足该法律保护所要求的条件而无效。在专利权的法定期限内,专利权人在享受权利的同时还要尽法定义务,以维护专利权的有效性。专利权人因未尽维护专利权之法定义务也可能导致无效。

在专利权之外的其他类型知识产权当中,著作权可能因抄袭而无效,商标权可能因连续三年不使用而被撤销,技术秘密可能因泄密而早已成为公知技术,如此等等,不一而足。在知识产权许可合同中之所以经常出现基于意思自治的"不质疑条款",就是由于知识产权的效力具有不确定性的特点所决定的。许可人在知识产权许可协议中加入"不质疑条款",以禁止被许可人在签署许可合同后向法院或行政机关主张被许可的知识产权无效,或者自行认定被许可的知识产权无效,从而拒绝继续支付使用费。专利因各种原因而无效,但有时只有专利权人在申请撤销时才可能知道。如果接受的专利值得保护,则必须承认某些无效措施是不可避免的。因此,有利于思想自由流通的政策及其创新带来的好处显然不是绝对的,但其局限性还远未明确。相比之下,无效的知识产权限制了创新、竞争和价格下行的压力,但这种令人不寒而栗的效果是否足以谴责任何可能维持潜在无效专利的行为?很明显,没有必要采取一切可能的机会寻求专利撤销,否则任何许可授予都将被视为提起诉讼专

知识产权与竞争法贯通论

利有效性的机会。[1]无效专利的根除并非绝对必要,而这些专利实际上可能不会对竞争产生不可挽回的影响,即使最终被证明无效的专利也被置于公共领域并可能启发后续发明。因此,不能排除发明可能有用,即使它们确实符合资格作为有效专利(正如反过来也可能为真:授予的专利对社会并不总是有用)。[2]

在有不质疑条款要求的许可协议中,被许可人常面临两难选择:一种选择是对被许可的专利权的有效性进行质疑。这样虽然使被许可人可以停止支付许可使用费,但许可人有权依据违约终止条款来终止许可协议,造成被许可人对该专利技术的继续使用没有基于其与专利权人之间的许可协议。若专利权最终被证实为有效,则被许可人提出质疑后的使用行为就是专利侵权行为,禁令(停止侵权)救济将给被许可人依赖该专利的所属权利实施的商业经营活动造成沉重打击,因侵权行为而发生的损害赔偿金也在所难免;另一种选择是不去挑战被许可专利权的有效性,这样就得按协议规定继续支付许可费。面对上述两难境地,被许可人常常不愿意冒着侵权之险去质疑相关专利有效性而选择继续遵守协议,即使其并未遭到许可人的强迫。即或许可协议中没有约定权利不质疑条款,被许可人在继续支付许可费的基础上挑战合同涉及专利权有效性,如果没有成功,则合同维持有效,在这种情况下骤然看去影响似不甚明显,但挑战专利权实质上一方面需要付出额外的人力物力,另一方面也会因此恶化与许可人之间的关系,对后续与许可人之间的其

---

[1] Sophie Lawrance, "The Competition Law Treatment of No-Challenge Clauses in Licence Agreements: An Unfortunate Revolution?", *Journal of Intellectual Property Law & Practice*, Vol. 9, No. 10, 2014.

[2] Sophie Lawrance, "The Competition Law Treatment of No-Challenge Clauses in Licence Agreements: An Unfortunate Revolution?", *Journal of Intellectual Property Law & Practice*, Vol. 9, No. 10, 2014.

第七章 专利联营许可的滥用市场支配地位行为类型学分析

他知识产权许可的磋商带来严重的负面效应。正是因为这样，无论合同中是否约定了权利不质疑条款，被许可人在权衡利弊之后选择继续遵守协议的情况更为常见。被许可人如果不能确定专利为无效专利，那么接受而不是挑战被许可专利的效力可以降低侵权风险，并因此减少因侵权成立而产生的重大损失，在为实施与专利权相关的商业经营活动所作的投资较大的情形下尤其如此。

仅从合同双方的自由意愿而言，知识产权许可合同中的被许可方在很多情况下不一定被迫接受不质疑条款。设若许可方的权利状态不稳定，必然会增加被许可方的知识产权使用费以作为风险担保。有相当一部分被许可人只想支付费用使用技术，而不想花费时间、精力和金钱去挑战许可方的权利，因为这毕竟不是"免费的午餐"。作为理性的经济人特别是以营利为目的的经营者会充分认识到可能出现的经济负效应，甚至不能继续使用该项知识产权的后果。被许可方处于经济或技术的弱势地位时所关注的只是如何使用被许可使用的技术以最大限度地营利，在这种情形下，自愿接受合同中的不质疑条款对相关市场的竞争不会产生实质性影响。在许可专利为有效的情况下，基于合同法中的禁止反悔原则，适用该条款将带来相当的积极影响。被许可人不对合同中的专利权发起无效申请，遵守不挑战专利权效力的合同约定，则被许可人不需要在无效程序中浪费精力，而是将人力物力投入到专利产品的生产营销以及在专利技术的基础上进一步研发改进技术，促进技术创新和产品更新换代，并有可能基于改进的技术获得的专利实现交叉许可，减少未来许可费用的支出，也因为该条款的遵守降低了许可人的诉讼风险并维护了其权利的稳定性，有利于许可人进一步拓展其专利许可市场，促进专利技术的推广应用，提升专利产品在相关市场的竞争。在许可合同中的专利客观上为有效权利的情况下,遵守合同中的权利不质疑条款将有利于促进专利相关技术的许可活动以及专利相关产品在市场上的竞争力。专利权所有人具有强烈的意愿维护其财产的价值,控制潜在的诉讼风险,而被许可人与标的专利权的利益相关度最高,最有可能的动机去对标的专利权发起无效法律程序。许可合同中的不质疑条款禁止最有可能针对其专利权提起无效的被许可人发起无效申请,则大大降低已方无效诉讼的风险。另外,不质疑条款用于保护许可人的商业利益,使得许可人的市场利益和市场份额在一定期间内得到维护。一方面,降低专利被无效的概率,可以借由该专利权力争在许可市场中占有更高的市场份额,另一方面,在该专利权涵盖的产品市场中,基于专利权的排他性以排除竞争对手,提高并保护相关产品的市场占有率。在许可人面临的风险变小后,许可人会乐于向外许可知识产权并同时降低许可价格,从而有利于新技术的传播与使用,并在一定程度上促进市场竞争,最终惠及消费者。

专利技术许可中不质疑条款的负面影响是显而易见的:一者,当不质疑条款中所涉的专利为无效时,不质疑条款使得被许可人为无效专利支出了不合理的许可费,增加了其生产、创新成本,降低了其竞争力。而这些不合理的许可费的部分或全部将可能转移到相关产品或服务中,最终转嫁给广大消费者,损害了消费者的利益。二者,如果不质疑条款中所涉的专利为无效专利,那么不质疑条款就掩盖了无效专利的存在,从竞争法的角度来看,其对竞争的危害就相当于无效专利对竞争的危害,而无效专利是阻碍竞争、损害创新的,因为一个企业拥有的无效专利会导致其竞争对手为避免侵权而放弃该"专利"不适当覆盖领域的研发活动。这样的结果阻碍了竞争者对相关市场的进入和后续创新,并增加了无效专利权人压制竞争的可能性。赋予一个无效专利以排他权就会使得本应发生的技术之间

第七章　专利联营许可的滥用市场支配地位行为类型学分析

的竞争被阻止或排斥，同时也可能会对相关下游产品市场、创新市场产生不利影响。三者，不质疑条款使无效专利的"效力"得以维持，专利权的市场地位或市场力量得到不当的维持或强化。不质疑条款出现在许可合同中会将被许可人置于非常不利的地位，被许可人面临为已失效或无效的专利支付高额许可费的风险，而提供失效或无效专利的一方却不用承担任何风险，这实际上是纵容了不诚信行为。法律保护专利权人通过许可专利获得经济利益的目的是鼓励技术流通，让更多的人乃至全社会从技术进步中获益，而许可无效或失效专利显然与这一目的格格不入。阻止客观上无效的专利权被无效，也就是阻碍本应进入公有领域的技术方案的可及性，使社会公众无法自由使用该技术成果并在此基础上进一步创新，不利于竞争，同时也阻碍经济和科学技术的发展与进步。

在欧盟，专利技术许可中的不质疑条款被视为一种可能违反《欧盟运行条约》第101条的垄断协议。按照欧盟《关于技术转让协议适用条约第81条第3款的772/2004条例》[1]的规定，技术转移集体豁免并不适用于任何直接或间接要求被许可人不对许可人在共同体市场上拥有的知识产权的有效性进行质疑的情况，只要该条款没有损害到许可人在被许可人质疑一个或多个被许可知识产权的有效性时终止技术许可协议的可能性。这一规定虽然使得包含不质疑条款的协议被排除在集体豁免的适用范围之外，但《关于技术转让协议适用条约第81条第3款的772/2004条例》并未将不质疑条款视为核心限制，而是归为应当禁止的排他型限制性条款（灰色清单），对专利许可合同当

---

[1] Commission Regulation (EC) No772/2004 of 27 April 2004 on the Application of Article 81 (3) of the Treaty to Categories of Technology Transfer Agreements, O. J. C 101, 27. 04. 2004.

中"不质疑条款"的效力提出了所谓"重大价值"的判断标准。这仅仅意味着，如果符合《欧洲共同体条约》第81条的协议中包含此类条款，该条款包含欧盟法律禁止的反竞争协议，必须与整个协议具有可分割性，协议的其他条款的有效性不受影响。[1]

诉讼和解协议是双方为了解决旷日持久的争议、避免将来的争议而进行相互可接受的妥协达成的，基于诉讼和解协议的许可以及交叉许可通常不太会对竞争形成限制。这是因为其允许协议双方在协议达成后实施该技术而且诉讼和解协议中的权利不质疑条款属于专利权人一劳永逸地终止整场纠纷的协议中固有争议的核心。在和解协议中的不质疑条款通常情况下被认为不属于《欧洲共同体条约》第81条第1款的范围，具有可执行的效力，但也不属于集体豁免的范围，在某些情况下可能会被认为是反竞争的，有必要考虑其签订时的和解费支付等情形。据此，对于有重大价值的许可专利技术，如果被许可人被禁止使用或者必须支付许可使用费才能使用，会使被许可人处于竞争劣势地位，则被许可人不对专利权有效性提出质疑的承诺就落入了《欧洲共同体条约》第81条第1款的范围。《关于技术转让协议适用条约第81条第3款的772/2004条例》将不质疑条款排除在集体豁免范围之外的原因是，通常被许可人对于知识产权是否有效是最有发言权的。为了竞争不被扭曲并遵从保护知识产权的原则，无效知识产权应被消除，否则会阻碍而非促进创新。当被许可的专利技术具有很高的价值，并因此对那些被阻止使用该无效专利或仅在支付许可费之后才能使用该无效专利的企业的竞争力造成了不利影响时，《欧洲共同体条约》第

---

〔1〕 Sophie Lawrance, "The Competition Law Treatment of No-Challenge Clauses in Licence Agreements: An Unfortunate Revolution?", *Journal of Intellectual Property Law & Practice*, Vol. 9, No. 10, 2014.

第七章 专利联营许可的滥用市场支配地位行为类型学分析

81条才可能适用于不质疑条款。《关于技术转让协议适用条约第81条第3款的772/2004条例》第5条第1款虽然规定了不质疑条款不适用该条例第2条规定的豁免，而需要根据个案基于竞争角度以合理性方式进行分析，但本身包含了对问题的简单解决方案，至少对于未超出30%的市场份额上限的协议"质疑即终止"条款而言，无论是在排他性许可协议项下还是非排他性许可协议项下均可享受豁免。[1]这种简单的类选法安排可能无法满足技术转让协议指南的其他要求。许多许可都包含质疑即终止条款。这项安排似乎提供了合理的平衡，既不过度惩罚被许可人免受具有挑战性的似乎无效的权利，也未迫使许可人继续与他们有争议的当事人进行交易。[2]在这种情况下，《欧洲共同体条约》第81条第3款的前提条件可能无法满足。

欧盟的实践是将这种禁止被许可方对专利效力提出反控的限制条款视为无效，但这类条款的无效并不足以撼动整个许可合同的效力。[3]在知识产权许可中，非专利许可的客体主要为著作权、商标及商业秘密。由于著作权、商标及商业秘密并不排斥独立开发，不存在对平行研发投入的类似威胁，因此一般来说非专利许可中的不质疑条款不会产生限制、排除竞争的效果。以商标为例，被许可人如果对被许可使用商标的效力存在疑问，可以选择不接受许可并选择采用其他商标生产同样的产品或提供相同的服务，这种拒绝行为并不会对其产品或服务的

---

[1] Sophie Lawrance, "The Competition Law Treatment of No-Challenge Clauses in Licence Agreements: An Unfortunate Revolution?", *Journal of Intellectual Property Law & Practice*, Vol. 9, No. 10, 2014.

[2] Sophie Lawrance, "The Competition Law Treatment of No-Challenge Clauses in Licence Agreements: An Unfortunate Revolution?", *Journal of Intellectual Property Law & Practice*, Vol. 9, No. 10, 2014.

[3] 费安玲主编：《防止知识产权滥用法律机制研究》，中国政法大学出版社2009年版，第139页。

质量产生实质性影响,且使市场上竞争者由此得以增加,使不同品牌的商品、服务之间的竞争由此得以强化。此外,专有技术不同于专利,一旦被披露,就很可能无法回归到秘密状态。是故,对专有技术许可协议中的"不质疑条款",欧盟委员会倾向于承认其效力的立场,以促进新技术的传播,尤其是处于弱势的许可方向强大的被许可方授予许可时,无须担忧一旦被许可人吸收了专有技术之后又对专有技术的效力提出质疑。

2014年《关于技术转让协议适用欧盟运行条例第101条第3款的316/2014条例》(以下简称《316/2014条例》)第2条关于豁免的规定依据《欧盟运行条例》第101条第3款并受限于该条例的规定,[1]《欧盟运行条例》第101条第1款不适用于技术转让协议。但是依照该规定第5条关于例外限制的规定,316/2014条例第2条所述的豁免不适用于技术转让协议中的不质疑条款,但不影响在排他性许可情况下,如果被许可人质疑被许可技术的效力时许可人终止许可合同效力的可能性。按其规定,欧盟竞争法对"不质疑"条款与"质疑即终止"条款予以了区分。"不质疑"条款不适用豁免的规定,是否构成垄断需要根据个案进行分析;而就"质疑即终止"条款而言,非排他性许可协议中的质疑即终止条款是否构成垄断需根据具体的个案进行分析,而排他性许可协议中的质疑即终止条款则仍可享受豁免(前提是未超出30%的市场份额上限),因为排他性许可的被许可人通常没有动机来无效被许可的专利权,在这种情形下反竞争的风险较小。实际上,《316/2014条例》在不质疑条款领域至少发生了一次小但重大的革命,实质上修改了欧盟委员

---

〔1〕 Commission Regulation (EU) No316/2014 of 21 March 2014 on the Application of Article101 (3) of the Treaty on the Functioning of the European Union to Categories of Technology Transfer Agreements, O. J. L93, 28. 03. 2014.

第七章 专利联营许可的滥用市场支配地位行为类型学分析

会之前与此相关的规定,在满足《316/2014 条例》市场份额门槛的情况下豁免排他性许可中的终止挑战条款,而非将排他性许可中的质疑即终止条款排除出安全港,要求对其进行个案分析。[1] 不质疑条款通常包含在许可协议中,以避免被许可人"恩将仇报"并质疑已获得许可的知识产权。此类条款也构成和解协议的固有部分,与诉讼专利相关的无质疑条款暂付阙如,殊难达致结束诉讼的目的。[2]

在 2013 年初公布新的技术转让协议指南咨询草案时,委员会建议从豁免范围排除所有不质疑义务,包括"质疑即终止"条款。其理由是,基于不质疑条款的终止条款(terminate-on-challenge clauses)和不质疑条款具有相同的效力,特别是在被许可人已经为合同产品的生产承担了大量沉没成本或者已经生产合同产品的情况下。[3] 但这一提议在征询意见期间遭到了强烈的批评,因为其可能降低许可方授予许可的动机。的确,终止条款是一项长期以来被接受的许可方和被许可方之间的妥协,一方面许可方事实上希望禁止质疑,而另一方面被许可方不愿对无效知识产权支付许可费,来自各方的争论导致欧盟委员会在其最终文本中对排他性和非排他性许可进行了区别对待。

美国法从"鼓励对无效专利提出有效果的异议"这一重要的联邦专利政策出发,认为专利许可合同中的"不质疑条款"

---

[1] Sophie Lawrance, "The Competition Law Treatment of No-Challenge Clauses in Licence Agreements: An Unfortunate Revolution?", *Journal of Intellectual Property Law & Practice*, Vol. 9, No. 10, 2014.

[2] Sophie Lawrance, "The Competition Law Treatment of No-Challenge Clauses in Licence Agreements: An Unfortunate Revolution?", *Journal of Intellectual Property Law & Practice*, Vol. 9, No. 10, 2014.

[3] Sophie Lawrance, "The Competition Law Treatment of No-Challenge Clauses in Licence Agreements: An Unfortunate Revolution?", *Journal of Intellectual Property Law & Practice*, Vol. 9, No. 10, 2014.

无效,但其他类型知识产权许可协议当中的"不质疑条款"有效。类似于上述美国法中鼓励提出异议原则,欧盟法律也认为"无效的知识产权应当清除,这是符合公众利益的",但欧盟法律是从反垄断法的角度来认定"不质疑条款"的效力。基于反垄断法的角度,不质疑条款属于我国《反垄断法》第 14 条中的"国务院反垄断执法机构认定的其他垄断协议"。不过值得注意的是,在对合同标的技术知识产权的有效性提出异议或者对提出异议附加条件的行为中,有些是符合反垄断法规定的垄断行为,有些则不一定符合。对于不构成垄断行为的滥用行为,一般情况下仍然可以认定其具有滥用技术的不正当性,即只要以不正当方式超越权利范围实施的此类行为,就可认定其非法。对于不质疑条款,仅当其对相关技术市场的竞争产生非法限制或排除后果时,才有反垄断法适用的必要性和合理性。如果不质疑条款所涉专利虽为无效专利但并未产生显著的非法限制竞争,则其仅是一般的专利权滥用问题,适用《专利法》或《合同法》对此进行规制。《合同法》第 329 条规定:"非法垄断技术、妨碍技术进步或者侵害他人技术成果的技术合同无效。"

2005 年发布的《最高人民法院关于审理技术合同纠纷案件适用法律若干问题的解释》第 10 条第 6 项规定:禁止技术接受方对合同标的技术知识产权的有效性提出异议或者对提出异议附加条件属于《合同法》第 329 条所称的"非法垄断技术、妨碍技术进步"。这两处规定是从技术发展的角度对不质疑条款之效力进行规定,在技术许可协议中设置不质疑条款将导致该技术合同整体无效。自 1994 年起实施的《对外贸易法》第 30 条规定:"知识产权权利人有阻止被许可人对许可合同中的知识产权的有效性提出质疑、进行强制性一揽子许可、在许可合同中规定排他性返授条件等行为之一,并危害对外贸易公平竞争秩序的,国务院对外贸易主管部门可以采取必要的措施消除危

第七章 专利联营许可的滥用市场支配地位行为类型学分析

害。"该条并未明确给出不质疑条款效力到底如何,且调整范围仅限于对外贸易中的知识产权许可,而不包括国内的知识产权许可。我国《反垄断法》未对不质疑条款进行明确规定,但国家工商行政管理总局在 2015 年发布的《关于禁止滥用知识产权排除、限制竞争行为的规定》第 10 条规定:"具有市场支配地位的经营者没有正当理由,不得在行使知识产权的过程中禁止交易相对人对其知识产权的有效性提出质疑。"第 12 条规定:"具有市场支配地位的专利联营管理组织没有正当理由,不得利用专利联营禁止被许可人质疑联营专利的有效性。"该条从竞争法角度对不质疑条款的效力进行规定,但是其调整范围过于狭小,仅仅限于滥用市场支配地位的许可人。2017 年 3 月公布的《国务院反垄断委员会关于滥用知识产权的反垄断指南(征求意见稿)》第 9 条将不质疑条款视为涉及知识产权的垄断协议,若其对相关市场的竞争产生排除、限制影响,则适用《反垄断法》第 2 章的规定。较之此前的《关于禁止滥用知识产权排除、限制竞争行为的规定》,《国务院反垄断委员会关于滥用知识产权的反垄断指南(征求意见稿)》将不质疑条款纳入"涉及知识产权的垄断协议"之中进行调整,采用了更为宽松的态度,未对不质疑条款的效力预先设定,而是通过分析其对相关市场的竞争可能带来的排除、限制影响以及对创新、效力的积极影响来综合判断不质疑条款的效力。不质疑条款可以被纳入纵向垄断协议中的附不当约束条件的协议,但这种协议也有可能是单方强势、他方屈己附和达成的城下之盟,有可能属于滥用市场支配地位的行为。在"高通案"中,由于高通公司在基带芯片市场具有市场支配地位,我国被许可人对其基带芯片高度依赖,高通公司在基带芯片销售时附加不合理条件,将签订和不挑战专利许可协议作为我国被许可人获得其基带芯片供应的条件。如果潜在被许可人未签订包含了以上不合理条款的专利许

知识产权与竞争法贯通论

可协议,或者被许可人就专利许可协议产生争议并提起诉讼,高通公司均拒绝供应基带芯片。

　　由于竞争和创新相互关联,限制竞争行为往往也是限制创新行为。虽然知识产权法也关注反竞争的限制行为,但其关切对象应该更加广泛,包括即便不违反反垄断法但削弱这些知识产权政策的行为。尤其在美国法上,专利滥用并非是反托拉斯法违法行为的一种积极诉因,而是通常在专利或版权侵权之诉中提出的抗辩事由。当被告被提起专利权侵害诉讼时,其经常以原告之专利权行使行为系属权利滥用加以抗辩,吁请法院驳回原告之诉。是故,知识产权滥用与竞争法违反二者间并非处于等同关系而是有断层的出现,并非所有知识产权滥用行为均构成反托拉斯法的违法行为,有些权利滥用行为虽然尚不致该当于反托拉斯法规定的违法行为,但仍是专利权的滥用行为。[1]专利权滥用包括预设障碍式的权利滥用、市场竞争中的权利滥用行为、滥发知识产权侵权警告函和滥用知识产权诉权。[2]垄断是滥用中的典型表现,包括拒绝许可、搭售行为、价格歧视、掠夺性定价等,而滥用范围则远远宽于垄断的范畴。专利权滥用还包括一些反垄断法根本不涉及的行为。[3]垄断违法固然属于知识产权滥用案件的一个非常重要的子类,但反垄断法仅旨在确定特定类型的危害,无法解决所有专利政策问题,不应该以反垄断法界定滥用法则的调整范围。滥用法则起源于知识产权政策而非反垄断政策,有自己要保护的价值。尽管传统价格

---

[1] See Arthur R. Miller and Michael H. Davis, *Intellectual Property – Patents, Trademarks, and Copyrights*, 3rded., St. Paul, Min.：West Group, 2000, pp. 141-142.

[2] 费安玲:《防止知识产权滥用法律机制研究》,中国政法大学出版社2009年版,第165—177页。

[3] 徐棣枫:《专利权的扩张与限制》,知识产权出版社2007年版,第274页。

第七章　专利联营许可的滥用市场支配地位行为类型学分析

卡特尔通常被视为危害程度最高的反竞争行为，但限制创新行为对社会造成的危害性极有可能比反垄断法谴责的众多排斥竞争行为都更加严重，因为创新能够比竞争贡献更多的经济增长。[1]

反垄断法的高度关注促使价格接近成本，而知识产权法真正的关切对象包括限制竞争、限制创新以及不合理地封锁本来已经合法进入公有领域的信息和技术，[2]即涉案滥用行为是否违反了鼓励创新、促进创新竞争或者保护接近公有领域等知识产权政策。在专利权人虽然不违反反垄断法却违反知识产权政策的情况下，滥用法则也应该得到适用。如果知识产权人从事的行为不合理地封锁竞争、封锁未来创新或者封锁接近公有领域，就应该认定它构成知识产权滥用。[3]易言之，反垄断法通常关注垄断造成的价格和产出效应，而知识产权法关注垄断的主要原因在于其对创新和接近公有领域具有潜在影响。[4]

滥用专利权行为的表现形式除了采取拒绝许可、回授许可、固定价格、限制被许可人的技术再研发等专利许可、专利池中的专利权滥用之外，还表现为专利网布局中张网以待的专利滥用、"专利渔翁"（patent troll）策略、"放水养鱼"策略等等。在企业专利网布局过程中，企业采取专利组合（portfolio of patents）战略构建专利网，一方面对关键、重要的技术申请基础专利、核心专利，并在基础专利、核心专利周边申请相关专利，围绕某一特定技术形成彼此联系、相互配套的技术经过申请获

---

[1]　[美]克里斯蒂娜·博翰楠、赫伯特·霍温坎普：《创造无羁限：促进创新中的自由与竞争》，兰磊译，法律出版社2016年版，第275页。
[2]　[美]克里斯蒂娜·博翰楠、赫伯特·霍温坎普：《创造无羁限：促进创新中的自由与竞争》，兰磊译，法律出版社2016年版，第10页。
[3]　[美]克里斯蒂娜·博翰楠、赫伯特·霍温坎普：《创造无羁限：促进创新中的自由与竞争》，兰磊译，法律出版社2016年版，第292页。
[4]　[美]克里斯蒂娜·博翰楠、赫伯特·霍温坎普：《创造无羁限：促进创新中的自由与竞争》，兰磊译，法律出版社2016年版，第304页。

知识产权与竞争法贯通论

得授权的专利集群（patent stacking），另一方面针对竞争对手的基础专利、核心专利进行前瞻性改良，在其周边申请诸多相关专利以期设置围篱，有效阻遏竞争对手的基础专利向四周拓展和进行商业使用。专利渔翁也称专利钓饵、专利蟑螂，是英特尔公司的法务人员为了避免因为使用"patent extortionists"（"专利讹诈者"）受到诽谤起诉而创造的称谓，即不实施公司（non-practicing entity，NPP）从个人、投机公司等购买专利，采用不对称的专利诉讼战略，通过对专利禁令制度的巧妙操纵赢得高风险的回报。所谓"放水养鱼"策略，是指行为人利用专利侵权诉讼时效规定不完善的漏洞欲擒故纵，在获悉他人实施侵权行为时有意视若无睹，按兵不动，静观其变，待侵权人的产业做大做强之后再提起停止侵权诉讼的消极滥用。微软在进军中国市场初期就利用软件产品具有零边际成本和锁定用户两大特性，故意纵容盗版来开拓市场，以相当于零的价格打击竞争对手，这种假道伐虢市场策略对微软来说并未构成严重损害，但微软的盗版软件泛滥对中国国内的软件企业造成了几乎排山倒海的碾压效应，导致中国通用软件企业锐减，金山公司等知名软件企业在微软大量盗版的冲击下溃不成军。1999年7月美国《财富》封面文章中比尔·盖茨的话可谓一语发覆："虽然中国每年的电脑销量为300万台左右，但人们不花钱买软件。但总有一天，他们要付钱的。只要他们想偷，我希望他们偷我们的，他们将会上瘾。因此，我们可以算出未来10年的某一天，我们将怎样去收钱。"[1]后来，"美国微软公司起诉北京亚都科技集团软件著作侵权案"[2]等一系列诉讼就是其挥镰收割的行动。

专利本身没有商业价值，不能形成消费者所需要的产品，

---

[1] Brent Schlender, The Bill and Warren Show, Fortune, Monday, July 20, 1998.
[2] 北京市第一中级人民法院［1999］一中知初字第37号民事裁定。

第七章 专利联营许可的滥用市场支配地位行为类型学分析

或是社会上已经存在先进的专利产品,这固然会导致专利闲置,但恶意闲置专利的专利所有者出于自身利益,不让其专利实现其社会价值,其注册专利的目的不是为了投入商业用途,而是为了防止其他人注册类似或相同的专利。这也会抑制竞争,具有明显的反竞争性。与此相反,一些限制竞争行为与知识产权问题相关,但在本质上与知识产权滥用关联不大。例如,标准化组织的集体抵制行为可能根本不涉及知识产权的滥用,不适合用规制知识产权滥用的方法加以规制。因此,知识产权垄断行为与知识产权滥用行为之间既非等同关系,也非包含关系,而是交叉关系。此外,知识产权滥用行为与反垄断法规制的垄断行为有关,即部分滥用行为以垄断协议、滥用市场支配地位的形式表现出来,但还有构成垄断行为以外的滥用行为。[1] 在竞争法意义上与专利池相关的知识产权滥用显然是集合概念,不仅涉及《欧盟运行条约》第 102 条的滥用市场支配地位行为,而且涉及第 101 条的限制竞争行为。这也证明知识产权滥用与滥用市场支配地位并不能直接画等号。滥用知识产权时,知识产权是一种工具,被用于强化市场支配地位,而这种滥用也可以构成卡特尔行为,引起经营者集中问题。企业从事滥用市场支配地位的行为不仅损害了市场相对人的合同自由以及公平交易权益,而且不合理地妨碍了其他企业参与竞争的可能性。为了使反垄断规则能够为专利滥用提供充分的检验,反垄断法必须关注与专利滥用相同类型的损害,以阻止拦截会引起关注的相同类型的行为。[2]

2015 年 4 月,机构改革前的国家工商行政管理总局公布了

---

[1] 孔祥俊:《知识产权保护的新思维:知识产权司法前沿问题》,中国法制出版社 2013 年版,第 188 页。
[2] Robin Cooper Feldman, "The Insufficiency of Antitrust Analysis for Patent Misuse", *Hastings Law Journal*, Vol. 55, Iss. 2, 2003.

《关于禁止滥用知识产权排除、限制竞争行为的规定》，主要从实体和程序两个方面列举了经营者滥用知识产权排除、限制竞争的各种行为表现以及规范知识产权反垄断执法的一般分析步骤。该规定明确了专利联营的成员不得利用专利联营交换产量、市场划分等有关竞争的敏感信息，达成《反垄断法》第 13 条、第 14 条所禁止的垄断协议。具有市场支配地位的专利联营管理组织没有正当理由，不得限制联营成员在联营之外作为独立许可人许可专利、限制联营成员或者被许可人独立或者与第三方联合研发与联营专利相竞争的技术、强迫被许可人将其改进或者研发的技术独占性地回授给专利联营管理组织或者联营成员、禁止被许可人质疑联营专利的有效性、对条件相同的联营成员或者同一相关市场的被许可人在交易条件上实行差别待遇等滥用市场支配地位的行为。专利联营对于减少专利纠纷、降低诉讼成本、节约交易成本意义重大，但应该通过法律引导趋利避害，为企业创新发展营造良好的市场环境。

第八章 标准必要专利FRAND承诺与反垄断法作用

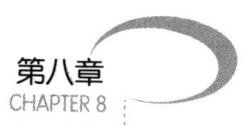

第一节 标准必要专利滥用问题的产生

在汉语的"标准"一词中,标为末,准为始。标准即以最高要求为标,以最低要求为准。[1]现代生活依赖于由统一标准联结的错综复杂的技术网络。[2]除远古时代生产力水平低下而"器范自然,标准无假"之外,标准的制定对于经济生活互联互通和产品兼容性的重要性一直存在,从商鞅变法时利用国家机器的力量统一度量衡奠定经济发展的基础到近代各国为了交往而成立万国邮政,都是这种祈向的表现,与当代互联网信息时代的4G、5G之类移动通讯标准确立的意义难分轩轾,不同时代面临不同的"车同轨、书同文、行同伦"问题,形异实同。标准的特点是公开性、普遍适用性,强调社会公共利益。技术标准以简化、统一化、系列化、通用化、组合化的形式实现其公开性、统一性和普遍性的本质,与要求"差异性"的专利"独专其利"的特点可能存在着冲突。如果说专利权的内容以"禁"

---

[1] 参见刘克明:《中国技术思想研究:古代机械设计与方法》,巴蜀书社2004年版,第193页。

[2] See Jonathan L. Rubin, "Patents, Antitrust, and Rivalry in Standard-Setting", *Rutgers Law Journal*, Vol. 38, Iss. 2, 2007.

为重要特征,其价值通过专利权人自己实施或许可他人实施来实现,未经许可不得推广使用,那么,标准的适用则以"促"为主,其价值并非由制定主体实施来实现,而是通过推广使尽可能多的使用者实施来实现,强调公开性、普遍适用和行业推广。故而欧洲标准化委员会和欧洲电工标准化委员会一份指南坦言:"标准化和知识产权保护背后的哲理是对立的。标准化打算把观念转化为公有财产,而知识产权的保护,则使它们成为私人财产。"[1]但标准在许多方面也类似于知识产权本身。从经济效果而言,其福利增长效果主要源自产品改进而非促使价格接近于成本。因此,反垄断法与知识产权之间的某些矛盾同样存在于反垄断法与标准制定之间。标准的有效颁布不但涉及市场排斥也可能涉及一定的共谋,二者均会招致反垄断法的审查。另外,开发正当标准的行为往往是一种研发活动,具有先期投入和后期回报相结合的特点。最后,标准本身跟知识产权一样具有非竞斥性。易言之,除了市场竞争程度增加导致的损失以外,多一个企业复制并采纳一项标准并不会从已经使用该标准的企业手中抢走什么。

自20世纪末以来,新兴科技技术领域的专利数量众多,专利对标准的影响越来越大,专利已经成为技术标准无法绕开的存在,专利技术进入技术标准已经是铮铮事实。同时,开放标准比所有权标准更受竞争者和消费者欢迎,而所有权标准更受控制它们的公司青睐。[2]由于国际竞争加剧导致专利技术的产业化速度加快,技术标准的内容只有包容一定的专有技术、专

---

〔1〕 CEN-CENELEC, "CEN/CENELEC Guide 8: Standardization and Intellectual Property Rights (IPR)", available at https://www.cencenelec.eu/research/news/publications/Publications/CEN_ CLC_ 8. pdf, 2018-08-11.

〔2〕 [德] 米尼克·格莱克、布鲁诺·范·波特斯伯格:《欧洲专利制度经济学:创新与竞争的知识产权政策》,张南译,知识产权出版社2016年版,第94页。

第八章 标准必要专利 FRAND 承诺与反垄断法作用

利技术才能达到技术与产品垄断的优势,技术与标准相融合过程产生深具复杂性的问题,呈现出技术专利化、专利标准化、标准许可化的发展趋势。制定标准不仅是为了减少目前的复杂性,而且也以预防将来产生不必要的复杂化为目的,有助于产品的横向和纵向兼容性,[1]防止各自为政的开发者花费巨大的人力财力物力开发不可兼容的技术而导致具有网络效应的市场中的协调障碍,提高产品的质量和安全性,加速新产品的推出,通过鼓励可互操作产品的生产商之间的价格竞争而使消费者受益,是现代经济一个共同的基本要素。[2]统一的产品标准可以增加所有消费者的产品价值,创造需求方的规模经济,降低消费者搜索成本,增加消费者信心。随着越来越多的消费者使用这种商品,消费者对商品的价值会增加。[3]

这些有益效果被称为"网络效应",又可以被称为网络外部性。例如,如果没有其他传真机可以与之通信,则单个孤立的传真机价值微乎其微。[4]网络效应带来的直接的好处是当其他使用人加入时网络的附加值,直接使所有网络参与者受益。其间接效益是当网络价值增加时,对互补产品或购买后服务的需求增加。当供应商通过提供新的补充产品或购买后服务来响应增加的网络价值时,现有和未来的网络使用人将获得更多选择和

---

[1] 横向兼容性是指符合标准的竞争商品之间的兼容性。例如,用户可以在同一台计算机中替换另一种品牌的光盘、计算机显示器。纵向兼容性是指商品使用相同输入的能力。例如,所有 Windows 计算机都运行相同的软件,并且所有汽车都使用相同的汽油。

[2] Patrick D. Curran, "Standard–Setting Organizations: Patents, Price Fixing, and Per Se Legality", *The University of Chicago Law Review*, Vol. 70, No. 3, 2003.

[3] Mark A. Lemley and David McGowan, "Legal Implications of Network Economic Effects", *California Law Review*, Vol. 86, Iss. 3, 1998.

[4] Patrick D. Curran, "Standard–Setting Organizations: Patents, Price Fixing, and Per Se Legality", *The University of Chicago Law Review*, Vol. 70, No. 3, 2003.

知识产权与竞争法贯通论

增加竞争的福利。[1]特别是通信网络需要统一的标准互联互通,其中产品的价值完全由同一网络上其他人的数量所驱动。计算机操作系统等其他产品,虽然无论有多少人使用均具有一定的内在价值,但随着越来越多的消费者采用而获得更多价值。在这些行业中,消费者从标准化中受益,不仅因为他们可以在远程位置可靠地使用他们的产品,还因为他们可以与使用相同标准产品的其他人交换信息。虽然标准化在各种市场中都是有益的,但值得区分两种不同类型的标准:控制网络市场可操作性的标准和管理产品质量或安全的标准。前一种类型堪称"网络""兼容性"或"接口"标准,所选标准的内在价值只是标准制定的社会效益的一部分。简单就两种产品交互的标准达成一致意见在网络市场中具有价值,无论实际选择的界面是否是最好的。实际上,在某些情况下,一个行业围绕单一标准进行合并可能比选择特定标准更为重要,这是一种私人秩序形式,使市场参与者能够集体围绕知识产权的初始权利缔约。[2]

标准可以被分为法定标准(dejuer standard)、正式标准(formal standard)和事实标准(defacot standard)三种。法定标准是由政府部门制定并以法令的形式规定的标准,包括强制的法定标准(mandatory de jure standards)和合意的法定标准(consensual de jure standards);正式标准是由制定标准的专门组织制定的标准,包括国内标准化组织和国际标准化组织;而事实标准则是单个企业或者少数企业在"胜者全赢"之欲望的推动下,经由"标准化之争"使得自己产品所采用的技术参数、

---

[1] Patrick D. Curran, "Standard–Setting Organizations: Patents, Price Fixing, and Per Se Legality", *The University of Chicago Law Review*, Vol. 70, No. 3, 2003.

[2] Mark A. Lemley, "Intellectual Property Rights and Standard–Setting Organizations", *California Law Review*, Vol. 90, Iss. 6, 2002.

第八章 标准必要专利 FRAND 承诺与反垄断法作用

兼容特性等指标作为事实上为市场所接受而形成的标准。[1]事实标准亦被称为"市场标准",可以分为独家垄断和企业联盟两种。独家垄断的事实标准又被称为私有协议事实标准,是由单个企业基于市场垄断优势形成的统一或单一的技术标准,罕得而见,其典型代表即是打字机的柯蒂(QWERTY)键盘布局、用于个人计算机的微软 Windows 操作系统、作为输入输出接口技术规范的 USB 标准等。这种事实标准的特点在于厂商本身并未就该技术方案从事实际的标准化工作,而是因其技术被市场参与者所广泛接纳而自发产生了统一该技术领域的效果,市场本身如同一个标准化组织对不同的技术进行筛选淘择而实现各种技术之间的兼容性最优、标准化成本最小。[2]企业联盟的事实标准亦称"普通事实标准",是由具有垄断地位的极少数企业为了避免相互竞争的不利后果而开展合作,通过交叉专利许可,对外发布联合许可声明,从而构成对整个行业的技术控制而形成的另一类事实标准,即"私有化标准组织"(private standard setting organization)建立的普通标准。事实标准的产生主要取决于支持该标准的企业实力等多方因素,而与该标准本身在技术上是否最优并无直接关系,可能导致某些技术上优质的方案因为没有为大企业所采用而在竞争中被逐渐边缘化,不能最终入选成为标准。这种市场孕育的事实标准体现了市场竞争力量自发选择的制度整体上的意愿,尽管存在专利劫持的潜在风险,但法律不应该提供特殊的救济,对于自发的内生经济秩序的法律干预程度仅与反垄断法和专利滥用对任何其他获得和使用市场支配地位行为的谦抑规制相垺。而标准化组织通过协商产生

---

[1] 刘强:"技术标准专利许可中的合理非歧视原则",载《中南大学学报(社会科学版)》2011 年第 2 期。

[2] 顾萍、杨晨:《域外技术标准化中的标准必要专利权人承诺研究:合同法、专利法与竞争法视角》,知识产权出版社 2016 年版,第 10 页。

知识产权与竞争法贯通论

的法定标准,则避免了事实标准产生所必须经历的殊死鏖战,能使在技术上有优势的方案脱颖而出成为标准,更有独特的制度优势。从严格意义上言之,竞争者之间组建标准制定组织(SSO)等多边组织,就兼容性和技术互操作性达成与微型宪法非常相似的复杂协议,[1]尽管存在构成反垄断法所禁止的横向限制竞争协议行为之嫌,但其与签订双边的专利交叉许可、组建专利池一样具有不容忽视的基于共识的自愿制度优势,在标准化组织章程规定了成员有FRAND许可声明的义务的情况下,法律不认为竞争者之间协议标准的行为构成反垄断法所禁止的垄断协议。

标准必要专利的必要性主要体现在两点:①是该技术的必不可少性使得没有其他的非专利技术可供代替;②是该专利技术必须与标准针对的产品或方法有直接的联系。所谓标准关联专利(Standard-Involved Patent, SIP),是指在包括国家、标准化组织制定的技术标准中,载明的技术要素包含对某种产品功能的规定或者指标要求,而专利技术则是实现该要求的具体技术方案。区分标准必要专利与"关联非必要专利"的必要性在于,前者的权利人对于标准的实施几乎可以被推定为有完全的决定权,而后者权利人因为受到其他竞争性专利的压力。另外,在实际操作中,因为标准制定者人为或者客观的因素,某些"关联非必要专利"被错误地认定为标准必要专利的情况也偶有发生,当技术市场上存在相互竞争的可替代技术时,专利技术进入技术标准对专利权人获取技术竞争优势地位可谓至关重要,而这正是竞争法在此所关心的问题之一。

---

〔1〕 Richard Epstein, Scott Kieff and Daniel Spulber, "The FTC, IP and SSOs: Government Holdup Replacing Private Coordination", *Journal of Competition Law and Economics*, Vol. 8, No. 1, 2012.

第八章　标准必要专利 FRAND 承诺与反垄断法作用

标准化本质上就是不可逆转地投资于特定技术并放弃对其他技术的投资,[1]亦可能对产品多样性造成压制,或排除竞争对手产品,造成竞争的不利影响。[2]涉及标准制定的最为常见的反垄断指控是标准制定被用于排斥竞争对手进而限制竞争,例如限制性的司法考试通过率、医院的认可标准排除脊椎治疗师或其他专业人士、手术标准排除降低成本的医疗程序以及建筑守则或产品安全标准保护下游企业免受新技术的威胁。网络标准可能会阻止某些企业入网,对其造成极高的成本。[3]单个企业或某几个企业一旦在特定行业取得了绝对的控制地位,其主导的企业标准就在事实上上升为国家标准甚至国际标准。此时,该企业在标准中融入的企业自身的专利技术等知识产权,遂成为竞争者难以逾越的技术壁垒,产生阻隔竞争者、维持优势地位的作用。技术标准与知识产权相结合,就其本质来说应该是公开的、公共的、公益性的技术标准被笼罩在以"私权"为基本立场的知识产权包含的羽翼之下,私有的专利被变成公用的必要专利、基础专利,使得专利权的市场控制力得到前所未有的膨胀。有学者评价说,知识产权法起源于实践而非理论,让每个创造者私有其知识产品,排除公众的无偿使用(将公共领域殖民化)。一方面,专利权使得他人未经许可不得使用其专利技术,另一方面,技术标准又使得他人不得不使用该专利技术。可见,技术标准使得专利技术的市场支配力获得最大程度的扩张,可能产生反垄断法上的双重弊端:共谋和排斥。

---

〔1〕 See Mark A. Lemley, "Intellectual Property Rights and Standard-Setting Organizations", *California Law Review*, Vol. 90, Iss. 6, 2002.

〔2〕 土井教之編著『技術標準と競争:企業戦略と公共政策』243頁(日本経済評論社,2001)。Joseph Farrell et al., "Standard Setting, Patents and Hold-Up", *Antitrust Law Journal*, Vol. 74, No. 3, 2007.

〔3〕 [美]克里斯蒂娜·博翰楠、赫伯特·霍温坎普:《创造无羁限:促进创新中的自由与竞争》,兰磊译,法律出版社2016年版,第406页。

行业内的竞争对手通常通过建立行业范围的技术标准来寻求使竞争产品具有互操作性。为实现这一目标，竞争公司加入标准制定组织（standard-setting organization，SSO）并共同选择特定技术作为行业标准。这种产品标准化过程使生产者和消费者都受益，促进企业之间的价格竞争，创造需求方规模经济，并通过降低未来研发工作的风险来鼓励产品创新。[1]标准化活动作为企业技术合作的方式之一，通常涉及横向竞争者就他们计划销售的产品的某些规格达成一致，涉及合作与共谋之间界限的核心反垄断问题，[2]历来都是反垄断执法机构重点关注的领域。有学者认为，标准化中的知识产权问题从政策上说，其本质是一个反垄断的问题。其中既涉及标准制定过程中联合抵制，即专利权实施者联合抵制，也涉及滥用进入标准的知识产权导致的反垄断问题。参与标准制定的成员之间可能会合谋排斥、限制竞争（如固定下游价格），而标准制定组织也可能为获得垄断力而实施排斥、限制竞争的行为。滥用标准实质上就是滥用其中所包含的知识产权。事实上，标准必要专利权人滥用权利的主要情形包括违背事前的专利披露义务、作出虚假承诺以此获得不正当的利益，滥用市场支配地位排除、限制竞争，滥用禁令救济实施专利劫持，违背公平、合理、无歧视原则等。从类型学角度，标准必要专利权人危害市场竞争的行为可以概括为两种：其一，在标准制定中少数企业联合采纳某一标准而排除、损害或者歧视其他竞争者从而违反反垄断法；其二，标

---

[1] Patrick D. Curran, "Standard-Setting Organizations: Patents, Price Fixing, and Per Se Legality", *The University of Chicago Law Review*, Vol. 70, No. 3, 2003.

[2] Mark A. Lemley, "Intellectual Property Rights and Standard-Setting Organizations", *California Law Review*, Vol. 90, Iss. 6, 2002.

第八章 标准必要专利 FRAND 承诺与反垄断法作用

准实施中违反其对标准制定组织的承诺而限制竞争的行为。[1]

由于标准之间的转换通常会面临巨额的转换成本和沉没成本,标准实施者一旦作出对标准的专用性投资,就极有可能沦为专利权人刀俎下的鱼肉,陷入"被锁定"或"被劫持"的局面,导致"专利伏击"(patent ambush)的问题。[2]质言之,技术锁定是指标准确立后,由于转换的成本极高,相关市场的参与者一般只能选择因循标准,即被锁定于该标准所涵盖的技术。"专利伏击"是指标准制定参与者在标准确定过程中实施了欺骗行为或未能披露相关知识产权,埋伏以待,待标准通过后主张实施标准的行为侵权,要求使用者需征得许可并支付使用费。论者或称之为"专利劫持"(patent holdup),与"专利伏击"两者意思基本一致,大多研究文献不加区分,美国一般多用"patent hold up"表述,欧洲则多用"patent ambush"表述。[3]"专利劫持"最初即源于"专利伏击",肇端于美国司法部负责反垄断部门的官员威廉·贝尔(William J. Baer)1999 年的论文,专门提到专利持有人参与标准制定过程并且欺骗性地未披露其对其他参与者的专利立场。[4]

在"兰巴斯公司案"[5]的语境中,"反竞争劫持"和"专

---

[1] Zuzana Hajna, "A Comparison of Patent Hold-up Provisions in the US and the EU", *Common Law Review*, Vol. 13, 2014.

[2] Joseph Farrell et al., "Standard Setting, Patents and Hold-Up", *Antitrust Law Journal*, Vol. 74, Iss. 3, 2007.

[3] 林欧:《技术标准的反垄断法规制》,上海社会科学院出版社 2015 年版,第 103 页。

[4] Jonathan M. Barnett, "Has the Academy Led Patent Law Astray", *Berkeley Technology Law Journal*, Vol. 32, Iss. 4, 2017; William J. Baer and David A. Balto, "Antitrust Enforcement and High-Technology Markets", *Michigan Telecommunications and Technology Law Review*, Vol. 5, Iss. 1, 1999.

[5] Rambus Inc. v. FTC, 522 F. 3d 456 (D. C. Cir. 2008).

利伏击"两个术语指的是相同类型的行为。[1]但两者不完全相同,"专利劫持"主要强调行动效果而不是行动本身,而"专利伏击"则侧重于行为的效果。如果专利持有人得知提议的标准涉及其专利或专利申请所涵盖的权利要求,但在标准通过之前不知会标准制定组织或主张其权利,则可能出现标准背景下的专利伏击。罗伯特·墨杰斯(Robert Merges)将专利劫持描述为专利持有人拒绝按预期条款许可相关专利,从而"阻碍"传播新技术的进展,无论标准制定组织是否知道该专利持有人在创建标准时的利益。[2]专利伏击可以通过标准制定组织参与者或非参与第三方持有的专利进行。[3]标准必要专利所有人意外地主张专利的草中蛇(snake-in-the-grass)策略和意外地增加成本的诱饵(bait-and-switch)策略,均可以发生专利劫持。[4]专利劫持是指唯利益至上的标准必要专利权人拒绝向竞争对手许可标准必要专利或者专利权人利用现有的地位"敲竹杠",对需要实施标准必要专利的生产厂商予取予求,提出诸种不公平、不合理的要求。

尽管学术界对于专利劫持的存在和意义不乏质疑[5],认为专利劫持是违反直觉的,标准设置与时俱进,可能发生多代更

---

[1] Stanley M. Besen and Robert J. Levinson, "Economic Remedies for Anticompetitive Hold-Up: The Rambus Cases", *Antitrust Bulletin*, Vol. 56, Iss. 3, 2011.

[2] Jay P. Kesan, "FRAND's Forever: Standards, Patent Transfers, and Licensing Commitments", *Indiana Law Journal*, Vol. 89, Iss. 1, 2014.

[3] Jorge L. Contreras, "Standards, Patent, and the National Smart Grid", *Pace Law Review*, Vol. 32, Iss. 3, 2012.

[4] Jay P. Kesan, "FRAND's Forever: Standards, Patent Transfers, and Licensing Commitments", *Indiana Law Journal*, Vol. 89, Iss. 1, 2014.

[5] J. Gregory Sidak, "Holdup, Royalty Stacking, and the Presumption of Injunctive Relief for Patent Infringement: A Reply to Lemley and Shapiro", *Minnesota Law Review*, Vol. 92, No. 3, 2008.

第八章 标准必要专利 FRAND 承诺与反垄断法作用

迭,曾经试图实施劫持行为的企业在制定未来标准时面临严峻考验,被劫持过的企业将不愿重蹈覆辙接受其建议标准而以此为基准构建兼容技术,但不容忽视的是囚徒困境对最大化收益的机会主义行为的推波助澜,专利权人可能仅在此代标准中拥有权力而无法代代赓续的事实恰恰加剧了机会主义倾向。由于在标准必要专利许可定价协商过程中的信息不对称和地位失衡,被许可方可能遭受高额费率的不公平待遇;当标准必要专利权人对同一产品市场中同一标准的不同实施者要求明显歧视的许可价格,就会人为地造成被许可方之间商业成本的不平等,妨碍下游产品市场的正常竞争秩序。事实上,专利劫持策略不同于一般的知识产权滥用行为,如不同于为控制市场而拒绝许可的行为,后者被称为专利阻止(holdout)策略。专利阻止是在没有相互交往的陌生人之间产生的问题,而通常发生劫持问题的主要原因是双方可能在之前已经进行过相互交易。[1]

专利劫持是经典劫持问题的一种变体,与专用性投资(relationship-specific investment)问题有关。劫持问题表明,在协作中的参与主体难以避免产生沉没成本,使重新安排投资的成本变得很大,或者如果在协作之外重新安排,而资产的价值将会显著降低。劫持存在沉没性专用投资的交易相对方的可能性,将阻碍其他主体在协作之中进行有效率的投资。[2]专利许可费堆积(授权金堆栈,royalty stacking)是指标准使用者为一个标准支付给许多不同的标准必要专利权人许可使用费的现象,这些不同的标准必要专利持有人的许可费层层堆栈,使得标准实

---

[1] Richard Epstein, Scott Kieff and Daniel Spulber, "The FTC, IP and SSOs: Government Holdup Replacing Private Coordination", *Journal of Competition Law and Economics*, Vol. 8, No. 1, 2012.

[2] 林欧:《技术标准的反垄断法规制》,上海社会科学院出版社 2015 年版,第 104 页。

施者因费用高不可企无法实施该标准或无法从实施该标准中获得应有的商业利益,无法在市场中正常竞争,加深专利劫持所带来的专利权滥用效果。

第二节　经济学基础与经济法理念:专利劫持抑或滥用市场支配地位

理查德·A. 爱泼斯坦(Richard A. Epstein)等指出,专利劫持偏离了经典经济学文献中的劫持理论,将劫持和市场力量不当的利用混为一谈。前者属于合同的交易成本范畴,后者属于反垄断的范畴,二者作用机制不同。劫持在奥利弗·威廉姆森(Oliver Williamson)的著作中被称为用诡计谋求自利的机会主义行为,意味着企业 A 通过机会主义行为占用了企业 B 的准租金,即收入减去短期成本。被劫持的企业 B 无法获得足够收入来填补其长期成本,无法在资本耗尽后再投资,榨取准租金无法永远持续下去。[1]相反,市场力量意味着企业可以通过自由定价从市场中攫取垄断租金。市场力量的行使是长期均衡。因为下游企业将会填补长期成本,并在资本设备耗尽时再投资。因此,劫持和市场力量的行使是两个不同的概念。这两种异质且相互矛盾的经济机制所导致的结果是,企业没有必要为了劫持另一家企业而拥有市场力量。即便是在完全竞争的投资市场中,企业亦可以被劫持。[2]

在交易中当一方或双方发生"关系专用性投资"后会产生

---

[1] Roger G. Noll, "'Buyer Power' and Economic Policy", *Antitrust Law Journal*, Vol. 72, No. 2, 2005.

[2] Richard Epstein, Scott Kieff and Daniel Spulber, "The FTC, IP and SSOs: Government Holdup Replacing Private Coordination", *Journal of Competition Law and Economics*, Vol. 8, No. 1, 2012.

"可占用的专用性准租"（appropriable specialized quasi rents），由于契约的不完全性，另一方在事后基于优势地位利用机会主义的合同变更行为对投资方的收益进行掠夺，从而使投资方的事前激励不足，导致最终的投资额少于社会最优投资额。劫持或者说敲竹杠问题不同于道德风险、逆向选择问题。在劫持问题中，契约双方是信息对称的，只是有些信息不能向第三方证实或不可预见，而在道德风险与逆向选择问题中，契约双方的信息是不对称的，具有信息的一方利用信息优势获取信息租金。道德风险与逆向选择来源于信息不对称，劫持来源于事后机会主义行为。但通行的标准必要专利实施中的专利劫持概念将机会主义意外消除，这就可以声称劫持任何时候都存在于关系特定投资和不完整合同，关系特定投资和不完整合同成了充分条件，而不仅仅是必要的条件。因此，亚历山大·加莱托维克（Alexander Galetovic）等指出，专利劫持衍生出了标准必要专利劫持和过失侵权专利劫持这两种类型。

专利劫持理论基于经济劫持理论，而衡诸经济劫持理论的三个要件，即对特定关系资产的沉没投资、合同不完整和机会性意外[1]，标准必要专利劫持缺乏把其他所有者权益当作"人质"的"事后机会主义"要件。因为标准实施者通常会围绕具体专利技术与专利权人进行协商。实施者了解专利权人拥有的专利，知道专利权人希望获得许可费，也知晓将优质的专利技术纳入标准有助于其长期利益。在这种情况下，专利权人不会实施"趁人之危"的机会主义行为。因此，做出专用性资产投资的标准必要专利实施者并没有被劫持。过失侵权专利劫持则缺乏劫持理论的"不完全合同"要件。根据过失侵权专利劫持，

---

[1] Alexander Galetovic and Stephen Haber, "The Fallacies of Patent-Holdup Theory", *Journal of Competition Law & Economics*, Vol. 13, Iss. 1, 2017.

要证明发生了专利劫持，只需要表明制造商在一开始没有获得许可的情况下，为特定专利技术做出了投资，并且之后专利权人为侵权而寻求损害赔偿或者禁令。这种劫持既不涉及标准必要专利，也由于没有合同的机会主义再协商和可以协商的合同，不满足"不完全合同"要件。[1]按照这种主流的标准必要专利概念，标准必要专利劫持发生的原因很简单，即专利持有人从一个不满意的专利使用人要求获得特许权使用费。劫持者，一之谓甚，岂可再乎？一再被劫持不是经济理性人的表现，不是有限理性所致，而是彻底的无理性所致。论者或谓，专利实施者在做出决定选择技术之前，即使存在 FRAND 承诺，但由于专利权人可能会收取高额的许可费，仍然面临着一些威胁致使这些不可收回的投资变得毫无价值。但 FRAND 承诺并不意味着标准必要权利人与标准实施者之间已经成立合同关系，双方之间仍然必须就签订专利实施许可合同进行磋商，在这种情况下不存在利用当事人对于继续合同的强烈期望的被劫持的专利许可合同机会主义变更，而问题的实质是在标准建立之后通过专利套牢，使市场支配力得到大幅加强的情况下，标准必要专利权人滥用市场支配地位。

从专利权人的角度而言，被纳入标准的专利技术是产品的制造商唯一且必须使用的技术，而专利权人又是该必要专利许可市场的唯一供给方，因此，产品制造商难觅替代技术进行规避。在专利纳入标准后，温顺的小猫黄袍加身变成凶猛的老虎，拥有关键专利等于拥有一张无上限的提款卡，专利权人依靠的是通过市场支配力获得超额垄断利润，而不是依靠一锤子买卖式专利劫持。在大多数技术标准垄断案中，尽管知识产权许

---

〔1〕 Alexander Galetovic and Stephen Haber, "The Fallacies of Patent-Holdup Theory", *Journal of Competition Law & Economics*, Vol. 13, Iss. 1, 2017.

第八章 标准必要专利 FRAND 承诺与反垄断法作用

可双方可能是在不平等的条件下进行交易的,但毕竟属于双方自愿的行为,明显的"欺诈标志"无法寻到,故在规制技术标准垄断行为时,适用民法的"权利不得滥用"原则存在一定的障碍。专利劫持案件可能根本不涉及欺骗行为,而是涉及可能被称为"纯粹的"事后合同机会主义(pure ex post contractual opportunism),其中专利持有人试图重新谈判或偏离原始的真诚的并且没有欺骗的 FRAND 承诺,从而有利于获得更高的专利费率。[1]

一般来说,当经济承诺与随后的商业谈判之间的差距使一方能够获得另一方投资的部分成果时,就会出现"专利劫持"。在标准制定的背景下,当标准必要专利所有者在专利已被披露并纳入标准后拒绝与潜在被许可人合作时,这种类型的专利劫持归因于标准中包含的市场力量的增加,标准必要专利所有者可能倾向于滥用他们潜在增加的市场力量,或至少根据与其专利相关的环境变化而改变其许可要求。然而,与专利伏击不同,这种类型的专利劫持不能简单地通过事前专利公开政策来解决。有鉴于此,标准制定组织在选择专利技术作为行业标准时往往要求标准必要专利权人遵循 FRAND(公平、合理和非歧视)原则或者 RF 原则进行授权,[2] 旨在防止被标准必要专利权人所"劫持"。[3] 在标准必要专利确定后,彻头彻尾地出尔反尔通过禁令救济相威胁表面上是劫持行为,但实质上却是滥用市场支配地位问题。正因如此,欧美国家均将其纳入竞争法加以规制,

---

〔1〕 Bruce H. Kobayashi and Joshua D. Wright, "Federalism, Substantive Preemption, and Limits on Antitrust: An Application to Patent Holdup", *Journal of Competition Law & Economics*, Vol. 5, Iss. 3, 2009.

〔2〕 在欧洲一般使用 FRAND,而在美国一般使用 RAND。多数学者都认为,公平、合理并没有内涵上的差别,FRAND 与 RAND 具有相同的含义。

〔3〕 Zuzana Hajna, "A Comparison of Patent Hold-up Provisions in the US and the EU", *Common Law Review*, Vol. 13, 2014.

也正是因为涉及竞争法,所以必须进行严格的利益权衡。

理论上的误入歧途最终会反映为实践中的既左又右,非左即右,左冲右突。将微观经济学中基于交易成本理论的劫持概念泛化,与市场力量的运行机制混淆,势必风声鹤唳,使硝烟弥漫的专利战迷失方向,造成对于标准必要组织合理性的否定,标准必要专利组织作为市场自发秩序的建构,本身基于市场自身规律和市场自身需求而矫正市场失灵,为经济发展做出了重要贡献,以经济法角度对于这种第三领域力量本身就应该重视和依托,如果不能知乎所止而将标准必要专利劫持夸大化,偏离经典的劫持理论而混淆劫持与市场力量两种运行机制,势必导致劫持无处不在而构成对市场体系的系统性威胁。标准制定组织似乎一无是处,罪恶滔天,市场失灵论遍地开花,只能寄希望于政府干预。经济行政法正是在这种理论逻辑下大行其道。一方面,我国本身对于国家干预的力量长期以来具有迷信心态,相关研究文献清一色强调标准必要专利的劫持危害,形成了一套标准话语体系,对于我国司法机构直接决定标准必要专利价格的负面问题选择性失明,可能是失诸片面的。另一方面,这样的误读不自觉地在理论上局限于合同法的窠臼而不能自拔,将标准必要专利劫持视为合同法问题,殊不知这恰恰是反垄断法问题,造成对于经济法应该出手之际踌躇不定。

主流劫持理论的一个中心政策含义是,劫持的潜在问题不应成为反垄断问题。而 Epstein 的研究表明,经济学意义上的劫持并不完全适用于标准必要专利劫持,后者实质上是经济垄断行为。这种与标准必要专利有关的垄断行为根源在于其具有市场支配地位,证明反垄断法在这方面介入的必要性。应该看到,随着企业专利量的每年不断提升,专利权的保护范围无限扩大,专利分散导致各个专利权人可以说是"割据一方"的专利权"碎片化"现象愈演愈烈,"散落"在不同企业的专利在技术层

第八章 标准必要专利 FRAND 承诺与反垄断法作用

面互补配套,多数专利往往还是一项产品开发无法逾越和绕开的"必要专利",诱发其恶意收取高额专利费、威胁退出等机会主义"敲竹杠"行为。一项新的产品要想实现其商业化必须披荆斩棘,突破知识产权所带来的"层层关卡",甚至为了避免诉讼或者受到专利"劫持"的"阻碍性"专利的影响,可能只使用外围专利又或者在申请专利授权后将其专利投闲置散沦为"沉睡型"专利。

在标准必要专利 FRAND 框架下,标准必要专利权人不可能因为沉淀成本而进退两难,权利人不可能以退出交易进行讹诈。标准必要专利组织实际上具有扩大版的"专利池"实现技术优势互补,避免法律诉讼的功能,使得该领域的必要专利从"俱乐部产品"迈向具有"公共品"性质的标准,推动企业之间的竞争。正是在标准制定组织框架下,信息与通讯技术产业的日新月异才有可能实现。事实上,由于机会主义的威胁增加了交易成本,潜在的机会主义者和受害者都会花费资源来防范机会主义。[1]标准制定组织这种合作式的联盟即在于汇集各种商业伙伴的资源规划协调未来的活动,以 FRAND 承诺义务给标准必要专利实施的当事人实施机会主义行为的拳脚扣上沉重的枷锁,减少专利劫持,保护交易当事人免受机会主义行为之苦,但标准必要专利确实会因此使其市场支配地位得到大幅加强,纳入标准必要专利的动机就是寻求垄断租金,甚至随着网络外部性增强,用户转换成本与消费惯性形成,可能导致市场结构由"垄断竞争"转化成"熊彼特垄断",从而主导和控制产业技术范式及发展轨迹。

按照违反合同的类型,机会主义行为被奥利弗·威廉姆森

---

[1] Timothy J. Muris, "Opportunistic Behavior and the Law of Contract", *Minnesota Law Review*, Vol. 65, No. 4, 1981.

划分为显性机会主义行为（违背正式契约）与合法机会主义行为（违背关系契约）。前者指合同一方当事人试图利用因为合同本身而导致的合同相对方的易受侵害性通过修改合同为自己提供更有利的机会，包括中断供给、退出合作等表现形式较为强烈、违背正式契约的行为；后者指违背关系规范的机会主义，即没有在合同中明确的，但实际上为关系中的成员所共同遵守的行为，包括偷懒、偷工减料、不作为和隐瞒扭曲信息等不易被觉察但违背关系契约的行为。一般来说，机会主义行为在两个方面是隐性的：第一，行为本身很难被发现；第二，行为虽然可发现，但被掩盖为合法行为，其机会主义性质只能以高成本被发现。[1]机会主义不同于违约行为。尽管机会主义为谴责某些不违反明确合同语言的违反行为提供了基础，但并非所有违规行为都涉及机会主义。[2]在某些情形下，专利持有人为了使自己的专利技术升格为专有技术，往往以放弃收取专利费为代价，把自己的专利技术贴上了"免费使用"的标签。事实上，专利权人的这种弃权举动并不是真正的弃权，其之所以许诺"免费使用"，是为了赚取更大的利润，只不过获利渠道不是作为标准的专利技术，而是隐藏在专利技术背后的专有技术。

由于专利说明书只要符合专利法规定的实质条件、能造出新产品或提供新方法即可，无须对产品的效果、性能或方法的有效程度作出保证，专利申请人因而往往将技术最核心或关键的部分隐藏起来，不纳入专利申请说明书中，使公开的技术内容较为简略。而被隐藏起来的技术则成为其专有技术。一方面，专利技术通常是静态的，其内容和范围为说明书所限制；且多

---

[1] Timothy J. Muris, "Opportunistic Behavior and the Law of Contract", *Minnesota Law Review*, Vol. 65, No. 4, 1981.

[2] Timothy J. Muris, "Opportunistic Behavior and the Law of Contract", *Minnesota Law Review*, Vol. 65, No. 4, 1981.

数专利可能是局部的，产品中的重要部分或流程的某一环节，靠专利技术很难生产出完整的、达到预期效果的产品。另一方面，技术总是在不断进步和更新，而改进专利覆盖了将该核心技术投入商业应用时可能采用的最佳产品结构，往往以专有技术的形式存在。含有专利技术方案的标准带来的最大危险，不是源于专利技术本身，而是来自其背后的专有技术，并依靠该专有技术赚取高额的垄断利润。专利权人一般不是明火执仗的"趁火打劫"，而是利用自己雄厚的专利布局抛砖引玉，其利用专有技术赚取高额垄断利润的"连环套"策略大体如下：首先，在专利技术方案被纳入标准体系后，同行业其他人必须使用其技术，但供方提供专利说明书时，一般不提供其他技术资料和技术服务、技术协助和人员培训等保障，以致使用方难以通过标准涉及的专利技术许可实现其预期目标，不得不继续购买专利权人所持有的该专利技术背后的专有技术。[1]

理性的标准必要专利权利人通常不会利令智昏冒天下之大不韪，而是作为精致的利己主义者不遗余力地营私攘利。产品和技术替代而与时俱进的专利技术先发优势协同法律的作用总会形成有力的钳制。专利组合本身就是企业的专利政策题中应有之意，标准必要专利同样构成其总体专利组合策略运用的部分。以有示无固然属于自贻伊戚的欺诈，但通过后续的大量外围深耕改进技术专利以有制无的十面埋伏则合理合法，这可谓算路深远。双边市场策略历来是经营者屡试不爽的竞争法宝。一方面将自己的专利技术标榜免费贡献，吸引市场参与者，沽名掩世，另一方面在自己的专利技术作为标准一式天下之后，将没有义务提供和披露的专有技术以及后续迤逦而出的改进技

---

〔1〕 参见李伯侨、梁森、祝茹："技术贸易中的垄断高价及其法律规制——以标准化专利的许可为视角"，载《特区经济》2009 年第 3 期。

知识产权与竞争法贯通论

术专利作为自己获利的渊薮，如此堤内损失在堤外得以变本加厉的补强，充分印证了天下没有免费午餐的不刊之论。所有免费的东西，都标上了使用者所看不到的价格。一处免费能换来它处开花，能带动其他方面的销售盈利，在经济学上被称为交叉补贴。这种引君入瓮的深沉套路醉翁之意不在酒，步步为营，滴水不漏，无懈可击，不但可以从"盈利产品"中获得补偿在"优惠产品"中失去的利润，而且还会有更多的盈利。此时，专利权人利用该专有技术已经取得了市场支配地位，借此抬高专有技术的销售价格，收取高额的垄断利润，将无偿许可的专利技术方面的代价通过该方式收回。魔高一尺，道高一丈。对于这种滥用市场支配地位的行为，反垄断执法机构自然不能敛手无为。达摩克利斯之剑仍然悬诸垄断高价的颈项之上。

专利被转让给没有与标准制定组织作出 FRAND 承诺的利益继受者，对 FRAND 承诺可执行性的影响，是一个悬而未决的问题。[1] FRAND 承诺如果被解释为初始专利劫持人与标准制定组织之间的合同，因此产生的问题是，何时以及在何种情况下，适用于专利受让人利益的继承人可以受到该合同的约束和由谁约束。在这一点上，许多标准制定组织在其政策中指出未来的受让人受 FRAND 承诺的约束，而有些标准制定组织则仅要求缔约方作出合理的努力以使受让人的协议受到约束。[2] 一种观点主张，虽然传统的契约相互关系只能在明确的协议中明确约定，但标准背景下的相互关系实际上已经扩展到标准采用者的整个网络。由于承诺的开放性，过去特定标准采用者率先将该技术作为标准后，未来的经营者通常除了采用行业标准外别无选择，

---

[1] Jay P. Kesan, "FRAND's Forever: Standards, Patent Transfers, and Licensing Commitments", *Indiana Law Journal*, Vol. 89, Iss. 1, 2014.

[2] Jay P. Kesan, "FRAND's Forever: Standards, Patent Transfers, and Licensing Commitments", *Indiana Law Journal*, Vol. 89, Iss. 1, 2014.

因此应该首先获得与最初采用者相同的讨价还价。[1]另一种观点则主张将标准必要专利权的 FRAND 许可义务视为附属于标准必要专利权上在转让过程中不可撤销的对世义务。据此，即使出现专利让与或其他移转，专利所有人与专利使用人没有直接的沟通或关系，为了向善意的标准采用者提供有意义的保护，救济措施应该能够涵盖专利。否则，专利权人可以通过将专利让渡给可以选择执行的第三方来完全规避抗辩。然而，我国最高人民法院在《关于审理技术合同纠纷案件适用法律若干问题的解释》第 24 条明确规定："让与人与受让人订立的专利权、专利申请权转让合同，不影响在合同成立前让与人与他人订立的相关专利实施许可合同或者技术秘密转让合同的效力。"[2]适用该条规定的前提是专利让与人已经与其他主体订立了专利实施许可合同，而专利权人在标准化组织中做出的许可承诺往往仅仅具有原则性，太过简单模糊，并不涉及具体的许可条款，不构成许可合同，充其量只是一个要约邀请，实际上并没有产生明示许可，并非为第三人即技术实施者的利益订立的利他合同。旧标准必要专利权利人所作出的 FRAND 承诺对新标准必要专利权利人不具约束力在德国法院的裁决中也不乏其例。

2008 年美国联邦贸易委员会裁定的"N-Data 案"就涉及专利权人在标准化组织所作出的专利许可声明对专利受让人有何法律约束力的问题。1993 年，美国电气及电子工程师学会（Institute of Electrical and Electronics Engineers，IEEE）组建工作组研发能够满足更高传输效率需要的第二代以太网标准。国家半导体公司（National Semiconductor Corporation）作为工作组成员

---

[1] Robert P. Merges and Jeffrey M. Kuhnt, "Estoppel Doctrine for Patented Standards", *California Law Review*, Vol. 97, No. 1, 2009.

[2] 《最高人民法院关于审理技术合同纠纷案件适用法律若干问题的解释》（法释[2004] 20 号）。

知识产权与竞争法贯通论

积极参与该标准制定工作，建议工作组将一项由其开发并此前已经提出专利申请的自动检波技术写入新标准，承诺如果采用该技术标准，会将其技术许可给任何制造销售符合 IEEE 标准产品的成员，该许可将会在非歧视的基础上进行，且一次性支付 1000 美元之后就可免除以后的许可费。该自动检波技术的第二代以太网标准发布后，其他可替代的自动检波技术完全被排挤出市场。1998 年国家半导体公司将上述专利一并转让给垂直网络公司（Vertical Networks. Inc.），同时附上以此前对标准制定组织的专利许可承诺信，双方也表示转让受已有许可协议其他有关附带义务的约束。2002 年，垂直网络公司致信标准制定组织承诺将在非歧视的基础上以合理的价格和条件进行专利许可，与此同时企图改变国家半导体公司的"每个公司一次性缴纳 1000 美元"的许可条件未果，于 2003 年复将该专利技术转让给 N-Data 公司，同样附带 1994 年的承诺信。N-Data 公司则试图就该系列专利收取更高费用，并一再拒绝相关厂商关于沿用 1994 年许可条件的请求。

本案中，N-Data 并没有参与任何标准制定过程，也从未作出过 FRAND 承诺，同时并无任何"排挤性行为"，对竞争的实际损害也尚不明确，但美国联邦贸易委员会依然要求受让人应当继承曾经的权利人对标准必要专利作出的 FRAND 承诺。欧盟委员会强调 FRAND 承诺对竞争法的积极影响，并认为在 FRAND 条款下不受限制获得标准必要专利可以保护标准制定的竞争效应，如果由于标准必要专利的转移，FRAND 承诺不再适用，则将令这种效应荡然无存[1]。按照"华为诉中兴案"欧盟法院的初步裁决，FRAND 承诺的对象是标准制定组织而不是

---

[1] Urška Petrovčič, "Patent Hold-Up and the Limits of Competition Law: A Trans-Atlantic Perspective", *Common Market Law Review*, Vol. 50, No. 5, 2013.

第八章 标准必要专利 FRAND 承诺与反垄断法作用

标准必要专利使用人,因此将标准必要专利与标准相关联,而不是与发出声明的公司相关联。这意味着,无论是旧的还是新的标准必要专利所有者,新的谈判程序需要与标准必要专利相关的 FRAND 承诺,新的标准必要专利所有者在谈判程序中遗漏作出此类声明可能违反了竞争法本身。

如果专利转让在企业宣布破产并且其专利组合被出售以偿还债务时发生,根据美国破产法,专利被认定为破产财产的非豁免资产,由受托人出售。[1] 破产财产的利益往往与原始专利所有人的利益大不相同,因为破产财产对债权人负有信托义务,有动力使利润最大限度的最大化。[2] 由于 FRAND 承诺对公共利益问题的重要性,破产法院可以以类似于不可解除的优先债务的方式处理 FRAND 承诺的继承。此外,这种标准必要专利技术转让本身就可能引发滥用市场支配地位的风险,并非单纯的技术转让合同法问题,而是会引发反垄断法经营者集中审查。在反垄断体系中,这是对于滥用市场支配地位行为的外围防御或者说事前救济,如果严重影响市场竞争,自然会被拒之门外,如果附条件批准,则反垄断执法机构可以采取相应的结构性救济和行为性救济,包括对于并购方和被并购方此前 FRAND 承诺的继承性承诺,以便规制标准中专利权人的许可授权行为。

与传统的集中交易不同,专利导向型的经营者集中可能导致的竞争疑虑主要是技术许可市场,对实体产品市场的竞争影响很小。如果当事人之间没有实体产品的交易,仅涉及无形的专利技术,则实际上无法进行实体资产或业务的剥离,因此对于专利分割组合等结构性条件极少适用。2009 年,著名电讯设

---

[1] See, e.g., In re Nortel Networks Inc., No. 09 - 10138 (KG), 2011 WL 4831218 (Bankr. D. Del. July 11, 2011).

[2] Jay P. Kesan, "FRAND's Forever: Standards, Patent Transfers, and Licensing Commitments", *Indiana Law Journal*, Vol. 89, Iss. 1, 2014.

知识产权与竞争法贯通论

备供应商北电网络有限公司（Nortel Networks Inc.）在加拿大和美国申请破产保护。破产法院指出，除少数类别的利益外，债务人将从没有任何其他留置权或利益的资产中获取资产。北电债务人承担资产所列举的类别之一是与标准制定组织签订的可执行协议。"北电网络破产案"表明，破产法院接受对标准制定组织有关 FRAND 承诺的价值的主张，并且这些法院有权防止这些承诺在破产中被解除。对 FRAND 承诺的诉讼可能涉及许多不同的法律领域和理论。当讨论 FRAND 承诺是否能在破产程序中存活的问题时，可能会涉及破产法，但这很可能会出现相反的情况，在这种情况下，许多诉讼都是基于专利所有人的侵权诉讼而开始的，因此专利法下的抗辩可能是相关的。[1]

在 2011 年"北电网络专利竞卖案"中，以苹果、爱立信、微软等支持的摇滚巨星竞拍公司（Rockstar Bidco）以 45 亿美元的价格最终击败谷歌拍得北电的 6700 余项专利。在美国司法部对该项交易进行全面反托拉斯并购审查后，微软和苹果承诺继续以符合 FRAND 原则的条款授权且不寻求这些标准必要专利的强制性禁令，该竞标最终得以获得附条件批准。2014 年，在我国商务部附条件批准微软收购诺基亚的设备和服务业务的公告中，微软公司和诺基亚公司均对其就为 FRAND 许可声明所覆盖的标准专利寻求禁令的权利作出限制性承诺，即是这种反垄断救济措施的体现。不过，反垄断事前审查均需要满足法定的交易金额阈值。由于专利并购案件的复杂性，并非所有的专利并购都进行事前的反垄断调查，FRAND 承诺际此之时仍然不能通过反垄断审查附条件批准得以转移和延续。在美国，反垄断执法机关在并购审查中通常不对并购方承诺的 FRAND 原则内容进

---

[1] Jay P. Kesan, "FRAND's Forever: Standards, Patent Transfers, and Licensing Commitments", *Indiana Law Journal*, Vol. 89, Iss. 1, 2014.

第八章 标准必要专利 FRAND 承诺与反垄断法作用

行具体化,仍交由权利人与实施者谈判解决,并没有解决权利人与实施主体之间的任何实质问题,对并不事先存在的 FRAND 承诺的事实标准必要专利和其他重要专利在并购后当事人可能采取的限制性竞争行为的干预采取谨慎立场,为嗣后专利诉讼频仍埋下伏因。

专利劫持仅限制在专利权人仅仅是潜在许可人的市场中,且不与潜在的被许可人竞争制造、使用或销售涉及专利技术的产品。简而言之,此类专利权人是"非制造性专利权人"或"非执行实体"。[1] 在同行之间存在竞争关系时,交叉授权成为势不两立的纷争的制动阀,而破产退出相关市场竞争后,处于界外的破产企业变成纯粹的没有羁绊的专利拥有公司,不再投鼠忌器,基于所拥有的巨量专利资产采取超强的激进措施榨取高额专利许可费。例如,破产后的诺基亚在 2013 年将手机业务出售给微软后,仍保留了全球范围内超过 2 万项的手机方面的专利,接连甩出专利炸弹向华为、苹果、三星等手机厂商发起战争,被诟病为超级"专利流氓"。尤其需要注意的是,诺基亚采取大多数企业惯用的特殊的专利并购交易结构,将自己的数千项专利拆分转让给 Acacia、Conversant 及其他 7 家纯粹的非执业实体(Non-Practicing Entities,NPE),实质上是将这些专利外包给俗称的"专利流氓"公司,通过收入提成等方式间接获取高利润的许可回报。而继受标准必要专利的非执业实体亦称为专利主张机构(Patent Assertion Entities,PAEs)、专利投机公司,通常从现有专利权人手中购买专利后对正在使用专利技术的生产企业许可专利虎视眈眈,将后者作为择肥而噬的"大肥羊",伺机发起专利诉讼,追求利润的最大化,往往全然置

---

[1] Thomas F. Cotter, "Patent Holdup, Patent Remedies, and Antitrust Responses", *Journal of Corporation Law*, Vol. 34, No. 1151, 2008.

FRAND原则的继承关系于不顾，形成群狼式的专利私掠现象，甚至被称为"专利勒索"（patent extortionist）。例如，2015年中国公司中兴通讯股份有限公司与美国维睿格基础设施公司（Vringo）专利诉讼中，因为维睿格只是通过发行股票融资在诺基亚公司破产拍卖时购买500多项专利的专利运营公司，在中国没有产品也没有其他商业行为，所以和高通的情况截然不同，中兴在深圳提起的维睿格拒绝遵守FRAND原则的滥用市场支配地位反垄断诉讼和向发改委申请启动对维睿格公司的反垄断调查，事实上不构成严重的杀伤力。维睿格即使在中国败诉，作为赤脚汉也毫发无损。

在21世纪初智能手机迅猛发展的过程中，一方面，同行竞争企业通过如火如荼的专利军备竞赛以战止战，争取和解的有利筹码，形成类似华约和北约性质的微软和安卓系统厂商两大联盟；另一方面，标准必要专利之争堪称"王者的运动"，却缺乏王道，对于自己的FRAND承诺不便悍然违背，往往也以这种专利公司进行代理人战争，通过这种基于法律人格独立的隔火墙避免引火上身，借助于公司面纱躲在幕后利用专利螳螂极具攻击性的霸道以专利为武器向竞争对手发动法律消耗战，并以此杀伐树威，敦促更多的客户购买其专利授权并规规矩矩缴纳"专利税"。所以2013年Rockstar Bidco更名为Rockstar Consortium（摇滚巨星财团）后果然重掀高潮，以庞大的知识产权资产族群为支撑，充当实现专利所有公司战略利益的冲锋陷阵的马前卒，在美国德克萨斯州地区法院提起指控包括谷歌、华为、三星等在内的多家安卓联盟厂商侵犯北电公司专利的诉讼。就本质而言，这其实是此前并购审查救济不足的后遗症。

橙皮书标准案规则更强调专利权的财产权属性，更警惕"专利反劫持"问题，从而对潜在被许可人设置了一系列的限制性条件。而按照欧盟委员会的观点，标准必要专利权人寻求禁令救济的行为给潜在被许可人施加了谈判压力，容易导致"专利劫持"问题的出现，强调标准必要专利权人寻求禁令救济行为对竞争的不利影响。在"华为诉中兴案"中，欧盟法院承认，FRAND 承诺所涵盖的标准必要专利产生了"特殊情况"，这证明了反垄断责任的延伸。但法院只扩大了一系列与 FRAND 承诺的标准必要专利禁令相关的导致了排他性杠杆的反垄断责任，而似乎没有考虑使用禁令来对 FRAND 承诺的标准必要专利索取"不公平"许可条款的公司的"专利劫持"的反垄断责任。[1] "华为诉中兴案"仅对根据许可技术制造或销售产品的标准必要专利持有人考察反垄断责任。该判决第 52 段解释了法院认定的反垄断问题是由 FRAND 承诺的标准必要专利禁令引起的：标准必要专利所有者"可以防止竞争对手制造的产品出现或留在市场上，从而保留自己制造的有问题的产品"。[2] 反过来，这意味着具有上游制造活动的标准必要专利所有者仍然可以自由地对不在市场中与其竞争的未经许可的下游制造商发起禁令和/或产品召回程序。这是完全合理的，因为只有相关市场才值得垄断。"华为诉中兴案"对欧盟法院的反垄断问题是反竞争的排斥而不是剥削。法院对所谓的 SEP 所有者诉诸专利诉讼以向竞争对手的实施者获取非 FRAND 许可条款风险保持沉默，而仅仅论及反竞争排挤的风险。但专利劫持或专利费堆叠理论推动了许多反垄断案件的启动，并未在"华为诉中兴案"司法程序中被遗漏而是问题的核心所在。SEP 所有人和侵权人基于各自地位获得过高的许可费（"劫持"情形）或过低的许可费（"反向劫持"情形）进入了欧洲法院提起的诉讼范围，可以见诸欧盟法院裁

---

[1] Nicolas Petit, "HUAWEÏ v ZTE: Judicial Conservatism at the Patent-Antitrust Intersection", *CPI Antitrust Chronicles*, Vol. 10, No. 2, 2015.

[2] CJEU, Case C-170/13, Huaweï v ZTE, 16 July 2015.

知识产权与竞争法贯通论

决第38段,这明确否定了"华为诉中兴案"不是所谓关于劫持案件,因此法院不得以滥用剥削方式对案件进行论证的观点。

欧盟法院在"华为诉中兴案"有关标准必要专利禁令程序昭然揭示了在何种情况下是被认为在反垄断法规定范围内的行为,在何种情况下侵权方的行为可能构成了专利反劫持。在这种背景下,欧盟法院剥削性滥用的沉默或许不愿意让反垄断执法者干预价格体系,并认为国家法院系统在FRAND设置程序的背景下可以充分处理这些问题。在"无线星空诉华为案"中,伯斯法官对于FRAND概念与竞争法对于标准必要专利授权的作用加以厘清,[1]以解决潜在被许可人在这些谈判中的行为问题。被许可人采取故意延迟策略或其他不合理的行为以避免签订许可(从而支付特许权使用费)的阻滞或反向劫持机会主义行为,被伯斯法官视为从竞争法的角度来看标准必要专利持有人是否拥有支配地位的证据。

第三节 FRAND性质争议与竞争法路径依赖

对FRAND承诺的实质存在三种重要观点:弃权说(the waiver view)、默示许可说(the implied license view)和合同说(the contract view)。弃权说认为FRAND承诺反映了对专利权人追求禁令救济的权利或对侵犯专利的损害赔偿的增加的不可撤销的放弃。[2]默示许可说认为,FRAND承诺是向非特定实施者

---

[1] Damien Neven Pierre Régibeau, "Unwired Planet vs Huawei: A Welcome Clarification of the Concept of FRAND and of the Role of Competition Law Towards SEP Licencing", *Journal of European Competition Law & Practice*, Vol. 8, Iss. 7, 2017.

[2] Doug Lichtman, "Understanding the RAND Commitment", *Houston Law Review*, Vol. 47, 2010.

第八章 标准必要专利 FRAND 承诺与反垄断法作用

的默示许可。[1]合同说将 FRAND 承诺视为标准必要专利权人与标准制定组织之间达成的有法律约束力的合同。但对于合同说的反驳观点认为,FRAND 承诺只是表明专利权人愿意与标准实施者通过谈判的方式达成正式的许可合同,不能被定性为合同,因为其公平、合理、无歧视的内容本身就具备反垄断法的内容、蕴含着反垄断法上的义务,即要求专利权人在许可的过程中不偏不倚地对待每一位潜在被许可人。实际上,标准制定组织不会涉足具体的许可纠纷,也不会请求专利权人就违反 FRAND 承诺承担责任。标准必要专利权人的 FRAND 承诺虽然对其构成一种约束,但这种约束并非决定性的,甚至被有的法院视为实际上仅仅是要约邀请,唯具"装饰意义",殊难从中推出对标准必要专利权人有权利限制的意思。

标准制定组织最初并无 FRAND 原则,因为专利许可合同最为关键的要素就是价格问题,纠纷频仍使得这一原则和专利池授权许可原则一样被一以贯之。而之所以强调无歧视,实乃因为不对等的回授或交叉许可造成技术积累悬殊的企业之间议价能力的大相径庭,拥有庞大专利数量的企业之间彼此互惠而拥有专利数量较少的企业被边缘化,禁止专利人采用"各个击破"的策略获取比技术的真实价值更高的利益,危及标准必要专利的推广实施。FRAND 许可义务对于公平、合理、无歧视的内涵和外延迄无明确、统一的界定,易生文义操弄之空间,在操作性和实用性方面严重不足,这种模糊处理往往系标准制定组织故意为之,以将自己的功能局限于技术性规范处理,极力避免价格固定的反垄断法责任。[2]虽然这种模棱两可的措辞主要基

---

[1] Mark A. Lemley, "Intellectual Property Rights and Standard-Setting Organizations", *California Law Review*, Vol. 90, Iss. 6, 2002.

[2] Patrick D. Curran, "Standard-Setting Organizations: Patents, Price Fixing, and Per Se Legality", *The University of Chicago Law Review*, Vol. 70, No. 3, 2003.

于标准制定组织本身并不从事产品生产销售,难以知悉标准专利何种授权条件方属合理,避免在技术标准内涵尚未确定之时就在标准制定过程中为协商合理授权条件耗费时间的考量,将标准制定组织与反垄断法责任隔离开来,但使得抽象的 FRAND 原则在实践中难以有效处理标准必要专利许可费纠纷,被称为"没有牙齿的老虎""利益纷争中的乌托邦",[1]甚至恰恰构成肇衅启争之祸端。

专利所有人和标准制定组织成员一再被迫就公平、合理和非歧视许可条款的定义进行高风险诉讼。这种诉讼使标准制定组织成员和专利所有人面临专利侵权和反垄断违法行为的潜在责任,并对参与标准制定组织产生强烈的抑制作用,反过来威胁到标准化带来的重要社会和经济效益。[2]标准化组织基于"先小人后君子"的实践理性,采取事先披露许可条件模式(又称为 Ex Ante RAND 模式),将专利许可与专利信息披露结合起来,要求在标准批准发布前,专利权人不仅要披露专利信息,还需披露专利许可条件,以期对技术方案从技术和使用成本两个方面进行评估,防患未然,为标准的使用者争取到一个较为合理的价格。许可条件可以具体表现为对最高许可价格的承诺或者对许可合同文本的提供以及对许可限制条款的事先承诺等。但在标准制定过程就要求披露专利许可条款从而不可避免地牵涉到众多厂商聚在一起讨论定价的反垄断法上最敏感的问题,非专利权人的成员(如产品制造商)在标准化组织的框架下就标准制定组织中专利权使用费率进行谈判,可能形成所谓的买方卡特尔利用不等的议价能力共同压迫专利权人以谋求不当利

---

〔1〕 乔栋:"标准发展能否逾越专利的束缚?——AVS 在平衡标准公权和专利私权关系中的探索",载《WTO 经济导刊》2005 年第 7 期。

〔2〕 Patrick D. Curran, "Standard-Setting Organizations: Patents, Price Fixing, and Per Se Legality", *The University of Chicago Law Review*, Vol. 70, No. 3, 2003.

第八章　标准必要专利FRAND承诺与反垄断法作用

益的风险。[1]

竞争法学者往往基于FRAND原则与反垄断法理念三方面的高度契合推演出标准必要专利实施过程中反垄断法救济路径的优越性：首先，FRAND原则的提出和确立是为了防止专利权人滥用其垄断力、限制权利人在专利标准化后给市场竞争造成损害，而反垄断法恰恰也是通过对占有市场支配地位经营者的滥用行为进行规制，进而保护正常的市场竞争秩序，可见FRAND原则提出的背景与目的与反垄断法的精神相契合。其次，FRAND原则的内涵主要是公平、合理、无歧视，包括权利人对待处于同等条件的专利使用人应施以相同的、无歧视的许可条件和给予专利使用人的专利费率应当合理等方面，如果权利人违反其FRAND承诺，对标准必要专利使用人进行歧视性定价、垄断高价、拒绝许可等行为，则恰好落入反垄断法规制的滥用知识产权相关行为的范畴，因而，FRAND原则的内涵与反垄断法相适应。最后，法院在判定专利权人的不合理定价行为是否滥用了其市场支配地位时，判定标准即为专利权人是否违反了FRAND承诺所应负担的义务。由于FRAND承诺已成为产业界针对标准必要专利所达成的共识，在法院判定权利人的行为是否构成垄断时，将着重考量专利权人是否违反了其向标准化组织做出的FRAND承诺。[2]但笔者认为，FRAND原则与反垄断法理念高度契合不能推演出反垄断法进路的优越性与合法性，原则指导决策但不控制决策，原则和理念的落地贯彻恰恰需要反垄断法与专利法在具体语境下繁难的平衡协调，不是一龙治水所能济。FRAND承诺在法律性质上既然仅系私人间的契约约

---

[1] Mark A. Lemley, "Ten Things to do About Patent Holdup of Standards (And One Not To)", *Boston College Law Review*, Vol. 48, Iss. 1, 2007.

[2] 丁亚琦：“标准必要专利的反垄断规制研究”，湖南大学2017年博士学位论文，第69页。

知识产权与竞争法贯通论

定,即使违背者具有市场支配地位,亦未必构成市场支配滥用。具有市场支配地位的企业在宪法财产权与营业自由保障下,仍旧拥有契约自由,并未被竞争法所一概予以否定。"标准化中的知识产权问题"被视为一个反垄断法与知识产权保护平衡的问题,知识产权权利内在的排他性使知识产权所有人合法获得的市场地位与反垄断法意义上的排他性和限制竞争之间的关系如何处理,往往成为相关政策上悬而未决的焦点。[1]

本杰明·克莱因(Benjamin Klein)指出,整个经济中普遍存在的"劫持"问题并不涉及垄断权力行为,因此是合同法的问题,而不是反托拉斯法。[2]布鲁斯·科贝雅斯(Bruce Koyabashi)等则认为,不能仅仅凭借违反事前善意的、没有欺骗的FRAND承诺,就要求权利人承担反垄断法责任。只有满足《谢尔曼法》第2条的排他行为要件,才应当由反垄断法予以规制。合同法更适合解决这一问题。对于标准制定组织成员,可以适用合同法;对于非标准制定组织成员,可以适用普通法的承诺禁反言获得信赖利益,或者专利法授予默示许可。此外,如果合同法无法发挥作用,侵权法也比反垄断法有优势。[3]按照这种观点,违反披露原则和FRAND承诺问题本身与反垄断法无关,所以以许可费过低为由拒绝许可标准必要专利权人承担反垄断法责任本身是有问题的。相反,通过市场力量和合同谈判更能实现专利权人与标准实施者之间的利益平衡。所以,对于首先表现为私人自治关系的标准必要专利纠纷,应优先适用专

---

〔1〕 国际知识产权局条法司编:《专利法研究》(2013),知识产权出版社2015年版,第208页。

〔2〕 Benjamin Klein, "Market Power in Antitrust: Economic Analysis after Kodak", *Supreme Court Economic Review*, Vol. 3, 1993.

〔3〕 Bruce H. Kobayashi & Joshua D. Wright, "Federalism, Substantive Preemption, and Limits on Antitrust: An Application to Patent Holdup", *Journal of Competition Law & Economics*, Vol. 5, Iss. 3, 2009.

第八章 标准必要专利 FRAND 承诺与反垄断法作用

利法和合同法解决，反垄断法仅在专利权人的目的是为排除竞争或者损害竞争对手在二级市场上的竞争力时才能适用。同时，标准化组织专利政策本质上是其成员关于标准专利实施的私人合约，其实施最初是一个合同法问题。[1]反垄断法并不总是用于分析专利权人行为的适当工具，只应成为其他防止策略行为机制的后盾；专利法必须自行处理许多有害的专利滥用行为。反垄断机构通常在涉及专利时给予广泛的尊重，从而规避两个法律领域的某些对立基础之间发生冲突的风险。

如果说事实标准的市场支配地位是标准专利权在自由竞争下，凭借其优越技术特性在市场上赢得大多数交易相对人青睐的竞争成果，那么在标准组织中，标准专利的市场支配地位事实上来自于标准制定这一联合行为的人为建构，并非市场竞争优胜劣败与顾客选择所形成的自然结果。标准制定作为联合行为的实体合法性，虽获得竞争机关的肯定，但在竞争法上必须同步加以规制，避免其破坏市场运作效率，造成引狼入室反噬竞争法规范的矛盾现象。有鉴于此，标准制定组织要求标准专利权人必须作成 FRAND 承诺，以控制其因标准制定所取得的市场支配地位，避免标准制定不致沦为竞争者集体煅制竞争违法机制的工具。为了索取原本无法实现的交易条件，承诺以 FRAND 条款许可其标准必要技术的专利持有人声称侵犯专利并要求法院禁止销售使用该技术的竞争对手产品，必然妨碍标准化进程，限制竞争，并最终损害整个行业的消费和创新。

竞争法对于标准专利权人违反 FRAND 承诺之行为，以其未能遵守该市场支配地位企业所应遵守行为规范而加以规制，乃系维持专利权人作出 FRAND 承诺时所设立的交换关系，并未额

---

[1] 朱雪忠、李闯豪："论默示许可原则对标准必要专利的规制"，载《科技进步与对策》2016年第23期。

知识产权与竞争法贯通论

外加以限制。〔1〕据此，FRAND 承诺即便被视为标准必要专利权人与标准制定组织之间自愿达成的合同，也不仅仅是私人合同问题，而是反垄断问题，涉及损害消费者的市场力量的低效获取。因为专利持有人未能按照 FRAND 条款许可，这会给最终消费者带来成本，减损消费者的福祉，而不仅仅限于直接被许可人。〔2〕更根本的是，欺骗标准必要专利参与者或让他们对可用技术的条款一无所知，从而颠覆了竞争过程。〔3〕合同法一般把救济限定在预期损失上，这对受损的潜在参与者来说可能是好消息，但对于专利权妨碍产业标准的竞争性实施来说，这却并不能满足公共政策上的需求。衡平禁止反言不太可能适用于专利所有人已披露专利存在但承诺以合理和非歧视性条款许可的情况。做出此承诺的专利权人并没有诱使他人相信其不会执行专利。专利权人已作出肯定声明，表示有意执行该专利，并宣示如果使用自己建议的标准，必须以支付许可费为对价。因此，即使知识产权所有者违反了以合理和非歧视性条款许可的协议，传统的衡平禁止反言原则也无用武之地。

此外，专利法中的禁止反言原则传统上只涉及专利权人对与专利权人有关系的特定行为人的承诺，不包括关系或承诺元素脆弱的情况。没有参与标准设置活动且与专利权人没有联系的人将无法建立所需的不利信赖。虽然标准制定组织可以在协议中明确规定公众能够作为第三方受益，但这不太可能表现为可行的解决方案。标准制定组织成员是理性的经济主体，更多

---

〔1〕 王立达："标准必要专利权行使之国际规范发展与比较分析——FRAND 承诺法律性质、禁制令、权利金与竞争法规制"，载《月旦法学杂志》2018 年第 4 期。

〔2〕 Joseph Farrell et al., "Standard Setting, Patents, and Hold-Up", *Antitrust Law Journal*, Vol. 77, No. 3, 2007.

〔3〕 Mark A. Lemley, "Intellectual Property Rights and Standard-Setting Organizations", *California Law Review*, Vol. 90, Iss. 6, 2002.

第八章 标准必要专利 FRAND 承诺与反垄断法作用

地受到利润最大化的渴望驱动，而不是进一步的公共利益。即使假设成员有动力这样做，将诸如"公众"这样一个广泛和未定义的类别纳入合同也可能导致该条款因不确定性而无法执行。[1]

标准化提出了另一种锁定成本，即集体转换成本。如果其他所有人都使用特定标准，单方面转换成本过高，远远超过从一开始就采用不同技术所需的成本。这有效地锁定了整个网络。例如，说服一个软件产品的所有用户即时切换到高级替换是非常困难的。至少，锁定的前景表明市场参与者在采用新技术之前应该讨价还价然后采取措施尽量减少技术生命周期中的锁定。[2] 违约只涉及披露问题，并没有涉及任何许可义务，所以强制许可的实施在法律上和实践上都会遇到阻碍。法院提供强制许可作为救济的前提条件是：①如果当初恰当披露，则该标准只有存在获得该专利许可或豁免的情况下才能形成；②被告具有恶意。在决定适合的强制许可条件时，法院要解决"如果当初正常披露，会是什么结果"这一问题，不仅需要评估和确定该专利对标准的影响，而且需要确定其他因素（包括替代标准方案）在各个参与者达成共识时对可能采用的许可条件的影响。

最后，合同法禁止惩罚性赔偿，对意图缩小检索范围的参与者来说很难起到足够的吓阻效果。除这些标准组织内部缺陷之外，依靠合同中的披露义务很难使非标准参与者受益。在标准组织内部成员间的合同义务，只有在缔约各方明确第三方受益的情况下，或第三方可证明正当信赖时，才能由第三方实施。

---

[1] See Tincher v. Arnold, 147 F. 665, 675 (7th Cir. Ill. 1906).

[2] Robert P. Merges and Jeffrey M. Kuhnt, "Estoppel Doctrine for Patented Standards", *California Law Review*, Vol. 97, No. 1, 2009.

知识产权与竞争法贯通论

合同中即便包括第三方受益条款,其所能提供给第三方的救济也往往是不充分的。[1]未参与标准制定活动且未与专利权人接触的第三方将无法适用默示许可或禁止反言抗辩证立对专利权人不强制执行其专利权的不利依赖。[2]如果从合同法上存在实施标准组织的许可义务,就不太可能带来广泛的市场损害,继而就没有应用反垄断法的必要。违反合同许可义务的救济措施不是司法强制执行许可,而只是因违反行为而导致的预期损害赔偿。这些损害赔偿可能不足以赔偿整个社会福利损失和被控侵权者如果被禁止使用曾经被认为对所有人开放的标准而将遭受的损失。合同只提供弱的救济措施,特别是违反披露规则的行为,并且当标准制定组织成员因侵权而被起诉时,禁止反言和默示许可最多是抗辩。[3]当私人之间的合同无法控制市场损害时,反垄断诉讼可能是唯一的有效救济途径。标准制定组织成员寻求对虚假陈述标准法律地位的知识产权所有人提出更有力的肯定性主张,遂转向反垄断诉讼。在美国,反托拉斯法的三倍赔偿对于抑制机会主义具有明显的效果,而其刑事责任又给本身的违法行为带来了极大的风险。并且,反托拉斯法的"市场效果"的效力触及很远,有效地弥补了合同法对标准组织中违约行为在法力上以及救济途径上的限制。任何一个受到损害的个体都可以提起反托拉斯诉讼,不论其是否是标准组织的参与者,并且反托拉斯法对市场行为的矫正特点使得强制许可

---

[1] [美]文森特·F.基亚佩塔:"产业标准的专利化",李子雍译,载[日]竹中俊子主编:《专利法律与理论:当代研究指南》,彭哲、沈旸、徐明亮译,知识产权出版社2013年版,第705页。

[2] Janice M. Muelle, "Patent Misuse Through the Capture of Industry Standards", *Berkeley Technology Law Journal*, Vol. 17, Iss. 2, 2002.

[3] Mark A. Lemley, "Intellectual Property Rights and Standard-Setting Organizations", *California Law Review*, Vol. 90, Iss. 6, 2002.

第八章　标准必要专利 FRAND 承诺与反垄断法作用

（甚至不可执行）成为对专利滥用的可行救济。[1]

美国基于自由市场经济的理念，对于公司等尚且以合同加以解释，所以基于标准必要专利组织的企业自主性的尊重，自然会不遗余力地弘扬契约自由理念，力图以合同法解决专利劫持问题。按照这种思路解读，标准组织的专利政策被视为实质上属于标准组织成员间为遵守某些对专利权行使的限制而订立的协议，违反标准组织的专利政策首先是一个合同法问题。这种以合同为基础产生的法律救济包括禁止欺诈原则、衡平法上的禁止反言原则以及默示许可等原则。是故，专利劫持被视为不完全合同导致机会主义行为的经典劫持的变形。与此相对，自由秩序主义的理念对欧盟具有重要影响，竞争自由成为欧盟统一的利器，标准必要专利劫持问题主要从德国早期标准和规格卡特尔（Normen-Typenkartelle）适用除外与滥用市场支配地位角度予以规制[2]。

如果说美国标准化遵循严格的市场自由主义原则，标准化排他性地属私人事务，那么，欧盟的标准管理虽然也遵循市场模式，但有更多的政府协调，可以被称为"协调的市场主义"。与此相适应，美国主流劫持理论的一个中心政策含义是，劫持的潜在问题不应成为反垄断问题。再者，《欧盟运作条约》第102条规定委员会不仅可以起诉具有排他性影响的许可行为，而且还可以起诉仅仅被剥削的许可行为，但《谢尔曼法》第2节的范围较为有限[3]，对于标准必要专利的畸高价格规制存在先

---

[1]〔美〕文森特·F. 基亚佩塔："产业标准的专利化"，李子雍译，载〔日〕竹中俊子主编：《专利法律与理论：当代研究指南》，彭哲、沈旸、徐明亮译，知识产权出版社2013年版，第713页。

[2]〔德〕沃尔夫冈·费肯杰：《经济法》（第2卷），张世明译，中国民主法制出版社2009年版，第290页。

[3]　Urška Petrovčič, "Patent Hold-Up and the Limits of Competition Law: A Trans-Atlantic Perspective", *Common Market Law Review*, Vol. 50, No. 5, 2013.

知识产权与竞争法贯通论

天性的软肋。而大陆法系国家更强调与法典规定的相关构成要件，合同法的适用空间相对有限。即便基于 FRAND 的合同方法无法为标准必要专利持有者或标准实施者提供行为要求，竞争法仍然可以制止劫持和反向劫持。[1]欧盟法院迄今并没有把 FRAND 承诺认定为标准必要专利权人与潜在被许可人之间的协议。

欧洲的标准必要专利实施者虽然依据美国反托拉斯法对标准专利所有人的诉讼可能会在程序上遇到重大困难，但由于对基本设施原则的诠释和专利所有人推定豁免权的广度，使应用竞争法原理谴责"滥用支配地位"的反垄断式救济措施可能更为便利。[2]在标准必要专利侵权诉讼中，侵权被告除了在法院主张传统的专利无效抗辩或不侵权抗辩之外，亦利用竞争法主张 FRAND 抗辩（即"竞争法抗辩"，competition law defense），将创建该特殊抗辩规则的理由归结于权利人违反竞争法的可能性，使被控侵权人可以依据竞争法对抗专利权人的禁令救济。杜塞尔多夫地方法院在 2006 年"视频信号编码案"（Videosignalcodierung）的判决中，将竞争法规则引入专利侵权诉讼案件中禁令救济问题的判断中，在竞争法框架下处理有关标准必要专利禁令救济问题，从分析专利权人是否滥用市场支配地位、违反竞争法的角度去分析被控侵权人是否可以对抗专利权人禁令救济的请求。[3]在 2009 年"橙皮书标准案"（Orange Book Standard Case）中，生产 CD-R 光盘所必需的相关必要专利标准为事实

---

[1] Peter Georg Picht, "The ECJ Rules on Standard-Essential Patents: Thoughts and Issues Post-Huawei", *ECLR: European Competition Law Review*, Vol. 37, No. 9, 2016.

[2] Janice M. Muelle, "Patent Misuse Through the Capture of Industry Standards", *Berkeley Technology Law Journal*, Vol. 17, Iss. 2, 2002.

[3] LG Düsseldorf, Urteil vom 30. 11. 2006-4b O 508/05.

第八章　标准必要专利 FRAND 承诺与反垄断法作用

标准且记载于橙皮书,被称为橙皮书标准,原告飞利浦毫无疑问在相关市场占据支配地位,在与被告 LG 和 OLG 在许可协商的过程中,希望以 CD-R 销售价格的 3% 作为许可费,磋商未果,以被告未经同意使用其标准必要专利并销售相关产品向法院提起禁令之诉。该案被告 CD-R 制造商声称飞利浦在拒绝以 FRAND 条款许可其专利后,通过寻求禁令救济来滥用其支配地位,违反《欧盟运行条约》第 102 条,即使自己的使用行为构成专利侵权也可以进行强制许可抗辩。[1]德国联邦最高法院认为,如果原告的专利已经成为进入相关市场必不可少的前提条件且原告的拒绝许可缺乏合理性和公正性,则被告可以提出《欧盟运行条约》第 102 条作为专利侵权诉讼的辩护理由。[2]然而,橙皮书标准模型的背景是滥用其市场力量的支配企业。在这种情况下,作为所有契约理论基础的讨价还价能力的平等是有缺陷的。如果没有竞争法的辩护,所有人在竞争法下的义务在实践中将毫无用处。[3]

德国联邦最高法院在常规许可协议中将被告与假定的被许可人并列,使用诚实的被许可人作为标准,误解了商业情况的多样性可能,并且事实上导致了由法官而不是市场参与者制定的行为准则,[4]在某种程度上与竞争法理念若即若离。在"华为诉中兴通讯德国子公司案"中,华为 2009 年 3 月向欧洲电信

---

[1] Federal Court of Justice, *Orange Book Standard*, File Number KZR 39/06, 6 May 2009, reported in BGHZ 180, 312.

[2] Maria T Patakyova, "How to Assess the Exploitative Practices of Collecting Societies: Taking Inspiration from FRAND Terms", *European Competition and Regulatory Law Review*, Vol. 1, No. 4, 2017.

[3] Philipp Maume, "Huawei ./. ZTE, or, how the CJEU closed the Orange Book, *Queen Mary Journal of Intellectual Property*", Vol. 6, No. 2, 2016.

[4] Philipp Maume, "Huawei ./. ZTE, or, how the CJEU closed the Orange Book, *Queen Mary Journal of Intellectual Property*", Vol. 6, No. 2, 2016.

标准组织承诺以 FRAND 条件许可任何第三方使用该标准必要专利。从 2010 年 11 月至 2011 年 3 月底，尽管华为和标准必要专利实施人中兴通讯对标准必要专利授权谈判，未能达成符合 FRAND 原则的许可协议，华为向德国杜塞尔多夫地区法院提出禁止和损害赔偿诉讼。杜塞尔多夫法院审理认为，案件争议的焦点在于判断华为提起禁令之诉的行为是否构成《欧盟运行条约》第 102 条所禁止的滥用市场支配地位的行为。标准必要专利实施人中兴通讯当时主张根据欧盟委员会的既定方针，必要专利权人华为的行为构成滥用市场支配地位。欧盟法院对本案的初步裁定在某种程度上仍然是"艾美仕案"（IMS Health GmbH & Co, OHG v NDC Health GmbH & Co, KG）关键设施原则（the Essential Facilities Doctrine，EFD）的直接延续，即知识产权被用于阻止进入下游市场时，可能构成滥用市场力量。

　　滥用市场支配地位行为虽然发生在 FRAND 承诺之后，而标准必要专利许可合同交易的实现，依赖于必要专利权人在合同签订、履行时均应遵循 FRAND 原则，故其负担的 FRAND 义务贯穿于必要专利授权许可谈判、签订、履行的整个过程。形成强制许可抗辩规则的橙皮书标准案本身又不涉及 FRAND 许可声明，所以 FRAND 许可声明在橙皮书标准案中处理标准必要专利禁令救济问题时并未被视为考察要件。然而，之后德国法院在涉及 FRAND 许可声明的案件中仍然适用同样的甚至对被许可人更为严苛的标准，不愿意考虑对提出 FRAND 承诺的所有人问责，实际上架空了 FRAND 许可声明的意义。德国法院在限制标准必要专利权人权利行使的问题上选择了反垄断法的路径，而不是以 FRAND 许可声明为基础的民法路径，所以在涉及反垄断抗辩的判决中基本不会提及 FRAND 许可声明。德国曼海姆地区法院一再认为，FRAND 承诺不具有法律约束力，缺乏条款的终

第八章　标准必要专利 FRAND 承诺与反垄断法作用

结性和订立合同的意图,[1]仅仅包含一项将反垄断法的效力具体化的意愿,但并不包含缔约的强制。根据国家保护原则,该案件将根据德国法律予以解决。因此,标准必要专利权利人提出 FRAND 承诺的事实不能用作德国法院的辩护理由。通过曼海姆地区法院的裁决,法院似乎不遗余力地确保此事仅根据德国知识产权法来决定。然而,在讨论标准必要专利权人的禁令救济和滥用市场支配地位的关联时需不需要将 FRAND 许可声明纳入考量,欧盟委员会、欧盟法院的观点与德国法院的观点与大相径庭。欧盟法院在"华为诉中兴案"中做出的初步裁决试图有别于这一早期的判例法,考虑由 FRAND 义务引起竞争法问题。

根据欧盟法院的初步裁决,涉及标准必要专利的案件有两个不同:专利的必要性和提供 FRAND 承诺。欧盟委员会表现出与美国执法机构的趋同性,认为 FRAND 承诺相对于无限数量第三方的合法预期,以至于标准必要专利的所有者拒绝批准这些许可原则上可构成《欧盟运行条约》第 102 条意义上的滥用,本身会产生反垄断法责任。[2]欧盟法院 2015 年在对"华为诉中兴案"的先予裁决中澄清了 FRAND 许可声明与限制标准必要专利权人寻求禁令救济之间的关系,提出了标准必要专利所有者在双方未能就 FRAND 条款谈判许可之后对涉嫌侵权人提起侵权诉讼的二分法,[3]从 FRAND 许可声明产生信赖利益的角度阐释了对标准必要专利权人寻求禁令救济行为给予限制的理由,对作出

---

[1] LG Mannheim Urteil vom 27. 2. 2009, 7 O 94/08.

[2] Nicolas Petit, "HUAWEI v ZTE: Judicial Conservatism at the Patent-Antitrust Intersection", *CPI Antitrust Chronicles*, Vol. 10, No. 2, 2015.

[3] Maria T Patakyova, "How to Assess the Exploitative Practices of Collecting Societies: Taking Inspiration from FRAND Terms", *European Competition and Regulatory Law Review*, Vol. 1, No. 4, 2017.

FRAND 许可声明的标准必要专利权人规定了一系列在许可谈判中必须履行的通知义务（notice obligation）和要约义务（offer obligation）：第一，标准必要专利和非标准必要专利的根本区别在于是否限制了使用人选择替代技术的可能性，也正是如此，尽管原则上专利权人有权要求法院给予禁令救济或者要求被控侵权人召回产品，但是这种行为在标准必要专利的情形下可能成为排挤竞争对手产品的手段；第二，标准必要专利权人向标准化组织作出 FRAND 许可声明的行为使得第三方产生了合理的期待，如果标准必要专利权人通过申请禁令或者要求被控侵权人召回产品的方式拒绝给予 FRAND 许可，则可能使得第三方（被许可人）的信赖利益受到损害。基于此，标准必要专利权人向法院申请禁令救济的行为应该受到一定限制性条件的约束。

按照欧洲法院的先予裁决，标准化组织旨在约束以 FRAND 条件许可第三方的占有支配地位的必要专利权人，当标准必要专利侵权禁止或寻求收回正在使用的标准必要专利产品提出专利侵权诉讼，无论如何，都构成违反《欧盟运行条约》第 102 条规定的滥用。欧洲法院从维持自由竞争和保护知识产权人权利平衡的宗旨出发认为，负有 FRAND 承诺义务的标准必要专利权利人在寻求禁令救济时，如满足下列要件，则不构成滥用市场支配地位：第一，在提起诉讼之前，标准必要专利权利人已经通过指明专利及其受侵害的具体方式警告侵权行为人侵权。易言之，除非已确定被控侵权人完全了解侵权行为，必要专利权利人必须向标准必要专利使用者告知被侵犯的特定标准必要专利和被侵权的方式。第二，在任何情况下，标准必要专利使用者都必须明示以 FRAND 条件获得许可的许可费率及其计算方式的具体要约。第三，被控侵权行为人继续使用诉争专利的情况下，未按照公认的商业惯例且基于诚信原则勤勉地针对标准必

第八章 标准必要专利 FRAND 承诺与反垄断法作用

要专利权利人的要约及时加以回应。[1]如此一来,欧盟法院先行裁决中的上述要求实际上对标准必要专利权人提出禁令救济申请设定了一定的程序要件,以使标准必要专利权利人的行为符合其 FRAND 授权原则的承诺,与此同时对 FRAND 许可中的被许可人行为进行了规范,要求希望避免禁令的侵权人也必须遵守具体要求。按照欧洲法院的解释,所谓侵权行为人勤勉地对标准必要专利权利人的要约作出回应,是指标准实施者积极向标准必要专利权人提供书面的、有关其不同意条款的合理反要约,一旦反要约被标准必要专利权利人拒绝,则从被拒绝的时间开始,按照本领域中公认的商业惯行,提供妥适的担保,例如提供银行保证,或者拿出必要数量的金钱用于提存,且提供的担保必须相当于其过去已经使用标准必要专利应当支付的费用。此种要求实施标准专利者仍需负担特定法律义务与成本,方有可能暂时继续实施他人专利,使标准实施者不得在没有任何付出之前,即可继续使用他人专利技术,以避免可能发生的抵赖行为。

欧洲法院尽管没有澄清竞争法、专利法、合同法或其他一些法律体系是否是强加上述要求的侵权人的义务基础,但可以看出授予许可的义务应与"华为诉中兴案"确立的新谈判程序区分开来:拒绝授予许可将消除市场上的产品,构成对《欧盟运行条约》第 102 条意义上的消费者的损害。欧洲法院指出,标准必要专利持有人对被控侵权人提起诉讼,以获取与过去侵权有关的账目或赔偿金,并不是滥用支配地位。此类追讨许可费行为不会对出现或保留在市场上的符合标准的产品产生直接

---

[1] Maria T Patakyova, "How to Assess the Exploitative Practices of Collecting Societies: Taking Inspiration from FRAND Terms", *European Competition and Regulatory Law Review*, Vol. 1, No. 4, 2017.

影响。"华为诉中兴案"确立的新谈判程序的基础不是标准必要专利的必要性，而是FRAND承诺。授予许可以避免滥用市场支配力的义务是知识产权的不可或缺性。此义务适用于所有既定标准，无论是事实上还是基于标准化协议。由于合法预期主要是由FRAND承诺引起的，因此该案确立的新谈判程序的应用仅限于发布FRAND承诺的情况。在谈判FRAND许可时遵循谈判程序以避免标准必要专利持有人被认定为滥用其根据《欧盟运行条约》第102条规定的支配地位。

有学者认为，欧盟法院在"华为诉中兴案"的先行裁决中将"滥用"行为的认定与权利人违反FRAND承诺相挂钩，表面上结合了反垄断法和民法两种路径，实际上却是"风马牛不相及"的一种妥协。按照这种观点，欧盟法院的框架俨然是对橙皮书标准案的开倒车。不可否认，拒绝许可的行为如能构成反垄断法意义上的滥用支配地位，必然是因为作出该行为的经营者本身构成了市场支配地位，而非因为该经营者违反了之前作出的承诺。但FRAND抗辩成立的要件包括两个：一是具有市场支配地位，而且是违反标准必要专利权利人的FRAND。这其实具有延伸反垄断法适用范围的作用，将滥诉和专利反向劫持均纳入其中，相当于对包括垄断高价、拒绝交易和价格歧视等滥用市场支配地位行为的总括。标准必要专利权人可能通过寻求禁令的方式发起法律诉讼以此困扰竞争对手。因此，标准必要专利权人寻求禁令的行为在某种程度上可以被认定为是一种滥诉的行为，往往被定位为一种新型的、特殊的滥用行为，即如果企业已经向标准制定组织做出过FRAND承诺，再对标准必要专利寻求和实施禁令看成是一种新型的、特殊的滥用行为（Sui Generis Abuse），或者说把禁令救济行为看成是"单独的滥用形式"，将其作为特殊情况对待。

依据欧盟竞争法的观点，寻求禁令救济可以被认定为隐形的

第八章 标准必要专利 FRAND 承诺与反垄断法作用

拒绝许可,或者推定的拒绝许可。[1]据此,寻求禁令救济没有"实际"拒绝,充其量拒绝在被控侵权人看来不是 FRAND 条款的授予许可[2],但其实际效果相当于拒绝许可,而拒绝许可以被认定为一种滥用市场支配地位的行为。深圳中级人民法院在"华为诉交互数字案"中即认为,交互数字与华为公司谈判期间,在美国针对华为公司提起必要专利禁令之诉,在性质上不属于拒绝交易行为,而属于逼迫华为公司接受过高专利许可交易条件之手段的行为。其禁令之诉会对华为公司出口产品的行为产生排除、限制性影响,明显违背其作为 3G 标准之必要专利权人所应负担的公平、合理、无歧视义务,属于滥用市场支配地位的行为。交互数字自然希望进行许可授权获得许可费,与拒绝交易行为毕竟存在差异,但如果归入垄断高价,则存在的问题是,在诉讼发生之时并未获得许可费,因此,直接应用反垄断法进行规制实际上存在质疑的空间。有鉴于此,广东省高级人民法院认为现有的案由不能完整、科学地确定诉争的法律关系性质,遂创造性地提出了"标准必要专利使用费纠纷"这一案由。[3]正是因为交互数字具有 FRAND 承诺,违背此承诺造成严重影响而引发滥用市场支配地位的反垄断法责任。正是基于此,有学者将发改委在"高通案"中并未强调高通公司有应依 FRAND 原则授权的义务即直接论以违反中国反垄断法责任视为缺憾所在。[4]

---

[1] Apple Inc. v. Motorola, Inc., 757 F. 3d 1286 (Fed. Cir. 2014).

[2] Nicolas Petit, "Injunctions for FRAND-Pledged SEPs: The Quest for an Appropriate Test of Abuse under Article 102 TFEU", *European Competition Journal*, Vol. 9, No. 3, 2013.

[3] 林劲标:"难题这样破解——广东高院首次解读华为与美国 IDC 标准必要专利之争",载《人民法院报》2014 年 4 月 18 日。

[4] 黄惠敏:"标准必要专利与中国反垄断法管制",载《万国法律》2017 年第 6 期。

知识产权与竞争法贯通论

欧洲法院提出了诉讼当事人必须遵循的程序,要求当事人在诉讼侵权诉讼时诚信行事,但并没有解释 FRAND 合规报价应包括或不得包含哪些条款和条件,没有解决 FRAND 许可的实质要求。2013 年,美国专利许可公司无线星球(Unwired Planet International Ltd)从爱立信收购了 2185 项全球专利,大部分专利均属于标准必要专利,次年向英国高等法院提起对华为和其他公司专利侵权诉讼。对此,英国高等法院科林·伯斯(Colin Birss)法官承认,在对华为采取法律诉讼措施之前,无线星球未能满足"华为诉中兴案"的要求,但发现该缺失不足以证明是滥用行为。伯斯法官认为,根据《欧盟运行条约》第 102 条,华为对标准必要专利持有人的反垄断责任只有两个明确的含义。首先,如果标准必要专利持有人在请求禁令之前符合"华为诉中兴案"标准的要求,则禁令的请求不会违反《欧盟运行条约》第 102 条。其次,如果直接针对没有收到有关标准必要专利诉讼存在的通知的侵权人,标准必要专利持有者的强制令请求可能是滥用。伯斯法官发现无线星球的禁令请求不属于这两种情况中的任何一种。当无线星球在英国专利法院提起法律诉讼时,华为已经"充分通知"了无线星球的标准必要专利,因为它之前已经从爱立信获得了相同的标准必要专利,后者后来将标准必要专利转移到了无线星球。因此,无线星球的禁令请求不能自动被视为违反《欧盟运行条约》第 102 条。但是,由于无线星球的行为不符合"华为诉中兴案"框架的各项要求,无线星球的请求不能自动免受滥用指控的影响。对于不属于这两个案件的案件明确的情况,欧盟法院对华为诉中兴案的初步裁决没有就《欧盟运行条约》第 102 条的范围提供明确的指导。法院必须审查每个案件的具体情况,以确定是否滥用支配地位。

华为在本案的主要论点是,无线星球的禁令请求是在向华为提出 FRAND 之前提出的,构成滥用市场支配地位;无线星球

第八章 标准必要专利 FRAND 承诺与反垄断法作用

提供给三星的 FRAND 费率低于华为，厚此薄彼，不符合 FRAND 原则中"无歧视"部分。但伯斯法官拒绝这样的论点，认为这是基于对"华为诉中兴案"原则的非常狭隘的解读，无线星球没有违反竞争法。竞争法只有在要约"严重偏离"FRAND 的情况下才适用，并不是执行 FRAND 承诺的必要条件。专利法拥有适当的工具，能够使 FRAND 承诺具有法律效力，因此不必依靠合同法强制执行 FRAND 许可。按照在"华为诉中兴案"中欧盟法院确立的规则，为了避免滥用支配地位，标准必要专利持有人必须向潜在的被许可人提出初始 FRAND 报价。但伯斯法官认为，要求标准必要专利持有人在一开始就提供这个费率是不合理的。FRAND 费率的边界不同于违反《欧盟运行条约》第 102 条的不公平价格的边界。FRAND 的报价不违反《欧盟运行条约》第 102 条，但高于 FRAND 的要约不一定是《欧盟运行条约》第 102 条意义上的"过度"。只有提出一项远远高于 FRAND 的提议，以致扰乱或损害谈判本身，将违反《欧盟运行条约》第 102 条第（a）款。易言之，竞争法仅仅对扭曲竞争秩序的显著超过 FRAND 基准的特许权使用费加以规制。无线星球的报价中所包含的费率虽然是 FRAND 费率的几倍，但并未"妨碍"双方之间的谈判，以至于无线星球的谈判行为应该被视为滥用。华为是一个庞大而成熟的组织，曾经用于谈判电信许可证，并非不熟悉专利诉讼。因此，伯斯法官拒绝了华为的论述，即无线星球的上述 FRAND 要约"涉及企图施加不公平的售价"，违反《欧盟运行条约》第 102 条。[1]

在本案中，伯斯法官得出结论认为，FRAND 争议主要是合同法问题，只要费率不过高，标准必要专利持有人不会滥用其

---

[1] Unwired Planet International Ltd v. Huawei Technologies Co. Ltd & Anor [2017] EWHC 711 (Pat) (05 April 2017).

根据《欧盟运行条约》第 102 条认定的支配地位。标准必要专利持有人可以直接执行 FRAND 特许权使用费率，而无须诉诸竞争法。一旦设定了 FRAND 费率，通常会对拒绝进入 FRAND 许可的实施者发出强制令，如果标准必要专利持有人拒绝提供 FRAND 许可，则禁止禁令。在 FRAND 中的"非歧视"（ND）是整个 FRAND 概念的一部分，与 FRAND 中"公平"（FR）概念不可分割。违反 FRAND 承诺的竞争法效果与违反 FRAND 承诺本身的私人"契约"含义不能混为一谈。合同法意义上的 FRAND 必须对非歧视强加一个更严格的界定，以防止类似的被许可人之间的所有但无关紧要的差异情况。伯斯法官澄清了竞争法引起的处罚与合同法中执行 FRAND 概念所引起的处罚之间的区别，认为 FRAND 没有"硬性"的非歧视要求。这意味着，如果被许可人后来发现情景相似的实施者获得较低的特许权使用费率，则不能质疑称授予 FRAND 条款的许可证，除非这种差异被证明会"扭曲"被许可人之间的竞争。这为标准必要的专利持有人提供了新的进入者同意降低 FRAND 费率的空间。但是，如果标准必要专利持有人过于慷慨，其他被许可人可能会基于扭曲的竞争质疑其费率。这种认定明显减少了实施者可用的竞争法论据的范围，但并未消除竞争法的应用。

第四节　标准必要专利未必具有支配地位

在积极应用反垄断法时的严重问题是，法院提供其他法律所不能提供的救济时，仍然需要应用传统的反垄断法概念。易言之，专利劫持违反反垄断法的条件仍然需满足明确（且困难）的举证责任。无论是在实际垄断中还是在垄断企图中，仅仅是机会主义式的干扰竞争的行为，不容易满足反垄断法的要求。基于专利权导致的垄断行为完全有可能并非由于标准所致，专利的

第八章 标准必要专利 FRAND 承诺与反垄断法作用

"劫持"效果并不一定依赖于是否涉及标准。在实践中，显示市场力量的要求排除了反垄断起诉的典型专利所有者行为。[1]一个公司拥有行业标准专利这一事实本身并不表现出反垄断意义上的市场力量，因为反垄断法承认了专利技术非侵权替代的可能性。行使知识产权的行为限制了相关市场竞争的，要受到反垄断法的规制，而不论其是否滥用知识产权。专利滥用行为不一定就必然违反反垄断法，"滥用"专利是否限制了竞争，其判断标准只能是以反垄断法为原则。即使存在滥用知识产权的现象，但如果对相关市场竞争没有造成负面影响，也不适用反垄断法，而对其应以专利法、合同法等加以规制。我国《反垄断法》中滥用市场支配地位的规定与《欧盟运行条约》第 102 条类似，只针对具有支配地位的企业，并不包括不具有支配地位的企业"企图垄断"的行为。在这种制度障碍之下，专利标准化前专利权人的欺骗行为，或是故意不披露信息等行为并不能受到反垄断法适当的制约，反垄断法只能在专利被标准采纳并获得市场支配地位之后对专利权人的后续限制竞争行为进行规制。[2]只有在专利转让人具有市场支配地位时才有在反垄断法下讨论此问题的余地。

相关市场界定虽然在反垄断法中的基础地位在学术界存在不同意见，但与垄断协议不同，滥用市场支配地位首先要求主体必须在相关市场具有支配地位，在这一分析前提确立后考察其是否有滥用支配地位行为以及该行为是否产生了限制竞争的效果。反垄断抗辩成立以标准必要专利权人滥用市场支配地位为起点，所以在逻辑上亦须证成这一条件。长期以来，在专利

---

〔1〕 See Robert P. Merges, "Reflections on Current Legislation Affecting Patent Misuse", *Journal of the Patent and Trademark Office Society*, Vol. 70, 1988.
〔2〕 林欧：《技术标准的反垄断法规制》，上海社会科学院出版社 2015 年版，第 125 页。

制度中，基于"市场主体之间实力大体相当"的隐含假设，专利权人被法律赋予绝大多数情况下可以自由决定是否进行专利授权，以及相对广泛的自由定价的权利，反垄断法也明确规定了要保护知识产权的正当行使。但当问题从一般的专利转移到"标准必要专利"时，"实力相当"的隐含前提悄然变化，由于"标准"的影响力，标准必要专利权人捆绑性地获得了"标准"而非"专利"所享有的强大市场支配力，双方不再势均力敌。技术标准化本身属于技术活动，专利权人对于社会的贡献是其发明创造，而不是技术标准。该专利技术所带来的收益固然应该由专利权人享有，但技术标准本身属于社会公共利益的范畴，其所产生的利益应当由社会公众而非专利权人享有。

标准与技术选择共享一个重要特征：它们可以成为路径依赖。一旦采用标准并围绕标准设计技术，转换成本就会增加，从而可以实现持久的市场力量。在选择行业标准之前有各种有吸引力的技术，而行业参与者选择标准并采取措施实施后，另类的替代技术的竞争空间事实上被减少或者排除，涵盖标准的必要专利权利人即便并不天然具有市场支配地位，但一飞冲天地被赋予了市场力量。标准必要专利权人依恃于标准必要专利，握住通向标准必经之途的咽喉要冲，可谓"一夫当关，万夫莫开"，相对于其他市场竞争者而言具有绝对的优势地位。此时标准必要专利权利人所掌握的"权力"，已经超出了一般专利权人仅仅可以决定是否许可他人使用其专利的范畴，而是等于拥有决定是否让他人进入适用该标准的相关市场的入场券。因此，木受绳则直，金就砺则利。谁在技术标准制定中脱颖而出，谁就掌握了市场游戏规则的主动权，谁就掌握在市场竞争中追亡逐北的获胜利器，洵为"专利在手，黄金便有"，得标准者得天下。标准必要专利权人基于强势地位和追逐利益的动机而滥用标准必要专利许可市场的支配地位，索取与他们所做出的实际

第八章 标准必要专利FRAND承诺与反垄断法作用

创造性贡献远远不成比例的许可费[1],产生危害市场公平竞争秩序的负面效应。是故,学术界和实务界均想当然推定,标准化协议会自动为所有标准必要专利所有者创造不言自明的支配市场地位,必要专利成为产业参与者唯一且必须使用的技术,参与该行业竞争的产品制造商/服务提供商实施相关必要专利技术避无可避,否则将丧失参与竞争的前提和条件。从理论上讲,单一标准必要专利的持有者可以排除包括竞争对手在内的所有人使用其专利,从而排除整个标准(所谓的"专利伏击"或"专利劫持")。[2]然而,标准通常包含许多技术,会影响许多所有者持有的大量标准必要专利。例如,超过600项专利被宣布为MPEG2标准必不可少,多达4000项UMTS标准专利。[3]标准制定组织并不确定标准必要专利的必要性。专利池确定"必要性"可能是相关的但不具有决定性。标准必要专利在某些情况下甚至并非技术必要,而是标准制定组织为了利益妥协的和稀泥,所以质量参差不齐,良莠不分,不能一概而论而陷入断见。纳入标准必要专利而事实上未必涵盖遵守该标准所必须实施的专利技术在所多有。许多标准必要专利"必要"但无效。标准必要专利并非在所有情况下均占支配地位,只有势在必行的基础专利才具有导致权利人支配地位的较高可能性,应根据具体情况确定真正有效且必要的标准必要专利的支配地位,由被告承担支配地位不可反驳的推定的全部证明责任。[4]

---

[1] Mark A. Lemley, "Ten Things to do About Patent Holdup of Standards (And One Not To)", *Boston College Law Review*, Vol. 48, Iss. 1, 2007.

[2] Philipp Maume, "Huawei./. ZTE, or, how the CJEU closed the Orange Book", *Queen Mary Journal of Intellectual Property*, Vol. 6, No. 2, 2016.

[3] Claudia Tapia, *Industrial Property Rights, Technical Standards and Licensing Practices (FRAND) in the Telecommunications Industry*, Köln: Carl Heymanns Verlag, 2010, pp. 41-42.

[4] CJEU, Case C-170/13, Huaweï v ZTE, 16 July 2015.

在标准必要专利反向劫持案件中,专利权人考虑到侵权纠纷必然承认其专利覆盖标准,必然自认基础专利的存在,但事实上大多数声称为基础专利的都无法覆盖标准,在此情况下的支配地位仅存在于理论上而非现实中,不能以理论上存在的支配地位要求行为人现实的行为受约束,并承担现实的赔偿责任。[1]

在"橙皮书标准案"中,德国法院处理标准必要专利禁令救济问题时虽然采取的是将竞争法引入专利法的处理模式,而德国法院在涉及标准必要专利禁令救济的处理方式与反垄断法的基本分析框架有所出入,跳过了关于专利权人是否拥有市场支配地位等问题的分析。欧盟委员会在三星和摩托罗拉这两则反垄断调查决定中,将权利人作过 FRAND 许可声明作为构成滥用市场支配地位的条件之一,似乎倾向于认为在诉争专利是标准必要专利且专利权人向标准化组织作出过 FRAND 许可声明的,即可推定权利人有相关市场的垄断地位。我国反垄断法在很大程度上继受欧盟竞争法,所以对于标准必要专利依赖竞争法路径时,深圳中级人民法院和广东高级人民法院也在"华为诉交互数字公司案"中也没有对标准间的竞争做详细论述而一致认为:交互数字作为涉案必要专利许可市场唯一的供给方,其无论是在中国还是美国的 3G 标准中的每一个必要专利许可市场都具有"仅此一家、别无他选"的 100%份额,故完全具有阻碍或者影响其他经营者进入相关市场的能力,加之交互数字仅以专利授权许可作为其经营模式,自身并不进行任何实质性生产,不需依赖或者受制于 3G 标准中其他必要专利权利人的交叉许可,故其所享有的经济能力地位能够使之可以无须顾及其他

---

[1] 资料来源:http://www.360doc.com/content/15/0323/18/14106735_457468757.shtml,访问时间:2018年9月9日。

第八章 标准必要专利 FRAND 承诺与反垄断法作用

竞争者、顾客和最终消费者的反映而采取显著程度的独立行动，妨碍相关市场内有效竞争的维持，是典型的市场支配力缺乏有效制约的表现。在"华为诉中兴案"中，因为杜塞尔多夫地方法院径直认定作为标准必要专利权人的华为具有市场支配地位是两造双方不争之事实，需要提请欧盟法院裁决的核心问题主要是在何种条件下标准必要专利权人向法院主张禁令救济会构成滥用，所以欧盟法院所作的先行裁决亦围绕对"滥用"的解释展开，没有也实际上也无义务就标准必要专利持有人是否凭借标准必要专利自动占据支配地位的问题展开讨论。[1]

佐审官瓦特莱（Melchior Wathelet）在"华为诉中兴案"的初步裁决中就指出，事实上，一个拥有标准必要专利的公司并不必然构成相关市场的支配地位，对此各国法院必须在事实基础上进行个案判断。华为诉中兴案的欧盟法院初步裁决是一种保守的裁决，只是对专利所有者的反垄断责任区域的边缘延伸，只有在"特殊情况下"才能确认专利权人的反垄断责任。[2]欧盟法院在"华为诉中兴案"中是基于经典的反竞争杠杆理论证成《欧盟运行条约》第 102 条责任。标准必要专利持有人在制造业中实际或潜在的垂直整合程度对于触发滥用行为的发现是必要的。这样做的实际意义在于，上游许可实体仍然免受《欧盟运行条约》第 102 条对此类的责任。[3]在华为诉中兴通讯之后，对 FRAND 承诺的标准必要专利持有者的反垄断责任基础非常薄弱。有鉴于此，判决可能对特别是针对上游非执行实体而

---

〔1〕 魏立舟："标准必要专利情形下禁令救济的反垄断法规制——从'橘皮书标准'到'华为诉中兴'"，载《环球法律评论》2015 年第 6 期。

〔2〕 Nicolas Petit, "HUAWEÏ v ZTE: Judicial Conservatism at the Patent-Antitrust Intersection", *CPI Antitrust Chronicles*, Vol. 10, No. 2, 2015.

〔3〕 Nicolas Petit, "HUAWEÏ v ZTE: Judicial Conservatism at the Patent-Antitrust Intersection", *CPI Antitrust Chronicles*, Vol. 10, No. 2, 2015.

知识产权与竞争法贯通论

言通常不能也不会涉及反竞争杠杆。[1]德国法院询问欧盟法院关于"滥用的存在"及其条件的问题,欧盟法院的回应是阐明不会出现滥用的条件。其在整个判决过程中着手解释禁令和产品召回申请不构成滥用的情况,讨论"标准必要专利的所有人"如何"阻止对禁止性禁令或召回产品的行为被视为滥用行为",因此华为诉中兴通讯并不主要是反垄断责任,而主要是关于反垄断豁免。[2]因此,伯斯法官认为,欧盟"华为诉中兴案"裁决只是为符合欧洲法院所列要求的标准必要专利持有人提供安全港。不满足"华为诉中兴案"要求的标准必要专利持有人不一定滥用其主导地位,也不一定支持拒绝禁令。无线星球虽然在相关市场上拥有100%的市场份额,但无线星球的FRAND承诺产生的合同义务和实施者拒绝签订自愿许可协议的反向专利劫持,限制了无线星球在相关市场行使其市场力量的能力。尽管如此,上述两种情况都不足以反驳这样一种假设,即持有100%相关市场的公司占据支配地位。标准必要专利许可人并不一定具有市场支配地位,要具体问题具体分析,FRAND承诺的经济效力、标准实施者专利反向劫持的可能性都是相关的评估因素。

第五节 滥用市场支配地位与反向劫持的平衡

FRAND的聚讼中心在于反垄断与专利权保护的平衡,突出表现为禁令救济的应用。禁令救济作为一种对权利的救济方式,起源于英美法对私权利的保护,属于衡平法的内容。仅在普通

---

[1] Nicolas Petit, "HUAWEI v ZTE: Judicial Conservatism at the Patent-Antitrust Intersection", *CPI Antitrust Chronicles*, Vol. 10, No. 2, 2015.

[2] Nicolas Petit, "HUAWEI v ZTE: Judicial Conservatism at the Patent-Antitrust Intersection", *CPI Antitrust Chronicles*, Vol. 10, No. 2, 2015.

法中的救济无法完全保障私人权利时，法官才会诉诸衡平法以禁令规制当事人的行为。禁令救济不规制已有的不当行为，而是面向未来禁止将要产生的行为，包括中间禁令（interlocutory injunction）和永久禁令（permanent injunction）。我国《专利法》第 66 条[1]所规定的诉前禁令，便是一种在侵权诉讼前的临时性救济措施，用来防止损失的扩大和侵权的加剧。如果说专利伏击的救济焦点在于专利的可执行力和默示许可，那么在专利实施过程中关键在合理价格的认定和唾手可得的禁令救济的是否应当提供的权衡。实际上，专利劫持是与专利权人可能获得对多种专利组成的最终产品营销的禁令相关的市场力量运用。倘若没有禁令救济的威胁，就不会出现劫持问题。[2] 按照马里奥·马里尼罗（Mario Mariniello）提出的滥用议价能力的理论，[3] 如果标准的采纳并不会改变议价能力，仍然能获得本来能够获得的价格，那么当事人寻求禁令是可以支持的；如果在标准被采纳后打破了当事人之间议价的平衡，那么使用禁令可能被视为是反竞争的。因为一旦专利被纳入标准则意味着赋予了调控的"杠杆"，任何专利权所有人都可以从事后逐渐增强的议价能力中获益。提出禁令或以提出禁令作为威胁交易相对方的大杀招，都将是运用"杠杆"向潜在被许可人索要高额费用的手段。

2009 年"橙皮书标准案"虽然仅关乎事实标准而并不涉及 FRAND 承诺，但德国联邦最高法院的裁判表明，即使在缺乏

---

[1] 《专利法》第 66 条："专利权人或者利害关系人有证据证明他人正在实施或者即将实施侵犯专利权的行为，如不及时制止将会使其合法权益受到难以弥补的损害的，可以在起诉前向人民法院申请采取责令停止有关行为的措施。"

[2] Thomas F. Cotter, "Patent Holdup, Patent Remedies, and Antitrust Responses", *Journal of Corporation Law*, Vol. 34, No. 1151, 2008.

[3] M. Mariniello, "European Antitrust Control and Standard Setting", *Bruegel Working Paper*, 2013/01, available at http://bruegel.org/2013/02/european-antitrust-control-and-standard-setting, 2019-05-30.

FRAND承诺的情况下，专利权人向"善意被许可人"寻求禁令也是滥用市场支配地位的行为。如果技术实施者想要获得许可，而存在这种滥用行径则是非法的。相反，如果是向"非善意被许可人"寻求禁令则是合法的。标准必要专利权人即使之前同意以合理和非歧视性条款许可这些专利，也有动机根据合同法针对已然确立标准的专利实施者提出专利侵权索赔，通过威胁阻止使用该标准，向专利实施者勒索高于合理使用费的价格。因为无论是否作出FRAND承诺，标准必要专利权人的市场交易行为均会受到反垄断法的约束。道理很简单：私法自由的前提条件是市场上有竞争。专利权人的拒绝交易或者索取过高许可费的行为在竞争性市场条件下是合法的，但在垄断或者存在市场势力的条件下却失去其合法性。申言之，标准必要专利权人只要存在着专利劫持，就可能被诉诸法院或者反垄断行政执法机关。即使标准必要专利权人作出FRAND承诺也可以寻求禁令，并不意味着其自愿放弃了在任何情况下寻求禁令救济的选择，更不意味着提出禁令请求本身就违反FRAND承诺义务，因为作出FRAND许可承诺后的标准必要专利权人自身也有受到损害的可能，没理由推定标准必要专利持有人作出以FRAND条款许可标准必要专利的承诺后将不会受到无可挽回的损害，而且FRAND承诺并不意味着免除禁令救济权，只是该权利的行使需要受到法律的限制。如果实施者无意支付专利使用费，专利权人提起侵权禁令（包括判令停止侵权）、损害赔偿之诉无疑是合理的。

事实上，权利人排斥竞争的可能性固然存在，专利实施者的投机性也不能忽视。前者会受到反垄断法的规制，所以有学者认为专利劫持不过是一种幻象，而如果基于对标准必要专利权人有拒绝许可的内在激励的"刻板印象"剥夺了其寻求禁令救济的权利，使其用以对抗实施者唯一的利器被缴械，或者直

第八章　标准必要专利 FRAND 承诺与反垄断法作用

接将标准必要专利权人请求禁令救济的行为等同于滥用市场支配地位的行为,往往引发标准实施者策略性地利用 FRAND 原则、反向劫持(Reverse holdup)标准必要专利权人的现象,即"FRAND 劫持"现象。专利劫持容易导致标准必要专利权人利用禁令救济的"威慑效应"攫取过高的许可使用费率,"FRAND 劫持"则容易导致标准必要专利权人难以获得与其专利市场价值相适应的许可使用费率。在一定程度上,标准必要专利持有人缺乏使用禁制令来停止侵权行为的权利,也会对非善意技术实施者企图"搭便车"的机会主义行为束手无策,一旦遇见"专利恶霸"利用其谈判筹码的横加阻挠和限制,则存在重要技术发明人巨额投入颗粒无收之虞。

一般而言,法院应该假设专利法中反映的专利原则反映了这种最佳平衡,努力重构侵权人未被侵权时本来存在的世界状况。[1] FRAND 许可费应限制在基于专利技术经济价值的合理许可费用,而不应考虑其被纳入标准后的经济增值部分。标准必要专利禁令救济的司法准入标准必须在专利权人的利益和实施标准之同业者的利益之间寻找一个恰到好处的平衡点,既要让标准必要专利权人获得应有的回报,不因进入标准而额外获益,也不因授权行为而受到损失;同时也要让标准的实施者可以以合理的对价使用标准,获得公平的竞争机会,避免专利权人滥用市场支配地位,诉诸禁令作为授权谈判反竞争的工具,导致权利人提高专利使用费率或施加其他限制性条件,乃至将竞争对手直接排除在相关市场之外,进而损害竞争秩序和消费者利益。不可否认,禁令这种救济方式获得的条件如果太过宽松,则易被标准必要专利权人利用导致专利劫持。标准必要专利权

---

〔1〕 Thomas F. Cotter, "Patent Holdup, Patent Remedies, and Antitrust Responses", *Journal of Corporation Law*, Vol. 34, No. 1151, 2008.

人在他人侵犯其专利权时，要求禁令救济本身无可厚非。取消这种救济措施具有明显的弊端，因为在消除专利权人机会主义的同时，创造了一个有利于实施者机会主义的环境。[1]专利权人寻求禁令救济不能机械地一律理解为拒绝许可，而是将这一救济手段作为在平衡标准必要专利权人和潜在被许可人之间利益情境下的选择，否则，无条件拒绝禁令救济将打破平衡，令无救济的私权不称其为权利，增加侵权人进行专利反向劫持的可能性，使之有恃无恐，大大降低标准实施者与专利权人进行善意协商的动力。因此，应当允许标准必要专利权人寻求和实施禁令，并在反垄断法的框架内对禁令的使用予以合理规制。寻求或执行禁令本身并不具有反竞争性，禁令救济而不是裁定损害赔偿（后者有效地建立了强制许可制度）应成为专利侵权案件的一般默认规则，专利权人和侵权人通常应该获得比法院更适当的许可信息。由于法院在信息方面的比较劣势，强制许可制度更容易出错或行政成本更高（或两者兼而有之）。[2]当标准必要专利权人已经做出FRAND承诺时，审查的重点应该放在标准实施者是否拒绝该要约上，是明确拒绝还是推定其是拒绝的，可以通过对实施者事实上或推定的拒绝FRAND承诺的行为选择性地给予禁令来阻止标准必要专利权人的机会主义行为，而如果是实施者拒绝FRAND要约应受到禁令的制约。当专利权人成功证明侵犯有效专利时，通常最好是法院授予禁令救济而不仅仅是赔偿。尽管如此，在禁令救济会对静态或动态效率造成严重损害的案件中，仅限赔偿金可能是适当的。

---

〔1〕 Layne S. Keele, "Holding Standards for RANDsome: A Remedial Perspective on RAND Licensing Commitments", *Kansas Law Review*, Vol. 64, No. 1, 2015.

〔2〕 Thomas F. Cotter, "Patent Holdup, Patent Remedies, and Antitrust Responses", *Journal of Corporation Law*, Vol. 34, No. 1151, 2008.

按照"橙皮书标准案"的判决，[1]允许在两个条件下存在竞争法上的辩护：首先，被告必须在公平、合理和非歧视性条件下提出要约，而所有人不能合法拒绝。如果所有人拒绝陈述适当的条件，或者这些条件似乎不合理，则被告可以提出未指明的要约并要求所有人确定所欠的特许权使用费金额。如果未经许可的实施者没有无条件提出以 FRAND 条款取得许可，则专利所有人不构成滥用其市场支配地位。德国最高法院在"橙皮书标准案"的判决中所采用的是基于反垄断法的强制许可抗辩，标准实施者虽然可以提出竞争法抗辩，主张专利权人拒绝授权乃至滥用独占地位，但该抗辩必须按照反垄断法路径分析，必然构成要件甚为严格。因此，标准必要专利使用人与所有人之间由于信息不对称，在承担预先履行义务过程中通常极难提出合适的报价，面临沉重的证明负担，因而无法拒绝在德国法院批准禁令。

随着时间的推移，橙皮书标准原则在实践中很难处理。首先，德国联邦最高法院要求潜在的被许可人为许可协议提供无条件的要约。曼海姆地区法院于 2011 年认为，潜在的被许可人不得在专利有效的情况下提出要约，这意味着不允许使用人在单独的程序中质疑专利的有效性。[2]其次，由于法院不希望侵权者较之在使用受保护技术之前获得许可的"普通"使用人获得竞争优势，标准必要专利使用人"在任何情况下都足够"的金额高于"合理"金额（根据 FRAND 条件应当承担的金额）。正在进行的"专利战争"以及一系列有争议的专利可能会迫使使用人在托管模式下同时存入更高的许可费甚至不必要的许可

---

〔1〕 Urteil des Kartellsenats vom 6. 5. 2009-KZR 39/06.

〔2〕 Philipp Maume, "Huawei./. ZTE, or, how the CJEU closed the Orange Book", *Queen Mary Journal of Intellectual Property*, Vol. 6, No. 2, 2016.

知识产权与竞争法贯通论

费,从而给公司的现金流带来压力。[1]德国法院倾向于所有者的权利,从权利人寻求禁令符合专利法所赋予的合法权益的立场出发可以对侵权方赋予更多义务,并讨论了使用人可以提出竞争法辩护从而避免禁令的条件。

与"橙皮书标准案"判决对标准实施者所提出的"无条件、合理要约"以及"预先履行"条件相比,欧盟委员会2014年针对三星和摩托罗拉的正式竞争调查[2]尽管结果不同,但欧盟委员会的决定都采取了与德国法院不同且对使用人更加友好的方法,并且清楚地表明:权利人既然做了FRAND承诺,就不应该对一个愿意的被许可人提起侵权诉讼以禁令形式相威胁,否则违反《欧盟运作条约》第102条规定的滥用市场支配地位;[3]有意愿的被许可人实际上无权质疑问题中标准必要专利的有效性和必要性的规则可能是反竞争的。在双方的许可谈判处于善意状态下,权利人向法院申请禁令,要求禁止技术实施者使用其必要专利,从而逼迫对方接受过高许可条件的行为,构成FRAND义务的违反和禁令滥用。欧盟委员会在对摩托罗拉公司的反垄断调查处理中确立了这样的标准必要专利禁令救济的"安全港原则":善意被许可人可以通过证明其愿意遵守基于FRAND原则基础上法院裁判或仲裁机构作出的裁决,免于寻求禁令。其中关于善意被许可人的判断,欧盟解释为善意要根据具体的案

---

〔1〕 Philipp Maume, "Huawei./. ZTE, or, how the CJEU closed the Orange Book", *Queen Mary Journal of Intellectual Property*, Vol. 6, No. 2, 2016.

〔2〕 Case AT. 39985-Motorola-Enforcement of GPRS Standard Essential Patents, Commission Decision C (2014) 2892 (29 April 2014). Case AT. 39939-Samsung-Enforcement of UMTS Standard Essential Patents, Commission Decision C (2014) 2891 final (Apr. 29, 2014).

〔3〕 Maria T Patakyova, "How to Assess the Exploitative Practices of Collecting Societies: Taking Inspiration from FRAND Terms", *European Competition and Regulatory Law Review*, Vol. 1, No. 4, 2017.

件事实进行分析,同时提出如果潜在被许可人对标准必要专利提出质疑是不影响其本身成为善意被许可人的,因为其对标准必要专利提出质疑是符合公共利益要求的。[1]欧盟委员会认为寻求禁令引发权利滥用须满足两个条件:一是权利人承诺遵守FRAND条款,二是潜在的被许可人有意愿订立符合FRAND条款的合同。[2]这意味着FRAND原则并不排斥对非善意技术实施者的禁令诉讼。欧盟委员会之所以认定摩托罗拉公司申请禁令构成违反《欧盟运作条约》第102条的滥用支配地位的行为,其理由就在于,标准必要专利所有者摩托罗拉公司利用其GSM标准必要专利在德国对苹果公司寻求禁令,以禁令威胁作为阻碍制造商和强加实施剥削性许可条款的工具,欲迫使苹果公司在非常严格的条件下与摩托罗拉公司达成和解协议,可能对消费者的选择、价格和创新产生负面影响。欧盟委员会这种将天平向"自愿被许可人"倾斜的宽容,以标准实施者具有"协商意愿"为底线,尽管从竞争法角度来看是完全合理的,但可能会为延迟战术洞开大门,将标准必要专利的执行转变为一场艰苦的战斗。

欧盟法院对"华为诉中兴案"的初步裁决批评橙皮书决定对权利人过于友好,而欧盟委员会的决定对被许可人太过于友好,因此该裁决在面对这两种针锋相对立场的情况下基本保持了在权利人和被许可人之间的中立,提出了一个决定标准必要专利权利人是否滥用其支配地位的框架,[3]以平衡FRAND许可

---

〔1〕 仲春:"标准必要专利禁令滥用的规制安全港原则及其他",载《电子知识产权》,2014年第9期。

〔2〕 Urška Petrovčič, "Patent Hold-Up and the Limits of Competition Law: A Trans-Atlantic Perspective", *Common Market Law Review*, Vol. 50, No. 5, 2013.

〔3〕 Maria T. Patakyova, "How to Assess the Exploitative Practices of Collecting Societies: Taking Inspiration from FRAND Terms", *European Competition and Regulatory Law Review*, Vol. 1, No. 4, 2017.

知识产权与竞争法贯通论

谈判双方的地位。欧盟法院认为，行使与知识产权有关的排他性权利本身不能构成滥用市场支配地位，起诉要求禁止禁令仅仅在例外情况下可以构成滥用市场支配地位。这样"完全特殊的情况"需要满足两方面的条件：一是该行为不能被合理的认为是试图建立与企业相关的权利，而仅仅是为了扰乱竞争对手；二是当事人的行为是"有意为之"，旨在试图消除竞争。第一个条件需要判断标准必要专利权人的主观性，即确定是否存在扰乱对方的目的，这必须有证据表明当事人提出的要求是明显的且客观上不合理。例如，一个完全不合理的要求是超出其主张的权利的，如请求法院对没有使用侵权专利的产品采取禁止销售的措施等。第二个条件需要从客观的角度评断标准必要专利权人的行为，其中寻求禁令以打击竞争对手是"有意为之"，且目的在于消除市场上其他竞争对手。"有意为之"预示着标准必要专利权人采取排除措施用以阻却竞争对手。如果标准必要专利权人向某些标准实施者许可专利而不向其他人许可专利，那么"有意为之"消除竞争的疑虑便产生了。因此，纠纷可能仅仅只是商业纠纷，法院可以也应当像其他标准纠纷一样处理。此外，"有意为之"的目标是竞争。因此，《欧盟运作条约》第102条关注的禁令行为仅仅在于标准必要专利权人的竞争者，而非针对交易方的禁令行为。如果我们将标准必要专利权人寻求禁令的行为推定为一种拒绝许可，那么据此可以这样理解，如果标准必要专利权人没有作出向标准实施者寻求禁令的行为，因为他们相互之间不存在竞争关系，则不能被认定为滥诉行为。

在"华为诉中兴案"中，欧盟法院以程序性的引导规范FRAND许可谈判双方的行为，强调必须进行合理分析，在标准必要专利权人和被诉侵权人之间寻求平衡：如果标准必要专利权人已经同意遵循FRAND原则，则再寻求禁令时必须证明自己已经采取了某些必要的行动，包含初始告诫以及提出明确的书面授权要约；如果侵权人的行为纯粹是策略性的，为了拖延或不真正付许可费，而被侵权人出于维护其合法权益的正当目的，就应当鼓励标准必要专利权人行使禁令救济权；如果标准必要专利实施者接到标准必要专利权利人符合要求的侵权警告函后，对该警告函置之不理，不表明以 FRAND 条件签订许可协议的意愿，或在继续使用涉案标准必要专利的情况下拒绝按照公认商业惯行提供银行担保或者提存，则标准必要专利权利人可以获得禁令救济；如果被侵权人权利的行使具有反竞争的效果，则应当予以反垄断规制；如果被诉侵权人处于善意的状态，就应当允许其进行反垄断抗辩。为了避免权利人与使用人的"一言堂"，欧洲法院建构出标准必要专利权利人提起侵权诉讼寻求禁令或产品召回令必须遵循以避免《欧盟运行条约》第 102 条规定滥用支配地位责任的流程式规范框架，改变了橙皮书标准判案由侵权方提供报价以展现达成专利许可协议的意愿的程序，选择的新谈判模型扭转了角色，由标准必要专利权利人通过通知被控侵权人来迈出谈判第一步，使使用人处于可以评估所有者提议的位置。

第六节　FRAND 原则下许可费率的计算

FRAND 原则的核心问题是许可费率。如果说专利权的授予是基于发明人的独创性劳动，那么，在专利并入行业标准并随之推广实施的情况下，其"价值增益"则并非取决于专利权人自身劳动，而是随着实施标准的生产者或服务者的增多，形成技术标准的网络效应的产物。尽管学说及实务上存在应将专利收录于技术标准后所增加价值一并算入的主张，[1]但标准制定

---

〔1〕　Norman V. Siebrasse and Thomas F. Cotter, "The Value of the Standard", *Minnesota Law Review*, Vol. 101, No. 3, 2017.

使得相关产品必须取得授权,已大幅扩大其授权市场与许可费收取来源,不应再就许可费额度予以扩张。所谓合理、公平的价格就是要使这种专利搭上标准的"便车"后形成的利益失衡回归合理的位置,只能以权利人的专利技术贡献为依据,对于标准所提供的兼容性所带来的利润则不能由权利人享有。不过,在标准的实施过程中,标准和专利技术对产品利润的贡献难分难解,进行客观评价殊非易事。学术界和实务界对剥削性滥用的干预存在争议,因为设计适当的救济措施很困难。如果反垄断执法机构谴责标准必要专利所有者的剥削费用,则必须确定适当的救济措施,即可能需要许可标准必要专利以获得公平合理的许可费。然而,确定足够的费用绝非易事,需要进行密集的基于事实的分析,其中包括对专利价值、专利技术对标准价值的贡献以及专利组合对交叉许可的价值等方面的评估。此外,每个被许可人可能需要进行不同的评估。反垄断执法机构可能没有足够的工具、资源和知识来进行这种密集的专利分析。[1] 尽管《欧盟运作条约》第102条使欧盟委员会能够解决剥削性许可行为,但这种干预可能存在错误决策的风险,随之而来的对创新和标准化过程的负面影响,并且制造商通过其他法律手段挑战剥削性许可行为的能力,可能经常会使这种干预得不偿失。虽然这并不意味着索取不公平的许可费永远不会反竞争,但似乎更可取的是,干预主要集中在可以明确识别剥削的情况,或者标准必要专利所有者使用其标准必要专利作为损害制造商能力的工具的情况。如果许可行为仅具有剥削作用,委员会进行干预似乎不太可取。否则可能会被用作解决有关许可费用水

---

〔1〕 Urška Petrovčič, "Patent Hold-Up and the Limits of Competition Law: A Trans-Atlantic Perspective", *Common Market Law Review*, Vol. 50, No. 5, 2013.

第八章 标准必要专利 FRAND 承诺与反垄断法作用

平的争议的机构,而不是保护竞争的机构。[1]无论如何,难以量化商业上合理的特许权使用费一直是长期以来反对在美国采用强制许可的主要理由。允许专利权人将特许权使用费设定在任何所需的水平无异于允许其拒绝许可进而挫败以强制许可为行业标准的所有使用人提供获得专利发明的权利的根本目的。在兰巴斯案中,美国联邦最高法院认为,电子器件工程联合委员会限制专利费率能力的丧失并没有损害竞争。根据反托拉斯原则,单独的高垄断价格是垄断损害主张的不充分基础。相反,合法垄断的过高价格被认为有利于竞争,可以鼓励创新和新进入市场。[2]专利权人除非全额收到报酬,否则其拒绝许可不会违反反托拉斯法。令人反感的行为不是要求使用费的数量,而是专利权人获得勒索行业能力的方式以及反垄断执法机构关注的这种能力产生的反竞争后果。美国法院不愿意通过反托拉斯法来规范价格或许可条款,避免反托拉斯诉讼不受限制而产生的不确定性和错误成本。[3]

2010 年"微软诉摩托罗拉案"(Microsoft Corp. v. Motorola Inc.)是第一起由美国法院判决确定标准必要专利特许使用费率基本测算原则的案例。为计算合理许可费,美国在司法实践中发展出一种"假想谈判"的方法。该方法假设在侵权开始之时,专利权人与侵权人愿意就专利许可达成协议,在这一假想谈判中综合考虑各种影响许可费的因素所达成的许可费就是合

---

〔1〕 Urška Petrovčič, "Patent Hold-Up and the Limits of Competition Law: A Trans-Atlantic Perspective", *Common Market Law Review*, Vol. 50, No. 5, 2013.

〔2〕 Zuzana Hajna, "A Comparison of Patent Hold-up Provisions in the US and the EU", *Common Law Review*, Vol. 13, 2014.

〔3〕 Bruce H. Kobayashi and Joshua D. Wright, "Federalism, Substantive Preemption, and Limits on Antitrust: An Application to Patent Holdup", *Journal of Competition Law & Economics*, Vol. 5, Iss. 3, 2009.

理许可费。1970年"佐治亚太平洋公司诉美国普雷沃德冠军纸业公司案"（Georgia-Pacific Corp. v. U. S. Plywood-Champion Papers, Inc.）判决中总结了15项在假想谈判中应考虑的因素，得到了比较广泛的认同，被称为"Georgia-Pacific因素"。"Georgia-Pacific因素"可以分为如下四个类别：①类似许可费（市场交易情况）；②许可的性质、范围、期限；③专利权人的市场策略和与被许可者的竞争关系；④专利的价值。在FRAND许可下，根据合同目的解释对许可费的约束，专利权人不能拒绝许可或歧视对待被许可者，也不能以标准的价值为杠杆来收取明显高于自身所拥有的标准必要专利价值的许可费。因此，审理微软诉摩托罗拉案的詹姆斯·罗巴特（James Robart）法官对"Georgia-Pacific因素"进行了修改，不再考虑第三类因素（专利权人的市场策略和与标准实施者的竞争关系），并将专利技术价值的考察与标准的价值相区分开，提出计算FRAND许可费应遵循如下原则：①FRAND许可费应该设置在与标准化组织推动标准的广泛采用这一目标相符的水平上。②确定FRAND许可费的合适方法应该认识到标准化组织所要求的FRAND承诺旨在避免专利挟持，并努力去尽可能达到这一目标。③确定FRAND许可费的合适方法应考虑如果其他标准必要专利的权利人也向实施者主张许可费，以此方法计算出的许可费总额能够应对许可费堆积的风险。④设置FRAND许可费时，需要理解标准化组织在标准中包括该专利旨在创造有价值的标准。为了引导有价值的标准的创建，FRAND许可费也必须是有价值的知识产权的所有者所愿意接受的。⑤从经济角度来看，FRAND承诺应该被解释为要求专利权人基于其专利技术自身的经济价值来收取合理的许可费，应与由该专利技术被纳入标准所带来的经济增值部分进行剥离。不过，如果涉诉标准必要专利涉及的发明创造对标准价值有贡献，那么只有包含这部分贡献价值的

第八章　标准必要专利 FRAND 承诺与反垄断法作用

FRAND 许可费才能充分补偿标准必要专利持有人的发明创造的增量价值。

华为公司和美国交互数字公司（Inter Digital Group，IDC）同为欧洲电信标准化组织的成员，于 2011 年向深圳中级人民法院提起反垄断诉讼，控告 IDC 的四次要约都违反 FRAND 原则，并要求 IDC 公司以符合 FRAND 原则的许可费授予其中国标准必要专利许可。[1]2013 年 10 月，广东省高级人民法院对"华为诉 IDC 垄断案"作出终审判决，认定 IDC 公司实施了垄断行为、违反了 FRAND 原则，赔偿华为公司 2000 万元人民币。[2]深圳市中级人民法院在裁判中认为，FRAND 许可费率的合理性判断至少应该考虑以下两个因素：一是专利许可使用费不应超过产品价格，例如按一定比例范围对许可使用费进行总量控制；二是标准必要专利权人不能因专利被纳入标准而获得额外的利益。虽然成本法、收益法和市场法等专利价值的基础评估方法林林总总，但都不能对专利价值进行精准无误的计算。不公正高价属于"剥削性"定价行为，其核心在于权利人的索价严重偏离市场定价，超出了下游生产厂商的承受能力，从而导致下游市场供应者减少，最终提高终端产品的售价。所以，在对不公正高价的分析中，分析要点不是计算具体的合理许可费，而是寻找证据证明权利人许可费偏离市场正常定价的程度。德国法院过去更多地将关注的重点放到判断权利人的要约是否符合 FRAND 原则上，仅仅进行形式的判断，不会再判断费率是否合理，权利人提供了许可费法院就认为是一个 FRAND 要约，而不会做进一步的分析，不会审查许可费累计导致主张的费率是否

---

[1]　广东省深圳市中级人民法院民事裁定书［2011］深中法知民初字第 858 号。
[2]　中华人民共和国广东省高级人民法院民事判决书［2013］粤高法民三终字第 306 号。

知识产权与竞争法贯通论

在一个合理的水平。但在 2016 年"息思维公司诉海尔案"（SISVEL Wireless Patent Portfolio v. Qingdao Haier Group）[1]之后，德国法院开始将精力放到分析权利人的要约是否是一个 FRAND 要约上，审查计算依据、计算方式是否符合合理无歧视的要求。美国和德国法院一般认为，对专利持有人的要约是否符合 FRAND，不应采用过于严格的解释，因为 FRAND 通常可以体现为一组公平、合理、非歧视的价值所形成的一个范围或区间，而非只有费率的单一正确解答。但英国高等法院在无线星球诉华为案中认为，在审查个案具体情况时，特定个案"只有一套真正的 FRAND 条款"。[2]伯斯法官认为无线星球和华为的 FRAND 费率报价都不符合 FRAND 原则，确定 FRAND 费率要依据专利本身的价值，而非被许可方的规模大小。标准必要专利的数量不可避免地要考虑在内。他根据无线星球所有的标准必要专利的数量在相关标准中的比例，参考了爱立信的可比许可协议，经过详细分析，给出了无线星球标准必要专利组合 FRAND 许可费率基准和全球许可费率的建议。

鉴于包括反垄断法和基于合同的救济措施（欺诈、公平禁止反言和默示许可）的非专利法救济措施的固有局限性，基于公共利益的考量，在标准中由机会主义引起的披露或许可违约行为和进而导致的专利劫持行为中，扩大适用强制公开、强制许可和专利滥用的非强制执行的专利法衍生救济措施（the patent law-derived remedies）具有正当性。[3]这种应用专利滥用

---

[1] SISVEL Wireless Patent Portfolio v. Qingdao Haier Group, Düsseldorf Regional Court, 3 November 2015, Cases 4a O 93/14 and 4a O 144/14.

[2] SISVEL Wireless Patent Portfolio v. Qingdao Haier Group, Düsseldorf Regional Court, 3 November 2015, Cases 4a O 93/14 and 4a O 144/14.

[3] Janice M. Muelle, "Patent Misuse Through the Capture of Industry Standards", *Berkeley Technology Law Journal*, Vol. 17, Iss. 2, 2002.

原则方式的好处是可以解决一些反垄断法所触及不到的方面。与反垄断法相同,专利滥用也提供了一个私权利救济机制,同时也有过分实施的风险,会严重地打击参与标准组织的积极性,并导致专利不可实施性。如果适用在没有共谋或市场力量的情况下,即便不打击参与性,也将会严重影响标准组织的决策。所以,标准组织的救济行为应限制在合同法与反垄断法内,专利滥用原则应适用于与违反标准组织义务是分开的、基于专利权范围外的许可条件问题。[1]

第七节 结 语

标准必要专利劫持这一领域的研究甚为混沌,一方面是学术界对此的认知见仁见智,一方面存在巨大差异的欧美两大法律体系的不同法律救济方法杂然并处,治丝益棼。学术界的救济路线大体包括两种对立的主张:一是断定反垄断法的优位性,一是支持合同法、侵权法的优位性,而这种学术的分歧与欧美两大法律体系的历史依赖路径又相互交织纠缠。此外,对专利劫持本质的认知误区也是造成在反垄断法与合同法之间徘徊不定的原因所在。标准必要专利实施人通过诉讼等手段耗费精力阻止被"敲竹杠"的威胁。标准制定组织就是抑制机会主义行为的有效途径。从美国联邦贸易委员会的文件到经济学知名权威的论著以及一般人口耳相传的沿用,使得标准必要专利劫持俨然成为认知问题的重灾区,亟待正本清源。归根结底,标准必要专利的实施在于公平合理价格的获得。这是问题的核心所

---

[1] [美]文森特·F.基亚佩塔:"产业标准的专利化",李子雍译,载[日]竹中俊子主编:《专利法律与理论:当代研究指南》,彭哲、沈旸、徐明亮译,知识产权出版社2013年版,第716页。

在。这主要是 FRAND 政策模棱两可的不明确和不确定造成的后标准化劫持（post-standardization holdup）。[1]标准必要专利实际上作为被利用的客体，既可以引起滥用市场支配地位的反竞争行为，也可以成为微观经济学意义上专利劫持的工具。标准必要专利劫持其实涉及不同类型，在现实诉讼中犹如不同型号的螺栓，只能适用以相匹配的螺母，否则凿枘不合，彼此抵牾。合同法的规制自然成本较小，但与反垄断法的规制一样具有自身的局限性，适用空间终究比较仄逼。与违约合同规则相反，反垄断法以及专利滥用法不能被各方放弃或以其他方式被约束。这些规则的强制性质不允许当事人在事先有效的情况下避免不恰当或不确定地应用。美国反托拉斯法存在惩罚性赔偿制度，所以必须考虑救济成本与效果问题，而合同救济措施有限，在很大程度上是为了防止执行效率低下的合同。[2]合同法、专利法和反垄断法三者尺短寸长，在具体的案件中必然都是在找法过程中需要考虑的，关键在于针对具体案件的救济妥适性和有效性。反垄断法滥用市场支配地位的精细化证实固然任重道远，往往留下质疑空间，但合同法基于默示效力的加持也存在捉襟见肘的窘境，对其基座的任何质疑都不应该泄泄轻而视之。

我国司法部门对于默示效力的立场趋于保守就反映出不敢自必的谨慎。反垄断法是一件比较钝的工具，不应该思出其位，拙劣的"运斤成风"会造成巨大的杀伤力。FRAND 既相对于标准必要专利权利人而言，也相对标准必要专利实施人而言，买方垄断与卖方垄断均在反对之列，左不得，右不得。偏颇为大

---

[1] Joseph Scott Miller, "Standard Setting, Patents, and a Access Lock-In: RAND Licensing and the Theory of the Firm", *Indiana Law Review*, Vol. 40, No. 2, 2007.

[2] Bruce H. Kobayashi and Joshua D. Wright, "Federalism, Substantive Preemption, and Limits on Antitrust: An Application to Patent Holdup", *Journal of Competition Law & Economics*, Vol. 5, Iss. 3, 2009.

第八章 标准必要专利 FRAND 承诺与反垄断法作用

忌所在,不偏不倚,允执厥中。经济法应该温而不厉,威而不猛,在平衡中寻找自己的价值,稍有偏颇将导致整个市场秩序的失衡。德国等国家法院在相关标准必要专利案件中的判决将竞争法引入专利法框架,通过强制许可抗辩程序来控制标准必要专利禁令救济的颁发,这被我国学术界批评为模糊了侵权之诉中禁令救济分析、反垄断分析和合理许可费裁判的边界,容易导致在认识上对各类有关标准必要专利的纠纷产生混同。欧盟法院要求在世界性的"智能手机大战"中具有市场支配地位的企业先礼后兵,秉承 FRAND 原则遵循竞争秩序底线,但程序正义助成而非取代实体正义。"无线星球诉华为案"表明进一步厘清竞争法与 FRAND 承诺的界限,同样限缩竞争法的空间,避免将滥用市场支配地位扩大化而使得竞争法沦为谈虎色变的对象。相较于德国而言,我国的法院和反垄断执法机构在处理标准必要专利禁令救济问题上的分工明确:如果案件涉及的是标准必要专利权人提起专利侵权诉讼请求法院给予禁令救济,则法院将在专利法框架下遵循最高人民法院相关司法解释进行分析;而如果案件涉及的是被许可人指控标准必要专利权人在谈判中申请禁令救济的行为涉嫌违反《反垄断法》,则法院或相关反垄断执法机构将在《反垄断法》框架下进行分析,从相关行为是否造成排挤、阻碍竞争的后果角度进行判断。反垄断法与合同法各有千秋,竞争法并不能解决所有问题。事前机会主义行为主要是利用信息不对称或隐蔽信息的具有欺诈性的专利劫持,等到行业不可逆转地锁定在特定标准后弹出专利陷阱不属于该范畴之内。由于相对人居之不疑,禁止反言乃避免允诺者食言自肥。要挟讹诈的大敲竹杠只能在偶然性交易中存在,面对既成事实,欲罢不能,只得忍气吞声,听凭权利人漫天要价而无可奈何,不可能贸然以退出交易为威胁,但声东击西,用虚假或空洞的、亦即非真实的威胁或承诺来谋取自身利益屡见不鲜。这其实将反垄断法榨取与侵权法诈取的适用界限明晰地加以区分。因为在疑似之间进行判断存在难度，很容易因为似是而非的事相所迷惑。

纠纷不是发生在真空中孤立的、简单的标准必要专利实施，而是与标准必要专利实施相关祭出侵权行为禁令救济的撒手锏与滥用市场支配地位反垄断法保护的平衡。在解决相关纠纷时，我们应该探讨 FRAND 抗辩在更为宏大的公私法构造内部的适合地位，揭开蒙在案件上的"标准"或者"专利权"的神秘面纱，分析清楚究竟这些纠纷的法律性质，选择最恰当的纠纷解决途径。在滥用市场支配地位案件中应该回归反垄断法的一般分析框架，在具体的个案中综合行为人是否具有市场支配地位、行为是否构成对竞争的危害以及行为是否具有一定经济效率等多个因素进行判断。

主要参考文献

一、中文著作

[1] [美] H. W. 埃尔曼:《比较法律文化》,贺卫方、高鸿钧译,生活·读书·新知三联书店 1990 年版。

[2] [德] 爱里克·松尼曼:《美国和德国的经济与经济法》,法律出版社 1991 年版。

[3] [美] 查尔斯·沃尔夫:《市场或政府:权衡两种不完善的选择》,谢旭译,中国发展出版社 1994 年版。

[4] 陈剑玲:《对外贸易中的知识产权滥用及其规制》,对外经济贸易大学出版社 2011 年版。

[5] [美] 丹·L. 伯克、马克·A. 莱姆利:《专利危机与应对之道》,马宁、余俊译,中国政法大学出版社 2013 年版。

[6] [西] 德利娅·利普希克:《著作权与邻接权》,联合国教科文组织译,中国对外翻译出版公司 2000 年版。

[7] 范长军:《德国反不正当竞争法研究》,法律出版社 2010 年版。

[8] 费安玲主编:《防止知识产权滥用法律机制研究》,中国政法大学出版社 2009 年版。

[9] [德] 弗诺克·亨宁·博德维希:《全球反不正当竞争法指引》,黄武双、刘维、陈雅秋译,法律出版社 2015 年版。

[10] [日] 富田彻男:《市场竞争中的知识产权》,廖正衡等译,商务印书馆 2000 年版。

[11] [印] 甘古力:《知识产权:释放知识经济的能量》,宋建华、姜丹明、张永华译,知识产权出版社 2004 年版。

[12] [日] 根岸哲、舟田正之：《日本禁止垄断法概论》，王为农、陈杰译，中国法制出版社 2007 年版。

[13] 根岸哲等：《日本禁止垄断法概论》，王为农等译，中国法制出版社 2007 年版。

[14] 顾萍、杨晨：《域外技术标准化中的标准必要专利权人承诺研究：合同法、专利法与竞争法视角》，知识产权出版社 2016 年版。

[15] [德] 海茵茨·笛特·哈德斯等：《市场经济与经济理论：针对现实问题的经济学》，刘军译，中国经济出版社 1993 年版。

[16] 韩其峰：《专利池许可的反垄断法规制》，中国政法大学出版社 2013 年版。

[17] [美] 赫伯特·霍温坎普：《联邦反托拉斯政策：竞争法律及其实践》（第 3 版），许光耀、江山、王晨译，法律出版社 2009 年版。

[18] [美] 马歇尔·C. 霍华德：《美国反托拉斯法与贸易法规：典型问题与案例分析》，孙南申译，中国社会科学出版社 1991 年版。

[19] [美] 基斯·N. 希尔顿：《反垄断法经济学原理和普通法演进》，赵玲译，北京大学出版社 2009 年版.

[20] [日] 金泽良雄：《经济法概论》，满达人译，中国法制出版社 2005 年版。

[21] [美] 泰勒·考恩、亚历克斯·塔巴洛克：《微观经济学：现代原理》，王弟海译，格致出版社 2013 年版。

[22] [美] 克里斯蒂娜·博翰楠、赫伯特·霍温坎普：《创造无羁限：促进创新中的自由与竞争》，兰磊译，法律出版社 2016 年版。

[23] 孔祥俊：《商标法适用的基本问题》，中国法制出版社 2014 年版。

[24] 孔祥俊：《商标与不正当竞争法：原理和判例》，法律出版社 2009 年版。

[25] 孔祥俊：《知识产权保护的新思维：知识产权司法前沿问题》，中国法制出版社 2013 年版。

[26] [美] 理查德·波斯纳：《反托拉斯法》（第 2 版），孙秋宁译，中国政法大学出版社 2003 年版。

[27] 廖义男：《公平交易法之理论与立法》，三民书局 1995 年版。

[28] 林欧：《技术标准的反垄断法规制》，上海社会科学院出版社 2015

年版。

［29］ 刘继峰：《竞争法学》（第2版），北京大学出版社2016年版。

［30］ 刘克明：《中国技术思想研究：古代机械设计与方法》，巴蜀书社2004年版。

［31］ 刘孔中：《公平交易法》，元照出版有限公司2003年版。

［32］ 刘孔中：《解构知识产权法及其与竞争法的冲突与调和》，中国法制出版社2015年版。

［33］ 刘维：《商标权的救济基础研究》，法律出版社2016年版。

［34］ 龙柯宇：《滥用知识产权市场支配地位的反垄断规制研究》，华中科技大学出版社2016年版。

［35］ ［美］罗斯科·庞德：《法理学》（第3卷），廖德宇译，法律出版社2007年版。

［36］ 罗晓霞：《竞争政策视野下商标法理论研究》，中国政法大学出版社2013年版。

［37］ ［美］马西莫·莫塔：《竞争政策——理论与实践》，沈国华译，上海财经大学出版社2006年版。

［38］ ［德］曼弗里德·诺伊曼：《竞争政策：历史、理论及实践》，谷爱俊译，北京大学出版社2003年版。

［39］ ［德］米尼克·格莱克、布鲁诺·范·波特斯伯格：《欧洲专利制度经济学：创新与竞争的知识产权政策》，张南译，知识产权出版社2016年版。

［40］ ［美］J. M. 穆勒：《专利法》，沈超等译，知识产权出版社2013年版。

［41］ 全国人大常委会法制工作委员会经济法室编：《中华人民共和国反垄断法条文说明、立法理由及相关规定》，北京大学出版社2007年版。

［42］ 邵建东：《德国反不正当竞争法研究》，中国人民大学出版社2001年版。

［43］ ［英］史蒂文·D. 安德曼：《知识产权与竞争策略》，梁思思、何侃译，电子工业出版社2012年版。

［44］ 汤明辉：《公平交易法研析》，五南图书出版公司1992年版。

［45］ 汤宗舜：《专利法教程》，法律出版社1988年版。

[46] [美]唐·E.沃德曼、伊丽莎白·J.詹森:《产业组织:理论与实践》,李宝伟、武立东、张云译,机械工业出版社2009年版。

[47] 唐春霞:《专利池的市场定价方法研究》,知识产权出版社,2013年版。

[48] 陶鑫良主编:《专利技术转移》,知识产权出版社2011年版。

[49] [日]田村善之:《日本知识产权法》(第4版),周超、李雨峰、李希同译,知识产权出版社2010年版。

[50] [德]瓦尔特·欧肯:《经济政策的原则》,李道斌译,世纪出版集团、上海人民出版社2001年版。

[51] 汪渡村:《公平交易法》,五南图书出版有限公司2004年版。

[52] 王莲峰:《商业标识立法体系化研究》,北京大学出版社2009年版。

[53] 王晓晔:《竞争法研究》,法律出版社1999年版。

[54] 王晓晔主编:《反垄断立法热点问题》,社会科学文献出版社2007年版。

[55] [美]威廉·M.兰德斯、理查德·A.波斯纳:《知识产权法的经济结构》(中译本第2版),金海军译,北京大学出版社2016年版。

[56] [德]沃尔夫冈·费肯杰:《经济法》(第2卷),张世明、袁剑、梁君译,中国民主法制出版社2010年版。

[57] 吴宏伟:《竞争法有关问题研究》,中国人民大学出版社2000年版。

[58] 徐棣枫:《专利权的扩张与限制》,知识产权出版社2007年版。

[59] 徐家力:《知识产权保护研究:从传统到现代》,上海交通大学出版社2013年版。

[60] 徐健、苏琰:《专利池的运营与法律规制》,知识产权出版社2013年版。

[61] 许光耀:《欧共体竞争法经典判例研究》,武汉大学出版社2008年版。

[62] 许光耀:《欧共体竞争法通论》,武汉大学出版社2006年版。

[63] 许光耀主编:《欧共体竞争立法》,武汉大学出版社2006年版。

[64] [英]亚当·斯密:《国民财富的性质和原因的研究》(上卷),郭大力、王亚南译,商务印书馆1972年版。

[65] 张建武:《中药标准化与知识产权战略的协同发展研究》,知识产权

出版社 2011 年版。

[66] 张乃根：《美国专利法判例选析》，中国政法大学出版社 1995 年版。

[67] 张平、马骁：《标准化与知识产权战略》，知识产权出版社 2005 年版。

[68] 张平主编：《冲突与共赢：技术标准中的私权保护》，北京大学出版社 2011 年版。

[69] 张术麟：《商业标记权的法律保护》，知识产权出版社 2008 年版。

[70] 张伟君：《规制知识产权滥用法律制度研究》，知识产权出版社 2008 年版。

[71] 张政主编：《企业技术创新》，湖北科学技术出版社 2014 年版。

[72] ［日］竹中俊子主编：《专利法律与理论：当代研究指南》，彭哲、沈旸、徐明亮译，知识产权出版社 2013 年版。

二、中文论文

[1] 陈敬、史录文："美国药品专利链接制度中专利登记规则研究"，载《中国新药杂志》2017 年第 13 期。

[2] 程永顺、吴莉娟："中国药品专利链接制度建立的探究"，载《科技与法律》2018 年第 3 期。

[3] 耿文军、丁锦希："影响药品专利链接制度的重要因素和解决路径"，载《知识产权》2018 年第 7 期。

[4] 郭传凯："美国中心辐射型垄断协议认定经验之借鉴"，载《法学论坛》2016 年第 5 期。

[5] 郭宗杰："反垄断法上的协同行为研究"，载《暨南学报（哲学社会科学版）》2011 年第 6 期。

[6] 何国华："价格垄断行为的梳理：剥离抑或补充"，载《价格理论与实践》2015 年第 10 期。

[7] 侯登华："'四方协议'下网约车的运营模式及其监管路径"，载《法学杂志》2016 年第 12 期。

[8] 黄惠敏："标准必要专利与中国反垄断法管制"，载《万国法律》2017 年第 6 期。

[9] 黄勇、蒋潇君:"互联网产业中"相关市场"之界定",载《法学》2014年第6期。

[10] 江帆:"竞争法对知识产权的保护与限制",载《现代法学》2007年第2期。

[11] 蒋大兴、王首杰:"共享经济的法律规制",载《中国社会科学》2017年第9期。

[12] 蒋大兴:"国企为何需要行政化的治理——一种被忽略的效率性解释",载《现代法学》2014年第5期。

[13] 蒋玉宏:"知识产权行使中的价格歧视——构成反竞争行为的不确定性分析",载《价格理论与实践》2007年第3期。

[14] 焦海涛:"社会政策目标的反垄断法豁免标准",载《法学评论》2017年第4期。

[15] 孔祥俊:"商业标识权利冲突司法处理的逻辑标准与政策标准",载《清华法学》2007年第2期。

[16] 李伯侨、梁森、祝茹:"技术贸易中的垄断高价及其法律规制——以标准化专利的许可为视角",载《特区经济》2009年第3期。

[17] 李剑:"中国反垄断法实施中的体系冲突与化解",载《中国法学》2014年第6期。

[18] 李小武:"还《反不正当竞争法》以应有地位",载《清华法学》2008年第4期。

[19] 李艳:"论英国商标法与反不正当竞争法的关系",载《知识产权》2011年第1期。

[20] 李叶:"捆绑与搭售行为的反垄断质疑——基于市场经济学视角分析",载《现代管理科学》2013年第3期。

[21] 李兆阳:"知识产权人拒绝许可行为的反垄断法分析",载《河南财经政法大学学报》2018年第3期。

[22] 梁志文:"美国自由贸易协定中药品 TRIPS-Plus 保护",载《比较法研究》2014年第1期。

[23] 梁志文:"药品专利链接制度的移植与创制",载《政治与法律》2017年第8期。

[24] 刘根荣:"共享经济:传统经济模式的颠覆者",载《经济学家》

2017年第5期。

[25] 刘丽娟："论知识产权法与反不正当竞争法的适用关系"，载《知识产权》2012年第1期。

[26] 刘强："技术标准专利许可中的合理非歧视原则"，载《中南大学学报（社会科学版）》2011年第2期。

[27] 刘绍樑："从意识形态及执行实务看公平交易法"，载《政大法学评论》1991年第44期。

[28] 刘鑫："TPP背景下基因药品专利池之构建、管理与运行"，载《电子知识产权》2015年第11期。

[29] 刘旭："中欧垄断协议规制对限制竞争的理解"，载《比较法研究》2011年第1期。

[30] 吕明瑜："知识产权垄断呼唤反垄断法制度创新——知识经济视角下的分析"，载《中国法学》2009年第4期。

[31] 罗蓉蓉："美国医药专利诉讼中'反向支付'的反垄断规制及其启示"，载《政治与法律》2012年第12期；

[32] ［法］罗歇·布特："法国竞争法概要"，陈鹏译，载《法学家》1999年第3期。

[33] 宁立志、陈珊："回馈授权的竞争法分析"，载《法学评论》2007年第6期。

[34] 宁立志、胡贞珍："从美国法例看专利联营的反垄断法规制"，载《环球法律评论》2006年第4期。

[35] 彭岳："共享经济的法律规制问题——以互联网专车为例"，载《行政法学研究》2016年第1期。

[36] 钱玉文："论商标法与反不正当竞争法的适用选择"，载《知识产权》2015年第9期。

[37] 乔栋："标准发展能否逾越专利的束缚？——AVS在平衡标准公权和专利私权关系中的探索"，载《WTO经济导刊》2005年第7期。

[38] 饶爱民："专利联营概念的探析与界定"，载《电子知识产权》2010年第5期。

[39] 石新中、果海英："社会主义市场竞争法治的进一步完善——史际春教授谈《反不正当竞争法》修改"，载《首都师范大学学报（社会

科学版）》2004年第2期。

[40] 宋建宝：" 专利诉讼反向支付和解协议的反垄断审查：美国的规则与实践"，载《知识产权》2014年第2期。

[41] 苏华、韩伟："药业反向支付协议反垄断规制的最新发展——兼评Actavis案及Lundbeck案"，载《工商行政管理》2013年第16期。

[42] 苏永钦："论不正当竞争与限制竞争的关系——试从德国现行法观察"，载《法学论丛》1970年第1期。

[43] 唐清利："'专车'类共享经济的规制路径"，载《中国法学》2015年第4期。

[44] 唐要家："涨价信息发布的合谋效应与反垄断政策——对联合利华散布涨价信息案的分析"，载《财贸经济》2011年第9期。

[45] 陶冠东："反向支付的反垄断法适用"，载《竞争政策研究》2017年第3期。

[46] 王立达："标准必要专利权行使之国际规范发展与比较分析——FRAND承诺法律性质、禁制令、权利金与竞争法规制"，载《月旦法学杂志》2018年第4期。

[47] 王先林："反垄断法与创新发展——兼论反垄断与保护知识产权的协调发展"，载《法学》2016年第12期。

[48] 王先林："竞争法视野的知识产权问题论纲"，载《中国法学》2009年第4期。

[49] 王晓晔："重要的补充——反不正当竞争法与相邻法的关系"，载《国际贸易》2004年第7期。

[50] 王艳、胡允银："制药行业产品跳跃：垄断还是创新"，载《科技管理研究》2017年第11期。

[51] 魏立舟："标准必要专利情形下禁令救济的反垄断法规制——从'橘皮书标准'到'华为诉中兴'"，载《环球法律评论》2015年第6期。

[52] 吴汉东："知识产权法价值的中国语境解读"，载《中国法学》2013年第4期。

[53] 吴汉东："中国知识产权法律变迁的基本面向"，载《中国社会科学》2018年第8期。

[54] 吴秀明："专利联盟（Patent Pool）与公平法之联合行为管制

(下)——以'飞利浦光碟案'中吊诡的竞争关系为核心",载《月旦法学杂志》2009年第175期。

[55] 肖雅心:"仿制药注册中的专利链接问题——基于三方利益衡量对《药品注册管理办法》第18、19条的修改建议",载《中国发明与专利》2017年第6期。

[56] 熊丙万:"专车拼车管制新探",载《清华法学》2016年第2期。

[57] 许光耀:"'经济学证据'与协同行为的考察因素",载《竞争政策研究》2015年第7期。

[58] 许光耀:"知识产权因素在反垄断法上的特殊性",载《电子知识产权》2011年第3期。

[59] 严仁群:"'消失中的审判'?——重新认识美国的诉讼和解与诉讼调解",载《现代法学》2016年第5期。

[60] 姚鹤徽:"论商标侵权判定的混淆标准——对我国《商标法》第57条第2项的解释",载《法学家》2015年第6期。

[61] 叶卫平:"反垄断法分析模式的中国选择",载《中国社会科学》2017年第3期。

[62] 袁晓东、李晓桃:"专利池的治理结构分析",载《科学学与科学技术管理》2009年第8期。

[63] [英]约瑟夫·德雷克舍:"市场支配地位的滥用与知识产权法——欧洲最新发展",吴玉岭译,载《环球法律评论》2007年第6期。

[64] 曾世雄:"违反公平交易法之损害赔偿",载《政大法学评论》1991年第44期。

[65] 詹映、张弘:"我国知识产权侵权司法判例实证研究——以维权成本和侵权代价为中心",载《科研管理》2015年第7期。

[66] 张浩然:"竞争视野下中国药品专利链接制度的继受与调适",载《知识产权》2019年第4期。

[67] 张力:"共享经济:特征、规制困境与出路",载《财经法学》2016年第5期。

[68] 张平:"专利联营之反垄断规制分析",载《现代法学》2007年第3期。

[69] 张清奎:"TPP条款对我国医药行业可能产生的影响初探",载《中

国发明与专利》2016 年第 8 期。

[70] 张伟君、陈滢:"论药品专利链接制度与现行《专利法》的衔接",载《中国发明与专利》2018 年第 3 期。

[71] 张永华:"药品专利链接制度的解读与建议",载《中国食品药品监管》2018 年第 6 期。

[72] 赵红梅:"论直接保护发散性正当竞争利益的集体维权机制——反不正当竞争法的社会法解读",载《政治与法律》2010 年第 10 期。

[73] 郑友德、万志前:"论商标法和反不正当竞争法对商标权益的平行保护",载《法商研究》2009 年第 6 期。

[74] 仲春:"标准必要专利禁令滥用的规制安全港原则及其他",载《电子知识产权》2014 年第 3 期。

[75] 周昀:"从垄断协议的特质看其对传统民商事合同概念理论的突破",载《比较法研究》2010 年第 4 期。

[76] 朱宝丽:"分享经济发展现状、国际考察与监管选择",载《上海师范大学学报(哲学社会科学版)》2017 年第 4 期。

[77] 朱谢群:"软件知识产权保护模式的比较",载《知识产权》2005 年第 4 期。

[78] 朱雪忠、李闯豪:"论默示许可原则对标准必要专利的规制",载《科技进步与对策》2016 年第 23 期。

三、英文著作

[1] Martin J. Adelman, Randall R. Rader and John R. Thomas, *Cases and Materials on Patent Law*, St. Paul, MN: West Academic Publishing, 2009.

[2] Steven D. Anderman (ed.), *The Interface Between Intellectual Property Rights and Competition Policy*. Cambridge, UK; New York: Cambridge University Press, 2007.

[3] Oliver Black, *Conceptual Foundations of Antitrust*, Cambridge and New York: Cambridge University Press, 2005.

[4] Rudolf Callmann, *The Law of Unfair Competition, Trademarks and Monopolies* (3rd ed.), Eagan: Clark Boardman Callaghan, 1967.

［5］ Dennis W. Carlton and Jeffrey M. Perloff, *Modern Industrial Organization*, Harlow: Pearson Education Inc. , 2005.

［6］ David S. Evans and Richard Schmalensee, *Matchmakers: the New Economics of Multisided Platforms*, Cambridge, Massachusetts: Harvard Business Review Press, 2016.

［7］ Marshall C. Howard, *Antitrust and Trade Regulation: Selected Issues and Case Studies*, Englewood Cliffs, New Jersey: Prentice-Hall, 1983.

［8］ Thomas M. J. Möllers and Andreas Heinemann, *The Enforcement of Competition Law in Europe*, New York: Cambridge University Press, 2007.

［9］ John R. Thomas, *Pharmaceutical Patent Law*, Arlington: The Bureau of National Affairs, 2010.

四、英文论文

［1］ Adam Thierer et al. , "How the Internet, the Sharing Economy, and Reputational Feedback Mechanisms Solve the 'Lemons Problem' ", *University of Miami Law Review*, Vol. 70, No. 3, 2016.

［2］ Robert B. Andewelt, "Analysis of Patent Pools under the Antitrust Laws", *Antitrust Law Journal*, Vol. 53, No. 3, 1984.

［3］ Roger B. Andewelt, "Practical Problems in Counseling and Litigating: Analysis of Patent Pools under the Antitrust Laws", *Antitrust Law Journal*, Vol. 53, No. 3, 1984.

［4］ Sheila F. Anthony, "Antitrust and Intellectual Property Law: From Adversaries to Partners", *AIPLA Quarterly Journal*, Vol. 28, No. 1, 2000.

［5］ Reiko Aoki and Aaron Schiff, "Promoting Access to Intellectual Property: Patent Pools, Copyright Collectives and Clearinghouses", *R&d Management*, Vol. 38, No. 2, 2008.

［6］ Reiko Aoki and Sadao Nagaoka, "Coalition Formation for a Consortium Standard Through a Standard Body and a Patent Pool: Theory and Evidence from MPEG2, DVD and 3G", *Institute of Innovation Research*, Hitotsubashi University, No. 2, 2005.

[7] Apostolos Chronopoulos, "Goodwill Appropriation as a Distinct Theory of Trademark Liability: A Study on the Misappropriation Rationale in Trademark and Unfair Competition Law", *Texas Intellectual Property Law Journal*, Vol. 22, Iss. 3, 2014.

[8] Apostolos Chronopoulos, "Trade Dress Rights as Instruments of Monopolistic Competition: Towards a Rejuvenation of the Misappropriation Doctrine in Unfair Competition Law and a Property Theory of Trademarks", *Marquette Intellectual Property Law Review*, Vol. 16, Iss. 1, 2012.

[9] Richard Arnold, "English Unfair Competition Law", *IIC-International Review of Intellectual Property and Competition Law*, Vol. 44, Iss. 1, 2013.

[10] Atif I. Azher, "Antitrust Regulators and the Biopharmaceutical Industry: Compulsory Licensing Schemes Ignoring Gene Therapy Patients' Needs", *University of Pennsylvania Journal of International Law*, Vol. 25, Iss. 1, 2004.

[11] William J. Baer and David A. Balto, "Antitrust Enforcement and High-Technology Markets", *Michigan Telecommunications and Technology Law Review*, Vol. 5, Iss. 1, 1999.

[12] Jonathan M. Barnett, "Has the Academy Led Patent Law Astray", *Berkeley Technology Law Journal*, Vol. 32, Iss. 4, 2017.

[13] Benjamin P. Liu, "Fighting Poison with Poison? The Chinese Experience with Pharmaceutical Patent Linkage", *John Marshall Review of Intellectual Property Law*, Vol. 11, Iss. 3, 2012.

[14] Stanley M. Besen and Robert J. Levinson, "Economic Remedies for Anticompetitive Hold-Up: The Rambus Cases", *Antitrust Bulletin*, Vol. 56, Iss. 3, 2011.

[15] RogerD. Blair and Thomas F. Cotter, "Are Settlements of Patent Disputes Illegal Per Se?", *Antitrust Bulletin*, Vol. 47, Iss. 2&3, 2002.

[16] Robert S. Bloom, "Package Licensing and Post-Expiration Royalties: The Risk of Misuse", *Boston College Law Review*, Vol. 10, Iss. 1, 1968.

[17] James A. Brickley "Shareholder Wealth, Information Signaling and the Specially Designated Dividend: An Empirical Study", *Journal of Financial Economics*, Vol. 12, Iss. 2, 1983.

[18] Richard M. Brunell, "Appropriablity in Antitrust: How Much is Enough?" *Antitrust Law Journal*, Vol. 69, No. 1, 2001.

[19] Henry N. Butler and Jeffrey Paul Jarosch, "Policy Reversal on Reverse Payments: Why Courts Should Not Follow the New DOJ Position on Reverse-Payment Settlements of Pharmaceutical Patent Litigation", *Iowa Law Review*, Vol. 96, No. 1, 2010.

[20] Steven C. Carlson, "Patent Pools and the Antitrust Dilemma", *Yale Journal on Regulation*, Vol. 16, Iss. 2, 1999.

[21] Michael A. Carrier, "A Real-World Analysis of Pharmaceutical Settlements: The Missing Dimension of Product-Hopping", *Florida Law Review*, Vol. 62, Iss. 4, 2010.

[22] Michael A. Carrier, "Solving the Drug Settlement Problem: The Legislative Approach", *Rutgers Law Journal*, Vol. 41, Iss. 1&2, 2009.

[23] Michael A. Carrier, "Unsettling Drug Patent Settlements: A Framework for Presumptive Illegality", *Michigan Law Review*, Vol. 108, No. 1, 2009.

[24] Michael A. Carrier, "Why the Cope of the Patent Test cannot Solve the Drug Patent Settlement Problem", *Stanford Technology Law Review*, Vol. 16, No. 1, 2012.

[25] Paul G. Chevigny, "The Validity of Grant-Back Agreements under the Antitrust Laws", *Fordham Law Review*, Vol. 34, Iss. 4, 1966.

[26] Christopher Koopman, Matthew Mitchell and Adam Thierer, "The Sharing Economy and Consumer Protection Regulation: The Case for Policy Change", *The Journal of Business, Entrepreneurship & the Law*, Vol. 8, Iss. 2, 2015.

[27] Michael Clancy, Damien Geradin and Andrew Lazerow, "Reverse-payment Patent Settlements in the Pharmaceutical Industry: An Analysis of US Antitrust Law and EU Competition Law", *The Antitrust Bulletin*, Vol. 59, No. 1, 2014.

[28] Kevin Coates, "Information Exchange And the Definition of a Cartel Under EU Law", *Antitrust Magazine*, Vol. 30, Iss. 3, 2016.

[29] Jorge L. Contreras, "Standards, Patent, and the National Smart Grid",

Pace Law Review, Vol. 32, Iss. 3, 2012.

[30] Thomas F. Cotter, "Patent Holdup, Patent Remedies, and Antitrust Responses", *Journal of Corporation Law*, Vol. 34, No. 1151, 2008.

[31] John F. Coverdale, "Trademarks and Generic Words: An Effect-on-Competition Test", *University of Chicago Law Review*, Vol. 51, Iss. 3, 1984.

[32] Krista L. Cox, "The Medicines Patent Pool: Promoting Access and Innovation for Life-Saving Medicines through Voluntary Licenses", *Hastings Science and Technology Law Journal*, Vol. 4, No. 2, 2012.

[33] Patrick D. Curran, "Standard - Setting Organizations: Patents, Price Fixing, and Per Se Legality", *The University of Chicago Law Review*, Vol. 70, No. 3, 2003.

[34] David Murillo, Heloise Buckland and Esther xVal, "When the Sharing Economy Becomes Neoliberalism on Steroids: Unravelling the Controversies", *Technological Forecasting and Social Change*, Vol. 125, 2017.

[35] Joshua P. Davis, "Applying Litigation Economics to Patent Settlements: Why Reverse Payments Should Be Per Se Illegal", *Rutgers Law Journal*, Vol. 41, Iss. 1&2, 2009.

[36] Bret M. Dickey and Daniel L. Rubinfeld, "Would the Per Se Illegal Treatment of Reverse Payment Settlements Inhibit Generic Drug Investment?", *Journal of Competition Law and Economics*, Vol. 8, No. 3, 2012.

[37] K. M. Drake M. A. Starr and T. G. McGuire, "Do 'Reverse Payment' Settlements Constitute an Anticompetitive Pay-for-Delay?", *International Journal of the Economics of Business*, Vol. 22, No. 2, 2015.

[38] Richard Epstein, Scott Kieff and Daniel Spulber, "The FTC, IP and SSOs: Government Holdup Replacing Private Coordination", *Journal of Competition Law and Economics*, Vol. 8, No. 1, 2012.

[39] Ernst R. Berndt et al., "Authorized Generic Drugs, Price Competition, And Consumers' Welfare", *Health Affairs*, Vol. 26, Iss. 3, 2007.

[40] Joseph Farrell et al., "Standard Setting, Patents and Hold-Up", *Antitrust Law Journal*, Vol. 74, No. 3, 2007.

[41] Robin Cooper Feldman, "The Insufficiency of Antitrust Analysis for Patent Misuse", *Hastings Law Journal*, Vol. 55, Iss. 1, 2003.

[42] Robin Cooper Feldman, "Patent and Antitrust Differing Shades of Meaning", *Virginia Journal of Law & Technology*, Vol. 13, No. 5, 2008.

[43] Georges Friden, "Recent Developments in EEC Intellectual Property Law: The Distinction Between Existence And Exercise Revisited", *Common Market Law Review*, Vol. 26, Iss. 2, 1989.

[44] Alexander Galetovic and Stephen Haber, "The Fallacies of Patent-Holdup Theory", *Journal of Competition Law & Economics*, Vol. 13, Iss. 1, 2017.

[45] Geertrui Van Overwalle et al., "Dealing with Patent Fragmentation in ICT and Genetics: Patent Pools and Clearing Houses", *First Monday*, Vol. 12, No. 6, 2007.

[46] Richard J. Gilbert, "Antitrust for Patent Pools: A Century of Policy Evolution", *Stanford Technology Law Review*, Vol. 2004, 2004.

[47] Gillian Hadfield, "Legal Barriers to Innovation: The Growing Economic Cost of Professional Control over Corporate Legal Markets", *Stanford Law Review*, Vol. 60, No. 6, 2008.

[48] Frank Grassler and Mary Ann Capria, "Patent Pooling: Uncorking a Technology Transfer Bottleneck and Creating Value in the Biomedical Research Field", *Journal of Commercial Biotechnology*, Vol. 9, No. 2, 2003.

[49] Guy Lougher and Sammy Kalmanowicz, "EU Competition Law in the Sharing Economy", *Journal of European Competition Law & Practice*, Vol. 7, No. 2, 2016.

[50] Zuzana Hajna, "A Comparison of Patent Hold-up Provisions in the US and the EU", *Common Law Review*, Vol. 13, 2014.

[51] Michael A. Heller and Rebecca S. Eisenberg, "Can Patents Deter Innovation? The Anticommons in Biomedical Research", *Science*, Vol. 280, No. 5364, 1998.

[52] C. Scott Hemphill and Bhaven N. Sampat, "When do Generics Challenge Drug Patents?" *Journal of Empirical Legal Studies*, Vol. 8, No. 4, 2011.

[53] C. Scott Hemphill, "An Aggregate Approach to Antitrust: Using New Data

and Rulemaking to Preserve Drug Competition", *Columbia Law Review*, Vol. 109, No. 4, 2009.

[54] Molly A. Holman and Stephen R. Munzer, "Intellectual Property Rights in Genes and Gene Fragments: A Registration Solution for Expressed Sequence Tags", *Iowa Law Review*, Vol. 85, No. 3, 2000.

[55] Herbert Hovenkamp, Mark Janis and Mark A. Lemley, "Anticompetitive Settlement of Intellectual Property Disputes", *Minnesota Law Review*, Vol. 87, No. 6, 2003.

[56] Cory J. Ingle, "Reverse Payment Settlements: A Patent Approach to Defending the Argument for Illegality", *I/S: A Journal of Law and Policy*, Vol. 7, No. 2, 2011.

[57] James E. Harper, "Single Literary Titles and Federal Trademark Protection: The Anomaly between the USPTO and Cade Law Precedents", *The Journal of Law and Technology*, Vol. 45, No. 1, 2004.

[58] Joel Lexchin, "After Compulsory Licensing: Coming Issues in Canadian Pharmaceutical Policy and Politics", *Health Policy*, Vol. 40, Iss. 1, 1997.

[59] Joel Lexchin, "Intellectual Property Rights and the Canadian Pharmaceutical Marketplace: Where Do We Go from Here?", *International Journal of Health Services*, Vol. 35, No. 2, 2005.

[60] Jonathan B. Baker, "Beyond Schumpeter Vs. Arrow: How Antitrust Fosters Innovation", *Antitrust Law Journal*, Vol. 74, No. 3, 2007.

[61] Joseph Farrell, "Cheap Talk, Co-ordination, and Entry", *Rand Journal of Economics*, Vol. 18, Iss. 1, 1987.

[62] Joseph Farrell and Matthew Rabin, "Cheap Talk", *Journal of Economic Perspectives*, Vol. 10, Iss. 3, 1996.

[63] Joseph Farrell and Robert Gibbons, "Cheap Talk Can Matter in Bargaining", *Journal of Economic Theory*, Vol. 48, Iss. 1, 1989.

[64] Juho Hamari, Mimmi Sjöklint and Antti Ukkonen, "The Sharing Economy: Why People Participate in Collaborative Consumption", *Journal of the Association for Information Science and Technology*, Vol. 67, Iss. 9, 2016.

[65] Sheila Kadura, "Is an Absolute Ban on Reverse Payments the Appropriate Way to Prevent Anticompetitive Agreements between Branded-and Generic-Pharmaceutical Companies?", *Texas Law Review*, Vol. 86, No. 3, 2008.

[66] Layne S. Keele, "Holding Standards for RANDsome: A Remedial Perspective on RAND Licensing Commitments", *Kansas Law Review*, Vol. 64, No. 1, 2015.

[67] Kenneth J. Vandevelde, "The New Property of the Nineteenth Century: The Development of the Modern Concept of Property", *Buffalo Law Review*, Vol. 29, Iss. 2, 1980.

[68] Jay P. Kesan, "FRAND's Forever: Standards, Patent Transfers, and Licensing Commitments", *Indiana Law Journal*, Vol. 89, Iss. 1, 2014.

[69] Benjamin Klein, "Market Power in Antitrust: Economic Analysis after Kodak", *Supreme Court Economic Review*, Vol. 3, 1993.

[70] Bruce H. Kobayashi and Joshua D. Wright, "Federalism, Substantive Preemption, and Limits on Antitrust: An Application to Patent Holdup", *Journal of Competition Law & Economics*, Vol. 5, Iss. 3, 2009.

[71] V. Korah, "No Duty to License Independent Repairers to Make Spare Parts: The Renault, Volvo and Bayer Henneke Cases", *European Intellectual Property Review*, Vol. 12, 1988.

[72] Alex E. Korona, "Stuck in Neutral: The Future of Reverse Payments Agreements in Hatch - Waxman Litigation", *Seton Hall Circuit Review*, Vol. 7, Iss. 1, 2010.

[73] Kris Erickson and Inge Sørensen, "Regulating the Sharing Economy: Introduction to the Special Issue", *Internet Policy Review*, Vol. 5, Iss. 2, 2016.

[74] Kai - Uwe Kühn, "Fighting Collusion by Regulating Communication between Firms", *Economic Policy*, Vol. 16, Iss. 32, 2001.

[75] Lara J. Glasgow, "Stretching the Limits of Intellectual Property Rights: Has the Pharmaceutical Industry Gone Too Far?", *IDEA-Journal of Law and Technology*, Vol. 41, Iss. 2, 2001.

[76] Sophie Lawrance, "The Competition Law Treatment of No-Challenge Clau-

ses in Licence Agreements: An Unfortunate Revolution?", *Journal of Intellectual Property Law & Practice*, Vol. 9, No. 10, 2014.

[77] Marshall Leaffer, "Patent Misuse and Innovation", *Journal of High Technology Law*, Vol. 10, Iss. 2, 2010.

[78] Mark A. Lemley and Carl Shapiro, "Probabilistic Patents", *The Journal of Economic Perspectives*, Vol. 19, No. 2, 2005.

[79] Mark A. Lemley, "Intellectual Property Rights and Standard-Setting Organizations", *California Law Review*, Vol. 90, Iss. 6, 2002.

[80] Mark A. Lemley, "Ten Things to do About Patent Holdup of Standards (And One Not To)", *Boston College Law Review*, Vol. 48, Iss. 1, 2007.

[81] Mark A. Lemley and David McGowan, "Legal Implications of Network Economic Effects", *California Law Review*, Vol. 86, Iss. 3, 1998.

[82] Josh Lerner, Marcin Strojwas and Jean Tirole, "Cooperative Marketing Agreements between Competitors: Evidence from Patent Pools", *National Bureau of Economic Research*, Harvard NOM Working Paper No. 03-25, 2003.

[83] Doug Lichtman, "Understanding the RAND Commitment", *Houston Law Review*, Vol. 47, 2010.

[84] Sol M. Linowitz and George W. F. Simmons, "Antitrust Aspects of Grant Back Clauses in License Agreements", *Cornell Law Review*, Vol. 43, Iss. 2, 1958.

[85] Paul D. Marquardt and Mark Leddy, "The Essential Facilities Doctrine and Intellectual Property Rights: A Response to Pitofsky, Patterson and Hooks", *Antitrust Law Journal*, Vol. 70, No. 3, 2003.

[86] Philipp Maume, "Huawei. /. ZTE, or, how the CJEU Closed the Orange Book", *Queen Mary Journal of Intellectual Property*, Vol. 6, No. 2, 2016.

[87] Robert P. Merges and Richard R. Nelson, "On the Complex Economics of Patent Scope", *Columbia Law Review*, Vol. 90, No. 4, 1990.

[88] Robert P. Merges and Jeffrey M. Kuhnt, "Estoppel Doctrine for Patented Standards", *California Law Review*, Vol. 97, No. 1, 2009.

[89] Robert P. Merges, "Reflections on Current Legislation Affecting Patent

Misuse", *Journal of the Patent and Trademark Office Society*, Vol. 70, 1988.

[90] Michael J. Meurer, "Copyright Law and Price Discrimination", *Cardozo Law Review*, Vol. 23, Iss. 1, 2001.

[91] Michael J. Meurer, "Vertical Restraints and Intellectual Property Law: Beyond Antitrust", *Minnesota Law Review*, Vol. 87, Iss. 6, 2003.

[92] Joseph Scott Miller, "Standard Setting, Patents, and a Access Lock-In: RAND Licensing and the Theory of the Firm", *Indiana Law Review*, Vol. 40, No. 2, 2007.

[93] Kimberly A. Moore, "Judges, Juries, and Patent Cases: An Empirical Peek inside the Black Box", *Michigan Law Review*, Vol. 99, No. 2, 2000.

[94] Fiona M. Scott Morton, "Entry Decisions in the Generic Pharmaceutical Industry", *The Rand Journal of Economics*, Vol. 30, No. 3, 1999.

[95] Janice M. Muelle, "Patent Misuse Through the Capture of Industry Standards", *Berkeley Technology Law Journal*, Vol. 17, Iss. 2, 2002.

[96] Murat C. Mungan, "Reverse Payments, Perverse Incentives", *Harvard Journal of Law & Technology*, Vol. 27, No. 1, 2013.

[97] Timothy J. Muris, "Opportunistic Behavior and the Law of Contract", *Minnesota Law Review*, Vol. 65, No. 4, 1981.

[98] David Nimmer, Elliot Brown and Gary N. Frischling, "The Metamorphosis of Contract into Expand", *California Law Review*, Vol. 87, Iss. 1, 1999.

[99] Roger G. Noll, " 'Buyer Power' and Economic Policy", *Antitrust Law Journal*, Vol. 72, No. 2, 2005.

[100] Seiko F. Okada, "In Re K-Dur Antitrust Litigation: Pharmaceutical Reverse Payment Settlements Go beyond the Scope of the Patent", *North Carolina Journal of Law & Technology*, Vol. 14, Iss. 1, 2012.

[101] Oliver Black, "Communication, Concerted Practices and the Oligopoly Problem", *Journal European Competition Journal*, Vol. 1, Iss. 2, 2005.

[102] David W. Opderbeck, "Rational Antitrust Policy and Reverse Payment Settlements in Hatch-Waxman Patent Litigation", *The Georgetown Law Journal*, Vol. 98, No. 5, 2010.

[103] Maria T. Patakyova, "How to Assess the Exploitative Practices of Collec-

ting Societies: Taking Inspiration from FRAND Terms", *European Competition and Regulatory Law Review*, Vol. 1, No. 4, 2017.

[104] Nicolas. Petit, "HUAWEÏ v ZTE: Judicial Conservatism at the Patent-Antitrust Intersection", *CPI Antitrust Chronicles*, Vol. 10, No. 2, 2015.

[105] Nicolas. Petit, "Injunctions for FRAND-Pledged SEPs: The Quest for an Appropriate Test of Abuse under Article 102 TFEU", *European Competition Journal*, Vol. 9, No. 3, 2013.

[106] Urška Petrovčič, "Patent Hold-Up and the Limits of Competition Law: A Trans-Atlantic Perspective", *Common Market Law Review*, Vol. 50, No. 5, 2013.

[107] Peter Georg Picht, "The ECJ Rules on Standard-Essential Patents: Thoughts and Issues Post-Huawei", *ECLR: European Competition Law Review*, Vol. 37, No. 9, 2016.

[108] Catherine Rajwani, "Controlling Costs in Patent Litigation", *Journal of Commercial Biotechnology*, Vol. 16, Iss. 3, 2010.

[109] Damien Régibeau and Neven Pierre, "Unwired Planet vs Huawei: A Welcome Clarification of the Concept of FRAND and of the Role of Competition Law Towards SEP Licencing", *Journal of European Competition Law & Practice*, Vol. 8, Iss. 7, 2017.

[110] Laura J. Robinson, "Analysis of Recent Proposals to Reconfigure Hatch-Waxman", *Journal of Intellectual Property Law*, Vol. 11, No. 1, 2003.

[112] Victor Rodriguez, "Patent Pools: Intellectual Property Rights and Competition", *The Open AIDS Journal*, Vol. 4, No. 1, 2010.

[113] Ron A. Bouchard et al., "Empirical Analysis of Drug Approval-Drug Patenting Linkage for High Value Pharmaceuticals", *Northwestern Journal of Technology and Intellectual Property*, Vol. 8, Iss. 2, 2010.

[114] Ron A. Bouchard et al., "Structure-Function Analysis of Global Pharmaceutical Linkage Regulations", *Minnesota Journal of Law, Science & Technology*, Vol. 12, No. 2, 2011.

[115] Jonathan L. Rubin, "Patents, Antitrust, and Rivalry in Standard-Setting", *Rutgers Law Journal*, Vol. 38, Iss. 2, 2007.

[116] Rudolph J. R. Peritz, "Taking Antitrust to Patent School: The Instance of Pay-for-Delay Settlements", *The Antitrust Bulletin*, Vol. 58, No. 1, 2013.

[117] Russell Belk, "You are What You can Access: Sharing and Collaborative Consumption Online ", *Journal of Business Research*, Vol. 67, Iss. 8, 2014.

[118] Sandeep K. Rathod, "Patent Linkage and Data Exclusivity: A Look at Some Developments in India", *Journal of Generic Medicines*, Vol. 8, No. 3, 2011.

[119] Ruben Schellingerhout and Piero Cavicchi, "Patent Ambush in Standard-setting: The Commission Accepts Commitments from Rambus to Lower Memory Chip Royalty Rates", *Competition Policy Newsletter*, No. 1, 2010.

[120] Steve D. Shadowen, K. B. Leffler and J. T. Lukens, "Anticompetitive Product Changes in the Pharmaceutical Industry", *Rutgers Law Journal*, Vol. 41, Iss. 1&2, 2009.

[121] Carl Shapiro, "Antitrust Limits to Patent Settlements", *Rand Journal of Economics*, Vol. 34, No. 2, 2003.

[122] Shashank Upadhye, "Trademark Surveys: Identifying the Relevant Universe of Confused Consumers", *Fordham Intellectual Property, Media & Entertainment Law Jounal*, Vol. 8, Iss. 2, 1997.

[123] J. Gregory Sidak, "Holdup, Royalty Stacking, and the Presumption of Injunctive Relief for Patent Infringement: A Reply to Lemley and Shapiro", *Minnesota Law Review*, Vol. 92, No. 3, 2008.

[124] Norman V. Siebrasse and Thomas F. Cotter, "The Value of the Standard", *Minnesota Law Review*, Vol. 101, No. 3, 2017.

[125] Rodney E. Slater, "Unfairness Means Monopoly: Major Carriers 'Must Not Destroy Fair Competition' in Airline Industry", *Antitrust Law & Economics Review*, Vol. 33, No. 2, 2006.

[126] Stephen P. King, "Sharing Economy: What Challenges for Competition Law?", *Journal of European Competition Law & Practice*, Vol. 6, No. 10, 2015.

[127] Romano Subiotto, "The Right to Deal With Whom One Pleases under

EEC Competition Law: A Small Contribution to a Necessary Debate", *European Competition Law Review*, Vol. 13, 1992.

[128] Thomas A. Faunce and Joel Lexchin, "'Linkage' Pharmaceutical Evergreening in Canada and Australia, Australia and New Zealand", *Health Policy*, Vol. 4, No. 1, 2007.

[129] Thomas F. Cotter, "Refining the Presumptive Illegality Approach to Settlements of Patent Disputes Involving Reverse Payments: A Commentary on Hovenkamp, Janis & Lemley", *Minnesota Law Review*, Vol. 87, No. 6, 2003.

[130] James Turney, "Defining the Limits of the EU Essential Facilities Doctrine on Intellectual Property Rights: The Primacy of Securing Optimal Innovation", *Northwestern Journal of Technology and Intellectual Property*, Vol. 3, Iss. 2, 2005.

[131] Z. Wang, "Reanalyzing Reverse Payment Settlements: A Solution to the Patentee's Dilemma", *Cornell Law Review*, Vol. 99, No. 5, 2014.

[132] William E. Kovacic et al., "Plus Factors and Agreement in Antitrust Law", *Michigan Law Review*, Vol. 110, No. 3, 2011.

[133] William H. Page, "Twombly and Communication: The Emerging Definition of Concerted Action Under the New Pleading Standards", *Journal of Competition Law & Economics*, Vol. 5, Iss. 3, 2009.

[134] William H. Page, "Communication and Concerted Action", *Loyola University Chicago Law Journal*, Vol. 38, Iss. 3, 2007.

[135] Robert D Willig and J. P. Bigelow, "Antitrust Policy toward Agreements that Settle Patent Litigation", *Antitrust Bulletin*, Vol. 49, No. 3, 2004.

[136] Anne-Marie C. Yvon, "Settlements Between Brand and Generic Pharmaceutical Companies: A Reasonable Antitrust Analysis of Reverse Payments", *Fordham Law Review*, Vol. 75, No. 3, 2006.

五、德文著作

[1] Christian Alexander, *Schadensersatz und Abschöpfung im Lauterkeits-und*

主要参考文献

Kartellrecht: *Privatrechtliche Sanktionsinstrumente zum Schutz individueller und überindividueller Interessen im Wettbewerb*, Tübingen: Mohr Siebeck, 2010.

[2] Anton Plager *Schutzzwecke des Lauterkeitsrechts*: *Entfaltung und Entwicklung zwischen 1909 und 2004*, Frankfurt, M.: Peter Lang GmbH, 2010.

[3] Adolf Baumbach, *Kommentar zum Wettbewerbsrecht*. Berlin: Liebmann, 1929.

[4] Jochen Bernhard *Kartellrechtlicher Individualschutz durch Sammelklagen*: *europäische Kollektivklagen zwischen Effizienz und Effektivität*, Tübingen: Mohr Siebeck, 2010.

[5] Friedrich L. Ekey, *Grundriss des Wettbewerbs – und Kartellrechts*: *mit Grundzügen des Marken-, Domain-und Telekommunikationsrechts*, Hüthig Jehle Rehm: Müller, 2009.

[6] Volker Emmerich, *Das Recht des unlauteren Wettbewerb.5*, Auflage, München: C. H. Beck, 1997.

[7] Volker Emmerich, *Das Recht des unlauteren Wettbewerbs*, München: C. H. Beck, 1997.

[8] Wolfgang Fikentscher, *Recht und wirtschaftliche Freiheit*: *Bd. Die Freiheit des Wettbewerbs*, Tübingen: Mohr Siebeck, 1992.

[9] Carsten Morgenroth, *Interese als Eainflussfaktor auf die Gesetzesbildung, Gesetzesanwendung und Sportvermarktung*: *insbesondere im Sponsoring und bei Sportveranstaltungen*, Berlin: Peter Lang, 2010.

[10] Wernhard Möschel, *Pressekonzentration und Wettbewerbsgesetz*, Tübingen: Mohr Siebeck, 1978.

[11] Philipp Daniel Pichler, *Das Verhältnis von Kartell-und Lauterkeitsrecht-Eine Standortbestimmung nach den Novellen von GWB und UWG*, Baden-Baden: Nomos, 2009.

[12] N. Reich, *Markt und Recht*: *Theorie und Praxis des Wirtschaftsrechts in der Bundesrepublik Deutschland*, Neuwied: Luchterhand, 1977.

[13] Fritz Rittner, *Wettbewerbs-und Kartellrecht*: *eine systematische Darstellung des deutschen und europäischen Rechts für Studium und Praxis*, Heidelberg: C. F. Müller Juristischer Verlag, 1999.

[14] Fritz Rittner, *Wirtschaftsrecht mit Wettbewerbs-und Kartellrecht. Ein Lehrbuch*, Heidelbg: Müller Juristischer Verlag, 1979.

[15] E. Ulmer, *Sinnzusammenhänge im modernen Weftbewerbsrechts*, *Ein Beitrag zum Aufbau des Wettbewerbsrechts*, Berlin: Springer-Verlag, 1932.

六、德文论文

[1] Carl Baudenbacher," Machtbedingte Wettbewerbsstörungen als Unlauterkeitstatbestände. Zugleich Beitrag zum Verhältnis von UWG und GWB ", *Gewerblicher Rechtsschutz und Urheberrecht*, S. 26, 1981.

[2] Irmgard Griss," Schnittstellen zwischen Kartell - und Lauterkeitsrecht ", *Zeitschrift für österreichisches und europäisches Wirtschaftsrecht*, Vol. 24, No. 1, 2010.

[3] Folkmar Koenigs," Wechselwirkungen zwischen Gesetz gegen Wettbewerbsbeschränkungen und Recht des unlauteren Wettbewerbs: Antrittsvorlesung a. d. Freien Univ. Berlin, 11. 11. 1960 ", *Neue juristische Wochenschrift*, Vol. 14, No. 23, 1961.

[4] Helmut Köhler," Zur Konkurrenz lauterkeitsrechtlicher und kartellrechtlicher Normen ", *Wettbewerb in Recht und Praxis*, 2005.

[5] Alfons Kraft," Gemeinschaftsschädliche Wirtschaftsstörungen als unlauterer Wettbewerb ", *Gewerblicher Rechtsschutz und Urheberrecht*, 1980.

[6] Michael Lehmann," Wettbewerbsrecht, Strukturpolitik und Mittelstandsschutz ", *Gewerblicher Rechtsschutz und Urheberrecht*, 1977.

[7] Rolf Sack," Deliktsrechtlicher Verbraucherschutz gegen unlauteren Wettbewerb ", *Neue Juristische Wochenschrift*, Vol. 28, 1975.

[8] Rolf Sack," Gibt es einen spezifisch kartellrechtlichen Lauterkeitsbegriff? ", *Betriebs-Berater*, 1970.

[9] Franz Jürgen Säcker," Das UWG zwischen den Mühlsteinen europäischer Harmonisierung und grundrechtsgebotener Liberalisierung ", *Wettbewerb in Recht und Praxis*, Vol. 50, No. 10, 2004.

[10] Thomas Sambuc," Monopolisierung als UWG-Tatbestand ", *Gewerblicher*

Rechtsschutz und Urheberrecht, 1981.

[11] Eugen Ulmer," Wandlungen und Aufgaben im Wettbewerbsrecht ", *Gewerblicher Rechtsschutz und Urheberrecht*, 1937.

七、日文论文

［1］川原勝美「ドイツ競争制限禁止法及び不正競争防止法における結合取引の規制について」『一橋法学』第1巻第2号、2002年。

［2］大録英「独禁法の体系と一定の取引分野における競争の実質的制限」『駿河台法学』第17巻第2号、2004年。

［3］鈴木孝之「不正競争防止法と独占禁止法の交錯」『白鴎大学法科大学院紀要』第6号、2012年。

［4］矢部丈太郎「不公正な取引方法の規制原理についての一考察」稗貫俊文編『競争法の現代的諸相：厚谷襄兒先生古稀記念論文集［上］』信山社、2005年。

［5］田中裕明「市場力の濫用としての不当廉売行為」『追手門経営論集』第2巻第1号、1996年。

［6］早川雄一郎「競争者排除型行為規制の目的と構造－忠誠リベート規制をめぐる欧州の変遷と米欧の相違を手がかりに－」『法学論叢』第177巻2号、2015年。

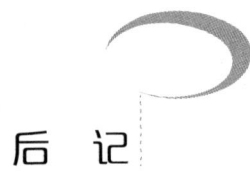

后 记

竞争法和知识产权法之间存在紧密的关联,当知识产权法基于激励创新的目的而创建一个"边界垄断"时,在个别场合下,竞争法可能基于保护竞争过程的考量而宣布其构成违法的"市场垄断",如何协调两法的关系成为一个热点学术论题。近年来,知识产权法与竞争法的交叉研究在中国本土方兴未艾、欣欣向荣,涌现出一定数量的针对性著作。但是,该领域的研究还存在广阔的探索空间,与国外学术界相较,甚至可以说存在一定程度的"短缺"。克里斯蒂娜·博翰楠(Christina Bohannan)与赫伯特·霍温坎普(Herbert Hovenkamp)的《创造无羁限:促进创新中的自由与竞争》的前沿部分写到:一个名为"知识产权与反垄断法"的新兴学科已经形成,涌现出多部教材和遍布多个法学院和商学院的相关课程,以及一大批丰富而又不断成长的学术成果。赫伯特·霍温坎普原供职于爱荷华大学、现就职于宾夕法尼亚大学,是国内熟知的知名反垄断法学专家,撰写了大量关于知识产权与反垄断法方面的学术论文。美国知识产权和竞争法的专门性论著不仅汗牛充栋,研究内容更是广博精微。例如,笔者看到专门集矢于医药行业知识产权和竞争法交汇问题的著作就有若干种,包括(但不限于)《美国反托拉斯法与欧盟竞争法中的医药行业的专利和解》(Amalia Athanasiadou, *Patent Settlements in the Pharmaceutical Industry under US Antitrust and EU Competition Law*, Publisher: Wolters Kluwer,

2018)、《欧盟药品监管中的竞争与创新：平行贸易案例》（Claudia Desogus, *Competition and Innovation in the EU Regulation of Pharmaceuticals: The Case of Parallel Trade*, Publisher: Intersentia, 2011）、《医药行业竞争与专利法：国际视角》（Giovanni Pitruzella & Gabriella Musocolo, *Competition and Patent Law in the Pharmaceutical Sector: An International Perspective*, Publisher: Wolters Kluwer, 2016）、《药品与生物技术竞争法与知识产权》（Bjorn Lundqvist, Timo Minssen & Justin Pierce, *Competition Law and IP Rights in Pharmaceuticals and Biotechnology*, Publisher: Oxford University Press, 2016）。简而言之，知识产权与竞争法的交叉研究在中国仍是值得深耕细作、不断挖掘的宽阔论域。

本书探讨了反不正当竞争法与反垄断法的关系、反不正当竞争法与商标法的关系，并选取了标准必要专利FRAND承诺、专利反向支付和解协议、专利链接制度、专利联营许可、价格协同行为、共享经济监管模式等实例，通过对上述制度细节的精思密虑，以小而见大，探微而知著，以期实现竞争法和知识产权法原理之协调，为"知识产权与竞争法"这一还有待开采深挖的研究领域贡献些许知识增量。在研究对象选择上，本书略微偏好医药行业。相比于多样化和差异化的一般性产品市场，治疗某种疾病的药品可能只有几种甚至是一种，而其又享受专利赋予的垄断销售的特权。因而在医药行业中，创新与竞争的关系有时会显得异常尖锐，这种冲突关系又因为保障药品可及性、降低国民用药负担等公共政策目标而进一步复杂化。因此，值得投入更多的研究智慧，而聚焦医药行业的知识产权与竞争法问题亦是本书的一大特色。在本书的章节分配上，张世明负责第一章、第七章及第八章，笔者负责第二章、第三章、第四章、第五章及第六章。

张世明是笔者的导师，其学识渊博、淡泊名利，以一人之力完成了《法律、资源与时空建构：1644~1945 年的中国》五卷本，为人与为学都让笔者非常钦佩，能与他有合作的作品问世，对于笔者而言是莫大的荣耀。张世明老师治学严谨，执事有恪，其扶持学生成长、对后学提携之意，笔者自是感激不尽。费肯杰教授因为父亲期望其做一名化工工程师，早年学习化学，后来顺遂自己的旨趣研究法学，所以其在 20 世纪 50 年代的成名之作就是《竞争和工业产权保护》（*Wettbewerb und gewerblicher Rechtsschutz–die Stellung des Rechts der Wettbewerbsbeschränkungen in der Rechtsordnung*，München：Beck，1958），可谓这一领域的拓荒之作，后来被丹宗昭信翻译为日文、被苏永钦翻译为中文。在考入中国人民大学法学院后，张世明老师就为笔者确定研究方向，让笔者关注知识产权法和竞争法的交互研究，认为这属于交叉学科研究，应该大有作为。张世明老师因为家族与医学具有较深的渊源，对于相关问题具有浓厚兴趣，考虑笔者过去在本科期间理工科的学术背景，所以希望笔者能够重点基于医药行业的资料展开研究作业。数年来，笔者一直坚持这一研究主线，也有了一定的研究积累，本书即是这方面研究的一个成果。在中国人民大学攻读博士学位期间，笔者受到刘文华、史际春、徐孟洲、朱大旗、孟雁北等诸位教研室老师的教诲，在经济法基础理论、竞争法和财税法等方面开始进行独立探索，随着研究的深入，愈发深感学术研究的艰辛与魅力。笔者才薄智浅、能力有限，即便经过再三校核，错误在所难免，希望诸位方正之家能够不吝赐教。再者，还要向大力支持本书的出版社各位极为专业的编辑老师致以敬意，感谢他们的辛勤付出。

孙瑜晨
2019 年 5 月写于人民大学图书馆